H. Rösch, J. Seefeldt, K. Umlauf
Bibliotheken und Informationsgesellschaft in Deutschland

Hermann Rösch, Jürgen Seefeldt, Konrad Umlauf

Bibliotheken und Informationsgesellschaft in Deutschland

Eine Einführung

Mitbegründet von Engelbert Plassmann

3., neu konzipierte und aktualisierte Auflage
unter Mitarbeit von Albert Bilo und Eric W. Steinhauer

2019

Harrassowitz Verlag · Wiesbaden

Bibliografische Information der Deutschen Nationalbibliothek
Die Deutsche Nationalbibliothek verzeichnet diese Publikation in der
Deutschen Nationalbibliografie; detaillierte bibliografische Daten sind
im Internet über http://dnb.dnb.de abrufbar.

Bibliographic information published by the Deutsche Nationalbibliothek
The Deutsche Nationalbibliothek lists this publication in the Deutsche
Nationalbibliografie; detailed bibliographic data are available on the
Internet at http://dnb.dnb.de.

Informationen zum Verlagsprogramm finden Sie unter
http://www.harrassowitz-verlag.de

© Otto Harrassowitz GmbH & Co. KG, Wiesbaden 2019
Das Werk einschließlich aller seiner Teile ist urheberrechtlich geschützt.
Jede Verwertung außerhalb der engen Grenzen des Urheberrechtsgesetzes ist
ohne Zustimmung des Verlages unzulässig und strafbar. Das gilt insbesondere
für Vervielfältigungen jeder Art, Übersetzungen, Mikroverfilmungen und für
die Einspeicherung in elektronische Systeme.
Gedruckt auf alterungsbeständigem Papier
Druck und Verarbeitung: Memminger MedienCentrum AG
Printed in Germany
ISBN 978-3-447-06620-4

Inhalt

Tabellenverzeichnis IX
Vorwort zur dritten Auflage, Vorwort zur zweiten Auflage, Vorwort zur ersten Auflage XI

1 Einleitung 1

2 Bibliothek und Information 5
2.1 Begriffliches 5
    2.1.1 Information und Wissen 5
    2.1.2 Bibliothek 7
    2.1.3 Die Bibliothek in Abgrenzung zu verwandten Institutionen 9
2.2 Historische und soziologische Entwicklungslinien 11
    2.2.1 Schrift 12
    2.2.2 Mobile Speichermedien 13
    2.2.3 Buchdruck (Vervielfältigung durch den Druck mit beweglichen Lettern) .. 15
    2.2.4 Digitale Speichermedien und telekommunikative Vernetzung (Internet) .. 19
2.3 Ausblick 28

3 Strukturelle und technische Entwicklungslinien im Bibliothekswesen 30
3.1 Strukturelle Entwicklungslinien: Von der isolierten Einzelbibliothek zum funktional differenzierten Bibliothekssystem 30
    3.1.1 Die isolierte Einzelbibliothek 31
    3.1.2 Das segmentär differenzierte Bibliothekssystem in Europa 31
    3.1.3 Das stratifikatorisch differenzierte Bibliothekssystem 32
    3.1.4 Das funktional differenzierte Bibliothekssystem in Deutschland 33
3.2 Technische Entwicklungslinien 41
    3.2.1 Automatisierung 42
    3.2.2 Digitalisierung 43
    3.2.3 Virtualisierung 44
3.3 Ausblick 47

4 Ethische und rechtliche Rahmenbedingungen 49
4.1 Ethik im Handlungsfeld Bibliothek: Informationsethik und Bibliotheksethik .. 49
    4.1.1 Ethik, Moral, Recht 49
    4.1.2 Ethikkodizes, Ethikkommissionen 52
    4.1.3 Angewandte Ethik, Bereichsethiken 54
    4.1.4 Informationsethik 55
    4.1.5 Bibliotheksethik 58
    4.1.6 Gesellschaftliche Rolle und Handlungsfelder der Bibliothek: Bibliotheksethik als Institutionenethik 58

	4.1.7 Bibliotheksethik als Individualethik (Berufsethik)	60
	4.1.8 Bibliotheksethik in Deutschland	61
4.2	Die Rechtsstellung der Bibliotheken	64
	Von Eric W. Steinhauer	
	4.2.1 Bibliotheksrecht – ein Überblick	64
	4.2.2 Organisationsrecht	65
	4.2.3 Die analoge Bibliothek	69
	4.2.4 Die digitale Bibliothek	73
	4.2.5 Das kulturelle Gedächtnis	79
	4.2.6 Personalrecht	80
	4.2.7 Bibliotheksrechtliche Nebengebiete	81
	4.2.8 Der Standort des Bibliotheksrechts und Bibliothekspolitik	81
4.3	Ausblick	82
5	**Bibliotheken in Deutschland**	**84**
5.1	Die Träger bibliothekarischer Einrichtungen	85
	5.1.1 Staat und Verwaltung	85
	5.1.2 Die Kirchen	88
	5.1.3 Der private Sektor	90
5.2	Bibliotheksförderung	91
5.3	Die verschiedenen Arten von Bibliotheken (Bibliothekstypologie)	92
	5.3.1 Nationalbibliothek und nationalbibliothekarische Aufgaben	95
	5.3.2 Landesbibliotheken und andere Regionalbibliotheken	101
	5.3.3 Bibliotheken der Universitäten und anderer Hochschulen	103
	5.3.4 Spezial- und Fachbibliotheken, Forschungsbibliotheken, Musikbibliotheken	106
	5.3.5 Kommunale Öffentliche Bibliotheken, Fahrbibliotheken, Schulbibliotheken und Staatliche Bibliotheksfachstellen (Büchereistellen, Beratungsstellen, Büchereizentralen)	112
	5.3.6 Kirchliche Öffentliche Bibliotheken und Kirchliche Fachstellen	119
	5.3.7 Spezielle Formen des öffentlichen Bibliothekswesens	120
5.4	Ausblick	122
6	**Netze und Kooperationen, Innovationen und Projekte**	**123**
6.1	Grundlagen der Vernetzung und Kooperation	124
6.2	Kooperation in Verbänden	127
	6.2.1 Der Dachverband: „Bibliothek & Information Deutschland e. V." (BID)	128
	6.2.2 Der Institutionenverband dbv und seine Aktivitäten	129
	6.2.3 Die Personalverbände BIB und VDB und ihre Aufgaben	135
	6.2.4 Bibliothekspolitik und politisches Handeln	138
6.3	Förderer und Partner des Bibliothekswesens	139
	6.3.1 Die ekz.bibliotheksservice GmbH	139
	6.3.2 Das Goethe-Institut	140
	6.3.3 Ehemalige Förderer und Mitglieder der BID	142
6.4	Internationale Zusammenarbeit der deutschen Bibliotheken	143

6.5	Vernetzung und kooperative Dienste	145
	Von Albert Bilo	
	6.5.1 Erwerbungskooperationen	146
	6.5.2 Bibliotheksverbünde und ihre Dienste	152
	6.5.3 Übergreifende Erschließungsprojekte	159
	6.5.4 Digitalisierungsvorhaben	164
	6.5.5 Open-Access-Bewegung	167
6.6	Digitale Informationsinfrastruktur – Perspektiven der Vernetzung	169
	Von Albert Bilo	
6.7	Ausblick	172
7	**Normen und Standards, Richtlinien und Empfehlungen**	**173**
7.1	Eigenschaften und Zweck von Normen und Standards	173
7.2	Standards als Planziele	175
	7.2.1 Allgemeine Standard	175
	7.2.2 Bestandsgrößen und Erwerbungsmittel	176
	7.2.3 Räume und Flächen	178
	7.2.4 Personalbedarf	178
	7.2.5 Öffnungszeiten	178
7.3	Ausgewählte Normen und Standards	179
	7.3.1 Papier, Bucheinband, Magazinierung	180
	7.3.2 Codierungs- und Nummerungssysteme, Transliteration	180
	7.3.3 Bibliotheksstatistik	180
	7.3.4 Leistungsmessung	181
	7.3.5 Formalerschließung	183
	7.3.6 Inhaltserschließung	186
	7.3.7 Normdateien	188
	7.3.8 Übergreifende Standards für die Informationsaufbereitung	190
	7.3.9 Datenformate, Austauschformate, Linked Open Data	192
	7.3.10 Informationskompetenz	194
	7.3.11 Standards für Dienstleistungen	196
7.4	Ausblick	198
8	**Dienstleistungen**	**200**
8.1	Allgemeines Verständnis und Besonderheiten im Informationssektor	200
8.2	Informationsdienstleistungen in Bibliotheken	204
8.3	Beispiele für Dienstleistungskataloge	206
8.4	Ausgewählte Dienstleistungen	211
	8.4.1 Öffnungszeiten	211
	8.4.2 Informationsdienst/Auskunftsdienst	212
	8.4.3 Ausleihe und Fernnutzung	218
	8.4.4 Präsenznutzung, Lernräume, Bibliothek als Dritter Ort	222
	8.4.5 Teaching Library – Bildungsdienstleistungen, bestandsunabhängige Dienstleistungen	225
	8.4.6 Makerspace, Kreativräume	229

	8.4.7 Forschungsdatenmanagement, Sammlungsmanagement	231
	8.4.8 Virtuelle Forschungs- und Arbeitsumgebungen	234
8.5	Ausblick	236

9 Bibliotheksmanagement 238

9.1	Lobbyismus und Branchenmarketing	238
9.2	Marketing, strategische Planung	240
9.3	Aufbauorganisation	244
9.4	Personalführung, innerbetriebliche Kommunikation, Wissensmanagement	246
9.5	Controlling, Kosten- und Leistungsrechnung	247
9.6	Qualitätsmanagement	249
9.7	Werbung, Öffentlichkeitsarbeit, Kulturarbeit	250
9.8	Bestandsmanagement	252
	9.8.1 Medien und Ressourcen	252
	9.8.2 Bestandskonzepte	255
	9.8.3 Bestandsaufbau, Erwerbung, Lizenzierung, Deakquisition	259
	9.8.4 Geschäftsgang, Electronic Ressource Management	261
	9.8.5 Bestandserhaltung und digitale Langzeitarchivierung	266
9.9	Ausblick	268

10 Beruf, Ausbildung und Studium 270

10.1	Anfänge der Professionalisierung	270
10.2	Spartentrennung	271
10.3	Studien- und Ausbildungsreformen seit 1990	274
10.4	Qualifikationsebenen, Aufgabenprofile, Arbeitsmarkt	277
10.5	Bibliotheks- und Informationswissenschaft und verwandte Fächer	280
10.6	Ausblick	284

11 Ergebnisse und Perspektiven 286

Anhang

Literaturhinweise	291
Institutionelle Internet-Adressen	308
Abkürzungen	314
Register	320

Tabellenverzeichnis

Tabelle 1:	Der Informationsprozess	6
Tabelle 2:	Information und Wissen (bibliotheks- und informationswissenschaftliche Definition)	6
Tabelle 3:	Sammelgut und Funktionalität der Bibliothek	8
Tabelle 4:	Die Bibliothek im Vergleich mit verwandten Institutionen	10
Tabelle 5:	Gesellschaftliche Subsysteme und zugehörige Bibliothekstypen	18
Tabelle 6:	Stufen gesellschaftlicher Evolution	21
Tabelle 7:	Zusätzlicher Regelungsbedarf im Informationssektor der Informationsgesellschaft	27
Tabelle 8:	Techniken und Institutionen des Informationsmanagements im historischen Wandel	28
Tabelle 9:	Entwicklungsstufen der Systembildung	31
Tabelle 10:	Entwicklungsstufen vom erratischen Einzelphänomen Bibliothek zum funktional differenzierten Bibliothekssystem	33
Tabelle 11:	Strukturen des (auf den Althoffschen Reformen beruhenden) funktional differenzierten Bibliothekssystems	37
Tabelle 12:	EDV-basierte Entwicklungsschritte des Bibliothekswesens	46
Tabelle 13:	Vieldeutigkeit bibliothekarischer Eigennamen	93
Tabelle 14:	Bibliothekstypologie nach Bedarf und Versorgungsbereich gemäß „Bibliotheksplan '73" und „Bibliotheken '93"	94
Tabelle 15:	Die Deutsche Nationalbibliografie	98
Tabelle 16:	Anzahl der Hochschulen in Deutschland (Stand: 2019)	103
Tabelle 17:	Universitätsbibliotheken im Zahlenspiegel (Durchschnittswerte für 2017 auf der Grundlage der Deutschen Bibliotheksstatistik)	104
Tabelle 18:	Kennzeichen der durchschnittlichen Öffentlichen Bibliothek (Stand: 2019)	112
Tabelle 19:	Sektionen des dbv (Stand: 08/2019)	130
Tabelle 20:	Die regionalen Verbundsysteme in Deutschland (Stand: 9/2019)	154
Tabelle 21:	Zwecke von Normen und Standards	174
Tabelle 22:	SOLL-Zugangszahlen für Universitätsbibliotheken 2010	176
Tabelle 23:	Etatbedarf einer Volluniversität bei durchschnittlichem Ausbaugrad der Fächer	177
Tabelle 24:	Normen für Papier, Bucheinband und Magazinierung	180
Tabelle 25:	Beispiele aus ISO 2789	181
Tabelle 26:	Beispiele für Leistungsindikatoren	181
Tabelle 27:	Funktionale Anforderungen an bibliografische Datensätze	185
Tabelle 28:	Wichtigste Elemente des Normdatensatzes	189
Tabelle 29:	Dublin Core Metadata Element Set in der dt. Übersetzung des Kompetenzzentrums Interoperable Metadaten (www.kim-forum.org)	191
Tabelle 30:	Standards der dbv-Dienstleistungskommission	195
Tabelle 31:	Referenzrahmen Informationskompetenz für die Anbieter	196

Tabelle 32:	Referenzrahmen Informationskompetenz zur Messung des Kompetenzniveaus der Lernenden	196
Tabelle 33:	Allgemeine Charakteristika von Dienstleistungen aus betriebswirtschaftlicher Sicht	200
Tabelle 34:	Vergleich der Merkmale allgemeiner Dienstleistungen aus Sicht der Betriebswirtschaft und der Charakteristika von Informationsdienstleistungen aus bibliotheks- und informationswissenschaftlicher Sicht	202
Tabelle 35:	Informationsdienstleistungen und ihre Spezifika	203
Tabelle 36:	Dienstleistungsbereiche nach Basisfunktionen	205
Tabelle 37:	Dienstleistungskatalog der Universitätsbibliothek Bielefeld	207
Tabelle 38:	Typologie der Informationsdienste im Bereich Auskunft, Informationsvermittlung, Informationsberatung	215
Tabelle 39:	Varianten digitaler Informationsdienste	217
Tabelle 40:	Typische Schritte des Marketing-Zyklus	240
Tabelle 41:	Handlungsfelder im Marketing-Mix	241
Tabelle 42:	Dokumentlieferdienst im Marketing	242
Tabelle 43:	Bestandsprofile Öffentlicher Bibliotheken	256
Tabelle 44:	Collection Depth Indicators	257
Tabelle 45:	Qualifikationsebenen und Aufgabenprofile	277
Tabelle 46:	Weitere Studiengänge im Informationssektor	282

Vorwort zur dritten Auflage

Nach 2006 bzw. 2011 legen die Autoren die nunmehr 3. Auflage dieser Einführung vor. 2014 war eine auf der Grundlage der 2. Auflage revidierte und aktualisierte englischsprachige Ausgabe erschienen. Die Übersetzung hatten dankenswerter Weise *Dale Askey* und *Jennifer Drake Askey* übernommen. Die erfreulich positive Resonanz und die anhaltende Nachfrage trotz inzwischen doch einiger einführender Werke zum deutschen Bibliothekswesen könnte darauf zurückzuführen sein, dass durch Nutzung systemtheoretischer Denkfiguren zum einen bestehende Strukturen beschrieben und bewertet werden, zum anderen das Bibliothekssystem grundsätzlich eingebettet in seine gesamtgesellschaftlichen Bezüge dargestellt wird. Dieser ganzheitliche Ansatz bringt sowohl historische als auch soziologische Aspekte zur Geltung. Dadurch wird es möglich, Erfolge und Leistungen ebenso wie Versäumnisse und Defizite des Bibliothekssystems aufzuspüren und aus diesem Vergleich zwischen Leistungserwartungen der systemspezifischen Umwelt und dem aktuellen Funktionspotenzial des Systems Forderungen für zukünftige Entwicklungen abzuleiten.

Inhaltlich zeigen sich im Vergleich sowohl zur 2. Auflage als auch zur englischsprachigen Ausgabe als Ausdruck der anhaltend starken Entwicklungsdynamik mit kurzen Innovationsrhythmen zahlreiche Veränderungen. Themen wie Fake News, Makerspaces, Bibliothek als Dritter Ort, Fachinformationsdienste für die Wissenschaft, Patron Driven Acquisition, Embedded Librarian, um nur einige zu nennen, haben in den Vorauflagen keine Rolle gespielt. Umgekehrt sind, aus Gründen die gerechtfertigt erscheinen mögen oder auch nicht, Projekte verschwunden, die einst als zukunftsweisend erschienen. Zu denken ist z. B. an den jahrzehntelang erfolgreichen Sondersammelgebietsplan der DFG, an das System Virtueller Fachbibliotheken oder das nationale Wissenschaftsportal vascoda. Andere Phänomene, in die große Erwartungen gesetzt worden waren, haben sich kaum oder nur in abgeschwächter Form bemerkbar gemacht. Dies trifft z. B. auf die Relevanz interaktiver Angebote im Kontext von Web 2.0 zu. Bibliotheken, die Kommentierungs- und Bewertungsoptionen in ihren Online-Katalogen eingerichtet haben oder die ihren Nutzern die Möglichkeit geboten haben, selbst gewählte Schlagwörter zu vergeben, berichten, dass von diesen Möglichkeiten gar nicht oder allenfalls sehr verhalten Gebrauch gemacht worden ist.

Auch im Aufbau des Bandes haben sich Änderungen ergeben. Die Entwicklungsdynamik und die damit verbundenen Innovationen sorgen für zahlreiche, bislang unbekannte Handlungsoptionen, die ethisch bewertet und juristisch geklärt werden müssen. Aus diesem Grund werden die Bereiche Ethik und Recht ausführlicher behandelt. Um der realen Aufwertung gerecht zu werden, wurden beide in einem eigenständigen Kapitel zusammengeführt bzw. zusammengefasst.

Neu ist auch, dass für zwei Abschnitte zusätzliche Autoren gewonnen werden konnten, die sowohl über umfangreiche Erfahrungen in der Bibliothekspraxis verfügen als auch durch zahlreiche wissenschaftliche Publikationen hervorgetreten sind. Unser besonderer Dank gilt *Albert Bilo*, der die Abschnitte *6.5 Vernetzung und kooperative Dienste* und *6.6 Digitale Informationsinfrastruktur – Perspektiven der Vernetzung* verfasst hat. In gleicher Weise zu danken ist *Eric W. Steinhauer*, der das Kapitel *4.2 Die Rechtsstellung der Bibliotheken* zu diesem Band beigesteuert hat. Alle Teile des vorliegenden Werkes sind von den drei Hauptautoren in zahlreichen Sitzungen gemeinsam gesichtet und diskutiert worden. Die Texte Bilos und Steinhauers waren ebenfalls in diese Prozesse eingeschlossen. Doch lag in diesen Fällen die letzte Verantwortung bei den Ursprungsverfassern, die daher auch im Inhaltsverzeichnis und Text als Autoren angegeben werden. Für alle übrigen Teile können die drei Hauptautoren als gemeinsame Verfasser gelten.

Zu herzlichem Dank sind die Autoren *Engelbert Plassmann* verpflichtet. Er hat das Werk mitbegründet und war auch an der 2. Auflage maßgeblich beteiligt. Von seiner jahrzehntelangen Erfahrung in Forschung, Lehre und Praxis sowie seiner akribischen Arbeitsweise zehrt das gesamte Vorhaben noch heute.

Wie die früheren Auflagen richtet sich auch diese 3. Auflage an alle, die sich in Theorie und Praxis mit Bibliotheken und verwandten Informationseinrichtungen beschäftigen. Darunter bilden die Studierenden bibliotheks- und informationswissenschaftlicher Studiengänge eine besonders hervorzuhebende Zielgruppe. Auf Karten wird in der 3. Auflage verzichtet.

Eine durchgängig geschlechtergerechte Sprache wäre zweifelsohne wünschenswert. Aus Gründen der leichteren Lesbarkeit wird darauf jedoch zugunsten des generischen Maskulinums verzichtet. Männliche und weibliche Personen sind bei den entsprechenden Formulierungen selbstverständlich gleichberechtigt angesprochen.

Hermann Rösch, Jürgen Seefeldt, Konrad Umlauf

Bonn, Koblenz, Niederstetten, im Herbst 2019

Vorwort zur zweiten Auflage

Mehrere Gründe haben die Autoren bewogen, nach nur wenigen Jahren eine gründlich überarbeitete Auflage dieser Einführung vorzulegen. Da ist zum einen die Vielzahl der kleinen, aber auch größeren Veränderungen und Neuerungen, die in der Zwischenzeit in Bibliotheken und im Bibliothekssystem eingetreten sind. Dies allein konnte natürlich weder den Arbeitsaufwand noch das ökonomische Wagnis rechtfertigen. Zum anderen fühlten sich Autoren und Verlag dazu ermuntert durch die positive Aufnahme des Werks. Diese ist abzulesen an den Besprechungen und der Tatsache, dass die erste Auflage nach vergleichsweise kurzer Zeit vergriffen war. Offensichtlich besteht auch weiterhin Bedarf an gedruckten Monografien, die sich gründlich und ganzheitlich mit Stand und Entwicklungsperspektiven der Bibliotheken und des Bibliothekssystems im 21. Jahrhundert beschäftigen. Moderne, hochaktuelle Kanäle wissenschaftlicher Kommunikation wie Blogs, Wikis oder Mailinglisten einerseits und Printmedien andererseits schließen einander nicht prinzipiell aus.

Die Überarbeitung führte den Autoren nachhaltig vor Augen, wie viele noch 2006 zutreffende Detailaussagen aktualisiert, geändert oder ergänzt werden mussten. Manche Phänomene, die damals vergleichsweise knapp behandelt worden sind, haben in der Zwischenzeit deutlich an Gewicht gewonnen und sind nunmehr ausführlicher vertreten. Dazu zählen z. B. Web 2.0, digitale Langzeitarchivierung oder Electronic Resource Management. Andere Aspekte sind derart in den Vordergrund gerückt, dass dafür eigene Gliederungspunkte angelegt werden mussten. Dies gilt z. B. für Bibliothekspolitik, Massendigitalisierung, Open Access oder Virtuelle Forschungs- und Arbeitsumgebungen. Ohne Zweifel wird sich der technische, organisatorische und strukturelle Wandel ungebremst fortsetzen. Dennoch sind die Autoren überzeugt, dass mit dem vorliegenden

Band ein angemessener, aktualisierter Überblick und ein hilfreicher gedanklicher Ansatz geboten werden, um den bevorstehenden innovatorischen Herausforderungen der kommenden Jahre erfolgreich begegnen zu können.

Adressaten des vorliegenden Bandes sind wie auch in der ersten Auflage alle, die sich in Theorie und Praxis mit Bibliotheken und verwandten Informationseinrichtungen beschäftigen; darunter bilden natürlich die Studierenden bibliotheks- und informationswissenschaftlicher Studiengänge eine besonders hervorzuhebende Gruppe.

Für die sorgfältige Anfertigung der Karten danken die Bearbeiter *Markus Burghardt*, Leipzig.

Engelbert Plassmann, Hermann Rösch, Bochum, Köln, Koblenz, Berlin;
Jürgen Seefeldt, Konrad Umlauf im Frühjahr 2011

Vorwort zur ersten Auflage

Angesichts des raschen und nachhaltigen Wandels im Bibliotheks- und Informationswesen haben die Autoren es unternommen, eine neue, kompakte Einführung zu erarbeiten, die sich von den bisher bewährten Werken deutlich unterscheidet.

Eine wichtige Zielgruppe sind natürlich die Studierenden der bibliotheks- und informationswissenschaftlichen Studiengänge. Darüber hinaus soll der vorliegende Band aber auch all jenen zur Orientierung dienen, die im Bibliotheks- und Informationswesen tätig sind und bei der Vorbereitung von Innovationen ganzheitlich denken und planen wollen.

Die Autoren danken dem Verlag Harrassowitz für die Anregung zu diesem Buch, Herrn Dipl.-Bibl. *Elmar Bickar* für seine aktive und überaus hilfreiche redaktionelle Mitarbeit.

Engelbert Plassmann, Hermann Rösch, Berlin, Bochum, Koblenz, Köln;
Jürgen Seefeldt, Konrad Umlauf im Januar 2006

1 Einleitung

In Phasen beschleunigten und anhaltenden Wandels ein Werk vorzulegen, das Aussagen von längerfristiger Gültigkeit zu treffen beansprucht, ist nicht ohne Risiko. Erfolgreich kann ein solcher Versuch nur dann sein, wenn die Vermittlung instrumentellen Könnens nicht im Vordergrund steht. Dessen vollständige Beschreibung sollte gerade wegen der rasch fortschreitenden Entwicklung ohnehin eher in digitaler Form erfolgen, weil auf diese Weise den beständigen Veränderungen ohne großen Verzug Rechnung getragen werden kann. Wer allein auf instrumentelle Anleitungen oder State-of-the-Art-Übersichten rechnet, könnte von dem vorliegenden Band enttäuscht werden.

Trotz der enormen Bewegung, die seit einigen Jahren und wohl auch auf absehbare Zeit in der Informationslandschaft zu beobachten ist, sollen hier Aussagen getroffen werden, die zur Orientierung und Planung langfristig wirkender Entscheidungen beitragen können, und zwar sowohl auf der Ebene der einzelnen Bibliothek als auch in Bezug auf Kooperationsprojekte und das System der Literatur- und Informationsversorgung insgesamt. Um dies zu ermöglichen, müssen historische Entwicklungen und gesellschaftliche Kontexte in einem Maße in die Betrachtung einbezogen werden, das vor allem jene überraschen mag, die Qualität vorwiegend an kurzfristig zu erzielenden ökonomischen Erfolgen messen oder die zeitlichen Horizonte ihres Handelns auf Wahlperioden abstimmen.

Bei der Beschreibung der historischen Entwicklung wird thematisch (nicht quantitativ) weit ausgeholt, damit aus den groben Linien der Evolutionsgeschichte Wahrscheinlichkeiten abgeleitet und bestehende Trends beschrieben werden können.

Dazu sind einige Vorbemerkungen zu machen:
- Wenn im Folgenden von Entwicklungsschritten die Rede ist, dann nicht in deterministischem Sinne. Die historische Betrachtung vermag für die Zukunft Wahrscheinlichkeiten zu ermitteln, keineswegs jedoch Abfolgen sicher zu prognostizieren. Evolution wird als offener, nicht als teleologischer Prozess verstanden.
- Wenn allerdings von Wahrscheinlichkeiten und Entwicklungstrends die Rede ist, in deren Verlauf einfache, niedere oder primitive Stufen entfalteten, höheren oder komplexen Stadien vorausgehen, so ist damit a priori keine Wertung verbunden. Komplexere Systeme sind nicht zwangsläufig „besser" als einfache. Möglicherweise entsprechen beide den Leistungsanforderungen, die von der jeweiligen Umwelt gestellt werden.
- Wenn für eine bestimmte Entwicklungsstufe ein konkreter Trend beschrieben wird, ist damit nicht unterstellt, dass alle Subsysteme einer Gesellschaft bzw. alle Gesellschaften gleichzeitig diesen Trend aufweisen. Entwicklung muss vielmehr als ungleichzeitiger, nicht linearer und nicht totaler Prozess begriffen werden. So existieren informationsgesellschaftliche und agrargesellschaftliche Strukturen gleichzeitig an verschiedenen Orten und möglicherweise parallel in ein und derselben Gesellschaft.
- Ferner ist Entwicklung nicht einheitlich, sondern begleitet von Gegen- und Unterströmungen, in denen sich frühere Stufen tradieren und zukünftige ankündigen können.

In die historische Betrachtung fließt eine deutlich soziologisch geprägte Perspektive ein, die Anleihen bei der Systemtheorie *Luhmann*scher Prägung nicht verleugnet. Bibliotheken und andere Informationseinrichtungen werden im mikro- wie im makrosoziologischen Sinne als Systeme begriffen, die an ihre spezifischen Umwelten strukturell gekoppelt sind. Idealerweise bieten diese Funktionssysteme exakt jene Leistungen an, die von der Systemumwelt (z. B. anderen Funktionssystemen oder Trägerinstitutionen) benötigt werden. Dieser Zustand wird als Symmetrie beschrieben.

Ändern sich die Anforderungen, so entsteht Asymmetrie, die das betroffene System zunächst erkennen muss, um aus sich selbst heraus veränderte Leistungen zu erbringen, die jenen neuen Anforderungen gerecht werden. Gelingt dies nicht, so ist die Wahrscheinlichkeit groß, dass konkurrierende oder neu auftretende Anbieter, die gegebenenfalls anderen Systemen angehören bzw. solche bilden, die Lücke schließen. Das in Asymmetrie geratene System ändert seinen Funktionsumfang dann zwangsweise; es kann sich dabei um eine Marginalisierung oder gar eine völlige Substitution handeln. Ein Zustand der Marginalisierung des Bibliothekssystems (in diesem Falle möglicherweise in Form einer Musealisierung) träte z. B. ein, wenn die Zuständigkeit der Bibliotheken auf die Verwaltung von Printmedien reduziert würde und das Informationsmanagement im Hinblick auf digitale und netzbasierte Informationen gleichzeitig überginge z. B. auf Suchmaschinenbetreiber wie Google, Verkaufsplattformen wie Amazon, Soziale Netzwerke wie Facebook, IT- und Software-Unternehmen wie Apple oder Microsoft oder eine modernisierte Verlagswirtschaft.

Die Symmetrie zwischen System und spezifischer Umwelt ist grundsätzlich labil, d. h. der Umweltbedarf muss regelmäßig überprüft, die eigenen Funktionen müssen gegebenenfalls entsprechend modifiziert werden. In Zeiten beschleunigten Wandels empfiehlt es sich, die damit verbundenen Gefahren durch proaktives Produktdesign und Produktmanagement zu entschärfen. Der vorliegende Band will nichts weniger, als diese Zusammenhänge beleuchten und bezogen auf den aktuell erreichten Stand sowie zu erwartende Entwicklungen Hinweise geben, wie das Bibliothekssystem vorhandenen oder drohenden Asymmetrien nachhaltig erfolgreich begegnen kann.

Neben originär bibliotheks- und informationswissenschaftlichen Bestandteilen sind die folgenden Ausführungen durch Anleihen aus anderen Disziplinen wie der Geschichte, der Soziologie und der Betriebswirtschaft geprägt. Dies belegt im Übrigen, dass Bibliotheks- und Informationswissenschaft einerseits Eigengewicht besitzt, darüber hinaus aber als Querschnittswissenschaft zu charakterisieren ist. Bibliotheks- und Informationswissenschaft wird hier im Sinn der Library and Information Science als ein Fach verstanden, das den gesamten Informationssektor in seiner institutionellen Spannweite (unter Einschluss von Bibliotheken als Institutionen) und in seiner medialen Breite (einschließlich gedruckter und handgeschriebener Information) in den Blick nimmt. Bibliothekswissenschaft einerseits und Informationswissenschaft andererseits werden dabei nicht als autonome, nur lose verbundene oder benachbarte Bereiche begriffen.

Modernistische Beschreibungen des heutigen Informationssektors zeichnen sich i. d. R. durch ein statisches und durchweg ahistorisches Verständnis von Bibliothek aus und halten die Bibliothek deshalb für anachronistisch. Im Gegensatz zu dieser kurzsichtigen, wenngleich nicht unpopulären Perspektive, legt der ganzheitliche Blick nahe, Bibliotheken als dynamische Institutionen zu begreifen, die in Europa seit mindestens einem Jahrtausend auf veränderte Umweltanforderungen meist erfolgreich zu reagieren verstanden. Dies ist kein Freibrief, auch altbewährte Institutionen oder Systeme stehen prinzipiell zur Disposition. Die Erweiterung der Betrachtung um historische und soziologische Kontexte aber stellt unter Beweis, dass die Bibliotheken und das Bibliothekssystem über erhebliches Innovationspotenzial verfügen, welches ihnen auch in der entwickelten Informationsgesellschaft nicht nur das Überleben sichern, sondern darüber hinaus eine noch gewichtigere Rolle als in der Vergangenheit verschaffen kann.

Weitere Veränderung also ist unausweichlich. Beschrieben werden sollen Entwicklungsoptionen, soweit sie gegenwärtig erkennbar sind. Dass Prognosen immer fehlerträchtig sind, darf nicht davon abhalten, Aussagen über zu erwartende Entwicklungen zu treffen. Der Weg kann nur dann das Ziel sein, wenn man sich immer wieder neu darüber verständigt, welche Richtung eingeschlagen worden ist und sinnvoller Weise eingeschlagen werden soll. Die bewusste Entscheidung, Aussagen über die Zukunft zu riskieren, hat mehrere Konsequenzen. So kann eine rein deskriptive Darstellung des Bibliotheks- und Informationswesens dafür nicht genügen. Natürlich muss vom Ist-Zustand ausgegangen werden, doch entwertet die allgemeine Entwicklungsbeschleunigung derartige Arbeiten zunehmend zu Momentaufnahmen, die schnell veralten. Methodisch muss die deskriptive Bestandsaufnahme sich auf die Beschreibung struktureller Zusammenhänge konzentrieren und um eine zukunftsorientierte, d. h. möglichen Wandel erläuternde Analyse ergänzt werden.

Größere Wahrscheinlichkeit gewinnen die Prognosen dadurch, dass Erfahrungen und Entwicklungen solcher Gesellschaften in die Betrachtung einbezogen werden, deren Informationslandschaft bereits länger und stärker von digitaler Revolution und weltweiter Vernetzung geprägt ist als die deutsche. Aus diesem Grunde wurden Veränderungen und Lösungsansätze aus dem Bibliotheks- und Informationssystem vor allem Nordamerikas und Großbritanniens bei den Überlegungen zur möglichen Weiterentwicklung in Deutschland berücksichtigt. Unter kommunikationstechnischen Gesichtspunkten (Internet) und unter politischen Aspekten (fortschreitende Europäisierung) scheint es ohnehin geboten, nationale um transnationale wenn nicht internationale Perspektiven zu ergänzen.

Zu den Veränderungen, welche die Bibliotheken und das Bibliothekssystem ergreifen können oder bereits ergriffen haben, gehört neben Funktionsveränderungen und intensivierter Vernetzung auch die mögliche Annäherung an andere Segmente des Informationswesens durch Funktionserweiterungen oder Übernahme neuer Funktionen. Zu denken ist in diesem Zusammenhang etwa an den Aus- oder Aufbau der Distributionsfunktion im Kontext der Open-Access-Bewegung. Auch der partielle Abschied von der bibliografischen Einheit als prinzipieller Grundlage bibliothekarischer Erschließung und damit die Integration von Erschließungsprinzipien, die früher als klassisch dokumentarische bezeichnet wurden, kann als Beleg für diesen Trend herangezogen werden.

Das Werk ist so aufgebaut, dass zu Beginn die globalen, allgemeinen Zusammenhänge behandelt werden, ehe eine Verengung auf das Besondere erfolgt. Im zweiten Kapitel werden die begrifflichen Grundlagen behandelt sowie die Entwicklungslinien in historischer und soziologischer Betrachtung nachgezeichnet. Nach der makrosoziologischen Perspektive wird im dritten Kapitel die innere Entwicklung des Funktionssystems Bibliothekswesen beschrieben. Im Vordergrund steht dabei neben der Technik vor allem die Entwicklung von der isolierten Einzelbibliothek zum funktional differenzierten Bibliothekssystem. Mit den anschließenden Kapiteln soll dann der Blick stärker auf den Entwicklungsstand und die Zukunftsperspektiven des deutschen Bibliothekssystems gerichtet werden.

In Kapitel drei geht es um eine Beschreibung des deutschen Bibliothekswesens unter typologischen und institutionellen Aspekten. Schon hierbei wird deutlich, wie sehr vertraute Kategorien und Strukturen z. B. hinsichtlich typologischer Einteilungen der Modifikation bedürfen.

Um Bezüge zu ethischen Werten und rechtlichen Normen geht es im vierten Kapitel. Bibliothekarisches Handeln in Deutschland ist erst in Ansätzen geprägt von bibliotheks- und informationsethischer Reflexion. Die damit verbundenen Chancen zu wertbezogener Orientierung und Standardisierung werden weit unterschätzt. Selbstverständlich vollzieht sich das Wirken der Bibliotheken auf der Grundlage des gegebenen Rechtes. Klar zu erkennen war bald, dass digitale Medien und darauf beruhende kommunikative Vernetzung Handlungsoptionen eröffnet haben, die neue bzw. modifizierte rechtlichen Regelungen erforderten. Entsprechende Anpassungen oder Erweiterungen etwa des Urheberrechtes sind entweder bereits erfolgt oder in Arbeit.

Das fünfte Kapitel wirft einen Blick auf die Struktur, Typen und Sparten des Bibliothekssektors, ihre Träger und Förderer sowie ihre speziellen Ausformungen und Einrichtungen. Dabei wird deutlich, wie sehr vertraute Kategorien und Strukturen z. B. hinsichtlich typologischer Einteilungen der Modifikation bedürfen.

Funktionale Differenzierung hat konsequenter Weise eine deutliche Steigerung von Kooperation und Vernetzung zur Folge. Deren Formen und Modi werden im sechsten Kapitel erläutert. Dazu zählen neben der Kooperation in Verbänden und der Zusammenarbeit mit nicht-bibliothekarischen Förderern und Partnern insbesondere Kooperationsprojekte zur Verbesserung der einzelnen bibliothekarischen Funktionen (Erwerbung, Erschließung, Benutzung, Vermittlung usw.), vor allem aber überregionale und nationale Projekte wie z. B. Bibliotheksverbünde oder die Fachinformationsdienste für die Wissenschaft.

Je stärker der Prozess der Arbeitsteilung fortgeschritten ist, desto größer ist der Bedarf an Übereinkünften, die den Prozess der Aufteilung von Funktionen, aber natürlich auch den Prozess der Rückführung und gemeinsamen Nutzung der Leistungsergebnisse im System regeln. Das siebte Kapitel trägt diesem Aspekt Rechnung und behandelt Normen und Standards, Richtlinien und Empfehlungen, die im Bibliotheks- und Informationssystem mittlerweile eine Rolle spielen.

Informationsgesellschaft kann auch als hoch entwickelte Form von Dienstleistungsgesellschaft verstanden werden. In jedem Fall hat Dienstleistungsorientierung eine herausragende Bedeutung. Auch aus diesem Grund werden im achten Kapitel ausnahmslos alle bibliothekarischen Tätigkeiten als Dienstleistungen verstanden, obwohl das in diesem Umfang bislang kaum üblich war. Behandelt werden sowohl die grundsätzlichen Besonderheiten von Informationsdienstleistungen als auch die spezifisch bibliothekarischen Informationsdienstleistungen von Archivierung über Auskunft und Informationsvermittlung bis hin zu Wissensmanagement.

Umfang und Diversifizierung bibliothekarischer Leistungen haben in den vergangenen Jahrzehnten fortwährend zugenommen. Die Anforderungen der Systemumwelt können nur unter der Voraussetzung erkannt und erfüllt werden, dass bibliothekarische Arbeit mit professionellen betriebswirtschaftlichen Methoden geplant und durchgeführt wird. Daher befasst sich das neunte Kapitel mit einschlägigen Management-Themen wie Marketing, Personalführung, Controlling usw.

Studium und Ausbildung stehen im zehnten Kapitel im Vordergrund. Wandel und die damit zwangsläufig verbundene Verunsicherung zeigen sich in diesem Segment häufig am frühesten. Gerade für die Ausbildung des Nachwuchses ist zukunftsorientiertes Denken unerlässlich. Damit Studium und Ausbildung mehr sind als berufsständische Initiation, müssen Entwicklungswahrscheinlichkeiten antizipiert werden. Die durchgängige und anhaltende Veränderung der Curricula, die Entwicklung neuer Studiengänge und die Einführung neuer akademischer Grade, wie sie in diesem Kapitel beschrieben werden, belegen, dass der Seismograph „Studium und Ausbildung" für das Bibliotheks- und Informationswesen anhaltende Veränderung anzeigt. Abschließend bringt Kapitel 11 in kompakter Form eine Zusammenfassung wichtiger Ergebnisse und wagt einen perspektivischen Blick in die nahe Zukunft von Bibliothek und Information.

Die Absicht der Verfasser ist es, mit diesem Werk neue Wege zu gehen und neue Wege aufzuzeigen. Schon der Plural „Wege" deutet darauf hin, dass es sich dabei weder um eine Einbahnstraße handelt noch um eine feststehende Route.

2 Bibliothek und Information

Der enge inhaltliche Bezug zwischen Bibliothek und Information ist unmittelbar einleuchtend. Bibliotheken sind ohne Information nicht denkbar; Information bzw. Informationsprozesse außerhalb und unabhängig von Bibliotheken hingegen lassen sich mühelos nachweisen. Information als Gegenstand zwischenmenschlicher Kommunikation dient primär und ursprünglich der Verständigung; Bibliotheken als informationsverarbeitende, -bewahrende und -bereitstellende Institutionen wurden erst benötigt, nachdem die menschliche Evolution eine bestimmte Entwicklungsstufe erreicht hatte. Und auch dann wurden nur bestimmte Informationen für die Überlieferung in Bibliotheken ausgewählt. Es stellt sich die Frage, welche Informationen auf wessen Veranlassung in Bibliotheken gelangen und wer daraus einen Nutzen ziehen kann. Zu untersuchen ist ferner, ob das Verhältnis von Bibliothek und Information unabänderlich ist. Führt z. B. die Informationsgesellschaft mit der oft beklagten Informationsflut zu einer Veränderung sowohl der Rolle von Information und Bibliothek als auch ihrer wechselseitigen Beziehung?

Das Verhältnis von Information und Bibliothek soll zunächst durch begriffliche Bestimmungen, anschließend mittels historischer Einordnungen beleuchtet werden. Die groben historischen Entwicklungslinien bis in die Gegenwart hinein werden rekapituliert, um Anhaltspunkte zu gewinnen für Überlegungen zur möglichen, wahrscheinlichen und auch zur anzustrebenden Zukunft des Bibliotheks- und Informationswesens.

2.1 Begriffliches

Werfen wir also zunächst einen Blick auf die Begriffe aus heutiger Sicht. Der schillernde Begriff der Information soll zum einen in Abgrenzung zum Begriff des Wissens präzisiert werden; zum anderen soll er schärfere Konturen gewinnen, indem die Rolle von Information als Bestandteil menschlicher Kommunikation, als Kernelement von Informationsprozessen erläutert wird. Bibliothek scheint der leichter zu bestimmende Begriff zu sein.

Doch auch hier lohnt sich die zweifache Annäherung. Zunächst gilt es, die Basisfunktionen der Institution Bibliothek idealtypisch zu benennen. Anschließend erfolgt die Abgrenzung von Bibliothek gegenüber verwandten Institutionen wie Archiv, Museum usw.

2.1.1 Information und Wissen

Die Suche nach einer allgemeingültigen Definition des Informationsbegriffes führt schnell zu Verwirrung. Viele Disziplinen haben wie die Biologie („Geninformation") oder die Informatik („Nachricht als physikalisches Ereignis") ihr je eigenes Verständnis von Information entwickelt. Für unsere Betrachtung ist der in der Bibliotheks- und Informationswissenschaft verbreitete Informationsbegriff maßgebend. Information ist demnach immer Bestandteil menschlicher Kommunikation. Ein Sender (Sprecher, Autor o. ä.) macht eine „Mitteilung". Er macht „Teile" seines subjektiven Wissens zum Gegenstand einer Kommunikation. Aus seinem Wissensbestandteil wird eine Information, die er über einen bestimmten Kommunikationskanal (Sprache, geschriebener Text in einem gedruckten Buch oder in einer E-Mail usw.) auf den Weg bringt. Ob ein Informationsprozess wirklich zustande kommt, hängt nicht zuletzt ab vom Empfänger. Ignoriert dieser den Inhalt der Mitteilung oder ist ihm dieser bereits bekannt, findet keine Übertragung von Information statt. Damit ist eine weitere unerlässliche Eigenschaft der Information benannt: Eine Mitteilung wird erst dann zur Information, wenn ihr Inhalt dem Empfänger vorher unbekannt ist. Nicht jede Kommunikation also führt zu einem Informationsprozess.

Tabelle 1: Der Informationsprozess

Sender (Sprecher, Autor usw.)	Kommunikationskanal (Sprache, gedruckter Text, digitaler Text usw.)	Empfänger (Rezipient, Leser, Hörer usw.)
mit subjektivem Wissen, aus dem ein Teilbestand abgesondert und als Information kommuniziert wird	Information als Bestandteil der Kommunikation Information als „Wissen in Aktion"	mit eigenem Wissenshorizont, in den die vom Sender übermittelte Information als neuer Bestandteil integriert wird
Teilmenge aus dem Wissen des Senders	Information (Teilmenge aus dem Wissen des Senders), die durch Wahl des Kanals / Mediums beeinflusst wird	Teilmenge aus dem Wissen des Senders wird zu Teilmenge des Wissens auf Seiten des Empfängers (nicht zwingend deckungsgleich mit der ursprünglichen Teilmenge aus dem Wissen des Senders)

Aber selbst wenn eine Übertragung von Information stattfindet, gibt es keine Gewähr dafür, dass der Empfänger exakt das in seinen Wissensvorrat einbaut, was der Sender gemeint hat. Dafür kann es vielerlei Ursachen geben. Der Sender mag sich unpräzise artikuliert haben, der Übertragungskanal kann zu Missverständnissen beitragen und schließlich wird jeder Empfänger Informationen immer aus seiner Sicht, auf der Grundlage seines Kontextwissens interpretieren und in seinen Wissensbestand integrieren. Niemand kann garantieren, dass seine Nachricht wirklich vom Empfänger so aufgenommen wird, wie sie gemeint war. Dies ist einer der Gründe, weshalb Wissen streng von Information unterschieden werden muss. Wissen ist demnach immer persönliches Wissen, während Informationen auch weitergegeben, in Datenbanken gespeichert, gefunden, aufgeschrieben, gesammelt, gezählt oder verglichen werden können.

Tabelle 2: Information und Wissen (bibliotheks- und informationswissenschaftliche Definition)

Information	Wissen
ist immer Kommunikation	kann nur individuell erzeugt werden
muss vom Empfänger wahrgenommen werden	ist an eine Person gebunden
muss für den Empfänger neu sein	
unterliegt bei der Umwandlung in Wissen der Interpretation des Empfängers	
ist dokumentierbar, kann unabhängig vom Individuum z. B. in Büchern oder Datenbanken gespeichert, gesucht und gefunden werden	ist nur in Form von Informationen dokumentierbar (übertragen in ein Zeichensystem und übergeben auf medialem Träger an einen Kommunikationskanal)

2.1.2 Bibliothek

Auch der Begriff der Bibliothek wird in unterschiedlichen Zusammenhängen mit unterschiedlicher Bedeutung aufgeladen. Informatiker etwa verstehen darunter eine Sammlung von Programmroutinen, die in einer Datei gespeichert sind; im Verlags- und Publikationswesen werden nicht selten Verlegerserien („Bibliothek Suhrkamp") oder Serien mit herausragenden Einzelwerken als Bibliothek bezeichnet („Bibliothek deutscher Klassiker"). Und selbst im eigentlichen Bibliothekswesen meint Bibliothek sowohl die geordnete, große Sammlung von gedruckten und digitalen Speichermedien als auch das Gebäude, in der die Sammlung aufbewahrt und betreut wird.

Der Benediktinermönch und Bibliothekar *Martin Schrettinger* (1772–1851) definierte „Bibliothek" Anfang des 19. Jahrhunderts als „eine beträchtliche Sammlung von Büchern, deren Einrichtung jeden Wissbegierigen in Stand sezt, jede darin enthaltene Abhandlung, ohne unnöthigen Zeitverlust, nach seinem Bedürfnisse zu benüzen" (Schrettinger 1808, S. 12). Bis in die Gegenwart hinein wird „Bibliothek" auch in der Fachliteratur meist mit großer und geordneter Büchersammlung gleichgesetzt (so z. B. Gantert 2008, S. 11, ähnlich Lohse 1987, Sp. 379). Wenn unter Buch wie etwa im „Wörterbuch des Buches" (Hiller 1991, S. 58) eine „in einem Umschlag oder Einband durch Heftung zusammengefasste, meist größere Anzahl von leeren, beschriebenen oder bedruckten einzelnen Papierblättern oder Lagen bzw. Bogen" verstanden wird, ist die Gleichsetzung von Bibliothek mit großer und geordneter Büchersammlung nicht zutreffend.

Der Begriff „Bibliothek" wurde in der griechischen Antike geprägt und bezeichnet ursprünglich den Behälter, den Schrank oder die Truhe („théke"), in der Schriftstücke („bíblos"/„biblíon") aufbewahrt werden. Das Sammelgut bestand zu dieser Zeit vorwiegend aus beschriebenen Papyrusrollen. Später trat Pergament als Beschreibstoff hinzu. Der Codex, die heutige Buchform, setzte sich erst im Übergang von der Antike zum Mittelalter durch. Im Barockzeitalter sammelten Bibliotheken neben Druckwerken bevorzugt auch Münzen, Globen, Bilder, Naturalien u. ä. Seit dem 20. Jahrhundert hat sich das Spektrum der in Bibliotheken gesammelten Speichermedien kontinuierlich erweitert. Zu den nach wie vor am stärksten vertretenen gedruckten Büchern und Zeitschriften traten hinzu etwa Mikrofilme, Mikrofiches, Schallplatten, Tonkassetten, Videofilmkassetten und schließlich die digitalen Medien (Disketten, Magnetbänder, Festplatten, CD-ROMs, DVDs usw.).

Bibliothek darf daher nicht auf „Sammlung von Büchern" eingeengt, sondern muss erweitert als „Sammlung publizierter Informationsressourcen" verstanden werden. Aber Bibliothek bedeutet ja mehr als nur die Sammlung von Materialien wie schon *Schrettinger* festgestellt hatte. Die UNESCO hat 1970 eine umfassendere Definition gegeben. Demnach gilt als Bibliothek „jede geordnete Sammlung gedruckter Bücher und periodischer Veröffentlichungen oder anderer graphischer oder audiovisueller Materialien sowie die Dienstleistungen eines Mitarbeiterstabes, der für die bequeme Nutzung der Materialien sorgt, die die Leser zu Zwecken der Information, Forschung, Bildung oder Entspannung benötigen" (Empfehlung zur internationalen Vereinheitlichung der Bibliotheksstatistik 1971, S. 596). Diese Beschreibung ist allerdings zu ergänzen um die 1970 noch nicht ausdifferenzierten digitalen Medien. Besonders hervorgehoben wird von der UNESCO, dass von einer Bibliothek erst gesprochen werden kann, wenn zu der bloßen Sammlung von Informationsressourcen weitere Dienstleistungen hinzutreten.

Zu einer brauchbaren und zeitgemäßen Definition gehört daher ferner, die spezifisch bibliothekarischen Dienstleistungen genauer anzugeben. Bibliotheken also sammeln publizierte Informationsressourcen aller Art. Dieser Aspekt ihrer Tätigkeit wird auch als Bestandsaufbau oder Erwerbung bezeichnet. Je nach Bibliothekstyp ist das Sammeln verbunden mit zeitlich befristeter oder dauerhafter Aufbewahrung (Archivierung) der Medien. Nach Sammeln und Aufbewahren gehört das Ordnen oder Erschließen der Informationsquellen zu den Kernaufgaben einer Bibliothek. Die Erschließung kann unter verschiedenen Aspekten (formal, inhaltlich) und mittels verschiedener Methoden (Aufstellung, katalogisierende Verzeichnung) erfolgen (▶ 6.5.2, ▶ 7.3.5, ▶ 7.3.6).

Ferner erfüllen Bibliotheken erst dann ihren Zweck, wenn die in ihnen gesammelten, aufbewahrten und erschlossenen Materialien zur Benutzung bereitgestellt werden. Ob die Benutzung uneingeschränkt für alle Bürger gilt oder nur für bestimmte Zielgruppen, ist historischen, politischen und gesellschaftlichen Veränderungen unterworfen und hängt ab von der Zweckbestimmung der jeweiligen Bibliothek bzw. dem Bibliothekstyp (▶ 5.3). Die Informationsressourcen werden für die Benutzung aufbereitet, bereitgehalten und auf Anfrage zugänglich gemacht. Eine weitere Funktion besteht schließlich in der aktiven Vermittlung von Informationen seitens der Bibliothek. Die Nutzer werden auf speziell aufbereitete Medien und Informationskonvolute, neu erworbene oder zugänglich gemachte Informationsressourcen hingewiesen; darüber hinaus bietet die Bibliothek ihren Nutzern an, deren Informationsprobleme im Auftrag zu lösen oder bei der Lösung behilflich zu sein. In Deutschland zumindest gehört diese Informationsdienstleistung leider nicht zum selbstverständlichen Repertoire der Bibliotheken. Dem Funktionsfeld „Vermittlung" ist auch der wichtige Beitrag der Bibliotheken zur Vermittlung von Informationskompetenz zuzurechnen (▶ 7.3.10). In jüngster Zeit haben vor allem Wissenschaftliche Bibliotheken eine Reihe weiterer Dienstleistungen rund um den Bereich „Verbreiten und Auswerten" entwickelt. Dazu zählt auch die Bereitstellung von Publikationen der Angehörigen der eigenen Hochschule oder Institution, die im Kontext der Open-Access-Bewegung ohne Beteiligung eines Verlages in digitaler Form von der Bibliothek in institutionellen oder fachlichen Repositorien bereitgestellt werden (▶ 6.5.5). Neu sind forschungsnahe Dienstleistungen wie z. B. die Förderung und statistische Auswertung von Publikationstätigkeiten. Dazu zählen u. a. bibliometrische und scientometrische Auswertungen. Auch die Erfassung und Interpretation von Daten, die Studierende auf Lernplattformen hinterlassen, kann von Bibliotheken übernommen werden („Learning Analytics").

Tabelle 3: Sammelgut und Funktionalität der Bibliothek

Basisfunktionen der Bibliothek		
Objektbezug	**Funktionalität**	
Veröffentlichte Informationsressourcen	Sammeln	Planmäßig erwerben Auswählen
	Bewahren	Mittel- oder langfristig archivieren Überliefern
	Ordnen	Erschließen
	Bereitstellen	Auf Anfrage zugänglich machen
	Vermitteln und weitere Dienstleistungen	Auf Informationsressourcen aufmerksam machen Informationsprobleme der Nutzer im Auftrag lösen Informationskompetenz vermitteln Verlagsfunktionen ausüben Publikationstätigkeit, Zitationshäufigkeit und Nutzungsfrequenzen statistisch erfassen Kommunikation, Kollaboration und Experimentieren ermöglichen (forschungsnahe Dienstleistungen)

2.1.3 Die Bibliothek in Abgrenzung zu verwandten Institutionen

Die Bibliothek lässt sich durch die genannten Basisfunktonen exakt abgrenzen von verwandten Institutionen. Auch in Buchhandlungen werden Bücher und andere Medien aufgestellt, allerdings prinzipiell nur für eng begrenzte Zeit vorgehalten. Außerdem verfolgt der Sortimentsbuchhandel gewerbliche Ziele: Alle Aktivitäten sind auf den Verkauf von Medien und die Gewinnmaximierung ausgerichtet. Hinsichtlich der Sammelgegenstände gibt es also Gemeinsamkeiten, Zweckbestimmung und Funktionalität von Buchhandlungen und Bibliotheken sind jedoch grundsätzlich verschieden. Größere Ähnlichkeit besitzen Bibliotheken hingegen mit Archiven, Museen sowie Informations- und Dokumentationseinrichtungen. Diese Einrichtungen dienen nämlich ebenso wie Bibliotheken primär dem Informationstransfer. Somit sind Zweck und Funktionalität von Bibliotheken, Archiven, Museen und sonstigen Informationseinrichtungen eng verwandt und überschneiden sich zum Teil sogar. Allerdings unterscheiden sich Archive und Museen von Bibliotheken durch ihre spezifischen Sammelgegenstände.

Idealtypisch werden in Archiven Unikate aufbewahrt, erschlossen und zur Nutzung bereitgestellt; dies sind in erster Linie unveröffentlichte Dokumente wie Urkunden, Akten, Briefe, Verwaltungsregistraturen usw. Auch Bild- und Tondokumente werden von Archiven gesammelt. Im Unterschied zu Bibliotheken erfolgt in Archiven kein geplanter, systematischer Bestandsaufbau. Organisch gewachsene Bestände von Dienststellen, Ämtern usw. werden möglichst vollständig übernommen. Minderwichtiges wird ausgesondert und vernichtet („kassiert"). Das rechtlich Bedeutsame und historisch Interessante wird für die dauerhafte Bewahrung und Erschließung ausgewählt.

Museen dagegen sammeln, erschließen, erforschen und präsentieren exemplarische Zeugnisse des menschlichen Handelns und der natürlichen Umwelt. Museale Objekte wie Kunstgegenstände, Naturalien, technische und wissenschaftliche Produkte sowie sonstige Kostbarkeiten werden unter didaktischen Gesichtspunkten angeordnet („erschlossen"), erforscht und der Öffentlichkeit zugänglich gemacht.

Während die Abgrenzung zwischen Bibliotheken, Archiven und Museen sich eindeutig über die Sammelgegenstände ergibt, ist die Unterscheidung zwischen Bibliotheken und Dokumentations- oder Informationsstellen schwieriger. Wie bei den Bibliotheken bezieht sich die Tätigkeit der Dokumentations- und Informationsstellen typologisch auf eine Vielfalt von Informationsquellen. Auch die Funktionalitäten sind annähernd gleich: Beide sammeln, bewahren, ordnen, stellen bereit und vermitteln. Erst bei genauerer Betrachtung ergeben sich die Unterschiede.

Dokumentations- und Informationsstellen beschränken sich nicht auf veröffentlichte Materialien; ferner spielt der Aspekt der Langzeitarchivierung wenn überhaupt eine viel geringere Rolle. Das gesamte Tätigkeitsspektrum hat in der Regel einen klaren fachlichen Bezug; alle Aktivitäten orientieren sich am unmittelbaren Handlungsfeld der Träger- bzw. Nutzungsinstitutionen. Dokumentations- und Informationsstellen beschränken sich meist auf eine wissenschaftliche Disziplin (Medizin), ein Fach (Innenpolitik) oder ein Thema (erneuerbare Energien). Ihr Spezialisierungsgrad ist höher als der der meisten Bibliotheken. Dafür sammeln und erschließen Dokumentations- und Informationsstellen zumeist sehr viel tiefer als Bibliotheken es tun. Da schließlich die Anwendungsorientierung im Vordergrund steht, bieten Informations- und Dokumentationsstellen meist ein erheblich breiteres Spektrum an Informationsdienstleistungen als Bibliotheken. Sie sind oft unmittelbar eingebunden in betriebliche oder wissenschaftliche Wertschöpfungsketten und richten ihre gesamte Tätigkeit auf kurz- oder mittelfristige Nutzung und Anwendung benötigter Informationen aus. Dauerhafte Überlieferung gehört nicht zu den erklärten Zielen von Dokumentations- und Informationsstellen. Spezialbibliotheken jedoch weisen eine größere Nähe zu diesen Einrichtungen auf als andere Bibliothekstypen. In den vergangenen Jahren wurde der Begriff der Dokumentation zunehmend durch den der Informationspraxis ersetzt.

Tabelle 4: Die Bibliothek im Vergleich mit verwandten Institutionen

	Bibliothek	Dokumentations- und Informationsstelle	Archiv	Museum	Buchhandlung
Objektbezug	Veröffentlichte Informationsressourcen aller Art	Informationsressourcen aller Art	Unveröffentlichte Dokumente („Unikate")	Kunstgegenstände, Naturalien, technische und wissenschaftliche Produkte, sonstige Kostbarkeiten	veröffentlichte und kommerziell vertriebene Informationsressourcen aller Art
Funktionalitäten	sammeln	sammeln	übernehmen auswählen	sammeln	kommerziell vertreiben
	bewahren		bewahren	bewahren	
	ordnen	**detailliert erschließen**	ordnen	ordnen	
	bereitstellen	bereitstellen	bereitstellen	präsentieren	
	vermitteln	vermitteln			
Besonderheiten	oft auf Universalität zielend; **Bestands- und Benutzerorientierung**	**fachlicher Bezug und Anwendungsorientierung**	**kein systematisch geplanter oder planbarer Bestandsaufbau**	**Auswahl, Erschließung und Präsentation unter exemplarischen und didaktischen Gesichtspunkten**	**primäre Gewinnorientierung**

Die hier vorgenommenen Abgrenzungen sind natürlich idealtypischer Art. Die Praxis sieht mitunter anders aus; tatsächlich haben nämlich viele Bibliotheken durchaus auch unveröffentlichte Materialien in ihren Beständen. Umgekehrt enthalten Archive fast immer auch publizierte Materialien, wie sie ihnen häufig durch Nachlässe zukommen. Die primäre Zweckbestimmung der Einrichtung aber ist ausschlaggebend zur Bestimmung des Typus. Um in der Praxis die eindeutige Unterscheidbarkeit zu erleichtern, wurden die zentralen Wesensmerkmale der einzelnen Institutionen (in fett) hervorgehoben.

Durch die digitalen Medien ist diese Klarheit allerdings in gewisser Weise bedroht. Die Frage, ob es sich bei einem digitalen Dokument um eine Publikation handelt oder nicht, ist nicht mehr so einfach zu entscheiden wie bei einer Handschrift bzw. einem gedruckten Buch. Auch nähern sich die Erschließungsmethoden etwa von Bibliotheken und Dokumentations- bzw. Informationseinrichtungen in der digitalen Welt an. Dokumentarische Erschließungstiefe zu erlangen ist für Bibliotheken technisch kein Problem und vom Aufwand her sehr viel realistischer als zuvor. Diese Annäherung der früher klarer voneinander zu unterscheidenden Sparten des Informationssektors wird von manchen als Prozess der „Konvergenz" bezeichnet. Darauf wird später zurückzukommen sein.

Ein weiterer Aspekt ist zu beachten: In fast allen Definitionen von Bibliothek wird entweder unterstellt oder ausdrücklich darauf hingewiesen, dass es sich um die Sammlung, Erschließung usw. von Informationsressourcen an einem Ort handele. Bis vor wenigen Jahren konnte tatsächlich als selbstverständlich gelten, dass Sammlung, Aufbereitung und Präsentation von Materialien immer an einen konkreten Ort gebunden sind und Benutzer diesen Ort physisch aufsuchen mussten, um Quellen und Dienstleistungen in Anspruch zu nehmen.

Mit dem Siegeszug der digitalen Medien und des Internets seit den 1990er-Jahren hat sich dies grundsätzlich geändert. Bibliothekarische Sammlungen und Dienstleistungen können nunmehr theoretisch (und in vielen Fällen auch praktisch) vom heimischen Rechner oder irgendeinem beliebigen anderen Ort aus benutzt und in Anspruch genommen werden, sofern ein Zugang zum Internet besteht. Viele Szenarien gehen davon aus, dass die Bibliothek der Zukunft nicht mehr auf einen konkreten Ort angewiesen sein wird und stattdessen aus beliebig vielen räumlich weltweit verteilten Einzelteilen und Zulieferern besteht. Der Nutzer nimmt die Bibliothek dann allerdings im Netz noch als Ganzheit wahr. In den Vereinigten Staaten wird diese Debatte heute unter dem Stichwort „Library Without Walls" und „Virtual Library" geführt. Bibliotheken haben unterdessen Sammlungen, Dienstleistungen und Konzeptionen entwickelt, die bezeichnet werden als „Elektronische", „Digitale", „Virtuelle" oder „Hybride Bibliothek". Darauf wird später detailliert eingegangen (▸ 3.2.2, ▸ 3.2.3).

2.2 Historische und soziologische Entwicklungslinien

Was heute mit dem modernen Begriff „Information" bezeichnet wird, war bereits zu Zeiten vorhanden, aus denen keinerlei historische Zeugnisse überliefert sind. Der Mensch als „zōon politikón" (Aristoteles) kann grundsätzlich nur in der sozialen Gemeinschaft als Gattung überleben. Das Leben in der Gemeinschaft aber erfordert Koordination durch Informationsaustausch. Seit also Menschen als soziale Wesen existieren, sind sie auf Informationsaustausch angewiesen. Das Medium der menschlichen Sprache, zu der natürlich neben der Lautsprache auch Formen wie Körpersprache, Gestik, Mimik, Tanz usw. gehören, ist insofern Voraussetzung für menschliches Zusammenleben. Die menschliche Kommunikation erfolgt in den frühen Entwicklungsstufen ausschließlich mündlich, körpersprachlich usw. In den primitiven Urgesellschaften gibt es nur wenig, was über die tagesaktuellen Informationen hinaus weitergegeben und erinnert werden muss. Es genügt, die relativ überschaubare Menge an Informationen über die Kultur- und Lebenstechniken mündlich zu tradieren oder zu demonstrieren.

Zu den Entwicklungskonstanten menschlicher Evolution gehört, dass Neugier und Erkenntnisdrang, der Wunsch nach mehr Sicherheit und Lebenskomfort zum Wachstum an Erkenntnissen und zur Verfeinerung der technischen Hilfsmittel führen. Menschliche Gesellschaften sind daher einem permanenten sozialen Wandel unterworfen, der sich freilich in unterschiedlichen Geschwindigkeiten vollzieht. Im Lauf der Menschheitsgeschichte wächst die Menge der zu überliefernden Informationen, die Kultur- und Lebenstechniken werden immer komplizierter. Wachsende Arbeitsteilung, zunehmende Spezialisierung sind die Folge. Immer höher entwickelte Gesellschaftsformen benötigen immer leistungsfähigere Techniken der Speicherung und Übermittlung von Informationen.

Die maßgeblichen Basisinnovationen der Kulturgeschichte sind in mehreren Schüben eingetreten. Es sind dies die Schrift, bewegliche Schriftträger und die Vervielfältigung durch Druck. Nach der Erfindung des Buchdrucks mit beweglichen Lettern durch Johannes Gutenberg um 1450 in Mainz hat es natürlich zahlreiche technische Weiterentwicklungen gegeben. Eine Basisinnovation, die mit der Erfindung der Schrift oder des Buchdrucks vergleichbar ist, aber tritt erst in der zweiten Hälfte des 20. Jahrhunderts in Erscheinung: Es handelt sich dabei um die Entdeckung digitaler Speicher- und Kopiermöglichkeiten sowie die telekommunikative Vernetzung in Form des Internets. Die menschliche Sprache wird hier übrigens nicht als „Basisinnovation" behandelt, weil sie menschliche Kulturgeschichte nicht erneuert oder weiterentwickelt, sondern konstituiert. Als kulturgeschichtliche Basisinnovationen werden im Folgenden hingegen Schrift, bewegliche Schriftträger, Buchdruck (Vervielfältigung durch Druck mit beweglichen Lettern) sowie digitale Speicher- und Vernetzungstechniken (Internet) beleuchtet.

Jede dieser Innovationen rief euphorische Heilserwartungen und apokalyptische Visionen gleichermaßen hervor; jede dieser Innovationen trug langfristig bei entsprechender kultureller Verarbeitung zu massiven politischen, gesellschaftlichen und kulturellen Veränderungen bei. Welche Folgen aus der digitalen Revolution für die gegenwärtigen Gesellschaften resultieren, kann heute niemand präzise vorhersagen. Dass es zu Veränderungen kommen wird und Bibliotheken von diesem Veränderungsprozess in dramatischer Weise ergriffen werden, steht außer Zweifel. Diese Gewissheit aber gibt weder zu Untergangsstimmung noch zu Erlösungshoffnungen Anlass. Der folgende historische Rückblick mag dies unterstreichen.

2.2.1 Schrift

In den primitiven Gesellschaften genügt zunächst die gesprochene Sprache als Medium zwischenmenschlicher Kommunikation und gesellschaftlicher Überlieferung. Kommunikation auf dieser Entwicklungsstufe muss synchron erfolgen, erfordert also die gleichzeitige Anwesenheit von Sender und Empfänger. Die zunächst nur langsam wachsende Informationsmenge führt auch in den schriftlosen Kulturen dazu, dass sich allmählich spezifische Erinnerungstechniken herausbilden. Zu diesen ersten Formen organisierten Informationsmanagements gehören Reime, Gesänge, Gebete, rhythmisierte Wiederholungsformeln, Zaubersprüche usw. Als Informationsspezialisten auf dieser einfachen Entwicklungsstufe fungieren z. B. Medizinmänner und Schamanen. Ihre Aufgabe ist es, die Reime, Gebete, Gesänge usw. zu bewahren und weiterzugeben. Uneingeschränkten Zugang zu dem auf diese Weise gespeicherten Kanon gesellschaftlicher Erinnerungen und Erkenntnisse haben also nur ausgewählte Personen, die wiederum darüber entscheiden, wem bestimmte Informationen unter bestimmten Bedingungen mitgeteilt werden können und dürfen. Schon auf dieser Stufe wird deutlich, dass Information und Zugang zu Information auf der gesellschaftlichen Ebene immer verknüpft ist mit politischer oder religiöser Macht und Herrschaft.

Langsam zwar, doch stetig wird die Struktur auch der primitiven Gesellschaften immer komplizierter, die Arbeitsteilung wächst. Unter diesen Voraussetzungen reicht die synchrone Sprachkommunikation immer weniger aus, um Erinnerung und Überlieferung in erforderlichem Umfang gewährleisten zu können. Abhilfe schafft ein revolutionärer Schritt: die Erfindung der Schrift. Das lautliche Zeichensystem der Sprache wird nun ergänzt durch ein grafisches Zeichensystem. Die Anfänge schriftlicher Kommunikation sind z. B. in Fels- und Höhlenmalereien zu sehen. Dies weist darauf hin, dass Schriftlichkeit erst sinnvoll angewendet werden kann, nachdem frühe Kulturen fähig sind, Ackerbau zu betreiben und aus Jägern und Sammlern sesshafte Bauern werden.

Auf der Stufe der frühen Schriftlichkeit übernehmen Priester und Hofbeamte das Informationsmanagement.

Schriftstruktur entwickelt sich von Bilderschrift über Lautschrift zur heutigen Alphabetschrift. Mit der Schrift gelingt es dem Menschen, seine Gedächtniskapazität enorm zu erweitern. Kommunikationsinhalte können erstmals materiell fixiert werden. Informationsspeicherung ist nicht mehr gebunden an das individuelle Erinnerungsvermögen, sondern kann auf externe Speicher ausgedehnt werden. Erstmals werden asynchrone Kommunikationsprozesse möglich: Die vom Sender zu einem bestimmten Zeitpunkt schriftlich fixierte Information kann vom Empfänger zu einem späteren Zeitpunkt gelesen und verarbeitet werden.

Kulturell schafft der Übergang von Mündlichkeit zu Schriftlichkeit, von der oralen zur literalen Gesellschaft die Voraussetzungen zu einer prinzipiellen Höherentwicklung des menschlichen Zusammenlebens. Während orale Gesellschaft zu Formelhaftigkeit und Wiederholung, zu kulturellem Konservatismus neigt, befreit literale Kultur von Gedächtnisarbeit und setzt Kapazität frei für spekulative Gedanken, die nach neuen Erkenntnissen streben. Diese Entlastung ermöglicht komplexes analytisches Denken, führt zu linear fortschreitenden Denkprozessen und immer komplexeren Erkenntnissen. Die neue Informationstechnik Schrift fördert also zum einen diese neue Denkkultur und gestattet zum anderen, die daraus resultierenden komplexeren Inhalte und Ergebnisse dieses Denkens aufzuzeichnen und zu tradieren. Für die Entwicklung der menschlichen Evolution bedeutet dies einen Beschleunigungseffekt: Von nun an gelingt es immer schneller, mittels formaler Logik z. B. Naturgesetze zu entdecken und darauf aufbauend technische Hilfsmittel zu entwickeln, die den Lebensalltag erleichtern.

2.2.2 Mobile Speichermedien

Perfektioniert wird die Wirkung der Schrift im nächsten revolutionären Entwicklungsschritt, der Verwendung beweglicher Schriftträger. Als mobile Speichermedien werden zunächst eingesetzt Baumrinde, Stein, Tontafeln, Metall, Tierhaut usw. In späteren Entwicklungsphasen erst werden Papyrus, Pergament und Papier als in den jeweiligen Kulturen ideale Beschreibstoffe entdeckt. Mit den mobilen Schriftträgern lassen sich die zeitlichen und räumlichen Grenzen der Kommunikation erheblich erweitern. Sender und Empfänger müssen weder zur gleichen Zeit anwesend sein, noch muss der Empfänger den Ort aufsuchen, an dem die Information aufgezeichnet wurde. Schriftliche Fixierung von Sachverhalten erlaubt es, rechtliche Normen präziser festzulegen und ein komplizierteres Rechtssystem herauszubilden. Handelsbeziehungen können sich auf schriftlich festgehaltene Abmachungen stützen. Erlebte Geschichte kann aufgeschrieben und überliefert werden. Dies alles führt dazu, dass die durch die Schrift erreichte Beschleunigung der gesellschaftlichen Entwicklung nun potenziert wird.

Gleichzeitig wächst die Menge der auf mobilen Medien gespeicherten Informationen deutlich an. Die literalen Gesellschaften erreichen jetzt einen Komplexitätsgrad, der eigene Institutionen zur Speicherung, Erschließung und Bereitstellung von Informationen erfordert. Diese frühen Gedächtnisinstitutionen nehmen Aufgaben wahr, die heute Archive und Bibliotheken erfüllen. Die Ausdifferenzierung in Archiv und Bibliothek als je eigener institutioneller Typ erfolgt erst zu einem späteren Zeitpunkt.

Die neuen Institutionen, die nun von den Medizinmännern und Priestern das Informationsmanagement übernehmen, sind jedoch in gleicher Weise exklusiv wie ihre Vorgänger. Das hängt zum einen damit zusammen, dass die Techniken des Lesens und Schreibens einer kleinen gesellschaftlichen Elite vorbehalten bleiben, ein Zustand, der im neuzeitlichen Europa bis in das 18. und 19. Jahrhundert hinein andauert. Zum anderen entstehen Urkunden und literarische Dokumente im Umfeld der weltlichen Herrscher bzw. der religiösen Kultstätten. Die politischen und die religiösen Subsysteme sind also diejenigen gesellschaftlichen Sektoren, in denen die ersten Institutionen mit der Funktion der heutigen Archive bzw. Bibliotheken entstehen. Da weltliche Herrschaft in den frühen Kulturen zumeist metaphysisch begründet wird, sind die beiden Subsysteme oft identisch.

Verwaltet werden in den ersten bibliotheksähnlichen Einrichtungen die zur Aufrechterhaltung der Herrschaft benötigten Informationen (alltagssprachlich: „Herrschaftswissen"). Den Zugang dazu gewähren weltliche Machthaber und religiöse Eliten nur vertrauenswürdigen Mitarbeitern, etwa hohen Beamten und Priestern. Das Monopol über den Informationssektor galt schon damals als erstrebenswerte Herrschaftstechnik. Wer über die historischen Dokumente und Verträge verfügte, aufgrund derer die Herrschaft des Königsgeschlechts legitimiert wurde, der hatte natürlich auch die Chance, der Überzeugungskraft dieser Dokumente „nachzuhelfen", d.h. aus heutiger Sicht Geschichte zu verfälschen oder aber missliebige Dokumente zu unterdrücken oder gar zu vernichten. Nachhaltig erschwert wurden derartige Praktiken erst durch die Möglichkeit, Dokumente buchstabengetreu durch den Druck zu vervielfältigen.

Bei den ersten Bibliothekstypen, die noch immer auch die Funktion des Archivs mit umfassen, handelt es sich also um Tempelbibliotheken und Palastbibliotheken. Die Tempel als Kultstätten sind die ersten Institutionen, in denen Dokumente systematisch gesammelt werden. Es handelt sich dabei zunächst um die Werke zur Überlieferung religiöser Zeugnisse, um kultische Dokumente usw. Später treten dann historische, naturkundliche, literarische Dokumente hinzu, in denen die behandelten Gegenstände aus der Sicht der jeweiligen Religion untersucht, dargestellt oder interpretiert werden. Die Dom- und Klosterbibliotheken des Mittelalters oder die Vatikanische Bibliothek stehen in dieser Tradition der Tempelbibliothek. Palastbibliotheken entstehen historisch wohl nach den Tempelbibliotheken. Dennoch ist eine der ältesten bisher bekannt gewordenen bibliothekarischen Einrichtungen eine Palastbibliothek: die Bibliothek des Assyrerkönigs *Assurbanipal* (668–626 v. Chr.) in Ninive (Mesopotamien) im heutigen Irak. Bei den dort gesammelten und erschlossenen Dokumenten handelt es sich um Tontafeln. Zum Bestand zählten sowohl politische Urkunden wie Werke zu Literatur und Dichtung, Philosophie, Medizin, Wirtschaft usw. Mittlerweile ist nachgewiesen, dass *Assurbanipal* mit dieser Bibliothek den Zweck verfolgte, Dokumente der unterworfenen babylonischen Kultur zu sammeln und für die Integration in die eigene assyrische Kultur bereitzustellen. Auch er folgte der Herrschaftstechnik, die der englische Philosoph und Staatsmann *Francis Bacon* (1561–1616) später mit dem Satz beschrieben hat: „Wissen ist Macht" („Scientia potestas est"). Auf den Urtypus der Palastbibliothek kann man die späteren Hof- bzw. Staatsbibliotheken und seit der Durchsetzung demokratischer Prinzipien auch die Parlamentsbibliotheken zurückführen.

Nach den Tempel- und den Palastbibliotheken entstehen die Wissenschaftlichen Bibliotheken als dritter Typus erst in der griechischen Antike. Da Schrift und Information nicht mehr von religiösen oder politischen Machtträgern monopolisiert wird, kann sich unabhängige wissenschaftliche Forschung entfalten, können sich Einzelwissenschaften mit eigener Methodik entwickeln. Forschung wird an wissenschaftlichen Instituten, Philosophenschulen oder fachlichen Schulen betrieben, die über umfangreiche Sammlungen wissenschaftlicher und literarischer Werke verfügen. Diese wissenschaftlichen Bibliotheken sind primär nicht dem Tempel oder dem Palast verpflichtet, sondern der Lehr- und Forschungsanstalt, der sie zugehören. Die Römer übernehmen den Typus der Wissenschaftlichen Bibliothek, doch geht dieser während des Mittelalters zumindest im okzidentalen Europa zunächst unter. Mit den Kollegienbibliotheken der frühen Universitäten und den städtischen Ratsbibliotheken beginnt im ausgehenden Mittelalter der Neuanfang dieses

Typs. Zu neuer Blüte gelangt die Wissenschaftliche Bibliothek, als im Gefolge der Aufklärung wissenschaftliche Forschung an Universitäten immer mehr Gewicht erlangt. Universitätsbibliotheken und wissenschaftliche Spezialbibliotheken können sich auf die im antiken Griechenland begründete Tradition berufen.

2.2.3 Buchdruck (Vervielfältigung durch den Druck mit beweglichen Lettern)

Der wachsende Komplexitätsgrad der menschlichen Gesellschaft hatte zunächst die schriftliche Fixierung von Information und anschließend die Speicherung auf mobilen Schriftträgern erforderlich gemacht. Nachdem die Aufzeichnung auf beweglichen Speichermedien zu enormem Informationswachstum geführt hatte, benötigte die Gesellschaft Institutionen, welche die Sammlung, Aufbewahrung, Ordnung und Bereitstellung der Informationen und Dokumente übernahmen. Archive und Bibliotheken entstanden also erst, nachdem menschliche Gesellschaft und Kommunikation einen bestimmten Komplexitätsgrad erreicht hatten. Schreiben, Lesen und Zugreifen auf schriftlich gespeicherte Information gehörte zu den Herrschaftstechniken und war der jeweiligen Oberschicht vorbehalten.

Unterentwickelt blieb jedoch die Technik der Vervielfältigung schriftlicher Dokumente. Erst die bahnbrechende Erfindung des Buchdrucks mit beweglichen Lettern Mitte des 15. Jahrhunderts schuf die Voraussetzungen für das erste schriftliche Massenmedium. Ehe das gedruckte Buch und die gedruckte Flugschrift tatsächlich Massenwirksamkeit entfalten konnten, musste die Lesefähigkeit stärker im Volk verbreitet sein. Dieser Prozess zog sich über mehrere Jahrhunderte hin. Aber schon die Reformation *Martin Luthers* ab Anfang des 16. Jahrhunderts hätte sich ohne die gedruckten und vervielfältigten Flugschriften kaum so entfalten können. Auch die anderen großen geistigen Bewegungen der Neuzeit, Renaissance, Humanismus und Aufklärung stützten sich wesentlich auf die Drucktechnik und das gedruckte Buch.

Neben der Verbreitung religiöser, philosophischer, politischer und sozialer Ideen beschleunigte der Buchdruck den Fortschritt der Wissenschaften und die Ausbreitung von Bildung. Langfristig brach damit die Exklusivität der geistigen Welt auf. Die neuen Techniken entsprachen dem Bedarf einer erneut komplexer gewordenen Gesellschaft, die über Bildung und wissenschaftliche Forschung nach neuen höheren Evolutionsstufen strebte. Die politischen und religiösen Machteliten erkannten bald, dass vom Buchdruck eine latente Bedrohung ihres Herrschaftsanspruches ausging. Als gefährlich eingestufte Druckschriften sollten durch Zensur und Kontrolle unterdrückt werden. Die katholische Kirche rief 1559 den berüchtigten „Index librorum prohibitorum", das Verzeichnis verbotener Bücher ins Leben, der deutsche Kaiser ließ wenig später den Handel mit Büchern auf der Frankfurter Buchmesse durch eine „Kaiserliche Bücherkommission" überwachen. Mit dem Ziel symbolischer Vernichtung, aber auch aus Gründen der Abschreckung veranstalteten Lutheraner, Papisten oder Kaiserliche Beamte gelegentlich öffentliche Bücherverbrennungen.

Die mediale Revolution des Buchdrucks brachte den Bibliotheken einen enormen Aufschwung. Konnten Bücher zuvor nur mühsam durch Abschreiben kopiert werden, so erlaubte der Druck jetzt die massenhafte Vervielfältigung. Erleichtert wurde dieser Prozess dadurch, dass Papier als Beschreibstoff mit Beginn der Neuzeit in Europa das erheblich teurere Pergament ablöste. Die wachsende Zahl der produzierten Bücher, die steigende Auflagenhöhe, die zunehmende Nachfrage stellten die Bibliotheken vor neue Herausforderungen. Eigene Techniken der Aufbewahrung, der Erschließung und der Bereitstellung mussten entwickelt werden, damit der gesellschaftliche Bedarf befriedigt werden konnte.

Besonders im Gefolge der Aufklärung erfuhr die Buchproduktion einen nachhaltigen Wachstumsschub; die Lesefähigkeit durchdrang immer weitere Bevölkerungskreise. Aus heutiger Sicht wird diese Entwicklung des 18. Jahrhunderts als Leserevolution bezeichnet. Aufklärung erklärt die Welt nicht mehr durch Glaubenssysteme, sondern sucht nach rationalen Erklärungsmustern. Vernunft wird zur alleinigen Instanz für die Denkarbeit des kritischen Verstandes. Dieser Rationalismus und die Erhärtung der Hypothese im Experiment (Empirismus) werden zur Grundlage moderner Wissenschaftlichkeit. Forschung strebt seither danach, methodisch abgesichert systematisch neue Erkenntnisse über prinzipiell alle Phänomene der Wirklichkeit zu gewinnen. Die neuen Erkenntnisse aber müssen zur Überprüfung und Weiterverwendung verbreitet werden. Dies hat grundlegende Auswirkungen auf die Formen des Informationstransfers und die Bibliothekskonzeption.

Mit der Aufklärung entstand sukzessive ein gesellschaftliches Bedürfnis nach intensivem und regelmäßigem Informationstransfer. Zur Beschleunigung der Kommunikation in den Wissenschaften wurden periodisch erscheinende Zeitschriften gegründet, die ab Ende des 17. Jahrhunderts den behäbigen brieflichen Informationsaustausch der Gelehrten und die Publikation gedruckter Monografien ergänzten. Auch der frühkapitalistische Fernhandel weckte Bedarf nach regelmäßiger Versorgung mit aktuellen Informationen. Ebenfalls im 17. Jahrhundert entstanden daher Zeitungen, die regelmäßig monatlich, später wöchentlich und ab 1650 täglich über aktuelle Ereignisse aus Wirtschaft, Politik und Zeitgeschehen berichteten.

In den Bibliotheken hatte bis zur Aufklärung die dem Archiv verwandte Speicherfunktion und häufig auch die dem Museum vergleichbare Repräsentationsfunktion (besonders im Barock) vorgeherrscht. Die neue Wissenschaftsmentalität stellt andere und höhere Ansprüche an die Bibliotheken. Archivalische und museale Aspekte gehören weiterhin zur Bibliothek, treten jedoch in den Hintergrund. In erster Linie soll die Bibliothek jetzt der Ort sein, an dem der Forscher alle Dokumente findet, die er für die weitere Arbeit benötigt. Gefordert wird, die Bibliothek zum Arbeitsinstrument, zur wissenschaftlichen Gebrauchsbibliothek zu entwickeln. In Deutschland formulierte *Gottfried Wilhelm Leibniz* als einer der ersten diese Anforderungen, die – von Ausnahmen abgesehen – erst im 19. Jahrhundert umfassend verwirklicht wurden.

Mit Beginn der Neuzeit verlagert sich auch die Bedeutung der gesellschaftlichen Subsysteme. Das religiöse Subsystem erleidet in den christlichen Gesellschaften Europas einen Bedeutungsverlust. Zum führenden Sektor steigt nun das politische Subsystem auf. Dies spiegelt sich auch im Bibliothekswesen. Waren im Mittelalter die Dom- und Klosterbibliotheken die alleinigen Träger schriftlicher Überlieferung, so wird ihre Position seit der Renaissance schwächer. Anfang des 19. Jahrhunderts gar werden Bibliotheken dieses Typs im Zuge der Säkularisation zeitweilig ganz aufgelöst. Der Dominanz des politischen Subsystems entspricht der Aufstieg der Fürsten- und Hofbibliotheken, die während des Barock und des Absolutismus eine erste Blüte erleben.

Bis in das 19./20. Jahrhundert hinein kann das politische Subsystem seine Vorherrschaft festigen und ausbauen. Allerdings konstituieren sich mit dem Wirtschafts- und dem Wissenschaftssystem unterdessen weitere gesellschaftliche Subsysteme. Universitätsbibliotheken, Technische Hochschulbibliotheken und Spezialbibliotheken werden im 19. Jahrhundert ausgebaut oder gegründet, damit der Informationsbedarf des jeweiligen Subsystems befriedigt werden kann.

Auch das Bildungssystem verdankt den emanzipatorischen Ideen der Aufklärung sein eigenständiges Gewicht. Das aufgeklärte Bürgertum verfolgte das politische Ziel, Monarchie und ständische Gesellschaft durch Republik und demokratisch verfasste Gesellschaft zu ersetzen. Um dies zu realisieren, musste das Informationsmonopol der feudalen Eliten gebrochen und das Prinzip allgemeiner und freier Volksbildung verwirklicht werden. Da eine Informationsversorgung der bildungswilligen Bürger nicht vorgesehen war, griffen die Bürger zur Selbsthilfe und gründeten im 18. Jahrhundert zunächst Lesegesellschaften. Die Mitgliedsbeiträge wurden dazu verwendet, Bücher und Abonnements von Zeitungen und Zeitschriften zu finanzieren. Auch kommerzielle Leihbibliotheken entstanden zu dieser Zeit und trugen in nicht geringem Umfang dazu bei, dem Bürgertum Literatur zugänglich zu machen. Aus diesen Vorformen entwickelte sich seit Ende des 19. Jahrhunderts ein neuer Bibliothekstyp, der erst im republikanischen Staat und in der demokratischen Gesellschaft zur vollen Entfaltung kommen konnte: die Volksbücherei in kommunaler Trägerschaft, die später als Rückübersetzung des angloamerikanischen Begriffes „Public Library" auch im Deutschen als „Öffentliche Bibliothek" bezeichnet wurde.

Die Korrelation zwischen demokratischen Strukturen und kommunaler Öffentlicher Bibliothek ist offenkundig: Solange politische und gesellschaftliche Machteliten befürchten, durch umfassende und freie Volksbildung sowie daraus resultierenden emanzipatorischen Ansprüchen ihre Herrschaft einzubüßen, bemühen sie sich, Bildung und freien Informationszugang auf das Mindestmaß zu beschränken, das für das Funktionieren des Herrschaftsapparates notwendig ist.

Erst in der pluralistischen, offenen Gesellschaft betrachten staatliche Instanzen die öffentliche Literatur- und Informationsversorgung als ihre Aufgabe. Es ist daher kein Zufall, dass der Typus der Public Library in einer konstitutionellen Monarchie (Großbritannien) und einer bürgerlich-demokratischen Republik (USA) zuerst entwickelt wird. Die kommunale Öffentliche Bibliothek bietet potenziell allen Bürgern die Möglichkeit, die zur Wahrnehmung ihrer demokratischen Rechte notwendigen Informationen zu erlangen, sich nach individuellem Bedarf kulturell und fachlich weiterzubilden sowie Unterhaltungsmedien zu nutzen. Damit kommt diesem Bibliothekstyp in der demokratischen Gesellschaft eine tragende, weil emanzipatorische Rolle zu. Totalitäre Regime des 20. Jahrhunderts etwa in Osteuropa fördern zwar Einrichtungen, die der allgemeinen Literatur- und Informationsversorgung der Bevölkerung dienen, doch unterscheiden sich diese Bibliotheken von wirklich Öffentlichen Bibliotheken dadurch, dass die staatliche Bürokratie eine strenge Zensur ausübt und nur solche Inhalte zulässt, die der herrschenden Ideologie nicht widersprechen.

Das Prinzip der Öffentlichkeit, der Demokratisierung des Informationszuganges ergreift in demokratischen Gesellschaften auch die anderen Bibliothekstypen, sofern sie sich in öffentlicher Trägerschaft befinden. Aus den einst nur erlesenen Würdenträgern und vertrauenswürdigen Beamten und Forschern zugänglichen Hofbibliotheken werden Staats- und Landesbibliotheken mit uneingeschränkter öffentlicher Zugänglichkeit; auch die Hochschulbibliotheken öffnen sich für Benutzer, die nicht der Trägerinstitution angehören. In einem langen Prozess haben Bibliotheken ihren Charakter verändert. Aus den Hütern königlichen oder priesterlichen „Herrschaftswissens", die unbefugtem Zugriff den Zugang zu ihren „Schätzen" verwehren, sind Dienstleistungseinrichtungen geworden. Deren Auftrag besteht darin, den Zugang zu gespeicherten Informationen zu demokratisieren und in der Auswahl der zu sammelnden, zu bewahrenden, zu ordnenden, bereitzustellenden und zu vermittelnden Informationen politische und weltanschauliche Neutralität zu wahren.

Die Demokratisierung von Staat und Gesellschaft insgesamt sowie die freie Informationsversorgung der demokratischen Öffentlichkeit durch Bibliotheken der öffentlichen Hand konnte erst nach langen Kämpfen erreicht werden. Unabdingbare Voraussetzung dieser Entwicklung aber ist die Erfindung des Buchdrucks mit beweglichen Lettern und die erst daraufhin mögliche massenhafte Verbreitung von Information durch gedruckte Werke.

Tabelle 5: Gesellschaftliche Subsysteme und zugehörige Bibliothekstypen

Gesellschaftliches Subsystem	Bibliothekarische Urtypen	Aktuelle Bibliothekstypen (Auswahl)
Religiöses System	Tempelbibliothek	Klosterbibliothek Dombibliothek Kirchliche Bibliothek
Politisches System	Palastbibliothek	Staatsbibliothek Parlamentsbibliothek Behördenbibliothek
Wissenschaftssystem	Akademische Bibliothek (Universal- oder Spezialbibliothek)	Universitätsbibliothek Fachhochschulbibliothek Institutsbibliothek
Wirtschaftssystem	Spezialbibliothek	Technische oder Wissenschaftliche Spezialbibliothek
Bildungssystem	Volksbücherei	Public Library Öffentliche Bibliothek

Aufgrund des Rationalismus der Aufklärung werden immer mehr Lebensbereiche mit wissenschaftlichen Methoden untersucht. Neue Wissenschaftszweige entstehen. Besonders Naturwissenschaften und technische Disziplinen profitieren von diesem Trend. Damit ist ein doppelter Effekt verbunden. Religiöse Ansätze werden zur Erklärung von Naturphänomenen immer weniger benötigt, da dafür nun zunehmend die von den Naturwissenschaften ermittelten Gesetzmäßigkeiten herangezogen werden können. Diese „Entzauberung der Welt" *(Max Weber)* bedeutet eine weitere Schwächung des religiösen Subsystems. Technische Umsetzbarkeit und ökonomische Verwertbarkeit der neuen Erkenntnisse fördern zum anderen den Aufstieg des Wirtschaftssystems, das mittels liberaler und später auch sozialistischer Strömungen dem politischen System den Vorrang streitig macht. Das Wissenschaftssystem wird zwar im 19. und 20. Jahrhundert immer bedeutender, steigt aber nicht zum führenden Subsystem auf, sondern stellt seine Erkenntnisse vorwiegend in den Dienst des Wirtschaftssystems. Ökonomisch und soziologisch wird dieser Prozess beschrieben als Industrialisierung und Übergang von der Agrargesellschaft zur Industriegesellschaft.

Wirtschafts- und Wissenschaftssystem aber verlangen nach immer schnellerer Informationszirkulation. Nur auf dieser Grundlage lassen sich neue Erkenntnisse gewinnen und vermarkten. Damit aber wächst die verfügbare Informationsmenge; die Anforderungen an die Institutionen und Techniken des Informationsmanagements steigen. Bis ins 19. Jahrhundert hinein hatten die wichtigsten bibliothekarischen Techniken der Informationsaufbereitung in der systematischen Aufstellung bestanden. Als weitere Technik trat hinzu die Erzeugung von Metadaten („bibliografischen Beschreibungen") und die Erschließung der Bibliotheksbestände in Katalogen. Obwohl gedruckt publizierte Bibliothekskataloge seit dem 16. Jahrhundert nachweisbar sind, erlangt der Bibliothekskatalog seine später führende Stellung für die Bestandserschließung erst im frühen 20. Jahrhundert. Bibliothekarische Erschließung durch Aufstellung und durch Katalog orientiert sich prinzipiell an Monografien und Periodikatiteln. Diese Fixierung auf die „bibliografische Einheit" prägt das Bibliothekswesen bis auf den heutigen Tag. Aufsätze in Sammelwerken und andere bibliografisch unselbstständig erschienene Beiträge z. B. in Zeitschriften werden in der Regel nur von wenigen Bibliotheken, meistens Spezialbibliotheken erschlossen. Eine Änderung dieser Praxis ist jedoch erkennbar.

Zu den im weitesten Sinne bibliothekarischen Techniken der Informationserschließung gehört die Bibliografie. Ursprünglich erschließen auch Bibliografien lediglich Monografien, zudem sind an der bibliografischen Verzeichnung in den meisten Fällen gelehrte Bibliothekare beteiligt. Aber auch funktional steht die Bibliografie in engem Bezug zur Bibliothek als Institution. Ihr Anspruch ist nämlich seit der Renaissance zunächst, gedruckte Bücher möglichst vollständig zu erfassen ohne Rücksicht auf den Bestand einer konkreten Bibliothek. Zumindest auf der Ebene der Metadaten strebt die Bibliografie danach, so etwas wie die idealtypisch vollständige Bibliothek ohne Bestand zu bilden oder – um einen modernen Begriff zu verwenden – eine Art „virtueller Bibliothek" zu sein. So trägt auch die von *Conrad Gesner* Mitte des 16. Jahrhunderts zusammengestellte erste internationale Allgemeinbibliografie den Titel „Bibliotheca Universalis". Eine Funktion dieses Werkes sollte darin bestehen, beim Bestandsaufbau Wissenschaftlicher Bibliotheken den Überblick über möglichst alle in Frage kommenden Werke zu geben.

Bibliothekarische Prinzipien der Informationserschließung auf der Ebene der bibliografischen Einheit durch Aufstellung und Kataloge erweisen sich mit wachsender Informationsmenge als immer wichtiger. Bald aber macht sich ein Bedarf an weitergehender, tieferer Informationserschließung bemerkbar. Bibliotheken sehen sich außerstande, darauf zu reagieren. Diese Lücke wird auf bibliografischer Ebene geschlossen. Die bibliografische Verzeichnung differenziert und spezialisiert sich. Es entstehen Bibliografietypen, die sich auf bestimmte Fächer, Territorien und Berichtszeiten beschränken, dafür aber wesentlich vollständiger verzeichnen und tiefer erschließen als Bibliotheken es gewöhnlich tun. In Fachbibliografien und Referateblättern werden regelmäßig einschlägige Neuerscheinungen mit fachlichem Bezug vorgestellt und rezensiert. In den Vordergrund rückt zudem statt der bibliothekarischen Orientierung an der Publikationsform das Kriterium des inhaltlichen Bezuges. Berichtet wird in den Referateblättern auch über unselbstständig erschienene Publikationen, sofern sie von wissenschaftlicher Bedeutung sind. Noch im 19. Jahrhundert sind Bibliotheken und klassische Bibliografien mit ihren Leitideen in der Lage, eine angemessene Informationsversorgung zu gewährleisten. Im 20. Jahrhundert aber ändert sich dies.

Vor allem in den Naturwissenschaften, den technischen Disziplinen und in der Wirtschaft entwickelt sich nun ein Bedarf an zielgerichteter Selektion spezifischer Informationen für zweckgebundene Anwendung. Benötigt wird ein Informationsmanagement, das sich ausschließlich an inhaltlichen Kriterien orientiert, das über die bibliografischen Daten hinaus die benötigten Primärinformationen präsentiert und das unter dem Aspekt des aktuellen und konkreten Bedarfs die spezifischen Zielinformationen zusammenstellt, bewertet und verdichtet. Damit sind die Leitideen der Dokumentation beschrieben, die sich im 20. Jahrhundert als eigenständige Sparte des Informationssektors etabliert. Vor allem Unternehmen, Verbände und sonstige Organisationen gründen Dokumentationsstellen oder auch Spezialbibliotheken, die dokumentarische Aufgaben erfüllen. Wie erwähnt ist der Begriff Dokumentation mittlerweile unpopulär geworden. Informationsstellen, die Funktionen des Informations- und Wissensmanagements übernommen haben, sind häufig an die Stelle der klassischen Dokumentation getreten.

2.2.4 Digitale Speichermedien und telekommunikative Vernetzung (Internet)

In der zweiten Hälfte des 20. Jahrhunderts zeichnet sich ab, dass die vorhandenen Kommunikationskanäle sowie die zur Verfügung stehenden Medien und Techniken des Informationsmanagements den steigenden realen Bedarf immer weniger decken können. Printmedien, gedruckte Bibliografien, Zettelkataloge der Bibliotheken und Dokumentationsdienste auf Papierbasis erweisen sich als zu schwerfällig, um die vorhandene und stetig weiter wachsende Informationsmenge bewältigen und die im Einzelfall benötigten Zielinformationen in der gewünschten Schnelligkeit liefern zu können. Große Hoffnungen richten sich zwischenzeitlich auf neue Speichermaterialien (Mikrofilm) und elektronische Kommunikationsmedien (Radio und Fernsehen). Mikroformen etwa werden erfolgreich als Speichermedien eingesetzt, um vom Papierzerfall bedrohte Materialien (auf holzschliffhaltigem Papier gedruckte Bücher, Zeitschriften und vor allem Zeitungen) zumindest hinsichtlich der Informationsinhalte zu sichern; zur Lösung der drängenden Kernprobleme, der Bewältigung der Informationsflut und der Beschleunigung der Informationstransfers aber sind diese Medien wenig geeignet. Radio und Fernsehen hingegen erlauben zwar beschleunigte audiovisuelle Kommunikation; für Austausch, Speicherung und Retrieval schriftlicher Texte kommen sie nicht in Frage.

Angesichts der heraufziehenden Fernsehkultur hatte der kanadische Kommunikationsforscher *Marshall McLuhan* schon 1962 mit seinem Werk „Die Gutenberg-Galaxis. Das Ende des Buchzeitalters" eine Prophezeiung getroffen, die immer wieder kontrovers diskutiert wurde und wird. Aufgegriffen und einseitig interpretiert werden *McLuhans* Thesen von jenen, die seit dem Siegeszug digitaler Medien Ende des 20. Jahrhunderts das vollständige Verschwinden gedruckter Medien vorhersagen. Hingegen widersprechen alle historischen Erfahrungen einer Entwicklung, in der neue Medien alte völlig ersetzen. Wie der Brief auch nach der Erfindung des Telefons nicht verschwand, so werden gedruckte Bücher vermutlich auch unter der Vorherrschaft digitaler Medien von nennenswerter Bedeutung bleiben.

Unbestritten aber war, dass die Möglichkeiten der Printwelt nicht mehr ausreichten, um den weiter steigenden Problemdruck im Informationssektor zu beheben. Eine Lösung deutete sich erst mit den digitalen Medien an, die, wie könnte es anders sein, ihrerseits wiederum neue Probleme erzeugten. Die Erfindung des Buchdrucks mit beweglichen Lettern ist damit von einer weiteren Basisinnovation abgelöst worden. Dank der digitalen Revolution sind digitale Speichermedien zu den neuen Leitmedien geworden und dies umso mehr, als die weltweite digitale Vernetzung durch das Internet der Distribution digitaler Publikationen und der schriftlichen wie mündlichen Kommunikation völlig neue Perspektiven eröffnet hat. Diese Innovationen beschleunigen die Informationszirkulation ebenso wie die qualitative und quantitative Erkenntnisproduktion auf eine zuvor nie geahnte Weise. Aufgrund des damit möglichen und beobachtbaren Wachstums der zur Verfügung stehenden Informationsmenge hat die Informationsflut Ausmaße angenommen, die im Gegensatz zu früheren Zeiten die Vermeidung von Informationsballast und das Auffinden relevanter Informationen weiter erschwert. Damit stehen die Institutionen und Techniken des Informationsmanagements vor völlig neuen Herausforderungen.

Unübersehbar geworden war schon in den 1970er- und 1980er-Jahren, dass die gesellschaftliche Bedeutung der „Information" zukünftig eine noch gewichtigere sein werde als zuvor. Ökonomen, Soziologen und Politiker begannen bald von der Informationsgesellschaft zu sprechen, in welche die bestehende Industriegesellschaft durch die digitalen Technologien transformiert werde. In der Abfolge der Evolutionsstufen wird als Grundstufe menschlichen Zusammenlebens ausgegangen von nomadisierenden Jäger- und Sammlerkulturen, in denen Arbeitsteilung nur ansatzweise ausgeprägt war. Als erste komplexere Gesellschaftsform wird die Agrargesellschaft angenommen, auf welche die Industriegesellschaft und schließlich die Informationsgesellschaft folgen.

Mit diesen Begriffen sollen die für die gesamte Gesellschaft strukturprägenden Merkmale hervorgehoben werden. Selbst die heute hoch entwickelten Länder Europas und Nordamerikas werden unter diesen Bedingungen bis ins 19. Jahrhundert hinein als Agrargesellschaften bezeichnet, da trotz frühindustrieller Ansätze und sich entfaltenden Handels die überwiegende Mehrheit der Bevölkerung weiterhin im agrarischen Sektor tätig war. Mit der industriellen Revolution ändert sich das Bild zumindest in den genannten Regionen. Die Mehrheit der Erwerbstätigen ist nun im

Sektor der industriellen Wertschöpfung beschäftigt. Und auch der Agrarsektor reformiert sich nach den Prinzipien industrieller Produktion.

Hinsichtlich der Informationsgesellschaft ist die Orientierung am Kriterium des Beschäftigungssektors schwieriger. Ob nämlich mittlerweile tatsächlich die Mehrheit der Beschäftigten im Informationssektor arbeitet, ist umstritten. Volkswirtschaftlichen Modellen, die dies statistisch zu belegen suchten, wurde von Kritikern vorgeworfen, dass auch Briefträger, Sekretärinnen, Lehrer oder Hausmeister von Medienkonzernen nun zu Informationsarbeitern uminterpretiert wurden. Einleuchtender hingegen scheint zu sein, dann von Informationsgesellschaft zu sprechen, wenn die Prinzipien des Informationssektors strukturprägend für die gesamte Gesellschaft werden. Wenn also Methoden und Techniken der digitalen Informationsverarbeitung und der digital vernetzten Kommunikation sich prägend auch auf den Agrarsektor und den industriellen Sektor ausgewirkt haben, ist demzufolge aus einer Industrie- eine Informationsgesellschaft geworden.

Tatsächlich sprechen Ökonomen davon, dass zu den klassischen Produktionsfaktoren Arbeit, Boden und Kapital mittlerweile als vierter Faktor die Information hinzugetreten sei. Dass kein gesellschaftlicher Bereich in den fortgeschrittenen Nationen vom Einsatz der Mikroprozessoren, digitaler Steuerung und multimedialer Vernetzung unberührt bleibt, ist offenkundig. Mit der Nutzung dieser technischen Infrastrukturen erst werden die für die Informationsgesellschaft typischen Phänomene erzeugt, von denen hier nur einige genannt werden sollen: Informationsflut bei gleichzeitig extrem wachsendem Informationsbedarf, Visualisierung von Informationen (Multimedialität), außergewöhnliche Beschleunigung auf vielen Ebenen (Verkürzung der Innovationszyklen), Globalisierung, Dezentralisierung usw. Im öffentlichen Diskurs wird mittlerweile häufig statt von Informations- von Wissensgesellschaft gesprochen. Dieser Sprachgebrauch geht allerdings auf einen unreflektierten Wissensbegriff zurück und erfolgt nicht zuletzt, weil Marketing und aktuelle Sprachmoden dies nahelegen.

Tabelle 6: Stufen gesellschaftlicher Evolution

Nomadisierende Jäger und Sammler	Nur rudimentär ausgebildete Arbeitsteilung
Agrargesellschaft	Mehrheit der arbeitenden Menschen ist im Agrarsektor tätig
Industriegesellschaft	Mehrheit der Beschäftigten ist im industriellen Sektor tätig; der Agrarsektor organisiert sich nach den Prinzipien industrieller Produktion
Informationsgesellschaft	Nennenswerter Teil der Beschäftigten ist im Informationssektor tätig; Agrarsektor und Industriesektor organisieren sich nach Methoden und Techniken digitaler Informationsverarbeitung und digital vernetzter Kommunikation

Entstaatlichung und Kommerzialisierung als beobachtbare Trends sprechen dafür, dass auch in der Informationsgesellschaft nicht das Wissenschaftssystem zum dominierenden aufsteigt, sondern sich mit seinen Methoden und Techniken vom Subsystem Wirtschaft in Dienst nehmen lässt. Es fehlt freilich nicht an Voraussagen, denen zufolge die wissenschaftliche und technische Intelligenz mehr und mehr die gesellschaftliche und politische Vormachtstellung einnehmen werde. Informationsbesitz und nicht mehr Kapitalbesitz entscheide dann über Macht *(Daniel Bell, Helmuth Willke)*. Gegenwärtig jedenfalls fehlt es an jeglichen Anzeichen für eine derartige Entwicklung. Verkannt wird nämlich die augenfällige Tatsache, dass zumindest ökonomisch relevante Information kommerziell als Ware auf einem wachsenden Informationsmarkt gehandelt wird.

Wer über das größere Kapital verfügt, kann sich demnach auch die hochwertigeren, aktuelleren und umfangreicheren Informationen verschaffen als der weniger zahlungsfähige Konkurrent.

Sogar im Wissenschaftssystem selbst hat die Kommerzialisierung der Informationsversorgung ein Ausmaß angenommen, das von Wissenschaftlern und Bibliotheken als extrem bedrohlich angesehen wird. Allenthalben wird über enorm steigende Preise vor allem naturwissenschaftlicher und medizinischer Zeitschriften geklagt. Die Erwerbungsetats der Bibliotheken reichen immer seltener aus, um die von den Wissenschaftlern benötigten teuren Zeitschriften und Datenbankzugriffe bereitstellen zu können. In dieser fortschreitenden Kommerzialisierung hochwertiger wissenschaftlicher Informationen liegt ein weiteres Gefahrenpotenzial der Informationsgesellschaft. Als Gegenbewegung hat sich etwa seit der Jahrtausendwende die Open-Access-Bewegung formiert und mittlerweile immerhin beachtliche Bedeutung gewonnen.

Digitale Medien und Vernetzung haben nicht nur zur Beschleunigung von Informationsprozessen und zu dem bereits mehrfach erwähnten ungeheuren Wachstum der zur Verfügung stehenden Informationsmenge geführt. Auch die Inhalte selbst und die Kommunikationsgewohnheiten von Informationsproduzenten wie -nutzern verändern sich unter dem Einfluss der neuen Medien. Die Inhalte z. B. können im Zusammenspiel mehrerer Medientypen aufbereitet werden; zudem verbreitet sich die Erkenntnis, dass rein digital präsentierte Texte eher in kurze Sinneinheiten gegliedert werden müssen usw. Hinsichtlich des Verhaltens und der Erwartungen von Autoren und Lesern lässt sich die veränderte Medien- und Kommunikationskultur zwar erst in Umrissen erkennen. Auffallend ist jedoch, dass Zielinformationen immer häufiger nur noch dann gefunden werden, wenn sie digital vorliegen und über das Internet recherchierbar sind. Bei vielen Nutzern ist eine Erwartungshaltung entstanden, zutreffende Antworten auf Fragen umgehend dort zu erhalten, wo gesucht wird: im Internet. Bemerkenswert ist ferner, dass E-Mail, Chat und Soziale Netzwerke immer mehr Bedeutung gewinnen als Bestandteile sowohl der Alltags- als auch der fachlichen und beruflichen Kommunikation. Fachliche Blogs, soziale Netzwerke für Wissenschaftler und Diskussionsforen, in denen der Informationsaustausch per E-Mail erfolgt, erweitern inzwischen das System wissenschaftlicher Kommunikation. Schließlich ist festzustellen, dass die Nachfrage nach Informationsdienstleistungen steigt, die auf den je individuellen Informationsbedarf zugeschnitten sind.

Professionelles Informationsmanagement muss sich also in der Informationsgesellschaft auf deutlich modifizierte Anforderungen einstellen. Dazu zählt die Integration multimedialer Produkte und digitaler Kommunikationsnetze.

Eine besondere Herausforderung aber besteht darin, Techniken, Methoden und Dienstleistungen zu entwickeln, mit deren Hilfe die Kardinalprobleme der Informationsgesellschaft entschärft oder gar gelöst werden können:

- exponentielles Wachstum der verfügbaren wie auch der zirkulierenden Informationsmenge
- Vermeidung von Informationsballast
- rasches und zielstrebiges Informationsretrieval
- wachsender Informationsbedarf
- fortschreitende Spezialisierung des Informationsbedarfs
- Beschleunigung der Informationsprozesse

Eines wird auf der Grundlage dieser Analyse offenkundig: Die immer wieder zu hörende und zu lesende Behauptung, die allgemeinen Such- und Navigationsinstrumente des Internets wie Google oder Bing würden alle anderen Formen der Informationsbeschaffung und -versorgung verdrängen, ist mit Sicherheit unrichtig. Intelligentes und professionelles Informationsmanagement ist im Gegenteil in der Informationsgesellschaft notwendiger denn je.

Zu fragen ist nun, ob Bibliotheken den veränderten und dramatisch gestiegenen Anforderungen gerecht werden können. Frühzeitig haben Bibliotheken ihre bewährten klassischen Verfahren der Sammlung, Bewahrung, Ordnung, Bereitstellung und Vermittlung auch auf digitale Medien und netzbasierte Angebote ausgeweitet. Gezielte Auswahl von Printpublikationen beim Bestandsaufbau ist etwa erweitert worden zur ebenso gezielten Auswahl von Web-Angeboten, die durch Kurzannotationen näher beschrieben und nach transparenten Kriterien bewertet über Web-Kataloge, Fachinformationsführer oder Subject Gateways erschlossen und kooperativ in der Form der „Virtuellen Bibliothek" zugänglich gemacht werden. Eine solche bibliothekarische Auswahl bietet im Idealfall eine Qualitätsgarantie, die einen nicht unwesentlichen Beitrag zur Orientierung im Informations-Chaos leistet. Aber damit kann den Herausforderungen nur zum Teil begegnet werden.

Nach dem gegenwärtigen Stand müssen weitere Dienstleistungen entwickelt werden, die es dem individuellen Nutzer ermöglichen, sich trotz Informationsflut ohne Zeitverzug zu orientieren und exakt die Informationen zu erhalten, die er zur Befriedigung seines Informationsbedarfes benötigt. Gefragt ist also eine Filterfunktion. Schon immer haben Bibliotheken eine solche Filterfunktion wahrgenommen, allerdings bezogen auf ein eher übergeordnetes allgemeines Interesse („Bibliothek als kulturelles Gedächtnis"). Jetzt geht es zusätzlich um eine Filterfunktion, die sich an den spezifischen Interessen eines Individuums, eines Arbeitsteams, einer Organisation oder eines Unternehmens orientiert. Informationsdienstleistungen dieser Art sind in der Vergangenheit von Dokumentations- und Informationseinrichtungen oder sonstigen kommerziellen Agenturen angeboten und erbracht worden.

Der Bedarf an einer auf das individuelle Interessenprofil zugeschnittenen kontinuierlichen Informationsversorgung steigt mit der wachsenden Unübersichtlichkeit der Informationsangebote insgesamt (▶ 8.4.2). Glücklicherweise lassen sich solche personalisierten Informationsdienstleistungen mittlerweile mit technischer Unterstützung unkomplizierter und zuverlässiger erbringen als in der Vergangenheit. Die Rede ist von „Intelligenten Agenten", „Informationsassistenten", Profildiensten oder personalisierten Pushdiensten. Idealerweise werden z. B. die individuellen Interessenprofile mittels des kontrollierten Vokabulars oder der Klassifikation beschrieben, die auch zur Erschließung des zu beobachtenden Informationsraumes verwendet wird. Auf dieser Grundlage kann in festzulegenden Abständen automatisiert überprüft werden, ob in dem gewählten Informationsraum (der Bibliothek, des Internets, des kommerziellen Informationsanbieters) Dokumente und Informationen vorhanden oder neu hinzugekommen sind, die diesem Interessenprofil entsprechen. Anwendungsorientierte Filterfunktion, personalisierte und zielgruppenorientierte Informationsdienstleistungen sowie die Bereitstellung interaktiver Infrastrukturen zum Informationsaustausch und zur kooperativen Bewertung z. B. von Publikationen („Web 2.0", „Bibliothek 2.0", „Katalog 2.0") können so aufeinander abgestimmt und auf definierte Zielgruppen zugeschnitten werden, dass damit die individuelle Wissensproduktion der Adressaten animiert und forciert wird. Damit werden Funktionen übernommen, die auch als bibliothekarisches Wissensmanagement (▶ 8.4.8) bezeichnet werden können.

Bislang bieten Bibliotheken derartige Dienstleistungen im Vergleich zu Informationsstellen noch vergleichsweise zögerlich an. Entsprechende Software (Intelligente Agenten, Social Software, interaktive Katalogsysteme) existiert schon lange und wird tatsächlich von einer wachsenden Zahl von Anwendern eingesetzt. Methoden zur präzisen Beschreibung eines Interessenprofils und zur inhaltlichen Erschließung von Dokumenten und Objekten aller Art gehören zu den bibliothekarischen Kernkompetenzen. Bibliotheken sind grundsätzlich in der Lage, diese Techniken und Methoden anzuwenden. Ein dauernder Mehraufwand besteht in der Anlage und Pflege der Interessenprofile und der tiefergehenden Erschließung und Bereitstellung entsprechender Mengen an Informationsangeboten. Zu prüfen ist, in welchem Umfang dieser Mehraufwand bei gegebenen Finanz- und Personalressourcen dadurch zu leisten ist, dass Bibliotheken sich zu Informationsverbünden, Dienstleistungskonsortien o. ä. zusammenschließen und die Schwerpunkte ihrer Tätigkeit neu gewichten.

Denkbar ist freilich auch, dass derartige Informationsdienstleistungen dem dezidert nicht-bibliothekarischen Bereich vorbehalten bleiben. Entsprechende Pläne politischer und wissenschaftlicher Gremien gab und gibt es. Diese sehen vor, unter Einbeziehung vorhandener fachlicher Informationseinrichtungen (Fachinformationszentren usw.) ein Netz neuartiger Informationsdienstleister ohne nennenswerte Beteiligung der Bibliotheken zu errichten (vgl. z. B. Konzepte der IuK-Initiative). Vielleicht auch wird die Kommerzialisierung des Informationssektors so weit fortschreiten, dass personalisierte Informationsdienstleistungen vorwiegend von rein kommerziellen Agenturen (Hosts, Online-Archiven, Suchmaschinenbetreibern usw.) angeboten werden. Bibliotheken würden dann natürlich nicht überflüssig, aber doch einen spürbaren Bedeutungsverlust erleiden.

Wenn aber Bibliotheken unter dem Druck der in der Informationsgesellschaft veränderten Anforderungen ihre Leitidee erweitern und durch Neuakzentuierung ihrer Arbeitsschwerpunkte zusätzliche Informationsdienstleistungen erbringen, werden sie Prognosen bewahrheiten, die eine wesentliche Folge der digitalen Revolution mit dem Begriff der Konvergenz beschreiben. Damit ist angespielt darauf, dass auf digitaler Basis z. B. in einem Gerät Funktionen integriert werden, für die früher unterschiedliche Geräte benötigt wurden (vgl. Computer und Fernseher/Video-/Audioabspielgerät; Mobiltelefon und Digitalkamera usw.). Eine solche Konvergenz würde dann auch für das Bibliotheks- sowie das Dokumentations- und Informationswesen eintreten.

Ansätze dazu sind zweifellos erkennbar. Während die Erschließung unselbstständig erschienener Publikationen früher durch Bibliografien und Dokumentationseinrichtungen erfolgte, verzeichnen immer mehr Bibliotheken Aufsätze in ihren Katalogdatenbanken. Der Aufwand dafür ist gering, da zumindest die Daten zur formalen Erschließung sehr preisgünstig zu erwerben sind. Hinsichtlich der Erschließung und Bereitstellung digitaler Netzquellen ist die Unterscheidung in „selbstständig" und „unselbstständig erschienen" ohnehin nicht immer eindeutig zu treffen. Der Abschied von der selbstständig erschienenen Publikation als Bezugseinheit der bibliothekarischen Leitidee ist daher ohnehin unvermeidlich. Auch die Integration wissenschaftlicher Primärdaten in das bibliothekarische Informationsmanagement legt diese Neuorientierung nahe. Technisch und methodisch also ist die Weiterentwicklung der Bibliotheken möglich; offen ist, ob die politischen Entscheidungsträger und die Bibliothekare selbst eine solche Entwicklung für sinnvoll und machbar halten.

Da auch Archive immer mehr mit digital gespeicherten Materialien zu tun haben, stellt sich die Frage nach einer möglichen Konvergenz auch von Archiv und Bibliothek. Zu vermuten ist, dass beide Informationsbranchen näher aneinanderrücken. Die gemeinsame Nutzung von Datenerfassungsschemata, von Standards zur Normierung von Personennamen, Körperschaften usw. oder von Instrumenten zur inhaltlichen Erschließung wird durch die digitale Technik erleichtert. Ein hilfreiches Instrument auf diesem Weg ist das 2019 offiziell verbreitete Regelwerk „Ressourcenerschließung mit Normdaten in Archiven und Bibliotheken" (RNAB). Im Sinne eines integrierten Informationsmanagements wünschenswert ist der gemeinsame Nachweis von bibliothekarischen und archivalischen Materialien in einer einzigen Datenbank.

Beispiele für eine solche partielle Konvergenz gibt es bereits: Viele US-amerikanische Hochschulbibliotheken verzeichnen Bestände ihrer Hochschularchive in ihren Bibliothekskatalogen. Auf diese Weise finden sich in den Katalogen z. B. von US-amerikanischen Verbünden oder von

OCLC (WorldCat) auch die Nachweise der entsprechenden Archivalien. OCLC plant darüber hinaus zukünftig auch die Bestände großer eigenständiger Archive und Museen in WorldCat zu verzeichnen. In der *Deutschen Digitalen Bibliothek* (DDB) werden seit 2012 die Bestände von Bibliotheken, Archiven, Museen und anderen Gedächtniseinrichtungen nicht nur nachgewiesen, sondern unter Wahrung des Urheberrechtes im Volltext oder als Bild- bzw. Tondokument präsentiert. Auch im übergeordneten Projekt „Europeana", als dessen deutsches Teilprojekt die DDB fungiert, werden retrospektiv digitalisierte Kulturgüter zugänglich gemacht, unabhängig davon ob es sich um archivalische, bibliothekarische oder museale Dokumente handelt.

Dennoch sprechen im Falle von Bibliothek und Archiv gewichtige Argumente gegen eine vollständige Konvergenz: Archive betreiben keinen systematischen Bestandsaufbau, sondern bleiben sinnvoller Weise fixiert auf abgebende Institutionen und Personen. In der Erschließung spielt daher das Provenienzprinzip die entscheidende Rolle. Bibliothekarische Informationsdienstleistungen hingegen beruhen gerade auf der systematischen Auswahl der zu sammelnden und zu erschließenden Informationsquellen aus der Gesamtheit der publizierten und zugänglichen Materialien. Anstelle des archivalischen Provenienzprinzips steht für Bibliotheken also das Pertinenzprinzip im Vordergrund.

In der Mittelstellung zwischen dem Archiv auf der einen und der Dokumentations- bzw. Informationseinrichtung auf der anderen Seite ist für die Bibliothek die Frage, ob die Informationsgesellschaft die Bibliothek in ihrer Bedeutung marginalisiert, auf die Aufbewahrungsfunktion reduziert und damit in die Nähe des Archivs rückt. Im Vordergrund werden dann gedruckte Medien stehen, die aber viel weniger nachgefragt werden als noch heute, und solche digitale Medien, die der langfristigen Überlieferung für wert befunden werden. Diese unattraktive und wenig einträgliche Funktion wird kaum von kommerziellen oder sonstigen Einrichtungen übernommen werden.

Die zweite Möglichkeit besteht darin, die Konvergenzoption mit Dokumentations- und Informationseinrichtungen zu realisieren. Auch dann werden Bibliotheken gedruckte wie digitale Publikationen enthalten. Ihr Informationsmanagement wird sich in diesem Fall aber nicht nur auf weniger aktuelle, im Tagesgeschehen seltener benötigte Medien beschränken, sondern zusätzlich weitere Teile des von Wissenschaftlern, Unternehmen oder Bürgern täglich erzeugten und benötigten Informationsstroms umfassen. Für diesen Fall werden Bibliotheken vorhandene Tätigkeiten intensivieren und neue Funktionalitäten übernehmen müssen.

Neben der bereits erwähnten detaillierten Erschließung und den personalisierten bzw. zielgruppenorientierten Informationsdienstleistungen können Bibliotheken Aufgaben erfüllen, die immer stärker nachgefragt werden, für die sich aber gegenwärtig noch keine institutionalisierten Angebotsformen herausgebildet haben. Zu erwähnen sind hier in erster Linie die Verlagsfunktion (für Netzpublikationen) im Kontext der Open-Access-Bewegung, die Vermittlung von Informationskompetenz und die Aufnahme wissenschaftlicher Primärdaten in das Portfolio. Die beiden ersten Aufgabenfelder sind von Bibliotheken auch in der vordigitalen Zeit zumindest am Rande wahrgenommen worden.

Die Bibliothek als Verlag z. B. für Hochschulschriften hat in den USA eine lange Tradition (vgl. etwa *Harvard University Press* oder *Stanford University Press),* aber auch in der Bundesrepublik gibt es Beispiele dafür (vgl. etwa den 1980 gegründeten BIS-Verlag des *Bibliotheks- und Informationssystems der Universität Oldenburg).* Sammlung, Langzeitarchivierung, Erschließung und Bereitstellung etwa von digitalen Dissertationen wird von Hochschulbibliotheken bereits jetzt erfolgreich durchgeführt. Die Einbeziehung von Preprints, E-Journals oder sonstigen digitalen Publikationen in das bibliothekarische Informationsmanagement stellt ebenfalls technisch und methodisch kein Problem dar.

Die aktuelle Kostenexplosion aufgrund der Kommerzialisierung und Konzentration des wissenschaftlichen Publikationsmarktes gefährdet die freie Informationsversorgung und legt die Entwicklung konkurrierender Distributionsstrukturen nahe. In einigen Disziplinen haben Wissenschaftler schon in den 1990er-Jahren die Verlagsfunktionen selbst übernommen und eigene Preprint-Datenbanken, E-Journals usw. ins Leben gerufen. Aus diesen Selbsthilfemaßnahmen der Wissenschaftler ist die weltweit agierende Open-Access-Bewegung hervorgegangen, in der Bibliotheken eine tragende Rolle spielen (▸ 6.5.5). Preprints, Postprints und ausschließlich digital publizierte wissenschaftliche Materialien werden in bibliothekarisch betreuten institutionellen oder fachlichen Repositorien gesammelt, professionell erschlossen, langzeitarchiviert, bereitgestellt und vermittelt. Auch in Deutschland betreiben die meisten wissenschaftlichen Bibliotheken mittlerweile institutionelle Repositorien für die wissenschaftlichen Publikationen der Angehörigen ihrer Trägerinstitution. Mit dieser Distributionsfunktion tritt die Bibliothek für die betroffenen Materialien an die Stelle des kommerziellen Verlages. In der Arbeitsgemeinschaft der Universitätsverlage haben sich über 30 entsprechende Verlage zusammengeschlossen und sich eindeutig dazu bekannt, die Ziele der Open-Access-Bewegung zu unterstützen.

Vermittlung von Informationskompetenz hat in Bibliotheken bislang vorwiegend als Benutzerschulung stattgefunden und bezog sich meist auf die Kataloge und Nachschlagewerke der jeweiligen Bibliothek (▸ 8.4.2). Mit der Popularisierung des Internets ist eine Vielzahl von Datenbanken und vermeintlich schlicht zu handhabenden Navigationsinstrumenten allgemein zugänglich geworden. Dem weit verbreiteten Vorurteil, man könne mit Suchmaschinen sich „das Wissen der Welt" erschließen, muss umso entschiedener entgegengewirkt werden. Vermittlung von Informationskompetenz bedeutet nicht nur, die für Datenbankrecherchen und Suchmaschinen relevanten Suchtechniken zu vermitteln, sondern neben den Möglichkeiten auch die Grenzen der Informationsmittel deutlich zu machen und anderes mehr.

Viele Bibliotheken haben diesen Bedarf erkannt und bieten Kurse an wie z. B. Einführung in die Benutzung von Suchmaschinen. Einige Hochschulbibliotheken vermitteln fachspezifische Informationskompetenz. Die jeweiligen Fachbereiche haben diese Angebote z. T. als Pflichtveranstaltungen in ihre Curricula integriert. Um dem Bedarf an Vermittlung von Informationskompetenz in Schule, Studium, Aus- und Weiterbildung genügen zu können, müssen diese qualitativ und quantitativ z. T. heterogenen Angebote auf eine breit abgesicherte didaktische und methodische Basis gestellt und von Bibliotheken möglichst flächendeckend präsentiert werden. Auf Online-Tutorials und Formen des Distance Learning kann dabei kaum verzichtet werden.

Informationskompetenz umfasst insbesondere für Hochschulangehörige mehr als die Fähigkeit, zielstrebig und methodisch Informationen zu ermitteln und zu bewerten. Hinzu tritt auch die Fähigkeit, selbst Informationen in digitalen Formaten und in Netzstrukturen zu publizieren. Bibliotheken sind hervorragend geeignet, Autoren bei der Erzeugung ihrer Online-Publikationen Hilfestellung zu bieten. Dazu gehören z. B. Style Sheets oder Formatvorlagen ebenso wie Unterstützung bei der Generierung von Metadaten. Viele Hochschulbibliotheken bieten seit längerem FAQs oder spezielle Sprechzeiten zur Publikationsberatung an.

Digitale Techniken haben Wissenschaft und Forschung völlig neue Möglichkeiten eröffnet und damit zugleich neue Herausforderungen geschaffen. Vor allem in den Natur- und Sozialwissenschaften führen IT-basierte Messinstrumente und Laborumgebungen zu einer ungeheuren Produktion wissenschaftlicher Primär- oder Rohdaten (Mess-, Labor- und Rechenergebnisse). Digitale Massenspeicher ermöglichen es, zuvor ungeahnte Mengen wissenschaftlicher Rohdaten dauerhaft zu speichern. Es handelt sich dabei z. B. um sozialstatistische Daten, astronomische Berechnungen, Klimadaten, Simulationen aller Art. Auch in den Geisteswissenschaften spielen Primärdaten in digitaler Form eine immer größere Rolle. Hier sind es vor allem Volltexte historischer oder philologischer Quellen, sprachstatistische oder computerlinguistische Daten. Diese Rohdaten wurden in der Vergangenheit oft in konkreten Projektkontexten erhoben und nach der Auswertung makuliert. Jetzt bietet sich die Chance, Rohdaten langfristig zu speichern und damit für interdisziplinäre Nutzungen und spätere Auswertungen bereit zu stellen. Für diese Gattung müssen Techniken intelligenten Informationsmanagements seitens der Bibliotheken entwickelt werden. Mit „Cyberinfrastructure" in den USA und „e-Science" in Deutschland und Europa wurden erste Lösungskonzepte zu diesem Problemfeld entworfen und realisiert. Als Beispiel sei verwiesen auf das unter Beteiligung der TIB Hannover entstandene internationale Konsortium DataCite, das Wissenschaftlern den Zugang zu Primärdaten erleichtern und im Interesse guter wissenschaftlicher Praxis deren Akzeptanz als zitierfähige Informationsobjekte unter Einsatz von Digital Objekt Identifiers (DOI) steigern soll.

Tabelle 7: Zusätzlicher Regelungsbedarf im Informationssektor der Informationsgesellschaft

Informations-management	Integration multimedialer Produkte
	Integration von Netzpublikationen
	Sicherung des langfristigen Zugriffs auf tendenziell flüchtige Netzpublikationen (Langzeitarchivierung)
	Integration wissenschaftlicher Primärdaten (Erschließung, Langzeitarchivierung, Bereitstellung)
	Beschleunigung der Informationsprozesse
	Qualitativ verbesserte und quantitativ erweiterte Informationserschließung
	Erschließung, Archivierung und Bereitstellung informeller Wissenschaftskommunikation (z. B. Blogs, Wikis, soziale Netzwerke für Wissenschaftler, fachliche Diskussionsforen)
	Nutzerorientierte Informationsfilterung zur Vermeidung von Informationsballast
	Personalisierte bzw. zielgruppenorientierte Informationsdienstleistungen (Mehrwertdienste): Filterung, Verdichtung und Bewertung kontextbezogener Zielinformationen
Wissens-management	Bündelung und Zuschnitt diverser Funktionen des Informationsmanagements unter dem Aspekt des Wissensmanagements
Informations-markt	Nicht-kommerzielle „Selbstverlage" z. B. für Wissenschaftler in der organisatorischen Trägerschaft etwa von Bibliotheken als Reaktion auf die strikte Kommerzialisierung und Monopolisierung des wissenschaftlichen Publikationswesens („Open Access")
Informations-kompetenz	Vermittlung von Informationskompetenz als Fähigkeit für jedermann, sich methodisch zielstrebig zu informieren und ermittelte Zielinformationen kritisch zu bewerten
	Feste Verankerung der Vermittlung von Informationskompetenz als Basisqualifikation im Bildungssystem
	Hilfestellung für die Erzeugung von Online-Publikationen z. B. durch interoperable Autorentools mit Formatvorlagen, Style Sheets und Anleitungen zur Generierung von Metadaten („aktive Informationskompetenz")

2.3 Ausblick

Menschliches Zusammenleben ist auf Informationsaustausch angewiesen. Durch die steigende Komplexität der Gesellschaft bilden sich mit Archiv und Bibliothek Institutionen heraus, die den angewachsenen Informationsbestand verwalten, bereitstellen und überliefern. Ausformung und konkretes Tätigkeitsprofil der Bibliothek bzw. des Bibliothekssystems ist immer abhängig von der sozialen Umwelt. Beide müssen auf den Bedarf der sie umgebenden gesellschaftlichen Subsysteme und den der gesamten Gesellschaft reagieren.

Die Anforderungen, die von der Gesellschaft bzw. ihren Subsystemen an Bibliotheken gestellt werden, verändern sich analog zum allgemeinen sozialen Wandel. Agrargesellschaft, Industriegesellschaft und Informationsgesellschaft haben einen je eigenen Bedarf an Informationsmanagement. Als mediale Basisinnovationen tragen Schrift, mobile Schriftträger, Buchdruck sowie digitale Speichermedien und telekommunikative Vernetzung erheblich zum gesellschaftlichen Wandel und damit zur Veränderung von Bibliotheken bei. Dabei lässt sich ein andauerndes, zunächst vergleichsweise spärliches, in jüngerer Zeit explosionsartiges Wachstum der verfügbaren Informationen beobachten. In der Informationsflut wird die Information selbst entwertet. Erst durch Aufbereitung, Filterung, Verdichtung usw. kommt Information voll zur Geltung. Informationsdienstleistungen und Institutionen, die dergleichen anbieten, erlangen einen immer größeren Stellenwert. Auch weiterhin ist Bibliothek nicht ohne Information denkbar; aber auch Information ist heute auf vermittelnde Instanzen wie Bibliotheken angewiesen; also ist mittlerweile aus der früher einseitigen eine gegenseitige Abhängigkeit geworden: Information und Techniken wie Institutionen des Informationsmanagements (z.B. die Bibliothek) setzen sich nun gegenseitig voraus.

Tabelle 8: Techniken und Institutionen des Informationsmanagements im historischen Wandel

Epoche	Gesellschaftstyp	Leitmedium/ Mediale Innovation	Informationsmanagement
Urzeit	Nomadisierende Jäger und Sammler	Menschliche Sprache	Medizinmänner, Schamanen usw.
Frühzeit	Primitive Agrargesellschaft	Schrift	Priester und Hofbeamte
Antike; Mittelalter	Komplexe Agrargesellschaft	Bewegliche Schriftträger	Gedächtnisinstitutionen mit der Funktion von Archiv und Bibliothek
Frühe Neuzeit bis 19. Jh.	Feudale Agrargesellschaft	Vervielfältigung durch Druck	Typologische Ausdifferenzierung von Archiv und Bibliothek
20. Jh.	Industriegesellschaft	Vervielfältigung durch Druck	Typologische Ausdifferenzierung von Bibliothek und Dokumentation
Gegenwart	Informationsgesellschaft	Digitale Medien und telekommunikative Vernetzung (Internet)	Anwendungsorientierte Informationsdienstleistungen (Wissensmanagement) partielle Konvergenz von Bibliothek und Dokumentation

Bibliotheken müssen die Leistungsanforderungen ihrer Umwelt immer wieder aufs Neue ermitteln und diesen mit modifizierten oder gar völlig neuen Dienstleistungen zu entsprechen trachten. Das kann mit einer Erweiterung des Funktionsspektrums, mit strukturellen Reformen, aber auch mit dem Abschmelzen liebgewordener Dienstleistungen und Tätigkeiten verbunden sein, wenn diese nicht mehr benötigt werden.

Die Anpassung des Bibliothekssystems an seine durch anhaltende Digitalisierung sich weiter verändernde Umwelt stößt auch auf Widerstände. Überfällige Strukturveränderungen verzögern sich über die Maßen oder bleiben einstweilen aus. So steht etwa die Veränderung der seit den 1970er-Jahren entstandenen, nach der Deutschen Einheit angepassten und seitdem weitgehend unverändert gebliebenen Struktur der regionalen Verbundsysteme immer noch aus: Die Forderung nach einer grundlegenden Reform dieser Struktur schließt die Reduktion der Zahl der gegenwärtig noch sechs Verbünde ebenso ein wie den Aufbau eines nationalen Verbundkatalogs.

Ob Bibliotheken die Institutionen sein werden, die in der Informationsgesellschaft das primäre Informationsmanagement für Bürger, Wirtschaft und Wissenschaft erledigen, kann gegenwärtig nicht eindeutig beantwortet werden. Manche Szenarien gehen davon aus, dass Bibliotheken in Konkurrenz treten mit neuartigen Informationsagenturen. Bibliotheken widmen sich demnach vorwiegend der Langzeitspeicherung, während die Nachfrage nach personalisierten, auf den aktuellen Bedarf zielenden Informationsdienstleistungen von anderen, möglicherweise auch kommerziellen Anbietern befriedigt wird. Wenn Bibliotheken Vernetzung und Kooperation als Leitgedanken der Informationsgesellschaft weiter aufgreifen und als funktional differenziertes System agieren und sie dabei ebenso innovationswillig wie anpassungsfähig bleiben, haben sie beste Chancen, die führenden Informationsvermittler in der Gesellschaft der Zukunft zu werden.

3 Strukturelle und technische Entwicklungslinien im Bibliothekswesen

Das vorhergehende Kapitel hatte Entwicklung und Stand des Bibliotheks- und Informationswesens im Kontext gesamtgesellschaftlicher Prozesse beleuchtet. Bibliotheken und andere Informationseinrichtungen waren dabei gleichsam von außen, mit makrosoziologischem Blick betrachtet worden; so sollte der Einfluss der Umwelt hervorgehoben werden. Nun richtet sich der Blick nach innen mit der Leitfrage: Welche strukturellen und technischen Entwicklungsschritte haben es insbesondere Bibliotheken bislang ermöglicht, die steigenden gesellschaftlichen Anforderungen zu erfüllen? Obwohl strukturelle und technische Aspekte sich natürlich auch gegenseitig beeinflussen, sollen hier beide Sektoren getrennt voneinander dargestellt werden.

3.1 Strukturelle Entwicklungslinien: Von der isolierten Einzelbibliothek zum funktional differenzierten Bibliothekssystem

Gesellschaften schaffen sich Institutionen, um damit sicherzustellen, dass bestimmte notwendige Funktionen auf Dauer erfüllt werden. Wenn eine einzelne Institution damit überfordert ist, die spezifischen sozialen Funktionen für den gesamten Bezugsbereich einer Gesellschaft zu erbringen, müssen mehrere Institutionen mit identischer Struktur und identischem Auftrag ins Leben gerufen werden. Solche nebeneinander existierenden Einheiten mit ähnlicher Struktur konstituieren ein segmentär differenziertes System, ein System niederer Entwicklungsstufe von geringer Komplexität. Die Beziehungen zwischen den Systemelementen beschränken sich darauf, die strukturelle Gleichartigkeit sowie die funktionale Identität sicherzustellen.

Gesellschaftliche Evolution und wachsende Komplexität führen zu einer Steigerung der Leistungsnachfrage seitens der Gesellschaft bzw. der anderen Subsysteme. Segmentär differenzierte Systeme tendenziell gleichartiger Elemente entwickeln sich zunächst zu stratifikatorisch differenzierten Systemen mit hierarchischen Beziehungen. Leistungssteigerung resultiert auf dieser Stufe daraus, dass eine übergeordnete Instanz (Zentrum) die Operationen der untergeordneten und weiterhin gleichartigen Systemglieder (Peripherie) durch Anweisungen koordiniert. Daraus gehen schließlich funktional differenzierte Systeme mit arbeitsteilig operierenden unterschiedlichen Elementen hervor; damit verbessern die Systeme die eigene Leistungsfähigkeit, um die gestiegene Nachfrage befriedigen zu können. Nach diesem im Kontext der Systemtheorie *Niklas Luhmanns* entwickelten Muster entstehen also komplexe Systeme, die arbeitsteilig organisiert sind und durch Spezialisierung wesentlich zur Leistungssteigerung sowie zur Erweiterung des Funktionsspektrums beitragen. Arbeitsteilige Kooperation aber erfordert ein Höchstmaß an Kommunikation zwecks Koordinierung und Standardisierung. Erst auf der Stufe des funktional differenzierten Systems entstehen Zusammenhänge, in denen das Ganze mehr ist als die Summe seiner Teile.

Funktional differenzierte Systeme neigen im weiteren Entwicklungsverlauf dazu, selbst Subsysteme auszubilden, die wiederum funktional differenziert sind. Obwohl auch in der Gegenwart in diversen sozialen Kontexten alle genannten Entwicklungsstufen feststellbar sind, lässt sich zweifelsohne eine prinzipielle evolutionäre Tendenz zur funktionalen Differenzierung erkennen. Das Bibliotheks- und Informationssystem bestätigt diese Aussage, wie nachfolgend zu belegen sein wird.

Tabelle 9: Entwicklungsstufen der Systembildung

Struktur	Systemstatus
Isoliertes Einzelphänomen	Keine Systembildung
Mehrere Institutionen (Systemglieder) mit identischer Struktur: strukturelle Gleichartigkeit, funktionale Identität	Segmentär differenziertes System
Mindestens eine Institution (ein Systemglied) ist den anderen übergeordnet und koordiniert deren gleichartige Operationen (Zentrum – Peripherie)	Stratifikatorisch differenziertes System
Mehrere Institutionen (Systemglieder), die sich in Struktur und Funktionalität voneinander unterscheiden und arbeitsteilig kooperieren	Funktional differenziertes System
Mehrere Institutionen oder Systeme, die sich in Struktur und Funktionalität voneinander unterscheiden, arbeitsteilig kooperieren und zusätzlich intern arbeitsteilig organisiert sind	Funktional differenziertes System mit Subsystemen, die ebenfalls funktional differenziert sind

3.1.1 Die isolierte Einzelbibliothek

Am Anfang der Entwicklung steht also die Bibliothek als erratisches, isoliertes Einzelphänomen. Die eine Herrscher- oder Tempelbibliothek genügt, um die Speicherfunktion und die Informationsversorgung für das gesamte Territorium des Staates bzw. für die Gesellschaft sicherzustellen. Aber schon in der Antike finden wir frühe Ansätze zur Ausprägung erster, schlichter systematischer Strukturen: So entlieh z. B. die sagenumwobene Bibliothek des Museion in Alexandria (gegr. vor 282 v. Chr.) Werke aus anderen griechischen Bibliotheken, um sie abschreiben und auf diese Weise in den eigenen Bestand aufnehmen zu können. Im 2. und 3. Jahrhundert n. Chr. lassen sich Bibliotheken in jeder größeren Stadt des Römischen Reiches nachweisen. Das römische Bibliothekswesen zeigt damit die Struktur eines segmentär differenzierten Systems.

3.1.2 Das segmentär differenzierte Bibliothekssystem in Europa

Segmentäre Differenzierung kennzeichnet auch die europäischen Bibliotheken seit der Frühen Neuzeit. Als Beleg kann die erwähnte Bibliografie *Conrad Gesners* aus den Jahren 1545–1555 herangezogen werden. Seine „Bibliotheca Universalis" beanspruchte den Rang einer Art „Richtlinie" für den idealtypischen Bestandsaufbau einer wissenschaftlichen Bibliothek im späten 16. und im 17. Jahrhundert. Eine ähnliche Funktion hatten auch die gedruckt publizierten Kataloge renommierter Bibliotheken. Solche „Empfehlungen für den Bestandsaufbau" (Bibliografien und publizierte Bibliothekskataloge), brieflicher Austausch oder publizierte Berichte über Bibliotheksreisen reichten meist aus, um die nötige Kommunikation zwischen den einzelnen Bibliotheken des erst schwach strukturierten Bibliothekssystems zu gewährleisten. Ziel war es, die Bibliotheken an einem gemeinsamen Ideal zu orientieren und zumindest potenziell ihre Gleichartigkeit zu fördern.

Ein segmentär differenziertes Bibliothekssystem zeichnet sich also dadurch aus, dass die beteiligten Bibliotheken bei optimaler Alimentierung und prinzipiell gleichen Chancen, sich über den Publikationsmarkt zu versorgen, zu identischen Beständen und Funktionalitäten kommen. Dass man bis in die Gegenwart nur wenige Bibliotheken finden wird, die identisch sind, leuchtet ein. Entscheidend sind jedoch nicht die realen Abweichungen, sondern das identische Konzept, das bei konkreten Rahmenbedingungen selbstverständlich zu vielerlei Varianten führt. Mit diesem Konzept streben die einzelnen Bibliotheken danach, entweder als Universalbibliothek die in Buchform publizierten Erkenntnisse der Menschheit möglichst vollständig an einem Ort (dem ihren) zu kumulieren oder aber zumindest die Informationsversorgung ihrer Klientel ohne Unterstützung durch andere Bibliotheken zu gewährleisten.

3.1.3 Das stratifikatorisch differenzierte Bibliothekssystem

Teile des Bibliothekssystems verbleiben auf der Stufe des segmentär differenzierten Systems bis in das 18. und 19. Jahrhundert hinein. Parallel allerdings entsteht mit der stratifikatorischen Differenzierung eine weitere Differenzierungsform. Kennzeichnend dafür ist die Ausprägung einer systeminternen Hierarchie. Nunmehr sind nicht alle Systemglieder funktional gleich; es gibt stattdessen mindestens ein Systemglied, das anderen übergeordnet ist. Dies folgt dem Schema Zentrum – Peripherie. Insbesondere in den absolutistischen Feudalstaaten und den jungen Nationalstaaten wird die Herrscherbibliothek oder die Nationalbibliothek zu der Einrichtung, die Entwicklungen vorantreibt und die Bibliotheken an der Peripherie dazu verpflichtet, diese nachzuvollziehen. Dabei kann es sich um die Entwicklung von Standards (z. B. Katalogisierungsregelwerke) oder Anweisungen zum Bestandsaufbau (Auswahlkriterien, Erwerbungsstrategien) handeln. Kennzeichen des stratifikatorischen Bibliothekssystems ist die Ungleichheit von Zentrum und Peripherie und die Gleichheit der peripheren Systemglieder. Besäße die Peripherie kein Zentrum, könnte sie als segmentäres System qualifiziert werden. Ein weiterer Unterschied zwischen segmentärer und stratifikatorischer Differenzierung besteht in den Kopplungsverhältnissen der Systemglieder. Während in segmentären Systemen die Systemelemente nur lose gekoppelt sind, zeichnen sich stratifikatorische Systeme durch feste, strikte Kopplungen aus.

Motive für die Evolution stratifikatorischer Systeme können darin gesehen werden, dass die unkoordinierte und unkontrollierte Orientierung der gleichberechtigten Einzelbibliotheken am Ideal der Universalbibliothek angesichts steigender Komplexität und wachsender Funktionserwartungen als unzureichend empfunden wird. Absolutischer Staat und feudale Gesellschaft weisen strukturelle Analogien zu stratifikatorischen Systemen auf. Es kann daher kaum verwundern, dass Bibliotheken in Staaten mit entsprechend stark zentralistischer Tradition wie Frankreich und Großbritannien spätestens im 19. Jahrhundert nach Prinzipien stratifikatorischer Differenzierung relationiert sind. Mit der Königlichen Bibliothek in Berlin als Zentrum und den preußischen Universitätsbibliotheken als Peripherie lässt sich auch das wissenschaftliche Bibliothekswesen Preußens in den ersten Jahrzehnten nach der Gründung des Deutschen Kaiserreiches als stratifikatorisches Bibliothekssystem identifizieren.

Tabelle 10: Entwicklungsstufen vom erratischen Einzelphänomen Bibliothek zum funktional differenzierten Bibliothekssystem

Entwicklungsstufen	Attribute	Systemglieder
Bibliothek als unkoordiniertes Einzelphänomen	Unkoordiniert, konkurrenzlos	
Segmentär differenziertes Bibliothekssystem	Schwach ausgeprägte Systemstrukturen	Lose Kopplung weitgehend gleichartiger Systemelemente (auf Vollständigkeit zielende Universalbibliotheken)
Stratifikatorisch differenziertes Bibliothekssystem	Hierarchische Systemstrukturen	Strikte Kopplung zwischen gleichartigen Systemelementen an der Peripherie (dezentrale Universalbibliotheken) und einer übergeordneten Zentrale (Hof- oder Staatsbibliothek)
Funktional differenziertes Bibliothekssystem	Komplexes, arbeitsteilig organisiertes System	Geregelte Kooperation zwischen tendenziell unterschiedlichen Systemelementen (funktional spezialisierten Bibliotheken; Spezialbibliotheken)

3.1.4 Das funktional differenzierte Bibliothekssystem in Deutschland

An der Schwelle zum 20. Jahrhundert setzt die Entwicklung vom stratifikatorisch zum funktional differenzierten Bibliothekssystem ein. Damit erst beginnt eigentlich die bibliothekarische Moderne. Insbesondere mit dem wissenschaftlichen und technischen Fortschritt des 19. Jahrhunderts stiegen die Leistungserwartungen der Umwelt an die Bibliotheken enorm an. Die im Laufe jenes Jahrhunderts in den deutschen Territorien fast verfünffachte jährliche Produktion von Neuerscheinungen erzeugte eine Publikationsflut, welche die Bibliotheken überforderte. Mit dem Konzept der auf Vollständigkeit zielenden Universalbibliothek als Grundlage des segmentär und des stratifikatorisch differenzierten Bibliothekssystems konnte der wachsende Bedarf nicht mehr befriedigt werden. Da es noch keine komplexen systematischen Strukturen gab, blieb vorausschauende Planung aus. Die Bibliotheken hinkten weit hinter dem realen Informationsversorgungsbedarf her.

Auf die Erfahrung, dass die Universitätsbibliotheken die gewünschte Literatur nicht mehr in vollem Umfang bereit stellen konnten, reagierten Professoren, in dem sie selbst zur Tat schritten und institutseigene Bibliotheken gründeten, finanzierten und betrieben (▶ 5.3.3). Diese Institutsbibliotheken beruhten also nicht auf dem Konzept der Universalbibliothek, sondern forcierten die Ausprägung des Typus der Spezialbibliothek.

Auf dem Weg zum funktional differenzierten System bildet diese Entwicklung allerdings eine Sackgasse. Zwar sind Spezialisierung und Arbeitsteilung Voraussetzung für derartig komplexe Systembildung, doch entsprechen die professoralen Institutsbibliotheken entwicklungsgeschichtlich eher jener ersten Stufe, auf der eine einzelne bibliothekarische Einrichtung völlig unvernetzt die Literaturversorgung des Bezugsbereiches übernimmt. Der Unterschied besteht nur darin, dass es sich bei den Palastbibliotheken um Universalbibliotheken handelte, während die Institutsbibliotheken als Spezialbibliotheken ihre Aktivitäten allein auf jene Disziplin(en) richteten, die für Dozenten und Studenten des jeweiligen Instituts von Interesse waren. Selbst die Kooperation mit der zugehörigen Universitätsbibliothek bildete die Ausnahme.

Mit den Institutsbibliotheken war zwar unter dem Gesichtspunkt der Spezialisierung ein wichtiger Schritt getan worden, der mit der fortschreitenden Spezialisierung der Wissenschaften in Einklang stand. Da die Institutsbibliotheken jedoch nicht einmal der Stufe segmentärer Differenzierung zuzurechnen waren, bedeutete diese Entwicklung hinsichtlich der Systembildung einen Rückschritt. Die Ordinarien hatten ihre Literaturversorgung auf diese Weise vom bestehenden Bibliothekssystem abgekoppelt, die Universitätsbibliotheken (zumindest hinsichtlich der für die Forschung benötigten Spezialliteratur) durch die Institutsbibliotheken substituiert. Damit war genau das eingetreten, was einem System immer dann droht, wenn eine Asymmetrie zwischen dem Leistungsangebot seitens der Systemglieder und den Leistungserwartungen seitens der nachfragenden Abnehmer nicht durch Anpassung und Leistungssteigerung behoben wird. Erst gegen Ende des 20. Jahrhunderts konnten die dezentralen Institutsbibliotheken mit dem Konzept der „funktionalen Einschichtigkeit" in das funktional differenzierte Bibliothekssystem integriert werden.

Auch Verbände, Behörden und Unternehmen reagierten auf ihren wachsenden Informationsbedarf, indem sie eigene Bibliotheken gründeten. Dabei gingen sie ähnlich vor wie die Professoren an den Hochschulen. Das Prinzip der älteren Universalbibliothek, die Literatur- und Informationsversorgung der Zielgruppe ausschließlich auf den Bestand der einen konkreten Bibliothek zu stützen, wurde dabei zunächst übernommen. Im Gegensatz zu den Institutsbibliotheken aber fanden viele Spezialbibliotheken später Anschluss an das übergeordnete Gesamt-Bibliothekssystem. Sie durchliefen, bezogen auf den Gegenstand ihrer Spezialisierung z. T. mit Verzögerung, die Stadien von der isolierten Einzelinstitution über das segmentär sowie das stratifikatorisch differenzierte zum funktional differenzierten System. Auf diese Weise bildeten Spezialbibliotheken einer Branche oder eines Faches (z. B. Parlamentsbibliotheken, kirchliche Spezialbibliotheken, sozialgeschichtliche Fachbibliotheken) eigene Subsysteme unter dem Dach des gesamten Bibliothekssystems. So sind viele Spezialbibliotheken bis heute in der Arbeitsgemeinschaft der Spezialbibliotheken zusammengeschlossen.

Die Herausbildung eines funktional differenzierten Bibliothekssystems setzte in Deutschland nach der Reichsgründung 1871 ein und wurde wesentlich getragen von der preußischen Ministerialbürokratie. Diese war primär darauf bedacht, durch Rationalisierung die Kosten der über ihren Haushalt finanzierten Wissenschaftlichen Bibliotheken zu senken und durch Modernisierung deren Leistungsfähigkeit zu verbessern. Der zuständige Referent im Kultusministerium, *Friedrich Althoff* (1839–1908), trug wesentlich zu dieser Entwicklung bei. So ist in der Fachliteratur oft die Rede vom „System Althoff" oder von den „Althoffschen Reformen".

Ausgangspunkt dieser systemtransformierenden Reformen war das Fehlen einer deutschen Nationalbibliothek. In Ländern mit zentralistischer Tradition wie Großbritannien und Frankreich existierte jeweils eine große Nationalbibliothek. In Deutschland hingegen hatte die fehlende staatliche Einheit vor 1871 und der bis heute vorherrschende Kulturföderalismus die Entstehung einer solchen umfassend sammelnden, nationalen Universalbibliothek verhindert. Dies wurde als Manko empfunden und führte zu Überlegungen, die fehlende Nationalbibliothek durch das Zusammenwirken der leistungsstärksten wissenschaftlichen Bibliotheken zunächst Preußens, später Gesamt-Deutschlands gleichsam „virtuell" nachzubilden. Das Fehlen einer Nationalbibliothek erzeugte also den Impuls zum Aufbau eines funktional differenzierten Bibliothekssystems; dank dieser Reformen gelangten die deutschen Bibliotheken aus dem Rückstand gegenüber dem französischen oder britischen Bibliothekswesen in eine Vorreiterrolle bei der Ausprägung eines (nach damaligen Ansprüchen) modernen Bibliothekssystems.

Das Reformwerk bestand aus „bibliothekarischen Gemeinschaftsprojekten" und flankierenden Maßnahmen. Krönung dieser Aktivitäten sollte ein Preußischer, später Deutscher Gesamtkatalog werden, in dem die relevanten Bestände der beteiligten Wissenschaftlichen Bibliotheken mit Signaturen verzeichnet werden sollten. Mit diesem Gesamtkatalog wollten die Initiatoren die fehlende Nationalbibliothek kompensieren. Zugrunde lag dem Vorhaben die Einsicht, dass die großen Bibliotheken unterschiedliche Bestände besaßen, obwohl sie doch zumeist dem Konzept der möglichst vollständig sammelnden Universalbibliothek verpflichtet waren. Nun hat jeder Bibliothekskatalog immer auch eine bibliografische Funktion. Daher sollte der Gesamtkatalog, wie andere Bibliografien auch, die Aufgabe einer virtuellen Bibliothek, in diesem Falle einer virtuellen Nationalbibliothek übernehmen. Aus der Not geboren, trug das Projekt damit auch der Tatsache Rechnung, dass das Konzept der auf Vollständigkeit bedachten Universalbibliothek überholt und annähernde Vollständigkeit nur noch virtuell, auf der Ebene der Kataloge bzw. durch arbeitsteilige Kooperation angestrebt werden konnte.

Hier ist es angebracht, den Begriff der „Wissenschaftlichen Universalbibliothek" näher zu beleuchten. Ursprünglich ist damit eine Bibliothek gemeint, die danach strebt, die publizierten Erkenntnisse der Menschheit aus allen Wissensgebieten an einem Ort möglichst vollständig zu sammeln und vorzuhalten. In diesem älteren Verständnis ist das „Konzept der Universalbibliothek" charakteristisch für vormoderne, nicht oder nur segmentär bzw. stratifikatorisch differenzierte Strukturen. Wenn hier davon die Rede ist, das Konzept der Universalbibliothek habe sich zu einem bestimmten Zeitpunkt der gesellschaftlichen Evolution z.B. in Europa als überholt erwiesen, dann wird darauf angespielt, dass mindestens eines der beiden konstitutiven Kriterien (fächerübergreifende und vollständige Sammlung) nicht mehr erfüllt werden konnte. Heute gilt „Vollständigkeit" nicht mehr als Charakteristikum dieses Bibliothekstyps. Zu den Universalbibliotheken werden vielmehr Bibliotheken gerechnet, deren Sammelprofil sich über das gesamte Spektrum menschlicher Erkenntnis erstreckt und die zu den einzelnen Disziplinen über Bestände in nennenswertem Umfang verfügen.

Voraussetzung für einen Gesamtkatalog war zunächst die Festlegung von Standards, die von allen beteiligten Bibliotheken angewendet werden konnten. So wurden in den 1890er-Jahren die „Preußischen Instruktionen" (PI) entwickelt. Preußen verpflichtete die ihm unterstehenden Bibliotheken 1899 per Erlass, dieses Regelwerk für die Formalerschließung anzuwenden. Bis dahin war die Erschließung nach jeweiligen Hausregeln bzw. im Wesentlichen durch die systematische Aufstellung erfolgt. Dank des Katalogisierungsstandards konnten die in den einzelnen Universitätsbibliotheken vorhandenen Bestände im Gesamtkatalog nach einheitlichen Regeln verzeichnet werden. Zu den von Beginn an gewünschten Effekten gehörte freilich auch, dass das Einsparungspotenzial durch Fremddatenübernahme, welches einheitliche Katalogisierung bot, auch genutzt wurde. Die Neuerwerbungen der am Projekt Gesamtkatalog beteiligten Bibliotheken wurden seit den 1890er-Jahren als „Berliner Titeldrucke" publiziert; für die Fremddatenübernahme wurde eigens eine einseitig bedruckte Ausgabe auf dünnem Papier erzeugt, die dazu gedacht war, die Titelaufnahmen auszuschneiden und auf Katalogkarten aufzukleben. Auch heute ist Fremddatenübernahme, allerdings in eleganterer, digitaler Form ein wichtiger Rationalisierungseffekt der Verbundkatalogisierung.

Mit den Katalogisierungsregeln und dem Gesamtkatalog sind die beiden ersten Elemente des Reformwerkes zur Sprache gekommen. Um einen solchen Gesamtkatalog zur vollen Wirkung zu bringen, mussten weitere Schritte getan werden. Für die Gelehrten war entscheidend, ob und unter welchen Bedingungen sie die im Gesamtkatalog verzeichnete Literatur benutzen konnten. Die Lösung konnte nicht mehr in aufwändigen Bibliotheksreisen bestehen, sondern nur im Austausch zwischen den Bibliotheken. War ein benötigtes Werk über das Nachweisinstrument Gesamtkatalog im Bestand einer auswärtigen Bibliothek identifiziert worden, so hatte der Benutzer die Möglichkeit, den Band für eine bestimmte Frist in seine Heimatbibliothek liefern zu lassen. Damit begann der organisierte Leihverkehr.

Die nächste Stufe der Kooperation und Koordination bestand darin, langfristige Absprachen über den Bestandsaufbau zu treffen. Mit der Festlegung von Sammelschwerpunkten für einzelne Universitätsbibliotheken, die in Preußen 1910 einsetzte, war die funktionale Differenzierung des Bibliothekssystems vorerst abgeschlossen. Die einzelnen Elemente des Reformwerkes griffen wie Zahnräder ineinander: Der Katalogisierungsstandard ermöglichte den Gesamtkatalog; über den Gesamtkatalog konnten am Ort fehlende Titel im Idealfall identifiziert und per Leihverkehr zugänglich gemacht werden; der geplante kooperative Bestandsaufbau stellte sicher, dass sich für jede relevante Disziplin mindestens eine Bibliothek um möglichst große Vollständigkeit und Bereitstellung der erschienenen Publikationen bemühte.

Neben den genannten vier „Gemeinschaftsprojekten" hatte *Althoff* weitere unterstützende Maßnahmen angeregt. So hatte er dafür Sorge getragen, dass durch die Gründung des „Zentralblattes für Bibliothekswesen" 1884 eine stabile Kommunikationsplattform für die innerbibliothekarische Verständigung zur Verfügung stand. Ferner wurde mit einem Erlass von 1893 der wissenschaftliche Bibliothekar als Ausbildungsberuf konstituiert. Zeitgleich mit der funktionalen Differenzierung setzte somit die Professionalisierung des bibliothekarischen Personals ein. Damit hatten sich komplexe Systemstrukturen entwickelt, die das überforderte Konzept der zunächst vereinzelten und später segmentär oder stratifikatorisch aufeinander bezogenen Universalbibliothek ablösten und dem Bibliothekswesen zu der erforderlichen Leistungssteigerung und überfälligen Modernisierung verhalfen.

Die herausragende Bedeutung dieses Prozesses wird weder dadurch geschmälert, dass wohl keiner der beteiligten Akteure zu Beginn der Entwicklung über eine fertige Konzeption verfügte oder ahnte, welche Dimensionen das Reformwerk annehmen würde, noch dadurch, dass der geplante Gesamtkatalog aus verschiedenen Gründen Torso blieb. Die Systemstrukturen, die im Gefolge der Althoffschen Reformen entstanden sind, prägen das Bibliothekssystem bis in die Gegenwart:

Regelwerke für die Formalerschließung gehören bis heute zu den selbstverständlichen bibliothekarischen Standards. Die „Preußischen Instruktionen" wurden in der zweiten Hälfte des 20. Jahrhunderts im deutschsprachigen Bereich ersetzt durch die „Regeln für die alphabetische Katalogisierung" (RAK), die sich auf die ISBD stützen. Mittlerweile wurden die RAK durch den international verbreiteten „Standard Resource Description and Access" (RDA) abgelöst.

Statt des Gesamtkatalogs sind nach dem Zweiten Weltkrieg regionale Zentralkataloge entstanden, aus denen sich, vereinfacht gesprochen, die heutigen Verbundkataloge entwickelt haben. Diese wiederum sind über den „Karlsruher Virtuellen Katalog" (KVK) parallel recherchierbar, weshalb einige Bibliothekare die Freischaltung des KVK 1996 als Vollendung des Gesamtkatalogs feierten.

Aus den vorsichtigen Anfängen eines Leihverkehrs zwischen preußischen Universitätsbibliotheken haben sich regionale, nationale und internationale Leihverkehrssysteme entwickelt. Dank der technischen Entwicklung bieten Dokument-Lieferdienste heute die Möglichkeit, Publikationen aus dem In- und Ausland in kurzer Zeit gegen Bezahlung in digitalisierter Form zu beschaffen.

Das Prinzip des kooperativen Bestandsaufbaus fand seine Fortsetzung im Sondersammelgebietsplan der *Deutschen Forschungsgemeinschaft* (DFG) und wurde später für digitale Medien und Netzpublikationen um ein System Virtueller Fachbibliotheken ergänzt. An die Stelle des Sondersammelgebietsplans und des Systems *Virtueller Fachbibliotheken* ist inzwischen seitens der DFG das Konzept der Fachinformationsdienste für die Wissenschaft getreten.

Tabelle 11: Strukturen des (auf den Althoffschen Reformen beruhenden) funktional differenzierten Bibliothekssystems

Strukturen des funktional differenzierten Bibliothekssystems	Zeitgenössische Variante Anfang 20. Jh.	Spätere Variante	Zukünftige Option
Katalogisierungsregelwerk	Preußische Instruktionen (PI)	Regeln für die alphabetische Katalogisierung (RAK)	International kompatible Katalogisierungsstandards (z. B. RDA)
Gesamtkatalog	Preußischer / Deutscher Gesamtkatalog (DGK)	Karlsruher Virtueller Katalog (KVK)	Transnationaler Verbundkatalog (z. B. WorldCat)
Leihverkehr	Regionaler / Nationaler Leihverkehr	Nationaler / Internationaler Leihverkehr; Document Delivery	Transnational operierende Document Delivery Verbünde
Kooperativer Bestandsaufbau	Sondersammelgebiete	Sondersammelgebiete; Virtuelle Fachbibliotheken	Transnationale Absprachen zum Bestandsaufbau

Mit der erstmaligen Herausbildung funktional differenzierter Systemstrukturen war ein Anfang gemacht, der es dem Bibliothekssystem ermöglichte, die in der Industriegesellschaft enorm gestiegenen Anforderungen zu erfüllen. Die einzelne Bibliothek konnte nun als Teil eines differenzierten Ganzen begriffen werden, als Zugangsstation zu einem umfassenden Informationsnetz. Die Gesamtheit der arbeitsteilig organisierten Bibliotheken erst bot einen befriedigenden Literatur- und Informationsvorrat, auf den der Benutzer von seiner (Universitäts-)Bibliothek aus zugreifen konnte.

Damit aus einem bloßen Nebeneinander ein kooperatives, koordiniertes Miteinander werden kann, bedarf es intensiver Kommunikation in geeigneten Foren (z. B. Zeitschriften, Konferenzen), autorisierter Leitungs- und Entscheidungsgremien (z. B. Ausschüsse) sowie festgelegter und transparenter Entscheidungsfindungsprozesse. Diese Infrastrukturen müssen auch nach der Etablierung des Systems intakt bleiben. Sie dienen der Selbstbeobachtung und der Anpassung. Die Anforderungen, welche die Außenwelt an das System stellt, sind nämlich einem permanenten Wandel unterworfen. Je stärker die funktionale Differenzierung des Systems fortgeschritten ist, desto komplexer und umfangreicher werden auch die Infrastrukturen. Die Vielzahl bibliothekarischer Zeitschriften, Tagungen, Kongresse, Verbände und Koordinierungsgremien belegt dies.

Das Bibliothekssystem in Deutschland hat sich unterdessen weiter differenziert und zahlreiche Subsysteme ausgeprägt. Als Beispiele ließen sich Zusammenschlüsse wie jener der Kunst- und Museumsbibliotheken oder jener der kirchlich-wissenschaftlichen Bibliotheken aufführen. Auch die Zeitschriftendatenbank ist in diesem Zusammenhang zu nennen. Es handelt sich dabei um einen nationalen Verbund wissenschaftlicher Bibliotheken, der zum Ziel hat, Periodikabestände kooperativ zu erschließen und die jeweiligen Bestände in der Datenbank zu verzeichnen. Diese Daten spielen eine zentrale Rolle für Leihverkehr und Dokumentlieferung.

Die mit den Althoffschen Reformen einsetzende funktionale Differenzierung des deutschen Bibliothekswesens bezog sich ausschließlich auf Wissenschaftliche Bibliotheken. Das öffentliche Bibliothekswesen wurde in Deutschland lange allein von den Kirchen, der Arbeiterbewegung und anderen weltanschaulichen Gruppen getragen. Auf relativ bescheidenem Niveau lassen sich im späten 19. Jahrhundert bei Bibliotheken des katholischen *Borromäusvereins* oder den Arbeiterbibliotheken Ansätze segmentärer Differenzierung erkennen. Mit der Bücherhallenbewegung, aber auch im Gefolge des von *Walter Hofmann* entwickelten Volksbüchereikonzeptes, stabilisierten sich für Öffentliche Bibliotheken im ersten Drittel des 20. Jahrhunderts segmentär differenzierte Systemstrukturen.

Die nationalsozialistischen Machthaber nutzten die Volksbüchereien zu Propagandazwecken. Die 1937 verkündeten „Richtlinien für das Volksbüchereiwesen" zielten darauf, ein Netz von Bibliotheken unterschiedlicher Größen und Aufgaben zu schaffen und sahen auch für diesen Bibliothekstyp die Begründung funktional differenzierter Systemstrukturen vor. Allerdings ist es wegen des Zweiten Weltkriegs nicht mehr zur Realisierung dieser Pläne gekommen. Erst danach zeigen sich tatsächlich Formen funktionaler Differenzierung auch im öffentlichen Bibliothekswesen. Beispiele sind etwa das Sondersammelgebietsprogramm der Großstadtbibliotheken in NRW, regionale Leihringe, die Lektoratskooperation usw.

Die Evolution systematischer Strukturen des wissenschaftlichen und des öffentlichen Bibliothekswesens in Deutschland verlief im Wesentlichen getrennt. Bemühungen, diese sachlich nicht gerechtfertigte Spartentrennung aufzuheben, waren im Bibliothekswesen der DDR in Angriff genommen worden. In der Bundesrepublik können der „Bibliotheksplan '73" und das Strukturpapier „Bibliotheken '93" als Meilensteine auf dem Weg zu einem einheitlichen, alle Sparten umfassenden funktional differenzierten Bibliothekssystem angesehen werden. Die zukunftsweisende Perspektive, Öffentliche und Wissenschaftliche Bibliotheken in einer vierstufigen Skala als aufeinander bezogene Elemente eines einheitlichen Bibliothekssystems zu verstehen, hat sich bisher allerdings nicht wirklich durchgesetzt.

So bleibt die grundsätzliche Einbeziehung der Öffentlichen Bibliotheken in das funktional differenzierte System der Wissenschaftlichen Bibliotheken ein Desiderat. Ansätze dazu gibt es allerdings, etwa die partielle Einbeziehung großstädtischer Öffentlicher Bibliotheken in die Verbundkatalogisierung der Wissenschaftlichen Bibliotheken. Grundsätzlich positiv zu bewerten ist die Tatsache, dass die bis 2019 verabschiedeten fünf landesspezifischen Bibliotheksgesetze, das Bibliothekswesen zumindest auf der Ebene des jeweiligen Bundeslandes als vernetztes und kooperatives System begreifen und beschreiben (▸ 4.2.2).

Gegenwärtig erkennbare Entwicklungsperspektiven zur weiteren funktionalen Differenzierung des gesamten Bibliothekssystems sind:

– volle Integration der Öffentlichen Bibliotheken
– weitere Anpassung der Systemfunktionalitäten an digitale Medien
– weitere Anpassung der Systemfunktionalitäten an digitale Netzstrukturen (Internet)
– Anpassung an die durch digitale Medien und Internet veränderte Informationskultur
– Aufbau funktional differenzierter Kooperation im Hinblick auf weitere Dienstleistungsangebote (Auskunft und Informationsberatung, Vermittlung von Informationskompetenz, Langzeitarchivierung, Distributionsfunktionen, Monitoring usw.)
– Verflechtung mit nicht-bibliothekarischen Segmenten des Informationswesens
– Internationalisierung

Schon in den vergangenen Jahren sind zahlreiche Maßnahmen zur Anpassung der Systemfunktionalitäten ergriffen worden, damit neben gedruckten und anderen analogen auch digitale Medien angemessen gesammelt, bewahrt, geordnet, bereitgestellt und vermittelt werden können. Die Spezifika mancher digitaler Medien etwa können mit den vorhandenen Regelwerken zur formalen und inhaltlichen Erschließung nur begrenzt erfasst werden. Insbesondere hinsichtlich der Langzeitarchivierung stellen sich völlig neue Herausforderungen. Die vereinfachte Kopiermöglichkeit und deren Rückwirkungen auf das Urheberrecht, die Veränderung des Informationsmarktes, die permanente Veränderung der Hard- bzw. Software-Umgebungen sind einige weitere Aspekte, die das Bibliothekssystem im Zusammenhang mit digitalen Medien zu weiteren Anpassungen zwingen.

Die für digitale Medien charakteristischen Problemfelder tauchen sämtlich im Kontext des Internets erneut auf, allerdings in gesteigerter Form. Weitere Schwierigkeiten entstehen durch netzspezifische Eigenschaften wie z. B. dynamische Dokumente. Zu den größten Problemen bei der Nutzung des Internets gehört es, Relevantes von Nicht-Relevantem zu unterscheiden: Die Identifikation und Auswahl des für ihre je eigenen Zwecke Bedeutsamen hatten Bibliothekare auch in der Printumgebung bereits leisten müssen; nun wird diese Aufgabe erschwert durch die Flut von Ballastinformationen im Internet. Zudem werden die Konturen des Publikationsbegriffes in den neuen medialen Kontexten immer unschärfer. Zur professionellen Identifikation des Relevanten, zur arbeitsteiligen Erschließung und Langzeitsicherung wichtiger Netzpublikationen, zur Behandlung dynamischer (stetiger Veränderung unterworfener) Publikationen oder zur Speicherung und Erschließung neuer Medienformen wie etwa Diskussionslisten, Blogs oder Soziale Netzwerke müssen im System weitere Differenzierungen vorgenommen und neue Funktionalitäten ausgebildet werden. Dieser Anpassungsbedarf ist umso dringender, als durch digitale Medien und Internet nicht nur neue Medientypen entstanden sind, sondern die Zahl der wissenschaftlichen und anderen Publikationen einen anhaltenden Wachstumsschub erfahren hat.

Dringend erforderlich sind allgemein akzeptierte Standards z. B. für die Erschließung von Netzpublikationen und wissenschaftlichen Rohdaten, für die Gestaltung von Bibliothekskatalogen bzw. bibliothekarischen Webauftritten insgesamt (Websites und Homepages) oder für die erschließungsfreundliche Strukturierung von Volltexten. Angloamerikanische und skandinavische Bibliothekssysteme haben Prinzipien funktionaler Differenzierung frühzeitig genutzt, um die Dienstleistungsorientierung der Branche zu verbessern: Dort werden auch Informations- und Auskunftsdienstleistungen arbeitsteilig, d. h. in Verbundstrukturen angeboten. In Deutschland spielen vergleichbare Projekte kaum eine Rolle oder wurden gar eingestellt wie z. B. die *Deutsche Internetbibliothek* (▶ 8.4.2).

Der allgemeine Beschleunigungsdruck und die Erfahrungen mit einfachen, durch Suchmaschinen gestützten Internetrecherchen wecken bei den Bibliotheksbenutzern hohe Erwartungen. Demnach sollten bibliothekarische Informationsdienstleistungen nicht nur akkurat und professionell, sondern ebenso unkompliziert, nutzerorientiert und schnell abrufbar sein wie etwa durch Suchmaschinen. Das Bibliothekssystem wird darauf reagieren müssen.

„Verflechtung mit nicht-bibliothekarischen Segmenten des Informationswesens" bezieht sich sowohl auf technische als auch auf inhaltliche Aspekte. In der Hochschule etwa ist damit auf die Zusammenführung von Bibliothek, Rechenzentrum und Medienzentrum angespielt. Eine solche Konvergenz wird in Konzepten der DFG dringend gefordert; aber auch in dem vom *Bundesministerium für Bildung und Forschung* (BMBF) im September 2002 publizierten strategischen Positionspapier zur Zukunft der wissenschaftlichen Information in Deutschland „Information vernetzen – Wissen aktivieren" wird dies bereits verlangt. Auf der inhaltlichen Ebene geht es dabei um eine engere Verflechtung mit dem übrigen Dokumentations- und Informationsbereich. Aber auch an eine Vernetzung mit Archiven, Museen und klassischen Dokumentationsstellen ist in diesem Zusammenhang zu denken.

Wenn überall von Globalisierung die Rede ist und das Internet sich als weltumspannende Kommunikationsinfrastruktur etabliert hat, wird einsichtig, dass das Bibliothekssystem sich dem Trend zur Internationalisierung anschließen muss, will es nicht in Bedeutungslosigkeit versinken. Hinsichtlich der Standards zur sachlichen Erschließung oder der Normdateien wird man sich etwa entscheiden müssen, ob man auch in Deutschland weltweit verbreitete Regelwerke einführt oder ob die nationalen Standards aktualisiert und so weiterentwickelt werden können, dass sie z. B. über Konkordanzen international anschlussfähig sind.

Ähnliches gilt für die Datenformate. Es ist nicht zu bestreiten, dass der Markt auch für bibliothekarische Informationsdienstleistungen bereits deutliche Anzeichen zur Internationalisierung trägt. US-amerikanische Verbundsysteme wie das *Online Computer Library Center* (OCLC) agieren auf internationaler Ebene und haben auch bereits viele deutsche Bibliotheken in ihre Kataloge, ihre Document Delivery Systeme sowie ihre sonstigen Dienstleistungsangebote einbezogen.

Wenn nationale Bibliothekssysteme nicht rechtzeitig selbstbestimmt den Weg der Internationalisierung einschlagen, könnte die Alternative darin bestehen, dass es zu einer fremdbestimmten Internationalisierung durch weltweit agierende Konsortien kommt, die dann möglicherweise unzureichend auf je spezifischen nationalen Bedarf zugeschnitten ist. In Deutschland hat sich die Internationalisierungsdebatte lange konzentriert auf die Standards zur Formalerschließung und zur Datenerfassung mit dem Ergebnis, dass das auf internationaler Ebene entwickelte Regelwerk RDA und das MARC21-Format eingeführt worden sind (▶ 7.3.9). Als weiteres Beispiel für Internationalisierung ließe sich erwähnen, dass die *Deutsche Nationalbibliothek* zur inhaltlichen Erschließung mittlerweile zusätzlich die international verbreitete *Dewey*-Dezimalklassifikation (DDC) heranzieht.

Wie auf der Ebene des Makrosystems Bibliothekswesen setzt parallel auch auf der Mikroebene der einzelnen Bibliothek ein Prozess funktionaler Differenzierung ein. Diese „Binnendifferenzierung" führt vor allem in größeren Bibliotheken zu Spezialisierung und Arbeitsteilung. Betriebsprozesse (Geschäftsgänge) werden festgelegt und einzelne Arbeitsgänge zur Bearbeitung der Neuerwerbungen und besonderer Mediengattungen werden dafür geschaffenen Betriebsabteilungen zugewiesen. So entstehen Erwerbungsabteilungen, Katalogisierungsabteilungen, Zeitschriftenabteilungen usw. In der Gegenwart lassen sich als bibliothekarische Spezialisierungscluster unterscheiden: der primäre Dienstleistungsbezug, der Erschließungsbezug, der Managementbezug, der Medienbezug und der technische Bezug. In einigen Studiengängen können sich die angehenden Bibliothekare bereits während ihres Studiums in eine der genannten Richtungen spezialisieren.

Mancherorts ist die Spezialisierung so weit fortgeschritten, dass für technischen Support oder betriebswirtschaftliches Management nicht-bibliothekarische Experten (Informatiker oder Betriebswirte) eingestellt worden sind. Ob dies einen grundsätzlichen Trend andeutet und ob eine solche Entwicklung wirklich sachdienlich wäre, bleibt abzuwarten. Die Arbeitsteilung in der Bibliothek hat sich auch in hierarchischer Differenzierung niedergeschlagen. Die drei Hierarchiestufen Fachangestellter für Medien und Information (ursprünglich „Bibliotheksdiener", später Bibliotheksassistent), Diplom- (heute: Bachelor-)Bibliothekar und Wissenschaftlicher Bibliothekar finden sich seit Anfang des 20. Jahrhunderts in größeren Bibliotheken bis heute.

Grundsätzlich sollte die strukturelle Weiterentwicklung des Bibliothekssystems unter Beteiligung der Wissenschaftler und anderer Adressaten bibliothekarischer Dienstleistungen erfolgen. Wenn Veränderungen auf der Grundlage gemeinsamer Anstrengungen konzipiert und realisiert werden, steigen die Chancen, dass die Anliegen der Adressaten zufriedenstellend berücksichtigt werden und gleichzeitig das Leistungspotenzial des Bibliothekssystems optimal ausgebaut und aktiviert wird.

3.2 Technische Entwicklungslinien

Es kann an dieser Stelle kein Überblick über das gesamte Spektrum der Bibliothekstechnik gegeben werden. Doch sind auf jeden Fall die Innovationsschübe zu betrachten, die bislang mit der Einführung von Elektronischer Datenverarbeitung (EDV) und Informationstechnologie (IT) in die bibliothekarische Praxis verbunden waren.

Die Drucktechnik war in Form der zu speichernden Objekte, der Bücher also, in die Bibliotheken gelangt. In Anlehnung an das gedruckte Buch hatte man bereits im 16. Jahrhundert den gedruckt publizierten Katalog als „Buch der Bücher" entwickelt. Für die interne Bestandserschließung wurden in der Folgezeit keine Kataloge benötigt, da diese Funktion durch die frei zugängliche, systematische Aufstellung erfüllt wurde. Erst als im 18. und besonders im 19. Jahrhundert die Bestände so groß geworden waren, dass sich systematische Aufstellung als unpraktikabel erwies, entwickelten sich Bibliothekskataloge zum wichtigsten Erschließungsinstrument auch für die Benutzung in der Bibliothek selbst. Diese internen Kataloge wurden als Bandkataloge und damit ebenfalls in Buchform angelegt. Auch der Bandkatalog hatte den Stellenwert eines Meta-Buches, das alle Bücher der Bibliothek noch einmal enthielt, reduziert auf bibliografische Angaben (Metadaten) und die Standortangaben.

Es bedurfte einiger Anstrengungen, damit die Bibliothekare sich hinsichtlich der Katalogtechnik von der Buchfixierung lösen konnten. Erst zum Ende des 19. Jahrhunderts setzte sich der gegenüber dem Bandkatalog erheblich flexiblere Zettelkatalog allgemein durch (vgl. Krajewski 2002). Um die Austauschbeziehungen innerhalb des funktional differenzierten Bibliothekssystems zu erleichtern, normierte man in der Folge das Format für Katalogzettel (Internationales Katalogkartenformat 12,5 × 7,5 cm). Die Titelaufnahmen wurden allerdings weiterhin nicht gedruckt, sondern handschriftlich auf die Zettel geschrieben. Es fehlte nicht an Versuchen, auch die „Büchereihandschrift", die wichtiger Bestandteil der bibliothekarischen Ausbildung war, zu standardisieren (vgl. Ackerknecht 1919).

Grundsätzlich ist festzustellen, dass die technischen Innovationen des 19. und frühen 20. Jahrhunderts erst sehr spät Einzug in Wissenschaftliche Bibliotheken hielten. Noch um 1930 galt elektrisches Licht in den Bücherräumen selbst mancher Bibliothek von Weltruf noch als gefährlich. Errungenschaften wie Telefon, Klimaanlage, Förderbänder, Addiermaschinen für statistische Zwecke, Fotolaboratorien oder Fernschreiber wurden in vielen Fällen erst nach dem Zweiten Weltkrieg in Bibliotheken eingeführt. Diese Zurückhaltung gegenüber technischen Neuerungen galt übrigens nicht für die den Bibliotheken angeschlossenen Buchbinderwerkstätten, in denen die in diesem Handwerk neuesten Geräte und Methoden meist rasch angewendet wurden. Anfang der 1960er-Jahre urteilt *Georg Leyh,* „eine Bibliothek (würde) 1920 völlig primitiv erscheinen gegenüber der technisch wohl ausgerüsteten Bibliothek von 1960" (Leyh 1961, S. 972). Was für Leyh ein bemerkenswerter Innovationsschub war, verblasst im Vergleich zu den sich heute überschlagenden Ereignissen im Gefolge der EDV-Techniken.

Einen interessanten Einblick in das damalige Innovationstempo der Bibliotheken bietet die Einführung der Schreibmaschine (vgl. Jochum 1995, S. 111–124). In den 1860er-Jahren erfunden und seit 1873/1874 in Serienproduktion, wurde die Schreibmaschine 1892 erstmals an einer deutschen Bibliothek, der UB Berlin, getestet. Im selben Jahr berichteten *W. Erman* und *H. Simon* im „Zentralblatt für Bibliothekswesen" (Jg. 9, S. 180–185) über die Erfahrungen mit der Remington No 5 bei Katalogisierungsarbeiten. Weitere 18 Jahre später wurde in Göttingen die erste Schreibmaschine angeschafft und mangels Platz auf dem Korridor vor der Tür des Direktors aufgestellt. Nur in wenigen Bibliotheken kamen die neuen mechanischen Schreibwerkzeuge in der Folgezeit für die Erzeugung von Katalogzetteln zum Einsatz. Erst nach dem Zweiten Weltkrieg wurde die Verwendung von Schreibmaschinen für Katalogisierungsarbeiten in Deutschland wie übrigens auch in den USA zur Selbstverständlichkeit. Noch 1961 (knapp ein Jahrhundert nach der Erfindung) sah sich *Georg Leyh* zu der Bemerkung veranlasst: „Die Schreibmaschine hat sich auf der ganzen Linie durchgesetzt und ist durchaus unentbehrlich geworden." (Leyh 1961, S. 971)

Am Beispiel der Einführung der Schreibmaschine lässt sich ermessen, welch rasend schnelle Entwicklung auf technischem Gebiet das Bibliothekswesen seit den 1960er-Jahren mit der Einführung der EDV ergriffen hat. Den Ausweg aus vielerlei Problemen schienen zunächst allerdings Miniaturisierungstechniken zu bieten, auf die daher mit einer kurzen Bemerkung eingegangen werden soll. Verfilmung und Verfichung boten die Möglichkeit, gedruckte Materialien, die vom Papierzerfall bedroht waren, auf einem mittelfristig haltbaren analogen Medium zu sichern. Die Zentralkataloge der Leihverkehrsregionen und die Kataloge großer Bibliotheken wurden aus anderen Gründen „verficht": Das Motiv bestand in diesen Fällen in der kostengünstigen Verbreitung der Kataloge, die damit als Nachweisinstrumente dezentral zur Verfügung standen. EDV-gestützte Bibliothekskataloge und deren Zugänglichkeit über das Internet haben die Verfilmung von Bibliothekskatalogen seit Mitte der 1990er-Jahre überflüssig gemacht.

Mit der Erfindung des Computers durch den damals 26-jährigen *Konrad Zuse* und parallel durch den 24-jährigen *Alan Turing* Mitte der 1930er-Jahre beginnt die datenprozessierende Informationstechnik. Mittlerweile ist klar, dass die Digitaltechnik nicht irgendeine Innovation unter vielen darstellt, sondern ähnlich wie *Gutenbergs* Erfindung eine Basisinnovation, die als Quertechnologie und Kulturtechnik alle anderen Bereiche der Technik, der Wissenschaft und des Alltags durchdringt.

Ab Mitte der 1960er-Jahre spielten digitale Techniken in der bibliothekarischen Praxis eine Rolle. Während nach *Gutenbergs* Erfindung die neue Technik in Form gedruckter Bücher in die Bibliotheken kam, waren es im 20. Jahrhundert nicht zunächst neue digitale Speichermedien; vielmehr bildeten automatisierte Verfahren zur Verwaltung die erste Einsatzform der EDV in Bibliotheken. Lange bevor Publikationen in digitaler Form (z. B. E-Journals) in Bibliotheken auftauchten, wurden digitale Techniken eingesetzt zur Rationalisierung der Geschäftsprozesse wie etwa Ausleihverbuchung oder Katalogisierung. Die damit einsetzende Entwicklung lässt sich in drei Phasen einteilen: Automatisierung, Digitalisierung, Virtualisierung.

3.2.1 Automatisierung

Die ersten Versuche, die Einsatzmöglichkeiten der elektronischen Datenverarbeitung für den (wissenschaftlichen) Bibliotheksbetrieb theoretisch zu prüfen und praktisch zu erproben, begannen in der Bundesrepublik Deutschland ab 1963 an den Bibliotheken der neu gegründeten *Universität Bochum* und der *Technischen Universität Berlin*. EDV-Verfahren wurden zunächst eingesetzt, um die Katalogisierungsarbeiten zu erleichtern und die Ausleihverbuchung zu vereinfachen. Ab 1966 nutzte auch die damalige *Deutsche Bibliothek* die neue Technik zur Erstellung der „Deutschen Bibliographie".

Die mittels EDV automatisierte Bibliothek profitierte durch die Rationalisierung zahlreicher Arbeitsabläufe. Am äußeren Erscheinungsbild änderte sich zunächst kaum etwas. Die betriebsinternen Datenbanken wurden genutzt, um Zettel für Zettelkataloge oder unhandliche Bandkataloge auf Computer-Endlospapier (Leporellodruck) auszudrucken. Nachdem eine nennenswerte Zahl von Bibliotheken mittels EDV katalogisierte und durch entsprechende Standards (z. B. Maschinelles Austauschformat für Bibliotheken, MAB) arbeitsteilige Kooperation möglich geworden war, konnten regionale Bibliotheksverbünde errichtet werden. Deren Aufgabe war es zunächst, einen Katalogisierungsverbund zu begründen, der Fremddatenübernahme erlaubte und mit dem gemeinsam erzeugten Verbundkatalog mittelfristig die überkommenen Zentralkataloge ersetzen konnte. Insbesondere die Verbundkataloge wurden schon bald als Mikrofiche-Ausgaben publiziert: Computer-Output on Microform (COM-Kataloge).

Der bedeutendste Effekt der Automatisierung bestand also darin, dass die Metadaten digital erzeugt und zunächst nur zum internen Gebrauch digital vorgehalten wurden. Neben der kooperativen Katalogisierung bzw. der Fremddatenübernahme führte der EDV-Einsatz zu weiterer Rationalisierung. Es erwies sich als unsinnig, Erwerbung und Katalogisierung als getrennte Abteilungen der Bibliothek zu belassen, die mit dem „Interimskatalog" für die bestellten und in Bearbeitung befindlichen Werke und dem eigentlichen Katalog für den abschließend bearbeiteten Bestand zwei unterschiedliche Erschließungsinstrumente erzeugten. Stattdessen wurde jetzt schon bei der Bestellung ein Datensatz angelegt und in den einzigen Bibliothekskatalog integriert. Dieser „integrierte Geschäftsgang" hatte von Anfang an den Vorteil, dass ein großer Teil der bibliografischen Beschreibung nur einmal eingegeben werden muss und bei Bedarf ergänzt und korrigiert werden kann. Außerdem ist der Bearbeitungsstatus des Werkes im Katalog ersichtlich.

Der arbeitstechnische Durchbruch der Datenverarbeitung führte außerdem dazu, dass die Idee der Gesamtverzeichnisse, die seit dem Scheitern des Gesamtkatalogs als unrealistisch abgetan worden war, in den 1970er-Jahren wieder auflebte. Die Gründung der *Zeitschriftendatenbank*, der Verbundkataloge der regionalen Bibliotheksverbünde und des DBI-Verbundkatalogs bezeugen dies. Auf der Stufe der Automatisierung standen die Katalogdatenbanken den Endnutzern anfangs noch nicht zur Recherche zur Verfügung. Die neue Technik wurde zunächst ausschließlich benutzt, um die bestehenden Praktiken zu optimieren. Allmählich erst wurden weitere, über den bestehenden Verwendungsrahmen hinausweisende Einsatzmöglichkeiten entdeckt, so dass die bestehenden Verfahren durch effektivere ersetzt werden können.

Ähnlich waren im 19. Jahrhundert Titel auf Zetteln verzeichnet worden; diese Zettelkataloge hatten anschließend als Vorlage zur Anfertigung der Bandkataloge gedient und waren dann vernichtet worden. Online-Kataloge, auf die Benutzer selbst zugreifen können, entstanden ab Mitte der 1980er-Jahre. Mit diesen „Online Public Access Catalogs" (OPAC) wurde der Katalogausdruck endgültig überflüssig.

3.2.2 Digitalisierung

Erst viele Jahre nachdem durch den Einsatz von EDV in der Bibliotheksverwaltung der Prozess der Automatisierung begonnen hatte, tauchten digitale Medien auch als Speichermedien für Publikationen aller Art in Bibliotheken auf. Voraussetzung dafür waren weitere Erfindungen wie der Personalcomputer (1981) und optische Speichermedien wie CD-ROM (1985) und DVD (ca. 1996). Bibliografien, Bibliothekskataloge, Enzyklopädien, Monografien und Zeitschriften auf CD-ROM wurden seit den 1980er-Jahren produziert und natürlich von Bibliotheken gesammelt. Damit traten digitale Speichermedien in direkte Konkurrenz zu den seit mehr als 500 Jahren konkurrenzlosen gedruckten Medien. Viele digitale Publikationen erschienen zunächst als „Hybridausgaben", d. h. sowohl in gedruckter als auch in digitaler Form. Bald tauchten daneben die ersten Publikationen auf, die ausschließlich als digitale Fassung existierten („born-digital"). Und eine dritte Variante ist zu nennen: Bibliotheken, aber auch Verlage begannen bald damit, gedruckte Publikationen retrospektiv zu digitalisieren (▶ 6.5.4). Im Rahmen von DFG-Förderprogrammen werden vor allem solche Werke digitalisiert, die für die Forschung von besonderem Wert und für welche die Urheberrechte bereits erloschen sind. Kommerzielle Unternehmen wie Google digitalisieren seit einigen Jahren in großem Stil und kooperieren dabei mit einigen der bedeutendsten

Bibliotheken der Welt. Im Rahmen des Angebots Google Books wurden so z. B. seit 2007 über eine Million Werke aus dem Altbestand der *Bayerischen Staatsbibliothek* digitalisiert.

Im Zuge der Digitalisierung also gelangen digitale Speichermedien als Sammelobjekte in die Bibliotheken oder werden dort als digitale Reprints erzeugt. Diese Medien gehören physisch zum Bestand der jeweiligen Bibliothek und sind damit zunächst nur in den Räumen der Bibliothek unter Nutzung der dortigen technischen Infrastruktur zugänglich. Digitale Bibliothek bedeutet demnach, dass digitale Medien gesammelt, erschlossen und in der Bibliothek zugänglich gemacht werden. Ob E-Journals, E-Books oder Datenbanken im Volltext als CD-ROM bzw. DVD, auf Festplatten oder auf sonstigen digitalen Speichern vorliegen, ist dabei unerheblich. Wichtig ist allerdings, dass auf dieser Stufe noch kein Fernzugriff etwa über das Internet möglich ist.

3.2.3 Virtualisierung

Die dritte und gegenwärtig letzte Stufe ist mit der auf der Digitalisierung aufbauenden Virtualisierung erreicht. Das Adjektiv „virtuell" bezeichnet ursprünglich ein Phänomen oder einen Zustand, die nicht echt, aber echt erscheinend, das Auge, die Sinne täuschend wahrnehmbar werden. Schon *Goethe* hatte Ende des 18. Jahrhunderts die Idee, drei separat voneinander existierende Bibliotheken „virtualiter, in Ein Corpus zu vereinigen" (Goethe an Schiller, 9. Dezember 1797. Weimarer Ausgabe. Briefe Bd. 12. S. 374). Er bezeichnet dieses Projekt eines Gesamtkataloges für Weimar und Jena als „virtualen Katalog" (Goethe an Schiller. 19. Januar 1802. Weimarer Ausgabe. Briefe Bd. 16, S. 11–12). Anders als bei *Goethe* ist der Begriff des virtuellen Katalogs oder der virtuellen Bibliothek heute meist implizit verbunden mit digitalen Telekommunikationstechniken.

Begonnen hatte der Trend des Bibliothekswesens zur Virtualisierung im modernen Sinne bereits vor der Popularisierung des Internets. Seit den 1960er-Jahren entstanden Literaturdatenbanken und Faktendatenbanken, die noch nicht über grafische Benutzeroberflächen verfügten, sondern mittels eigener – für heutige Begriffe komplizierter – Kommandosprachen durchsucht werden konnten. Bald traten Hosts („Datenbankanbieter") auf, die diese Datenbanken kommerziell vertrieben und den Fernzugriff ermöglichten. An Hochschulbibliotheken wurden (Online-) Informationsvermittlungsstellen (IVS) eingerichtet, über die Bibliothekare Recherchen im Auftrag der Benutzer in solchen externen Datenbanken durchführten. Die ersten IVS an deutschen Hochschulbibliotheken wurden Mitte der 1970er-Jahre in Bochum und Ulm eröffnet. Erstmals gestatteten die Bibliotheken aus ihren Räumen über Datenleitungen den (zumeist kostenpflichtigen) Zugriff auf Datenbestände, über die sie nicht selbst verfügten. Strukturell gehörten diese Angebote zu den Vorläufern der virtuellen Bibliothek. Die klassischen IVS bestehen in der ursprünglichen Form meist nicht mehr, da grafische Oberflächen auch weniger geübten Nutzern die Suche erleichtern und viele dieser Datenbanken mittlerweile entweder über das Internet angeboten werden oder von den Bibliotheken lizenziert worden sind.

Der wirkliche Durchbruch zur Stufe der Virtualisierung erfolgte durch den Aufstieg des Internets Anfang der 1990er-Jahre und die Entwicklung des WorldWideWeb (WWW). Damit standen digital basierte Telekommunikationsinfrastrukturen zur Verfügung, die es erlaubten, digitale Bibliothekskataloge, Volltextdatenbanken usw., die innerhalb der einen Bibliothek vorhanden sind, nicht nur von einer anderen Bibliothek aus, sondern auch von allen Rechnern aus zu benutzen, die weltweit an das Internet angeschlossen waren. Ab Mitte der 1990er-Jahre wurden Bibliothekskataloge online im Internet zugriffsfähig. Zu den ersten deutschen Bibliothekskatalogen, auf die über das Internet zugegriffen werden konnte, gehörten ab 1995 der Verbundkatalog des *Hochschulbibliothekszentrums Nordrhein-Westfalen* (HBZ) sowie die Kataloge der Bibliothek der *Friedrich-Ebert-Stiftung* und der *UB/TIB Hannover*.

Nachdem einzelne Bibliotheken sich und ihre Bestände auf diese Weise im Internet präsentierten, begannen sogleich Aktivitäten, das neue Medium für die strukturelle Weiterentwicklung des funktional differenzierten Bibliothekssystems zu nutzen:

- So waren die Verbundkataloge, die zunächst als Mikrofiche, später als CD-ROM-Ausgabe publiziert worden waren, bald frei über das Internet recherchierbar.
- Mit dem Karlsruher Virtuellen Katalog wurde eine Metasuchmaschine geschaffen, die es gar ermöglichte, die regionalen Verbundkataloge und viele weitere Kataloge und bibliografische Datenbanken parallel zu durchsuchen.
- Ein System aufeinander abgestimmter Virtueller Fachbibliotheken wurde mit Unterstützung der DFG Ende der 1990er-Jahre bis Mitte der 2010er-Jahre aufgebaut und gepflegt.
- Die Verbundzentralen z. B. kumulieren für die ihnen angeschlossenen Bibliotheken und deren Benutzer neben zahlreichen bibliografischen auch Volltext- und Faktendatenbanken und machen sie über das Internet zugänglich. Diese Angebote werden allerdings irreführender Weise meist als „Digitale Bibliotheken" bezeichnet (vgl. DigiBib NRW).

Für rein bestandsorientierte Bibliotheken ist das Potenzial des Internets mit der Bereitstellung von Bibliothekskatalogen und digitalen Volltextmedien weitgehend erschöpft. Bibliotheken werden in Prozessen der Informationsgewinnung und -vermittlung jedoch nur dann weiterhin eine zentrale Rolle spielen können, wenn sie Nutzerorientierung mindestens genauso ernst nehmen wie Bestandsorientierung. Das Internet und die digitalen Medien müssen daher genutzt werden, um bibliothekarische Informationsdienstleistungen zu entwickeln und anzubieten, die den Nutzererwartungen entgegenkommen und die möglichst konkurrenzlos sind.

Mancherlei Schritte in diese Richtung sind bereits unternommen worden. Dazu gehört etwa die Ergänzung des gelegentlich als schwerfällig empfundenen Leihverkehrs durch beschleunigte Formen des Document Delivery. Gewünschte Printmedien werden online vom Nutzer bei der besitzenden Bibliothek bestellt und – vorwiegend im Falle von Aufsätzen aus Zeitschriften oder anderen Sammelwerken – entweder per Post oder, sofern urheberrechtlich möglich, als Imagedatei (eingescannt, kein Volltext) per E-Mail an die Privatanschrift des Auftraggebers geschickt (▶ 8.4.3).

Zu weiteren Dienstleistungen, bei denen Bibliotheken und Bibliothekare ihre spezifischen Kompetenzen in der Informationsgesellschaft nutzbringend anwenden können, gehören auch schon erwähnte Bereiche wie Vermittlung von Informationskompetenz, Betreuung und Verbreitung von Open-Access-Publikationen oder personalisierte Profildienste. Online-Tutorials oder personalisierte Pushdienste wären als Beispiele für derartige Informationsdienstleistungen zu nennen, die das Potenzial des Internets nutzen. Online-Tutorials werden entwickelt und angeboten zur Verbesserung der Informationskompetenz, zur Einführung etwa in Datenbankretrieval oder zur Nutzung von institutionellen und fachlichen Repositorien, die der Bibliothek eine verlagsähnliche Funktion verleihen; über personalisierte Pushdienste versorgt die Bibliothek ihre Nutzer regelmäßig mit solchen Informationen, die deren Interessenprofil entsprechen.

Ein zentraler Aspekt verdient allerdings an dieser Stelle besonders hervorgehoben zu werden, der Bereich der Auskunft und Informationsvermittlung (▶ 8.4.2). Hier weisen insbesondere deutsche Bibliotheken einen großen Nachholbedarf auf. Auskunft per E-Mail oder per Web-Formular wird hierzulande zwar von den meisten Bibliotheken angeboten, doch handelt es sich nur in wenigen Fällen um ein konzeptionell abgesichertes und professionell organisiertes Angebot. Im angloamerikanischen Bibliothekswesen hingegen hat Digital oder Virtual Reference einen hohen Stellenwert. In den USA, deren Bibliotheken traditionell besonderen Wert auf eine ausgeprägte Dienstleistungsmentalität legen, hat der Prozess der funktionalen Differenzierung des Bibliothekssystems dank digitaler Techniken auch den Sektor der Auskunft und Informationsvermittlung erfasst. Bibliotheken mit unterschiedlichem Bestands- und Kompetenzprofil haben sich zu „Auskunftskonsortien" oder „Informationsverbünden" zusammengeschlossen, um konkrete Nutzeranfragen oder Auftragsrecherchen, die am Ort nicht oder nur unbefriedigend zu beantworten bzw. zu bearbeiten sind, ohne Zeitverzug an die geeignete Bibliothek weiterleiten zu können. Mittlerweile sind in den USA, aber auch in zahlreichen anderen Ländern schon viele solcher „Auskunftsverbünde" entstanden. Als ambitioniertes Projekt gilt „QuestionPoint", das international ausgerichtet ist und von OCLC in Dublin/Ohio getragen wird.

Tabelle 12: EDV-basierte Entwicklungsschritte des Bibliothekswesens

Entwicklungsstufen	Eigenschaften	Einsatzbereiche	Ergebnisse
Automatisierung (etwa ab 1963)	Rationalisierung zahlreicher Arbeitsabläufe durch EDV-Einsatz	Katalogisierung Ausleihverbuchung Erwerbung interne Verwaltung	Bandkatalogausdrucke, Mikrofiche-Kataloge, Katalogdatenbanken („Online-Kataloge"), später als „OPAC" zugänglich für Benutzer
			Ausleih-, Erwerbungs- und Katalogisierungsmodule, integrierte Geschäftsgänge, Aufbau EDV-gestützter Gesamtkataloge (z.B. ZDB)
			Verbundkatalogisierung mit Fremddatenübernahme
Digitalisierung (ab 1980er-Jahren)	Erweiterung des Bestandes um digitale Medien	Bestandserweiterung, Bestandsschutz (retrospektive Digitalisierung von Printpublikationen)	Bibliografische Datenbanken, Volltextdatenbanken, Faktendatenbanken
			Digitale Publikationen in diversen Formaten als Sammelobjekt
			Digitale Unikate, Hybridpublikationen und retrospektiv digitalisierte Werke
Virtualisierung (Vorläufer ab 1975; im eigentlichen Sinne ab 1990er-Jahren)	Externer Zugriff auf Katalogdatenbanken und digitale Volltexte über digitale Netze	Einbeziehung von Internetquellen in Erschließungs- und Informationsvermittlungsaktivitäten	Virtuelle Kataloge, Web-Kataloge, Virtuelle Fachbibliotheken, Portale
			Vermittlung von Informationskompetenz (z.B. Online Tutorials)
			Sammlung, Speicherung, Erschließung, Bereitstellung und Verbreitung von Open-Access-Publikationen (institutionelle und fachliche Repositorien)
			Personalisierte Informationsdienstleistungen (z.B. Pushdienste)
			Digitale Auskunft, Auskunft und Informationsvermittlung im Verbund

Leider hat sich in der bibliothekarischen Fachsprache bisher kein einheitliches begriffliches Instrumentarium herausgebildet, mit dem die verschiedenen Entwicklungsstufen und die mit ihnen verbundenen Funktionalitäten sich unmissverständlich bezeichnen ließen. So werden generell die Termini „Automatisierte Bibliothek", „Digitale Bibliothek", „Virtuelle Bibliothek" usw. oft synonym gebraucht oder in je individuellem Verständnis (z. B. Managing the Electronic Library 1998, Seadle/Greifeneder 2007, The whole digital library handbook 2007).

Folgende Definitionen lassen sich jedoch sachlich begründen und eindeutig voneinander abgrenzen:

– Automatisierte Bibliothek:
  Interne Arbeitsabläufe werden mittels EDV-Technik rationalisiert.
– Digitale Bibliothek:
  Publikationen auf digitalen Speichermedien werden von Bibliotheken gesammelt, gespeichert, erschlossen und zur Benutzung bereitgehalten.
– Virtuelle Bibliothek:
  Die Bibliothek ermöglicht ihren Nutzern via Internet oder anderer Onlineverbindungen den Zugriff auf externe digitale Quellen; gleichzeitig bietet sie ihre eigenen Datenbanken und digitalen Medien für den Zugriff von außerhalb an.

Zwei weitere Begriffe müssen in diesem Zusammenhang erwähnt werden: Die Elektronische Bibliothek und die Hybride Bibliothek. Von Elektronischer Bibliothek wird immer seltener gesprochen. Tatsächlich erweist sich der Begriff auch als wenig geeignet, um zur Klärung beizutragen. Er wird teils als Synonym für automatisierte, teils als Synonym für digitale Bibliothek verwendet. Mit „Hybrid Library" wird ein Konzept bezeichnet, das in Großbritannien entwickelt worden ist und der Erwartung Rechnung trägt, dass Informationsversorgung durch Bibliotheken auf absehbare Zeit sowohl auf der Grundlage gedruckter als auch digitaler Medien erfolgen wird.

Schließlich sei auf einen weitverbreiteten Irrtum hingewiesen: Virtualität wird alltagssprachlich oft als Gegensatz zu Realität positioniert. Doch sind virtuelle Effekte zugleich reale. Diese mythisierende Unschärfe hat gelegentlich auch im bibliothekarischen Fachdiskurs Folgen. Wenn etwa die Rede ist vom vielbeschworenen Paradigmenwechsel „Access vs. Holding" steht dahinter unausgesprochen die Vorstellung, es bedürfe keiner realen Bestände mehr, Aufgabe einer modernen Informationseinrichtung sei allein, Zugang zu Informationsressourcen zu ermöglichen. Sogleich stellt sich die Frage, zu welchen kontrollierten Informationsräumen der Zugang ermöglicht werden soll. Es muss selbstverständlich reale Bestände, d. h. professionell betreute analoge und digitale Bestände geben, damit sie virtuell nutzbar werden. Richtiger, aber zugegebenermaßen holpriger müsste die Formel für den (im Grunde schon mit dem organisierten Leihverkehr einsetzenden) Paradigmenwechsel daher lauten: „Access as Enhancement of Holding". Damit wird klar, dass die virtuelle Bibliothek auf einem System realer Bibliotheken aufbaut. Nur wenn es konventionelle, hybride und vor allem digitale Bibliotheken gibt, können virtuelle Bibliotheken ihre Wirksamkeit entfalten.

3.3 Ausblick

Der mikrosoziologische Blick auf die Entstehung und Entfaltung des Bibliothekssystems zeigt, dass die für soziale Systeme typische Entwicklung vom Einzelphänomen über das segmentär differenzierte und das stratifikatorisch differenzierte System zum funktional differenzierten System auch hier zu beobachten ist. Steigende Komplexität und wachsende Erwartungen der Umwelt führen in der Informationsgesellschaft zu ausgeprägter Arbeitsteilung und zur Ausbildung zahlreicher wiederum funktional differenzierter Subsysteme innerhalb des Bibliothekssystems. Nachhaltige Prozesse der funktionalen Differenzierung setzen im deutschen Bibliothekssystem mit dem

Abschied vom Konzept der Universalbibliothek um die Wende vom 19. zum 20. Jahrhundert ein. Hauptelemente der Systembildung waren im Kontext der Althoffschen Reformen die Einführung eines Katalogisierungsstandards, die Begründung eines Gesamtkataloges, der Leihverkehr und der kooperative Bestandsaufbau. Arbeitsteilung forciert gleichzeitig die Ausprägung und Verbreitung des Typus der Spezialbibliothek. Im öffentlichen Bibliothekswesen sind nennenswerte Anzeichen einer funktionalen Differenzierung jedoch erst nach dem Zweiten Weltkrieg erkennbar.

Die Entwicklungsprozesse im wissenschaftlichen Bibliothekswesen sind am öffentlichen Bibliothekswesen meist weithin vorbeigegangen. Die weitere funktionale Differenzierung wird diese Trennung überwinden und ferner die Systemfunktionalitäten erweitern und modifizieren müssen, damit die mit einem einheitlichen System der Literatur- und Informationsversorgung verbundenen Effizienzsteigerungen wirksam werden können. Zu wünschen ist ferner, dass engere Kooperation oder gar Verflechtung mit nicht-bibliothekarischen Segmenten des Informationswesens gesucht und gleichzeitig der Trend zur Internationalisierung gestärkt wird.

Forciert wird die funktionale Differenzierung des Bibliothekssystems durch den Einsatz moderner Informationstechnik. Deren Entwicklung beeinflusst sowohl das Leistungspotenzial des Systems als auch die Leistungserwartungen, die an das Bibliothekssystem gestellt werden. Dieser Prozess setzt Mitte der 1960er-Jahre ein und verläuft in drei Stufen: der Automatisierung, der Digitalisierung und der Virtualisierung. Digitale Technik wird zunächst für Rationalisierungseffekte verwendet, zieht dann in die Bibliotheken in Form digitaler Publikationen ein und ermöglicht schließlich weltweite Vernetzung. Das Virtualisierungspotenzial bietet zum einen die vielfach bereits genutzte Option, Bibliothekskataloge und digitale Bibliotheksbestände weltweit nutzbar zu machen.

In ihrem Positionspapier „Wissenschaftliche Literaturversorgungs- und Informationssysteme" aus dem Jahr 2006 hatte die DFG der Erwartung Ausdruck verliehen, dass sich Bibliotheken, Archive und Fachinformationseinrichtungen bis 2015 zu einem „kohärenten Gesamtsystem der digitalen Informationsversorgung vernetzen". Eine solche „virtuelle Universalbibliothek" kann tatsächlich nur als Produkt eines funktional differenzierten Bibliothekssystems und in Kooperation mit benachbarten Systemen wie jenen der Archive und der Fachinformationseinrichtungen entstehen. Diesen Gedanken hat auch *Michael Knoche* unterstrichen: „Bibliotheken machen nur noch Sinn als System von Bibliotheken. Daraus folgt, dass Bibliotheken wie wenige andere Institutionen auf Arbeitsteilung und Kooperation angelegt sind." (Knoche 2018, S. 90). Bedauerlicherweise hat die DFG diesem Gedanken im vergangenen Jahrzehnt keineswegs Rechnung getragen. Insbesondere die Beendigung des seit 1949 praktizierten Sondersammelgebietsplanes zwischen 2014 und 2016 und die damit verbundene Beendigung der Förderung des Systems Virtueller Fachbibliotheken haben die Entwicklung eines funktional differenzierten Bibliothekssystems eindeutig zurückgeworfen. Diese Abkehr von systembildenden Maßnahmen scheint jedoch nicht das letzte Wort zu sein. Erfreulicherweise kommt der Ausschuss für Wissenschaftliche Bibliotheken und Informationssysteme der DFG in seinem im Mai 2018 veröffentlichten Impulspapier zu der Einsicht: „Die wissenschaftlichen Bibliotheken in Deutschland sind als ein Gesamtsystem aufzufassen (...). (Sie) müssen die Stärkung ihres Gesamtsystems zum Ziel ihres Handelns machen." (Stärkung des Systems wissenschaftlicher Bibliotheken in Deutschland 2018, S. 4). Es zeigt sich, dass die Herausbildung funktional differenzierter Strukturen kein kontinuierlicher, linearer Prozess ist, sondern durchaus von Rückschlägen sowie Irr- und Umwegen geprägt sein kann. Es bleibt zu hoffen, dass dies nicht zu Resignation und Schicksalsergebenheit führt, sondern Anlass gibt, neue Anstrengungen zu unternehmen, damit das Bibliothekssystem den Anforderungen seiner Systemumwelt besser entsprechen kann.

4 Ethische und rechtliche Rahmenbedingungen

4.1 Ethik im Handlungsfeld Bibliothek: Informationsethik und Bibliotheksethik

Immer häufiger wird in Wirtschaft, Politik und Gesellschaft seit einigen Jahrzehnten versucht, Lösungen für anstehende Konflikte und Dilemmata auf der Grundlage ethischer Reflexion zu finden. Regierungen, Hochschulen, Forschungseinrichtungen, Unternehmen und Verbände richten Ethikkommissionen ein, welche den Auftrag haben, ethische Richtlinien zu erarbeiten und damit zu einer Orientierung beizutragen. Zurückzuführen ist diese Entwicklung auf mehrere Faktoren. Zu nennen ist zunächst die fortschreitende Säkularisierung moderner Gesellschaften und der damit verbundene Geltungs- und Autoritätsverlust religiöser Wertsysteme, die z. T. über Jahrhunderte hinweg das Normen- und Wertreservoir monopolistisch zu setzen und zu kontrollieren vermochten. Verstärkt wird der Orientierungsverlust durch die Entwicklungsdynamik, auf deren Grundlage die moderne Gesellschaft, gestützt auf Wissenschaft und Technik, nicht nur Wandel zur Konstante macht, sondern darüber hinaus anhaltende Beschleunigung zur Grunderfahrung. Neue Techniken führen zu bislang unbekannten Handlungsoptionen, die ethisch bewertet werden müssen.

Für den Informationssektor sei an die brisante Frage erinnert, wie weit Datenspuren, die bei elektronischen Bezahlvorgängen, der Nutzung von Mobiltelefonen, bei der Navigation im Internet oder der Nutzung Sozialer Netzwerke entstehen, von Dritten gespeichert und zwecks Profilbildung zusammengeführt werden dürfen, um dann kommerziell verwertet zu werden oder polizeilicher Überwachung zu dienen. Die genannten Faktoren sorgen dafür, dass die wahrnehmbare Welt ständig an Komplexität gewinnt; ethische Reflexion hat den Auftrag, Orientierungshilfen bereit zu stellen, um Komplexität zu reduzieren und die Welt der Moderne beherrschbar zu machen.

Bibliotheksethik wird hier, wie später zu begründen sein wird, als Teilmenge von Informationsethik verstanden. Ehe jedoch auf deren Spezifika eingegangen wird, sollen die wichtigsten Grundlagen und Kontexte erläutert werden.

4.1.1 Ethik, Moral, Recht

Die Wurzeln von Ethik im heutigen Verständnis reichen zurück in die griechische Antike. Ethik sucht nach Antworten auf die Frage: „Was sollen wir tun?" und ist dabei bemüht, Kriterien zu entwickeln für das, was als gut, richtig, wünschenswert gelten kann. Gegenstand der Ethik ist das moralische Verhalten des Einzelnen ebenso wie die moralischen Konventionen einer Gemeinschaft oder der Gesellschaft. Wenn Ethik dabei Orientierung bieten soll, darf sie sich nicht auf die bloße Beschreibung des Verhaltens beschränken, sondern muss Begründungen liefern für die Normen, die das Handeln der Menschen eines Kulturkreises regeln sollen. Aus der Tatsache, dass Ethik sich mit Moral beschäftigt, geht hervor, dass beide etwas Unterschiedliches bezeichnen. Dennoch werden beide Begriffe in der Alltagssprache und in fachfremden Kontexten häufig synonym verwendet (vgl. etwa Beger 2017, S. 92). In diesem unreflektierten Verständnis wird Ethik mit Ethos bzw. Moral verwechselt und gilt als Bezeichnung für einen Katalog moralischer Normen.

Im Unterschied zu Ethik ist Moral zu verstehen als Summe von Normen und Werten, nach denen sich Menschen bei ihren Entscheidungen und Handlungen richten sollen (Tokarski 2008,

S. 50). Diese Sollensnormen sind evolutionär entstanden aus Gewohnheiten, Gebräuchen und Sitten, die sich in spezifischen Kommunikationsgemeinschaften bewährt haben. Sie beziehen sich auf die jeweiligen Entstehungskontexte, d. h. die Kulturen, Völker, Generationen, Religionsgemeinschaften oder Berufsgruppen, in denen sie Geltung gewonnen haben. Moral ist also keineswegs statisch, sondern durchaus Veränderungen unterworfen. Ferner ergeben sich Differenzen, die auf die je spezifischen Erfahrungskontexte der unterschiedlichen innergesellschaftlichen sozialen Gruppen zurückzuführen sind.

Moral richtet sich in Form von Geboten und Verboten an die Mitglieder der jeweiligen Kommunikationsgemeinschaft mit dem Ziel, die Erwartbarkeit von Verhalten zu steigern (vgl. Luhmann 2008a: 33) und die bestmögliche Form des Zusammenlebens herbeizuführen. Soziales Verhalten ist nicht determiniert, sondern zeichnet sich durch eine schier unbegrenzte Variabilität aus. Ein Zusammenleben in sozialen Gruppen ist jedoch dauerhaft nur auf der Grundlage weitgehend akzeptierter und realisierter gemeinsamer Werte und Normen möglich. Moralische Wertsysteme sind daher ebenso wie rechtliche Regelungen als standardisierende Steuerungselemente sozialen Verhaltens notwendig.

Im Unterschied zu Rechtsnormen (du musst) werden diejenigen moralischen Werte, die nicht in Rechtsnormen eingeflossen sind (du sollst), bei Verstoß nicht durch staatliche Maßnahmen sanktioniert. Moralische Aussagen sind also unverbindlicher (du sollst – du sollst nicht). Dennoch werden Verstöße, sofern sie bekannt werden, sanktioniert durch negative Reaktionen in der Öffentlichkeit wie Missbilligung, Verachtung, Abscheu oder Ausgrenzung (vgl. Pieper 2007, S. 64). Das hat nicht immer spürbare Folgen; in Einzelfällen jedoch kann öffentliche Missbilligung sogar zu eklatantem Ansehensverlust, Karriereabbruch oder zur drastischen Schmälerung ökonomischer Erfolgsaussichten führen.

Moral also beschreibt Inhalte, die in der jeweiligen Kommunikationsgemeinschaft mit einem allgemeinen Geltungsanspruch verbunden sind (vgl. Piper 2007, S. 43). Im Unterschied zu Moral definiert Ethik keineswegs einen konkreten Wertekanon. Ethik thematisiert Moral auf einer Metaebene; sie redet über Moral und ist vielmehr zu verstehen als Theorie der moralischen Praxis (vgl. Piper 2007, S. 30) oder, wie Luhmann es formuliert, Ethik beschreibt und analysiert gesellschaftlich vorfindbare Moral, sie fungiert als „Reflexionstheorie von Moral" (vgl. Luhmann 2008b, S. 257f.). Ethik ist also nicht selbst „gute Sitte", Moral, sondern sie „beschreibt, vergleicht und bewertet menschliches Handeln mit dem Ziel, das ‚gute' Handeln zu identifizieren" (Tokarski 2008, S. 47). Dabei werden die jeweiligen Rahmenbedingungen und möglichen Konsequenzen des Handelns in die Betrachtung einbezogen.

Ethik liefert keine abschließenden Handlungsanweisungen, die als gut und allgemein verbindlich angesehen werden müssen. Vielmehr entwickelt sie Kriterien, die es in konkreten Kontexten unter Abschätzung der möglichen Handlungsfolgen erlauben, sich für ein bestimmtes wertbezogenes Verhalten zu entscheiden. Ethik dient also keineswegs dazu, dem Individuum Entscheidungen abzunehmen und es damit aus seiner Verantwortung zu entlassen. Stattdessen hat sie den Zweck, Orientierung zu geben und reflektierte, eigenverantwortliche Entscheidungen zu erleichtern (vgl. Waibl 2005, S. 17).

Zu klären ist nicht nur das Verhältnis von Ethik und Moral sondern auch das von Ethik und Recht. Auch das Recht dient als Steuerungsinstrument für individuelles Verhalten und die Aufrechterhaltung der gesellschaftlichen Ordnung. Es verfolgt jedoch dezidiert auch den Zweck, individuelle Rechtsgüter zu schützen. Die Rechtsordnung wird vom Staat geschaffen und in Form verbindlicher Gesetze kodifiziert (du musst – du darfst keinesfalls). Die Einhaltung der Gesetze wird überwacht (vgl. Branahl 2010, S. 362). Werden Gesetze verletzt, drohen Strafen oder wie häufig im Verwaltungsrecht disziplinarische Sanktionen. Rechtsnormen werden also politisch gesetzt und durchgesetzt (vgl. Pieper 2007, S. 64).

Es gibt rechtlich verbindliche Regelungen, die keine moralischen Implikationen haben. Dies gilt z. B. für die verbindliche Festlegung im Straßenverkehr rechts oder links zu fahren. Große Teile des Rechts allerdings haben moralische und ethische Bezüge, d. h. nicht zwingend, dass die jeweils festgelegten Regelungen deswegen ethisch zu akzeptieren sind. Idealerweise aber basieren Recht und Politik auf Werten, die ethische Ansprüche erfüllen. In diesem Sinne hat der Grundrechtekatalog des Grundgesetzes nach einem Urteil des Bundesverfassungsgerichtes auch die Funktion einer gesellschaftlichen Werteordnung (vgl. Jandt 2016, S. 195). Ethik kann damit als Basiswissenschaft des Rechts gelten (vgl. Pieper 2007, S. 66). Dennoch können die durch Rechtsnormen realisierten Werte durchaus abweichen von den ethischen Ansprüchen. Insofern muss Ethik verstanden werden als Instrument der Rechtskritik. Wenn sich im Rahmen eines ethischen Diskurses herausstellt, dass rechtliche Regelungen prinzipiell ethisch verwerflich oder bedenklich sind, dann sollte in einer demokratischen Gesellschaft durch öffentlichen Druck eine politische Debatte initiiert werden mit dem Ziel, die Rechtslage auf dem dafür vorgesehenen Weg zu verändern.

Neben dem Fall, dass ethisch akzeptables Verhalten gegen rechtliche Regelungen verstößt, gibt es auch den umgekehrten Fall, dass legale Handlungen sich als ethisch bedenklich erweisen. Recht hat nicht das Potenzial, alle menschlichen Handlungen zu regeln und alle denkbaren Fälle abzudecken. Es kann daher ethisch nachvollziehbare rechtliche Regelungen geben, die unter bestimmten Bedingungen zu ethischen problematischen Ergebnissen führen. Nicht alles was legal ist, kann daher zwangsläufig als ethisch akzeptabel bezeichnet werden. Es ist Aufgabe des ethischen Diskurses, diese Fälle zu identifizieren und publik zu machen. Das Ergebnis kann entweder ebenfalls in dem Ruf nach ergänzenden rechtlichen Regelungen bestehen oder hinsichtlich des gegebenen Einzelfalles in öffentlicher Missbilligung. Ethik ist also nicht nur Basis und Korrektiv von Recht, sondern hat auch eine komplementäre Funktion und ist durch Recht nicht funktional zu ersetzen.

Spinner betrachtet das Verhältnis von Ethik und Recht systematisch und unterscheidet vier Funktionen der Ethik in diesem Zusammenhang (vgl. Spinner 1996, S. 734). Die wichtigste besteht darin, Recht metajuristisch dadurch zu legitimieren, dass Werte und Prinzipien bereitgestellt werden, aus denen Rechtsnormen abgeleitet werden können. Ferner kann Ethik eingesetzt werden, um Regelungslücken des Rechts auszufüllen etwa wenn neue Techniken von bestehenden rechtlichen Regelungen nicht oder noch nicht erfasst werden. Darüber hinaus kann Ethik „gehobene ethische Verhaltensansprüche (aufstellen), wo das Recht lediglich Minimalerfordernisse" formuliert. Und schließlich vermag Ethik „gesetzliches Unrecht auszugleichen, wo immer das Recht keine Gerechtigkeit schaffen will oder kann" (Spinner 1996, S. 734).

Eine klare Trennung zwischen Ethik und Recht ist besonders wichtig, weil in der Praxis ethische Überlegungen unter Verweis auf bestehende rechtliche Regelungen nicht selten gar nicht erst angestellt werden. Insbesondere in Gesellschaften, die von obrigkeitsstaatlichem Denken geprägt sind (oder waren), führt die starre Fixierung auf das geltende Recht zu einem Legalismus, der weder ethische Bezüge noch Konsequenzen in Betracht zieht. Ethik wird somit weder als Instrument der Rechtskritik, noch als Korrektiv oder als Komplement genutzt. Der Wertbezug des Handelns erfolgt dann allein über rechtliche Normen, die – wie gezeigt – keinesfalls den ethischen Anforderungen entsprechen müssen. Ethische Reflexion und ethisch verantwortliches Handeln werden dadurch geradezu verhindert. Leider finden sich dafür auch im deutschen Bibliothekswesen immer wieder Beispiele (vgl. etwa Beger 2018, S. 182).

4.1.2 Ethikkodizes, Ethikkommissionen

In Ethikkodizes sind die in einer Kommunikationsgemeinschaft anerkannten moralischen Grundwerte und Verhaltensvorschriften zusammengestellt. Individuen und Institutionen sind aufgefordert, ihr Handeln an den darin aufgeführten moralischen Normen auszurichten. Ethikkodizes verfolgen damit den Zweck, ein konsensualisiertes Set an Sollvorschriften dauerhaft zu implementieren, das ethische Bewusstsein der Adressaten zu stärken sowie deren ethische Sensibilität zu schärfen. Dadurch sollen Individuen und Organisationen dabei unterstützt werden, Kriterien zur Unterscheidung von richtigem und falschem, gutem und schlechtem Handeln zu gewinnen und anzuwenden.

Setzt man Struktur und Funktion von Ethikkodizes in Bezug zu dem oben erläuterten Verständnis von Ethik als „Reflexionstheorie von Moral", tritt eine begriffliche Unschärfe zutage: Demnach müsste in vielen Fällen statt von Ethikkodex genauer von Ethos- oder Moralkodex die Rede sein. Ethos bzw. Moral stehen dabei für die Zusammenstellung moralischer Werte (vgl. Capurro 2003a, S. 17). Da jedoch national und international beinahe durchgängig von Ethikkodizes die Rede ist, wird an diesem Begriff auch hier festgehalten.

Typologisch werden Ethikkodizes in der Fachliteratur unterteilt in solche mit strikten, verpflichtenden Vorschriften und solche mit eher empfehlendem Charakter. Präskriptive Kodizes, die sich auf das Konzept der *Kant*schen Pflichtenethik stützen, enthalten Bestimmungen über konkrete Sanktionen für den Fall, dass einzelne Vorschriften verletzt werden. Das bedeutet zugleich, dass das Verhalten der Betroffenen beobachtet wird und Verstöße vor einer Ethikkommission verhandelt und geahndet werden. Im Unterschied dazu stehen die empfehlenden Kodizes dem Konzept der Verantwortungsethik im Sinne *Max Webers* nahe. Bei der Entscheidung für ein bestimmtes Verhalten sollen nach dieser Vorstellung die konkreten Kontexte und die zu erwartenden Folgen in Betracht gezogen werden. Dabei werden die im Kodex zusammengestellten Werte zur Orientierung herangezogen. In einem Kodex dieses Typs sind daher Soll-Vorschriften enthalten. Die Verantwortung für das aus der Abwägung resultierende Verhalten trägt der Einzelne. Empfehlende Ethikkodizes, die also die Funktion erfüllen, die ethische Reflexion des Einzelnen zu unterstützen, sind eher mit dem oben erläuterten Begriff Ethik in Verbindung zu bringen. Bei präskriptiven Ethikkodizes, die sich als Zusammenstellung unbedingt bindender Vorschriften verstehen, handelt es sich eigentlich um kodifizierte Moral. Hier geht es nicht um Reflexion, sondern darum, obligatorische Regeln zu befolgen.

Eine weitere typologische Unterscheidung von Ethikkodizes erfolgt hinsichtlich der Adressaten. Voneinander abzugrenzen sind hier institutionenethische und individualethische Kodizes. Institutionenethische Kodizes richten sich an Unternehmen, Behörden, Verbände oder Institutionen wie Bibliotheken, Archive oder Museen. In derartigen Einrichtungen werden die moralischen Effekte im Wesentlichen im arbeitsteiligen Zusammenwirken der Mitarbeiter bzw. Angehörigen der Institution erzielt. Die moralische Verantwortung liegt auch, aber eben nicht nur beim Einzelnen. Umso wichtiger ist es, dass, initiiert durch Management und Leitungsgremien, alle Beteiligten auf der Grundlage gemeinsamer Werte operieren. Das geeignete Instrument dafür ist ein institutionenethischer Kodex.

Während in den USA etwa 90% der Unternehmen über einen Ethikkodex verfügen, ist diese Zahl in Europa noch deutlich niedriger, wenngleich in stetigem Steigen begriffen. Oft wird der institutionenethische Kodex noch ersetzt durch ein Leitbild, ein „Mission Statement" oder eine Policy. Darin sind nicht zwingend moralische Normen formuliert, sondern nicht selten vorwiegend strategische Ziele.

Individualethische Kodizes beziehen sich auf das Verhalten, das ausschließlich vom Einzelnen zu verantworten ist. Abgesehen von religiösen oder sonstigen übergreifenden Kodizes handelt es sich dabei meist um Berufsethiken. Im Unterschied zu institutionenethischen Kodizes richten sich Berufsethiken als individualethische Kodizes nicht an Angehörige eines Unternehmens, eines Verbandes oder einer Behörde, sondern an Angehörige eines Berufes, unabhängig davon, ob die betreffenden Personen selbstständig oder abhängig beschäftigt sind bzw. für welchen Typ von Institution sie tätig sind. In Berufsethiken werden die moralischen Werte und Normen beschrieben, die bei der Ausübung des entsprechenden Berufs Beachtung finden sollen (Fuchs-Heinritz 2011, S. 85).

Insbesondere die Vielfalt moralischer Herausforderungen des beruflichen Alltags legt nahe, dass die Aussagen einer Berufsethik stets ausgelegt werden müssen, um Unterstützung bei der Bewältigung akuter ethische Konflikte und Dilemmata zu leisten. Festzuhalten bleibt, dass Berufsethiken weder ein Lösungsreservoir für konkrete Problemfälle enthalten, noch den Einzelnen aus seiner Verantwortung entlassen. Sie behandeln Grundwerte und stecken dadurch Handlungsspielräume ab. Die konkrete Lösung für einen aktuellen Konflikt muss jeweils unter Abwägung der situationsbezogenen Rahmenbedingungen gesucht und verantwortet werden. Die Berufsethik aber dient dabei als eine Art Checkliste der Reflexion über die jeweils tangierten berufsspezifischen moralischen Grundwerte und die möglichen Folgen getroffener Entscheidungen.

Institutionenethische wie individualethische Kodizes erfüllen mehrere Funktionen. Sie bieten Orientierung für das berufliche Handeln und wirken standardisierend. Sie stärken die berufliche Identität und sie sind imageprägend für die Institution und den Berufsstand. Schließlich klären sie mit den moralischen Werten die gesellschaftliche Verantwortung der Institution bzw. des Einzelnen, dienen als Instrument der Rechtskritik und bieten Unterstützung in öffentlichen Auseinandersetzungen.

Eine entscheidende Rolle für die Wirksamkeit und Akzeptanz ethischer Kodizes spielt die Art ihrer Entstehung und ihrer kontinuierlichen Pflege. Wenn die Betroffenen, die Mitglieder eines Verbandes, die Belegschaft eines Unternehmens oder die Mitarbeiter einer Behörde vor vollendete Tatsachen gestellt werden, mindert dies die Wahrscheinlichkeit erheblich, dass der Kodex wahr- und ernstgenommen wird. Es empfiehlt sich daher, stattdessen den Wertekatalog in einem strukturierten Diskussionsprozess gemeinsam mit den Betroffenen zu entwickeln. Werden deren Erfahrungen und Erwartungen einbezogen, steigt die Chance dafür, dass der Kodex auf Akzeptanz stößt und die darin formulierten Werte zu einem gemeinsamen Anliegen werden (Maak/Ulrich 2007, S. 250).

Ethikkodizes entfalten eine nachhaltige Wirkung nur dann, wenn es Gremien und Routinen gibt, die dafür sorgen, dass ihre Inhalte immer wieder thematisiert und im Bewusstsein der Adressaten präsent bleiben. Geeignete Instrumente dafür sind vor allem Ethikkommissionen und Ethikbeauftragte. Solche Kommissionen werden auch als Ethikrat, Ethikbeirat oder Ethikkomitee bezeichnet. Ihre Aufgabe besteht zum einen darin, Ethikkodizes zu entwickeln und kontinuierlich zu pflegen. Darüber hinaus entwickeln sie Schulungsangebote und Lernmaterialien, um die ethische Sensibilität und das am Kodex orientierte Reflexionsvermögen der Mitglieder ihrer Institution bzw. der Angehörigen des entsprechenden Berufsstandes kontinuierlich zu fördern. Schließlich beraten sie ihre Trägerinstitutionen aber auch Einzelpersonen in konkreten Konfliktfällen. In manchen Fällen sind Ethikkommissionen auch ermächtigt, Vorgänge nicht nur zu beurteilen, sondern als Schiedsgericht Disziplinarstrafen zu verhängen.

Im Rahmen von Ethikschulungen sollen ethische Reflexionstechniken, Begriffsdefinitionen und moralische Wertsysteme vermittelt werden. Die Teilnehmer sollen ferner lernen, mit welchen Techniken und Verfahren sie Konflikte bewältigen und Gefahren abwenden können. Methodisch bieten sich zur Durchführung von Ethiktrainings klassische Formen an wie Vorträge, Seminare und einfache Gespräche. Als besonders wirkungsvoll erweisen sich Fallstudiensimulationen und Dilemmaanalysen, die in Form von Rollenspielen und Videoszenarien inszeniert und durchlebt werden (vgl. Tokarski 2008, S. 310). Dabei werden Szenarien mit konkreten Wertkonflikten zugrunde gelegt und die unterschiedlichen Lösungsoptionen im Hinblick auf die damit verbundenen Wertbezüge und Auswirkungen auf die jeweils Betroffenen argumentativ überprüft (vgl. Ziebertz 2010, S. 444). Dies stärkt die Fähigkeit zum Perspektivwechsel, erweitert den Reflexionshorizont und verbessert die moralische Sensibilität spürbar. Ethikschulungen sind besonders geeignet, um neue Mitarbeiter oder Mitglieder mit den ethischen und moralischen Kontexten ihrer neuen Umgebung vertraut zu machen; aber auch langjährige Berufsangehörige oder Verbandsmitglieder sollten die Chance haben ihre ethischen Kompetenzen in regelmäßigen Abständen aufzufrischen. Wichtig ist dabei, dass diese Mitarbeiter ihre Alltagserfahrungen einbringen können und Indoktrination unterbleibt.

4.1.3 Angewandte Ethik, Bereichsethiken

Ethik als philosophische Disziplin wird unterteilt in allgemeine oder theoretische Ethik und in angewandte oder praktische Ethik. Allgemeine Ethik beschäftigt sich mit übergreifenden, abstrakteren Aspekten wie Freiheit, Gerechtigkeit oder Wahrhaftigkeit. Sie sucht nach „allgemeine(n), begründete(n) Aussagen über das glückliche Leben des Einzelnen oder das gerechte Zusammenleben in der Gemeinschaft" (Fenner 2008, S. 11). Demgegenüber richtet die angewandte Ethik den Blick auf bestimmte Lebensbereiche und Handlungsfelder. Sie beschäftigt sich mit den spezifischen Fragestellungen und Problemen, die charakteristisch für den jeweiligen Bereich sind und die in der allgemeinen Ethik keine Berücksichtigung finden.

Die Gesellschaften der Moderne sind von wachsender Komplexität und beschleunigter Veränderung geprägt. Technische Innovationen und gesellschaftlicher Wandel rufen bislang unbekannte ethische Herausforderungen hervor, die nur in den jeweiligen Anwendungsbereichen auftauchen und deren Problemstellungen kontextbezogen geklärt werden müssen. Aus diesem Grund ist in den vergangenen Jahrzehnten eine Vielzahl von Bereichsethiken entstanden, die der Angewandten Ethik zugerechnet werden. Zu diesen Bereichsethiken gehören neben vielen anderen Wirtschaftsethik, Medizinethik, Sportethik, Bioethik und eben auch Informationsethik und Bibliotheksethik. Zu beobachten ist ein Trend zu immer spezifischeren Bereichsethiken wie etwa Lebensmitteletik oder Algorithmenethik.

Bereichsethiken tragen der Einsicht Rechnung, dass sich viele ethische Urteile nicht unabhängig von dem jeweiligen Erfahrungshorizont formulieren lassen und zudem begriffliche Spezifizierungen sowie besondere Normen entwickelt werden müssen, die den Bedingungen des entsprechenden Handlungsfeldes angemessen sind (vgl. Nida-Rümelin 1996, S. 5). Strikt deduktive Topdown-Ableitungen aus allgemeinen Prinzipien erscheinen auf dieser Grundlage nicht hilfreich, eben weil die spezifischen Sachbedingungen beachtet werden müssen (vgl. Tokarski 2008, S. 72). Bereichsethiken gehen daher eher induktiv vor, versuchen Leitlinien des Handelns auf der Grundlage relevanter Einzelfragen und Situationen zu gewinnen (vgl. Filipovic 2016, S. 44).

Die Aufteilung der Bereichsethiken folgt keinem einheitlichen Prinzip. Dies ist auch auf die unterschiedlichen Entstehungskontexte zurückzuführen. Zum einen schwanken die Anzahl und die Benennungen der Bereichsethiken in der Fachliteratur beträchtlich, zum anderen sind sie nicht strikt getrennt voneinander gelagert, sondern überlappen sich z. T., sind komplementär aufeinander bezogen oder stehen in einem hierarchischen Verhältnis zueinander. Computerethik

z. B. ist ohne Zweifel Teil der Technikethik, hat zugleich Überschneidungsfelder mit Medienethik und Informationsethik, aber natürlich auch mit Medizinethik.

4.1.4 Informationsethik

Der heute geläufige Begriff Informationsethik (Information Ethics) ist Ende der 1980er-Jahre im bibliothekarischen Umfeld geprägt worden und taucht etwa zeitgleich in den USA und in Deutschland auf (vgl. Rösch 2015, S. 975). Allerdings hat es vor allem in den USA schon seit Anfang des 20. Jahrhunderts Diskussionen zum Thema Ethik in der Bibliothek gegeben, in deren Verlauf gefordert worden war, Grundwerte und Verhaltensstandards zur Stabilisierung des bibliothekarischen Berufsbilds und zur Professionalisierung bibliothekarischer Praxis in Form einer Berufsethik zu standardisieren. Tatsächlich vermochte es die American Library Association 1938/39 die weltweit erste bibliothekarische Berufsethik zu verabschieden. Dies hätte der Auftakt sein können zur Begründung von Bibliotheksethik als eigenständiger Disziplin. Doch ist es dazu nicht gekommen. Stattdessen hat sich die Informationsethik mittlerweile zu einer Disziplin verselbstständigt, die weit über den bibliothekarischen Anwendungsbereich hinausragt und oft nicht einmal mehr mit Bibliotheken in Verbindung gebracht wird.

Manche Autoren sehen in Informationsethik die universale Makroethik der Zukunft (vgl. Floridi 2015, S. 25) und die fundamentale Orientierungsinstanz (vgl. Kuhlen 2004a, S. 65) der Informationsgesellschaft. Auch Capurro entwirft Informationsethik als übergreifende Disziplin, zu deren Teilgebieten u. a. Netzethik, Digitale Ethik, Medienethik und Computerethik zu zählen sind (vgl. Schliack 2011, S. 90). Insbesondere Medienethik und Computerethik werden in anderen Entwürfen jedoch als eigenständige Bereichsethiken aufgefasst. Ob Informationsethik tatsächlich als Makroethik anzusehen ist, soll hier nicht entschieden werden. Fest steht jedoch, dass es mindestens Berührungspunkte und gemeinsame Schnittmengen der genannten Bereichsethiken gibt.

In manchen Entwürfen wird Informationsethik verkürzt als „Ethik in elektronischen Räumen" definiert (vgl. etwa Kuhlen 2004a, S. 61). Dennoch spricht viel dafür, Informationsethik im weiten und grundsätzlichen Sinne zu definieren. Demnach umfasst ihr Gegenstandsbereich alle Fragen, die im Zusammenhang mit Produktion, Speicherung, Erschließung, Verteilung und Nutzung von Informationen auftauchen unabhängig von Technik, Trägermedien und Kommunikationskanälen (vgl. Froehlich 2003, S. 256). Auch wenn Informationsprozesse zunehmend in digitalen Umgebungen erfolgen, wird es weiterhin Kommunikation und Informationsaustausch mittels gedruckter und anderer analoger Trägermedien geben. Viele informationsethisch relevante Phänomene existieren in je eigener Ausprägung sowohl im digitalen als auch im analogen Raum.

Zu beobachten ist, dass informationsethische Wertbezüge gegenwärtig meist abgeleitet werden aus der Allgemeinen Erklärung der Menschenrechte aus dem Jahr 1948. Das Konzept der Menschenrechte ist ohne Zweifel den Traditionen westlicher Kulturen verbunden, doch hat die Allgemeine Erklärung der Menschenrechte über die Vereinten Nationen weltweite Verbreitung und Akzeptanz gefunden. Hinsichtlich informationsethischer Aspekte hat der *World Summit on the Information Society* (WSIS) 2003 in Genf (und später 2005 in Tunis) die Diskussion um die aus der UN-Menschenrechtsdeklaration abzuleitenden Grundwerte für die entstehende Informationsgesellschaft vorangetrieben und wesentliche Positionen in seiner „Declaration of Principles" zusammengefasst. Dieser Prozess ist seither leider nicht fortgesetzt worden.

Zu den traditionellen Themen von Informationsethik zählen u. a. Informationsfreiheit, Datenschutz und Plagiarismus. Diese Aspekte sind durch die Entwicklung digitaler Informations- und Kommunikationstechnologien keineswegs marginalisiert worden; sie tauchen auch unter den veränderten technischen Rahmenbedingungen in modifizierter, teilweise sogar verschärfter Form auf und erfordern besondere Aufmerksamkeit. Darüber hinaus aber sind völlig neue Konfliktsphären entstanden. Zu denken ist etwa an digitale Spaltung (innergesellschaftlich und weltweit), digitale Überwachung (z. B. durch den Einsatz von RFID und die Auswertung von Big Data), Algorithmen gesteuerte Manipulation oder netzbasierte Kriminalität (Passwortdiebstahl und -betrug oder Verbreitung kinderpornographischer Darstellungen) und Cyber-Mobbing.

Die wichtigsten Themenkomplexe und Grundwerte von Informationsethik lassen sich gruppieren um die Aspekte Freiheit, Gerechtigkeit, Privatheit, Schutz Geistigen Eigentums, Qualität und Ökologie. Hinzu treten informationsethisch sensible Techniken, Strategien und soziale Phänomene der digitalen Gesellschaft, die zu Massenphänomenen geworden sind.

Im Themenfeld Freiheit geht es vor allem um die Grundwerte Meinungsfreiheit und Informationsfreiheit. Deren Gegenwert besteht in Zensur und Informationskontrolle. Dem Bereich Gerechtigkeit sind die Aspekte Informationsgerechtigkeit, informationelle Grundversorgung und als Gegenwert Digitale Spaltung zuzuordnen. Der dritte Bereich umfasst das Thema Privatheit mit den Einzelthemen Schutz der Privatheit, Datenschutz, informationelle Selbstbestimmung, Datensparsamkeit und Datenvermeidung. Den Gegenwert bildet hier Überwachung. Eine besondere Rolle spielt das Gegensatzpaar Anonymität und Transparenz. Beide Aspekte können je nach Kontext sowohl als positiver wie auch negativer Wert angesehen werden. Als nächstes Themencluster folgt Geistiges Eigentum, in dessen Kontext es um Geistiges Eigentum und Urheberrecht, um Open Source, Open Access und Dekommodifizierung sowie um die Gegenwerte Plagiarismus und Piraterie geht. Das Cluster Qualität behandelt Fragen der Validität von Informationen sowie die inzwischen vielfach diskutierten Phänomene der Desinformation und der vorsätzlichen Fake News. Das Themenfeld Ökologie umfasst Informationsökologie als noch sehr junge Kategorie und Informationsverschmutzung als Gegenwert.

Neben den eben erwähnten Grundwerten und ihren Komplementärwerten bzw. Gegenwerten sind dominante Techniken, Strategien und soziale Phänomene der digitalen Gesellschaft gesondert hervorzuheben und zu behandeln. Diese neuen, durch die Entwicklung und den Einsatz digitaler Informations- und Kommunikationstechniken entstandenen Erscheinungen, müssen separat betrachtet werden. Nur wenn sie als eigenständige Gegenstände ethischer Debatten verstanden werden, lassen sich die damit verbundenen wertbezogenen Chancen und Herausforderungen identifizieren und ethisch abgesicherte Problemlösungen herbeiführen. Zu nennen sind hier zunächst Internetdienstleister wie Suchmaschinen, soziale Netzwerke und Verkaufsplattformen. Suchmaschinen etwa haben das Potenzial, durch die Indexkontrolle und die Ergebnispräsentation die Informationsfreiheit ihrer Kunden massiv zu beeinträchtigen. Grundlage des Geschäftsmodells, ist die umfassende Speicherung und Auswertung von Datenspuren der Kunden, die zu individuellen Profilen verdichtet werden und zur Entwicklung von (Kauf-)Empfehlungen herangezogen werden. Erhebung und Auswertung der personenbezogenen Daten geschehen meist so, dass die Kunden sich dessen nicht oder nur in unzureichendem Maße bewusst sind.

Soziale Netzwerke und Verkaufsplattformen beruhen ebenfalls auf diesem Geschäftsmodell. Zu den spezifischen Techniken und Strategien der Digitalökonomie zählen neben Personalisierung auch der Einsatz von Algorithmen und die Kumulation großer, heterogener Datenmengen, die gemeinhin mit dem Begriff Big Data bezeichnet wird. Während Suchmaschinen, Soziale Netzwerke, Algorithmen, Big Data usw. neben den ethischen Herausforderungen ohne Zweifel auch äußerst positive Effekte erzeugen, ist als ein weiteres ethisch relevantes Phänomen Cyberkriminalität zu erwähnen, welches nachvollziehbarerweise ausschließlich im negativen Sinne zu charakterisieren ist. Der Gegenwert Cyberkriminalität erfordert jedoch ähnlich wie Zensur, digitale

Spaltung oder Desinformation große Aufmerksamkeit im Rahmen ethischer Diskurse. Neben den hier erläuterten Phänomenen werden selbstverständlich immer wieder neue Techniken und Strategien entstehen, die heute noch nicht oder erst in Ansätzen erkennbar sind. Niemand vermag heute einzuschätzen, ob und wann Quantencomputer zu einem weiteren Innovationsschub führen werden und welche ethischen Herausforderungen daraus erwachsen könnten. Es ist die Aufgabe informationsethischer Diskurse, derartige Phänomene möglichst frühzeitig zu identifizieren und eine breite Auseinandersetzung über deren wertbezogene Implikationen zu initiieren.

Eine wesentliche Funktion der Informationsethik besteht in der Beschäftigung mit den für den Informationssektor bedeutenden Grundwerten. Als wichtigsten Wert und Leitidee beschreibt *Capurro* Informationsgerechtigkeit (vgl. dazu und zum Folgenden Capurro 2004). Die in diesem Zusammenhang ermittelten Grundwerte fließen in institutionelle Ethikkodizes, Berufsethiken, Leitbilder und Policies ein. Diese normative Seite der Informationsethik ist jedoch keineswegs als dogmatischer, präskriptiver Anteil zu verstehen, sondern als Wertegerüst, das wie oben dargelegt einerseits Orientierung vermittelt und Willkür vermeidet, andererseits Handlungsspielräume belässt, die es erlauben, den gegebenen situativen Kontexten in gewissen Grenzen Rechnung zu tragen.

Als deskriptive Theorie hat Informationsethik die Aufgabe, Strukturen und Machtverhältnisse zu beschreiben, die den Informationssektor prägen. Die dabei gewonnenen Befunde sollen anschließend kritisch analysiert werden mit dem Ziel, geeignete Maßnahmen und Strategien zur Abschwächung oder Überwindung asymmetrischer Strukturen zu entwickeln. Eine weitere Grundfunktion emanzipatorischer Informationsethik besteht darin, Informationsmythen aufzudecken und in ihren manipulativen Intentionen zu entlarven. Dabei geht es z. B. um Allmachtsvisionen, die mit dem Internet in Verbindung gebracht werden oder um die Dienstleistungs- und Neutralitätsfassaden, mittels derer Unternehmen wie Google oder Facebook ihre in Wahrheit auf Gewinnmaximierung gerichteten Intentionen zu kaschieren versuchen.

Informationsethik besitzt für *Capurro* auch eine pädagogische Dimension (vgl. Capurro 2004, S. 6). Adressaten sind zunächst Individuen und Institutionen, die im Informationssektor agieren. Erreicht werden sollen aber auch politische Instanzen, in denen über Rahmenbedingungen und Strukturen entschieden wird sowie die allgemeine Öffentlichkeit. Die Akteure sollen dabei unterstützt werden, ein geschärftes Problembewusstsein zu entwickeln und zu erkennen, dass ethische Reflexion es erleichtert, vertretbare Lösungen für alte und neue Konflikte zu finden. In diesem Zusammenhang lassen sich vier Ziele informationsethischer Schulung und Bildung formulieren. Zu den Bestandteilen informationsethischer Kompetenz gehört demnach:

- über Grundkenntnisse ethischer Begriffe und Theorien in ihrer Bedeutung für die alltägliche Informationspraxis zu verfügen
- die Verantwortung für die Folgen individuellen und kollektiven Handelns im Informationssektor erkennen und übernehmen zu können
- ethische Konflikte und Dilemmata im Informationssektor selbständig erkennen und problematisieren zu können
- Informations- und Medienkulturen in ihrer Vielfalt und mit ihren jeweiligen Werten und Traditionen wahrnehmen und anerkennen zu können (vgl. Capurro 2014, S. 3f.).

Instrumente zur Förderung informationsethischer Kompetenz sind in erster Linie die bereits zuvor erwähnten Ethikkommissionen und Ethikbeauftragte, die in ihrem Wirkungsbereich entsprechende Bildungsangebote entwickeln und Schulungen durchführen.

4.1.5 Bibliotheksethik

Aufwertung und erweitertes Verständnis von Informationsethik haben bislang nicht dazu geführt, dass sich Bibliotheksethik als eigenständige Bereichsethik abgrenzend herausgebildet hat. Im Falle von Archivethik und Museumsethik ist dies hingegen gelungen. Jedenfalls sind in diesen Feldern entsprechende Begriffe und Konzepte entwickelt und verbreitet worden.

Auf der inhaltlichen Ebene zeigt sich, dass die Gemeinsamkeiten zwischen Informationsethik und Bibliotheksethik überaus groß sind. Der institutionelle Bezug und die damit verbundenen Spezifika legen es jedoch nahe, mit dem Begriff Bibliotheksethik eine Teilmenge abzugrenzen von anderen, durchaus verwandten, aber eben doch unterscheidbaren Teilmengen wie etwa Computerethik, Medienethik, Netzethik, Archivethik oder Museumsethik. Dabei sind Archivethik und Museumsethik durch ihren institutionellen Bezug sicher enger verwandt mit Bibliotheksethik als Computerethik, Medienethik oder Netzethik, die einen höheren Abstraktionsgrad aufweisen und damit über ein breiteres Anwendungsfeld verfügen. Doch gibt es selbstverständlich auch zwischen Bibliotheksethik einerseits und Computerethik, Medienethik oder Netzethik andererseits zahlreiche Gemeinsamkeiten und Überschneidungen. Es erscheint sinnvoll, Informationsethik als übergeordnet anzusehen und Bibliotheksethik wie auch die davon abzugrenzenden, eben genannten Beispielen als Teilmenge. Durch präzise Abgrenzungen und Zuordnungen sowie die angemessene Berücksichtigung des institutionellen Bezuges sollte es möglich werden, die einzelnen Handlungsfelder und deren ethische Implikationen kontextualisiert zu beschreiben.

Insofern ist es naheliegend, ein spezifisch bibliotheksethisches Konzept zu entwickeln und als Bibliotheksethik zu bezeichnen. Im Zentrum steht dabei zunächst die gesellschaftliche Rolle der Bibliothek, da sich daraus wesentliche Wertbezüge ergeben bzw. ableiten lassen. Darüber hinaus bilden dann die Funktionsbereiche von Bibliothek den zweiten zentralen Bezugspunkt.

Zu differenzieren ist ferner zwischen institutionenethischen und individualethischen Aspekten. Anders als Informationsethik lässt sich Bibliotheksethik grundsätzlich unterteilen in einen institutionenethischen und einen individualethischen Teil. Da Informationsethik keinen eindeutigen und direkten Institutionenbezug besitzt, spielt die genannte Unterscheidung dort keine herausragende Rolle. Für Bereichsethiken mit klarem Institutionenbezug wie Museumsethik, Archivethik und Bibliotheksethik ist diese Differenzierung hingegen prägend. Der institutionenethische ist dabei als der übergeordnete und maßgebende Teil anzusehen. Wie bei der Unternehmensethik bestimmen die mit dem Unternehmen bzw. der Institution verbundenen Ziele das Handeln der in ihnen tätigen Personen. Mit der Institutionenethik wird der Rahmen für die Individualethik abgesteckt. Aus der Rolle, welche die Bibliothek in der Gesellschaft zu erfüllen hat, werden die ethischen Grundwerte abgeleitet, die durch den Betrieb dieser Institution realisiert werden sollen. Daran orientiert sich auch die Individualethik, ohne dass damit extrem starre Vorgaben verbunden wären.

Es versteht sich, dass die weiter oben erwähnten zentralen Themenbereiche der übergeordneten Informationsethik auch im Mittelpunkt der untergeordneten Bibliotheksethik stehen. Allerdings ist der Stellenwert der einzelnen Themencluster unterschiedlich und variiert zudem je nach Bibliothekstyp, Unterhaltsträger und konkreten Rahmenbedingungen.

4.1.6 Gesellschaftliche Rolle und Handlungsfelder der Bibliothek: Bibliotheksethik als Institutionenethik

Die folgenden Überlegungen beziehen sich ausschließlich auf Bibliotheken in öffentlicher Trägerschaft. Auch wenn einige Aspekte eindeutig für den Typ Wissenschaftliche bzw. Öffentliche Bibliothek stehen, können doch die meisten – in abgeschwächter Form – beim jeweils anderen geltend gemacht werden.

Wissenschaftliche Bibliotheken haben den Auftrag, die Fachinformationsversorgung für Forschung und Lehre, Unternehmen und interessierte Laien zu gewährleisten. Dabei sind vor allem die Werte der Meinungs- und Informationsfreiheit und der Gleichbehandlung zu beachten. Darüber hinaus haben diese Bibliotheken, sofern sie als Archivbibliotheken fungieren, die Pflicht, das kulturelle Erbe in gedruckter und digitaler Form dauerhaft zu überliefern und für die Nutzung bereit zu stellen. Zu beachten ist, dass dauerhafte Überlieferung und Langzeitarchivierung in neutraler Weise zu erfolgen hat und ideologisch bedingte Einschränkungen oder Auswahl zu vermeiden sind. Auch bei der gezielten Verbreitung von Literatur und Informationen durch aktive Informationsdienstleistungen sowie der Unterstützung und Beratung der Publikationstätigkeit ihrer Nutzer im digitalen Umfeld ist auf Gleichbehandlung und Neutralität zu achten. Dies gilt in gleicher Weise bei allen weiteren Dienstleistungen wie Maßnahmen zur Vermittlung von Informationskompetenz, zur Förderung beruflicher Weiterbildung oder zur Förderung kultureller Bildung.

In Öffentlichen Bibliotheken stehen hingegen demokratiefördernde, inkludierende und emanzipatorische Aufgaben stärker im Vordergrund. Im Einzelnen gehören dazu Sicherung der informationellen Grundversorgung, Verbesserung der Partizipationschancen, Inklusion von Migranten und anderen Minderheiten und Emanzipation benachteiligter Gruppen und Schichten. Auch die Förderung von Lesekompetenz und die Vermittlung von Informationskompetenz ist in diesem Zusammenhang zu erwähnen, wenngleich beide auch als Beitrag zur Förderung kultureller Bildung, zur Unterstützung von Unterhaltung und Freizeitgestaltung sowie zur Erleichterung der Alltagsbewältigung anzusehen sind. In den Aufgabenbereich Öffentlicher Bibliotheken gehören ferner die Fachinformationsversorgung sowohl der lokalen Wirtschaft als auch interessierter Laien, die Förderung beruflicher Weiterbildung und die Popularisierung wissenschaftlicher Erkenntnisse. Auch für Öffentliche Bibliotheken sind in den genannten Einzelfunktionen Meinungs- und Informationsfreiheit, Neutralität und Pluralismus sowie Gleichbehandlung verpflichtende Grundwerte. Wie Wissenschaftliche Bibliotheken haben sie den Anspruch, als Treffpunkt, als Kommunikationsort und als ökonomiefreier Schutzraum ohne Konsumzwang zu dienen.

Für Bibliotheken und bibliothekarisches Handeln lassen sich mehrere Aufgabenfelder unterscheiden: (1) Sammeln/Auswählen, (2) Ordnen/Erschließen, (3) Bewahren/Überliefern, (4) Bereitstellen/Zugänglich machen, (5) Vermitteln/Aktiv Verbreiten und weitere Dienstleistungen. Diesen Feldern lassen sich auch viele der erst in jüngerer Zeit entstandenen bibliothekarischen Aufgaben zuordnen wie etwa der Betrieb von Open Access Repositorien (1-5), die Vermittlung von Informationskompetenz (5) oder das Kuratieren wissenschaftlicher Primärdaten (1-5). Zu erwähnen ist auch die besondere Aufwertung, die Bibliotheken als Aufenthaltsort, als Experimentier- und als Schutzraum erfahren haben (5). In dieser Funktion der Bibliothek als Dritter Ort stehen Kommunikation, Kollaboration, Experimentieren im Vordergrund. Hinzutritt schließlich (6) Management/Organisation/Personal.

Aus der vertieften Auseinandersetzung mit der gesellschaftlichen Rolle der Bibliothek und den bibliothekarischen Aktivitätsfeldern lassen sich die Grundwerte ableiten, die zu einem standardisierten Verständnis von Bibliothek nicht nur innerhalb des Bibliothekssektors, sondern auch bei Nutzern, Unterhaltsträgern und vor allem innerhalb der gesamten Gesellschaft führen könnte. Eine klare und konsensualisierte Bestimmung der Funktionen und Wertbezüge von Bibliothek wäre zweifellos im Stande, das Ansehen der Institution Bibliothek und der dort tätigen Bibliothekare erheblich zu verbessern. Wesentliches Instrument dafür wäre die Erarbeitung, Verabschiedung und Popularisierung einer bibliothekarischen Institutionenethik durch die Berufsverbände, auf die in öffentlichen Diskursen Bezug genommen werden kann.

Abgesehen von den USA, die mit der Library „Bill of Rights" seit 1939 (zuletzt modifiziert 1996) über eine bibliothekarische Institutionenethik verfügen, fehlt eine solche in den meisten Ländern trotz der offenkundigen Vorteile bis heute. Schon 1931 hatte Ranganathan mit seinen „Five Laws of Library Science" wichtige Vorarbeiten für eine Institutionenethik geleistet. Doch unter ethischem Aspekt wurde diese bahnbrechende Arbeit kaum rezipiert. In Deutschland wäre der dbv als Institutionenverband prädestiniert, eine Institutionenethik zu entwickeln und zu pflegen. 2015 hat der dbv tatsächlich einen „Verhaltenskodex" verabschiedet, doch handelt es sich dabei zum einen um eine Individualethik und zum zweiten sind Adressaten ausschließlich die Vertreter von Mitgliedsbibliotheken, die Mandatsträger des Verbandes oder Personen, die im Auftrag des dbv tätig werden (vgl. Verhaltenskodex des dbv 2015). Anstelle einer übergreifenden Institutionenethik wurden und werden in manchen Fällen auf lokaler Ebene Leitbilder, Leitlinien und Policies entwickelt, die sich i. d. R. nur auf die eine, konkrete Bibliothek beziehen und die meist nicht unter Bezug auf Standards entstanden sind. Diese Dokumente verfügen nicht über einen gemeinsamen Fundus an Aussagen, auf dem aufbauend die lokalen Besonderheiten thematisiert werden.

4.1.7 Bibliotheksethik als Individualethik (Berufsethik)

Der individualethische Teil der Bibliotheksethik hat in den vergangenen Jahrzehnten einen bemerkenswerten Aufschwung erlebt. Nationale bibliothekarische Berufsethiken, zumeist von den Bibliotheksverbänden erarbeitet und aktualisiert, existieren mittlerweile in über 70 Ländern. Außer zur Wertorientierung trägt eine „gelebte" Berufsethik auch dazu bei, ein klares, ethisch fundiertes Berufsbild zu entwickeln. Dies wiederum erleichtert die berufliche Sozialisation des bibliothekarischen Nachwuchses erheblich. Für die Gestaltung von Zielvereinbarungen zwischen Führungsebene und Abteilungen, Teams oder einzelnen Mitarbeitern können berufsethische Standards herangezogen werden, um Rollenerwartungen zu definieren. In der Außenwirkung ermöglicht ein konsensualisiertes Berufsbild, den bibliothekarischen Beruf mit Grundwerten wie „Informationsfreiheit", „Freiheit von Zensur", „Datenschutz", „Pluralismus" oder „Gleichbehandlung" zu konnotieren. Dies erlaubt eine positive Identifikation und sorgt für Transparenz bei Nutzern, Unterhaltsträgern, politischen Entscheidern und letztlich in der gesamten Gesellschaft. Die Entwicklung sowie die forcierte Popularisierung der Berufsethik vermag derart auch im Rahmen von Marketing und Public Relations einen nicht zu unterschätzenden Beitrag sowohl zum Erwartungsmanagement als auch zur Imagepflege des Berufsbildes zu leisten.

Die thematischen Schwerpunkte bibliothekarischer Berufsethiken lassen sich wie im IFLA „Code of Ethics" von 2012 im Wesentlichen einteilen in die Bereiche (1) Informationsfreiheit, Meinungsfreiheit, Freiheit von Zensur, (2) Soziale Verantwortung, (3) Datenschutz, Diskretion und Transparenz, (4) Urheberrecht und Open Access, (5) Neutralität, persönliche Integrität, Fachkompetenz und (6) Verhalten am Arbeitsplatz und in der Berufsgemeinschaft.

Unter dem zuerst genannten Aspekt geht es neben dem freien Zugang zu Informationen und der Abwehr von Zensurbestrebungen darum, durch Kostenfreiheit bzw. sozial ausgewogene Tarife auch sozial Benachteiligten den Zugang zu bibliothekarischen Beständen und Dienstleistungen zu ermöglichen. Dies entspricht auf der Ebene der Institutionenethik der inkludierenden und der emanzipatorischen Funktion. Damit möglichst viele Bürgerinnen und Bürger von den Bibliotheken profitieren, wird in diesem Zusammenhang auch die Verpflichtung zu nachhaltiger Öffentlichkeitsarbeit, zur Nutzerfreundlichkeit und zu Barrierefreiheit artikuliert. Zur sozialen Verantwortung gehören vor allem die Gleichbehandlung aller Nutzer und die Bereitschaft, Dienstleistungen auch für Minderheiten anzubieten (z. B. muttersprachliche Literatur und Medien für sprachliche Minderheiten). Auch Maßnahmen zur Leseförderung und zur Vermittlung von Informationskompetenz sind in diesem Zusammenhang zu erwähnen, aber auch die Pflicht, Bestände und Dienstleistungen nutzerfreundlich zu präsentieren und Nutzern bei der Recherche und Lösung ihrer Informationsprobleme prinzipiell behilflich zu sein. Unter dem dritten Aspekt geht es um den Respekt vor der Privatsphäre und den uneingeschränkten Schutz persönlicher Daten. Dies ist Voraussetzung für ein Vertrauensverhältnis zwischen der Bibliothek und ihren Nutzern. Dazu gehört ferner, dass bibliothekarisches Handeln transparent ist und anhand von Leitbildern und Policies überprüft werden kann. Da Bibliothekarinnen und Bibliothekare ihren Nutzern einen möglichst effektiven und umfassenden Zugang zum Informationskosmos bieten wollen, unterstützen sie Open Access, Open Source und Open License. Gleichzeitig erkennen sie das Recht am geistigen Eigentum an, treten aber dafür ein, dass Urheberrechtsrestriktionen für Bibliotheken eingeschränkt werden. Zum nächsten Themenbereich gehört, dass Bestandsaufbau, Bestandspräsentation sowie alle übrigen Dienstleistungsangebote von Neutralität, Bemühen um Pluralismus und Unvoreingenommenheit geprägt sind. Damit das Handeln an den Vorgaben und Absichten gemessen werden kann, müssen Leitlinien entwickelt werden und öffentlich zugänglich sein. Professionelles Verhalten setzt voraus, dass eigene Überzeugungen und Interessen im beruflichen Handeln zurückgestellt werden. Zur persönlichen Integrität gehört die Immunität gegenüber Korruptionsversuchen. Die Verpflichtung zu kontinuierlicher Fort- und Weiterbildung soll ein Höchstmaß an Dienstleistungsqualität ermöglichen. Im letzten Themenbereich geht es um das Verhalten zu Kollegen und Mitarbeitern. An erster Stelle werden als anzustrebende Werte Kollegialität, Fairness und Solidarität genannt. Weitere Themen sind Gleichbehandlung am Arbeitsplatz, Geschlechtergleichheit und die Bereitschaft, sich auf Verbandsebene für die Interessen des Berufsstandes zu engagieren.

Es fällt auf, dass in den bestehenden Berufsethiken die Grenze zur Institutionenethik nicht immer deutlich gezogen wird. Dies mag zum einen daran liegen, dass der typologische und funktionale Unterschied zwischen beiden Varianten kaum bekannt ist, zum anderen aber auch daran, dass sich viele institutionsethische Werte auf individualethischer Ebene entsprechend abgewandelt wiederfinden. Dennoch besitzen beide Varianten ihre je spezifischen Anteile (vgl. Rösch 2017).

4.1.8 Bibliotheksethik in Deutschland

Zwar hatte in Deutschland *Rafael Capurro* bereits in den 1980er-Jahren begonnen, über den Zusammenhang von Ethik und Informationspraxis zu arbeiten, allerdings dauerte es bis zum Beginn des 21. Jahrhunderts, ehe auch in der Bundesrepublik die bibliothekarische Auseinandersetzung mit ethischen Fragen einen nennenswerten Umfang angenommen hat. Doch auch heute noch tut sich die überwältigende Mehrheit der Bibliothekarinnen und Bibliothekare in Deutschland weiterhin schwer damit, einen Zugang zur Bibliotheks- und Informationsethik zu gewinnen. Dies ist nicht zuletzt zurückzuführen auf einige krasse Fehlentscheidungen auf Verbandsebene und anhaltendes Desinteresse oder Unkenntnis mancher Betroffener.

So löblich es war, 2007 endlich, immerhin fast 70 Jahre nach der *American Library Association*, mit den „Ethischen Grundsätzen" eine Berufsethik für deutsche Bibliothekarinnen und Bibliothekare zu präsentieren, so kontraproduktiv war es, dass dieser Ethikkodex unter Ausschluss der Berufsöffentlichkeit entwickelt worden war. Immerhin wurde dann 2010 eine Ethikkommission eingerichtet, deren Aufgabe unter anderem darin bestanden hatte, durch regelmäßige Veranstaltungen auf Bibliothekartagen für das Thema Ethik zu sensibilisieren und langfristig eine Überarbeitung der Berufsethik begleitet von einer breiten Debatte in der Berufsöffentlichkeit vorzunehmen. 2015 hat der BID-Vorstand das Ethikkomitee ohne Angabe von Gründen, offenbar jedoch aufgrund von Meinungsverschiedenheiten aufgelöst. Dennoch wurde 2017 eine von einer fünfköpfigen

Arbeitsgruppe vorbereitete Neufassung der Berufsethik verabschiedet (vgl. Rösch 2018). Formal untergliedert sich der Text in die Präambel und drei inhaltlich abgegrenzte Kapitel. Es sind dies „1. Zugang zu und Vermittlung von Informationen", „2. Verhältnis zu Interessengruppen, Partnern und Akteuren" sowie „3. Integrität und Fachkompetenz". Nur das zweite Kapitel ist weiter untergliedert in die Abschnitte „2.1 Nutzer, Kundinnen und Kunden sowie allgemeine Öffentlichkeit", „2.2 Unterhaltsträger", „2.3 Partner" und „2.4 Kolleginnen und Kollegen, Berufsumfeld".

Bei der Formulierung des Textes haben die Verfasserinnen und Verfasser viele Anregungen des oben erwähnten, 2012 von der IFLA verabschiedeten „Ethikkodex für Bibliothekarinnen und andere im Informationssektor Beschäftigte" aufgegriffen. Am deutlichsten wird dies in der Präambel. In sieben Abschnitten werden zunächst Zielgruppen und Zweck der Grundsätze klar benannt: Sie sollen „allen Angehörigen des Bibliothekswesens (...) zur Orientierung in berufsethischen Fragen und als Grundsätze guten Handelns dienen". Anschließend werden in drei Abschnitten wichtige Funktionen und Wertbezüge von Bibliotheken benannt. Demnach sind Bibliotheken „Orte der Integration und Kommunikation", „grundlegende Institutionen der gelebten Demokratie", sie „ermöglichen die mündige Teilhabe an der Gesellschaft" durch „informationelle Grundversorgung" und tragen damit „grundsätzliche gesellschaftliche Verantwortung". Als Bezugsnorm wird wie in der Präambel des IFLA-Ethikkodexes Artikel 19 der „Allgemeinen Erklärung der Menschenrechte" der *Vereinten Nationen* genannt, darüber hinaus verwiesen auf die Artikel 3 und 5 des Grundgesetzes der Bundesrepublik Deutschland. Es ist sehr zu begrüßen, dass mit diesen Passagen erstmals im berufsethischen Kontext (in Deutschland) an prominenter Stelle die soziale Verantwortung und die politische Funktion von Bibliotheken nachhaltig unterstrichen werden. Besondere Erwähnung verdient zudem die Aussage, dass Bibliotheken „Einrichtungen ohne kommerzielle Interessen" sind.

Das erste Kapitel enthält ein klares Bekenntnis zur Meinungs- und Informationsfreiheit und die unmissverständliche Aussage: „Eine Zensur von Inhalten lehnen wir ab." Das zweite Kapitel enthält so wichtige Normen wie die Gleichbehandlung aller Nutzerinnen und Nutzer und die Verpflichtung zu Neutralität, Jugendschutz und Datenschutz. Zu den hier aufgelisteten Unterpunkten gehört auch der politische Auftrag der Bibliotheken, die politische Teilhabe der Bürgerinnen und Bürger zu unterstützen u. a. durch das Bestreben, „einen entgeltfreien bzw. kostengünstigen Zugang zu unseren Beständen" zu ermöglichen. Das dritte Kapitel ist den Themen Integrität und Fachkompetenz gewidmet. Besondere Aufmerksamkeit verdient darunter die Aufforderung, sich für „die Verbesserung fachlich relevanter gesetzlicher Regelungen" einzusetzen. Damit verabschiedet sich die neue Fassung zumindest partiell von der 2007 noch ungebrochenen und unkritischen Fixierung auf gegebene Rechtsnormen. Weitere 2017 erstmals aufgeführte Aspekte betreffen das bibliothekarische Engagement zur Vermittlung von Informationskompetenz, zur Verhinderung von Manipulation durch Informationsverfälschung und das Bekenntnis zum Compliance-Gedanken, d. h. die Akzeptanz von Richtlinien und Kodizes.

Im Vergleich zu der Vorgängerfassung von 2007 lässt sich also eine Vielzahl markanter Verbesserungen und Aktualisierungen erkennen. Dies betrifft vor allem die Positionierung bibliothekarischen Handelns in politischen und sozialen Kontexten und das klare Bekenntnis zu demokratischen und partizipatorischen Grundwerten. Auch die Absage an kommerzielle Verwertungsinteressen ist in diesem Zusammenhang zu nennen.

Allerdings sind im Vergleich zu 2007 auch einige Rückschritte zu verzeichnen. So ist das Thema Datenschutz/Privatheit geradezu marginalisiert worden. Während 2007 noch der Schutz der Privatsphäre explizit als ethischer Grundwert genannt wird, wird Datenschutz (wie auch Jugendschutz) 2017 nicht mehr als solcher aufgeführt, sondern nur noch beiläufig erwähnt, dass die entsprechenden gesetzlichen Vorgaben zu beachten seien. In dieser Aussage wird das Verhältnis von Ethik und Recht völlig verkannt. Ethik steht außerhalb von Recht, kann nur in dieser Position als Instrument der Rechtskritik fungieren. Ethik sollte die Normen vorgeben, auf deren Grundlage Rechtsnormen festgelegt werden und nicht umgekehrt. Ethikkodizes können daher nicht „Handeln in Übereinstimmung mit rechtlichen Regelungen" fordern. Das hier kritisierte Verständnis von Ethik und Recht in Abschnitt 2.1 (4. Unterpunkt) steht im Übrigen im Widerspruch zu der in Kap. 3 formulierten Aufforderung, sich für die „Verbesserung fachlich relevanter gesetzlicher Regelungen" einzusetzen. Auch im Hinblick auf Gleichbehandlung bleibt die aktuelle Fassung hinter der von 2007 zurück. Damals war noch detailliert aufgeführt worden, dass Gleichbehandlung der Nutzerinnen und Nutzer „unabhängig von ihrer Herkunft, ihrer Hautfarbe, ihrem Alter, ihrer sozialen Stellung, ihrer Religion, ihrem Geschlecht oder ihrer sexuellen Orientierung" zu erfolgen habe. Gegen diese Kritik mag eingewendet werden, der Begriff Gleichbehandlung sei schließlich eindeutig, doch trägt die detaillierte Auflistung insbesondere in Konfliktfällen zur Klärung bei und unterstützt Kolleginnen und Kollegen bei der ethischen Reflexion zusätzlich.

Massiv zu kritisieren ist jedoch, dass die Ethischen Grundsätze des Jahres 2017 den gleichen Geburtsfehler aufweisen wie das Vorgängerdokument: Die Adressaten, die auf der Grundlage der Berufsethik handeln sollen, sind an der Erarbeitung nicht beteiligt worden; zudem sind Maßnahmen zur Popularisierung bislang nicht erkennbar; auch die erneute Einsetzung einer Ethikkommission ist nicht vorgesehen. Obwohl die Neufassung gegenüber der Vorgängerfassung inhaltlich erkennbar verbessert ist, droht ihr das gleiche Schicksal: ignoriert zu werden und einflusslos zu bleiben.

Doch es gibt auch Entwicklungen, die positiv zu bewerten sind. So bemüht sich etwa die Zeitschrift „BuB" in regelmäßigen Abständen, ethische Themen aufzugreifen. Auch der dbv befasst sich gelegentlich aus aktuellem Anlass mit ethisch relevanten Fragestellungen; so wurde z. B. 2016 ein „Positionspapier zum bibliothekarischen Umgang mit umstrittenen Werken" verabschiedet, in dem ein klares Bekenntnis zur Meinungs- und Informationsfreiheit enthalten ist. Doch kann dies keineswegs systematische Maßnahmen ersetzen. Ein nachhaltiger bibliotheks- und informationsethischer Diskurs in Deutschland wird erst entstehen, wenn es wieder ein Gremium wie eine Ethikkommission gibt, das sich zur Aufgabe stellt, Schulungen zu organisieren, auf Konferenzen und durch Publikationen ethischen Fragestellungen in den Vordergrund zu rücken und als Beratungsinstanz in konkreten Konflikten und Dilemmata zur Verfügung zu stehen. Eine weitere dringende Aufgabe bestünde darin, die Erarbeitung einer bislang in Deutschland völlig fehlenden bibliothekarischen Institutionenethik anzustoßen und zu moderieren (vgl. Rösch 2017). Darin sollte auch ein besonders für deutsche Bibliotheken bedeutender Aspekt angesprochen werden: die Restitution von Raubgut. Während der Herrschaft des Nationalsozialismus haben Bibliotheken in großem Umfang Druckwerke erhalten, die ihren rechtmäßigen Besitzern aus Gründen rassischer oder politischer Verfolgung entzogen worden waren. Opfer des Raubs waren vor allem Juden und politisch Andersdenkende sowie Gewerkschaften, Parteien und Verbände, die der NS-Ideologie entgegenstanden. Während des Krieges kamen als Beutegut verschleppte Bibliotheken aus den besetzten Gebieten hinzu. Erst Ende der 1990er-Jahre haben deutsche Bibliotheken (wie im übrigen auch Museen und Archive) begonnen, der rechtlichen und ethischen Verpflichtung zur Rückgabe des Raubgutes an die rechtmäßigen Besitzerinnen und Besitzer zu entsprechen. Der dbv hat dazu eine Kommission Provenienzforschung und Provenienzerschließung eingerichtet, deren Ziel es ist, durch standardisierte Erfassung und kooperative Nutzung von Provenienzdaten die Suche nach NS-Raubgut in Bibliotheken zu fördern.

Neben der Wiedereinsetzung einer Ethikkommission wäre es notwendig, Bibliotheks- und Informationsethik, sofern noch nicht geschehen, in die Curricula der bibliothekarischen Studiengänge zu integrieren sowie Fort- und Weiterbildungsangebote zu ethischen Fragen anzubieten. Hilfreich wäre ferner, wenn sich die Berufsverbände bzw. der Dachverband stärker als bisher zu gesellschaftlichen Kontroversen und Konflikten äußerten, die bibliotheks- oder informationsethisch bedeutsam sind. Würde der Berufsstand von der Öffentlichkeit wahrgenommen werden als verlässlicher Anwalt von Meinungs- und Informationsfreiheit, als Garant für Datenschutz und Vertraulichkeit sowie als Anbieter weltanschaulich neutraler, professioneller und qualitätsorientierter Informationsdienstleistungen, trüge dies ohne Zweifel bei zu einer erheblichen Verbesserung seines öffentlichen Ansehens und außerdem zu einer Schärfung des beruflichen Selbstverständnisses.

4.2 Die Rechtsstellung der Bibliotheken

Von Eric W. Steinhauer

4.2.1 Bibliotheksrecht – ein Überblick

Die vielfältigen Beziehungen zwischen Bibliothek und Recht werden gemeinhin unter dem Begriff Bibliotheksrecht abgehandelt. Dabei lassen sich drei verschiedene Bedeutungsebenen unterscheiden. Zunächst kann man unter Bibliotheksrecht ein kleines Rechtsgebiet im Sinne einer juristischen Querschnittsmaterie verstehen, das sich mit explizit bibliotheksbezogenen Vorschriften beschäftigt. Sodann kann man unter den Begriff des Bibliotheksrechts alle diejenigen Bestimmungen und Rechtsgebiete fassen, die für die Arbeit und die Dienstleistungen von Bibliotheken erforderlich sind. Schließlich gibt es Bibliotheksrecht auch als Ausbildungsgegenstand mit dem Ziel, die für den bibliothekarischen Beruf wichtigen Rechtsthemen kennenzulernen.

Zum Bibliotheksrecht im engeren Sinn zählen zunächst die verschiedenen Bibliotheks- und die Pflichtexemplargesetze sowie die Benutzungsvorschriften und Bibliotheksordnungen einzelner Bibliotheken. Auch die Laufbahnbestimmungen der Bibliotheksbeamten sowie die bibliothekarischen Studien- und Prüfungsordnungen, die wichtige Aussagen über den Beruf und das berufliche Selbstverständnis enthalten, gehören hierher. Über diesen eigentlichen Bereich des Bibliotheksrechts hinaus sind insbesondere das Kaufrecht, das Urheberrecht und das Datenschutzrecht Rechtsgebiete, die in hohem Maße die alltägliche Arbeit von Bibliotheken prägen. Nicht minder wichtig sind zudem im Bereich der Finanzen das Haushaltsrecht, das Steuerrecht sowie Bestimmungen des Vergaberechts, wenn es um größere Anschaffungen geht. Fragen des Dienst- und Arbeitsrechts sind immer präsent, sobald eigenes Personal beschäftigt wird. Weiterhin können aber auch das Baurecht, das Strafrecht, das Telekommunikationsrecht, das Jugendschutzrecht oder das Denkmalschutzrecht von Bedeutung sein. Betrachtet man das Bibliotheksrecht als Ausbildungsgegenstand, so stehen traditionell drei Materien im Zentrum, nämlich das Erwerbungsrecht mit allen Rechtsproblemen rund um den Erwerb von Medien, das Benutzungsrecht mit seinen Schwerpunkten in den Störungen des Benutzungsverhältnisses sowie verstärkt durch die immer wichtiger werdende Digitalisierung das Urheberrecht. Künftig dürfte auch das Datenschutzrecht in der bibliothekarischen Ausbildung an Bedeutung gewinnen.

Nachfolgend sollen alle für die Praxis wesentlichen bibliotheksrechtlichen Fragestellungen und Probleme behandelt werden. Zunächst stehen Fragen des Organisationsrechts im Mittelpunkt. In diesem Abschnitt werden die besondere Stellung der Hochschulbibliotheken sowie die verschiedenen Bibliotheksgesetze vorgestellt. Die Benutzung analoger Medien ist das Thema des folgenden Abschnitts. Hier geht es zentral um das Benutzungsrecht in den Räumen der Bibliothek und um die Ausleihe von Medien. Daran schließen sich mit Schwerpunkten im Urheber- und Datenschutzrecht Rechtsfragen der digitalen Bibliotheksdienstleistungen an. Unter dem Stichwort des kulturellen Gedächtnisses werden das Pflichtexemplarrecht und die mit der dauerhaften Pflege von Kulturgütern zusammenhängenden Fragen erörtert. Es folgen ein Abschnitt zum Personalrecht sowie ein kurzer Überblick zu einigen bibliotheksrechtlichen Nebengebieten. Schließlich soll eine systematische Einordnung des Bibliotheksrechts im Kontext von Bildung, Wissenschaft und Kultur vorgenommen werden, die gleichzeitig auch Berührungspunkte zu benachbarten Rechtsgebieten aufzeigt.

4.2.2 Organisationsrecht

Die allermeisten öffentlich zugänglichen Bibliotheken in Deutschland werden von der öffentlichen Hand getragen. Von wenigen Ausnahmen abgesehen haben sie keine eigene Rechtspersönlichkeit, sondern sind Teil einer größeren Verwaltungseinheit. So gehören die Öffentlichen Bibliotheken in kommunaler Trägerschaft (▸ 5.3.5) zu einer kommunalen Gebietskörperschaft; die wissenschaftlichen Bibliotheken hingegen sind meist Betriebseinheiten einer Hochschule (▸ 5.3.3), darüber hinaus im Falle von Staats- und Landesbibliotheken (▸ 5.3.2) den Kultur- oder Wissenschaftsministerien der Länder untergeordnete Einrichtungen. Gemeinden und Hochschulen sind Selbstverwaltungskörperschaften. Als Folge ihrer Autonomie regeln sie im Rahmen der Gesetze ihre eigenen Angelegenheiten selbst. Zu diesen eigenen Angelegenheiten gehören im Allgemeinen auch Fragen der Bibliotheksbenutzung und der Bibliotheksverwaltung. Das bedeutet, dass die zahlenmäßig meisten bibliotheksrechtlichen Vorschriften kommunale oder Hochschulsatzungen in Form von Bibliotheksbenutzungsordnungen sind. Gerade im Hochschulbereich gibt es daneben noch weitere bibliotheksrechtliche Bestimmungen. In einer Bibliotheksordnung können die organisatorische Stellung der zentralen Hochschulbibliothek im Gefüge der Hochschule, ihr Verhältnis zu den Fakultäten, vor allem bei der Anschaffung neuer Literatur oder mit Blick auf Fachbereichs- oder Institutsbibliotheken, sowie Aufgabe und Zusammensetzung einer Bibliothekskommission oder dergleichen geregelt sein.

Bei Universitäten kommen Bibliotheken auch in den jeweiligen Promotionsordnungen vor, wenn es um die Veröffentlichung von Dissertationen und die Ablieferung von Pflichtstücken oder die Publikation auf dem hochschuleigenen Repositorium geht. Die genannten Ordnungen sind Satzungen. Sie werden von der Kommune oder der Hochschule im Rahmen ihrer Autonomie erlassen. Sie gelten grundsätzlich nur im eigenen Bereich. Für die Gemeinde ist das ihr Gemeindegebiet. Bei den Hochschulen jedoch sind grundsätzlich nur ihre Mitglieder durch diese Satzung verpflichtet. Soweit externe Nutzer zur Bibliotheksbenutzung zugelassen werden, was in Deutschland die Regel ist, muss daher sichergestellt werden, dass diese sich der Benutzungsordnung durch eine eindeutige Erklärung unterwerfen. Das ist vor allem für die Geltendmachung von Gebühren wichtig.

Die Selbstverwaltung von Gemeinden und Hochschulen besteht nur im Rahmen der Gesetze. Damit sind alle Parlamentsgesetze und die auf Grundlage dieser Gesetze von den Ministerien erlassenen Rechtsverordnungen, sowie das Verfassungsrecht mit seinen Grundrechten gemeint. Bibliotheksbezogene gesetzliche Vorschriften gibt es in Deutschland nur wenige. Für die Hochschulbibliotheken sind hier vor allem die Hochschulgesetze zu nennen. Diese Gesetze können zunächst einen so genannten Bibliotheksparagraphen enthalten. Dort finden sich Aussagen über die Aufgabe und die organisatorische Stellung der Hochschulbibliothek. Was hier im Hochschulgesetz vorgegeben ist, ist für den Satzungsgeber in der Hochschule selbst verbindlich. Wenn etwa das Hochschulgesetz vorschreibt, dass die Hochschulbibliothek für die öffentliche Informationsversorgung über die Hochschule hinaus zuständig ist, wäre eine lokale Benutzungsordnung daran gehindert, externe Nutzer von der Benutzung auszuschließen. In den aktuellen Hochschulgesetzen finden sich im Gegensatz zu den entsprechenden Gesetzen der 1970er- und 1980er-Jahre nur noch wenige und sehr allgemeine Vorgaben für die lokalen Hochschulbibliothekssysteme. War es ein wichtiges Anliegen der älteren Gesetze ineffiziente Parallelstrukturen von zentraler Hochschulbibliothek auf der einen und Instituts- bzw. Fakultätsbibliotheken auf der anderen Seite durch recht detaillierte Vorgaben aufzubrechen, so steht heute eher der Wille nach Deregulierung und größerer Autonomie auf der Hochschulebene im Vordergrund, was in manchen Hochschulgesetzen zum völligen Verschwinden bibliothekarischer Themen geführt hat. Werden Bibliotheken und ihre Dienstleistungen im Hochschulgesetz behandelt, so können neben einem eigenen Bibliotheksparagraphen auch eine Ermächtigungsgrundlage für den Erlass einer landeseinheitlichen Gebührenverordnung in Form einer Rechtsverordnung sowie Bestimmungen über bestimmte Bibliotheksaufgaben als den Hochschulen übertragene staatliche Aufgaben zu finden sein.

Grundsätzlich sind alle Hochschulaufgaben Selbstverwaltungsaufgaben. Die Hochschule erledigt sie im Rahmen ihrer Autonomie eigenständig. Hier hat das zuständige Ministerium nur die Rechtsaufsicht und kann daher nur bei Rechtsverstößen einschreiten. Allerdings kennen nahezu alle Hochschulgesetze so genannte staatliche Aufgaben, die die Hochschule im Auftrag und nach Weisung des Landes ausführt. Welche Aufgaben das sind, ist einer abschließenden Aufzählung in den Hochschulgesetzen zu entnehmen. Zu den staatlichen Aufgaben zählen in manchen Bundesländern neben der Berufsausbildung an den Hochschulen, was etwa für die Ausbildung des bibliothekarischen Nachwuchses relevant ist, auch überregionale Bibliotheksaufgaben. Bei staatlichen Aufgaben steht dem Ministerium nicht nur die Rechts-, sondern auch die Fachaufsicht zu. Sie wird vor allem durch Erlasse und andere Verwaltungsvorschriften ausgeübt. Hierher gehören nicht nur die in manchen Bundesländern noch existenten Aussonderungserlasse, die festlegen, wie mit vor Ort nicht mehr benötigter gedruckter Literatur zu verfahren ist, sondern auch die „Leihverkehrsordnung". Sie wird zwar in der Kultusministerkonferenz von allen Ländern gemeinsam beschlossen, jedoch erst durch einen entsprechenden Ministerialerlass auf Landesebene in Kraft gesetzt. Für die einzelne Bibliothek vor Ort erlangt die Leihverkehrsordnung wenn nicht schon über einen Ministerialerlass, so doch über den Verweis in der Benutzungsordnung rechtliche Verbindlichkeit.

Überregionale Bibliotheksaufgaben als staatliche Aufgaben in den Hochschulgesetzen waren vor allem zusammen mit der gemeinsamen Mitgliedschaft in einem Bibliotheksverbund lange Zeit eine wichtige organisationsrechtliche Bedingung für die Herausbildung überregionaler und kooperativer Strukturen im Bibliothekswesen (▶ 3.1.4). Mit der zunehmenden Deregulierung im Recht der Hochschulbibliotheken und der Stärkung der lokalen Autonomie ist die Übernahme überregionaler Aufgaben durch Hochschulbibliotheken nicht mehr in gleichem Maße selbstverständlich.

In diese organisationsrechtliche Lücke zielen die seit 2008 in mehreren Bundesländern verabschiedeten Bibliotheksgesetze. Ursprünglich wurden Bibliotheksgesetze als Fördergesetze für die Öffentlichen Bibliotheken in kommunaler Trägerschaft gefordert. Im Zentrum stand dabei immer die Einführung einer kommunalen Pflichtaufgabe, um eine flächendeckende Bibliotheksversorgung zu gewährleisten. Da aber aus finanzverfassungsrechtlichen Gründen eine solche Pflichtaufgabe die vollständige Finanzierung aller Öffentlichen Bibliotheken nicht mehr durch die Kommunen, sondern durch das Land zur Folge gehabt hätte, konnten sich solche Bibliotheksgesetze politisch nicht durchsetzen. Es darf auch die Wirksamkeit dieses Ansatzes mit guten Gründen bezweifelt werden. Allein schon wegen der finanziellen Auswirkungen dürfte die Pflichtaufgabe sich im Ergebnis erst auf Kommunen ab einer mittleren Größe beziehen, so dass Bibliotheken in kleineren Gemeinden gerade in den großen Flächenländern als dann gesetzlich festgestellter „Luxus" in ihrem Bestand massiv gefährdet wären. Die in Deutschland zuerst in Thüringen, dann in Sachsen-Anhalt, Hessen, Rheinland-Pfalz und Schleswig-Holstein bisher verabschiedeten Bibliotheksgesetze haben nicht zuletzt aus finanziellen Erwägungen das Thema Pflichtaufgabe nicht aufgenommen. Sie verfolgen zunächst alle den Ansatz, das Bibliothekswesen eines Bundeslandes als kooperative und vernetzte Einheit zur Informationsversorgung der Bevölkerung und zur Pflege des kulturellen Gedächtnisses zu verstehen. Da nahezu alle Bibliotheken zu Selbstverwaltungskörperschaften gehören, ist dies bereits eine wegweisende Strukturentscheidung.

Darüber hinaus werden insbesondere die Öffentlichen Bibliotheken auch als kulturelle Begegnungsorte und Bildungseinrichtungen mit dem Auftrag der Vermittlung von Medien- und Informationskompetenz anerkannt. Neben diesen mehr politischen Aussagen, die wegen des Vorrangs eines Parlamentsgesetzes gegenüber den Bibliothekssatzungen der Selbstverwaltungseinrichtungen für alle Bibliotheken in einem Bundesland zwar unmittelbar gelten, enthalten die Bibliotheksgesetze aber auch im engeren Sinne juristische Bestimmungen. Dabei geht es um Bibliotheksgebühren, die in Form von Eintrittsgeldern untersagt werden, um Datenschutz bei der Sammlung von Nachlässen und bei der Katalogisierung oder um kostenfrei abzuliefernde Belegexemplare von Werken, die unter wesentlicher Nutzung von Sonderbeständen erarbeitet wurden. Gerade die in der Praxis eher unbedeutende Belegexemplarregelung ist ein gutes Beispiel, für die juristische Notwendigkeit von Bibliotheksgesetzen. Die Forderung eines unberechneten Belegstücks ist traditionell in den Benutzungsordnungen zu finden. Das Belegexemplar von Publikationen, die die Sonderbestände wie Handschriften und Nachlässe einer Bibliothek betreffen, dient der Dokumentation der laufenden Forschung, dem Schutz der Bestände durch die Vermeidung ihrer Vorlage in einem Sonderlesesaal, wenn eine bestimmte Fragestellung in der Literatur bereits beantwortet wurde, der Kompensation des bei Sonderbeständen regelmäßig höheren Betreuungsaufwandes durch das bibliothekarische Personal sowie gerade bei Nachlassen der Überprüfung datenschutzrechtlicher Auflagen. Alle diese Gründe rechtfertigen in der Sache die Forderung nach einem kostenfreien Belegexemplar. Allerdings greift die Ablieferungspflicht auch in das Grundrecht auf Eigentum ein und bedarf daher aus formalen Gründen zu ihrer Wirksamkeit zwingend einer parlamentsgesetzlichen Grundlage. Für die Archive, die ebenfalls eine Belegexemplarpflicht kennen, findet sie sich regelmäßig in den Archivgesetzen. Für die Bibliotheken fehlte bislang eine solche Bestimmung. Sie ist gewissermaßen der juristisch-konstruktive archimedische Punkt, aus dem sich die Notwendigkeit einer Gesetzgebung ergibt.

Diesen Ansatz haben die Länder Hessen, Rheinland-Pfalz und Schleswig-Holstein insoweit vertieft, als sie auch die Pflichtexemplarbestimmungen in ihre Bibliotheksgesetze aufgenommen haben. Während die juristische Qualität der Bibliotheksgesetze von einem eher planerischen Ansatz in Thüringen zu einem Gesetz mit Pflichtexemplarrecht, bei dem auch Bußgelder verhängt werden können, zugenommen hat, wurde bei der Frage einer verbindlichen Bibliotheksförderung auf gesetzlicher Grundlage, abgesehen von der gesetzlichen Festschreibung der Fachstellenarbeit für das Öffentliche Bibliothekswesen, bisher wenig erreicht. Ein fachlich voll zufriedenstellendes Bibliotheksgesetz aber sollte neben planerischen und juristisch notwendigen Inhalten auch belastbare Förderstrukturen enthalten. Hier liegt immer noch eine bibliothekspolitische Herausforderung für die nächsten Jahre.

Allen Bibliotheksgesetzen gemeinsam ist der wenigstens appellative Bezug zum Grundrecht auf Informationsfreiheit. Dieses Recht, sich aus allgemein zugänglichen Quellen ungehindert zu unterrichten, ist wie auch das Grundrecht der Wissenschaftsfreiheit für das Selbstverständnis der Bibliotheken von großer Bedeutung. Als Grundrechte stehen diese Normen an der Spitze der Normenhierarchie und gehen allen gesetzlichen Bestimmungen in Geltung und Durchsetzbarkeit vor. Allerdings bedeutet das nicht, dass Grundrechte im bibliotheksrechtlichen Alltag unmittelbar zur Anwendung kommen. Grundrechte sind zunächst Abwehrrechte des Einzelnen gegen staatliche Maßnahmen, wozu auch Vorgaben und Anordnungen von Bibliotheken gehören können. Als Abwehrrechte gelten sie nicht absolut. Verhältnismäßige Eingriffe auf Grundlage von gesetzlichen Bestimmungen sind insbesondere zur Gewährleistung der Grundrechte Dritter oder anderer Güter von Verfassungsrecht zulässig. So greift die Rückgabeaufforderung für ein vorgemerktes Buch nach Maßgabe der Benutzungsordnung zwar in das Grundrecht auf Wissenschaftsfreiheit des aktuellen Entleihers ein, stellt es jedoch zugleich einer anderen Leserin zur Verfügung und ermöglicht ihr damit, ihrerseits das Grundrecht auf Wissenschaftsfreiheit auszuüben. Neben die Abwehrfunktion von Grundrechten tritt ihre Bedeutung als Wertentscheidung der Verfassung, dass die durch sie geschützte Freiheit wertvoll und von allen staatlichen Gewalten zu fördern ist. Hieraus ergibt sich zum einen das Gebot einer grundrechtsfreundlichen Gesetzesanwendung und Gesetzgebung.

Vor allem im Bereich urheberrechtlicher Schrankenbestimmungen spielt diese Grundrechtsfunktion eine wichtige Rolle. Die Verwirklichung und Ermöglichung von Wissenschaftsfreiheit ist ein häufig wiederkehrendes Argument im Rahmen von Gesetzgebungsverfahren, um für liberale Schrankenbestimmungen zugunsten von Bildung und Wissenschaft zu werben. Im Vergleich zur Abwehrfunktion und der Bedeutung als Wertentscheidung der Verfassung wenig ausgeprägt ist der Leistungsaspekt von Grundrechten. Da Grundrechte unmittelbar geltendes Recht sind, wäre es für das Budgetrecht des Parlaments als dem wichtigsten demokratisch legitimierten Verfassungsorgan fatal, wenn Gerichte direkt aus Grundrechten konkrete finanzwirksame Leistungen ableiten könnten. Daher ist die Leistungskomponente von Grundrechten eher abstrakt zu verstehen und bedarf einer gesetzlichen Konkretisierung etwa in Form von Bibliotheksgesetzen. Ein seltenes Beispiel für eine konkrete Fördergesetzgebung im Bibliotheksbereich stellt das „Finanzausgleichsgesetz Schleswig-Holstein" dar. Neben den Grundrechten kennen manchen Landesverfassungen so genannte Staatszielbestimmungen, die etwa die Förderung des (Volks)Büchereiwesens, der Weiterbildung oder ganz allgemein der Kultur allen Staatsgewalten verbindlich vorschreiben. Solche Staatszielbestimmungen sind Programmsätze mit geringer normativer Kraft. Sie sind nicht einklagbar und bedürften, um Leistungsansprüche auszulösen einer gesetzlichen Konkretisierung. Soweit Bibliotheken in diesen Staatszielbestimmungen adressiert werden, geht es stets um das Öffentliche Bibliothekswesen.

Zu Beginn dieses Abschnittes wurde festgestellt, dass sich die meisten Bibliotheken in Trägerschaft der öffentlichen Hand befinden. Daneben sind die beiden großen Kirchen wichtige Bibliotheksträger gerade im ländlichen Raum. Selbstverständlich gibt es auch öffentlich zugängliche Bibliotheken in privater Trägerschaft. Was die Bibliotheken der öffentlichen Hand betrifft, so weisen sie als unselbstständige Teile von Selbstverwaltungskörperschaften wie Hochschulen oder Kommunen keine eigene Rechtspersönlichkeit auf. Hier gibt es aber gerade im Bereich der großen, für die überregionale Literaturversorgung wichtigen Bibliotheken weitere Organisationsformen, auf die kurz hingewiesen sei. Landes- und Regionalbibliotheken in Trägerschaft eines Bundeslandes sind in der Regel nichtrechtsfähige Anstalten im nachgeordneten Bereich des für Kultur bzw. Wissenschaft zuständigen Ministeriums. Im Gegensatz dazu ist die *Deutsche Nationalbibliothek* gesetzlich als rechtsfähige Anstalt errichtet worden. Daneben sind einige Bibliotheken wie die *ZLB Berlin* oder die *TIB Hannover* auch als rechtsfähige Stiftungen organisiert. Bibliotheken mit eigener Rechtspersönlichkeit werden in der Regel durch ein eigenes Errichtungs- und Organisationsgesetz kreiert.

4.2.3 Die analoge Bibliothek

Das Benutzungsrecht gehört zu den klassischen Materien des Bibliotheksrechts. Systematisch ist es dem Verwaltungsrecht und dort dem Anstaltsrecht bzw. dem Recht der öffentlichen Sachen zuzurechnen. Inhaltlich geht es im Benutzungsrecht um die Rechtsfragen, die sich bei der Nutzung der analogen Bestände sowie dem Aufenthalt in den öffentlich zugänglichen Räumlichkeiten einer Bibliothek stellen. Rechtsgrundlage für das Benutzungsrecht ist die Benutzungsordnung. Ist das Benutzungsverhältnis öffentlich-rechtlich ausgestaltet, was bei den wissenschaftlichen Bibliotheken die Regel ist, ist die zentrale rechtliche Handlungsform der Bibliothek der Verwaltungsakt. Darunter versteht man eine regelnde Einzelmaßnahme auf dem Gebiet des öffentlichen Rechts, die eine Außenwirkung hat, sich also nicht lediglich auf Bibliotheksmitarbeiter in ihrer Eigenschaft als Mitarbeiter bezieht. Verwaltungsakte sind die Zulassung zur Benutzung, die im Falle der bloßen Präsenznutzung auch durch schlüssiges Verhalten des Bibliothekspersonals oder direkt durch eine Regelung in der Benutzungsordnung selbst erfolgen kann, die Ausleihe, wobei die Festsetzung der Leihfrist die für den Verwaltungsakt notwendige Regelung darstellt, der Ausschluss von der Benutzung in seinen unterschiedlichen Formen, die Mahnung bei verspäteter Buchrückgabe sowie die Festsetzung von Gebühren.

Bei der Zulassung zur Benutzung wird gemeinhin zwischen einer allgemeinen und einer förmlichen Zulassung mit Einrichtung eines Nutzerkontos unterschieden. Die förmliche Zulassung ist Voraussetzung für das Entleihen von Medien, die Nutzung der Fernleihe (▶ 8.4.3) und unter Umständen auch für den Zugang zu bestimmten digitalen Ressourcen. In der Praxis stellt sich bei der förmlichen Zulassung die Frage, inwieweit minderjährige Nutzer zugelassen werden können. Da wegen der damit verbundenen Haftung für entliehene Medien die Eröffnung eines Nutzerkontos nicht lediglich rechtlich vorteilhaft ist, ist bei Minderjährigen grundsätzlich die Zustimmung einer erziehungsberechtigten Person für eine wirksame Anmeldung erforderlich. Richtet sich das Benutzungsverhältnis aber nach öffentlichem Recht, so kann in der Benutzungsordnung auch festgelegt werden, dass eine eigenständige Anmeldung bereits ab dem 16. Lebensjahr erfolgen kann. Da Bibliotheken der Ausübung der Grundrechte der Informations- und der Wissenschaftsfreiheit dienen und diese Grundrechte auch schon vor dem 18. Lebensjahr in Anspruch genommen werden können, stellt ein herabgesetztes Anmeldealter eine sachgerechte Angleichung an die Grundrechtsmündigkeit bezüglich der genannten Grundrechte dar. Unabhängig von einer solchen Regelung ist bei eingeschriebenen minderjährigen Studierenden die Einrichtung eines Nutzerkontos in der eigenen Hochschulbibliothek von dem für die Immatrikulation erforderlichen Einverständnis der Erziehungsberechtigten gedeckt.

Die Ausleihe stellt mit ihrer Fristsetzung einen Verwaltungsakt dar. Will die Bibliothek aus dienstlichen Gründen die Leihfrist nachträglich verkürzen, so stellt dies einen Widerruf dar, der in der Benutzungsordnung regelmäßig vorgesehen und damit rechtlich problemlos möglich ist. Wird ein Buch über die gewährte Leihfrist hinaus genutzt, so ist für diese überfristige Nutzung eine Gebühr zu entrichten. Hierbei ist zwischen Mahn- und Säumnisgebühren zu unterscheiden. Mahngebühren sind Verwaltungsgebühren, die für den Mahnvorgang als Verwaltungshandlung erhoben werden. Sie fallen erst mit der Erstellung des Mahnschreibens an. Daher kann eine Bibliothek nach Ablauf der Leihfrist noch eine Kulanzfrist gewähren, bevor sie eine Mahnung erstellt und den säumigen Nutzer mit Gebühren belastet. Demgegenüber stellt eine Säumnisgebühr eine Benutzungsgebühr für die überfristige Mediennutzung dar. Sie wird sogleich nach Fristablauf fällig. Es ist hier kein weiteres Tätigwerden der Bibliothek notwendig, noch eine Kulanzfrist möglich. Welchen Weg der Sanktionierung für die Leihfristüberschreitung eine Bibliothek wählt, hängt auch von rechtlichen Vorgaben ab. Wo eine landeseinheitliche Regelung der Bibliotheksgebühren in Form einer Rechtsverordnung besteht, muss ausgehend vom Grundsatz von Vorrang des Gesetzes auf lokaler Ebene die dort vorgesehene Gebührenart angewendet werden. Ansonsten empfiehlt es sich, aus Gründen der Verwaltungsökonomie, die Säumnisgebühr zu wählen. Möchte eine Bibliothek trotz fehlender Kulanzmöglichkeiten kundenfreundlich sein, ist es ihr unbenommen, ihre Nutzer rechtzeitig per Mail über den bevorstehenden Ablauf der Leihfrist zu informieren.

In den Fällen, in denen Nutzer ein Buch trotz mehrfacher Mahnung oder Verwirkung mehrerer Säumnisgebühren nicht zurückbringen oder wenn sie ein Buch unauffindbar verlieren oder es beschädigen, stellt sich die Frage des Schadensersatzes. Der Schadensersatz zielt grundsätzlich auf Naturalrestitution: Der Nutzer hat den Zustand herzustellen, der bestehen würde, wenn der zum Schaden führende Umstand nicht eingetreten wäre. Hat er etwa ein gebrauchtes Buch aus einer Lehrbuchsammlung in einer Vorauflage verloren, so schuldet er genau so ein Buch und darf nicht verpflichtet werden, eine verlagsfrische Neuauflage zu ersetzen. So klar dieser Grundsatz im Einzelfall ist, so stellen sich bei der Berechnung und der Geltendmachung von Schadensersatz meist mehrere Fragen. Sie lassen sich anschaulich in drei Nutzerreaktionen zusammenfassen: „Das war schon so! Da kann ich nichts für! Soviel will ich nicht zahlen!" Juristisch gesprochen geht es hier um Beweislast, Verschulden und Schadenshöhe. Zu allen drei Fragen finden sich richtigerweise, denn es geht um Haftungsfragen, die belastend für die Nutzer sind, meist Aussagen in der Benutzungsordnung.

Die Frage der Beweislast und des Verschuldens wird in älteren Benutzungsordnungen sowie in der überkommenen Bibliotheksrechtslehre regelmäßig zugunsten der Bibliothek gelöst. So wird vermutet, dass die Nutzer Medien unbeschädigt ausgehändigt bekommen. Es ist dann Sache des Nutzers, ein Buch unmittelbar bei der Ausleihe auf Schäden zu prüfen und diese sogleich zu melden. Erfolgt dies nicht, so werden ihm alle bei der Rückgabe festgestellten Mängel zugerechnet. Diese pauschale Beweislastumkehr wird rechtlich nicht zu halten sein. Tatsächlich wird man nur solche Beschädigungen dem Nutzer zurechnen können, die offensichtlich sind, und auch nur dann, wenn in der Bibliothek die allgemeine Übung herrscht, solche Schäden regelmäßig im Lokaldatensatz zu dokumentieren, so dass ausgeschlossen werden kann, dass ein Buch im fraglichen Zustand dem Nutzer ausgehändigt worden ist. Nur in einem solchen Fall kann der Schaden einem konkreten Ausleihvorgang zugrechnet werden. Von der Frage, ob der Schaden am Buch bereits vorhanden war oder erst nach der Ausleihe eingetreten ist, ist die Frage nach der Verantwortung für diesen Schaden zu trennen. Die traditionelle bibliotheksrechtliche Lehre, der nicht wenige Benutzungsordnungen immer noch folgen, nimmt eine verschuldensunabhängige Haftung des Nutzers an. Da der Schaden am Leihgut im Rahmen der von ihm veranlassten Ausleihe eingetreten sei und er überdies einen finanziellen Vorteil von der in der Regel kostenfreie Ausleihe habe, die ihm den eigenen Erwerb teurer Fachliteratur erspare, sei es gerechtfertigt, dass Schäden an ausgeliehenen Medien in jedem Fall vom Nutzer zu tragen seien. Das Schadensersatzrecht freilich kennt eine solche verschuldensunabhängige Haftung nur ausnahmsweise. Man muss nämlich nur für Vorsatz, also eine willentlich herbeigeführte Schädigung, und für Fahrlässigkeit, also eine zurechenbare Sorglosigkeit, einstehen. Eine schärfere Haftung muss individuell vereinbart werden oder findet sich ausnahmsweise im Gesetz, etwa wenn sich der Nutzer mit der Rückgabe des Buches im Verzug befindet. In diesem Fall sieht das bürgerliche Recht eine verschuldensunabhängige Zufallshaftung vor. Diese Grundsätze sind auch für das Benutzungsrecht verbindlich. Von daher kann eine Benutzungsordnung eine verschuldensunabhängige Haftung wirksam nur nach Ablauf der Leihfrist vorsehen.

In der Praxis freilich ist die Frage, ob es auf das Verschulden des Nutzers ankommt oder nicht, kaum relevant. Das liegt an der Beweislast. Die Bibliothek muss nur das Vorliegen eines Schadens während der Entleihung nachweisen. Der Nutzer hingegen muss beweisen, dass er diesen Schaden nicht (!) zu vertreten hat. Da der Schaden in der Sphäre des Nutzers eingetreten ist, wird ihm ein solcher Beweis nur in Ausnahmefällen gelingen. Von daher kommen die Konzepte der verschuldensunabhängige Haftung und der Verschuldenshaftung unter Anwendung der Beweislastregel in der Regel zu gleichen Ergebnissen.

Hingewiesen sei noch auf einen Sonderfall: Beamte und Mitarbeiter des öffentlichen Dienstes haben im Rahmen ihrer Dienstaufgaben nur für Vorsatz und grobe Fahrlässigkeit einzustehen. Das bedeutet, dass eine Bibliothek für Schäden im Rahmen dienstlich veranlasster Ausleihen bei bloßer Unachtsamkeit keinen Schadensersatz fordern darf. Durch dieses Haftungsprivileg soll gewährleistet werden, dass übertriebene Sorgfaltsvorkehrungen die Ausübung der Dienstgeschäfte nicht behindern.

Sind Schaden und Verschulden festgestellt, ist der zu leistende Schadensersatz festzusetzen. Ausgehend von dem schon erwähnten Grundsatz der Naturalrestitution sind hier alle für den Bestand und die Benutzung der Bibliothek relevanten Aspekte zu berücksichtigen. Kommt es etwa für eine Pflichtexemplarbibliothek darauf an, eine Originalausgabe eines vergriffenen Werkes wieder im Bestand zu haben, so dass eine deutlich über dem Kaufpreis liegende Beschaffung im Antiquariatsbuchhandel zu ersetzen ist, wird eine Gebrauchsbibliothek auch mit einer deutlich preiswerteren Reproduktion zufrieden sein. Ein nahezu verschlissenes Staffelexemplar einer kaum noch genutzten Vorauflage ist nicht zu ersetzen, wenn die Bibliothek das Buch ohnehin alsbald ausgesondert hätte. Normalerweise ist im Fall eines irreparablen Schadens eine Schadensberechnung in Höhe der Kosten der Neubeschaffung des betreffenden Buches vorzunehmen. Denkbar ist auch, dass die Bibliothek auf die Wiederbeschaffung des Werkes verzichtet und stattdessen dem Nutzer die Beschaffung eines preislich gleichwertigen Exemplars aufgibt. Dieses Vorgehen bietet sich in den Fällen an, in denen Schadensersatzleistungen nicht dem Erwerbungsetat der Bibliothek zugutekommen. Wenn die örtliche Gebührenordnung dies vorsieht, können zusätzlich Wiederbeschaffungs- und Einarbeitungsgebühren erhoben werden. Die Festsetzung des im konkreten Einzelfall zu fordernden Schadensersatzes ist keine exakte mathematische Berechnung, sondern eine von unterschiedlichen Wertungen und Interessen geleitete Ermessensentscheidung. Hier ist wichtig, dass die Bibliothek sich stets von Sachgründen leiten lässt und die geforderte Ersatzleistung mit Blick auf den tatsächlichen Schaden verhältnismäßig ist. In keinem Fall darf sich eine Bibliothek auf Kosten des Nutzers bereichern. Der Schadensersatz ist keine Strafe für das Fehlverhalten von Nutzern, sondern nur ein schlichter Ausgleich für einen erlittenen Vermögensverlust.

Nicht nur bei der Schadensersatzberechnung, auch bei der förmlichen Sanktionierung störender Nutzer müssen Bibliotheken Ermessensentscheidungen treffen. Grundlage für Ordnungsmaßnahmen im Benutzungsbereich ist zunächst das aus der Anstaltsgewalt abgeleitete Hausrecht, das den aufsichtsführenden Bibliotheksmitarbeitern die Befugnis gibt, störende Nutzer zur Ordnung zu rufen und nötigenfalls auch des Hauses zu verweisen. Folgen Nutzer dieser Aufforderung nicht, machen sie sich wegen Hausfriedensbruchs strafbar. Maßnahmen auf Grundlage des Hausrechts sind kurzfristiger Natur. Soll ein Nutzer für eine längere Zeit von der Nutzung der Bibliothek ganz oder teilweise ausgeschlossen werden, erfolgt dies in einem förmlicheren Verfahren, bei dem der betroffene Nutzer anzuhören ist. Welche Maßnahme eine Bibliothek bei einem störenden Nutzer ergreift, hängt von seinem Verhalten, aber auch von der Eingriffsintensität der Maßnahme ab. Die Benutzungsordnung kann hier nur sehr allgemeine Vorgaben machen in dem Sinne, dass ein teilweiser oder vollständiger Benutzungsausschluss auf Zeit oder dauerhaft ausgesprochen werden kann. Welche Maßnahme konkret ergriffen wird, steht im Ermessen der Bibliothek.

Das Ermessen ist hier ein Zweifaches. Zunächst steht es der Bibliothek frei, ob sie überhaupt auf eine Störung oder einen Verstoß gegen die Benutzungsordnung reagiert. So kann es im Einzelfall unangebracht sein, strenge Ordnungsmaßnahmen in einer praktisch leeren Hochschulbibliothek während der vorlesungsfreien Zeit durchzusetzen. Soll aber eine Ordnungsmaßnahme ausgesprochen werden, muss die Bibliothek, um rechtmäßig zu handeln, eine verhältnismäßige Maßnahme auswählen. Eine solche Maßnahme liegt vor, wenn sie geeignet ist, das angestrebte Ziel zu erreichen, wenn sie erforderlich ist, also kein milderes Mittel zur Zielerreichung existiert, und wenn sie angemessen ist, also mit Blick auf den verfolgten Zweck der Maßnahme eine verhältnismäßige Grundrechtsbeeinträchtigung darstellt. Dabei gibt es im Ergebnis eine Spannbreite von rechtmäßigen Entscheidungen. Nur im Ausnahmefall reduziert sich das Ermessen auf null, so dass es nur eine einzige richtige Maßnahme gibt.

Ein Beispiel soll die Kriterien für eine verhältnismäßige und damit rechtmäßige Ermessensentscheidung illustrieren. Angenommen, eine Studentin verliert immer Bücher, wenn sie eine größere Anzahl Titel entliehen hat. Zwar begleicht sie den entstandenen Schaden jedesmal, jedoch möchte die Bibliothek in Zukunft solche arbeitsintensiven Verlustfälle vermeiden. Eine geeignete Maßnahme wäre, die Studentin vollkommen des Hauses zu verweisen. Allerdings geht es hier nur um Ausleihen, so dass als milderes Mittel nur ein Ausschluss von der Ausleihe erforderlich ist. Da die Studentin aber ihr Studium abschließen möchte, sind ihre Grundrechte auf Berufsfreiheit und Wissenschaftsfreiheit durch diese Maßnahme empfindlich betroffen. Ein vollständiger Ausschluss von der Ausleihe wäre daher unangemessen. Da die Studentin nur Bücher verliert, wenn sie eine hohe Anzahl von Ausleihen auf ihrem Konto hat, wäre die angemessene Maßnahme, die Zahl der zulässigen Ausleihen bei dieser Studentin zu reduzieren. Mit Blick auf die Erfordernisse des Studiums wäre hier eine Grenze zwischen fünf und vielleicht neun Exemplaren verhältnismäßig. Wie sich die Bibliothek entscheidet, liegt in ihrem Ermessen. Da sie aber die Rechte der Studentin in vertretbarer Weise berücksichtigt hat, ist jede Entscheidung innerhalb dieses Entscheidungsspielraums verhältnismäßig und daher rechtlich nicht zu beanstanden.

Ordnungsmaßnahmen der Bibliothek wegen unerwünschten und störenden Verhaltens zielen auf einzelne Nutzer ab. Sie sind zudem reaktiv. Das Benutzungsrecht kennt aber auch präventive Maßnahmen, die sich an eine Vielzahl von Adressaten richten. Gemeint sind Ausführungsbestimmungen, besondere Benutzungsregelungen und Aushänge aller Art. Sie werden von der Direktion erlassen. Rechtlich stellen diese Bestimmungen, sofern sie einen Regelungscharakter haben, eine besondere Form des Verwaltungsaktes, nämlich eine Allgemeinverfügung dar. Sie haben ihren Grund im Hausrecht bzw. in der Anstaltsgewalt der Bibliothek, werden aber als Handlungsform meist auch explizit in der Benutzungsordnung erwähnt.

Bislang wurde bei den Benutzungsbestimmungen von dem in der Praxis wohl häufigsten Fall einer öffentlich-rechtlichen Ausgestaltung des Benutzungsverhältnisses und der Regelung der Benutzungsordnung in Form einer öffentlich-rechtlichen Satzung ausgegangen. Von diesem Grundsatz gibt es verschiedene Ausnahmen. Bibliotheken in privater Trägerschaft regeln Benutzung ausschließlich auf der Grundlage des Privatrechts. An die Stelle von Verwaltungsakten und Benutzungsordnung treten dann Verträge und Allgemeine Geschäftsbedingungen. Das gilt auch für kommunale Bibliotheken, die das Benutzungsverhältnis ebenfalls privatrechtlich ausgestalten können. Allerdings ist hier die Besonderheit zu beachten, dass die Frage ob eine Person zur Benutzung der Bibliothek zugelassen wird, sich stets nach öffentlichem Recht richtet und durch Verwaltungsakt entschieden wird. Das eigentliche Benutzungsverhältnis wird aber dann durch einen privatrechtlichen Vertrag begründet und vollständig privatrechtlich abgewickelt.

Eine weitere Besonderheit bei öffentlich-rechtlich geführten Bibliotheken stellen Benutzungsordnungen dar, die mangels Selbstverwaltungsautonomie des Trägers oder aus anderen Gründen keine Satzungen sind. Hier kommt als Normtyp zunächst die auf Grundlage eines Gesetzes erlassene Rechtsverordnung in Betracht, die im Falle der „Allgemeinen Benützungsordnung der Bayerischen Staatlichen Bibliotheken" (ABOB) vom 18. August 1993 sogar landesweit für alle wissenschaftlichen und staatlichen Bibliotheken gilt. Daneben haben nichtrechtsfähige Landesbibliotheken Benutzungsbestimmungen, die verwaltungsrechtlich als Sonderverordnung oder auch als bloße Allgemeinverfügungen angesehen werden. Ob diese Art der Benutzungsbestimmung einen für Eingriffe in Rechtspositionen von Nutzern ausreichenden Gesetzescharakter hat, darf bezweifelt werden. Vorzugswürdig wäre in diesen Fällen meist eine Regelung durch eine Rechtsverordnung.

4.2.4 Die digitale Bibliothek

Bibliotheken bieten neben gedruckten Büchern und attraktiven Räumlichkeiten, in denen gelesen und gearbeitet werden kann (▶ 8.4.4), auch digitale Inhalte an. Tatsächlich entfällt jedenfalls in den wissenschaftlichen Bibliotheken sogar der Löwenanteil der Erwerbungsmittel auf rein digital verfügbare Produkte. Zugleich sind Bibliotheken sehr engagiert bei der retrospektiven Digitalisierung ihrer Bestände sowie bei der Förderung im Sinne von Open Access frei zugänglicher Publikation im Internet. Die zunehmende Verlagerung des aktuellen Informationsangebots von Bibliotheken auf digitale Formate zeigt sich auch in einer Akzentverschiebung im Bibliotheksrecht. Standen früher Rechtsfragen rund um die Benutzung im Vordergrund, so steht heute das Urheberrecht im Zentrum des Interesses. Diese Akzentverschiebung hängt eng zusammen mit dem Verschwinden körperlicher Werkstücke, die früher der einzige Bibliotheksbestand waren.

Sobald ein Mensch eine eigenschöpferische und kreative Leistung sinnlich wahrnehmbar verkörpert, steht ihm unverlierbar für den Rest seines Lebens das Urheberrecht an dem von ihm geschaffenen Werk zu. Das Urheberrecht ist vererblich und endet 70 Jahre nach dem Tod des Urhebers. Danach ist das Werk gemeinfrei und kann von jedem ohne Einschränkung genutzt werden. Das Urheberrecht beinhaltet neben dem Urheberpersönlichkeitsrecht, das Schutz vor Entstellungen des Werkes sowie einen Anspruch auf Namensnennung des jeweiligen Schöpfers bietet, vor allem das Verwertungsrecht. Durch das Verwertungsrecht kann der Urheber bestimmen, wie sein Werk genutzt und in der Öffentlichkeit wahrgenommen und verbreitet wird. Insoweit kann der Urheber die Nutzung seines Werkes gleichsam kontrollieren. Das Urheberrechtsgesetz unterscheidet hier zwischen körperlichen und unkörperlichen Verwertungsrechten. Für Bibliotheken besonders wichtig sind dabei das Vervielfältigungs- und das Verbreitungsrecht als körperliche Verwertungsrechte und das Recht der öffentlichen Wiedergabe, worin als öffentliche Zugänglichmachung auch die Internetnutzung mitinbegriffen ist, als unkörperliches Verwertungsrecht. Das Vervielfältigungsrecht wird immer dann berührt, wenn Kopien bzw. Digitalisate erstellt werden. Das Verbreitungsrecht bezieht sich auf die Zirkulation eines Werkstückes in der Öffentlichkeit. Das Recht der öffentlichen Wiedergabe ist immer dann betroffen, wenn ein Werk unkörperlich einer Öffentlichkeit zur Kenntnis gegeben wird. Geschieht dies in einer Weise, dass Mitglieder der Öffentlichkeit ein Werk an Orten und zu Zeiten ihrer Wahl zur Kenntnis nehmen können, wie das typischerweise im Internet der Fall ist, so ist das Recht auf öffentliche Zugänglichmachung als Unterfall des Rechts auf öffentliche Wiedergabe einschlägig.

Eingriffe in die genannten Verwertungsrechte sind grundsätzlich nur unter zwei Voraussetzungen möglich, nämlich durch eine Gestattung des Urhebers oder durch eine gesetzliche Schrankenbestimmung. Eine Gestattung liegt vor allem bei der Einräumung von Nutzungsrechten vor.

Diese Rechte werden oft auch Lizenzen genannt. Sie kommen in der Bibliothek vor allem beim Erwerb elektronischer Ressourcen sowie beim Open-Access-Publizieren vor. Geht es jedoch um die unkomplizierte Nutzung einer Vielzahl urheberrechtlich geschützter Ressourcen, sind gesetzliche Schrankenbestimmungen unverzichtbar. Hier geht es vor allem um die Digitalisierung bzw. Reproduktion von Bibliotheksbeständen oder um den Kopienversand im Rahmen von Fernleihe und Dokumentlieferung. Die für die Bibliotheksarbeit für lange Zeit wohl wichtigste urheberrechtliche Regelung ist der so genannte Erschöpfungsgrundsatz. Er besagt, dass sich bei einem einzelnen Werkstück, das rechtmäßig erworben wird, das Verbreitungsrecht erschöpft oder endet. Das hat zur Folge, dass der Urheber keinerlei Kontrolle mehr über die weitere Verbreitung dieses konkreten Werkstücks hat. Es kann jetzt verliehen, verschenkt, verkauft oder auch vernichtet werden. Allein die Gebrauchsüberlassung gegen Geld, also die Vermietung, ist noch dem Urheber vorbehalten. Die klassische analoge Bibliothek operierte im Wesentlichen auf der Grundlage des Erschöpfungsgrundsatzes. Nach dem Erwerb von Büchern und anderen körperlichen Medien wurden diese in den Räumen der Bibliothek zur Benutzung angeboten. Die Grundlage hierfür war das Sacheigentum an den erworbenen Werkstücken. Wegen des Erschöpfungsgrundsatzes war das Urheberrecht nicht tangiert. Zwar muss von den Unterhaltsträgern der Bibliotheken eine Bibliothekstantieme als Kompensation für entgangene Verkäufe an eine Verwertungsgesellschaft gezahlt werden. Das war jedoch zunächst eine rein kulturpolitisch motivierte Maßnahme, die später freilich europarechtlich untersetzt wurde. Für die Nutzung der körperlichen Medien bildet aber allein die Benutzungsordnung und nicht das Urheberrecht den notwendigen rechtlichen Rahmen. Dabei macht es für die Ausleihe keinen Unterschied, von welchem Verlag ein Buch stammt. Alle Bücher, die im Eigentum der Bibliothek stehen, werden auf dieser Grundlage gleichförmig der Benutzung zugeführt.

Mit der Digitalisierung der Inhalte änderte sich diese rechtlich relativ einfache Situation grundlegend. Sobald das körperliche Werkstück entfällt und urheberrechtlich geschützte Werke als bloßer Content über Netze in einem authentifizierten Zugriff dem Nutzer zur Verfügung gestellt werden, ist es nicht mehr das Sacheigentum am einzelnen Werkstück, sondern der jeweils abgeschlossene Lizenzvertrag, der die Benutzung dieser Werke regelt. Da kein körperliches Werkstück erworben wird, gibt es keine urheberrechtliche Erschöpfung. Zudem stellt jede Nutzung eines digitalen Inhalts wenigstens einen, wenn auch nur flüchtigen Vervielfältigungsvorgang dar, etwa die Übertragung von Content vom Verlagsserver auf das Endgerät des Nutzers. Diese Vervielfältigung bedeutet immer einen Eingriff in das Verwertungsrecht des Urhebers mit der Folge, dass die Nutzung zu rechtfertigen ist. So bedarf es bereits einer eigenen Schrankenbestimmung, damit urheberrechtlich geschützte digital vorliegende Inhalte überhaupt am Bildschirm erscheinen können. Mag auch das bloße Lesen als Werkgenuss noch urheberrechtlich freigestellt bleiben, ohne technisch bedingte Vervielfältigungen ist es aber nicht möglich. In der Sprache der analogen Welt bedeutet das, dass man schon fragen muss, ob man ein Buch überhaupt aufschlagen darf. Hier dürfte die große Bedeutung des Urheberrechts in Gestalt von Lizenzen und Schrankenbestimmungen für die digitale Bibliothek besonders sinnfällig werden.

Lizenzen bzw. Nutzungsrechte werden durch eine vertragliche Abrede erworben. Dabei unterscheidet man einfache und ausschließliche Nutzungsrechte. Im Übrigen sind die Nutzungsrechte nicht normiert, so dass es im Gegensatz zum Eigentum als umfassendem Vollrecht das Nutzungsrecht an sich nicht gibt. Es gibt immer nur Nutzungsrechte nach Maßgabe des zugrundeliegenden Lizenzvertrages. Das macht die Verwaltung unkörperlicher elektronischer Ressourcen in den Bibliotheken deutlich aufwändiger als der schlichte Erwerb gedruckter Bücher.

Auf einen ganz einfachen Begriff gebracht, ist ein Nutzungsrecht die Erlaubnis, in die für eine vereinbarte Nutzungsart betroffenen Verwertungsrechte eingreifen zu dürfen. Einfache Nutzungsrechte können beliebig häufig eingeräumt werden. Demgegenüber ist ein ausschließliches Nutzungsrecht exklusiv. Es berechtigt zu eigenen Nutzungen, aber auch dazu, Dritten einfache Nutzungsrechte einzuräumen. Üblicherweise räumen Urheber einem Verwerter ein ausschließliches Nutzungsrecht ein. Auf dieser Grundlage werden dann einfache Nutzungsrechte, wie sie auch von Bibliotheken erworben werden, vermarktet.

Die Einräumung von Nutzungsrechten setzt immer eine vertragliche Vereinbarung voraus. Sie eignet sich daher nur bedingt als Basis für massenhafte Nutzungen von Werken unterschiedlicher Rechteinhaber, wie sie vor allem in Bibliotheken bei Nutzerkopien oder Digitalisierungen des analogen Bestandes zu finden ist. Da das Urheberrecht nicht bloß die Rendite von Kreativen und Verwertern maximieren, sondern auch die Schaffung neuer Werke anregen möchte, was ohne Nutzung und Bezugnahme bereits vorhandenen Werkschaffens nicht möglich ist, ist die Existenz gesetzlich abgesicherter Nutzungsmöglichkeiten in Gestalt von Schrankenbestimmungen unabdingbar. Soweit die Voraussetzungen einer Schranke vorliegen, ist eine Nutzung legal. In vielen Fällen ist aber eine angemessene Vergütung zu entrichten, die über Verwertungsgesellschaften in einem pauschalierten Verfahren an Urheber und andere Berechtigte ausgezahlt wird. In wenigen Fällen, wie etwa beim Zitat, gibt es auch eine vergütungsfreie Nutzung.

Schutzgegenstand des Urheberrechts sind Werke, also geistige Schöpfungen, die sich durch Kreativität auszeichnen. Darüber hinaus gibt es in der Rechtsordnung das Bedürfnis, auch solche Geistesinhalte zu schützen, die zwar nicht kreativ, wohl aber das Ergebnis von Geschick, Leistung oder erheblicher Investition sind. Während ausnahmslos jede eigenschöpferisch-kreative Leistung urheberrechtlich geschützt ist, sind es diese anderen Leistungen nur dann, wenn der Gesetzgeber ein eigenes Leistungsschutzrecht geschaffen hat. Fehlt ein solches Recht, gibt es auch keinen Schutz. Die in der rechtspolitischen Diskussion immer wieder hervorgehobene Leistung von Verlagen bei der Publikation von Werken ist daher als solche nicht geschützt, der Hersteller von Tonträgern hingegen erfreut sich eines eigenen Schutzrechts.

Für Bibliotheken sind aus dem Kreis der Leistungsschutzrechte vor allem drei Rechte von besonderem Interesse, nämlich das Leistungsschutzrecht für Lichtbilder, das für wissenschaftliche Ausgaben und das für nachgelassene Werke. Hinzu kommt der ebenfalls leistungsschutzrechtlich geprägte Sui-generis-Schutz für Datenbanken. Während der Leistungsschutz für Datenbanken immer dann greift, wenn die Erstellung der Datenbank mit einer wesentlichen Investition verbunden ist, was bei den meisten von Bibliotheken lizenzierten elektronischen Inhalten sowie beim eigenen Bibliothekskatalog der Fall ist, kommen die anderen erwähnten Leistungsschutzrechte vor allem im Bereich des Altbestands vor. So schützt das Lichtbilderleistungsschutzrecht nicht nur Fotos, sondern auch Digitalisate, wenn die Aufnahme den Aufwand einer einfachen Fotokopie, die als bloße technische Reproduktion ohne Leistungskomponente keinen Schutz genießt, übersteigt. Beim Lichtbilderleistungsschutz ist nicht das Motiv bzw. der Inhalt der Abbildung geschützt, sondern allein die Abbildung als solche, die nicht ohne Rücksprache übernommen werden darf. Ein hochwertiger Scan einer alten Handschrift, der im Internet zu finden ist, kann also nicht mit dem Hinweis, dass der Inhalt der Handschrift ja gemeinfrei sei, einfach übernommen werden. Es könnte in diesem Fall sogar noch ein weiteres Leistungsschutzrecht den Inhalt der Handschrift erfassen. Sofern sie nämlich noch nicht publiziert worden ist, stellt beispielsweise ihre Veröffentlichung im Netz eine Erstverwertung dar, für die derjenige, der die dafür erforderlichen Investitionen getätigt hat, ein eigenes Schutzrecht erhält. Damit soll ein Anreiz gesetzt werden, ältere, aber noch unveröffentlichte Werke, herauszubringen.

Ebenfalls gemeinfreie Werke sind der Gegenstand des Leistungsschutzrechts für wissenschaftliche Ausgaben. Hier geht es um eine nach wissenschaftlichen Grundsätzen erstellte Edition, deren oft erheblicher Aufwand wirtschaftlich ebenfalls durch ein Schutzrecht abgesichert werden soll. Die genannten Leistungsschutzrechte haben eine gegenüber dem Urheberrecht geringere Schutzdauer. So sind Lichtbilder nur 50 Jahre, wissenschaftliche Ausgaben und nachgelassene Werke sogar nur 25 Jahre nach ihrem Erscheinen bzw. ihrer Herstellung geschützt. Datenbanken verlieren ihren Schutz sogar schon nach 15 Jahren, wenn sie nicht regelmäßig gepflegt werden.

Im Bibliothekswesen gibt es neben der Nutzung digitaler Bestände zwei weitere Dienstleistungsbereiche, die stark vom Urheberrecht geprägt sind, nämlich Open Access (▸ 6.5.5) und Retrodigitalisierung (▸ 6.5.4). In den letzten Jahren sind noch Aufgaben im Bereich der Digital Humanities hinzukommen, die allein schon wegen ihrer digitalen Arbeitsweise viele Berührungspunkte zum Urheberrecht aufweisen.

Bei der Retrodigitalisierung geht es um die Überführung analoger Bestände in eine digitale Form und ihre anschließende Bereitstellung, vorzugsweise über das Internet. Aus urheberrechtlicher Sicht sind damit Eingriffe in das Vervielfältigungsrecht durch Scan-Vorgänge und das Recht der öffentlichen Zugänglichmachung verbunden. Das gilt freilich nur dann, wenn die jeweiligen Vorlagen noch urheberrechtlich geschützt sind. Ob das der Fall ist, hängt davon ab, wie lange der Urheber eines Werkes verstorben ist, denn das Urheberrecht erlischt 70 Jahre nach dem Tod des Verfassers zum Beginn des Folgejahres. Es kann daher keine allgemeine Frist für die Gemeinfreiheit von Werken angegeben werden. So ist ein 1880 erschienenes Werk eines Autors, der 1860 geboren und 1960 verstorben ist, erst 2031 gemeinfrei, während eine 1944 publizierte Schrift eines in den letzten Kriegstagen gefallenen Autors bereits seit 2016 urheberrechtlich nicht mehr geschützt ist. Dieses Beispiel zeigt eindrücklich, dass Massendigitalisierungen, die mit festen Erscheinungsjahren um 1920 herum arbeiten, immer noch mit Unsicherheiten behaftet sind. Es zeigt auch, dass die Suche nach Rechteinhabern bzw. deren Rechtsnachfolgern, um eine Lizenz für die Retrodigitalisierung zu erwerben, extrem aufwändig und in vielen Fällen auch gar nicht erfolgversprechend ist, so dass wir hier von so genannten verwaisten Werken sprechen.

Bis vor knapp zehn Jahren war die individuelle Suche nach Rechteinhabern der einzige Weg für eine legale Retrodigitalisierung. Verschärft wurde das Problem noch durch eine Bestimmung im Urheberrechtsgesetz, wonach Urheber im Zeitraum ab 1966 für unbekannte Nutzungsarten Verwertern keine Nutzungsrechte einräumen konnten. Gemeinhin geht man im Urheberrecht davon aus, dass die Digitalisierung und Publikation im Internet erst seit 1995 als bekannte Nutzungsart anzusehen ist. Das hat zur Folge, dass bei vor diesem Jahr erschienenen Veröffentlichungen selbst in den Fällen, in denen ein Autor alle Rechte einem Verlag eingeräumt hat, der Autor und nicht der Verlag bei einer Retrodigitalisierung zu kontaktieren war. Selbst der Verlag war nicht in der Lage, seine eigenen Produkte retrospektiv zu digitalisieren und online zu vermarkten. Diese Situation wurde durch den Gesetzgeber zunächst durch eine Bestimmung leicht entschärft, die den Verlagen in den Fällen, in denen sie die ausschließlichen Rechte bereits besitzen, auch die Online-Rechte zugesprochen bekamen.

Für die Digitalisierung in den Bibliotheken ist diese Bestimmung praktisch bedeutungslos geblieben. Erst durch die Einführung einer eigenen Schrankenbestimmung zur Digitalisierung und öffentlichen Zugänglichmachung von verwaisten Werken hat sich die Situation gebessert. Allerdings müssen vor jeder Digitalisierung sowohl für das betreffende Werk als auch für in diesem Werk enthaltene andere Werke wie Abbildungen und dergleichen sorgfältige Recherchen nach Rechteinhabern durchgeführt und dokumentiert werden. Erst wenn diese erfolglos waren, kann die Retrodigitalisierung erfolgen. Bei Licht besehen ist diese neue Rechtslage keine wirkliche Verbesserung, denn der Recherche-Aufwand ist geblieben, nur mit dem Unterschied, dass die erfolglose Suche jetzt mit einem öffentlich zugänglichen Digitalisat belohnt wird. In der Praxis ist die Schranke für verwaiste Werke grandios gescheitert, weil schlicht die Ressourcen für aufwändige Suchen fehlen bzw. der zu betreibende Aufwand in keinem Verhältnis zum ökonomischen Wert des Digitalisats steht. Allerdings wurde parallel für vergriffene Werke, die vor 1966 erschienen und in Bibliotheken oder anderen Gedächtnisinstitutionen vorhanden sind, die Möglichkeit der retrospektiven Digitalisierung gegen Zahlung einer mäßigen Vergütung an die zuständige Verwertungsgesellschaft geschaffen. Sie wird von der Praxis sehr gut angenommen.

Mit der retrospektiven Digitalisierung versuchen Bibliotheken den Medienbruch in Zeiten der zunehmenden Dominanz digitaler Formate in Richtung auf die Vergangenheit hin zu schließen. Ihr Engagement für Open Access weist demgegenüber in die Zukunft. Es geht darum, unter den mit Blick auf das Urheberrecht nicht immer einfachen Nutzungsbedingungen für digitale Inhalte eine Kultur der Zugänglichkeit und einer Wissen und Kreativität stimulierenden Nachnutzbarkeit zu schaffen. Es wäre zu kurz gegriffen, Open Access einfach als für den Leser kostenfreie Zugriffsmöglichkeit auf digitale Inhalte über das Internet zu verstehen. Hinter wirklichem Open Access steht ein juristischer Regulierungsansatz, der auf das Problem der mangelnden Erschöpfung digitaler Inhalte mit der Einräumung von standardisierten Nutzungsrechten reagiert. Mit Hilfe von klar definierten Lizenzen werden bei im Sinne von Open Access publizierten Inhalten Nutzungen gestattet, die über die engen Grenzen dessen, was gesetzliche Schrankenbestimmungen erlauben, hinausgehen. Das gilt vor allem für die selbständige Weiterverbreitung von Werken im Netz, die als öffentliche Zugänglichmachung allein über Schrankenbestimmungen nicht möglich ist. In funktionaler Hinsicht ersetzt die Open-Access-Lizenz für digitalen Content die fehlende Erschöpfung des Verbreitungsrechts, wie wir sie bei den gedruckten Medien kennen. Open Access ist also die Einräumung eines unentgeltlichen Nutzungsrechts an grundsätzlich jedermann. Am bekanntesten sind hier die Creative-Commons-Lizenzen. Auch Open-Access-Lizenzen werden durch Vertrag eingeräumt. Das Vertragsangebot stellen dabei die einem bestimmten Content beigegebenen Lizenzbedingungen dar. Sie werden durch lizenzkonformes schlüssiges Verhalten angenommen, wobei der Verwender der Lizenz auf den Zugang der Annahmeerklärung verzichtet hat.

Von dieser urheberrechtlich eher einfachen Konstruktion zu unterscheiden sind hoch umstrittene rechtspolitische Fragen, wie denn Open Access wirksam gefördert oder, jedenfalls im Wissenschaftsbereich, sogar zum Publikationsstandard gemacht werden kann. Dabei werden zwei Wege unterschieden, nämlich die einer konventionellen Veröffentlichung nachgelagerte Open-Access-Publikation im so genannten „grünen Weg" von der sogleich frei zugänglichen Publikation im „goldenen Weg". Im grünen Weg geht es vor allem um das Zweitveröffentlichungsrecht von Autoren. Nach allgemeinen urheberrechtlichen Bestimmungen haben Urheber von unselbstständigen Werken das Recht, ihr Werk nach einem Jahr anderweitig und damit auch im Sinne von Open Access zu publizieren. Dieses Recht kann jedoch vertraglich ausgeschlossen werden. Nach langen und kontroversen Diskussionen wurde für wissenschaftliche Publikationen, die überwiegend mit öffentlichen Mitteln gefördert worden sind, diese Abdingbarkeit gesetzlich verboten. Wissenschaftliche Autoren haben also das Recht, ihr Werk im Internet frei zugänglich anzubieten. Da die Forschung aber mit öffentlichen Mitteln gefördert wurde, sollte nach Ansicht nicht weniger Wissenschaftspolitiker aus diesem Recht eine Pflicht gemacht werden. Überdies sollten mit Hilfe öffentlicher Mittel geförderte Publikationen ohnehin frei zugänglich sein, also sogleich im goldenen Weg publiziert werden. Gegen eine solche Verpflichtung wird ein aus dem Grundrecht der Wissenschaftsfreiheit fließendes Recht auf Publikationsfreiheit geltend gemacht, das eine freie Wahl des Publikationsweges garantieren soll.

Allerdings darf nicht übersehen werden, dass der Publikationsfreiheit einzelner, die ebenfalls grundrechtlich geschützte Lese- und Recherchefreiheit vieler gegenübersteht. Beide Freiheiten sind zu einem angemessenen Ausgleich zu bringen. Unter Beachtung des Grundrechts der Wissenschaftsfreiheit kann das richtigerweise jedoch nur wissenschaftsintern und nicht durch gesetzliche Vorgaben von außen erreicht werden. Ob und wie Open Access verbindlich als Standard etabliert werden kann, ist gegenwärtig eine noch offene Frage.

Eng mit Open Access und dem Angebot retrospektiv digitalisierter Ressourcen zusammen hängen Arbeitsweise und Forschungstechniken der „Digital Humanities". Sie wollen mit Hilfe von Software anhand digital aufbereiteter Inhalte neue Erkenntnisse und Perspektiven für die Geisteswissenschaften erschließen und Untersuchungen an großen Text- und Datenkorpora durchführen, die mit analogen Mitteln nicht oder nur mit enormem Aufwand möglich sind. Bibliotheken bilden mit ihren Sammlungen und ihren (Retro)Digitalisierungsaktivitäten einen wichtigen Teil der für Digital Humanities notwendigen Forschungsinfrastruktur (▶ 8.4.8). Über die reinen Fragen der zulässigen Digitalisierung hinaus stellt sich hier noch das Problem, inwieweit die softwaregestützte Analyse und die meist kooperative und einrichtungsübergreifende Zusammenarbeit in Projekten urheberrechtlich zulässig sind. Gerade bei Verfahren des Text- und Datamining wird eine Vielzahl an zumindest flüchtigen Vervielfältigungen erzeugt, die einer urheberrechtlichen Absicherung bedürfen. Das gleiche gilt für bearbeitende Eingriffe in urheberrechtlich geschütztes Material und bei der anschließenden Archivierung der Korpora und der Zugänglichmachung nach dem Abschluss von Forschungsarbeiten.

Ungeachtet der zentralen Stellung des Urheberrechts für die digitale Bibliothek erfährt nach eher unscheinbaren Anfängen mittlerweile auch das Datenschutzrecht einen Bedeutungszuwachs, dessen Ausmaß derzeit noch nicht völlig abzusehen ist. Während beim Urheberrecht das Werk als eigenschöpferische kreative Leistung das Schutzobjekt bildet, sind es im Datenschutzecht personenbezogene Daten. Deren Verarbeitung wird unter ein umfassendes Verbot mit Erlaubnisvorbehalt gestellt. Danach ist eine Verarbeitung dieser Daten grundsätzlich nur zulässig, wenn sie gesetzlich erlaubt ist oder eine Einwilligung des Betroffenen vorliegt. Die Verarbeitung personenbezogener Daten hat im Übrigen sparsam und zweckbezogen zu erfolgen. Verschiedene Informations- und Auskunftspflichten sollen die Rechte der betroffenen Personen in Bezug auf ihre personenbezogenen Daten sichern. Das Datenschutzrecht ist europaweit einheitlich in der „Datenschutz-Grundverordnung" geregelt, die allerdings in Randbereichen noch Raum für mitgliedstaatliche Ergänzungen lässt. In Deutschland sind diese Ergänzungen im „Bundesdatenschutzgesetz" und in den Landesdatenschutzgesetzen zu finden. Daneben gibt es noch spezialgesetzliche Bestimmungen. Bibliotheken gehören zur öffentlichen Verwaltung. Soweit sie personenbezogene Daten verarbeiten und keine Einwilligung von Betroffenen vorliegt, benötigen sie stets eine normklare gesetzliche Grundlage über die „Datenschutz-Grundverordnung" hinaus. Sie wird in der Praxis meist in den Benutzungsbestimmungen sowie in einer Generalklausel im Bundes- bzw. Landesdatenschutzgesetz zu finden sein, die eine Datenverarbeitung für die öffentlichen Aufgaben der Bibliotheken erlaubt.

Grundsätzlich kann man im Bibliothekswesen beim Datenschutz zwei Problemkreise unterscheiden, nämlich die Nutzerdaten auf der einen und die Bestandsdaten auf der anderen Seite. Bei den Nutzerdaten geht es um die persönlichen Daten im Ausleihkonto, die Ausleihhistorie sowie um mögliche Nutzungsdaten, die beim Aufrufen digitaler Inhalte anfallen. Hier gilt allgemein, dass Daten nur insoweit und solange gespeichert werden dürfen, als es der Erhebungszweck zulässt. So ist es beispielsweise unzulässig, das Ausleihverhalten dauerhaft zu dokumentieren. Wenn eine Inanspruchnahme etwa für Schäden am Leihgut nicht mehr ernsthaft in Betracht kommt, sind die entsprechenden Ausleihinformationen zu löschen. In der Praxis wird man hier vielleicht maximal vier bis sechs Wochen Speicherfrist veranschlagen können. Im Gegensatz zu den schon recht gut ausdiskutierten Problemen beim Nutzerdatenschutz ist die Lage beim Bestandsdatenschutz weniger klar. Probleme ergeben sich hier zum einen bei den Metadaten im Bibliothekskatalog, die über das in der Vorlage Gebotene oft noch um weitere personenbezogene Merkmale angereichert werden. Ein Sonderproblem stellt hier der Vermerk über den Entzug eines Doktorgrades wegen Täuschung oder dergleichen dar. Ohne eine gesetzliche Grundlage dürfte ein solcher Hinweis eher kritisch zu sehen sein. Weiterhin werden durch retrospektive Digitalisierung viele Publikationen leicht durchsuchbar, so dass Personenbezüge sehr einfach hergestellt werden können. Hier sind Konflikte mit dem in der „Datenschutz-Grundverordnung" normierten „Recht auf Vergessenwerden" denkbar. Grundsätzlich endet der Datenschutz mit dem Tod der betroffenen Person. Jedoch können Angaben über Verstorbene auch einen Bezug zu lebenden Personen aufweisen, so dass im Rahmen von Digitalisierungen auch bei älteren Vorlagen datenschutzrechtliche Probleme auftreten können.

4.2.5 Das kulturelle Gedächtnis

Bibliotheken sind nicht nur kulturelle Orte oder Einrichtungen der Informationsversorgung. Sie sind zusammen mit Archiven und Museen auch Gedächtnisinstitutionen. Als solche haben sie die Aufgabe, publizierte Informationen meist in Gestalt von Büchern und Zeitschrift umfassend zu sammeln und dauerhaft für die Nachwelt zu erhalten. Der Sammelauftrag wird durch das Pflichtexemplarrecht gesetzlich abgesichert. Danach steht sowohl der Deutschen Nationalbibliothek als auch den regional zuständigen Landesbibliotheken die kostenfreie Ablieferung grundsätzlich aller Druckschriften und anderer in ihrem Zuständigkeitsbereich publizierter Medien zu. Wegen des mit der Pflicht zur Ablieferung verbundenen Eingriffs in das Grundrecht auf Eigentum ist für die Forderung nach Pflichtexemplaren eine gesetzliche Grundlage unerlässlich, die zudem eine Entschädigung in Härtefällen vorsieht. Traditionell wird das Pflichtexemplarrecht, das in die Zuständigkeit der Länder fällt, in den Landespressegesetzen der Länder geregelt, es ist aber auch in eigenen Pflichtablieferungsgesetzen oder neuerdings in Bibliotheksgesetzen zu finden. Einen Sonderfall stellen die Regelungen im „Gesetz über die Deutsche Nationalbibliothek" dar, die aus Gründen der gesamtstaatlichen Kulturpflege ausnahmsweise auch als Einrichtung des Bundes Pflichtstücke einfordern darf. Die Pflichtexemplarbestimmungen beziehen sich auf Druckschriften und andere Publikationen. Sie werden ergänzt durch verschiedene Amtsdruckschriftenerlasse, die die Sammlung amtlicher Publikationen regeln und dabei meist den Kreis der Empfängerbibliotheken weiter fassen und mitunter auch Archive einbeziehen.

Auch wenn nur wenige Bibliotheken den gesetzlichen Auftrag haben, Pflichtexemplare zu sammeln und dauerhaft zu bewahren (▸ 5.3.1, ▸ 5.3.2), stellen auch die Bestände anderer Bibliotheken kulturell bedeutsame Kollektionen dar, die nicht ohne Weiteres zerstreut und aufgelöst werden können. Hier sind zum einen denkmalschutzrechtliche Bindungen denkbar, zum anderen verbietet auch das Haushaltsrecht, Bestände einfach so zu makulieren. Teilweise werden, soweit die ministerielle Fachaufsicht reicht, Aussonderungen durch eigene Aussonderungserlasse geregelt, die etwa ältere Literatur schützen oder die Abgabe an andere Bibliotheken mit einem besonderen Archivierungsauftrag vorschreiben.

Es wäre zu kurz gegriffen, die Rolle der Bibliotheken für das kulturelle Gedächtnis auf analoge Bestände zu beschränken. Längst wurde das Pflichtexemplarrecht der meisten Pflichtbibliotheken auch auf Netzpublikationen ausgeweitet. Allerdings ist hier erst relativ spät dem Umstand Rechnung getragen worden, dass anders als Bücher, bei denen Sacheigentum übertragen wird, Netzpublikationen die Bibliothek nur als bloße Vervielfältigungen erreichen und ihre weitere Nutzung und Konservierung sich ebenfalls digital abspielt, also mit weiteren Vervielfältigungen verbunden ist. Daher benötigen Pflichtbibliotheken, sofern sie von den Berechtigten bei der Ablieferung keine entsprechenden Lizenzen erhalten haben, entweder gesetzliche Nutzungsrechte oder aber ausreichende Schrankenbestimmungen. Diese Schranken sichern nicht nur die Sammlung und die öffentliche Nutzung der digitalen Pflichtstücke, sondern auch die mit vielen, oft redundanten Vervielfältigungen verbundene digitale Langzeitarchivierung ab. Das Thema der digitalen Langzeitarchivierung weist über den engen Bereich des Pflichtexemplarrechts weit hinaus. Hier geht es um die Frage, wie nur noch digital vorliegende Ressourcen in den Bibliotheken dauerhaft verfügbar gehalten werden können. Dabei sind die hier zu lösenden Fragen nicht nur technischer oder rechtlicher, sondern auch kultureller Art. So ist gerade bei der Sammlung von Netzpublikationen überhaupt noch nicht hinreichend geklärt, welche digitalen Inhalte sammel- und erhaltungswürdig sind, will man nicht das utopische Projekt einer Totalarchivierung des Internet verfolgen. Hier stellt sich auch die Frage, ob Bibliotheken als Gedächtnisinstitution für eine umfassende Sammlung von Online-Ressourcen konzeptionell und technisch auf Dauer die richtige Stelle sind oder ob sie nicht wenigstens ergänzt werden sollten um eine Gedächtnisinstitution eigener Art, die auf Webarchivierung im großen Stil spezialisiert ist.

4.2.6 Personalrecht

Das Recht des bibliothekarischen Personals (▶ 9.4) gehört zu den traditionellen Kernthemen des Bibliotheksrechts. Neben den Bestimmungen des Beamten- und Tarifrechts, die für Bibliotheksmitarbeiter wie für alle andern Beschäftigten des öffentlichen Dienstes gelten, gibt es gerade im Laufbahnrecht spezielle Bestimmungen für Bibliothekare. Dort wird insbesondere die für den Laufbahneintritt notwendige fachliche Qualifikation geregelt. Da das Laufbahnrecht Ländersache ist, existieren unterschiedliche Laufbahnvorschriften. Festhalten kann man jedoch, dass der Zugang zu einer Beamtenstelle im Bibliothekswesen entweder einen erfolgreich abgeschlossenen Vorbereitungsdienst, der abgesehen von Bayern nur noch im höheren Dienst als Referendariat eingerichtet ist, oder aber ein fachlich einschlägiges Studium bzw. eine entsprechende Berufsausbildung mit einer anschließenden Zeit der praktischen Tätigkeit voraussetzt. Vereinzelt werden parallel zu einem bibliothekarischen Weiterbildungsstudium abgeleistete Volontariate angerechnet.

Beamte sind meist im wissenschaftlichen Bibliothekswesen zu finden, wenngleich auch hier der Anteil der Tarifbeschäftigen die Zahl der Beamten oft übersteigt. Es ist daher die Berechtigung der Beschäftigung von Beamten im Bibliothekswesen überhaupt angezweifelt worden, zumal der hoheitliche Aspekt ihrer Tätigkeit nur wenig über die Erhebung von Gebühren oder die Einziehung von Pflichtstücken hinausreicht. Moderne Beamtenkonzepte sehen jedoch weniger in der Hoheitlichkeit einzelner Aufgaben als in der gleichmäßigen Rechtsanwendung, wozu auch die Gewährleistung von Grundrechten gehört, die sachliche Rechtfertigung für den Einsatz von beamtetem Personal. Hier ist gerade der digitale Wandel mit dem Wegfall des Eigentums an den Informationsressourcen der Bibliothek von Relevanz. Wenn nicht mehr das Sacheigentum der öffentlichen Hand, sondern bloß die Art und Weise der geschlossenen Lizenzverträge den Rahmen für die Ausübung von Grundrechten wie Informations- und Wissenschaftsfreiheit abstecken, dann rechtfertigt die Verantwortung der mit dem Bestandsaufbau betrauten Personen fast schon mehr als in früheren Zeiten den Beamtenstatus. Er vermittelt die notwendige Unabhängigkeit und Grundrechtsbindung, um eine grundrechtsfreundliche Informationsumgebung in den von der öffentlichen Hand getragenen Bibliotheken zuverlässig zu gewährleisten.

Trotz dieser argumentativen Renaissance des klassischen Bibliotheksbeamten darf nicht übersehen werden, dass allein schon informationstechnische, aber auch pädagogisch-didaktische Anforderungen im modernen Bibliothekswesen zu einer Ausdifferenzierung des bibliothekarischen Berufs zu einer Palette von bibliothekarischen Berufsfeldern führen, die traditionelle Laufbahnen und die sie strukturierenden Rechtsvorschriften immer weniger zu einem geeigneten Bezugspunkt des bibliothekarischen Selbstverständnisses machen (▶ 10.4). Hinzu kommen die Reformen des Laufbahnrechts der letzten Jahre, die eine früher eigenständige Bibliothekslaufbahn zugunsten einer weiter gefassten Laufbahn des wissenschaftlichen Dienstes aufgegeben haben.

Die Tarifbeschäftigten unterliegen je nach ihrem Arbeitgeber dem Tarifvertrag für den öffentlichen Dienst der Länder (TV-L) oder dem Tarifvertrag für den öffentlichen Dienst (TVöD für Bund und Kommunen) in den jeweils geltenden Fassungen. Leider ist die Eingruppierung der Tarifbeschäftigten uneinheitlich, also die Zuordnung eines Tarifbeschäftigten gemäß seinen Aufgaben zu einer Entgeltgruppe, der wiederum die Höhe des Gehalts zugeordnet ist. Besonders unvorteilhaft regelt die Entgeltordnung des TV-L die Eingruppierung des Bibliothekspersonals. Im Ergebnis erhält ein Bibliothekar in einer Landes- oder Universitätsbibliothek, der eine bestimmte Aufgabe ausübt, in vielen Fällen ein deutlich geringeres Gehalt im Vergleich zu seinen Kollegen in einer kommunalen Bibliothek oder in einer Bibliothek einer Bundeseinrichtung, die genau dieselbe Tätigkeit ausüben.

Wenn vom Personalrecht die Rede ist, darf das Personalvertretungsrecht nicht übersehen werden. Vor dem Hintergrund verschiedener digitaler Herausforderungen kreieren Bibliotheken immer wieder neue Dienstleistungen, die auch Auswirkungen auf die Arbeitsweise und die Arbeitsplatzgestaltung ihrer Beschäftigten haben. In diesen Fällen sind die zuständigen Personalvertretungen frühzeitig und umfassend miteinzubeziehen. Ist eine bestimmte Maßnahme wegen ihrer Auswirkungen sogar mitbestimmungspflichtig, kann sie ohne eine Zustimmung der Personalvertretung nicht umgesetzt werden.

4.2.7 Bibliotheksrechtliche Nebengebiete

Bibliotheken sind auch abseits der großen Themenbereiche wie Benutzung, Urheberrecht und Personal Gegenstand rechtlicher Normierung. Diese bibliotheksrechtlichen Nebengebiete sind meist nur für wenige Spezialisten in den Bibliotheken von Interesse. Hierher gehören etwa steuer- und zollrechtliche Fragen vor allem bei der Erwerbung ausländischer Literatur oder rechtliche Aspekte im Zusammenhang mit Schenkungen und Nachlässen. Weiterhin gibt es auch strafrechtliche Bestimmungen, die Bibliotheken und ihre Sammlungen betreffen. Diese Normen dienen zum einen dem Schutz von Bibliotheksgut gegen Entwendung und Zerstörung, können aber auch die Verbreitung von Schriften mit problematischen Inhalten verbieten. Auch Bestimmungen des Jugendschutzes wären hier gerade im Bereich der Öffentlichen Bibliotheken als bibliotheksrechtliches Nebengebiet zu nennen. In den letzten Jahren haben Fragen der Restitution so genannter Beutekunst an Bedeutung gewonnen. Das gleiche gilt für das Feiertags- bzw. Arbeitszeitrecht, das zwischen wissenschaftlichen und Öffentlichen Bibliotheken differenziert und derzeit außer in Nordrhein-Westfalen nur wissenschaftlichen Präsenzbibliotheken oder ehrenamtlich beaufsichtigten Einrichtungen eine Sonn- und Feiertagsöffnung gestattet (▶ 7.5.2 und ▶ 9.2).

4.2.8 Der Standort des Bibliotheksrechts und Bibliothekspolitik
Will man das Bibliotheksrecht im engeren Sinn systematisch verorten, so ist es als Anstaltsrecht Teil des Verwaltungsrechts. Das für die Bibliotheken so wichtige Urheberrecht als Teil des Bibliotheksrechts im weiteren Sinn hingegen ist eine privatrechtliche Materie. Soll Bibliotheksrecht hin-

gegen mehr von der inhaltlichen Seite her eingeordnet werden, so wäre es dem Kulturverwaltungsrecht zuzusprechen. Allerdings gehören Bibliotheken, ihre Aufgaben und Dienstleistungen auch dem Bildungs- und Wissenschaftsrecht an. Wegen der Vielgestaltigkeit ihrer Funktionen lassen sich Bibliotheken daher weder dem Bereich Kultur, Wissenschaft oder Bildung allein zurechnen. Aus dieser Gemengelage resultiert in der Praxis eine zersplitterte ministerielle Zuständigkeit für bibliothekarische Fragen, die einerseits im Wissenschaftsressort, aber auch im Kulturressort angesiedelt sind. Zieht man noch die Bibliotheken an den Schulen und im Strafvollzug mit ein, so kommen auch noch das Schul- und das Justizressort hinzu.

Die unterschiedlichen Zuständigkeiten für Bibliotheken machen es schwierig, im Rahmen von politischen Initiativen oder in Gesetzgebungsverfahren eine angemessene Aufmerksamkeit zu erfahren (▶ 9.1). Hier entfalten Bibliotheksgesetze eine nicht unwichtige Integrationswirkung für unterschiedliche Politikfelder und Zuständigkeiten. Betrachtet man jedoch mit dem digitalen Wandel die aktuell wohl stärkste politische und rechtliche Herausforderung des Bibliothekswesens, so ergeben sich viele mit anderen Gedächtnisinstitutionen gemeinsame Fragestellungen. Dies gilt, was die Finanzierung von insbesondere Öffentlichen Bibliotheken betrifft, auch für das Verhältnis zu anderen, ebenfalls überwiegend kommunal getragenen Kultur- und Bildungseinrichtungen wie Museen, Theater, Musikschulen oder Volkshochschulen. Es stellt sich daher die Frage, welche eigentümlichen Konturen das Bibliotheksrecht als Sonderrecht bibliothekarischer Einrichtungen künftig noch haben wird. Es ist denkbar, dass es als Folge zunehmender Spartenkonvergenz stärker als bisher als eine kultur- und bildungsrechtliche Materie anzusehen ist, die allein im Kontext traditioneller bibliothekarischer Einrichtungen nicht mehr sinnvoll weiterentwickelt werden kann.

4.3 Ausblick

Mit Ethik und Recht sind zwei Felder angesprochen, die sich mit Normen und Werten befassen. Ethik bietet idealerweise den Wertekanon, auf dem aufbauend das geltende Recht ausformuliert wird. Unabhängig davon sind beide Normsysteme komplementär. Einerseits gibt es Phänomene, die ohne ethischen Bezug sind, gleichwohl aber rechtlich festgelegt sein müssen. Andererseits können vom Rechtssystem längst nicht alle Situationen erfasst werden, in denen wertbezogene Entscheidungen zu fällen sind. In diesen Fällen sollte unter Berücksichtigung der jeweiligen Kontexte die Handlungsoption gewählt werden, die sich auf der Grundlage ethischer Reflexion anbietet. Es genügt also keineswegs, sich im bibliothekarischen Handeln lediglich auf eine Rechtsposition zurückzuziehen.

Rechtlicher Rahmen und ethische Reflexion vermitteln handelnden Personen (nicht nur im bibliothekarischen Sektor) Orientierung und führen ein hohes Maß an Standardisierung herbei. Das ist im Übrigen auch im Sinne des Qualitätsmanagements wünschenswert. Insbesondere im Hinblick auf die Bewältigung der durch innovative Techniken und Verfahrensweisen eröffneten neuen Möglichkeiten spielen Ethik und Recht eine herausragende Rolle. Ethik und ethische Reflexion haben dabei die Aufgabe, den bewährten und konsensualisierten Wertefundus heranzuziehen, um zu prüfen, welche Gefahren und Probleme mit neuen Techniken und Handlungsoptionen verbunden sind. Ziel dieser Auseinandersetzung ist es, Routinen und Verhaltensregeln zu entwickeln, die dazu beitragen, dass die Grundwerte auch in neuen Kontexten zur Geltung kommen. Dabei ist darauf zu achten, dass Ethik nicht ideologisch instrumentalisiert und als Blockadeinstrument missbraucht wird. Dass z. B. Suchmaschinen oder Soziale Netzwerke datenschutzrechtliche Probleme aufwerfen, die kaum zur Gänze zu lösen sind, kann nicht ernsthaft zu dem Schluss führen, von deren Gebrauch abzusehen. Nutzen und Schaden, Chancen und Grenzen sollten grundsätzlich gegeneinander abgewogen werden. Wenn sich Konflikte und Dilemmata abzeichnen, sollte in einem breiten und offenen ethischen Diskurs nach praktikablen Lösungen gesucht werden.

Auch im Rechtssystem muss immer wieder überprüft werden, ob Handlungsfelder und -optionen, die sich durch technische Innovationen und deren Anwendungen ergeben, vom geltenden Recht in befriedigender Weise abgedeckt werden. Sobald belastbare Erfahrungen vorliegen, sollten im Bedarfsfall bestehende Rechtsnormen verändert oder neue hinzugefügt werden. Ein Beispiel dafür bildet das Urheberrecht, da die vereinfachten Vervielfältigungsmöglichkeiten digital gespeicherter Werke zu einer dramatischen Veränderung auch des Alltagshandelns geführt hat, das sich häufig jenseits des bestehenden Rechtsrahmens bewegt hat. Hinsichtlich des Rechts ist darauf zu achten, dass neue Regelungen nicht einfach dazu geschaffen werden, Verhaltensweisen zu legitimieren, die sich zuvor aufgrund fehlender rechtlicher Regelungen und fehlender Kontrollmöglichkeiten eingestellt haben. Es ist dabei vielmehr zu beachten, dass einschlägige Grundwerte gewahrt bleiben und das Rechtssystem in sich stimmig bleibt. In gleicher Weise dürfen neue Regelungen nicht dazu führen, dass etwa Wirtschaftsinteressen einseitig bevorzugt werden.

5 Bibliotheken in Deutschland

Während das zweite Kapitel gleichsam von außen den Blick auf das Bibliotheks- und Informationswesen gerichtet hat, ist im dritten Kapitel dargestellt worden, wie das Funktionssystem Bibliothekswesen sich im Innern entfaltet hat. Das vierte Kapitel hat die ethischen und rechtlichen Kontexte behandelt, auf deren Grundlage sich diese Entwicklung vollzieht. In Kapitel fünf und sechs erfolgt eine weitere Eingrenzung und Konkretisierung des Themas. Ziel ist es dabei, unter den jeweiligen Leitaspekten den derzeitigen Entwicklungsstand zu beschreiben und mögliche bzw. anzustrebende Entwicklungs- und Zukunftsperspektiven aufzuzeigen. Einen erheblich größeren Umfang als in den vorangegangenen Kapiteln nehmen von nun an deskriptive Passagen ein, die durch analytische und prognostische Aussagen ergänzt werden.

Im fünften Kapitel wird ein interessanter Doppelcharakter von Bibliotheken sichtbar. Bibliotheken sind (in der Regel) sowohl Systemglieder des Funktionssystems Bibliothekswesen als auch Subsysteme ihrer Trägerinstitutionen. Dies kann durchaus zu Interessenkollisionen und Zielkonflikten führen, etwa wenn die Trägerinstitutionen nicht davon zu überzeugen sind, dass der von ihnen finanzierte Beitrag ihrer Bibliothek für das gesamte Bibliothekssystem sich letztlich positiv auch auf die eigenen Belange auswirkt. Die Leistungsfähigkeit der eigenen Informationseinrichtung nämlich steht in der funktional differenzierten Gesellschaft immer unter dem Einfluss des zugehörigen Systems. Dafür ein Beispiel: Universitätsleitungen mögen sich in Zeiten der Globalhaushalte fragen, ob es gerechtfertigt ist, der eigenen Universitätsbibliothek zusätzliche Mittel zur Verfügung zu stellen, damit diese hochspezielle wissenschaftliche Bestände erwirbt und zugänglich macht, die – was nicht selten der Fall ist – stark auch von Nicht-Angehörigen der eigenen Hochschule genutzt werden. Wenn jedoch nachvollziehbar dargelegt wird, dass diese Leistung aufgrund des Solidar-Systems von jahrzehntelang erfolgreich agierenden Sondersammelgebieten (SSG) erbracht wird, aus dem alle Beteiligten großen Nutzen ziehen, sollten derartig anachronistische Widerstände jedoch zu überwinden sein. Tatsächlich jedoch ist das System des kooperativen Bestandsaufbaus durch den Sondersammelgebietsplan der DFG ab 2013 durch die nicht unumstrittenen *Fachinformationsdienste* (FID) für die Wissenschaft ersetzt worden. (▶ 6.5.1)

Im Folgenden geht es zunächst darum, diesen in den Kapiteln eins bis drei vernachlässigten Aspekt der institutionellen Rückbindung von Bibliotheken zu betrachten. Grundsätzlich beruht diese Rückbindung auf der Tatsache, dass bibliothekarische Tätigkeit einen hohen finanziellen und personellen Aufwand erfordert und dieser sich durch Teilnahme an Marktprozessen wenn überhaupt nur zu einem geringen Prozentsatz decken ließe. Es bedarf also der Trägerinstitutionen, die in Bibliotheken gezielt investieren, und zwar in dem schon von Goethe artikulierten Bewusstsein, dass es sich dabei im Idealfall um „ein Kapital" handelt, das „unberechenbare Zinsen spendet".

Zunächst werden die Trägerinstitutionen grob unterschieden nach der Zugehörigkeit zum öffentlichen, kirchlichen und privaten Sektor. Anschließend folgt ein typologischer Überblick über die in Deutschland vorhandenen Varianten bibliothekarischer Einrichtungen. Einige herausragende Bibliotheken, die im nationalen Bibliothekssystem prägend wirken, werden im Kurzporträt vorgestellt. Erwähnt werden auch Informationseinrichtungen wie „Information Resource Center", „Informationszentren", Abteilungen für Wissensmanagement o. ä.

Dass in dieser Darstellung jedoch klassische Bibliotheken deutlich im Vordergrund stehen, mag auf den ersten Blick verwundern. Zurückzuführen ist dies auch darauf, dass neu entstandene Informationseinrichtungen gar keine oder nur schwache übergreifende Systemstrukturen ausgeprägt haben. Ähnliches trifft übrigens auch auf traditionsreiche Pressearchive wie Dokumentationsstellen oder die Archive der öffentlich-rechtlichen Rundfunkanstalten zu, die teilweise untereinander eng, kaum aber darüber hinaus vernetzt sind. Die Entwicklung von einem segmentären bzw. stratifikatorischen zu einem funktional differenzierten System hat dort offensichtlich noch nicht stattgefunden, könnte sich aber in absehbarer Zeit durch Integration in das bibliothekarische Funktionssystem oder durch die Ausprägung eigener Systemstrukturen vollziehen.

5.1 Die Träger bibliothekarischer Einrichtungen

5.1.1 Staat und Verwaltung

Staat und Verwaltung gliedern sich in der Bundesrepublik Deutschland in drei Ebenen: die Gemeinden, die Länder und den Bund. Die Zuständigkeit für die Gesetzgebung ist auf die Länder und den Bund verteilt; die Verwaltungstätigkeit wird zum größten Teil von den Gemeinden und den Ländern ausgeübt, vom Bund nur in wenigen Bereichen; die Rechtsprechung obliegt in erster Linie den Ländern, die obersten Gerichte sind Einrichtungen des Bundes. Gemeinden, Länder und Bund sind selbstständige Gebietskörperschaften mit je eigenen Hoheitsrechten und eigenen finanziellen Einnahmen aus dem ihnen jeweils zustehenden Steueraufkommen. Allerdings wird das Steueraufkommen insgesamt zwischen diesen Ebenen und auch innerhalb der Ebenen Kommunen und Länder durch komplizierte, kaum noch durchschaubare Systeme des Länderfinanzausgleichs umverteilt. Nicht erst seit der Finanzkrise von 2008/09 ist die Klage zu hören, dass der Bund Aufgaben an die Länder und die Gemeinden überträgt, ohne gleichzeitig deren Anteil am Steueraufkommen adäquat zu erhöhen. Dieser oft strittige Verteilmechanismus zwischen reicheren Geber- und ärmeren Nehmerländern soll 2020 abgeschafft und durch neue, allerdings noch zu findende Regularien ersetzt werden.

Staatliche Instanzen sind Träger von Bibliotheken, aber auch von weiteren Einrichtungen des kulturellen und wissenschaftlichen Lebens, wie Archiven, Museen, Schulen und Hochschulen oder Orchestern und Theatern. Alle diese Einrichtungen sind in je ihrer Weise in die Staatsverfassung und Verwaltungsordnung der Bundesrepublik Deutschland eingebunden und damit von deren föderativen, dezentralen Aufbau bestimmt.

Die staatliche Zuständigkeit für kulturelle Angelegenheiten, für Wissenschaft und Kunst sowie das gesamte Unterrichtswesen ist fast ausschließlich den Ländern vorbehalten – eine für das Verständnis des Bibliothekswesens besonders wichtige Feststellung. Für diese Kompetenz der Länder hat sich der Begriff „Kulturhoheit" eingebürgert. Auch die Kommunen haben im Rahmen der Vorschriften der Gemeindeordnung ihres jeweiligen Landes eigene Kompetenzen, die gewöhnlich unter dem Begriff „kommunale Kulturautonomie" zusammengefasst werden.

Der Bund nimmt gleichwohl einige, freilich eng begrenzte Funktionen der Koordinierung und der Förderung im kulturellen Bereich wahr. Die Kulturabteilung im erweiterten *Bundesministerium des Innern, für Bau und Heimat* war früher u. a. für die damalige *Deutsche Bibliothek* zuständig; heute steht die *Deutsche Nationalbibliothek* im Zuständigkeitsbereich des *Beauftragten der Bundesregierung für Kultur und Medien* (BKM), dessen Amt (im Rang eines Staatsministers) im Jahre 1998 im *Bundeskanzleramt* geschaffen wurde und dessen Arbeit den Bereich Kultur und Medien im Inland abdeckt. Zur Gestaltung der internationalen Kulturpolitik ist seit 2018 im Auswärtigen

Amt erstmals ein Staatsministeramt geschaffen worden, in dessen Zuständigkeitsbereich auch die weltweite Tätigkeit der *Goethe-Institute* liegt. Auf der Ebene der Länder sind in der Regel die Kultur- bzw. Kultusministerien für das öffentliche und die Wissenschaftsministerien für das wissenschaftliche Bibliothekswesen zuständig. Für die von den Kommunen unterhaltenen Öffentlichen Bibliotheken sind die jeweiligen kommunalen Kulturdezernate bzw. Kulturämter zuständig.

Gemeinschaftsaufgaben, an denen Bund und Länder beteiligt sind, wurden im *Bundesministerium für Bildung und Forschung* (BMBF) zusammengefasst. Im Bibliotheksbereich förderte das *BMBF* das frühere *Deutsche Bibliotheksinstitut* (1978–2000) und dessen Modellprojekte, außerdem finanzierte es das Programm der Bundesregierung zur Förderung von Information und Dokumentation, das IuD-Programm. Ferner gehört zu den vom *BMBF* geförderten Gemeinschaftsaufgaben die Finanzierung der *Deutschen Forschungsgemeinschaft* (DFG) und der *Wissenschaftsgemeinschaft Gottfried Wilhelm Leibniz e. V.* (Leibniz-Gemeinschaft / WGL), die u. a. wiederum ausgewählte Bibliotheken und deren Projekte unterstützen.

Die weitgehende Dezentralisierung der Gesetzgebung und Verwaltung im kulturellen Bereich und die großen Unterschiede in der Finanzkraft der einzelnen Länder machen Koordinierung und Zusammenarbeit, bei bestimmten Aufgaben auch gemeinsame Finanzierung notwendig. Zur Erfüllung derartiger Gemeinschaftsaufgaben haben die Länder und der Bund verschiedene Einrichtungen geschaffen, deren wichtigste in unserem Zusammenhang die *Deutsche Forschungsgemeinschaft* (DFG), der *Wissenschaftsrat* (WR) und die *Gemeinsame Wissenschaftskonferenz von Bund und Ländern* (GWK) – die frühere *Bund-Länder-Kommission für Bildungsplanung und Forschungsförderung* – sind. Die Länder haben zur Koordinierung wichtiger gemeinsamer Aufgaben in diesem Bereich die *Konferenz der Kultusminister der Länder der Bundesrepublik Deutschland* (KMK) eingerichtet, die Gemeinden die *Kommunale Gemeinschaftsstelle für Verwaltungsmanagement* (KGSt), die sich mit Führung, Steuerung und Organisation der Kommunalverwaltung befasst.

Quantitativ betrachtet sind die Gemeinden der bedeutendste öffentliche Träger von Bibliotheken. Während praktisch alle Großstädte und die überwiegende Mehrheit der Mittelstädte Öffentliche Bibliotheken betreiben, trifft dies auf die Masse der Gemeinden mit weniger als 5.000 Einwohnern nicht zu. Daneben führen einige wenige Städte noch eigenständige Wissenschaftliche Stadtbibliotheken fort; sie sind zumeist mit dem Gesamtsystem der Öffentlichen Bibliotheken am Ort organisatorisch verbunden. Grundsätzlich sind die Gemeinden in Deutschland nicht gesetzlich verpflichtet, eine Bibliothek zu unterhalten. In anderen erfolgreichen Bildungsnationen wie Finnland, Dänemark oder Großbritannien wird eine derartige Pflicht hingegen durch ein nationales Bibliotheksgesetz begründet.

Die (Land-)Kreise sind als Kommunalverbände ebenfalls am Bibliothekswesen beteiligt. Einige von ihnen unterhalten Kreis- oder Kreisergänzungsbibliotheken – teilweise gemeinsam mit der Bibliothek der Kreisstadt. Andere haben eine rechtsfähige kommunale Stiftung errichtet, die ihrerseits Trägerin der Kreisbibliothek ist (so z. B. der Kreis Ostholstein in Eutin). Einzelne Kreise sind auch Träger von Fahrbibliotheken.

In den 1980er- und 1990er-Jahren haben sich einige Gemeinden entschlossen, für ihre Öffentliche Bibliothek eine andere als die übliche Rechtsform (die Bibliothek als Teil der Stadtverwaltung) zu wählen: Eigenbetrieb, gGmbH oder GmbH. Diese sind zwar privatrechtlich konstituiert, bleiben aber auf externe Finanzierung durch die Kommune angewiesen. Man erhoffte sich davon eine stärker an wirtschaftlichen Grundsätzen orientierte und vor allem flexiblere Betriebsform. Bekannt wurden vor allem Fälle einer Bibliotheks-GmbH in Gütersloh. In Monheim, Schriesheim und Siegburg wurde eine GmbH-Lösung nach wenigen Jahren wieder rückgängig gemacht.

Eine privatrechtliche Trägerschaft wird sich wohl nicht zu einer ernsthaften Alternative zur Öffentlichen Bibliothek als Teil der Stadtverwaltung entwickeln.

Die Aufwendungen staatlicher und kommunaler Instanzen für die Bibliotheken werden in der Bundesrepublik nicht durch besondere Gesetze bestimmt oder vorgeschrieben:

- Der Bund ist für eine solche Gesetzgebung, die etwa in den skandinavischen Ländern selbstverständlich ist, nicht zuständig; es erscheint trotz aller bibliothekspolitischer Bemühungen nicht einmal ein Bibliotheksförderungsgesetz realisierbar, wie es in den ebenfalls föderal strukturierten USA mit dem „Library Services and Construction Act" zustande gekommen ist.
- Die Länder wollen sich in ihren Aufwendungen für kommunale oder kirchliche Bibliotheken nur ungern langfristig festlegen, zumal die Aufwendungen der Länder und Gemeinden für Bibliotheken mit jenen für andere kulturelle Einrichtungen (Museen, Theater, Orchester) konkurrieren.
- Bei den Gemeinden besteht darüber hinaus die Befürchtung, dass der Bereich ihrer freiwilligen Aufgaben und des Spielraums freier Selbstverwaltung durch den Erlass von Bibliotheksförderungsgesetzen der Länder eingeengt werden könnte.

Dennoch ist es seit 2008 durch vielfältige Anstrengungen des *Deutschen Bibliotheksverbandes e. V.* (dbv) gelungen, dass in fünf Bundesländern die jeweiligen Parlamente eigene Landesbibliotheksgesetze verabschiedeten: Thüringen (2008), Sachsen-Anhalt (2010), Hessen (2010), Rheinland-Pfalz (2014) und Schleswig-Holstein (2016) legten Gesetze vor, die jedoch keine Leistungsgesetze darstellen, da sie keine bindenden Normen oder Standards enthalten, sondern nur den Ist-Zustand beschreiben und viele ihrer Aussagen eher empfehlenden Charakter haben. Immerhin sprechen die Landesgesetze erstmals von Bibliotheken als „Bildungseinrichtungen" und sie stellen die vorher rechtsformal oft verstreut erwähnten Pflichtexemplarregelungen für die Landesbibliotheken nunmehr an einheitlicher Stelle auf eine aktuelle Basis (▶ 4.2.2).

Auf Seiten vieler Gemeinden ist die Bedeutung eines Netzes leistungsfähiger Öffentlicher Bibliotheken in der Informationsgesellschaft bislang verkannt worden; eine Reihe von Groß- und Mittelstädten, in denen in den letzten 15 Jahren attraktive Bibliotheksneubauten entstanden, sind als positive Ausnahmen und ‚Leuchttürme' mit Vorbildcharakter zu bewerten. Es ist dennoch bislang nicht flächendeckend und im notwendigen Maße zur gemeinsamen Finanzierung der für solche Systemstrukturen erforderlichen Infrastruktureinrichtungen und -maßnahmen gekommen.

Die Länder sind Träger zahlreicher Wissenschaftlicher Bibliotheken. Sie betreiben Landes- und Staatsbibliotheken und als Träger der meisten Hochschulen auch die überwiegende Zahl der Hochschulbibliotheken, dazu Bibliotheken anderer landeseigener Einrichtungen, z. B. Museumsbibliotheken und Bibliotheken landeseigener Forschungs- oder Bildungsinstitutionen. Auch die bibliothekarischen Studienstätten werden von den Ländern unterhalten. Weitere Infrastruktureinrichtungen wie die Verbundzentralen stehen ebenfalls in der Trägerschaft der Länder. Darüber hinaus fördern oder ermöglichen die Länder durch entsprechende Mittel konkrete Maßnahmen und Projekte, Fortbildungskurse, Arbeitstagungen bibliothekarischer Verbände oder die Veröffentlichung von Fachzeitschriften. In den wenigen Bundesländern, in denen zur Förderung Öffentlicher Bibliotheken und zur Schaffung gleichwertiger Verhältnisse bei der allgemeinen Literatur- und Informationsversorgung Fördermittel bereitgestellt werden, obliegt deren sinnvolle Verteilung den von den Ländern eingerichteten bzw. von ihnen geförderten Staatlichen Büchereistellen (Fachstellen) für Öffentliche Bibliotheken bzw. Büchereizentralen. Sie spielen für die Gesamtentwicklung des Bibliothekswesens, vor allem in den ländlichen Gebieten und in den Flächenstaaten, eine wichtige Rolle.

Wegen der Kulturhoheit der Länder tritt der Bund nur in wenigen Fällen als Bibliotheksträger in Erscheinung. Zu den wichtigsten Bibliotheken in seiner Trägerschaft gehört die *Deutsche Nationalbibliothek* (Leipzig, Frankfurt am Main) (▶ 5.3.1). In ihr wird das gesamte deutsche Schrifttum seit 1913 gesammelt, aufbewahrt und erschlossen. Außerdem ist der Bund Träger der *Bibliothek des Deutschen Bundestages*, der Bibliotheken der obersten Bundesbehörden, der Bundesgerichte und zahlreicher Bundesforschungsanstalten.

Institutionen, deren Funktion ganz oder zum großen Teil über die eigene Region hinausgeht, werden aufgrund der Rahmenvereinbarung Forschungsförderung gemäß Art. 91 b GG von Bund und Ländern gemeinsam finanziert. Es sind dies die Einrichtungen der *Wissenschaftsgemeinschaft Gottfried Wilhelm Leibniz* (WGL, früher Einrichtungen der Blauen Liste genannt), unter ihnen zwei der drei *Zentralen Fachbibliotheken* in Hannover (Technik) und Kiel/Hamburg (Wirtschaft). Die dritte Zentrale Fachbibliothek, die *Deutsche Zentralbibliothek für Medizin – Informationszentrum Lebenswissenschaften* (ZB MED, Köln und Bonn) wurde 2014 in eine Stiftung öffentlichen Rechts umgewandelt und seitdem vom Bundesgesundheitsministerium und vom Land Nordrhein-Westfalen gefördert.

Eine Sonderstellung nehmen Bibliotheken ein, die auf Stiftungen öffentlichen Rechts gründen. Solche Stiftungen sind rechtsfähige juristische Personen mit eigenen Organen, d. h. in der Regel einem Stiftungsrat (auch: Verwaltungsrat) und einem Vorstand oder Präsidenten. Durch ihre Organe regeln sie ihre Angelegenheiten selbstständig. Finanziell sind sie freilich von den Zuwendungen der Stifter und damit von den jährlichen Haushaltsentscheidungen der betreffenden Gebietskörperschaften abhängig. Als überregional bedeutende Einrichtungen zu erwähnen sind in diesem Zusammenhang:

- die *Staatsbibliothek zu Berlin* (SBB), die sich in der Trägerschaft der *Stiftung Preußischer Kulturbesitz* befindet: eine wissenschaftliche Universalbibliothek von Weltrang
- die *Herzogin Anna Amalia Bibliothek* in Weimar, getragen von der *Stiftung Weimarer Klassik*: die führende Spezialbibliothek zur Literatur der Deutschen Klassik
- die *Hauptbibliothek der Franckeschen Stiftungen* in Halle, unterhalten von den *Franckeschen Stiftungen*: eine einzigartige Spezialbibliothek zu Pietismus und Frühaufklärung
- die *Zentral- und Landesbibliothek Berlin* (ZLB) in Trägerschaft der gleichnamigen Stiftung: eine Einrichtung, die mit drei Standorten in Berlin sowohl als Öffentliche Bibliothek wie auch als Wissenschaftliche Stadtbibliothek und als Fachbibliothek für die Senatsverwaltung von Bedeutung ist.

Als Körperschaften öffentlichen Rechts, die als Träger von Bibliotheken auftreten, sind schließlich noch die Industrie- und Handelskammern zu nennen. Mehrere von ihnen unterhalten bedeutende Bibliotheken, so etwa die *Handelskammer Hamburg* (Commerzbibliothek) oder die *Industrie- und Handelskammer* in Köln. Einrichtung und Unterhaltung werden durch die Organe der Kammern, d. h. die Mitgliederversammlung und den Präsidenten geregelt; für die laufenden Angelegenheiten ist der Geschäftsführer verantwortlich. Die Kammern finanzieren sich aus den Beiträgen der Mitgliedsfirmen.

5.1.2 Die Kirchen

Unter den kirchlichen Bibliotheksträgern sind zunächst die Gebietskörperschaften der unteren und der oberen Ebene, d. h. einerseits Pfarreien (Pfarrgemeinden, Kirchengemeinden), andererseits Landeskirchen bzw. Bistümer (Diözesen) zu nennen.

Viele Pfarreien sind Träger kleinerer Öffentlicher Bibliotheken mit meist nur einigen tausend Bänden und fast ausschließlich ehrenamtlicher Leitung. Um ihre Aufgaben vor allem im Bereich der Kinder- und Jugendbüchereiarbeit qualifiziert erfüllen zu können, kooperieren diese Bibliotheken – je nach ihrer konfessionellen Zugehörigkeit – mit dem *Evangelischen Literaturportal e. V.* (eliport) – dem früheren *Deutschen Verband Evangelischer Büchereien* (DVEB) – oder mit dem katholischen *Borromäusverein* (BV) bzw. in Bayern dem *St. Michaelsbund*, deren Zweck die Förderung, Koordinierung und öffentliche Vertretung der kirchlichen Büchereiarbeit ist.

Die Einrichtung und Unterhaltung einer Öffentlichen Bücherei der Pfarrgemeinde ist Sache der zuständigen Entscheidungsträger, zunächst des Pfarrers, aber auch der ihm nach innerkirchlichem und staatlichem Recht zur Seite stehenden oder die Kirchengemeinde rechtlich vertretenden Gremien, d.h. des Gemeindekirchenrats (auch andere Bezeichnungen wie z.B. Presbyterium kommen vor) bzw. des Pfarrgemeinderats und des Kirchenvorstands. Die kirchlichen Gebietskörperschaften der oberen Ebene treten normalerweise als Förderer, nicht als Träger Öffentlicher Bibliotheken auf. Sowohl die evangelischen Landeskirchen als auch die katholischen Bistümer (Diözesen) unterhalten Büchereistellen, die in Aufgaben und Arbeitsweise durchaus den Staatlichen Büchereistellen bzw. Büchereizentralen entsprechen, d.h. sie sind vor allem in der Beratung und Unterstützung der Pfarrbibliotheken in ihrem Zuständigkeitsbereich tätig.

Die meisten Landeskirchen und die Bistümer (Diözesen) sind darüber hinaus Träger von Landeskirchlichen Bibliotheken bzw. Bistumsbibliotheken (Diözesanbibliotheken), die als Fachbibliotheken geisteswissenschaftlicher Prägung einen integralen Teil des Typs „Wissenschaftliche Spezialbibliothek" bilden. Ihre Einrichtung und Unterhaltung ist Sache der Kirchenleitung, d.h. des Bischofs und der nach den jeweiligen Vorschriften zuständigen Gremien (Synode, Kirchensteuerrat u. ä.). Insgesamt existieren in Deutschland rund 250 kirchlich-wissenschaftliche Bibliotheken, von denen die meisten in der *Arbeitsgemeinschaft katholisch-theologischer Bibliotheken* (AKThB) und im *Verband kirchlich-wissenschaftlicher Bibliotheken* (VkwB) organisiert sind. Die Diözesanbibliotheken übernehmen als Regionalbibliotheken die Literaturversorgung der jeweiligen Bistümer. Ihre Bestände und Dienstleistungen stehen nicht nur den haupt- und ehrenamtlichen kirchlichen Mitarbeitern, Wissenschaftlern und in Ausbildung oder Studium befindlichen Personen zur Verfügung, sondern grundsätzlich auch der Allgemeinheit. Beispielhaft sind die *Erzbischöfliche Diözesan- und Dombibliothek* in Köln, die *Martinus-Bibliothek* – Wissenschaftliche Diözesanbibliothek im Priesterseminar – in Mainz, die Priesterseminarbibliothek in Trier, die Diözesanbibliotheken in Münster und Würzburg, die Dombibliotheken in Freising und Hildesheim sowie die Erzbischöfliche Akademische Bibliothek in Paderborn zu nennen.

Die kirchlichen Hochschulen, Fakultäten und Fachhochschulen der Bistümer, Orden und anderer kirchlicher Träger besitzen ebenfalls umfangreiche Bibliotheken zur Literaturversorgung von Forschung und Studium. Angelehnt an die meist mit geisteswissenschaftlich, theologisch-philosophischen und sozialen Schwerpunkten ausgerichteten Studienangebote bieten sie ihren Wissenschaftlern und Studenten entsprechende Literatur und Medien. Die *Theologisch-Philosophischen Hochschulen St. Georgen* in Frankfurt a. M., Benediktbeuern und Vallendar und die *Priesterseminarbibliothek* in Fulda sowie die katholischen Fachhochschulen mit ihren Bibliotheken sind bekannte Beispiele der kirchlichen Hochschulbibliotheken. Eine Ausnahmestellung nimmt die Bibliothek der *Katholischen Universität Eichstätt* bezüglich ihrer Größe und Bestandsvielfalt ein.

Eine besondere Gruppe unter den kirchlichen Bibliotheksträgern bilden die katholischen Ordensgemeinschaften. Die Ordens- und Klosterbibliotheken bieten ein sehr differenziertes Bild. Abhängig von Geschichte, Ordensprofil und Aufgaben der jeweiligen Bibliotheken sind Bestandszahlen und inhaltliche Struktur sehr unterschiedlich. Sie reichen von großen theologisch-philosophischen Bibliotheken, wie z. B. in den *Benediktinerabteien Maria Laach* und *Beuron*, bis hin zu kleineren Spezialbibliotheken mit überwiegend ordensspezifischen Publikationen oder theologischen Gebrauchsbibliotheken. Dabei finden sich neben der aktuellen theologisch-philosophischen Literatur und Literatur anderer Wissensgebiete auch vielfältige historische Bestände an Handschriften, Inkunabeln und alten Drucken. Da die Ordensgemeinschaften nicht über Kirchensteuermittel verfügen, müssen sich diese Bibliotheken allein aus ihren beschränkten Eigenmitteln finanzieren.

5.1.3 Der private Sektor

Private Bibliotheksträger können Vereine bürgerlichen Rechts (e. V.), Wirtschaftsunternehmen – so z. B. Aktiengesellschaften (AG), Gesellschaften mit beschränkter Haftung (GmbH) –, Stiftungen bürgerlichen Rechts oder auch natürliche Personen sein; letzteres trifft vor allem im Fall der Adelsbibliotheken zu.

Eingetragene Vereine (e. V.), die eine Bibliothek einrichten und unterhalten, kommen besonders im Bereich der Organisationen mit wirtschaftlichen Interessen vor; dazu gehören auch verschiedene große berufsständische Vereinigungen mit ortsfesten Zentralen, beispielsweise das *Stahlinstitut* VDEh, früher *Verein Deutscher Eisenhüttenleute* oder der *Verein Deutscher Gießereifachleute* (VDG), beide Düsseldorf. Außerdem bestehen eingetragene Vereine mit ausschließlich ideeller Zielsetzung, die Träger eigener Bibliotheken sind, wie das *Sorbische Institut e. V.* in Bautzen als Träger der Sorbischen Zentralbibliothek, die *Deutsche Schillergesellschaft e. V.* als Trägerin des *Schiller-Nationalmuseums/Deutsches Literaturarchiv*, der *Deutsche Alpenverein e. V.* (DAV) in München u. a. m. Mitunter ist eine derartige Bibliothek selbst als eingetragener Verein organisiert und hat daher gar keinen ihr übergeordneten Träger, wie etwa die *Bibliothek des Deutschen Jugendinstituts e. V.* in München als sozialwissenschaftliche Spezialbibliothek mit einer Außenstelle in den *Franckeschen Stiftungen* in Halle (Saale). Die Vereinsbibliotheken gehören durchweg in die Gruppe der Spezialbibliotheken; über ihre Einrichtung und Unterhaltung entscheiden die nach Vereinsrecht des BGB und der jeweiligen Satzung zuständigen Organe (Vorstand, Beirat, Mitgliederversammlung).

Die Rechtsform einer Stiftung privaten Rechts wird für die Trägerschaft einer Bibliothek nur selten gewählt, und zwar hauptsächlich dann, wenn es um die dauerhafte und maßgebliche Beteiligung bestimmter Institutionen an der zukünftigen Gestaltung der Bibliothek geht; diese wird durch Mitgliedschaft in dem Kuratorium, dem Entscheidungsorgan der Stiftung, sichergestellt. Ein Beispiel hierfür bietet die *Johannes a Lasco Bibliothek Große Kirche Emden*, die sich in rein kirchlicher Trägerschaft befand, ehe sie im Jahre 1993 als Stiftung bürgerlichen Rechts verselbstständigt worden ist. Ein anderes Beispiel ist die *Bibliothek des Ruhrgebiets* in Bochum (Stiftung privaten Rechts), die im Jahre 1998 gemeinsam von mehreren privat- und öffentlich-rechtlich organisierten Körperschaften gegründet worden ist. Als größtes Bibliothekssystem in einer Großstadt in Deutschland gelten die in Trägerschaft einer Stiftung des privaten Rechts stehenden, 1899 gegründeten *Bücherhallen* im Stadtstaat Hamburg.

Einzelne große wirtschaftliche Unternehmen sind – mittlerweile jedoch immer seltener – Träger Öffentlicher Bibliotheken, häufig Werkbibliotheken genannt; wesentlich verbreiteter ist der Unterhalt von firmeneigenen Fachbibliotheken, oft werden beide auch kombiniert. Die Einrichtung und Unterhaltung beider Typen obliegt den Organen des Unternehmens, d. h. im Falle der AG dem Vorstand, im Falle der GmbH den Geschäftsführern; Grundsatzentscheidungen sind dem Aufsichtsrat bzw. Verwaltungsrat vorbehalten. Im Falle unternehmenseigener Fachbibliotheken zeichnen sich interessante Entwicklungen ab. Aus den früher klassischen Bibliotheken sind z. T. integrierte Informationsabteilungen, Information Resource Center oder Abteilungen für

Wissensmanagement geworden, die nicht nur die früher getrennt arbeitenden institutionseigenen Archive, Bibliotheken und Dokumentationsstellen vereinen und ersetzen, sondern darüber hinaus neue Dienstleistungen des Informations- und Wissensmanagements erbringen (▶ 8.4.8).

Es gibt aufgrund der gesellschaftlichen Entwicklung nur noch wenige Einzelpersonen als Träger von Bibliotheken, die in einer Gesamtdarstellung des Bibliothekswesens erwähnt werden müssen. Dabei handelt es sich zumeist um das nach außen verantwortliche Familienmitglied („Chef des Hauses") einer Adelsfamilie, die über eine bedeutsame Adelsbibliothek verfügt. Die Adelsbibliotheken stellen einen Bibliothekstypus dar, dessen Bedeutung kontinuierlich zurückgegangen ist, der für spezielle geisteswissenschaftliche Forschung aber noch eine wichtige Rolle spielen kann. Die Entscheidungen werden von der adligen Familie getroffen und vom Chef des Hauses rechtlich vertreten. Als Beispiele mögen die *Fürstlich Hohenzollernsche Hofbibliothek* in Sigmaringen, die *Fürstlich Leiningensche Bibliothek* in Amorbach/Odenwald und die *Gräflich Solms-Laubach'sche Bibliothek* in Laubach/Hessen dienen.

5.2 Bibliotheksförderung

Organisierte private Bibliotheksförderung hat sich in Deutschland erst in neuester Zeit wirklich durchgesetzt, ausgeprägtes Mäzenatentum, wie beispielsweise in den angloamerikanischen Ländern häufiger anzutreffen, ist hingegen eine Ausnahme geblieben. Vor allem findet Förderung im Rahmen von eigens gegründeten Vereinen statt, deren Mitglieder Spenden und Beiträge sammeln, aus denen etwa Veranstaltungen besonderer Art finanziert und die zusätzliche Beschaffung von Ausstattungsgegenständen und Medien aller Art ermöglicht werden.

Derartige Vereine, vielfach „Förderverein", „Bibliotheksgesellschaft", „Freunde der Stadtbibliothek" o. ä. genannt, gibt es sowohl zur Förderung der Öffentlichen Bibliotheken in Großstädten wie z. B. Bremen als auch in kleineren Städten wie etwa Jülich und sogar in Stadtteilen (Bonn-Endenich). Auch eine wachsende Zahl Wissenschaftlicher Bibliotheken wird mittlerweile durch Fördervereine unterstützt, darunter die *Herzog August Bibliothek* Wolfenbüttel, *Franckesche Stiftungen* Halle an der Saale, *Sächsische Landesbibliothek – Staats- und Universitätsbibliothek* Dresden, Universitätsbibliothek Heidelberg, *Martin-Opitz-Bibliothek* Herne u. a.

Eine erwähnenswerte (wenn auch nur mittelbare) Förderung des Bibliothekswesens leisten Bund und Länder nach § 27 Abs. 2 des Urhebergesetzes durch die Zahlung einer Bibliothekstantieme an verschiedene Verwertungsgesellschaften, darunter für Publikationen an die VG Wort. Auf diese Weise werden die Ansprüche von Verlegern und Autoren aus Nutzung und Verleih von Originalen oder Vervielfältigungsstücken eines Werkes durch frei zugängliche Bibliotheken öffentlicher, kirchlicher und privater Träger pauschal abgegolten. Da eine vollständige Erfassung aller Entleihvorgänge in jeder einzelnen Bibliothek undurchführbar ist, liefern die Deutsche Bibliotheksstatistik (DBS) und repräsentative Einzeluntersuchungen die Anhaltspunkte für die Höhe der Pauschale. Eine entsprechende Regelung für die Ausleihe von Tonträgern wurde mit der *Gesellschaft für musikalische Aufführungs- und mechanische Vervielfältigungsrechte* (GEMA) vereinbart, eine Regelung für angewandte Kunst und für Lichtbild-, Film- und Fernsehwerke mit der VG BILD-KUNST. Durch diese Regelungen wird bislang gesichert, dass bei der Nutzung der Medien in den Bibliotheken keine eigenen Gebühren entstehen, die aus Autoren- und Verlegeransprüchen resultieren. Zur Geltendmachung der Bibliothekstantieme wurde die *Zentralstelle Bibliothekstantieme* (ZBT) gegründet.

5.3 Die verschiedenen Arten von Bibliotheken (Bibliothekstypologie)

Im Spektrum bibliothekarischer Informationseinrichtungen hat sich eine große Vielfalt entwickelt. Zur Unterscheidung der einzelnen Typen wurden in der Vergangenheit Kriterien entwickelt und in unterschiedlicher Gewichtung und Kombination angewendet. In der herkömmlichen Bibliothekstypologie waren dies u. a.:

- der Umfang der Bestände
- die Art der Bestände
- der Versorgungsbereich
- die Zielgruppen
- die Trägerinstitution
- die Hauptfunktionen der Bibliothek
- die Rechtsform.

Zukünftig dürften folgende Kriterien stärker in den Vordergrund treten, wenn es um Typisierung bibliothekarischer Informationseinrichtungen geht:

- Art und Anteil digitaler Medien
- Art und Anteil virtuell zugänglicher Informationsressourcen
- Art und Umfang digital basierter Informationsdienstleistungen
- Art und Umfang virtueller Informationsdienstleistungen
- Bindungen an neue Partner (z. B. Rechenzentrum einer Universität, Volkshochschule), die von strategischen Allianzen bis zur Verschmelzung gehen können
- Relation und Gewichtung des physischen Standortes und der virtuellen Zugänglichkeit bibliothekarischer Bestände und Informationsdienstleistungen.

Die Kennzeichnung bestimmter Gruppen von Bibliotheken nach dem Umfang der Bestände ist im Öffentlichen Bibliothekswesen gebräuchlich und dort von einiger praktischer Bedeutung: Man unterscheidet Großstadtbibliotheken (die i. d. R. sechsstellige Bestandszahlen aufweisen) von Mittel- und Kleinstadtbibliotheken (mit wesentlich geringeren Bestandszahlen); die Kennzeichnung nach der Art der Bestände kann als eines von mehreren Merkmalen der generellen Unterscheidung zwischen Öffentlichen und Wissenschaftlichen Bibliotheken herangezogen werden. Konstitutiv aber ist das Kriterium „Art der Bestände" für die Unterscheidung zwischen Universal- und Spezialbibliotheken.

Die Unterscheidung nach dem Versorgungsbereich ist nützlich, um einerseits auf die Nutzungsberechtigung bestimmter Personenkreise abzuheben, andererseits um auf den Unterhaltsträger hinzuweisen; sie zeigt sich in Namen wie Stadt- und Regionalbibliothek, Universitäts- und Landesbibliothek, *Deutsche Zentralbibliothek für Medizin* o. ä.

Die Einteilung nach den Zielgruppen drückt sich z. B. in der Unterscheidung von Wissenschaftlichen und Öffentlichen Bibliotheken aus. Spricht man von Wissenschaftlichen Bibliotheken, sind damit Bibliotheken gemeint, deren spezifische Aufgabe die Versorgung wissenschaftlich interessierter Nutzer ist. Spricht man von Öffentlichen Bibliotheken, so meint man damit Bibliotheken für die breite Öffentlichkeit, die im Unterschied zu den Wissenschaftlichen Bibliotheken eine höchst heterogene Benutzerschaft ansprechen. Bis zur Mitte des 20. Jahrhunderts wurde der Begriff „Volksbücherei" verwendet, der dann durch die Übersetzung des angloamerikanischen Begriffs „Public Library" (Öffentliche Bibliothek) ins Deutsche abgelöst wurde. Hinsichtlich der

Bestände und Benutzer kann es z. B., was wissenschaftliche Grundlagenliteratur betrifft, in Großstädten Überschneidungen zwischen Öffentlichen und Wissenschaftlichen Bibliotheken geben.

Die Unterscheidung der Bibliotheken nach Trägern dient vor allem dazu, die Verantwortlichkeit einer Körperschaft oder Organisation für eine bestimmte Bibliothek zu verdeutlichen: Stadtbibliothek, Hochschulbibliothek, Institutsbibliothek, Verwaltungsbibliothek, Betriebsbücherei. Die Rechtsform ist i. d. R. abhängig von der Trägerschaft; die meisten Bibliotheken sind rechtlich unselbstständiger Teil des Trägers.

Nach den Hauptfunktionen können z. B. Gebrauchsbibliotheken von Archivbibliotheken unterschieden werden oder Zentralbibliotheken von Zweigbibliotheken, aber auch Wissenschaftliche von Öffentlichen Bibliotheken.

Die aufgeführten Einteilungskriterien sind keineswegs in jedem Fall eindeutig, sondern überlappen sich in vielfältiger Weise. Hinzu tritt eine weitere Schwierigkeit: Oft tragen Bibliotheken z. B. aus historischen Gründen einen Namen wie etwa „Stadtbibliothek", der zunächst die typologische Zuordnung zum Typus Öffentliche Bibliothek und eine kommunale Trägerschaft nahe legt. Dabei kann es sich tatsächlich aber durchaus um eine wissenschaftliche Spezialbibliothek oder um eine Universalbibliothek handeln, deren Träger und Versorgungsbereich eine Hochschule ist. Aus dem Eigennamen der Bibliothek darf nicht ohne Weiteres auf ihre Funktion, ihren Träger und den Versorgungsbereich geschlossen werden, wie die folgenden Beispiele zeigen:

Tabelle 13: Vieldeutigkeit bibliothekarischer Eigennamen

Name	Bibliothekstyp	Träger	Versorgungsbereich
Stadt- und Regionalbibliothek Erfurt	ÖB, Wiss. StB	Stadt Erfurt	Erfurt und Umgebung
Stadtbibliothek Rostock	ÖB	Stadt Rostock	Rostock und Umgebung
Stadt- und Landesbibliothek Dortmund	ÖB, Wiss. StB	Stadt Dortmund	Dortmund und Region
Stadt- und Landesbibliothek Potsdam	ÖB, LB	Stadt Potsdam mit Landeszuschüssen	Potsdam und Land Brandenburg
Universitäts- und Stadtbibliothek Köln	UB	Land Nordrhein-Westfalen	Universität Köln, Region Rheinland
Städtische Bibliotheken Braunschweig	ÖB, Wiss. StB	Stadt Braunschweig	Braunschweig und Umgebung
Staatsbibliothek Bamberg	Regionalbibliothek	Freistaat Bayern	Reg.-Bez. Oberfranken

Der „Bibliotheksplan '73" und das Positionspapier „Bibliotheken '93" (▶ 6.1) machen den Bedarf, d. h. den Versorgungsbereich zum entscheidenden Kriterium und unterteilen die deutschen Bibliotheken in vier Funktionsstufen:

– Funktionsstufe 1: Grundbedarf und erweiterter Grundbedarf
– Funktionsstufe 2: Gehobener Bedarf
– Funktionsstufe 3: Spezialisierter Bedarf
– Funktionsstufe 4: Hochspezialisierter Bedarf.

Tabelle 14: Bibliothekstypologie nach Bedarf und Versorgungsbereich gemäß „Bibliotheksplan '73" und „Bibliotheken '93"

Raumordnung	Kleinzentrum, Unterzentrum	Mittelzentrum	Oberzentrum	Landesebene	Bundesebene
Bedarf	Grundbedarf	Erweiterter Grundbedarf	Gehobener Bedarf	Spezialisierter Bedarf	Hochspezialisierter Bedarf
Funktionsstufe	Funktionsstufe 1	Funktionsstufe 1 (erweitert um zusätzliche Merkmale)	Funktionsstufe 2	Funktionsstufe 3	Funktionsstufe 4
wichtigste Funktionen	Information für d. öffentl. Leben, schul. u. berufl. Ausbildung, Beruf, Alltag, Freizeit Leseförderung Integration verschiedener Bevölkerungsgruppen Kulturarbeit	Bestandszentrum Leihverkehrszentrale	Wissenschaftl. Betätigung Lernzentrum Ausgebaute multimediale Angebote	Information u. Medien für Forschung u. Lehre Aus-, Weiter- u. Fortbildung auch in spez. Bereichen Wirtschaftsinformation	Umfassende Medienbestände Sammlung dokumentar. Materials Archivierung
Bibliotheken	ÖB der Grundversorgung	Mittelpunktbibliotheken	ZB großstädtischer Bibliothekssysteme	Hochschul- u. Landesbibliotheken Spezialbibliotheken ZB großer Großstädte	DNB große Staatsbibliotheken Zentrale Fachbibliotheken Slg. Dt. Drucke Spezialbibliotheken
Kooperation	Funktionale Einheit in Verbundform, möglichst als System Leihverkehr		Zentrale eines lokalen oder regionalen Bibliothekssystems	Katalogisierungsverbünde Leihverkehr Mitarbeit an Fachportalen	Zentrale Dienstleistungen Arbeitsteiliges System fachlicher Informationsdienstleistungen (FIDs) Leihverkehr

Im Folgenden wird in der Regel die Hauptfunktion der einzelnen Bibliothek zum unterscheidenden, typisierenden Merkmal gemacht. Daneben können andere Merkmale eine zusätzliche Rolle spielen; das gilt etwa für die Landes- und anderen Regionalbibliotheken, bei denen hinsichtlich Aufgabenstellung und Trägerschaft zahlreiche Mischformen vorkommen. Der einzelne Typ wird nur in den für ihn wesentlichen Zügen beschrieben. Lediglich in Ausnahmefällen werden konkrete, dem einzelnen Typus zugehörige Bibliotheken in einer knappen Skizze vorgestellt.

Der Frage, ob bzw. wie weit sich die Unterschiede zwischen den herkömmlichen Typen von Bibliotheken auf der Grundlage digitaler Informationstechnik und weltweiter Vernetzung verwischen werden, kann an dieser Stelle nicht nachgegangen werden. Fest steht jedoch, dass mit der Digitalen, der Virtuellen und der Hybriden Bibliothek neue Formen entstanden sind, die auf die jüngste technische Entwicklung zurückgehen und nicht leicht in die bisherige Bibliothekstypologie eingeordnet werden können. Dies hängt auch damit zusammen, dass z. B. die Virtuelle Bibliothek nicht wie alle bisherigen Bibliothekstypen mit nur einem oder wenigen physischen Orten verbunden werden kann.

5.3.1 Nationalbibliothek und nationalbibliothekarische Aufgaben

Für die Bundesrepublik Deutschland erfüllt die *Deutsche Nationalbibliothek* jene Aufgaben, die nach einem international anerkanntem Standard (UNESCO-Kriterien) als eindeutige Kennzeichen einer Nationalbibliothek gelten: Laut „Pflichtablieferungsverordnung" sammelt und archiviert sie (allerdings erst von 1913 an) das nationale Schrifttum sowie die entsprechenden Tonträger und Musikalien vollständig, erschließt diese Sammlung durch Erarbeitung und Veröffentlichung der Nationalbibliografie und macht sie an ihren Standorten Leipzig und Frankfurt am Main für jedermann frei zugänglich. Das zur DNB gehörende ursprünglich in Berlin angesiedelte *Deutsche Musikarchiv* (DMA) zog 2011 in den jüngsten Anbau der Deutschen Bücherei, Leipzig, um. Um auch den Erscheinungszeitraum vor 1913 zu berücksichtigen, ist mit der *Arbeitsgemeinschaft Sammlung Deutscher Drucke* (▶ 6.5.1) seit 1989 eine „Virtuelle Nationalbibliothek" geschaffen worden. Zu den sechs beteiligten Bibliotheken gehört auch die DNB.

Während die Nationalbibliotheken zahlreicher anderer Staaten darüber hinaus das wissenschaftliche Schrifttum fremder Sprachen und Kulturen in repräsentativer Auswahl sammeln, wird diese nationalbibliothekarische Aufgabe in Deutschland vor allem von der *Staatsbibliothek zu Berlin – Preußischer Kulturbesitz* und der *Bayerischen Staatsbibliothek* in München erfüllt. Unter fachlichen Gesichtspunkten wurde die fremdsprachige wissenschaftliche Literatur darüber hinaus bis zum Jahr 2014/15 auf der Grundlage des ehemaligen „Sondersammelgebietsplans" der *Deutschen Forschungsgemeinschaft* (DFG) erworben, in den neben 23 Staats- und Universitätsbibliotheken sowie 12 Spezialbibliotheken auch die drei *Zentralen Fachbibliotheken* eingebunden gewesen waren (▶ 6.5.1). Im Rahmen des neuen DFG-Förderprogramms „Fachinformationsdienste für die Wissenschaft" wird seit 2015 der thematische Schwerpunktausbau der Medienbestände mit veränderten Kriterien in eingeschränktem Umfang fortgesetzt. Auf diese Weise bestand bis zu diesem Zeitpunkt (auch unter Einschluss der SBB und der BSB) eine verteilte nationale Forschungsbibliothek, deren Erwerbungsprofil einst uneingeschränkt alle, derzeit die meisten relevanten Wissenschaftsfächer umfasst. Das FID-Programm verzichtet explizit auf die „Reservoirfunktion".

Die Deutsche Nationalbibliothek

Deutsche Bücherei Leipzig und *Deutsche Bibliothek* Frankfurt a. M. mit der Abteilung *Deutsches Musikarchiv* (früher Berlin, seit 2011 Leipzig) wurden durch den „Einigungsvertrag" mit Geltung vom 3. Oktober 1990 zunächst unter dem Namen *Die Deutsche Bibliothek* und seit 2006 als *Deutsche Nationalbibliothek* (DNB) zusammengeschlossen. Organisiert ist die DNB als bundesunmittelbare Anstalt öffentlichen Rechts. Zur Bezeichnung überregionaler Organisationen und Institutionen in der deutschen Sprache wird gewöhnlich das Wort „deutsch" und gerade nicht das Wort „national" verwendet. Ungeklärt bleibt die Frage, aus welchem Grunde der Gesetzgeber den Namen der Deutschen Bibliothek geändert hat. In der *British Library* hatte die *Deutsche Bibliothek* ein sprachlich überzeugendes Pendant.

Die *Deutsche Bücherei* war im Jahre 1912 im Deutschen Reich durch den damaligen *Börsenverein der Deutschen Buchhändler* zu Leipzig mit Unterstützung der Stadt Leipzig und des Königreichs Sachsen in Leipzig gegründet worden; die Deutsche Bibliothek entstand im Jahre 1946 auf verlegerische und bibliothekarische Initiative mit Unterstützung der Stadt Frankfurt am Main und mit Zustimmung der US-amerikanischen Militärregierung, das *Deutsche Musikarchiv* schließlich im Jahre 1970 durch bundesgesetzlichen Auftrag in Berlin (West). Die Zugehörigkeit der *Deutschen Bücherei* zur DDR und der *Deutschen Bibliothek* einschließlich des *Deutschen Musikarchivs* zur (alten) Bundesrepublik hat die Entwicklung dieser Einrichtungen jahrzehntelang maßgeblich bestimmt.

Die *Deutsche Nationalbibliothek* ist u. a.:
- zentrale Archivbibliothek der deutschsprachigen Literatur und der Germanica (im Ausland erschienene Übersetzungen deutschsprachiger Werke und der dort veröffentlichten Literatur über Deutschland) für den Erscheinungszeitraum ab 1913
- zentrale Archivbibliothek der in Deutschland erschienenen fremdsprachigen Literatur (ab 1913)
- Deutschlands zentrales Musikarchiv (für Tonträger ab 1970 und für Musikalien ab 1973)
- zentrale Sammelstelle der Exilliteratur 1933–1945
- Trägerin weiterer bedeutender Sondersammlungen (Sozialistica, Plakate, Patentschriften, Dokumente internationaler Organisationen, Reichsbibliothek von 1848)
- öffentliche Präsenzbibliothek an den beiden Standorten Leipzig und Frankfurt am Main
- nationalbibliografisches und nationales musikbibliografisches Informationszentrum
- deutsche Partnerin in internationalen Gremien wie IFLA, CENL, LIBER und in internationalen Projekten wie *The European Library* (TEL) und *Europeana*
- Trägerin der *Arbeitsstelle für Standardisierung* (AfS) und damit Koordinatorin für die Entwicklung bibliothekarischer Standards und Normen (Regelwerke, Normdateien, Datenformate)
- Betreiberin und Koordinatorin der *Deutschen Digitalen Bibliothek* (DDB), des gemeinsamen Projektes von Bund, Ländern und Kommunen, das den deutschen Beitrag zur *Europeana* umfasst
- Koordinatorin von nestor, dem *Kompetenznetzwerk Langzeitarchivierung und Langzeitverfügbarkeit digitaler Ressourcen*
- nationales *ISSN-Zentrum*
- Herausgeberin der Zeitschrift „Dialog mit Bibliotheken", in der zweimal jährlich über die Aktivitäten und Dienstleistungsangebote der DNB informiert wird.

Als zentrale Archivbibliothek sammelt die *Deutsche Nationalbibliothek* in erster Linie sämtliche seit dem 1. Januar 1913 erschienenen deutschsprachigen Publikationen (Sprachkreiskonzeption) sowie im Inland erschienene fremdsprachige Publikationen (Territorialkonzeption). Zunächst lieferten viele, nicht alle Verlage je ein Exemplar einer jeden Neuerscheinung freiwillig ab, später (1969) wurde mit dem Gesetz über die Deutsche Bibliothek das Pflichtexemplarrecht in der Bundesrepublik eingeführt. Seit der Vereinigung Deutschlands liefern die Verlage je zwei Exemplare ihrer Veröffentlichungen ab; von diesen ist eines für Leipzig und eines für Frankfurt am Main bestimmt. Die dafür notwendige Grundlage wurde 2006 mit dem „Gesetz über die Deutsche Nationalbibliothek" (DNBG) grundlegend aktualisiert und zuletzt 2009 geringfügig modifiziert. Ausländische Verlage sind durch die gesetzlichen Regelungen in Deutschland nicht gebunden; ein Großteil der Verlage des deutschsprachigen Auslands gibt gleichwohl die deutschsprachigen Veröffentlichungen freiwillig in zwei Exemplaren ab. Fehlendes wird von der *Deutschen Nationalbi-*

bliothek gekauft. Ähnliches gilt für die Germanica, die teils von ausländischen Verlagen freiwillig geliefert, teils von ausländischen Nationalbibliotheken im Tausch geschickt, teils käuflich erworben werden.

Als zentrales Musikarchiv für die Bundesrepublik erhält die *Deutsche Nationalbibliothek* aus der laufenden Produktion der deutschen Musikverleger und Tonträgerhersteller je zwei Pflichtexemplare, aus Österreich und der deutschsprachigen Schweiz freiwillige Lieferungen; auch in diesem Bereich wird Fehlendes durch Kauf ergänzt. Die Lieferungen erfolgen an das *Deutsche Musikarchiv*, das 2011 von Berlin in den neuerbauten Anbau der DNB in Leipzig umzog.

Mit über 34 Mio. Medieneinheiten (Stand: 2019) ist die *Deutsche Nationalbibliothek* heute die mit Abstand größte Bibliothek in Deutschland, die Abteilung *Deutsches Musikarchiv* mit einem Bestand von rund 1,0 Mio. Musikalien und über 1,8 Mio. Tonträgern die größte deutsche Musikbibliothek. Bei der Bewertung des Gesamtbestandes der DNB ist allerdings zu berücksichtigen, dass die seit 1945 erschienenen Werke zu einem großen Teil sowohl in Leipzig als auch in Frankfurt a. M. vorhanden sind und daher doppelt zählen.

Als öffentliche Präsenzbibliothek stellt die *Deutsche Nationalbibliothek* ihre umfangreichen Bestände in Leipzig und Frankfurt a. M. jedermann zur Nutzung in ihren Lesesälen zur Verfügung. Ihre Funktion als Archivbibliothek mit der Verpflichtung zur besonders sorgfältigen, auf Dauer angelegten Bewahrung, Erhaltung und Pflege der Medien lässt eine Ausleihe der körperlichen Medien an die Benutzer nicht zu; das Risiko von Verlust oder Beschädigung darf diese Bibliothek nicht eingehen. Aus diesem Grunde nimmt die *Deutsche Nationalbibliothek* auch nur in beschränktem Umfang am Leihverkehr teil; nur dann, wenn ein Fernleihwunsch in keiner der Leihverkehrsregionen befriedigt werden kann, jedoch ein Exemplar des gewünschten Titels in der *Deutschen Nationalbibliothek* vorhanden ist, wird dieses Exemplar zur Verfügung gestellt. Der Online-Katalog der DNB erschließt deren Gesamtbestand und umfasst damit auch die Daten der „Deutschen Nationalbibliografie". Er ist zudem über die Metasuche des KVK adressierbar. Die DNB-Katalogdaten wurden in den WorldCat eingespielt und sind schließlich über das CENL-Projekt „The European Library (TEL)" recherchierbar. TEL bietet via Metasuche Zugang zu den Beständen von 48 europäischen Nationalbibliotheken.

Die *Deutsche Nationalbibliothek* hat die Kataloganreicherung mit digitalisierten Inhaltsverzeichnissen in den letzten Jahren systematisch und umfassend ausgebaut. Sie sind im Volltext durchsuchbar und können in die Recherche einbezogen werden, womit eine genauere Auswahl der für die Nutzung im Lesesaal zu bestellenden Werke möglich wird. 2018 sind über vier Mio. Inhaltsverzeichnisse am Bildschirm verfügbar.

Wachsendes Augenmerk legt die DNB im Rahmen ihres Qualitätsmanagements auf die Bestandserhaltung, um – unter Berücksichtigung der anerkannten internationalen Standards – Schäden und Abbauvorgänge an ihren Medien zu vermeiden bzw. zu minimieren. Schwerpunkte dieser Arbeit sind vor allem Präventivmaßnahmen und Mengenkonservierungsverfahren: Hierzu zählen u. a. archivgerechte Verpackungsformen, die Bestandspflege, Massenentsäuerungsverfahren und die konservatorische Unterstützung bei informationssichernden Verfahren. Ferner werden in der Konservierungswerkstatt systematisch Konservierungsmaßnahmen an unterschiedlichen Bestandsgruppen durchgeführt.

Deutsche Nationalbibliografie
Die *Deutsche Nationalbibliothek* kommt ihrer Aufgabe als nationalbibliografisches und nationales musikbibliografisches Zentrum nach, indem sie die Deutsche Nationalbibliografie erarbeitet und herausgibt. Ursprünglich erschien die Nationalbibliografie ausschließlich in gedruckter Form, später traten digitale Ausgaben hinzu. Seit 2010 gibt es nur noch eine digitale Online-Variante. In der Nationalbibliografie werden gemäß der Territorialkonzeption alle im Inland erschienenen Publikationen verzeichnet und gemäß der Sprachkreiskonzeption darüber hinaus alle im Ausland in deutscher Sprache publizierten Materialien. Mit der Verzeichnung der fremdsprachigen Veröffentlichungen über Deutschland und der Übersetzungen deutschsprachiger Werke, die im Ausland erschienen sind, erfüllt die Deutsche Nationalbibliografie auch die Anforderungen der landeskundlichen und rezeptionsgeschichtlichen Konzeption.

Der Formalerschließung lagen bis zum Umstieg auf RDA im Jahr 2017 die RAK zugrunde, für die Sacherschließung werden die RSWK und die DDC genutzt. Alle Dokumente werden nach Sachgruppen erschlossen, eine klassifikatorische Feinerschließung nach DDC erfolgt für Titel der Reihen A, B und H. In vollem Umfang nach RSWK werden (von Schulbüchern abgesehen) Titel der Reihe A erschlossen. Geplant ist, die intellektuelle Sacherschließung „nicht-buchaffiner" Fächer einzustellen und statt intellektuell vergebener Schlagwörter nur noch maschinelle erzeugte Sachgruppen anzugeben. Eine weitere Reduktion intellektueller Erschließung ist nicht unwahrscheinlich. Die Metadaten inländischer Verlagspublikationen werden in hohem Umfang angereichert mit Inhaltsverzeichnissen, Klappentexten und Coverscans. Mit Ausnahme der in Reihe O angezeigten Publikationen werden alle Titel per Autopsie erschlossen. Die enorm hohe und weiter wachsende Zahl der Netzpublikationen macht deren intellektuelle Erschließung unmöglich. In diesen Fällen werden Metadaten von den Autoren übernommen, per automatischer Indexierung generiert oder durch Normdatenrelationierung gewonnen.

Die Struktur der Deutschen Nationalbibliografie, die in mehrere Reihen gegliedert ist, lässt sich wie folgt skizzieren:

Tabelle 15: Die Deutsche Nationalbibliografie

Reihe/Reihentitel/ Erscheinungsweise	Verzeichnete Medienarten	Anlage
Reihe A Monografien und Periodika des Verlagsbuchhandels wöchentlich	Bücher, Zeitschriften, nichtmusikalische Tonträger, weitere AV-Medien, Mikroformen, digitale offline Publikationen des Verlagsbuchhandels; seit 2004 auch die Titel der früheren Reihe G (Germanica und Übersetzungen), d. h. fremdsprachige Veröffentlichungen über Deutschland und Übersetzungen deutschsprachiger Werke, die im Ausland erschienen sind)	DDC-Hunderterklassen der zweiten Ebene 000-990
Reihe B Monografien und Periodika außerhalb des Verlagsbuchhandels wöchentlich	Bücher, Zeitschriften, nichtmusikalische Tonträger, weitere AV-Medien, Mikroformen, digitale offline Publikationen außerhalb des Verlagsbuchhandels	DDC-Hunderterklassen der zweiten Ebene 000-990

Reihe/Reihentitel/ Erscheinungsweise	Verzeichnete Medienarten	Anlage
Reihe C Karten vierteljährlich	Karten, die in Deutschland, Österreich und der Schweiz erschienen sind	DDC-Klasse 910 Alphabetisch nach Sachtiteln
Reihe H Hochschulschriften monatlich	Dissertationen und Habilitationsschriften deutscher Hochschulen und deutschsprachige Hochschulschriften des Auslandes unabhängig von ihrer Erscheinungsform (Printausgaben, Mikroformen, digitale Varianten)	DDC-Hunderterklassen der zweiten Ebene 000-990
Reihe M Musikalien monatlich	Notendrucke und musikrelevante Monografien	DDC-Klassen 780-788.99
Reihe O Online-Publikationen monatlich	alle Online-Publikationen, auch Zeitschriftentitel, Print-on-demand-Publikationen, deren Grundlage eine digitale Vorlage ist	DDC-Hunderterklassen der zweiten Ebene 000-990
Reihe T Musiktonträgerverzeichnis monatlich	Musiktonträger	DDC-Klassen 780-788.99

Die einzelnen Reihen sind im Hauptteil seit 2004 nach Sachgruppen angelegt, die auf den Hunderter-Klassen der zweiten Ebene der „Dewey Dezimalklassifikation" (DDC) beruhen.

Bis Ende 2002 erschien als prospektive Bibliografie in wöchentlichem Rhythmus die Reihe N (Neuerscheinungen) der „Deutschen Nationalbibliografie". Darin wurde das Erscheinen von Monografien und Periodika des Verlagsbuchhandels durch provisorische Titelaufnahmen vorangekündigt. Die Reihe N wurde 2003 durch einen Neuerscheinungsdienst abgelöst, der auf Verlagsmeldungen beruht. Die DNB fügt lediglich die (groben) DDC-Notationen hinzu, die für die spätere Anzeige in den Reihen A, B, C, H, M und T zu vergeben sind. Der Neuerscheinungsdienst wird zwar von der DNB erzeugt und vertrieben, ist aber im Gegensatz zur früheren Reihe N nicht mehr Teil der Nationalbibliografie.

Die Reihen der Nationalbibliografie erscheinen seit 2010 als Online-Zeitschrift im PDF-Format und werden im Katalog der Deutschen Nationalbibliothek kumuliert. Dort stehen die Daten für die kostenfreie Recherche zur Verfügung. Ein Filter ermöglicht die Suche nach einzelnen Reihen und Ausgaben (Bibliografieheften). Kunden können die PDF-Ausgaben kostenpflichtig abonnieren und gegen Aufpreis Ausdrucke der PDF-Dateien beziehen. Der Vertrieb der Metadaten der Deutschen Nationalbibliografie unter „Creative Commons Zero"-Bedingungen (CC0 1.0) erfolgt auf verschiedenen Wegen mittels Online-Katalog, verschiedenen Schnittstellen und der Datenübernahme über FTP-/WWW-Server und ist in den Datenformaten MARC 21, verschiedenen RDF-Serialisierungen, CSV und DNB Casual (oaidc) möglich. Mit der Bereitstellung ihrer Daten als RDF über den Linked-Data-Service unterstützt die DNB den Aufbau des Semantic Web.

Staatsbibliothek zu Berlin – Preußischer Kulturbesitz
Die *Staatsbibliothek zu Berlin – Preußischer Kulturbesitz* (SBB) setzt die Tradition der ehemaligen *Königlichen Bibliothek zu Berlin* (gegr. 1661) und späteren *Preußischen Staatsbibliothek* fort, die eine der größten und bedeutendsten Wissenschaftlichen Universalbibliotheken Europas war.

Die *Preußische Staatsbibliothek* ist durch den Zweiten Weltkrieg und die auf ihn folgende Teilung Deutschlands wie auch die Teilung der deutschen Hauptstadt auf das Ärgste in Mitleidenschaft gezogen worden (Verluste durch Bombenangriffe, Auslagerungen u. a.). Sie ist Teil der *Stiftung Preußischer Kulturbesitz* und zählt zu den größten Kultureinrichtungen weltweit. Sie hütet, pflegt und ergänzt Kulturgüter des früheren Landes Preußen. Finanziert wird sie zu 75% vom Bund und zu 25% von allen deutschen Ländern.

Seit 1992 sind beide Teile der Staatsbibliothek („Unter den Linden" und „Potsdamer Straße") organisatorisch vereinigt. Durch Generalsanierung und Anbau wurde das „Haus Unter den Linden" wesentlich modernisiert, seit März 2013 ist der neue Zentralbau fertiggestellt. Das Speichermagazin, das im Bezirk Köpenick-Friedrichshagen 2014 neu errichtet wurde, bildet den dritten Standort: Das viergeschossige Gebäude mit einer Hauptnutzfläche von 21.200 m² ist ausgestattet mit elektrischen Kompaktregalanlagen und weist eine Kapazität von sechs Mio. Büchern, Zeitungen, Zeitschriften, Dias, Negativen und Originalabzügen auf, die bei 18 Grad Celsius, 50% relativer Luftfeuchte und UV-freiem Licht gute Aufbewahrungsbedingungen vorfinden.

Die *Staatsbibliothek zu Berlin* sammelt prinzipiell auf allen Gebieten menschlicher Erkenntnis. Ihr derzeitiger Bestand (Stand: 2019) beläuft sich auf über 22,8 Mio. Medieneinheiten, davon 11,8 Mio. Bände, ferner bestehen etwa 44.000 Zeitschriften- und Zeitungsabonnements. Unter den 450.000 Handschriften sind außer den abendländischen zahlreiche orientalische Handschriften und eine große Zahl äußerst wertvoller Musikhandschriften. Diese Schätze, dazu 1.600 Nachlässe, über 320.000 Autografen, knapp 4.600 Inkunabeln und viele andere Sonderbestände (u. a. 2,7 Mio. Mikroformen und 27.000 gedruckte internationale Zeitschriften) geben der Bibliothek das Gepräge einer Forschungsbibliothek größten Zuschnitts. Die elektronischen Angebote umfassen rund 5.000 Datenbanken und fast 30.000 elektronische Zeitschriften. Im System der überregionalen Literatur- und Informationsversorgung nimmt die Staatsbibliothek auch nach dem Ende der langjährigen Sondersammelgebietsförderung zahlreiche Aufgaben wahr. Im Rahmen des von der DFG seit 2015 finanzierten neuen Förderformats der *Fachinformationsdienste für die Wissenschaft* (FID) betreut sie den FID Asien – Cross Asia sowie den FID für internationale und interdisziplinäre Rechtsforschung. Im kooperativen Erwerbungsprogramm Sammlung Deutscher Drucke erwirbt sie lückenlos die Druckschriften der Jahre 1871 bis 1912 (für Landkarten 1801– 1912, für Musikalien 1801–1945). Die der Staatsbibliothek angeschlossene bpk-Bildagentur verwaltet die Fotosammlungen und Nachlässe zahlreicher Fotografen und besitzt insgesamt mehr als 12 Mio. Bilder.

Ferner betreibt die Staatsbibliothek die Redaktion der „Zeitschriftendatenbank", den nationalen Nachweis für 1,8 Mio. Zeitungen und Zeitschriften jeder Art und in allen Sprachen von 1500 bis heute und weist zu diesen Titeln mehr als 15,6 Mio. Besitznachweise in ca. 3.700 deutschen Bibliotheken nach. Im Bereich der Handschriften und Alten Drucke verantwortet sie u. a. die nationale Autografen- und Nachlassdatenbank *Kalliope* und seit mehr als 100 Jahren den gedruckt wie elektronisch vorliegenden weltweiten *Gesamtkatalog der Wiegendrucke* für die vor dem Jahr 1500 gedruckten Bücher. War die „Sigelstelle" der Staatsbibliothek früher für die Vergabe der deutschen Bibliothekssigel zuständig, vergibt sie heute die internationalen Kennzeichen für Bibliotheken, Archive, Museen und verwandte Einrichtungen; ISIL (*International Standard Identifier for Libraries and Related Organizations*) basiert auf einer ISO-Norm und löst die deutschen Sigel ab.

Bayerische Staatsbibliothek
Als *Herzogliche Hofbibliothek* 1558 gegründet, stieg die *Bayerische Staatsbibliothek* (BSB) in München später zur Königlichen Hofbibliothek auf, ehe sie mit dem demokratischen Umbruch 1918/19 ihren jetzigen Namen erhielt. Trotz hoher Verluste im Zweiten Weltkrieg, die sich allerdings nicht auf die besonders wertvollen Bestände erstreckten, gehört die BSB auch heute noch weltweit zu den größten und bedeutendsten Wissenschaftlichen Universalbibliotheken. Zu ihrem Bestand zählen 2019 ca. 15 Mio. Medieneinheiten, davon 10,8 Mio. Bände, 59.000 gedruckte und elektronische Zeitschriften, dazu 93.000 Handschriften und 19.900 Inkunabeln.

Als eine der beiden zentralen oder nationalen Universalbibliotheken stellt sie zusammen mit der Staatsbibliothek zu Berlin eine der wichtigsten Sammelstätten wissenschaftlicher Literatur in Deutschland dar; hier werden alle Wissensgebiete, Sprachen und Kulturen umfassend gepflegt. Die BSB bildete jahrzehntelang eine der Säulen des früheren DFG-Sondersammelgebietsprogramms; an den heutigen *Fachinformationsdiensten für die Wissenschaft* nimmt sie mit folgenden Fachgebieten teil: Altertumswissenschaften, Geschichtswissenschaft, Musikwissenschaft, Ost-, Ostmittel-, Südosteuropa. Sie betreibt Virtuelle Fachbibliotheken wie die ViFa Musik und mehrere Rechercheportale, darunter „Bavarikon - Kultur- und Wissensschätze Bayerns" sowie das „Literaturportal Bayern". Auch im Rahmen der virtuellen deutschen Nationalbibliothek spielt die BSB eine tragende Rolle (▶ 6.5.1). Sie ist allgemein zuständig für die Erscheinungsjahre 1450-1600 und im Hinblick auf Notendrucke für den Erscheinungszeitraum bis 1800.

Eine besondere Erwähnung verdienen das Institut für Bestandserhaltung und Restaurierung sowie das *Münchener Digitalisierungszentrum*. Mit über 1,2 Mio. digitalisierten Werken verfügt die Bibliothek über den größten digitalen Datenbestand aller deutschen Bibliotheken und bietet vielfältige Dienste im Bereich innovativer digitaler Nutzungsszenarien an. Die Bibliothek versteht sich als Schatzhaus des schriftlichen Kulturerbes, als multimedialer Informationsdienstleister für Forschung und Lehre und als Innovationszentrum für digitale Informationstechnologien und -services.

Gemeinsam mit der *Staatsbibliothek zu Berlin* gibt die *Bayerische Staatsbibliothek* seit 2007 die Zeitschrift „Bibliotheksmagazin. Mitteilungen aus den Staatsbibliotheken Berlin und München" heraus. Dies mag als Beleg dafür dienen, dass das in früheren Zeiten nicht selten spürbare Konkurrenzverhältnis zwischen beiden Bibliotheken mittlerweile überwunden zu sein scheint.

5.3.2 Landesbibliotheken und andere Regionalbibliotheken

Zur Gruppe der rund 40 Regionalbibliotheken in Deutschland gehören alle Landesbibliotheken (einschließlich mehrerer Bibliotheken, welche die Bezeichnung „Staatsbibliothek", „Staatliche Bibliothek" o. ä. führen), ebenso diejenigen Universitätsbibliotheken, welche neben ihren primären Aufgaben für eine bestimmte Hochschule die einer Landesbibliothek erfüllen und meistens einen dementsprechenden Namen führen (z. B. „Universitäts- und Landesbibliothek"), und schließlich die wenigen heute noch selbstständigen Wissenschaftlichen Stadtbibliotheken mit regionalbezogener Sammeltätigkeit (StuLB Potsdam, ZLB Berlin).

Die meisten Landesbibliotheken sind aus Hofbibliotheken hervorgegangen; einige verdanken ihre Entstehung der Funktion als Depotbibliothek für Säkularisationsgut (Amberg, Bamberg, Passau, Regensburg); andere sind bestandsgeschichtlich eng mit Gymnasialbibliotheken verbunden (Coburg, Gotha); nur wenige sind erst im 20. Jahrhundert vom Staat oder einer anderen Gebietskörperschaft gegründet worden (Aurich, Koblenz, Speyer). Die zahlenmäßig stark geschrumpften Wissenschaftlichen Stadtbibliotheken sind aus Ratsbüchereien oder historischen Stadtbibliotheken (Lübeck, Nürnberg, Ulm) hervorgegangen; einige entstanden erst im 20. Jahrhundert (*ZLB Berlin*, Dortmund); einzelne gehen auf aufgehobene Universitätsbibliotheken zurück (Mainz, Trier).

Aus bibliothekstypologischer Sicht weisen Regionalbibliotheken sowohl Schnittmengen mit Öffentlichen Bibliotheken auf (z. B. informationelle Grundversorgung), aber auch mit Universitätsbibliotheken (z. B. wissenschaftlich ausgerichtete Universalbestände), mit Spezialbibliotheken (z. B. umfangreiche Sondersammlungen) oder mit Nationalbibliotheken (z. B. Pflichtexemplarrecht). Aus systemischer Perspektive betrachtet sind Regionalbibliotheken heute fest in das Gesamtsystem der kommunalen und (über)regionalen wissenschaftlichen Literatur- und Informationsversorgung eingebunden. Allerdings ist diese positive Entwicklung vergleichsweise spät eingetreten, d. h. zu Beginn der 1980er-Jahre. Insgesamt ist auch bei diesem Bibliothekstyp eine Schwerpunktverlagerung hin zur modernen wissenschaftlichen Gebrauchsbibliothek zu beobachten. Dazu beigetragen hat auch eine verbesserte Interessenwahrnehmung durch den organisatorischen Zusammenschluss innerhalb des *Deutschen Bibliotheksverbandes* (Sektion 4). Zugenommen hat die Tendenz, Regionalbibliotheken mit anderen Bibliotheken (z. B. Hochschulbibliotheken) zusammen zu legen, z. B. *SLUB Dresden*. Für Regionalbibliotheken ist es heute insbesondere von Bedeutung, das Spannungsfeld fruchtbar zu machen von:

- moderner wissenschaftlicher Gebrauchsbibliothek
- historisch ausgerichteter „Forschungsbibliothek" mit einem „hohen kulturellen Wert des seit Jahrhunderten angesammelten Literaturpotenzials" (Totok) und
- identitätsstiftender kultureller Einrichtung.

Die Erweiterung des Sammlungsauftrages auf unkörperliche Medien sowie deren Verzeichnung und Langzeitarchivierung sind ebenfalls aktuelle Herausforderungen.

Nur bei einem Teil dieser Bibliotheken bildet die regionale Funktion die Hauptaufgabe. Unter regionaler Funktion wird hier vor allem die Sammlung und Archivierung des regionalen Schrifttums, seine bibliografische Erfassung und Erschließung sowie seine Bereitstellung für die Bevölkerung der Region verstanden. Ferner gehört dazu die Wahrnehmung der Aufgaben einer Leitbibliothek in der Fernleihe sowie die Mitwirkung beim Aufbau regionaler Verbünde und Aktivitäten zum literarischen Leben der Region in Vergangenheit und Gegenwart. Das in der Region bzw. dem Bundesland erscheinende Schrifttum wird kraft des regionalen Pflichtexemplarrechts erworben, das auf landesgesetzlicher Grundlage steht.

Einige Regionalbibliotheken können durchaus als Wissenschaftliche Universalbibliotheken bezeichnet werden, weil sie grundsätzlich auf allen Wissensgebieten sammeln. Das eigentliche Charakteristikum der Regional- bzw. Landesbibliotheken besteht in ihrer Funktion als regionale Archivbibliothek. Darüber hinaus erarbeiten und publizieren viele Bibliotheken dieses Typs die jeweilige Landesbibliografie, d. h. die regelmäßige Verzeichnung der im Lande oder der Region bzw. über das Land oder über die Region erscheinenden Veröffentlichungen. Während diese Bibliografien in der Vergangenheit in gedruckter Form meist jährlich publiziert wurden, erscheinen sie heute in Form frei zugänglicher Datenbanken im Internet. Auf der technischen Grundlage des „Karlsruher Virtuellen Katalogs" (KVK) sind die mittlerweile 15 landesbibliografischen Datenbanken unter dem gemeinsamen Suchportal „Virtuelle Deutsche Landesbibliografie" (VDL) als Meta-Katalog recherchierbar.

Insgesamt kann man feststellen, dass die Regionalbibliotheken weit mehr Schrifttum aus ihrer Region erwerben, als dies der *Deutschen Nationalbibliothek* möglich ist – vor allem solches, das nicht im Buchhandel erscheint. Auch hinsichtlich digitaler Netzpublikationen ergänzen die Landesbibliotheken die Sammlungen der DNB: Während die Nationalbibliothek vorwiegend kommerziell vertriebene Angebote dieser Art vereinnahmt, sammeln Landesbibliotheken auch solche Netzpublikationen, die kostenlos vertrieben werden.

Zu den landes- oder regionalbibliothekarischen Aufgaben gehört darüber hinaus, Autografensammlungen aufzubauen und zu betreuen sowie Schriftstellernachlässe zu erfassen, zu verzeichnen und bereitzustellen. Zur Diskussion gemeinsam interessierender Fragen und zur Verständigung über gemeinsames Vorgehen haben sich die Regionalbibliotheken in der *Arbeitsgemeinschaft der Regionalbibliotheken* innerhalb der Sektion IV des dbv zusammengeschlossen. Unter dem Dach der Arbeitsgemeinschaft wird u. a. die *Arbeitsgruppe Regionalbibliografie* mit spezieller Zielsetzung tätig.

5.3.3 Bibliotheken der Universitäten und anderer Hochschulen

Die Zahl der Hochschulen in Deutschland lag 2019 bei 426 Institutionen inkl. 12 PH und DH, darin enthalten sind staatlich, privat und kirchlich getragene Einrichtungen. Mit Universitätsbibliotheken, Fachhochschul- bzw. Technische Hochschulbibliotheken und Bibliotheken der Kunst- und Musikhochschulen sind drei Typen von Hochschulbibliotheken zu unterscheiden; einzig in Baden-Württemberg sind Pädagogische Hochschulen (PH) und Duale Hochschulen (DH) als eigenständiger Hochschultyp erhalten geblieben. Einschließlich der Institutsbibliotheken gibt es an den Hochschulen rund 3.600 Bibliotheken sehr unterschiedlicher Größe. Gemeinsam bieten sie den derzeit mehr als 3,0 Mio. Studierenden ca. 185 Mio. Titel sowie 4,2 Mio. digitale und 223.000 gedruckte Zeitschriftenabonnements an.

Tabelle 16: Anzahl der Hochschulen in Deutschland; Stand: 2019

	Universität oder Hochschule mit Promotionsrecht	Fachhochschule oder Hochschule ohne Promotionsrecht	Kunst- und Musikhochschule	Summe
Baden-Württemberg	16	49	12	77
Bayern	14	29	8	51
Berlin	6	21	4	31
Brandenburg	3	8	1	12
Bremen	2	4	1	7
Hamburg	5	15	2	22
Hessen	9	15	3	27
Mecklenburg-Vorpommern	2	7	1	10
Niedersachsen	11	14	2	27
Nordrhein-Westfalen	18	44	9	71
Rheinland-Pfalz	8	9	0	17
Saarland	1	2	2	5
Sachsen	6	10	6	22
Sachsen-Anhalt	2	5	2	9
Schleswig-Holstein	3	8	2	13
Thüringen	4	8	1	13
Gesamt	**110**	**248**	**56**	**414**

Universitätsbibliotheken
Die Bibliotheken der Universitäten bilden als eine in sich verknüpfte und überschaubare Gruppe den Kern des modernen, funktional differenzierten Bibliothekssystems in Deutschland. Die strukturelle Einheitlichkeit dieses Bibliothekstyps resultiert aus der Funktion und der inneren Organisation. Hinsichtlich anderer Merkmale (Anzahl der Benutzer, zur Verfügung stehende Haushaltsmittel für Medienbeschaffung und Personal, Bestandsumfang usw.) lassen sich große Unterschiede feststellen, die auf die Spezifika der zugehörigen Hochschule (Studentenzahl und Fächerspektrum) und die jeweiligen historischen Zusammenhänge zurückzuführen sind.

Die Zahlen in der nachfolgenden Übersicht repräsentieren den Durchschnitt aller deutschen Universitätsbibliotheken. Die Hauptaufgabe der Hochschulbibliotheken besteht in der unmittelbaren Unterstützung von Forschung, Lehre und Studium. Die dafür benötigten Informationsquellen müssen entweder physisch bereitgestellt oder virtuell zugänglich gemacht werden. Die Dienstleistungen der Universitätsbibliotheken werden aber auch von Personen genutzt, die nicht mit der Hochschule in Verbindung stehen. So wird ein wesentlicher Beitrag geleistet zur Informationsversorgung der Stadt, in der die Hochschule liegt, der umliegenden Region oder des betreffenden Bundeslandes. Als Bestandteil des funktional differenzierten Bibliothekssystems trägt die Universitätsbibliothek über den territorialen Einzugsbereich hinaus auch zur regionalen und nationalen Literatur- und Informationsversorgung bei.

Tabelle 17: Universitätsbibliotheken im Zahlenspiegel (Durchschnittswerte für 2017 auf der Grundlage der Deutschen Bibliotheksstatistik)

Eingetragene Benutzer	23.500
davon externe Nutzer	7.500
Gesamtbestand (ME)	3.450.000
davon gedruckte Bücher inkl. Diss. (Bde)	1.850.000
Jährlicher Neuzugang (ME)	32.500
Laufende Zeitschriftenabonnements	6.500
davon digital	2.500
Handschriften u. seltene Bücher	32.000

Ältere Universitäten sind geprägt von einer dualen Bibliotheksstruktur. Neben der (zentralen) Universitätsbibliothek bestehen seit dem 19. Jahrhundert zahlreiche (dezentrale) Fakultäts- und Institutsbibliotheken (mehrschichtiges Bibliothekssystem). Dies führt bis in die Gegenwart zu Reibungsverlusten und Doppelarbeit; in jüngerer Zeit bemüht man sich daher, diese Nachteile durch engere Koordinierung und Vereinheitlichung zu beheben (Stichwort: „funktionale Einschichtigkeit"). An den seit den späten 1960er-Jahren neu gegründeten Hochschulen wurde von vorne herein eine einheitliche Bibliothek (Zentralbibliothek und je nach räumlicher Struktur des Campus mehr oder minder viele Zweig- oder Teilbibliotheken) für die ganze Hochschule konzipiert und eingerichtet. Die Neugründungen zeichneten sich besonders dadurch aus, dass von Beginn an EDV-gestützte Arbeitstechniken eingesetzt und die Bestände in Freihand aufgestellt wurden (Abschied von der Magazinbibliothek). In der DDR war das mehrschichtige Bibliothekssystem abgeschafft worden, so dass 1990 in den Bibliotheken der östlichen Bundesländer eine etwas andere Situation vorlag als in den westlichen.

Hochschulbibliotheken stehen vor einer Reihe grundlegender Herausforderungen, die sowohl bibliothekspolitischer wie bibliotheksfachlicher Natur sind. Im Rahmen der Bibliothekspolitik sind in den letzten Jahren gravierende Verschiebungen zu beobachten, insbesondere im Kontext der neuen Wissenschafts- und Hochschulpolitik der Länder, die den Hochschulen ein höheres Maß an Selbstständigkeit und mehr Autonomie gewähren. In diesem Zusammenhang ist die vormals durch den Träger vorgegebene fixe finanzielle Sicherung der Hochschulbibliothek nicht mehr überall selbstverständlich. Hochschulbibliotheken sind gehalten, sich innerhalb der Hochschule ihren Anteil am Haushalt zu sichern. Damit verbunden ist die Notwendigkeit, eine deutlich stärkere Dienstleistungsorientierung gegenüber der Hochschule und ihren Angehörigen zu entwickeln. Nur wenn es gelingt, als innovativer Dienstleister für die hochschulinterne Informationsinfrastruktur tätig zu sein und als solcher wahrgenommen zu werden, werden sich die Entscheidungsgremien innerhalb der Hochschule bereitfinden, die dafür erforderlichen Finanzmittel der Bibliothek langfristig zur Verfügung zu stellen. Im Umkehrschluss ist an einigen Bibliotheken die Tendenz zu beobachten, die Dienstleistungen für die nicht der eigenen Hochschule angehörenden Nutzer zu reduzieren. Generell wird es zukünftig darum gehen, eine Balance zu finden, die es erlaubt, die Hochschulbibliotheken als eine der zentralen Einrichtungen der Hochschulen zu verankern. Darüber hinaus bleiben sie wichtige Elemente für die Informationsversorgung in der Region und Träger der überregionalen wissenschaftlichen Informationsversorgung, d. h. in dieser Funktion nicht zu ersetzende Glieder im nationalen Bibliothekssystem.

Hochschulbibliotheken sind außerdem gefordert, Informationsdienstleistungen zu entwickeln und zu erproben, die auf den jeweils aktuellen medialen und technischen Innovationen aufbauen. Das hat zu einer Vielzahl von Neuentwicklungen geführt. Beispiele sind die „Entwicklung interaktiver und partizipativer Kataloge" (vgl. Web 2.0 bzw. „Katalog 2.0"), die „Kataloganreicherung", die Einführung „Institutioneller" und „Fachlicher Repositorien", der Aufbau von „Bibliotheksportalen" oder die Realisierung innovativer „digitaler Auskunftsformen", die Ausstattung mit Maker-Spaces und Experimentallaboren für Nutzer). Zahlreiche Indizien sprechen dafür, dass auch in Deutschland die traditionelle Bestandsorientierung zugunsten einer stärkeren Dienstleistungsorientierung zurückgehen wird. Hinzu kommen die Aufgaben bezüglich der kontinuierlichen Aktualisierung der Bachelor- und Master-Studiengänge, die einhergeht mit der weiter ansteigenden und intensiven Nutzung der Bibliothek als Arbeitstreffpunkt und Lernzentrum (Konzept der Information Commons, der „Learning Library") etc.

Fachhochschulbibliotheken

2019 existierten nach Angaben des *Wissenschaftsrates* in Deutschland 248 Fachhochschulen (ohne Promotionsrecht), davon 65 in nichtstaatlicher Trägerschaft. Sie bieten in ihrer Gesamtheit rund 2.300 Bachelor-Studiengänge, 1.250 Master-Studiengänge und mehr als 450 weitere Studienmöglichkeiten an. Die Bibliotheken der Fachhochschulen, die in den letzten Jahren oft in „Hochschulen für …" bzw. in „Technische Hochschule" umbenannt wurden, stellen einen vergleichsweise neuartigen Typ dar, der sich seit Anfang der 1970er-Jahre herausgebildet hat, als aus den verschiedenartigen Vorgängereinrichtungen (Fach-)Hochschulen im heutigen Sinne geworden waren. Ingenieurwesen (Maschinenbau, Verfahrenstechnik, Elektrotechnik, Nachrichtentechnik u. a.), Sozialarbeit, Sozialpädagogik und Wirtschaft sind die typischen, an Fachhochschulen am häufigsten vertretenen Fächer.

Die zentrale Aufgabe der Fachhochschulbibliotheken besteht in der Literatur- und Informationsversorgung der Studierenden und Professoren. Gemäß ihrer ursprünglichen Konzeption gehen ihre Dienstleistungen nur in geringem Maße über den unmittelbaren Wirkungskreis der

Hochschule hinaus. Tatsächlich sind ähnlich wie bei Universitätsbibliotheken über ein Viertel der Nutzer Externe. Grundsätzlich aber können Fachhochschulbibliotheken sowohl aufgrund ihrer Bestände als auch aufgrund zu entwickelnder Informationsdienstleistungen im arbeitsteiligen Bibliothekssystem vollwertige Beiträge liefern.

Bibliotheken der Kunst- und Musikhochschulen

Die rund 56 Kunst- und Musikhochschulen in staatlicher und privater Trägerschaft zählen meist kaum mehr als 1.000 Studierende. Auch aus diesem Grunde sind die zugehörigen Bibliotheken am ehesten mit denjenigen kleinerer Fachhochschulbibliotheken zu vergleichen. Die Besonderheit dieses Bibliothekstyps liegt in der Art der Bestände, die neben den üblichen textbezogenen Quellen vorwiegend Sammlungen von Kunstblättern, Fotos und Diapositiven in den Kunsthochschulbibliotheken sowie Sammlungen von Noten und Tonträgern aller Art in den Musikhochschulbibliotheken umfassen.

Die Bibliotheken der Fachhochschulen wie der Kunst- und Musikhochschulen weisen, da sie sich auf bestimmte Fachcluster beschränken, manche Ähnlichkeit mit der Gruppe der Spezialbibliotheken auf. Sie gehören gleichwohl eindeutig zum Typus der Hochschulbibliothek. Dafür spricht vor allem die Konzentration der Sammeltätigkeit auf wissenschaftliche bzw. künstlerische Literatur für Forschung, Lehre und Studium. Über einige Jahrzehnte hinweg wurden diese Bibliotheken in die entsprechenden staatlichen Förderprogramme für Hochschulbibliotheken mit einbezogen so etwa durch das Hochschulbauförderungsgesetz des Bundes, das jedoch im Rahmen der Föderalismusreform zum 1.1.2007 abgeschafft wurde. Die ehemalige Gemeinschaftsaufgabe des Bundes wird in Art. 143c, 91b Abs. 1 und 3 GG neu geregelt.

5.3.4 Spezial- und Fachbibliotheken, Forschungsbibliotheken, Musikbibliotheken

Die Wissenschaftlichen Spezial- und Fachbibliotheken bilden eine große und in sich höchst heterogene Gruppe von Bibliotheken, insgesamt existieren mehr als 2.600 Einrichtungen dieser Art in Deutschland. Staatliche, kommunale und kirchliche Bibliotheken gehören ebenso dazu wie Bibliotheken in der Trägerschaft privater Gesellschaften und Vereine sowie wirtschaftlicher Unternehmen. Gemeinsam ist ihnen allen die Beschränkung auf ein bestimmtes, mehr oder weniger eng umrissenes, spezielles Sammelgebiet. Ausgerichtet auf den aktuellen und zukünftigen Informationsbedarf der Kunden beschaffen, sammeln, organisieren und vermitteln sie Informationen und bieten bedarfsorientierte Informationsdienstleistungen an, um die Trägerorganisation in ihrer Wirkung zu unterstützen.

Spezialbibliotheken

Wissenschaftliche Spezialbibliotheken gehören zu den Einrichtungen, die heute eine extreme Vielfalt aufweisen, was Träger, Typ, Größe, Fachgebiet und Arbeitsaufgaben anbelangt. Spezialbibliotheken sind im Allgemeinen Präsenzbibliotheken, auch wenn sich viele von ihnen am Deutschen Leihverkehr beteiligen. Da sie in der Regel für eine eng begrenzte Klientel arbeiten, deren Informationsbedürfnisse und Literaturwünsche bekannt sind, ist der Dienstleistungsgedanke in den Spezialbibliotheken besonders ausgeprägt. Sie sind ein Bibliothekstyp, der außerordentlich dynamisch auf neue Anforderungen reagiert. Allerdings sind nicht alle Spezialbibliotheken arbeitsteilig und kooperativ in das deutsche Bibliothekssystem eingebunden. Die primäre Ausrichtung auf die Anforderungen (und Limitierungen) der Trägerorganisation kann dem durchaus entgegenstehen.

Nicht selten sind es vor allem Spezialbibliotheken in Trägerschaft von Medienanstalten und Wirtschaftsunternehmen, die aufgrund ihrer spezifischen Aufgabenstellung die klassischen Grenzen zwischen Bibliothek, Archiv und Dokumentation aufgeweicht oder gar aufgehoben haben. In den derart entstandenen Mediotheken, Information Resource Centers oder Knowledge Management Departments steht nicht mehr die spartenbezogene Leitidee, sondern die Erwartung der spezifischen Kunden hinsichtlich Umfang und Qualität der Informationsdienstleistungen im Vordergrund. Vor allem in Unternehmen haben derartige Einrichtungen über das klassische Informationsmanagement hinaus mit Wissensmanagement neue Aufgaben übernommen (▶ 8.4.8).

Schon im „Bibliotheksplan '73" und in „Bibliotheken '93" (▶ 6.1) war eine Einbindung der Spezialbibliotheken in das gesamte Bibliotheksnetz empfohlen worden. Im Konzept der virtuellen Fachbibliothek (▶ 6.5.1) wurde dieser Einsicht Rechnung getragen.

Zu den Spezialbibliotheken der öffentlichen Hand gehören Bibliotheken von Forschungsinstituten des Bundes und der Länder, der wissenschaftlichen Akademien und der *Max-Planck-Gesellschaft* sowie Bibliotheken von Archiven, Museen und Kliniken; auch die militärwissenschaftlichen Bibliotheken der Bundeswehr bei einzelnen Wehrbereichskommandos gehören dazu.

Zu den Spezialbibliotheken kirchlicher Körperschaften und Einrichtungen gehören Diözesan- und Dombibliotheken, Landeskirchliche Bibliotheken und die Bibliotheken von Klöstern und kirchlichen Bildungseinrichtungen. Zu den Spezialbibliotheken in privater Trägerschaft gehören u. a. Bibliotheken von Firmen, Verbänden, berufsständischen Gesellschaften und Vereinen; auch die Adelsbibliotheken zählen zu dieser Gruppe.

Eine hohe Zahl der Spezialbibliotheken sind „One-Person-Libraries" (OPL), d. h. Bibliotheken, in denen nur eine einzige bibliothekarische Fachkraft arbeitet und für sämtliche fachlich relevanten Vorgänge verantwortlich ist. Ein Forum der Zusammenarbeit bietet die *Arbeitsgemeinschaft der Spezialbibliotheken e. V.* (ASpB), die Mitglied des *Deutschen Bibliotheksverbandes e. V.* (Sektion V) ist. Wie heterogen die Landschaft der Spezialbibliotheken ist, dokumentiert auch die Vielzahl der Fachgruppen, die die *ASpB* als wichtige Klammer sehen, dazu gehören beispielsweise die *Arbeitsgemeinschaft der Bibliotheken und Dokumentationsstellen der Ost-, Ostmittel- und Südeuropaforschung e. V.* (ABDOS), die *Arbeitsgemeinschaft Bibliotheken privater Hochschulen* (AG BpH), die *Arbeitsgemeinschaft für medizinisches Bibliothekswesen e. V.* (AGMB), die *Arbeitsgemeinschaft der Kunst- und Museumsbibliotheken* (AKMB), die *Arbeitsgemeinschaft Katholisch-Theologischer Bibliotheken* (AKThB) und die *Arbeitsgemeinschaft der Parlaments- und Behördenbibliotheken* (APBB).

In die Gruppe der Spezialbibliotheken fallen auch Einrichtungen, deren Wirkungskreis sich nicht auf die Trägerinstitution beschränkt, sondern weit darüber hinausreicht. Dies gilt z. B. für die drei Zentralen Fachbibliotheken und die Gruppe der Forschungsbibliotheken.

Die Zentralen Fachbibliotheken

Die drei Zentralen Fachbibliotheken in der Bundesrepublik Deutschland sind die *Deutsche Zentralbibliothek für Medizin in Köln – Informationszentrum Lebenswissenschaften* (ZBMed), die *Technische Informationsbibliothek – Leibniz-Informationszentrum Technik und Naturwissenschaften* (TIB) in Hannover und die *Deutsche Zentralbibliothek für Wirtschaftswissenschaften – Leibniz-Informationszentrum Wirtschaft* mit Sitz in Kiel und Hamburg (ZBW). Im „Bibliotheksplan '73" und in „Bibliotheken '93" (▶ 6.1) werden die Zentralen Fachbibliotheken als so bedeutend angesehen, dass sie zur Gruppe der Bibliotheken mit Funktionen der 4. Stufe gerechnet werden. Sie sammeln die Informationsquellen ihrer Fachgebiete mit größtmöglicher Vollständigkeit einschließlich der nichtkonventionellen Literatur, d. h. auch Reports aller Art sowie amtliches oder dokumentarisches Material. Fachlich beziehen sie sich insbesondere auf die angewandten Wissenschaften.

Die Zentralen Fachbibliotheken sind häufig Entwickler und Erstanwender für Neuerungen. Sie dienen in erster Linie der überregionalen, nationalen und internationalen Literatur- und Informationsversorgung auf den entsprechenden Fachgebieten. Die intensive außerhäusige Benutzung der Bestände ist intendiert und wird unterstützt durch eine besonders tiefe Erschließung und innovative Dokumentlieferdienste sowie sonstige Informationsdienste. Große Bedeutung haben z. B. in jüngerer Zeit fachliche Repositorien für traditionelle Dokumenttypen, aber auch Primärdaten und multimediale Objekte gewonnen. Die Zentralen Fachbibliotheken leisten damit einen großen Beitrag, um die Fachinformation der anwendungsbezogenen Wissenschaften in der gesamten thematischen, sprachlichen und medialen Vielfalt verfügbar zu machen. Sie werden im gebenden Leihverkehr und über die Online-Nutzung in enormem Maß in Anspruch genommen. Damit erfüllen sie eindeutig eine nationale Aufgabe und ergänzen die Tätigkeiten der *Deutschen Nationalbibliothek* und der Staatsbibliotheken in Berlin und München. Zwei der drei Zentralen Fachbibliotheken gehören zur *Wissenschaftsgemeinschaft Gottfried Wilhelm Leibniz* (Hannover und Hamburg/Kiel) und werden daher von Bund und Ländern gemeinsam nach dem dafür vereinbarten Finanzierungsschlüssel von 30:70 (Bund : Länder) finanziert, die ZBMed wird vom Bundesgesundheitsministerium und vom Land NRW gefördert.

Die *Deutsche Zentralbibliothek für Medizin in Köln* (ZBMed) ist die Zentrale Fachbibliothek für Humanmedizin, Gesundheitswesen, Ernährung, Umwelt und Agrarwissenschaften. Die früher eigenständige Deutsche Zentralbibliothek für Landbauwissenschaften in Bonn wurde organisatorisch in die ZBMed integriert, ihr Standort Bonn blieb aber erhalten. Aufgabe der ZBMed ist die Beschaffung und Bereitstellung medizinischer Literatur des In- und Auslands; Sammelschwerpunkte sind dabei neben der deutschen die angloamerikanische sowie die japanische und die russische Literatur. 2014 wurde die Bibliothek in eine Stiftung öffentlichen Rechts umgewandelt. Mit PUBLISSO hat sie ein eigenes Open-Access-Portal aufgebaut. Zur dauerhaften Auffindbarkeit von Aufsätzen und Forschungsdaten vergibt die *ZBMed* „Digital-Object-Identifier" (DOI). Zudem betreibt das Informationszentrum anwendungsorientierte Forschung im Bereich „Knowledge Discovery". 2017 besaß die ZBMed circa 1,8 Mio. Medieneinheiten und mehr als 7.800 laufend gehaltene Zeitschriften. Sehr umfangreich ist die Sammlung angloamerikanischer Reports und halbamtlicher Druckschriften. Damit ist die ZBMed die größte medizinische Spezialbibliothek Europas.

Die *Technische Informationsbibliothek – Leibniz-Informationszentrum Technik und Naturwissenschaften* (TIB) in Hannover ist die Zentrale Fachbibliothek für Technik und ihre Grundlagenwissenschaften, unter diesen vor allem Chemie, Informatik, Mathematik, Physik und Architektur. Ihre Aufgabe ist die Beschaffung und Bereitstellung technischer und naturwissenschaftlicher Spezialliteratur, vor allem auch des Auslandes. Dazu gehören Tagungs- und Forschungsberichte, Dissertationen, Patentschriften, Normen, Standards, technische Regeln und technische Spezialwörterbücher. Ein Recherche- und Bestellportal ermöglicht den Zugriff auf mehr als 80 Mio. Datensätze aus Technik und Naturwissenschaften. Die TIB unterstützt Fach- und Forschungscommunitys mit zahlreichen Angeboten in ihren Forschungs-, Lern- und Arbeitsprozessen. Zum Bestand zählen neben 9,2 Mio. Medieneinheiten mehr als 57.000 laufend gehaltene Zeitschriften (darunter 42.500 elektronische Zeitschriften), 76,6 Mio. elektronische Dokumente, 17,3 Mio. Patente, Normen und Standards sowie weitere Objekte wie audiovisuelle Medien, 3D-Modelle und Forschungsdaten. Durch die Vergabe von DOI-Namen (Digital Object Identifier) und deren Nachweis und Zugriff über das TIB-Portal sichert die Bibliothek die Qualität sowie die dauerhafte Verfügbarkeit von Forschungsdaten und betreibt die Geschäftsstelle der von ihr initiierten internationalen Vereinigung DataCite. Zudem baut die TIB ihr Kompetenzzentrum für nichttextuelle Materialien aus. Dort entstand unter anderem das AV-Portal für wissenschaftliche Filme aus Technik und Naturwissenschaften, wo mit eigens entwickelten Suchtechnologien die Inhalte der Videos zielgenau durchsucht werden können.

Die *Deutsche Zentralbibliothek für Wirtschaftswissenschaften – Leibniz-Informationszentrum Wirtschaft* (ZBW) in Kiel und Hamburg ist heute die weltweit größte Spezialbibliothek für Wirtschaftswissenschaften im weiten Sinne, d. h. für Makro- wie für Mikro-Ökonomie und verwandte Gebiete. Zu den Schwerpunkten ihrer forschungsbasierten Sammlung gehören u. a. Rechenschafts- oder Verwaltungsberichte von Wirtschaftsverbänden, von Industrie- und Handelskammern, Handwerkskammern und Behörden sowie Geschäftsberichte von Unternehmen, Werbeschriften, Denkschriften, Statistiken, Haushaltspläne und dergleichen; einen wichtigen Platz nehmen auch die Veröffentlichungen internationaler Organisationen ein. Daneben stellt die ZBW eine wachsende Sammlung von Open-Access-Dokumenten zur Verfügung. EconStor, das fachliche Respositorium, verfügt über mehr als 125.000 frei zugängliche Aufsätze und Working Papers. Mit *EconBiz*, dem Fachportal für wirtschaftswissenschaftliche Fachinformationen, können Studierende oder Wissenschaftler in über neun Mio. Datensätzen recherchieren. Zudem gibt die ZBW die beiden wirtschaftspolitischen Zeitschriften „Wirtschaftsdienst" und „Intereconomics" heraus. Die beiden Bibliotheken besaßen 2018 zusammen über 4,3 Mio. Bände, 32.000 laufend gehaltene Periodika, ca. 250 Datenbanken; rund 40% der Neuzugänge waren digital. Die ZBW wurde mehrfach für ihre innovative Bibliotheksarbeit mit dem internationalen LIBER Award ausgezeichnet. 2014 wurde sie vom *Deutschen Bibliotheksverband* zur „Bibliothek des Jahres" gekürt.

Forschungsbibliotheken

Das Konzept der Forschungsbibliothek ist in der deutschen Bibliotheksentwicklung relativ jung. Im Unterschied zu den meisten Bibliothekstypen, die auf eine evolutionäre und organische Entstehung und Entwicklung zurückblicken, wurde die Forschungsbibliothek als bibliothekstheoretisches Modell im wesentlichen von dem Geisteswissenschaftler und Anglisten *Bernhard Fabian* entworfen und in den 1970/80er-Jahren in Wolfenbüttel erstmals in die Praxis umgesetzt. Es steht exemplarisch für proaktives und innovatives bibliothekarisches Handeln im Bereich wissenschaftlicher Informationsversorgung.

Forschungsbibliotheken:
- verfügen über eine für das (geisteswissenschaftlich-historische) Gebiet möglichst umfassende Sammlung von Primärtexten (Quellen), die als Präsenzbestand zur Verfügung steht und gepflegt wird
- weisen eine möglichst umfassende Sammlung von Sekundärliteratur auf, die ebenfalls präsent gehalten und kontinuierlich ergänzt wird
- erschließen den gesamten Bestand besonders detailliert, um den Wissenschaftlern einen effektiven und komfortablen Zugriff zu ermöglichen
- unterstützen die Erforschung und Beschreibung des Bestandes nach für die Geisteswissenschaften wichtigen Aspekten mit Hilfe von Bibliografien, Editionen, Nachschlagewerken und Wörterbüchern, die idealer Weise auch digital und im Netz verfügbar sind
- erzeugen eine kreative Arbeitsatmosphäre, welche die Wissenschaftler „zur exploratorischen Literaturbenutzung" (Knoche 1993) an Ort und Stelle animiert.

Die Forschungsbibliotheken, früher den Spezialbibliotheken allgemein zugerechnet, haben sich zu Beginn des 21. Jahrhunderts als neue Gruppe in der Bibliothekstypologie profiliert. Es sind ehemalige Hofbibliotheken mit wertvollem historischen Buchbestand, die über einen einzigartigen, historisch gewachsenen Bestand meist geistes- und kulturwissenschaftlicher Art verfügen. Die Zuordnung zur außeruniversitären Forschung drückt sich aus in der eigenen wissenschaftlichen Tätigkeit der Bibliothek und in der Unterstützung der Forschung durch Betreuung von Editionen, Vergabe von Stipendien, Ausrichtung internationaler Kongresse.

Zu dieser kleinen, aber wichtigen Gruppe zählen die *Herzog August Bibliothek* in Wolfenbüttel, spezialisiert auf die europäische Kulturgeschichte der Frühen Neuzeit, und die *Herzogin Anna Amalia Bibliothek* in Weimar, die sich intensiv der Klassik als einer herausragenden Epoche der deutschen Literatur widmet. Beide Bibliotheken verfügen über hervorragende Altbestände, die dem Wissenschaftler präsent und weitgehend in systematischer Freihandaufstellung angeboten werden. Ergänzend erwerben sie die aktuelle Sekundärliteratur.

Die mit der Universitätsbibliothek Erfurt fusionierte *Forschungsbibliothek Gotha* besitzt einen umfangreichen, zunächst universal ausgerichteten, seit 1850 geisteswissenschaftlich dominierten Altbestand. Die *Hauptbibliothek der Franckeschen Stiftungen* in Halle/Saale, die nicht aus einer Regionalbibliothek hervorging, sondern 1698 zu Bildungszwecken eingerichtet wurde, gilt als Forschungsbibliothek auf dem Gebiet der Kirchen- und Bildungsgeschichte der Frühen Neuzeit.

Als Forschungsbibliotheken auf einem engeren Fachgebiet sind z. B. die *Bibliothek für Bildungsgeschichtliche Forschung* in Berlin (historische Bildungsforschung) oder die *Johannes a Lasco-Bibliothek* in Emden (reformierter Protestantismus) zu nennen.

Parlaments-, Behörden- und Gerichtsbibliotheken

Innerhalb der großen Zahl der Spezialbibliotheken bilden die über 500 Parlaments-, Behörden- und Gerichtsbibliotheken eine recht homogene Gruppierung. Diese meist erst nach 1945 entstandenen Einrichtungen dienen vor allem Zwecken der Verwaltung und Rechtsprechung und sind daher spezialisiert auf den Erwerb juristischer und politischer Literatur. Amtsdruckschriften und ‚graues' Schrifttum machen einen großen Teil der Sammlungen aus. Auch sie sind Präsenzbibliotheken und lassen die Öffentlichkeit nur in eingeschränktem Umfang oder gar nicht zur Benutzung zu. Sie gliedern sich in Bibliotheken der Parlamente (der Länder und des Bundes), der Verwaltungsbehörden (der Gebietskörperschaften – Kommunen, Länder, Bund) und der Gerichte (der Länder und des Bundes). Neben den Parlamentsbibliotheken von Bund und Land verfügen auch die diversen Ministerien und oberste Bundesbehörden über ansehnliche fach- und Spezialbibliotheken, wie die Bestände der *Senatsbibliothek* in Berlin (485.000 Bände, Bestandteil der *Zentral- und Landesbibliothek Berlin*), die Bibliotheken des *Auswärtigen Amtes* in Berlin (320.000 Bände, 91.000 Karten und Atlanten) oder des *Deutschen Patentamtes* in München (990.000 Medieneinheiten einschließlich der Patentschriften und über 50 Mio. Patentdokumente) und des *Statistischen Bundesamtes* in Wiesbaden (450.000 ME) beweisen. Hinzu treten die Bibliotheken weiterer Institutionen, die öffentliche Aufgaben wahrnehmen (z. B. Industrie- und Handelskammern oder Versicherungsanstalten). All diese Bibliotheken kooperieren in der organisatorisch eigenständigen *Arbeitsgemeinschaft der Parlaments- und Behördenbibliotheken* (APBB).

Musikbibliotheken

In vielerlei Hinsicht stellen Musikbibliotheken eine Besonderheit dar, und das nicht nur aufgrund ihrer unterschiedlichen Trägerschaft durch Land oder Kommune. Bei ihnen bilden sich die Veränderungsprozesse in der digitalen Gesellschaft und ihre Auswirkungen auf Bibliotheken besonders deutlich ab. Zwar sind in den letzten Jahren einige attraktive neue Musikbibliotheken wie beispielsweise in Stuttgart, Essen, Nürnberg, Wiesbaden oder Detmold entstanden, doch die Leuchtturmprojekte täuschen nicht darüber hinweg, dass von einer flächendeckenden Versorgung von Musikunterricht und Musikausübung durch Musikbibliotheken nicht gesprochen werden kann: Insgesamt existieren gegenüber den 930 kommunalen Musikschulen nur rund 90 öffentliche Musikbibliotheken (Stand 2018). In der „Deutschen Bibliotheksstatistik" des HBZ sind davon bislang nur 44 öffentliche Musikbibliotheken aufgeführt, die nahezu ausschließlich Teil eines großstädtischen Bibliothekssystems sind. Angesichts rückläufiger Ausleihzahlen von physisch vorgehaltenen Medien wird nach neuen Konzepten zur Fortentwicklung musikbibliothekarischer Serviceleistungen gesucht.

Musikbibliotheken können eigenständige Einrichtungen sein, sind aber in den meisten Fällen Abteilungen, Sammlungen oder Zonen von a) großen Stadtbibliotheken bzw. b) von Staats- und Landesbibliotheken oder c) von Musikhochschulen; ferner zählen auch d) die Bibliotheken der Fernseh- und Rundfunkanstalten dazu. Einige von ihnen sind verbandsmäßig in der Internationalen *Vereinigung der Musikbibliotheken, Musikarchive und Musikdokumentationszentren* (AIBM) zusammengeschlossen. Während die wissenschaftlichen und institutseigenen Musikbibliotheken ihren fest umrissenen Auftrag rechtlich verbindlich erfüllen können, sind die Öffentlichen Musikbibliotheken als eine freiwillige Aufgabe der Kommunen vom Willen des Trägers abhängig.

Musikbibliotheken sammeln und erschließen nicht mehr nur Musikalien, Musikbücher und Tonträger, sie digitalisieren auch eigene Bestände und stellen ihren Kunden in digitalen Bibliotheken oder auf institutseigenen Repositorien elektronische Ressourcen und Dienstleistungen zur Verfügung. Die umfangreichsten digitalisierten Musikbestände finden sich in den großen Staats- und Landesbibliotheken, etwa in Berlin, München, Dresden und Karlsruhe. Virtuell zusammengeführt sind die musikwissenschaftlichen Ressourcen in der „Virtuellen Fachbibliothek Musikwissenschaft" (ViFaMusik), seit 2005 ein DFG-gefördertes Projekt der *Bayerischen Staatsbibliothek* in Kooperation mit dem *Staatlichen Institut für Musikforschung* in Berlin; im Rahmen des neuen DFG-Förderprogramms „Fachinformationsdienste für die Wissenschaft" wird das seit 1949 an der BSB München verortete „SSG Musikwissenschaft" zum „Fachinformationsdienst Musikwissenschaft" umgebaut.

Wie viele Bibliothekskunden wünscht sich der musikinteressierte Nutzer die Medien und Informationen möglichst in elektronischer Form auf PC, Tablet oder Smartphone, und das zu jeder Zeit und von jedem Ort aus. Diese Erwartung können Öffentliche Bibliotheken bisher nur eingeschränkt erfüllen, weil viele Tonträgerunternehmen den Bibliotheken keine Lizenzen anbieten, die Voraussetzung für einen solchen Verleih rund um die Uhr sind. Deshalb haben sich inzwischen viele Öffentliche Bibliotheken den digitalen Ausleihplattformen „Onleihe" und „Ciando-Library" angeschlossen, die Tonträger (nahezu ausschließlich in Form von Angebotspaketen für Klassik, Jazz, Pop) sowie Musikliteratur (musikpädagogische Titel, Musikerbiographien, Werkeinführungen) im Programm führen. Die Zahl der „Onleihe"-Bibliotheken wächst kontinuierlich, das Musikangebot jedoch nicht in gleichem Tempo.

In mehreren Großstädten gehören Musizierräume und Digitalpianos heute zur obligatorischen Ausstattung der Musikbibliotheksabteilungen, womit während der Öffnungsstunden aktives Musizieren ermöglicht wird. Einige Musikbibliotheken bieten „Musikkoffer" für die musikalische Arbeit mit Schulklassen und Kindergruppen an, andere veranstalten Mitsingkonzerte für Familien und Senioren, stellen ihre Räume dem Musikernachwuchs als Podium zur Verfügung und beziehen Konzerte und Musikdarbietungen in ihre Kultur- und Öffentlichkeitsarbeit ein.

5.3.5 Kommunale Öffentliche Bibliotheken, Fahrbibliotheken, Schulbibliotheken und Staatliche Bibliotheksfachstellen (Büchereistellen, Beratungsstellen, Büchereizentralen)

Die kommunale Öffentliche Bibliothek leistet einen wichtigen Beitrag dazu, das durch Artikel 5 Abs. 1 GG gegebene Grundrecht der Bürger, „sich aus allgemein zugänglichen Quellen ungehindert zu unterrichten" mit Leben zu erfüllen. Wie der öffentlich-rechtliche Rundfunk trägt sie wesentlich zur informationellen Grundversorgung der Bürger bei und stärkt damit die Partizipationschancen der Bürger im demokratischen System. Sie erleichtert darüber hinaus Aus-, Fort- und Weiterbildung und verbessert Chancengleichheit; schließlich spielt sie eine wichtige Rolle bei der Aneignung kultureller Inhalte und der sinnvollen Gestaltung der Freizeit. Öffentliche Bibliotheken bewegen sich mit ihrem Informations-, Medien- und Dienstleistungsangebot zu Beginn des 21. Jahrhunderts in einem Umfeld, das geprägt ist von sich weiter ausdifferenzierenden sozialen Milieus, steigenden Buchpreisen, einem expandierenden Markt audiovisueller und digitaler Medien sowie einem wachsenden Bildungsbedarf. Neben den gedruckten Medien spielen seit den 1980er-Jahren zunächst die AV-Medien (analoge Tonträger und Videos), seit den 1990er die auf CD-ROM/DVD oder Blu-ray vertriebenen Medien mittlerweile aber vor allem die über das Internet online verfügbaren multimedialen Informationsangebote eine immer größere Rolle. Nahezu alle Öffentlichen Bibliotheken tragen diesem medialen Wandel mittlerweile Rechnung.

So sind inzwischen in mehr als 2.000 Öffentlichen Bibliotheken (Stand 2019) für den wachsenden Kundenkreis Netzpublikationen (E-Books, E-Paper, E-Journals) zum Herunterladen verfügbar. Bibliotheksbenutzer zahlen für diesen Service entweder eine gesonderte Jahresgebühr oder im kostenpflichtigen Bibliotheksausweis ist diese spezielle Medienausleihe bereits pauschal enthalten. In Deutschland (und im deutschsprachigen Ausland) wird dieses Angebot oft mit dem Begriff „Onleihe" bezeichnet. Dabei handelt es sich um ein Kunstwort, das sich aus den Begriffen „online" und „ausleihen" zusammensetzt. Wichtigster Anbieter ist die Firma *DiViBib* in Reutlingen, eine Tochter der *ekz-bibliotheksservice GmbH*. Daneben hat sich auch die Firma *Ciando* mit einem ähnlichen Medienangebot für Öffentliche Bibliotheken auf den Ausleih-Markt der E-Medien etabliert.

In der Regel ist die Öffentliche Bibliothek eine Gebrauchsbibliothek mit aktuellen und der Allgemeinheit zugänglichen book- und non-book-Beständen.

Die typische hauptamtlich-fachlich geleitete Öffentliche Bibliothek in Deutschland weist im Durchschnitt folgende Kennzeichen auf:

Tabelle 18: Kennzeichen der durchschnittlichen Öffentlichen Bibliothek (Stand 2019)

400 qm Fläche
30.000 ME (inkl. E-Medien)
rund 3,2 Personalstellen, davon eine bibliothekarische Fachkraft
einen Einzugsbereich von rund 20.000 Einwohnern
18 Stunden Öffnungszeit pro Woche
ein Angebot von 1,4 ME pro Einwohner, 32 Zeitschriften, 2 PC mit Internetanschluss
fast jede Woche eine Veranstaltung, vor allem für Kinder und Schulklassen
12–15% der Einwohner als aktive Nutzer (überwiegend unter 18 Jahren)
knapp zwei Drittel der Einwohner, welche die Bibliothek schon einmal besucht haben

34.000 Besucher pro Jahr
Entleihung von 4,1 ME je Einwohner pro Jahr
etwa 3,0-facher Umsatz des Bestandes (Ausleihe/Bestand)
mit einer durchschnittlichen Bestandsaufteilung von 22–24% Sachliteratur, 21–22% Belletristik, 30–34% Kinder- und Jugendliteratur, 12–14% AV-Medien, 3–5% Zeitschriften, 7–10% virtuelle Medien (E-Books und u. a.)
zu rund 95% öffentlich finanziert
am stärksten frequentierte Kultureinrichtung in der Kommune.

Von besonderer Leistungskraft sind in den Großstädten die Zentralbibliotheken mit Beständen von mehreren Hunderttausend Bänden. Das multimediale Angebot schließt dort auch eine Auswahl wissenschaftlicher und berufsbezogener Fachliteratur ein. Nur vereinzelt trifft man auf Wissenschaftliche Stadtbibliotheken mit der Funktion von Archiv- und Gebrauchsbibliotheken, die neben der Öffentlichen Bibliothek bestehen oder mit ihr vereinigt sind (z. B. Bautzen, Mainz, Lübeck, Worms oder Zwickau).

Die speziellen Arbeitsbereiche im öffentlichen Bibliothekswesen, die sich von der allgemeinen Tätigkeit der Öffentlichen Bibliothek für das breite Publikum unterscheiden lassen, sind vielfältig und können hier nur kursorisch genannt werden. Unabhängig von dem allgemeinen Ziel, eine möglichst breite Öffentlichkeit an die Bibliotheken heranzuführen, schenkt man einzelnen Benutzergruppen große Aufmerksamkeit. Eine der wichtigsten Zielgruppen ist die Bibliotheksarbeit für Kinder und Jugendliche. Nahezu alle kommunalen Öffentlichen Bibliotheken haben eine besondere Abteilung, die in der Regel als Kinder- und Jugendbibliothek bezeichnet wird.

Schon seit geraumer Zeit wird das bibliothekarische Augenmerk auf die Altersgruppe der Vier- bis Zwölfjährigen gelegt und für sie spezielle Kinderbibliotheken oder Kinderabteilungen aufgebaut. Jüngst verstärkt sich das Medien- und Veranstaltungsangebot auch auf Kleinkinder ab dem Krabbelalter. Waren es zunächst kombinierte Kinder- und Jugendbibliotheken, die ein Buch- und Medienangebot bis zum Alter von 15 Jahren vorhielten, so geht der Trend der letzten Jahre eindeutig dahin, für die Älteren eigene Jugendbibliotheken bzw. -zonen einzurichten. Gleiches gilt im Übrigen für den Kinderbereich. Frei zugänglich finden die jungen Besucher hier neben Büchern und Zeitschriften in zunehmendem Maße eigenständige Zonen mit digitalen Medien aller Art, elektronischen Spielkonsolen, internetfähigen PCs zum Spielen, „Chillen" und „Chatten" sowie zum Arbeiten, Lernen und Informieren. Das Einrichtungsmobiliar zur Gestaltung der Kinder- und Jugendzonen und zur Aufbewahrung der unterschiedlichen Medienarten ist um ein Vielfaches bunter, individueller und auffälliger als früher geworden.

Eine der Schwerpunktaufgaben Öffentlicher Bibliotheken ist – nicht zuletzt seit Bekanntwerden der ersten Besorgnis erregenden PISA-Ergebnisse im Jahr 2000 – die Leseförderung von Kindern und Jugendlichen. Unter Leseförderung wird im Allgemeinen eine etwas unscharf definierte Sammelbezeichnung für verschiedene methodische Verfahren verstanden, die das Leseinteresse, die Lesemenge, die Leseflüssigkeit oder das Textverständnis fördern und verbessern sollen. Im bibliothekarischen Verständnis soll Leseförderung in der Öffentlichen Bibliothek vor allem zum Lesen animieren und motivieren und ein stabiles Leseverhalten aufbauen, während es Aufgabe des Lesetrainings und der literarischen Bildung in der Schule ist, Fertigkeiten und Strategien zum Erlernen des Lesens zu erhalten sowie Fähigkeiten zum zielgerichteten Vorgehen bei der Arbeit mit Texten aller Art zu erwerben und poetisch gestaltete Texte und Stoffe kennenzulernen. Neben konventionellen Buch-Medien geraten vermehrt digitale und multimediale Angebote in den Blick moderner Leseförderung. Zu nennen sind etwa hybride Bilderbücher, die nach dem Prinzip der Augmented Reality funktionieren: Hier erleben Kinder im Kita-Alter das klassische Bilderbuch mit Text auf ihrem Tablet oder Smartphone über verschiedene Apps einmal anders, d. h. mit Geräusch und Video-Beispielen. Für ältere Kinder bestehen Angebote, per App eigene E-Books zu erstellen oder Social-Reading-Angebote, die den online geführten Austausch über Texte zulassen.

Vor diesem Hintergrund bieten Öffentliche Bibliotheken gute Möglichkeiten, als außerschulische Bildungseinrichtungen mittels ihrer alters- und entwicklungsgerecht ausgewählten Buch- und Medienbestände geeignete Lektüre bereitzustellen. Über die Jahrzehnte hinweg haben sie zahlreiche Aktivitäten entwickelt, ihre Bestände proaktiv durch vielfältige Programmarbeit zu vermitteln und und auch solche Zielgruppen in die Bibliotheken zu holen, die ansonsten nicht zu erreichen wären. Programm- und Veranstaltungsarbeit sowie Öffentlichkeitsarbeit und Werbung werden heute als Teil des kommunalen Kulturmanagements verstanden. Allein die Programm- und Veranstaltungsarbeit, die Öffentliche Bibliotheken wöchentlich und monatlich leisten – und häufig gerade auch in Klein- und Kleinstbibliotheken ländlicher Regionen – ist enorm und wächst jährlich. 2018 wurden insgesamt über 380.000 Veranstaltungen von und in Bibliotheken durchgeführt, rund die Hälfte der Veranstaltungen in Öffentlichen Bibliotheken war an Kinder gerichtet. So entwickeln sich Bibliotheken zu Kommunikations- und Kulturzentren und bereichern die soziale und kulturelle Infrastruktur einer Kommune.

Stark in den Fokus gerückt ist zuletzt die interkulturelle Arbeit. Neben Kommune, Kirche und vielen Wohlfahrtsverbänden haben auch die Öffentlichen Bibliotheken auf die hohe Zahl der Flüchtlinge reagiert, die seit 2015 in der Bundesrepublik Deutschland Zuflucht gesucht haben. Schon 2012 hatte die Bundesregierung mit ihrem „Nationalen Aktionsplan Integration" auf die Bedeutung von Integration der Menschen mit Migrationshintergrund als eine „Schlüsselaufgabe" unserer Zeit hingewiesen, und das nicht nur wegen der problematischen demografischen Entwicklung mit einer immer älter werdenden Gesellschaft. Inzwischen umfasst das Spektrum der in Bund, Land und Kommune geführten Debatten wichtige Themen, die zunehmend auch Bestandteil bibliothekarischer Bemühungen geworden sind; dazu gehören Aspekte wie:

- Integration, Inklusion und Partizipation von benachteiligten und gehandicapten Menschen
- die Teilnahme aller sozialer Gruppierungen und Gesellschaftsschichten am Inklusionsprozess
- die Sorge um die frühkindliche Sprachentwicklung
- die Zunahme des Fachkräftemangels in zahlreichen Berufsgruppen.

Menschen mit Migrationshintergrund, speziell Flüchtlinge und Asylbewerber, werden von den meisten Öffentlichen Bibliotheken inzwischen als neue und wichtige Zielgruppe wahrgenommen. Trotz mancher Problemstellungen und Schwierigkeiten im Umgang gewinnt vielerorts die interkulturelle Bibliotheksarbeit an Bedeutung – das ernsthafte Bemühen, einen sichtbaren Beitrag zur Integration von Minderheiten leisten zu wollen, hat zweifellos einen neuen Stellenwert gewonnen. Viele aktuelle Projekte und Maßnahmen belegen, in welchem Maße solche Integrationsarbeit zugenommen hat: Zahlreiche Bibliotheken haben interkulturelle Handlungskonzepte entwickelt und agieren mit politischer Unterstützung der kommunalen Gremien. Besonders in westdeutschen Großstädten kann der Anteil der Menschen mit Migrationshintergrund 25% und mehr erreichen, nicht selten sind mehr als 50 verschiedene Volks- und Sprachgruppen einer Stadt anzutreffen. Nahezu obligatorisch geworden ist neben speziellen Bibliotheksführungen und Vorleseveranstaltungen für Kinder- und Jugendliche die Ausgabe von kostenlosen Bibliotheksausweisen an Flüchtlinge. Hinzu kommt die Bereitstellung von mehrsprachigen Buchpaketen und Medienboxen für Eltern und Kinder, die teilweise auch an Flüchtlingsunterkünfte verteilt werden, sowie niedrigschwellige Sprachkurse zum ersten Kennenlernen der deutschen Sprache und Kultur, oft mit personeller Unterstützung von Fördervereinen und der örtlichen Volkshochschule.

Im Rahmen ihrer sozialen Verantwortung stellen die Öffentlichen Bibliotheken mehrerer Großstädte für besondere Zielgruppen (z. B. Senioren, behinderte Menschen oder Migranten) entsprechende Medienbestände oder Dienstleistungen (z. B. „Bücher auf Rädern") zur Verfügung. In der Zusammenarbeit mit Schulen werden wichtige Beiträge zu Ausbau und Betrieb von Schulbibliotheken geleistet, in einigen Bundesländern wurden Öffentliche Bibliotheken mit Schulbibliotheken zu einer integrierten Institution kombiniert oder „Schulbibliothekarische Arbeitsstellen" zur besseren Koordinierung der Arbeit in Schulbibliotheken geschaffen. Mit Kindergärten und Kindertagesstätten haben zahlreiche Stadt- und Gemeindebibliotheken enge Kooperationen über den Austausch von Blockbeständen an Kinderbüchern und Bilderbuchkinos im Rahmen von Sprache- und Leseförderung abgeschlossen oder gemeinsame Vorlese-, Spiel- und Bastel-Aktionen vereinbart.

Fahrbibliotheken

In mehreren Bundesländern versorgen Fahrbibliotheken, d.h. Bücherbusse und große LKWs, in Ergänzung zu standortfesten Bibliotheken dünn besiedelte ländliche Regionen und Randbezirke von Groß- und Mittelstädten. 2019 existierten rund 90 Fahrbibliotheken mit knapp 110 Fahrzeugen (1995 noch 150). Rund ein Fünftel von ihnen ist organisatorisch eigenständig, soweit sie sich in Trägerschaft von Landkreisen und vereinzelt von Vereinen befinden, rund 80% aber sind an ein größeres Bibliothekssystem angebunden, vorwiegend in Großstädten über 100.000 Einwohner. Bundesweit liegt die Zahl der Ausleihen aller Bücherbusse nahezu unverändert bei jährlich ca. sechs Mio. Medieneinheiten. Wo Fahrbibliotheken entstanden sind, zeigt sich der politische Wille, das offenkundige Stadt-Land-Gefälle hinsichtlich der Bibliotheksangebote zu verringern. Während in vielen kleinen Gemeinden Bücherbusse auch soziale Treffpunkte mit oft längeren Haltezeiten sind, fungieren sie in Großstädten als mobile Zweigstellen und fahren vielfach Schulen und Kindergärten an. Nicht selten ersetzen sie ortsgebundene Zweigstellen, die aus Einspargründen geschlossen wurden.

Die Klientel der Fahrbibliotheken sind vorrangig Kinder und Jugendliche, Mütter und Väter mit Kleinkindern, Senioren und neuerdings auch Flüchtlinge. Weit verbreitet ist die Zusammenarbeit mit Kindergärten, Grund- und weiterführenden Schulen. Ähnlich wie in den standortfesten Bibliotheken werden Fahrbibliotheken aber auch zur Leseförderung genutzt, indem in ihnen Bibliothekseinführungen, unterrichtsbegleitende Lesestunden und themenbezogene Projekte für Kindergartengruppen und Schulklassen angeboten werden. Vielfach dienen Kooperationsverträge zwischen den Institutionen als Grundlage der Zusammenarbeit. Fahrbibliotheken haben den Vorteil, mobil und flexibel zu sein: Auf Änderungen in der Bevölkerungs- oder Infrastruktur können sie mit neu angepassten Haltestellen und Fahrplänen rasch reagieren, Haltezeiten können verlängert oder gekürzt und Medienangebote integriert werden. Fahrbibliotheken ermöglichen auch jüngeren Schulkindern den regelmäßigen Besuch einer Bibliothek, nicht selten sind sie fester Bestandteil des Unterrichts.

Wenn auch ihr Medienbestand (zwischen 3.000 und 5.000 Medien) auf den ersten Blick eher bescheiden wirkt, so steht meist ein Reservoir (Magazin) im drei- oder vierfachen Umfang im Hintergrund zur Verfügung, um Ausgeliehenes wieder ersetzen zu können. Auch die meist auf 30–90 Minuten begrenzten Haltezeiten der Busse wirken zunächst nachteilig, sind meist aber ausreichend und ermöglichen letztlich eine bürgernahe und regelmäßige Versorgung vieler Landstriche und Siedlungen. Als wichtig und hilfreich hat sich der Einsatz von Internet und Web-OPAC für Bibliothek und Nutzer herausgestellt: Über das Internet recherchierte Medien aus dem Gesamtbestand des Fahrbibliothekmagazins oder des Großstadtsystems lassen sich punktuell bestellen und zu den Haltepunkten mitbringen. Die Busse verfügen heute über Onlineanschlüsse und WLAN, womit z. B. auch Hilfeleistungen für den Leser beim Umgang mit der Onleihe und E-Book-Readern möglich werden. Bei neubeschafften Fahrzeugen ist ein vermehrter Technikeinsatz erkennbar: Obligatorisch sind heute Klimaanlage, Fahrassistenten, kontrollierte Abgasreinigung, halb- oder vollautomatische Getriebe, Toilettenanlage und eine gute Lichttechnik. Barrierefreiheit ist allerdings nur beschränkt machbar, doch auch hier kommen zunehmend Elektrolifts zum Einsatz, die Rollstuhlfahrern und Eltern mit Kinderwagen den Zugang erlauben. Als eine wichtige beratende Instanz fungiert seit 2012 die vom dbv eingerichtete *Fachkommission Fahrbibliothek*, die bei Kauf, Ausstattung, Inbetriebnahme und Konzeption Beratung bietet; Hilfestellung gaben auch die Staatlichen Büchereistellen und Büchereizentralen in den Ländern.

Schulbibliotheken

Bibliotheken und Schulen sind grundsätzlich ideale Kooperationspartner. Die Zusammenarbeit der Schulen und, insofern vorhanden, ihrer Schulbibliotheken mit den Öffentlichen und Wissenschaftlichen Bibliotheken wurde jedoch in Deutschland über Jahrzehnte hinweg vernachlässigt. Die Gründe sind vielfältig und betreffen sowohl die schulische als auch die bibliothekarische Seite. Seit dem PISA-Schock im Jahr 2000 sind jedoch zahlreiche Initiativen gestartet worden, das Neben- und Gegeneinander zu überwinden. Auch wuchs die Erkenntnis, dass Schulen, Öffentliche und Wissenschaftliche Bibliotheken durch systematische Kooperation ihre Bildungsaufgaben erheblich besser und umfassender erfüllen können. Mit dem Ausbau der Schulen zu Ganztagsschulen – ein bundesweiter Trend seit der Jahrtausendwende – wächst zudem der Bedarf an attraktiven, multimedial ausgestatteten Lernräumen, die aktive und selbstständige Lernprozesse unterstützen.

Einrichtung, Ausstattung und fachliche Betreuung vieler Schulbibliotheken ist in Deutschland – gemessen an den Standards in skandinavischen und angloamerikanischen Ländern – nach wie vor unbefriedigend. Obwohl der Stellenwert von Schulbibliotheken im Schulalltag zunimmt, führen sie oft genug ein gewisses Schattendasein. Schulbibliotheken bzw. Schulmediotheken werden zwar grundsätzlich nicht infrage gestellt, aber ungünstige Rahmenbedingungen führten zu einer regional sehr heterogenen Schulbibliothekslandschaft mit nur geringer Leistungsfähigkeit und Qualität. Viele Experten sprechen von einem schulbibliothekarischen Entwicklungsland, auch wenn als Folge der diversen PISA-Ergebnisse und der Einführung von Ganztagsschulen ein gewisser Boom zu erkennen ist. Belastbares Zahlenmaterial ist kaum vorhanden, um Entwicklung und Ausbauzustand von Schulbibliotheken verbindlicher belegen zu können. Die bloße Existenz einer Schulbibliothek erlaubt noch keine Aussage über deren Qualität, da das Leistungsspektrum sehr breit ist. Einige jüngst entstanden moderne „Leuchtturm-Bibliotheken" führen eine friedliche Koexistenz mit veraltet ausgestatteten Schulbibliotheken und Bücherecken, die teilweise ihren Ursprung noch in den 1970er- und 1980er-Jahren haben.

Nüchtern betrachtet, stellt Deutschlands Schulbibliothekslandschaft bis heute einen Flickenteppich dar. Durchaus vorzeigbare Entwicklungen weisen die Bundesländer auf, die über gut ausgestattete Bibliotheksfachstellen und engagierte Arbeitsgemeinschaften verfügen. Gleiches gilt für Großstädte mit gut aufgestellten *Schulbibliothekarischen Arbeitsstellen* (SBA). Verbindliche Ausstattungsstandards gibt es de facto nicht, aber einige fundierte Handreichungen, Fachbücher und Beiträge für die Praxis haben in den letzten Jahren eine breitere Beachtung in Politik und Fachöffentlichkeit gefunden. Ein Indiz: Die SBA der Stadtbibliothek Frankfurt a. M. wurde 2018 vom *Deutschen Bibliotheksverband* zur „Bibliothek des Jahres" gewählt.

Schulbibliotheken kommen in unterschiedlicher Organisations- bzw. Betriebsform vor: Werden sie als selbstständige Einrichtung innerhalb der Schule betrieben, ist die Schule der verantwortliche Träger und die Dienstleistungen der Bibliothek werden aus Mitteln der Schule bzw. Spenden oder Zuwendungen eines Fördervereins finanziert. Neben den selbstständigen Schulbibliotheken existieren integrierte Formen, bei denen die Schulbibliothek Räume bzw. Infrastrukturen der Öffentlichen Bibliothek nutzt oder gar Zweigstelle eines städtischen Bibliothekssystems ist. Der am häufigsten vertretene Bibliothekstyp ist die selbständige Schulbibliothek, die vielfach an größeren Schulen und Schulzentren anzutreffen ist, während sich kombinierte Schul-/Stadtteilbibliotheken meist in Großstädten befinden.

Groben Schätzungen zufolge verfügen 18-20% der rund 44.300 allgemein- und berufsbildenden Schulen in Deutschland über eine Schulbibliothek bzw. Leseecke, das sind ca. 8.500 Einrichtungen. Bestenfalls 2.500 Schulen (= 5%) haben heute sachlich adäquat ausgestattete Schulbibliotheken, jedoch nahezu überall fehlt es an schulbibliothekarischem Fachpersonal, Bibliothekaren oder FAMI-Fachangestellten. Besonders kritisch sieht die Situation in vielen Grund-, Haupt- und Realschulen aus, in denen nur selten schuleigene bzw. kombinierte Schulbibliotheken vorhanden sind. Allenfalls im Bereich der Gymnasien kann von einer ausreichenden Anzahl zufriedenstellender Schulbibliotheken gesprochen werden. Nur in wenigen Fällen, vor allem in neu erbauten Gymnasien, Gesamt- und Ganztagsschulen, werden die geforderten Richtwerte der Schulbaurichtlinien für Flächenbedarf und Medienausstattung erreicht. Ein weiteres Manko: Zu über 90% erfolgt Leitung und Betreuung von Schulbibliotheken durch nebenamtlich tätige Lehrer oder ehrenamtlich tätige Eltern und Schüler, bibliothekarisches Fachpersonal ist in der Minderheit.

Schulbibliotheken bzw. Mediotheken können bei angemessener finanzieller, personeller und räumlicher Ausstattung eine Vielzahl von Leistungen erfüllen: Sie dienen der Leseförderung, sind Informationszentrum, Unterrichtsraum und Kommunikationsplattform, bieten sich als kulturelles Zentrum (inkl. Zentrum für die Medienproduktion) und Freizeitgestaltung an. Sie verstehen sich als „Unterrichtsort", „Lern-Lese-Raum" oder „Selbstlernzentrum", können ebenso als „Sozialraum", „schulfreier Raum" oder als „Stadtteilbibliothek" genutzt werden. Dank der Zunahme an Ganztagsschulen und regelmäßigem Nachmittagsunterricht rücken Schulbibliothekskonzepte in den Vordergrund, in denen sich die Einrichtung zugleich als Lernort sowie Ort der Entspannung und Betreuung positioniert.

Bibliotheksfachstellen (Büchereistellen) und Büchereizentralen
Zur Förderung des öffentlichen Bibliothekswesens und zum Abbau des dort häufig anzutreffenden Stadt-Land-Gefälles unterhalten die Länder Bibliotheksfachstellen, sie firmieren auch unter Bezeichnungen wie Büchereistellen, Fach- oder Beratungsstellen bzw. Büchereizentralen. Erste Einrichtungen wurden in Deutschland bereits vor dem Ersten Weltkrieg gegründet. Sie sind heute regionale Planungs-, Beratungs- und Arbeitsstellen. Sie dienen der Weiterentwicklung der Öffentlichen Bibliotheken zu einem leistungsfähigen und kooperativen Netzwerk; ihre verschiedenartigen Förderleistungen kommen in erster Linie den Bibliotheken der kleineren und mittleren Gemeinden zugute. Zu den Aufgabenfeldern vieler Büchereistellen gehören Fortbildungsprogramme für Bibliothekskräfte, Lesefördermaßnahmen, Zuschussvergabe, bei einigen auch praktische Dienstleistungen und Hilfestellungen beim Bestandsaufbau, zur Bestandsergänzung oder zum Leihverkehr. Einige Fachstellen (wie Bayern, Rheinland-Pfalz, Nordrhein-Westfalen, Sachsen) geben regionale Fachzeitschriften heraus bzw. sind redaktionell daran beteiligt. Mit ihren Internet-

auftritten erleichtern die Fachstellen die fachliche Kommunikation und forcieren die interne Vernetzung. Darüber hinaus stellen sie dort zahlreiche Arbeitshilfen und wichtige Dokumente bereit. Auch an der Steuerung der seit rund zehn Jahren expandierenden „Sommerleseclubs" in den Ländern sind die Fachstellen wesentlich beteiligt. Zugleich sind sie beauftragt, das politische und gesellschaftliche Bewusstsein hinsichtlich der Unverzichtbarkeit Öffentlicher Bibliotheken für die moderne Informationsgesellschaft zu stärken. In sechs Bundesländern stehen Landesfördermittel zur Verfügung, die von den Fachstellen auf Antrag für Bestandsaufbau und besondere Projekte nach speziellen Förderkriterien an die Öffentlichen Bibliotheken verteilt werden.

Die Bereitschaft der Länder, Bibliotheksfachstellen zu unterhalten, hat sich durch die Verknappung der öffentlichen Mittel im letzten Jahrzehnt in Bezug auf Größe, Aufgaben und Zuständigkeit weiter verringert. Zudem sind die Unterschiede in den einzelnen Ländern gravierender geworden: Die Personalausstattung reicht von einer Fachkraft für ein ganzes Bundesland bis hin zu mehr als 80 Personen in besonders gut ausgebauten Fachstellen mit einem umfassend strukturierten Land-Kommune-Netzwerk. 2019 existierten insgesamt 24 staatlich getragene bzw. unterstützte Fachstellen in allen Bundesländern (außer Berlin).

Organisatorisch sind sie in einigen Bundesländern als Referate oder Abteilungen den Bezirksregierungen bzw. Regierungspräsidien zugeordnet, in anderen Ländern in die Staats- und Landesbibliotheken integriert, in Einzelfällen Bestandteil großer kommunaler Bibliotheken. In Niedersachsen und Schleswig-Holstein fungieren sie als privatrechtlich organisierte Büchereizentralen. Allen gemeinsam ist jedoch, dass sie im Wesentlichen mit staatlichen Mitteln unterhalten werden und ihr Auftrag durch die jeweiligen Länder vorgegeben wird. Seit 1952 koordiniert die *Fachkonferenz der Bibliotheksfachstellen in Deutschland*, eine Art Selbsthilfeorganisation ohne Vereinsstatus, die bundesweite Vernetzung der Fachstellenarbeit. Neben der Jahrestagung des Gremiums mit thematischen Fortbildungsveranstaltungen für die Fachöffentlichkeit ist vor allem der seit 2003 aufgebaute „Fachstellenserver" als umfangreicher Dokumentenlieferant für viele ÖB-relevante Themen eines ihrer wichtigsten gemeinschaftlichen Dienstleistungen.

Bibliotheken als Dritte Orte

Ein Schlagwort hat wie kaum ein zweites die vergangenen Fachdiskussionen um neue Konzepte und Profilbildung neu belebt: Bibliotheken als „Dritte Orte" (▶ 8.4.4). Die Adaption dieses aus der Soziologie stammenden Konzeptes beschreibt die strategische Entscheidung von Bibliotheken, ihre Funktion als Kommunikationsort und zivilgesellschaftlicher Raum neu zu positionieren und anders zu profilieren. Neben dem Zuhause als „erstem Ort" und dem Arbeitsplatz als „zweitem Ort" soll der „dritte Ort" dazu dienen, Freizeit und Begegnung, Kommunikation und Informationsvermittlung auf kreative Weise und in attraktiver räumlicher Umgebung miteinander zu verknüpfen. Öffentliche Bibliotheken, wenn sie sich als solche Dritte Orte verstehen wollen, sehen sich in der Rolle, sich innerhalb einer offenen, aber vernetzten Gesellschaft mit ihrem Gebäude, ihren medialen und räumlichen Angeboten sowie ihren sonstigen Dienstleistungen als kommerzfreies Forum für vielfältige Interaktionen einzubringen. Sie bemühen sich, mit ihren Gebäuden in Städten und Gemeinden nicht nur auffällige architektonische Akzente zu setzen, also von der Bevölkerung bewusst gesehen zu werden, sondern auch durch eine moderne Innenarchitektur mit hoher Aufenthaltsqualität die Funktion eines breit anerkannten sozialen Ortes zu übernehmen. Tatsächlich prägt eine wachsende Zahl moderner Bibliotheksneu- und -umbauten viele Städte in bemerkenswertem Maße, mitunter auch mit durchaus umstrittener Architektur. Dadurch geben sie Anlass zu Diskussionen mit dem Bürger und werden intensiver wahrgenommen: dies entspricht durchaus den Intentionen sowohl der Bauherrn als auch der Architekten.

Nach dem Vorbild großer Bibliotheken in Skandinavien, Großbritannien, den Niederlanden oder den USA haben einige Großstadtbibliotheken Ideen entwickelt, wie sich im eigenen Haus oder im nahen Umfeld andere Dienstleistungseinrichtungen integrieren lassen wie etwa Tourist-Informationen, Volkshochschulen, Museen, Restaurants, Cafeterien oder Ausstellungs- und Konferenzräume. Bibliotheken zu lebendigen Lernorten und Informationszentren zu entwickeln, die Räume für Einzelpersonen als auch für Gruppen bereithalten, gerät in den Fokus bibliothekarischer Zielsetzungen. Lernen und wissenschaftliches Arbeiten erfolgt zunehmend im Team. Da die Bedürfnisse der Benutzerinnen und Benutzer unterschiedlich sind, bedarf es zugleich einer konzentrationsfördernden und ermutigenden Raum-Atmosphäre, wie auch einer anregenden Weite und konzentrierten Separation. Dazu lädt ein breites Spektrum an bequemen Arbeitsmöglichkeiten bis hin zu Sesseln und Sofas ein.

Wie die Diskrepanz zwischen der Zahl aktiver „Medien-Entleiher" und der weitaus höheren Anzahl der ermittelten „Besucher" in Bibliotheken belegt, existiert offenkundig ein erheblicher Bedarf an öffentlich zugänglichen, sozialen Kommunikationsräumen. Schon heute ist die Cafeteria aus einer modernen Bibliothek nicht mehr wegzudenken. Angenehm möblierte Räume, sog. „Living Rooms", etablieren sich in angelsächsischen Bibliotheken, in denen sich die Besucher zwanglos zum Gespräch, zum Surfen im Internet, zum Kaffeetrinken oder zu entspanntem Lesen aufhalten können. Innenarchitekten müssen sich mehr denn je einer erlebnisorientierten Gestaltung variabler und sicher auch „nicht zweckgebundener" Räume widmen. Zudem sollten Öffnungszeiten bis in die Abendstunden und am Wochenende, bei Bedarf auch sonntags, selbstverständlich werden. Die Bibliothek von morgen ist im Sinne des „Dritten Ortes" ein Raum des freien Diskurses, der kollektiven Inspiration, zugleich ein Ort mit Ambiente und Stil, wo man sich gerne aufhält und zwanglos der Welt der analogen und digitalen Medien begegnet und sein demokratisches Grundrecht auf Meinungs- und Informationsfreiheit wahrnehmen kann (▶ 8.4.4).

5.3.6 Kirchliche Öffentliche Bibliotheken und Kirchliche Fachstellen

Rechts- und Unterhaltsträger der kirchlichen Öffentlichen Bibliotheken sind bis heute in der Regel die evangelischen Kirchengemeinden bzw. die katholischen Pfarrgemeinden; bei den Sonderformen der Patienten- (Krankenhaus-), Heim- oder Anstaltsbüchereien, die von beiden Kirchen gefördert werden, sind entweder diese Institutionen selbst oder die dort tätigen Seelsorge-Einrichtungen Träger der Büchereiarbeit. Vereinzelt erhalten die kirchlichen Öffentlichen Bibliotheken kommunale Zuschüsse.

Wenn gut die Hälfte aller Gemeinden der Bundesrepublik Deutschland über mindestens eine Öffentliche Bibliothek verfügen, dann haben daran neben den knapp 5.000 kommunalen auch die 3.300 katholischen, 760 evangelischen und 90 Bibliotheken in sonstiger Trägerschaft (jeweils inkl. Zweigstellen) einen bedeutenden Anteil (Stand: 31.12.2018). Die kirchlichen Einrichtungen liegen allerdings fast ausnahmslos in den westlichen Bundesländern. Bei der hohen Zahl kirchlicher Bibliotheken ist zu berücksichtigen, dass diese hinsichtlich des Bestandes, des Erwerbungsetats und der Entleihungen weit hinter den kommunalen Einrichtungen liegen, ebenso bei den Öffnungszeiten und Personalaufwendungen.

Die Evangelische und die Katholische Kirche verstehen ihre Büchereiarbeit als Teilgebiet kirchlicher Gemeindearbeit sowie als Kulturarbeit. Die kirchliche Öffentliche Bibliothek soll ein Ort der Kommunikation und der Orientierungshilfe in Glaubensfragen sein sowie der praktischen Leseförderung und Medienerziehung dienen. Ihre Bestände sind gleichwohl nicht auf religiöse Schriften begrenzt; sie unterscheiden sich von den Beständen der kommunalen Öffentlichen Bibliotheken hauptsächlich durch zwei Merkmale: Sie umfassen in aller Regel nicht mehr als 5.000 Medieneinheiten und enthalten keine berufsbezogene Fachliteratur.

Mehr als 98% aller kirchlichen Öffentlichen Bibliotheken werden von ehrenamtlichen Kräften betreut. Für deren Beratung, Anleitung und Fortbildung sorgen zentrale und regionale kirchliche Fachstellen mit bibliothekarischem Fachpersonal. Ähnlich wie die Bundesländer haben auch die Kirchen auf der Ebene der Landeskirchen bzw. der Bistümer Fachstellen zur Unterstützung und Beratung ihrer Gemeindebibliotheken aufgebaut. 2018 gab es in der Bundesrepublik insgesamt 25 solcher Fachstellen (15 katholische und 10 evangelische), die:

– das Büchereinetz innerhalb des Zuständigkeitsbereiches in Abstimmung mit kirchlichen, staatlichen und auch kommunalen Dienststellen gestalten
– Fragen klären, die mit dem Auf- und Ausbau oder der Organisation einer örtlichen Bibliothek zusammenhängen
– kirchliche bzw. staatliche Zuschussmittel verwalten
– in vielen Fällen praktische Hilfe bei Bestandsaufbau sowie Bibliothekseinrichtung und -ausstattung leisten.

Sowohl die Arbeit der kirchlichen Büchereistellen als auch die der kirchlichen Öffentlichen Bibliotheken wird von Dachverbänden koordiniert, auf evangelischer Seite von *eliport* – Das evangelische Literaturportal e. V., dem ehemaligen Deutschen Verband Evangelischer Büchereien (DVEB) in Göttingen, auf katholischer vom *Borromäusverein* in Bonn, für Bayern vom *St. Michaelsbund*. Als gemeinsames bundesweites Arbeitsgremium der Kirchen fungiert die *Arbeitsgemeinschaft der kirchlichen Büchereiverbände* Deutschlands.

Während bundesweit Fachkonferenzen mit jeweiligen Jahrestagungen die Zusammenarbeit fördern, gemeinsame Projekte und Initiativen beraten und sich um die Einhaltung bibliotheksfachlicher Standards kümmern, sorgen regional interkonfessionelle Landesarbeitsgemeinschaften (wie z. B. in NRW, Rheinland-Pfalz, Hessen) für den fachlichen Austausch. Das über viele Jahre hinweg vorhandene Spannungsverhältnis zwischen den kirchlichen und kommunalen Bibliotheken und den jeweiligen Fachstellen hat sich inzwischen spürbar verbessert, so dass zahlreiche Kooperationen auf Länder- und kommunaler Ebene entstanden sind.

5.3.7 Spezielle Formen des öffentlichen Bibliothekswesens

Außer den Kommunen und den Kirchen unterhalten verschiedene weitere Institutionen und Körperschaften Bibliotheken, die in ihrer Zielsetzung den Öffentlichen Bibliotheken zuzurechnen sind, sich jedoch in ihren Zielgruppen deutlich unterscheiden. Es handelt sich dabei im Wesentlichen um:

– einige wenige Werkbibliotheken in der Trägerschaft von Betrieben, die den Werksangehörigen ein entsprechendes Angebot machen wollen
– die rund 100 Truppenbüchereien in der Trägerschaft der Bundeswehr
– die circa 120 Artotheken mit Verleihbeständen (Gemälde, Druckgrafiken u. ä.) für Kunstfreunde
– die circa 200 Patientenbibliotheken, die von kirchlichen, kommunalen, staatlichen oder privaten Krankenhausträgern in zahlreichen Groß- und Mittelstädten eingerichtet und unterhalten werden
– die rund 75 Bibliotheken in 220 Justizvollzugsanstalten in der Trägerschaft der Landes-Justizbehörden

– die 12 Blinden(hör)bibliotheken in teils staatlicher, teils privater Trägerschaft (mit erheblichen öffentlichen Zuschüssen).
– Wichtige, dem öffentlichen Bibliothekssektor nahe stehende Bibliotheken sind außerdem die Einrichtungen der ausländischen Kulturinstitute in Deutschland wie die Bibliotheken des *Goethe-Instituts* in über 70 Ländern der Welt (▶ 6.3.4).

Mit Blick auf die besonderen Benutzergruppen hat man in diesem Umfeld eine Zeitlang vorwiegend von sozialer Bibliotheksarbeit gesprochen, da diese sich mit ihren Angeboten an Menschen wendet, die in spezieller Weise benachteiligt sind oder sich in besonderen Lebenssituationen befinden. Heute wird häufiger der Begriff zielgruppenorientierte oder auch integrative Bibliotheksarbeit verwendet, haben sich doch die Arbeitsfelder und Zielgruppen weiter aufgegliedert. Die Bibliothek sieht sich hier in der Pflicht, als gemeinwohlorientierte Einrichtung ihre Leistungen und Angebote allen Mitgliedern der Gesellschaft zugänglich zu machen, um Chancengleichheit, Integration und Bildungsgerechtigkeit gewährleisten zu können. Diese Form von Bibliotheksarbeit zählt zu den bibliothekarischen Arbeitsbereichen, deren politische Bedeutung und gesellschaftliche Rolle sich seit ihrem Aufkommen in den 1970er-Jahren immer wieder gewandelt haben; zeitweise waren sie von Einsparungen der öffentlichen und kirchlichen Träger besonders hart getroffen. Dank der Aktualisierung interkultureller und demografischer Themen mit dem Ziel einer besseren Integration und Inklusion und der neuerlichen Aufwertung emanzipatorischer und kompensatorischer Bestrebungen scheint dieser Sektor wieder an Bedeutung zu gewinnen.

Bibliothekarische Dienstleistungen, die sich an benachteiligte Personen richten oder der Verbesserung der Lebenssituation entsprechender Zielgruppen dienen, stoßen auf wachsende gesellschaftliche und politische Akzeptanz. Viele Fachleute fordern daher seit langem, Bibliotheken durch eine deutlich verbesserte finanzielle Förderung die Möglichkeit zu geben, derartige Angebote flächendeckend und in verstärktem Maße anbieten zu können. In den frühen Konzeptionen aus den 1970er- und 1980er-Jahren ging es zunächst um Senioren, Arbeitslose und „Ausländer". Menschen mit Mobilitätseinschränkungen konnten Angebote der „aufsuchenden Bibliotheksarbeit" in Anspruch nehmen und sich Leselektüre regelmäßig ins Haus bringen lassen. Zug um Zug kamen Dienstleistungsangebote für weitere Zielgruppen wie körperlich Behinderte und Benachteiligte hinzu.

Die Orientierung am Konzept der sozialen Bibliotheksarbeit führte auch zur Gründung zahlreicher Patientenbibliotheken in kommunalen und kirchlichen Krankenhäusern, die von teils hauptamtlichen, meist jedoch von ehrenamtlich tätigen Kräften betrieben wurden und Patienten am Krankenbett mit Lektüre versorgten. Auch in einigen Justizvollzugsanstalten wurden zur Literatur- und Informationsversorgung der Inhaftierten Gefängnisbibliotheken aufgebaut, die allerdings außer in Nordrhein-Westfalen, Bremen und Hamburg nicht von bibliothekarischem Fachpersonal betrieben wurden.

Heute haben sich Begriff und Aufgabenfeld der einstigen „sozialen Bibliotheksarbeit" inhaltlich erweitert. Zu den Menschen in besonderen Lebenssituationen zählen Senioren, sozial und körperlich Benachteiligte, Flüchtlinge (u. a. in Notunterkünften und Auffanglagern), Menschen mit Bildungs- und Sprachdefiziten oder Menschen mit Migrationshintergrund, denen zielgruppenorientierte bibliothekarische Dienste und Medienangebote unterbreitet werden.

Aktuellen Schätzungen zufolge leben in Deutschland rund 7,5 Mio. deutschsprachige funktionale Analphabeten. Das bedeutet, dass nahezu jeder zehnte erwerbsfähige Erwachsene nicht richtig lesen und schreiben gelernt hat. Nach dem Willen der Bundesregierung sollen Vereine, Verbände und Arbeitgeber gezielt und mit Fingerspitzengefühl auf diese Menschen zugehen. Mehrere Bundesländer bemühen sich auch in Kooperation mit Bibliotheken den Zustand durch Aktionen und Kampagnen zu verbessern. Von bibliothekarischer Seite sind durch Bibliotheken und Bibliotheksfachstellen auch dazu bereits frühzeitig Konzepte für Dienstleistungen entwickelt und angeboten worden.

5.4 Ausblick

Der Blick auf die aktuellen strukturellen, typologischen, betrieblichen und rechtlichen Merkmale des Bibliothekswesens lässt erkennen, dass bereits ein gravierender Wandel eingetreten ist und sich weiter beschleunigt, in anderen Fällen jedoch auch dringend eingeleitet werden müsste. Bewährte Praktiken, vertraute Denkstrukturen und gängige Arbeitsweisen, die unter industriegesellschaftlichen Bedingungen erfolgversprechend waren, können offenbar den Anforderungen, die in der Informationsgesellschaft an Bibliotheken und andere Informationseinrichtungen gerichtet werden, nur unzureichend entsprechen. In unregelmäßigen Abständen einsetzende Finanz- und Wirtschaftskrisen, die stets unmittelbaren Einfluss auf die Finanz- und Steuerkraft der Bibliotheksträger haben, zwingen vielfach zu spürbaren örtlichen und regionalen Veränderungsprozessen in unterschiedlicher Form. Als Reaktion auf die veränderten Umweltbedingungen ist etwa die Suche nach neuen Betriebsformen anzusehen. Dies betrifft sowohl Bibliotheken in öffentlicher Trägerschaft, die z. B. durch neues Haushaltsrecht oder modifizierte Tarifverträge Flexibilität gewinnen sollen, als auch für Informationseinrichtungen privater Träger, deren Output- und Nutzerorientierung sich auch an dieser Suche nach neuen Betriebsformen wie Information Resource Center ablesen lässt. Hinsichtlich der rechtlichen Rahmenbedingungen kündigt sich ein wirksamer Wandel an durch Novellierungen vor allem des Urheberrechts, des Haushaltsrechts und des Dienst- und Arbeitsrechts. Insbesondere ein sich mehr und mehr abzeichnendes wirtschaftsfreundliches Urheberrecht wird den Spielraum der Informationseinrichtungen und den freien Informationsfluss beeinträchtigen.

Die Veränderungsprozesse sind voll in Gang; ein Ende ist nicht abzusehen. Auch auf die altvertrauten typologischen Einteilungen von Bibliotheken wirkt sich dies aus. Die bisherigen Unterscheidungskriterien werden gegenüber wichtigeren Merkmalen wie digital, virtuell, hybrid sicher zurücktreten. Außerdem dürften Konvergenzprozesse oder längerfristige Partnerschaften zwischen verwandten Einrichtungen (Bibliothek, Rechenzentrum, Medienzentrum, Volkshochschule, Archiv usw.) neue Akzente für zukünftig aussagekräftige Typologien setzen.

6 Netze und Kooperationen, Innovationen und Projekte

Die Vielfalt der deutschen Bibliothekslandschaft ist vor allem der föderativen Struktur und der Kulturautonomie der Länder und Gemeinden zu verdanken, eine politische Ausgangsbasis, die bis heute Befürworter und Gegner kennt. Der Föderalismus hat den Trägern von Bibliotheken zahlreiche Chancen für eigene Entwicklungen und kreative Wege eröffnet, doch zugleich auch die Gefahr der Zersplitterung und des Auseinanderdriftens mit sich gebracht. Diese Erkenntnis gilt auch zum Ende des zweiten Jahrzehnts im 21. Jahrhundert uneingeschränkt.

Spätestens seit der zweiten Hälfte des 19. Jahrhunderts kann keine Bibliothek, und selbst nicht die personell und finanziell bestausgestattete Universalbibliothek, das umfangreiche Aufgabenspektrum der öffentlichen Informations- und Medienversorgung allein erfüllen, so dass nach Wegen gesucht werden musste, die enorme Informationsflut zu bewältigen und den ungebremst wachsenden Informationsbedarf der unterschiedlichen Bevölkerungsgruppen angemessen zu befriedigen. Die folgerichtige Konsequenz, Kooperationen zwischen den Bibliotheken und bibliothekarischen Einrichtungen einzugehen und als koordinierende Stellen insbesondere überregional tätige Institutionen mit zentralen Funktionen zu schaffen, konnte sich allerdings erst in der zweiten Hälfte des 20. Jahrhunderts wirksam entfalten. Begünstigt wurde die forcierte Zusammenarbeit durch die rasante Entwicklung der Informations- und Kommunikationstechnik, die den Ausbau digitaler Netze förderte und so die Grundlage für den Weg ins Zeitalter der Digitalen, Virtuellen und Hybriden Bibliotheken schuf.

Kooperation und Vernetzung sind zu den konstitutiven Merkmalen des deutschen Bibliothekswesens geworden, und das nicht erst seit dem Siegeszug der modernen Informationstechnologie. Seit Beginn des 20. Jahrhunderts sind verschiedene bibliothekarische Organisationen, Institutionen und Verbände von nationaler Bedeutung geschaffen worden, die z. T. neben ihren anderen Funktionen vielfältige Kooperationen geplant und realisiert haben. Die große Zahl von Gemeinschaftsunternehmen, bibliothekarischen Zusammenschlüssen, Tagungen und Kongressen belegt den Willen zum kooperativen Handeln. Entscheidende Impulse sind zudem immer wieder von innovativen Projekten ausgegangen, welche mit unterschiedlichen nicht-bibliothekarischen Partnern durchgeführt worden sind.

Auf der Grundlage einer solchen geplanten und strukturierten Zusammenarbeit konnte in den zurückliegenden Jahrzehnten ein organisatorisches und technikgestütztes Netzwerk geschaffen werden, das die offenkundigen Defizite dezentraler Verantwortlichkeiten in gewissem Maße auszugleichen versucht. In vielen Bereichen zeigt es sich, dass die vorhandene Struktur des deutschen Bibliothekswesens im Vergleich zu anderen europäischen Ländern keineswegs nur ein Nachteil ist, vielmehr ermöglicht sie bei gut überlegter Aufgabenteilung und planmäßiger Zusammenarbeit durchaus eindrucksvolle Resultate. In der Realität führen jedoch halbherzige Kooperationsbereitschaft, fehlende Gemeinschaftsprojekte für zentrale Arbeitsfelder und das Fehlen koordinierender Infrastruktureinrichtungen immer wieder zur Zersplitterung und zu schmerzlicher Ressourcenverschwendung, und das nicht nur im Bereich der kommunalen Öffentlichen Bibliotheken.

So wichtig Kooperation auf allen Feldern bibliothekarischer Arbeit ist, letztlich kann sie kein Ersatz für Defizite bei der finanziellen Ausstattung der Bibliotheken und kein Ersatz für unerlässliche Infrastruktureinrichtungen mit Koordinierungsfunktion sein. Mit der Schließung des

Deutschen Bibliotheksinstituts (1978–2000) wurde seitens seiner staatlichen Träger eine der wichtigsten zentralen Einrichtungen mit Koordinierungs- und Lenkungsfunktion ohne Not aufgegeben, ein Manko, das die Entwicklung des deutschen Bibliothekswesens bis heute nachhaltig beeinträchtigt. Die seitdem gefundenen Alternativen und Lösungen sollen u. a. in diesem Kapitel vorgestellt werden; ob sie ausreichend sind und zukünftig den rasant gestiegenen Anforderungen und Veränderungen gewachsen sind, wird von Fall zu Fall zu prüfen und im zeitlichen Kontext zu hinterfragen sein.

6.1 Grundlagen der Vernetzung und Kooperation

Für kooperatives Handeln bieten sich zwei Aufgabenschwerpunkte an: Einerseits können Aufgaben nationale Bedeutung haben, die sich aufgrund ihrer Dimension, ihrer Zielsetzung oder ihres Charakters nur arbeitsteilig bewältigen lassen; andererseits fallen ständig wiederkehrende, eine große Zahl von Bibliotheken betreffende Aufgaben an, deren gemeinsame Bewältigung Rationalisierungs- und Synergieeffekte erzeugen. Die Zusammenarbeit kann sich sowohl auf lokaler, regionaler oder nationaler Ebene als auch im europäischen bzw. internationalen Rahmen abspielen.

Einen wichtigen Grundstein zum Ausbau kooperativer Strukturen legte der *Wissenschaftsrat* 1964 mit seinen „Empfehlungen zum Ausbau der wissenschaftlichen Bibliotheken" vor. Sie enthielten grundsätzliche Überlegungen zur Struktur des wissenschaftlichen Bibliothekswesens in der damaligen Bundesrepublik, aber auch praktische Einzelempfehlungen für damals 82 Bibliotheken mit Etatmodellen für Hochschulbibliotheken sowie Landes- und Regionalbibliotheken. Mit ihrer Hilfe konnten wichtige Projekte angestoßen werden, die z. B. den Aufbau von Lehrbuchsammlungen in den Hochschulbibliotheken und die Einrichtung von Gesamtkatalogen für alle Buchbestände einer Hochschule betrafen. Die Empfehlungen des Wissenschaftsrates gaben den Anstoß, planerische Konzepte und einzelne Instrumente (z. B. Etat-, Personal- oder Flächenbedarfsmodelle) zu entwickeln (▶ 7.2.2, ▶ 7.2.4, ▶ 7.2.3).

Der Gedanke der Vernetzung von Bibliotheken unterschiedlichen Typs in einem einheitlichen System entwickelte sich erstmals in den 1960er-Jahren. Die *Deutsche Bibliothekskonferenz* als damalige bibliothekarische Dachorganisation ergriff wenig später angesichts des Fehlens einer zentralen Instanz die Initiative und erarbeitete einen umfassenden Strukturplan, den „Bibliotheksplan '73". Dieser „Entwurf eines umfassenden Bibliotheksnetzes für die Bundesrepublik Deutschland" ging von der Überzeugung aus, dass die „ständig steigenden Anforderungen auf allen Gebieten der allgemeinen Bildung, der beruflichen Aus- und Fortbildung, der Forschung und Lehre" nur erfüllt werden könnten, „wenn Literatur aller Art, die auch in Zukunft Grundlage des Lernens sein wird, und Informationsmittel für jedermann an jedem Ort erreichbar sind." Dieses Ziel, so die Schlussfolgerung, sollte im Rahmen eines einheitlichen Bibliothekswesens und durch das Zusammenwirken aller Bibliotheken erreicht werden.

Jede Bibliothek, so lautet die bis heute gültige Grundeinsicht, erfüllt in diesem Netz unterschiedlicher Bibliotheken spezifische Aufgaben für ihren typischen Benutzerkreis und leistet zugleich einen Beitrag zur Gesamtversorgung der Bevölkerung. Nur dank der Netzstruktur sind die Bibliotheken in der Lage, das von der Gesellschaft erwartete Dienstleistungsspektrum zu erbringen. Trotz der institutionellen Unabhängigkeit der einzelnen Bibliotheken soll das Bibliothekswesen mit dem gesamten Bildungs- und Informationsbereich eng verbunden bleiben. Das Papier forderte schon damals Bund, Länder und Gemeinden sowie andere Träger auf, das Bibliothekssystem nach den formulierten Leitlinien zu entwickeln und den Leistungsstand der Bibliotheken durch rechtliche und finanzielle Rahmenbedingungen dauerhaft zu sichern – rückblickend gesehen – eine bis heute nur sehr bedingt realisierte Wunschvorstellung. Im 21. Jahrhundert müsste der Forderungskatalog in etlichen Punkten erweitert werden: So sollte u. a. zwischen Bibliotheks- und Bildungsbereich sowie Wissenschaft und Forschung nicht nur eine Verbindung bestehen, sondern eine planmäßige Zusammenarbeit aufgebaut und gepflegt werden. Mittel- und langfristig ist anzustreben, dass insbesondere örtliche Bildungs- und Bibliothekseinrichtungen so weit wie möglich eine Symbiose eingehen und zu einem zentralen medialen Lern- und Informationszentrum fusionieren. Immerhin wurde in einigen Bundesländern die engere Zusammenarbeit zwischen Schulen, kommunalen Partnern und Bibliotheken institutionalisiert, in Nordrhein-Westfalen seit 2005 etwa durch die regionalen Bildungsnetzwerke der Initiative „Bildungspartner NRW".

Der Netzgedanke von 1973 basierte auf einem Bibliothekssystem, dessen abgestufte Funktionen den Bedarf in vier Stufen decken sollten. Fast gleichzeitig mit dem „Bibliotheksplan '73" erschien das viel beachtete Gutachten „Öffentliche Bibliothek" der *Kommunalen Gemeinschaftsstelle für Verwaltungsvereinfachung* (KGSt). Das von Bibliothekaren und Verwaltungsfachleuten der Kommunen erarbeitete Planungspapier erreichte zeitweise Richtliniencharakter und beschrieb neben den Aufgaben und Zielen vor allem betriebliche Grundlagen der Aufbauorganisation und Arbeitsverteilung sowie Richtwerte für Bestände und Erwerbungsmittel, Räume und Flächen, Personal und Öffnungszeiten Öffentlicher Bibliotheken.

Zwanzig Jahre später war es die 1989 gegründete *Bundesvereinigung Deutscher Bibliotheksverbände* (BDB), die als Fortschreibung und Aktualisierung das sogenannte Positionspapier „Bibliotheken '93" präsentierte, das bis heute mit seinen Kernaussagen die fachlich wünschenswerte Grundlage bibliothekarischer Zusammenarbeit beschreibt. Seinerzeit bezog „Bibliotheken 93" alle Bibliothekstypen mit ein und vermied erstmals die traditionelle Spartentrennung. Wie bereits der „Bibliotheksplan '73" wies das Papier von 1993 den Bibliotheken unterschiedlichen Typs und unterschiedlicher Größe ihren jeweiligen Standort im Netz des Gesamtsystems der Medien- und Informationsversorgung zu. Aus dieser Zuordnung ergab sich das Aufgabenspektrum einer Bibliothek mit den notwendigen Ressourcen an Ausstattung und Personal. Eine der Kernaussagen lautete: Übergreifende Aufgaben sind von zentralen Einrichtungen oder im Verbund durch Zusammenarbeit zu lösen.

Kurz skizziert, sind die vier Funktionsstufen:
- Die 1. Funktionsstufe bilden Bibliotheken zur Befriedigung des Grundbedarfs und erweiterten Grundbedarfs: kleinere und mittlere Öffentliche Bibliotheken, Mittelpunktbibliotheken und Zweigstellen der Großstadtbibliotheken.
- Zur 2. Funktionsstufe gehören Bibliotheken für den gehobenen Bedarf: Zentralbibliotheken großstädtischer Bibliothekssysteme.
- Die Bibliotheken der 3. Stufe, die für den spezialisierten Bedarf sorgen, sind Landesbibliotheken, Hochschulbibliotheken, Spezialbibliotheken (z. B. Forschungsbibliotheken) und öffentliche Großstadtbibliotheken in Städten mit mehr als 400.000 Einwohnern.
- Den hochspezialisierten Bedarf decken Bibliotheken der 4. Stufe; das sind die *Deutsche Nationalbibliothek*, die Staatsbibliotheken in Berlin und München, die Zentralen Fachbibliotheken, die Universitätsbibliotheken mit Sondersammlungen bzw. FIDs sowie einige Spezialbibliotheken von überregionaler Bedeutung.

Die gesellschaftliche Außenwirkung und politische Schlagkraft des 1993er-Papiers war jedoch zu gering, ein Manko, das in erster Linie der fehlenden Beteiligung politischer Entscheidungsträger an der Konzepterstellung zugeschrieben wurde. Aus heutiger Sicht ist der Plan teilweise zu eng konzipiert und vermischt in unklarer Weise Beschreibung eines IST-Zustands, bibliothekspolitische Forderungen und fachliche SOLL-Aussagen; auch der übergreifende Aspekt der Integration in den Informationssektor fehlt.

Strategiepapier „Bibliothek 2007"

Das in den Jahren 2002 bis 2004 von BDB und *Bertelsmann Stiftung* erarbeitete Strategiepapier „Bibliothek 2007" wurde konzipiert, um dem deutschen Bibliothekswesen einen neuen, innovativen Impuls zu geben. Das gemeinsame Projekt beabsichtigte, eine öffentliche, fachliche und politische Diskussion über die zukünftige Konzeption und Optimierung des deutschen Bibliothekswesens zu initiieren. Insbesondere erhofften sich die Initiatoren und Autoren, mithilfe einer neu zu gründenden *BibliotheksEntwicklungsAgentur* (BEA) eine Weichenstellung für die Zukunft vornehmen zu können.

Das Strategiepapier setzt sich aus drei Bausteinen zusammen:
- einer Analyse der finanziellen, rechtlichen und kulturellen Rahmenbedingungen in Deutschland
- einer internationalen Recherche vorbildlicher nationaler Bibliotheksentwicklung anhand von Best-Practice-Beispielen aus Dänemark, Finnland, Großbritannien, den Niederlanden, den USA und dem Stadtstaat Singapur
- der Konzeption einer zentralen *BibliotheksEntwicklungsAgentur* (BEA) als Innovationsmotor für die deutschen Bibliotheken.

„Bibliothek 2007" beschreibt eine Vision und Konzeption bibliothekarischer Arbeit in Deutschland, die inhaltlich an den seit den 1960er-Jahren betonten Netzgedanken anknüpft, vor allem das Thema Bibliothek mit großem Nachdruck auf die politische Tagesordnung in den Parlamenten und Stadträten bringen soll. Eines der Ziele sollte sein, eine länger anhaltende Diskussion zwischen der Fachöffentlichkeit, den Verbänden, den politischen Entscheidungsträgern und Trägereinrichtungen anzustoßen. Die Bibliothek wird erstmals als „Bildungseinrichtung" definiert und gleichwertig an die Seite der anderen primären und sekundären Bildungsinstitutionen gestellt. Aufgrund der Ergebnisse der Länderbegutachtungen werden die Erfolgsfaktoren zusammengetragen, die förderlich bzw. hinderlich beim positiven Ausbau des Bibliothekswesens sind. Ein Maßnahmenkatalog beschreibt, mit welchen konkreten Schritten die Entwicklung forciert werden kann. Die Bundesregierung wird aufgefordert, die Länder und Kommunen durch rechtliche Rahmenvorgaben und eine stärkere finanzielle Förderung intensiver als bisher bei der Integration der Bibliotheken in die Bildungsinfrastruktur zu unterstützen.

Die vorgeschlagene, als Stiftung aufzubauende *BibliotheksEntwicklungs Agentur* (BEA) sollte vor allem fünf Kernaufgaben erfüllen:

- Erarbeitung von Entwicklungsplanung und Rahmenplänen, insbesondere Formulierung von Strategien, Konzeptionspapieren und Empfehlungen für die Bibliotheksentwicklung
- Impulsgebung für Förderprogramme und Durchführung von Förderprogrammen, speziell Koordinierung und Bündelung von Förderinitiativen und -mitteln
- bibliotheksfachliche Qualitätssicherung, insbesondere durch Definition von Qualitäts- und Leistungsstandards und Richtlinien zur Datenerhebung
- Modernisierung der Bibliotheksarbeit, insbesondere durch Förderung von Kooperationen von Synergien zwischen Bibliotheken und anderen Bildungs- und Kultureinrichtungen
- Entwicklung von Distributionsstrategien, insbesondere durch verstärkte Öffentlichkeitsarbeit für Initiativen und Förderprogramme sowie Transfer von im Ausland erfolgreich erprobten Lösungen.

Die im Jahr 2004 eher verhalten einsetzende Fachdiskussion und die folgenden Aussprachen in einigen politischen Gremien auf Bundes- und Länderebene blieben insgesamt von geringem Erfolg. Ein wesentlicher Grund für das Scheitern der erhofften Absichten, vor allem aber der Forderung nach einer *BibliotheksEntwicklungsAgentur*, lag in der 2006/2007 erfolgten Föderalismusreform; sie führte bekannterweise zur Stärkung der Kulturautonomie der Länder und zum nahezu kompletten Rückzug des Bundes aus der Bildungs- und Kulturpolitik. Mit Umsetzung der Föderalismusreform war die Rolle des Bundes als ursprünglich wichtigsten Ansprechpartners für das deutsche Bibliothekswesen auf die eines Nebenakteurs reduziert worden. Nach erstem Scheitern Ende 2018 gelang es der Bundesregierung im Frühjahr 2019, zusammen mit den Ländern eine Grundgesetzänderung im Bundestag und Bundesrat zu verabschieden, die das Ziel einer wieder stärkeren Kultur- und Bildungsförderung des Bundes verfolgt. Damit war auch der Weg für den „Digitalpakt Schule" frei. Er sieht vor, dass der Bund die Länder mit fünf Milliarden Euro bei der Ausstattung der Schulen mit WLAN, Computern und digitalen Lerninhalten unterstützt – sicher auch eine Chance, die technische Ausstattung von Schulbibliotheken zu verbessern.

Trotz der seinerzeit negativen Umstände haben seit 2007 die bibliothekarischen Verbände in vielerlei Hinsicht um weitere Unterstützung durch den Bund geworben und sind bei verschiedenen Aktionen im Bundestag oder in Bundesministerien auf positive Resonanz gestoßen. So gelang es, beim Bundesforschungsministerium Mittel für die Imagekampagne „Deutschland liest – Treffpunkt Bibliothek" (2008 und 2009) bzw. „Treffpunkt Bibliothek" (ab 2010) einzuwerben. Auch die bei verschiedenen Anlässen öffentlich ausgesprochenen bibliothekspolitischen Aussagen des Bundespräsidenten oder die Forderungen der Enquête-Kommission des Deutschen Bundestages „Kultur in Deutschland" zur besseren rechtlichen Absicherung der Bibliotheken (inkl. der Forderung nach einer *BibliotheksEntwicklungsAgentur*) waren Resultat von „Bibliothek 2007" und einer insgesamt forcierten Lobbyarbeit der Verbände, insbesondere der *Deutsche Bibliotheksverband e. V.* (dbv).

Zweifelsohne ist es an der Zeit, ein neues strategisches und bibliothekspolitisches Positionspapier zu entwerfen, das der rasanten Entwicklung der letzten zweieinhalb Jahrzehnte Rechnung tragen trägt und Antworten auf die bislang erkennbaren Herausforderungen der kommenden Jahre bietet.

6.2 Kooperation in Verbänden

Wie bereits mehrfach skizziert, ist die inhaltliche und organisatorische Zusammenarbeit der Bibliotheken in Deutschland nicht durch den Gesetzgeber oder durch staatliche Institutionen gelenkt. Dieser Zustand ist historisch bedingt und als Folge des föderativen Systems und der dezentralen Kulturhoheit zu verstehen. Die erste und bislang einzige zentrale Koordinierungsstelle für Bibliotheken bildete von 1978 bis 2000 das von Bund und Ländern per Gesetz als Anstalt des öffentlichen Rechts geschaffene *Deutsche Bibliotheksinstitut* (DBI) in Berlin, bis es auf Empfehlung des *Wissenschaftsrats* am 31.12.2003 endgültig geschlossen wurde.

Wichtig für den fachlichen Austausch und die Entwicklung von Ideen und Vorhaben waren von Anfang an die bibliothekarischen Verbände und Vereine, deren erster sich im Jahr 1900 mit Gründung des *Vereins Deutscher Bibliothekare (*VDB) konstituierte. Auch hier spielten nicht Staat und Gesetzgeber, sondern die private Initiative bibliothekarischer Führungskräfte des wissenschaftlichen Bibliothekswesens die entscheidende Rolle. Bis heute organisieren sich Bibliotheken und Bibliothekspersonal ausschließlich in solchen auf privatrechtlicher Basis agierenden Vereinen und Verbänden.

Man unterscheidet auf Verbandsebene *Personalverbände* und *Institutionenverbände*. Bibliothekarische Personalverbände sind Organisationen, in denen sich Bibliothekare und andere Bibliotheksmitarbeiter zur Wahrung ihrer beruflichen Interessen zusammengeschlossen haben. Sie dienen zugleich als Foren fachlicher Diskussion und Mittel gemeinsamer Vertretung in der Öffentlichkeit. Institutionenverbände sind Zusammenschlüsse von Bibliotheken, bibliothekarischen Einrichtungen und Bibliotheksträgern (vertreten durch die jeweiligen Leitungspersonen), die das Ziel verfolgen, gemeinsame Bibliotheksaufgaben zu fördern, einheitliche Standards zu entwickeln und die Stellung der Bibliothek in Politik und Gesellschaft politisch zu festigen. Sowohl die Verbände als auch die Vereine sind stets Motoren bibliothekarischer Kooperationen gewesen; im Folgenden werden sie kurz vorgestellt.

6.2.1 Der Dachverband: „Bibliothek & Information Deutschland e. V." (BID)

Der im Jahre 1989 als Nachfolger der *Deutschen Bibliothekskonferenz* (DBK) zunächst unter dem Namen *Bundesvereinigung Deutscher Bibliotheksverbände* (BDB) gegründete und seit März 2004 als *Bibliothek & Information Deutschland e. V.* (BID) firmierende Verband bildet heute das spartenübergreifende Dach, das die drei Institutionen- und Personalverbände des Bibliothekswesens, die *ekz.Bibliotheksservice GmbH* und das *Goethe-Institut e. V.* als bedeutsame Einrichtung der Kulturförderung in Deutschland miteinander vereint. BID vertritt deren Gesamtinteressen auf nationaler und europäischer Ebene sowie in internationalen Gremien. Nach dem Austritt des Mitglieds *Deutsche Gesellschaft für Information und Wissen e. V.* (DGI) Ende 2012 lautet inzwischen der vollständige Name *Bibliothek & Information Deutschland e. V. – Bundesvereinigung Deutscher Bibliotheksverbände*.

Der Versuch, die seinerzeit existierenden vier Personalvereine mit dem Institutionenverband dbv zu einem einzigen Gesamtverband zu vereinigen, scheiterte Mitte der 1990er-Jahre. Viele Fachkräfte bewerten dies als strategischen Nachteil: Ohne einheitlichen Verband werde die politische und mediale Außenwirkung der Bibliotheken und ihrer Beschäftigten weiterhin geschwächt und die Suche nach gemeinsamen Lösungen und Strategien erschwert sein. Da sich Ende der 1990er-Jahre die ehemals vier Personalvereine zu zweien vereinigten, existieren heute neben dem dbv als Insitutionenverband noch die beiden Personalverbände BIB und VDB. Ohne Zweifel bleibt es nach wie vor eines der wichtigsten Ziele, in Deutschland einen einheitlichen Verband zu schaffen, die seit 2015 zu beobachtende Annäherung der beiden Personalvereine lässt mittelfristig eine Lösung erhoffen. In der Schweiz, in Großbritannien, den USA oder auf internationaler Ebene (IFLA) hat sich der Zusammenschluss zu einer einzigen Organisation außerordentlich bewährt.

Angesichts der verstärkten Interessenvertretung durch die jeweiligen Einzelverbände kommt dem bibliothekarischem Dachverband vorrangig die Aufgabe zu, seinen Mitgliedern ein Diskussionsforum zu bieten, sie miteinander zu vernetzen, gegenseitige Blockaden zu verhindern sowie zur Koordination der nationalen und internationalen Interessenvertretung beizutragen. Sitz der BID ist Berlin. Vereinsorgane sind die Mitgliederversammlung, der Vorstand und der Präsident (mit zwei Stellvertretern). Der Verband ist Mitglied der *International Federation of Library Associations and Institutions* (IFLA) und nimmt die Interessen der deutschen Bibliotheken und Verbände im *European Bureau of Library-, Information- and Documentation-Associations* (EBLIDA) wahr. Durch die Mitgliedschaft in der *Deutschen Literaturkonferenz* ist BID mittelbares Mitglied im *Deutschen Kulturrat* und arbeitet dort in allen Fachausschüssen sowie im Sprecherrat mit. Jahresberichte dokumentieren die Arbeit der BID.

Ein wichtiger Aspekt im Programm der BID ist die Auslandsarbeit, die durch Zuschüsse des Auswärtigen Amtes und des *Beauftragten der Bundesregierung für Kultur und Medien* (BKM) finanziert wird. Mit diesen Geldern fördert die von der BID berufene Ständige Kommission *Bibliothek & Information International* (BII) Studienreisen, Fachaufenthalte und Konferenzteilnahmen für ausländische und deutsche Bibliothekare und Informationsfachleute, um den internationalen Dialog und fachlichen Austausch zu unterstützen.

Eine nationale Standortbestimmung und einen Ausblick in die nahe Zukunft ermöglicht der vom BID in dreijährigem Abstand veranstaltete *Bibliothekskongress*, der seit 2000 im Vorfeld der Leipziger Buchmesse stattfindet; er gehört zusammen mit den von den Personalvereinen organisierten Deutschen Bibliothekartagen zu den größten bibliothekarischen Veranstaltungen in Europa. Jährlich verleiht BID in Erinnerung an *Karl Benjamin Preusker* (1786–1871), den Gründer der ersten Öffentlichen Bibliothek Deutschlands in Großenhain bei Dresden (eröffnet am 24.10.1828), die *Karl Preusker Medaille* an engagierte Persönlichkeiten und ehrt sie damit für ihre besonderen Verdienste um das deutsche Bibliothekswesen.

2018 nahm innerhalb von BID die neugründete verbändeübergreifende *Arbeitsgemeinschaft Personalgewinnung* ihre Arbeit auf. Sie soll im Zusammenwirken mit den verschiedenen Ausbildungs- und Studienstätten nach Strategien und Wegen suchen, damit trotz eines angespannten Arbeitskräftemarktes und der absehbaren demographischen Entwicklung neues Personal für veränderte Bibliotheken – auch ohne kaum finanzierbare millionenschwere Werbekampagnen – gefunden werden kann. In welcher Weise die erkannten Kernprobleme – schlechtes Image, falsche Berufsbilder und unzureichende Bezahlung – mittelfristig verändert werden können, gilt es in der AG zu prüfen und Lösungsvorschläge zu unterbreiten.

6.2.2 Der Institutionenverband dbv und seine Aktivitäten

Im Zentrum der nationalen bibliothekspolitischen Aktivitäten steht der *Deutsche Bibliotheksverband e. V.* (dbv). Der Institutionenverband hat es sich zur Aufgabe gemacht, das deutsche Bibliothekswesen und die Kooperation der Bibliotheken und bibliothekarischen Einrichtungen untereinander zu fördern, indem er politische Forderungen zur Verbesserung des Bibliothekswesens formuliert und Stellung zu grundlegenden Fachfragen bezieht. Anliegen des Verbandes ist es, die Wirkung der Bibliotheken für Kultur, Bildung und Wissenschaft sichtbar zu machen und ihre Rolle in der Gesellschaft und Politik zu stärken. Als wichtigstes Ziel sieht er die flächendeckende Versorgung der Bevölkerung mit zeitgemäßen Bibliotheksangeboten sowie die Weiterentwicklung und Sicherung des rechtlichen und finanziellen Rahmens für umfassende Bibliotheksleistungen.

Zu weiteren wichtigen Aufgaben des dbv gehören u. a.:
- Erarbeitung einheitlicher, effektiver Lösungen zu bibliothekarischen Fachfragen und Mitwirkung an deren Durchsetzung
- öffentliche Darstellung der Ziele und Funktionen der Bibliotheken, aber auch ihrer Defizite und Problembereiche
- Lobby- und Kontaktarbeit zu Parlamenten und Ministerien auf Bundes- und Länderebene, zu Kommunalen Spitzenverbänden und zu einzelnen Gebietskörperschaften
- Initiierung und Begleitung von fachlichen Untersuchungen in Zusammenarbeit mit zentralen bibliothekarischen Einrichtungen
- Organisation und Durchführung von fachlichen Informations- und Fortbildungsveranstaltungen
- Verbesserung der europäischen und internationalen Zusammenarbeit im Bibliothekswesen und Umsetzung ausländischer Erfahrungen in die inländische Bibliotheksarbeit.

Der dbv formuliert bibliothekspolitische Forderungen, setzt sich für deren Umsetzung ein und erarbeitet Publikationen und Positionen zu aktuellen bibliothekspolitischen Themen. In dem seit 2010 erscheinenden „Bericht zur Lage der Bibliotheken" – der jährlich zum 24. Oktober, dem „Tag der Bibliotheken", erscheint – informiert der Verband Entscheidungsträger und die Medien über aktuelle Themen und Fragestellungen aus den Bibliotheken. Für die Lobbyarbeit von Bibliotheken hat der dbv als praktisches Hilfsmittel einen „Werkzeugkasten" ins Netz gestellt, der Materialien und Argumente u. a. über Strategien zur Zukunftssicherung sowie Informationen und Tipps zur Kommunikation oder Kontakt mit Medien und Politik vorhält. Die inzwischen abgeschlossene Kampagne „Netzwerk Bibliothek", die vom Bundesministerium für Bildung und Forschung mit Projektmitteln gefördert und von der Bundesgeschäftsstelle in Berlin koordiniert wurde, stellte von 2013 bis 2017 die digitalen Angebote und Bildungsprojekte von Bibliotheken in den Mittelpunkt. Sie bot mit verschiedenartigen Gaming-, Tablet-, E-Books- und Makerspace-Aktionen sowie Workshops und Fachtagungen mehreren hundert Bibliotheken eine Plattform für die aktive Auseinandersetzung mit den digitalen Entwicklungen der Gesellschaft.

Dem dbv gehören rund 2.100 Mitgliedsbibliotheken aller Sparten an. Ein dreiköpfiges Präsidium und ein siebenköpfiger Vorstand lenken den Verband, der sich in 15 Landesverbände und acht Sektionen aufteilt. Die ordentliche Mitgliedschaft steht allen hauptamtlich geleiteten Bibliotheken, staatlichen und kirchlichen Bibliotheksfachstellen sowie sonstigen Einrichtungen des Bibliotheks- und Dokumentationswesens offen. Die acht Sektionen sind wie folgt gegliedert:

Tabelle 19: Sektionen des dbv (Stand: 08/2019)

Sektion 1	Öffentliche Bibliothekssysteme und Bibliotheken für Versorgungsbereiche von über 400.000 Einwohnern	21 Mitglieder
Sektion 2	Öffentliche Bibliothekssysteme und Bibliotheken für Versorgungsbereiche von 100.000 bis 400.000 Einwohnern	86 Mitglieder
Sektion 3a	Öffentliche Bibliothekssysteme und Bibliotheken für Versorgungsbereiche von 50.000 bis 100.000 Einwohnern und Landkreise mit bibliothekarischen Einrichtungen	103 Mitglieder
Sektion 3b	Öffentliche Bibliothekssysteme und Bibliotheken für Versorgungsbereiche bis zu 50.000 Einwohnern und Landkreise mit bibliothekarischen Einrichtungen	1154 Mitglieder
Sektion 4	Wissenschaftliche Universalbibliotheken	285 Mitglieder
Sektion 5	AG der Spezialbibliotheken e. V. (ASpB) und wissenschaftliche Spezialbibliotheken	281 Mitglieder
Sektion 6	Überregionale und regionale Institutionen des Bibliothekswesens und Landkreise ohne bibliothekarische Einrichtungen (staatliche und kirchliche Fachstellen, Büchereiverbände)	49 Mitglieder
Sektion 7	Konferenz der informations- und bibliothekswissenschaftlichen Ausbildungs- und Studiengänge (KIBA)	12 Mitglieder
Sektion 8	Werkbibliotheken und Patientenbibliotheken, Gefängnisbüchereien	18 Mitglieder

Von den zahlreichen zentralen Aufgaben des aufgelösten DBI hat der dbv seit 2003 die bundesweite Kommissionsarbeit übernommen und fortgeführt. Anfangs drei, heute elf Fachkommissionen sollen sowohl dem dbv-Bundesvorstand als auch den Bibliotheken beratend und impulsgebend zur Seite stehen. Alle Kommissionen bestehen aus je fünf (bzw. bei den gemeinsamen Kommissionen mit dem VDB aus je sechs) Mitgliedern, die für drei Jahre vom Verband berufen werden. Die Betreuung und verwaltungstechnische Unterstützung übernimmt die dbv-Geschäftsstelle. Es sind im Einzelnen die Kommissionen:

– Bau
– Bestandserhaltung
– Bibliothek und Schule
– Erwerbung und Bestandsentwicklung
– Fahrbibliotheken
– Informationskompetenz
– Interkulturelle Bibliotheksarbeit
– Kinder- und Jugendbibliotheken
– Kundenorientierte Services
– Management
– Provenienzforschung und Provenienzzerschließung
– Recht.

Aufgabe der Kommissionen ist es, aktuelle Fragestellungen von nationalem Interesse zu beantworten und grundlegende Stellungnahmen zu fachlich relevanten Themen zu erarbeiten, die auf Tagungen und Kongressen in Form von Workshops und Vorträgen oder in schriftlicher Form vorgestellt werden. Die jeweiligen Kommissionen haben „Informationsplattformen" ins Internet gestellt, über die sie ihre Ergebnisse publizieren, wichtige Dokumente hinterlegen, kompetente Ansprechpartner und Adressen benennen und Fachdiskussionen begleiten. Darüber hinaus erledigen in den Sektionen 4 und 8 weitere „Arbeitsgruppen" wichtige praxisorientierte Aufgaben, darunter die Ad-hoc-AG „Bibliothek 2030", die „AG der Regionalbibliotheken", oder die „AG Handschriften und alte Drucke" sowie „Fachinformationsdienste für die Wissenschaft – AG FID". Alle Beratungsgremien haben auch den Auftrag, kreative Anstöße zur Weiterentwicklung in ihrem jeweiligen Aufgabengebiet zu geben. Eine enge Abstimmung mit den Kommissionen der beiden Personalvereine BIB und VDB ist vereinbart.

Auf Anregung des dbv wurde 2002 die *Deutsche Initiative für Netzwerkinformation e. V.* (DINI) gegründet, der sich als Kooperationspartner neben zahlreichen Bibliotheken die universitären Rechenzentren (Zentren für Kommunikation und Informationsverarbeitung in Lehre und Forschung, ZKI), die Medienzentren (Arbeitsgemeinschaft der Medienzentren der deutschen Hochschulen, AMH) und die IuK-Initiative angeschlossen haben. Der mit DFG-Projektmitteln unterstützte Verein will erreichen, die Informations- und Kommunikationsdienstleistungen zu verbessern und die dafür notwendige Entwicklung der Infrastrukturen an den Hochschulen und Fachgesellschaften regional und überregional durch entsprechende Standards, Empfehlungen und Projekte zu fördern. Die Aktivitäten erstrecken sich vor allem auf die Bereiche E-Learning, elektronisches Publizieren an Hochschulen, Vermittlung von Informationskompetenz, Langzeitarchivierung oder Informationsmanagement an Hochschulen. So wurde von der DINI ein Zertifikat für Dokumenten- und Publikationsserver entwickelt, um durch die detaillierte Beschreibung der Anforderungen und Funktionalitäten standardisierend auf die Gestaltung solcher institutioneller oder fachlicher Repositorien wirken zu können.

Bibliothekspolitischer Bundeskongress
Der dbv veranstaltete vom 1.-2. März 2018 in Berlin den 1. Bibliothekpolitischen Bundeskongress, der unter dem Motto „Zugang und Teilhabe im digitalen Wandel" stand. Auf Einladung des Verbandes diskutierten in der Staatsbibliothek zu Berlin erstmalig Bundestagsabgeordnete, Vertreter aus Bundes- und Landesministerien, der Kultusministerkonferenz, der kommunalen Spitzenverbände, aus Forschungseinrichtungen, der Hochschulrektorenkonferenz und der Deutschen Forschungsgemeinschaft gemeinsam mit Bibliotheksdirektorinnen und -direktoren, wie Zugang zu Information und Wissen sowie soziale Teilhabe durch Bibliotheken zukünftig gesichert werden kann. Mittels eines Livestreams konnte der Kongress auch im Internet verfolgt werden. Eine Fortführung des Kongresses ist zweijährig geplant.

Kompetenznetzwerk für Bibliotheken (knb)
Nach der Schließung des DBI 2003 und dem Wegfall zahlreicher zentraler Aufgaben des Bundesinstituts erfolgte auf Initiative des dbv zum 1.1.2004 die Gründung des *Kompetenznetzwerks für Bibliotheken* (knb) durch eine vertragliche Vereinbarung mit der KMK. Mit ihm erhofft sich der Verband eine Stärkung seiner Kompetenzen und Handlungsspielräume und unter dessen Leitung zugleich Fortführung und Erhalt einer Reihe von unverzichtbaren Dienstleistungen für das gesamte Bibliothekswesen. Das knb wird seitdem durch Mittel der *Kultusministerkonferenz der Länder* (KMK) finanziert, jährliche Arbeitspläne und Leistungsberichte gehen zur Berichterstattung und Genehmigung über deren *Hochschulausschuss* an die KMK.

Die wesentlichen Aufgaben des Kompetenznetzwerkes sind die Förderung der Innovation im Bibliothekswesen und die Wahrnehmung von zentralen Dienstleistungen für Bibliotheken. Unter einer zentralen Steuerung konnte inzwischen eine funktionierende Struktur aufgebaut werden, die den schwierigen Spagat schaffen will, trotz dezentraler Aufgabenverteilung einer weiteren Zersplitterung entgegenzuwirken. Die Steuerungsfunktion obliegt einem sechsköpfigen sog. Steuerungsgremium, das sich aus Vertretern der KMK, des dbv-Bundesvorstands, der Bibliotheken mit nationaler Bedeutung, der Verbundzentralen und der Staatlichen Bibliotheksfachstellen zusammensetzt. Während der dbv für die Koordination des knb zuständig ist und darin die Bereiche Internationale Kooperation, die Informationsplattform *Bibliotheksportal* sowie die EU- und Drittmittelberatung betreut, ist das *Hochschulbibliothekszentrum NRW* (hbz) in Köln für die *Deutsche Bibliotheksstatistik* zuständig. Als dritter externer Partner ist das *DIN Institut* und die *Deutsche Nationalbibliothek* (DNB) für die Zuarbeit im *Normenausschuss Bibliotheks- und Dokumentationswesen* (NABD) verantwortlich.

Nach nunmehr 15-jähriger Tätigkeit lässt sich für das knb als Zwischenfazit festhalten, dass die in der Gründungsphase bescheiden gesteckten Ziele weitgehend erreicht worden sind: Die dezentrale Arbeitskonstruktion mit ihrer zentralen Steuerung hat sich als praktikabel und effektiv erwiesen. Allerdings bleibt auch festzuhalten, dass das knb kein Ersatz für das DBI darstellt, da es in jeder Hinsicht an Finanz- und Personalressourcen und an den notwendigen Zuständigkeiten fehlt. Gelungen ist die enge und effiziente Verzahnung mit der Geschäftsstelle des dbv. In den jährlichen Arbeitsprogrammen werden die Schwerpunkte und Zielsetzungen der knb-Aufgaben festgelegt und aktuellen Gegebenheiten angepasst. Ob ein langsamer Zuwachs an weiteren zentralen Funktionen politisch, finanziell und personell möglich sein wird, wird die Entwicklung der nächsten Jahre, insbesondere nach Inkrafttreten der geplanten Grundgesetzänderungen im Rahmen der aktuellen Föderalismusreform, zeigen müssen.

Das knb ist an drei großen zentralen Arbeitsfeldern beteiligt:

Deutsche Bibliotheksstatistik
Eine amtliche Kulturstatistik für alle kulturellen Bereiche gibt es in Deutschland nicht. Für die einzelnen Kultursparten (Theater, Musik, Buchhandel usw.) erstellen meistens die jeweiligen Branchen- oder Berufsverbände Statistiken. Die seit Anfang der 1960er-Jahre vorliegende „Deutsche Bibliotheksstatistik" (DBS), die über viele Jahre vom DBI zusammengetragen und veröffentlicht wurde, wird mit dem Berichtsjahr 2002 im Rahmen des knb durch das HBZ in Köln fortgesetzt. Gab es bis Ende der 1990er-Jahre gedruckte und nach Sparten unterschiedliche Fassungen der DBS, so liegen diese heute ausschließlich als Online-Datenbank (unter der Adresse www.bibliotheksstatistik.de) im Internet vor. Grundlage der DBS-Erhebung sind umfangreiche Grundfragebögen, die anfangs handschriftlich, inzwischen online von den einzelnen Bibliotheken ausgefüllt werden. Bei den Öffentlichen Bibliotheken bestehen die DBS-Grundfragebögen aus rund 100, bei den Wissenschaftlichen Bibliotheken aus über 500 Einzelfragen. Daten werden beispielsweise u. a. erhoben über folgende Sachverhalte:

- Zahl der Kunden und Besucher, Öffnungsstunden
- Bestände und Bestandsnutzung, differenziert nach Medienarten und Fächern, einschließlich elektronischer Publikationen und Dokumentlieferungen
- Bestandszuwächse, differenziert nach Erwerbungsarten
- Flächen, Nutzerarbeitsplätze
- Zahl der Mitarbeiter, differenziert nach Berufs- bzw. Vergütungsgruppen
- Dienstleistungen wie Veranstaltungen und Ausstellungen
- Ausgaben, differenziert nach Kostenarten.

Jeder interessierte Nutzer der online-Datenbank hat die Möglichkeit, vorgefertigte „Gesamtübersichten" aufzurufen und herunterzuladen oder kann als „Variable Auswertung" seine Anfrage nach Eingabe bestimmter Parameter individuell spezifizieren. Auch die Erfassung der Jahresdaten aus allen Bibliothekstypen geschieht weitestgehend online: Während zum jeweiligen Jahresbeginn innerhalb von zwei Monaten die hauptamtlich geleiteten Bibliotheken ihre Zahlen online in die elektronischen Statistikbogen eingeben, senden viele der neben- und ehrenamtlich geleiteten Bibliotheken die gedruckten Fragebogen nach wie vor den zuständigen Bibliotheksfachstellen zu, die diese dann nach Prüfung und Datenerfassung dem HBZ als Datei zuleiten (▶ 7.3.3). Auf der Webseite des HBZ steht der Bibliotheksmonitor als weiteres Werkzeug zur Verfügung, der die Einordnung der Leistungsfähigkeit einer Bibliothek anhand von standardisierten Vergleichswerten ermöglicht. Für 2020 wird mit der Fertigstellung einer aktualisierten Datenbank-Struktur der DBS und einem Relaunch der HBZ-Seiten gerechnet.

Hier nicht weiter berücksichtigt werden sollen vormals erfolgreiche Projekte wie der „Bibliotheksindex" (BIX), der zwischen 1999 und 2015 ein bundesweites Ranking-System anbot, das auf der Basis einer speziellen Datenerhebung mit Kennzahlen rund 200 beteiligten Bibliotheken eine besondere Leistungs- und Standortbestimmung ermöglichte. Fehlende Finanzierungsmöglichkeiten führten trotz intensiver Bemühungen des Verbandes 2015 zum Ende des Projekts.

Normenausschuss Bibliotheks- und Dokumentationswesen (NABD)
Zur Koordination und Unterstützung der Bibliotheksexperten, die in den verschiedenen Normungsgremien des *Deutschen Instituts für Normung e. V.* (DIN) tätig sind, agiert der *Normenausschuss Bibliotheks- und Dokumentationswesen* (NABD). Das knb trägt rund 30% des Finanzbedarfs des NABD und ermöglicht so seine kontinuierliche Arbeit in Beratungssitzungen. Da Normen und Standards in fast allen Bereichen von Bibliotheken national wie international eine wichtige

Rolle spielen – so etwa bei Fragen der Medienerschließung, der Zusammenarbeit mit dem Buchhandel, der Erhaltung und Langzeitarchivierung von Bibliotheksbeständen, der Leistungsmessung oder der Erfassung von Statistikdaten – ist es notwendig, die Belange von Bibliotheken und Bibliothekaren in Deutschland angemessen zu berücksichtigen. Aktuelle Normen wurden in den letzten Jahren u. a. zu den Themen Radiofrequenzidenfitikation (RFID) in Bibliotheken, Klassifikationssysteme, Bau von Bibliotheken und Archiven oder Fernleihtransaktionen erarbeitet.

Bibliotheksportal

Das kooperative internetbasierte Fachinformationsangebot des knb ging als „Bibliotheksportal" erstmals 2006 online, der letzte umfassende Relaunch fand Mitte 2018 statt. Das Bibliotheksportal adressiert seitdem mehrere Zielgruppen und erfüllt verschiedene Aufgaben:

- Bereitstellung von Informationen über Bibliotheken und aktuelle Entwicklungen aus dem Bibliothekssektor für Entscheidungsträger in Politik und Verwaltung sowie für die breite Öffentlichkeit
- Bereitstellung von aktuellen Fachinformationen für die Bibliothekspraxis und -wissenschaft zur Förderung der Innovationsfähigkeit des Bibliothekswesens
- Bündelung von bibliothekarischen Praxiserfahrungen, Präsentation gelungener Projekte zur Weiterentwicklung der Bibliotheken sowie fachlicher Austausch von Bibliothekaren aus allen Bibliothekstypen und -sparten.

Mit Hilfe des eingesetzten Content-Managementssystems haben interne und ausgewählte externe Redakteure Zugriff auf das Portal und pflegen die Seiten und ergänzen neue Fachthemenbereiche, wie zuletzt zuletzt etwa Architektur und Technik, Bibliothek weltweit, Bibliotheksrecht, Bibliothekswertrechner, Fundraising und Bibliotheksförderung (Förderdatenbank), Marketing-Baukasten, Stellensuche, Fortbildung oder Öffentlichkeitsarbeit und Teaching Library. Angereichert durch ein „Branchenbuch" als redaktionell gepflegtes Verzeichnis zur Eigenwerbung von Firmen, die Dienstleistungen und Produkte für Bibliotheken anbieten, verzeichnet www.bibliotheksportal.de monatlich durchschnittlich rund 285.000 Seitenaufrufe (page views). Zunehmende thematische Anfragen per E-Mail und Telefon belegen, dass sich das Portal als wichtige Informationsquelle und Anlaufstelle zu Bibliotheksinformationen etabliert hat.

Weitere Verbandsaktivitäten des dbv

Seit dem Jahr 2000 würdigt der dbv mit der Auszeichnung „Bibliothek des Jahres" ausgewählte Bibliotheken aller Sparten für ihre vorbildliche und innovative Bibliotheksarbeit. Bis 2012 mit finanzieller Unterstützung und in Kooperation mit der *ZEIT-Stiftung Ebelin und Gerd Bucerius* vergeben, ab 2017 von der *Deutschen Telekom Stiftung* finanziell gefördert, will die Preisvergabe Bibliotheken im Wettbewerb um Qualität, Kreativität, Innovation und Digitalisierung motivieren. Die jährliche Preisträgerbibliothek wird von einer unabhängigen Jury gewählt, der Mitglieder des Förderers, des *Bundesbildungsministeriums*, der *Kultusministerkonferenz* der Länder, des *Deutschen Städtetages* und der BID angehören. Verliehen wird der Preis am „Tag der Bibliotheken" (24. Oktober). Die anfangs mit 30.000 Euro, heute mit 20.000 Euro dotierte Auszeichnung ist der einzige nationale Bibliothekspreis, daneben vergeben aber auch mehrere Bundesländer mit Unterstützung diverser Sponsoren regionale Bibliothekspreise, so etwa in Hessen, Niedersachsen, Thüringen und Sachsen.

Zur öffentlichkeitswirksamen Unterstützung der Bibliotheken und zur Sicherung ihrer aufklärerischen Arbeit stiftet der dbv seit 1987 einen weiteren Preis, der seit 2010 „Publizistenpreis der deutschen Bibliotheken" heißt. Bei der jährlichen Verleihung werden Journalisten, Autoren, Moderatoren aller Medien ausgezeichnet, die in ihren Beiträgen der Öffentlichkeit ein zeitgemäßes Bild von Bibliotheken, ihren aktuellen Aufgaben, Problemen und Entwicklungen vermitteln. Vorschläge können von Bibliothekaren, Lesern, Publizisten und auch Journalisten selbst eingereicht werden. Der Publizistenpreis geht auf eine Initiative des ehemaligen dbv-Vorsitzenden *Helmut Sontag* zurück, der den Verband von 1983 bis 1986 führte. Die Ausschreibung erfolgt seit 2010 gemeinsam mit der *Wissenschaftlichen Buchgesellschaft* (WBG), das Preisgeld beläuft sich auf 5.000 Euro und wird zu gleichen Teilen von beiden Einrichtungen getragen.

Im Rahmen der zweiten Förderphase des BMWF-Projekts „Kultur macht stark. Bündnisse für Bildung" (2018-2022) knüpft der dbv mit der seit 2018 laufenden Aktion „Total Digital" an das geförderte Vorgänger-Projekt „Lesen macht stark: Lesen und digitale Medien" an. In diesem Format sollen Kinder und Jugendliche Geschichten kennenlernen und dazu angeregt werden, sich mit digitalen Medien kreativ auszudrücken, wobei sie u. a. die Bibliothek als Ort mit vielfältigen Bildungs- und Freizeitangeboten für sich entdecken sollen. Auf der Basis gelesener Geschichten sind von den Teilnehmern Videos, Filme, Fotostories oder Hörspiele zu produzieren und per Internet und Social Webs zu teilen und zu verbreiten. Aufgerufen sind Bibliotheken, Kitas, Schulen, Einrichtungen der beruflichen Bildung sowie Vereine, Jugendeinrichtungen, Migrantenorganisationen, kirchliche Institutionen oder Buchhandlungen, die sich in einem Dreier-Bündnis verpflichtend zusammenschließen und vor Ort ihre Aktionen gemeinsam realisieren sollen.

Im Juni 2018 konstituierte sich in Berlin der *Bundesverband der deutschen Bibliotheks-Förderkreise e. V.* (BDB), der zuvor aus der seit 2005 beim dbv angegliederten Konferenz, später *Arbeitsgemeinschaft der Freundeskreise* hervorgegangen ist. Der in Hamm/Westfalen ansässige Verband will sich unabhängig von den Interessen der Bibliotheksträger für seine Freundeskreise und Fördervereine einsetzen und Lobbyarbeit gegenüber Politik und Trägern zugunsten der Bibliotheksnutzer betreiben. Lokale, regionale und bundesweite Aktivitäten sollen künftig, eng verzahnt mit dem dbv, in einem gemeinsamen Netzwerk aus Bibliotheken aller Sparten abgestimmt werden.

6.2.3 Die Personalverbände BIB und VDB und ihre Aufgaben
BIB
Der *Berufsverband Information Bibliothek e. V.* (BIB) mit rund 6.300 Mitgliedern ist der größere der beiden bibliothekarischen Personalvereine. Zu den Mitgliedern gehören Bibliothekare, Medienarchivare, Fachangestellte, Bibliotheksassistenten, Kulturmanager, Informationsvermittler und Dokumentare sowie Studierende und Auszubildende der einschlägigen Fachrichtungen. Er versteht sich nicht als gewerkschaftliche Organisation, dennoch stehen berufsständische Interessen seiner Mitglieder im Zentrum seiner Aufgaben: Gemeint sind Bemühungen um eine Verbesserung, Modernisierung und Vereinheitlichung der Ausbildung, die Erstellung und Umsetzung eines modernen Berufsbildes, Fragen der ausbildungsadäquaten Besoldung und tariflichen Eingruppierung sowie Personalqualifizierung durch gezielte Fortbildungsmaßnahmen. Durch seine zahlreich angebotenen Fortbildungskurse (u. a. Sommerkurse und ekz-BIB-Seminare) die vorwiegend von seinen 15 Landesgruppen organisiert werden, trägt der Berufsverband wesentlich zur Qualifizierung des Bibliothekspersonals bei. Seit 2006 betreibt der BIB eine Ausbildungsdatenbank (DAPS): Sie enthält Ausbildungs- und Praktikumsstätten sowie Hochschulen und Berufsschulen, die Angebote im bibliothekarischen Bereich organisieren. Zielgruppen sind Berufseinsteiger, Bewerber, Studieninteressierte, Auszubildende, Studenten sowie Ausbildungsbibliotheken, die Praktikumsplätze akquirieren möchten.

Ferner tritt der BIB für die Belange der Öffentlichen Bibliothek im kulturellen und gesellschaftlichen Leben ein. Zur Behandlung von Sach- und Berufsfragen existieren sieben Kommissionen, die sich mit den Themen Ausbildung und Berufsbilder (KAuB), Eingruppierungsberatung (KEB), Fortbildung (FobiKom), One-Person-Libraries (OPL), Verbandsmarketing und Kommunikation (KVV), Web-Kommission (Web-Komm), Interestgroup „New Professionals" beschäftigen. In manchen Bundesländern ist der BIB neben den Staatlichen Fachstellen der bedeutendste Anbieter bibliothekarischer Fortbildung.

Der BIB mit seiner hauptamtlich geführten Geschäftsstelle in Reutlingen entstand im Jahr 2000 aus dem Zusammenschluss der ehemals eigenständigen Personalvereine *Verein der Bibliothekare und Assistenten e. V.* (VBA) und *Verein der Diplom-Bibliothekare an wissenschaftlichen Bibliotheken e. V.* (VdDB, 1948 gegründet). Der VBA war zuvor 1997 aus der Fusion des *Vereins der Bibliothekare an Öffentlichen Bibliotheken e. V.* (VBB, 1949 gegründet) mit dem *Bundesverein der Bibliotheksassistenten/innen und anderer Mitarbeiter/innen an Bibliotheken e. V.* (BBA, 1987 gegründet) hervorgegangen. Dem maximal fünfköpfigen BIB-Bundesvorstand steht ein Vereinsausschuss zur Seite, in den die 15 Landesgruppen, der Vorstand und die Kommissionen ihre Vertreter entsenden.

Die Aufgaben des Personalverbandes wie beispielsweise:

– die Aufarbeitung von Planungs- und Strukturfragen des Bibliothekswesens,
– die nationale und internationale Kontaktpflege,
– diverse Managementthemen oder
– die gemeinsam mit dem VDB organisierte Ausrichtung des *Deutschen Bibliothekartages* als der neben dem Leipziger *Bibliothekskongress* größten bibliothekarischen Fachtagung in Deutschland

haben auch eine bibliothekspolitische Bedeutung, die über reine Personalangelegenheiten hinausgeht. Gerade im Wirkungsbereich des BIB vollzieht sich die konkrete Annäherung beider Sparten am deutlichsten und effektivsten, wenn auch nur in kleinen Schritten. Die Vorträge der Bibliothekartage vergangener Jahre sind auf dem „Online-Publikations-Server" (OPuS) abrufbar. Der BIB arbeitet nicht nur national, sondern auch auf europäischer Ebene und darüber hinaus eng mit ausländischen Organisationen zusammen und pflegt internationale Kontakte (z. B. BII, EBLIDA, IFLA). Eine Kooperationsvereinbarung besteht mit den Berufsverbänden in Italien, Österreich und Schweiz über die Konferenzreihe „Die Lernende Bibliothek". Mit dem Austauschprogramm „BIB-Exchange" ist der Verband seinen Mitgliedern bei der Suche nach Praktikumsplätzen im Ausland, besonders in den USA, Großbritannien und Skandinavien behilflich.

Mit „BuB – Forum Bibliothek und Information" gibt der BIB die mit 9.000 Exemplaren auflagenstärkste, spartenübergreifende Fachzeitschrift für den Bibliotheks- und Informationssektor im deutschsprachigen Raum heraus, sie erscheint zehn Mal im Jahr. Seit 2016 kann die Zeitschrift auch über eine für BIB-Mitglieder kostenlose App auf Tablet, Smartphone und Notebook gelesen werden. Außerdem informieren in unregelmäßigen Abständen publizierte „Checklisten" zu vielen Managementbereichen und Fragen aus der Bibliothekspraxis und geben berufsbegleitende Hilfestellung.

Mit „OpenBiblioJobs" gibt es seit 2012 im Internet eine aktuell gehaltene Datenbank mit verlinkten Stellenangeboten von Bibliotheken, Archiven und Informationseinrichtungen aus Deutschland, Österreich und Südtirol, die kontinuierlich von den beiden Personalverbänden BIB und VDB, der *TIB Hannover*, dem Blog der *Vereinigung Österreichischer Bibliothekarinnen und Bibliothekare* sowie dem *Bibliotheksverband Südtirol* auf ehrenamtlicher Basis gepflegt werden.

VDB
Der *Verein Deutscher Bibliothekarinnen und Bibliothekare e. V.* (VDB) ist die Vereinigung der wissenschaftlichen Bibliothekare. Der im Jahr 1900 gegründete Verein blieb bis heute eigenständig; wiederholte Versuche, auch ihn in einen gemeinsamen Personalverband der Informations- und Bibliotheksberufe einzubeziehen, scheiterten. Bis Mitte der 1970er-Jahre trug der Verein die bibliothekarische Sacharbeit in der Bundesrepublik Deutschland; dann wurde sie vom dbv bzw. vom DBI übernommen und der VDB veränderte sich zu einem reinen Berufsverband. Heute zählt der VDB rund 1.700 Mitglieder, die überwiegend im wissenschaftlichen Bibliothekswesen auf der Ebene des höheren Dienstes beschäftigt sind bzw. dafür ausgebildet werden. Sein Ziel ist es, den Kontakt unter Mitgliedern zu stärken, ihre Berufsinteressen wahrzunehmen, sich für die Erweiterung ihrer Fachkenntnisse einzusetzen und das wissenschaftliche Bibliothekswesen zu fördern. Laufend behandelt der VDB alle Angelegenheiten des Berufs, hält Fortbildungsveranstaltungen und Tagungen ab, bezieht Stellung zu aktuellen Fragestellungen, gibt Publikationen heraus und arbeitet mit anderen Organisationen des Bibliotheks- und Informationswesens zusammen. Ein Schwerpunkt der Vereinsarbeit bildet die Qualifizierung des bibliothekarischen Nachwuchses und die berufliche Aus- und Fortbildung in Theorie und Praxis.

Seit Anfang des 20. Jahrhunderts richtet der VDB den jährlichen *Deutschen Bibliothekartag* als zentrale Fachtagung aus, ab 1952 gemeinsam mit dem damaligen Verein der Diplombibliothekare an wissenschaftlichen Bibliotheken, seit 2001 zusammen mit dem BIB. Bis zum 97. *Deutschen Bibliothekartag* in Mannheim 2008 erschienen die jeweiligen Kongressbände der Bibliothekartage als Sonderheft bzw. Sonderband der „Zeitschrift für Bibliothekswesen und Bibliographie" im Verlag Klostermann. Beginnend mit dem 98. Deutschen Bibliothekartag in Erfurt 2009 erschienen die Kongressbände im Olms-Verlag in der Reihe „Deutscher Bibliothekartag: Kongressbände". Seit 2014 werden Kongressbeiträge im Bibliotheksjournal „o-bib" unter einer Creative Commons Namensnennung-Lizenz (CC BY) publiziert.

Der VDB mit heute rund 1.700 Mitgliedern gliedert sich in acht Landes- und Regionalverbände und unterhält drei Kommissionen in eigener Regie: für berufliche Qualifikation, Rechtsfragen und Fachreferatsarbeit sowie drei weitere gemeinsam mit dem dbv: Baukommission, Kommission für Informationskompetenz und Management-Kommission. Neu hinzugekommen ist die VDB-Kommission „Forschungsnahe Dienstleistungen". Vereinsorgan waren von 2011 bis 2014 die internen „VDB-Mitteilungen", die zweimal im Jahr gedruckt und auf der VDB-Webseite veröffentlicht wurden; mit der 2014 erfolgten Gründung des Open-Access-Journals „o-bib", das Fachzeitschrift und zugleich Mitteilungsblatt ist, wurden sie eingestellt. Weitere Nachrichten erschienen in dem früheren Vereinsorgan „Zeitschrift für Bibliothekswesen und Bibliographie" (ZfBB). Die bis heute bekannteste Publikation des VDB ist das alle zwei Jahre erscheinende „Jahrbuch der Deutschen Bibliotheken", erstmals 1902 veröffentlicht, das einen Bibliotheksteil mit statistischen Daten zu den Wissenschaftlichen Bibliotheken und einen Personenteil enthält, der zugleich die Funktion eines Mitgliederverzeichnisses erfüllt.

Der VDB gehört als Mitglied von BID zugleich international der *International Federation of Library Associations and Institutions* (IFLA), der *Ligue des Bibliothèques Européennes de Recherche* (LIBER) sowie dem *European Bureau of Library, Information and Documentation Associations* (EBLIDA) an. Zu vielen ausländischen Berufsverbänden unterhält er freundschaftliche Beziehungen. Gemeinsam mit dem BIB besteht eine Vereinbarung zur Zusammenarbeit mit dem *Bibliotheksverband Südtirol* (BVS) und der *Vereinigung Österreichischer Bibliothekarinnen und Bibliothekare* (VÖB).

6.2.4 Bibliothekspolitik und politisches Handeln

In Deutschland Bibliothekspolitik zu betreiben, ist aufgrund der föderativen und dezentralen Grundstruktur des Staates mit besonderen Schwierigkeiten verbunden, nicht zuletzt, weil viele Adressaten aus Politik, Bildung, Wissenschaft und Kultur sowohl zentral als auch dezentral anzusprechen sind. Wie dargestellt, gehen bibliothekspolitische Impulse in der Regel von den bibliothekarischen Verbänden und Vereinen aus, vereinbarungsgemäß in erster Linie vom dbv, bei Bedarf aber auch vom Dachverband BID. Gegenüber der Öffentlichkeit werben alle Verbände um Unterstützung für ihre fachlichen Vorstellungen, sinnvollerweise dann, nachdem zwischen ihnen ein Konsens erzielt oder zumindest eine mehrheitliche Unterstützung für gemeinsame Forderungen und Aktivitäten gewonnen werden konnte. Dass hierdurch ein erhöhter Koordinierungsaufwand notwendig wird, ist offensichtlich. Zudem agieren gegenüber der Politik in bestimmten Fachfragen neben den Verbänden auch Bibliotheksverbünde und andere Kooperationsgemeinschaften – alles in allem kein Idealzustand, was Wahrnehmung, Verhandlungsposition oder Durchsetzungsfähigkeit betrifft. In vielen anderen Ländern, so etwa in den USA oder Großbritannien, gibt es hingegen eine einheitliche bibliothekarische Interessenvertretung (wie beispielsweise ALA bzw. CILIP), die erheblich schlagkräftiger Meinungen und Forderungen äußern können als dies den zersplitterten deutschen Verbänden möglich ist.

Dieses Dilemma ist hierzulande hinreichend bekannt, die bislang gescheiterten Bemühungen zur Vereinigung der Verbände zeigen aber auch, dass die Hürden bislang nicht zu überwinden waren. Immerhin ist es gelungen, in vielen Bereichen Konsens und eine klar definierte Aufteilung von Zuständigkeiten und Kompetenzen zu erreichen. Aktuelle Aussagen und Berichte aus den Personalverbänden lassen erkennen, dass sich BIB und VDB kontinuierlich annähern, jedoch auf einen baldigen Zusammenschluss zu hoffen, viel Optimismus voraussetzen würde. Der übernächste Schritt, anschließend Personal- und Instituitionenverband zu einem einzigen gemeinsamen Verband zu vereinen, ist dabei noch gar nicht thematisiert.

Grundsätzlich umfasst bibliothekspolitisches Handeln die Gesamtheit aller Aktivitäten zur Vorbereitung, Formulierung und Beeinflussung von Entscheidungen in Bezug auf die Entwicklung und Zukunftssicherung von Bibliotheken. Ansprechpartner agieren auf sehr unterschiedlichen Ebenen und mit einer Vielzahl von Akteuren. Solche Akteure und Adressaten sind einerseits die Träger der Bibliotheken (Bund, Land, Kommune, Kirche u. a.), andererseits Interessengruppen oder Einrichtungen, die die Bibliothek unterstützen bzw. die Entscheidungen des Trägers beeinflussen können. Für die Öffentliche Bibliothek bedeutet bibliothekspolitisches Handeln in der Regel umfassende Aktivitäten innerhalb der Kommune, um den Träger, die politischen Akteure, die Verwaltung und die Bürgerschaft sowie die Medien zu Verbündeten der Bibliothek zu machen und damit ihre Stellung zu stärken. In vielen Regionen können Öffentliche Bibliotheken Unterstützung durch die Bibliotheksfachstellen erhalten. Eine *Hochschulbibliothek* hingegen wird ihre bibliothekspolitischen Aktivitäten vorrangig auf die Angehörigen bzw. maßgeblichen Gremien der Hochschule ausrichten, insbesondere auch auf den Bibliotheksausschuss, während durch die Stärkung der Hochschulautonomie die Bedeutung der Ministerien schwindet. Eine *Spezialbibliothek* wird sich bibliothekspolitisch in erster Linie auf die Trägerinstitution und die Zielgruppen innerhalb der Behörde, des Unternehmens, des Verbandes oder der Kanzlei fokussieren. Auf bibliothekspolitischer Ebene haben Bibliotheken besonders dann Erfolgschancen, wenn sie nicht als Solitäre agieren, sondern in ihren Verbänden im Verbund mit anderen Bibliotheken.

Bibliothekspolitik zu betreiben, ist nicht nur in Bezug auf die einzelne Bibliothek, sondern auch in Bezug auf die Stärkung der Gesamtheit aller Bibliotheken als System und der darin Beschäftigten von hoher Bedeutung und darf nicht vernachlässigt werden.

Die Gründe dafür sind leicht nachvollziehbar:

- Moderne und umfassende bibliothekarische Dienstleistungen auch für das Angebot einer einzelnen Bibliothek sind heute nur noch im Gesamtsystem und durch das Gesamtsystem möglich.
- Nur aus der Gesamtperspektive heraus können Bedingungen geschaffen werden, die die notwendigen Kooperationen und Netzstrukturen von Bibliotheken auf Dauer sicherstellen.
- Die inhaltliche und organisatorische Zusammenarbeit der Bibliotheken ist gerade nicht staatlich vorgegeben oder zentral gesteuert. Vielmehr müssen im Bibliothekssystem selbst übergreifende Regelungen getroffen, regelmäßig überprüft und ggf. angepasst werden.
- Die Chancen zur Durchsetzung bibliothekspolitischer Anliegen auch auf unteren Ebenen steigen generell mit einem anerkannten, gut ausgebauten Bibliothekssystem, das über schlagkräftige Bündnispartner verfügt.

6.3 Förderer und Partner des Bibliothekswesens

Die Gestaltungskraft des Bibliothekswesens in Deutschland wird des Weiteren von einigen staatlich bzw. privat getragenen Einrichtungen und Institutionen unterstützt, die sich unter dem Dach der BID den bibliothekarischen Verbänden und Vereinen als Partner angeschlossen haben. Sie sind an vielen wichtigen bibliothekspolitischen und strukturellen Planungen der letzten Jahre beteiligt gewesen und oft auch Motor für zukunftsweisende Projekte und Maßnahmen geworden.

6.3.1 Die ekz.bibliotheksservice GmbH

Unter den zentralen Einrichtungen des deutschen Bibliothekswesens nimmt die 1947 auf Initiative von Bibliothekaren gegründete *ekz.bibliotheksservice GmbH* (ekz), heute Mitglied der BID eine Sonderstellung ein. Die ekz ist ein Komplettanbieter für Bibliotheken und als solcher ein Wirtschaftsunternehmen, das in der Rechtsform einer Gesellschaft mit beschränkter Haftung arbeitet. Eigentümer sind aktuell 19 Gesellschafter, darunter 18 Gebietskörperschaften des öffentlichen Rechts (Bundesländer, Städte, Landkreise), die über 32,9% der Anteile und exklusive Minderheitsvoten verfügen; die Mehrheit liegt mittlerweile also in privater Hand. Die Zentrale des Unternehmens mit derzeit rund 280 Mitarbeitern ist in Reutlingen (Baden-Württemberg) ansässig. Aus dem Haus mit den ursprünglichen Schwerpunkten bei Buch und Möbeln ist zu Beginn des 21. Jahrhunderts ein breit ausgerichteter Dienstleister für alle Bibliothekssparten geworden, der eine umfassende Palette an Medien-, Ausstattungs-, Service- und Consultingdiensten anbietet und mit diesem Angebots-Mix zu einem der führenden Unternehmen auf dem Bibliotheks- und Medienmarkt in Mitteleuropa geworden ist. Durch weitere Dienste wie Veranstaltungssponsoring, Fortbildungsaktivitäten und Personalqualifizierung unterschiedlicher Ausrichtung hat sich die ekz den aktuellen Markterfordernissen angepasst und wirtschaftlich erfolgreich neue Märkte erschlossen. Zunehmend werden auch Wissenschaftliche Bibliotheken, insbesondere im Möbelbereich, Kunden der ekz.

Die besondere Zielsetzung des Unternehmens liegt in der Bereitstellung eines Komplettangebots, das modulartig aus Einzelprodukten passend zusammengesetzt werden kann. Mit ihren bibliografischen und inhaltserschließenden Diensten tritt die ekz auch als Datenzentrale für Öffentliche Bibliotheken in Erscheinung. Ein Online-Bestellservice beschleunigt die Beschaffung der verfügbaren Medien, wobei die digitalen Katalogdaten der bestellenden Bibliothek übermittelt werden. Über ihre Webseite lassen sich alle Produktbereiche aufrufen und einsehen, sodass auf elektronischem Wege sowohl Recherchen und Bestellungen als auch Informationsabfragen und Kontaktaufnahme möglich sind. Das bibliothekarische Lektorat der ekz wirkt mit bei der Erstellung der „Lektoratsdienste" (ID-Informationsdienste u. a.) im Rahmen der gemeinsam mit dem dbv und dem BIB getragenen *Lektoratskooperation*.

Die aus der *Lektoratskooperation* (LK) resultierenden Informationsdienste gelten heute als Alleinstellungsmerkmal und wichtigste zentrale Dienstleistung der ekz. Mit Hilfe von dezentral tätigen Rezensenten und Lektoren werden jährlich gut 14.000 Bücher und andere Medien auf ihre Bibliothekseignung untersucht und in Form von ID-Begutachtungen den Bibliotheken im Abonnement angeboten. 2004 wurde die Vereinbarung zwischen ekz, dbv und BIB aktualisiert und das LK-Arbeitsgremium mit erweiterten Kompetenzen zu einer Steuerungsgruppe mit Vorstand umstrukturiert, die die Qualitäts- und Zukunftssicherung des Produkts gewährleisten soll. Gegenüber Buchhandlungen und anderen Medienanbietern wird das gesamte Buch- und Medienangebot der ekz durch ein eigenes ekz-Lektorat, das sich auf die Ergebnisse der Lektoratskooperation stützt, bibliothekarisch geprüft und bearbeitet. Umfangreiche konfektionierte Standing-Order-Angebote der ekz aus allen Buch- und Medienbereichen sollen darüber hinaus den Bestandsaufbau der Öffentlichen Bibliotheken vor Ort erleichtern und beschleunigen (▶ 6.5.1).

Dass aus der Fima inzwischen eine europaweit agierende Unternehmens-Gruppe geworden ist, belegen nicht nur die Niederlassungen in Österreich und Frankreich und eine Beteiligung an der *sbd.bibliotheksservice ag* in der Schweiz. Mit der Übernahme der *NORIS Transportverpackungs-GmbH* in Nürnberg oder der RFID-Spezialisten *EasyCheck GmbH* in Göppingen ist die ekz-Gruppe in den Bereich Transport und Bibliothekstechnik eingestiegen und bietet Komplettlösungen zur Selbstverbuchung und Mediensicherung in Bibliotheken an. Mit der *DiViBib GmbH* als Anbieter digitaler Ausleihangebote für Bibliotheken („Onleihe") und entsprechender Medienlizenzen wurde die Expansion fortgeführt. Die 2005 gegründete Unternehmenstochter hat sich mit ihrer „Onleihe" (Medien *on*line *aus*leihen) die Übertragung des Geschäftsmodells der Öffentlichen Bibliotheken in die digitale Welt und der Online-Dienste zum Unternehmensziel gesetzt. Bis Anfang 2019 haben sich in Deutschland und im deutschsprachigen Ausland rund 3.000 Öffentliche Bibliotheken, die meisten von ihnen in regionalen Verbünden von bis zu 70 Teilnehmern, der „Onleihe" angeschlossen. Die 2016 gegründete neue Tochterfirma *LMSCloud GmbH* stellt die Open-Source-Anwendung „Koha" in Kombination mit einem umfangreichen Datenpool als zentral gehostete webbasierte Lösung für das Bibliotheksmanagement zur Verfügung, ein neuartiger Service, der den herkömmlichen Web-OPAC durch ein Discoverysystem ersetzt.

6.3.2 Das Goethe-Institut

Das *Goethe-Institut e. V.* (GI) nimmt im staatlichen Auftrag der Bundesrepublik Deutschland Aufgaben der auswärtigen Kultur- und Bildungspolitik wahr. Es hat die Aufgabe, die Kenntnis der deutschen Sprache im Ausland zu fördern, die internationale kulturelle Zusammenarbeit zu pflegen und ein umfassendes, aktuelles Deutschlandbild zu vermitteln. Dabei engagiert es sich seit vielen Jahren verstärkt auch auf dem Gebiet der Informations- und Bibliotheksarbeit, um den fachlichen Dialog über unterschiedliche Konzepte, Methoden und Anwendungen von Informations- und Wissensmanagement, von Bibliotheksorganisation, Aus- und Weiterbildung auf internationaler Ebene zu fördern.

Das Goethe-Institut mit seiner Zentrale in München und einem Hauptstadtbüro in Berlin ist allerdings keine staatliche Einrichtung, sondern hat die Rechtsform eines Vereins, der seit 1976 aufgrund eines Rahmenvertrages mit dem Auswärtigen Amt staatliche Zuschüsse erhält. Das 1951 als Nachfolger der *Deutschen Akademie* gegründete Goethe-Institut ist seit der im Jahr 2001 erfolgten Fusion mit *Inter Nationes* (gegr. 1952) die größte Mittlerorganisation der deutschen auswärtigen Kultur- und Bildungspolitik mit weltweit etwa 3.500 Mitarbeitern, davon 2.800 im Ausland. Rechtliche Grundlage ist eine Vereinssatzung, die als Organe die Mitgliederversammlung, das Präsidium und den Vorstand vorsieht. Die Mitgliederversammlung setzt sich aus Vertretern der Bundes- wie der Landesregierungen und des Bundestages sowie aus Personen des kulturellen Lebens zusammen. Ein Generalsekretär führt die laufenden Geschäfte. Im Jahr 2017 hatte das Goethe-Institut ein Gesamtbudget von 342 Mio. Euro zur Verfügung. Davon waren ca. 252 Mio. Euro Zuwendungen des Auswärtigen Amts, rund 90 Mio. Euro erwirtschaftete durch Sprachkurse und Prüfungen im In- und Ausland. Damit refinanziert das GI rund 40% seiner Kosten.

Das GI hat insbesondere folgende Aufgaben:
- Bibliothekskooperation und Bestandsnachweise: Um den fachlichen Austausch in den Bereichen Buch, Medien und Bibliotheken zu fördern, werden gemeinsam mit Institutionen der Gastländer in derzeit 97 Bibliotheken Fachkonferenzen, Workshops, Studienreisen, Aus- und Fortbildungsveranstaltungen organisiert. Die Zentrale in München stellt den einzelnen Bibliotheken und Informationszentren eine Neuerscheinungsauswahl zur Verfügung, der die Kollegen bei der Bestellauswahl unterstützt. Die Bestellungen selbst werden von den Auslandsinstituten durchgeführt. Alle Bestände sind im Katalog (OPAC) recherchierbar über die URL www.goethe.de/bibliothekskatalog mit Filtermöglichkeit nach einzelnen Orten.
- Literatur- und Übersetzungsförderung: Die Kulturinstitute im Ausland vermitteln deutschsprachige Literatur, fördern ihre Übersetzung und arbeiten hierzu eng mit Presse, Verlagen, Buchhandel und Bibliotheken in den Gastländern zusammen.
- Qualifizierte Informationsberatung: Hinweise auf Entwicklungen, Ereignisse, Publikationen und die Erarbeitung von multimedialen Themendiensten über Kultur und Zeitgeschehen in Deutschland und über europäische Entwicklungen sind wesentlicher Bestandteil ihrer Informationsarbeit.
- Informationsmanagement: Ein auf den örtlichen Bedarf zugeschnittenes und zugleich anspruchsvolles, aktuelles Medienangebot sowie effektive und zuverlässige Serviceleistungen werden nicht nur an den Auslandsinstituten angeboten, sondern in allen oben genannten 108 Netzwerkpartnern (Lesesäle, Dialogpunkte und Lern- und Informationszentren). Eingebunden sind diese Dienstleistungen meist in örtlich vorhandene Bibliotheksstrukturen, d.h. die Gastbibliothek stellt geeignete Räumlichkeiten, ihre bibliotheksspezifische Infrastruktur sowie deutschsprachiges Fachpersonal zur Verfügung, während das Goethe-Institut für eine jährlich aktualisierte Grundausstattung an Medien, für technische Geräte sowie die Weiterbildung des Personals sorgt.

Insgesamt unterhält das Institut Niederlassungen in zwölf Städten Deutschlands sowie 159 Kulturinstitute und Verbindungsbüros in 98 Ländern, unterteilt in 13 Regionen. Hinzu kommen rund 1.000 weitere Einrichtungen von Kooperationspartnern weltweit, für die das Goethe-Institut eine finanzielle Förderung bzw. Maßnahmen der Beratung und Qualitätssicherung bereitstellt. Die Institute erteilen Sprachunterricht, führen Sprachprüfungen durch (z. B. „Start Deutsch"), erarbeiten Lehrmaterialien, unterstützen Universitäten und Behörden bei der Förderung der deutschen Sprache, vergeben jährlich ca. 1.700 Stipendien an Deutschlehrer und bieten insgesamt bei 108 Netzwerkpartnern (40 Deutsche Lesesäle, 10 Dialogpunkte Deutsch, 43 Partnerbibliotheken und 15 Informations- und Lernzentren) aktuelle Informationen über Deutschland an. Ca. 200 Buchübersetzungen in 40 Sprachen konnten bislang finanziert werden.

Das Goethe-Institut engagiert sich seit einigen Jahren verstärkt auch auf dem Gebiet der Informations- und Bibliotheksarbeit mit dem Ziel, den fachlichen Dialog über unterschiedliche Konzepte, Methoden und Anwendungen von Informations- und Wissensmanagement, von Bibliotheksorganisation, Aus- und Weiterbildung auf internationaler Ebene zu fördern. Die wichtigsten internationalen Kulturzeitschriften, Bücher, Informationsmaterialien über Deutschland, Spiel- und Dokumentarfilme und ein differenziertes Online-Angebot werden Interessenten in aller Welt zur Verfügung gestellt. Das Besucherprogramm führt jedes Jahr mehr als 1.200 ausländische Multiplikatoren aus Presse, Medien und Kultur zu Informationsreisen nach Deutschland.

Vergleichbare Institutionen für andere Länder sind beispielsweise:
- das Konfuzius-Institut (China)
- das Institut Français (Frankreich)
- der British Council (Großbritannien)
- die Società Dante Alighieri (Italien)
- die Japan Foundation (Japan)
- Pro Helvetia (Schweiz)
- das Instituto Cervantes (Spanien)
- das Adam-Mickiewicz-Institut (Polen).

6.3.3 Ehemalige Förderer und Mitglieder der BID

Bertelsmann Stiftung

Die in 1977 von Reinhard Mohn in Gütersloh gegründete *Bertelsmann Stiftung*, die sich mit ihren zahlreichen Untersuchungen und Projekten gesellschafts-, bildungs- und wirtschaftspolitischen Themen widmet und „Reformwerkstatt" und Antriebsmotor zur Modernisierung von Staat und Verwaltung in den Themenfeldern Kultur und Bildung, Wirtschaft, Soziales und Gesundheit, Demokratie und Bürgergesellschaft sein will, begleitete und förderte knapp zwei Jahrzehnte lang auch die Öffentlichen Bibliotheken. Heute ist ihr Engagement auf dem Bibliothekssektor stark zurückgegangen und beschränkt sich nur noch auf gelegentliche beratende Funktionen.

Bei der Entwicklung von Strategien und Konzeptionen zur Lösung gesellschaftlicher und bildungspolitischer Fragestellungen legt die Stiftung besonderen Wert auf die praktische Erprobung im Rahmen von regionalen, nationalen oder internationalen Projekten. Bis 2005 wurden innerhalb eines internationalen Netzwerks innovative Methoden, Erkenntnisse und praktische Erfahrungen aus den führenden Bibliotheksländern der Welt gesammelt, ausgetauscht und weiterentwickelt. Hierbei brachte man auch Lösungsstrategien aus anderen Branchen ein, um unternehmerisches Denken und Handeln in der Arbeit der Bibliotheken zu verankern. Spürbare Impulse für das Controlling und Berichtswesen aller Bibliothekstypen gingen seinerzeit von den von der Stiftung maßgeblich entwickelten Projekten „Öffentliche Bibliotheken im Betriebsvergleich" und „BIX – Der Bibliotheksindex" aus, bei denen Vergleiche der Betriebsdaten im Vordergrund standen, die als Orientierungsrahmen für Entscheidungen dienen und zur Transparenz der bibliothekarischen Leistungen beitragen sollten.

Hervorzuheben ist auch die Initiative der Stiftung, ein bibliothekspolitisches Strategiepapier zur Weiterentwicklung der Bibliotheken in Deutschland zu formulieren. Das in Kooperation mit der BID von 2002 bis 2005 aufgelegte Projekt mündete in dem Papier „Bibliothek 2007", das verschiedene Forderungen an politische Entscheidungsträger bei Bund und Ländern stellte. Die Reaktion aus der Politik und den Fachkreisen war unterschiedlich. Eine wesentliche Forderung des Strategiepapiers – die Verankerung einer *BibliotheksEntwicklungsAgentur* (BEA) – wurde 2007 in den Schlussbericht der Enquête-Kommission „Kultur in Deutschland" des Deutschen Bundestages aufgenommen; zu einer Realisierung der BEA kam es trotz zahlreicher Bemühungen des dbv bis heute jedoch nicht.

Deutsche Gesellschaft für Information und Wissen e. V. (DGI)
Die *Deutsche Gesellschaft für Information und Wissen e. V.* (DGI) – 1948 als *Deutsche Gesellschaft für Dokumentation e. V.* gegründet, war als Fachgesellschaft zur Förderung von Forschung, Lehre und Praxis im Bereich der Informationswissenschaft und -praxis Gründungsmitglied des 2004 neu formierten bibliothekarischen Dachverbandes BID. Zuvor hatten im Jahr 2000 DGI und BDB (als Vorgänger der BID) erstmals einen gemeinsamen Kongress organisiert, der sich als 90. Bibliothekar- und 52. Dokumentartag in Leipzig dem Themenfeld „Information und Öffentlichkeit" widmete. Die Bemühungen um eine Annäherung beider Verbände und ihrer Interessen endeten am 31.12.2012 mit dem überraschenden Ausstieg der DGI aus der BID.

6.4 Internationale Zusammenarbeit der deutschen Bibliotheken

Im Zuge der politischen Entwicklung in Europa haben sich zahlreiche Kompetenzen für das deutsche Bibliothekswesen zunehmend auf europäische Institutionen und Gremien verlagert. Durch grenzüberschreitendes EU-Recht, nicht zuletzt durch die Globalisierung, weltweite elektronische Vernetzung sowie erhöhte Mobilität der Bibliotheksbenutzer kommt der internationalen Kooperation eine immer größere Bedeutung zu. Unerlässlich für eine positive Bibliotheksentwicklung in Deutschland sind daher ein regelmäßiger Wissenstransfer und eine enge Zusammenarbeit mit Partnern aus dem gesamten Bereich von Bibliothek und Information im In- und Ausland.

In vielen Bereichen werden Entscheidungen mit Auswirkungen auf die Bibliotheken nicht mehr nur auf nationaler, sondern auf europäischer oder globaler Ebene getroffen, zuletzt bei Themen wie Urheber-, Verleih- und Steuerrecht, E-Books oder der Zugang zu Informationen und Datenschutz, die allesamt eine internationale Interessenvertretung notwendig machen. In Deutschland koordiniert – wie in 6.2.1 dargestellt – der Dachverband BID die Schwerpunkte der internationalen Arbeit in einem Netzwerk aus mehreren Vereinigungen, Gremien und Bibliotheken. Seine organisatorischen Stützpfeiler sind *BI-International* (BII) als ständige Kommission von der BID für den internationalen Fachaustausch, das knb, Bereich Internationale Kooperation beim dbv sowie und das *Goethe-Institut* mit seinem weltweiten Netz von rund 100 Bibliotheken. Über BI-International können Studienreisen finanziell gefördert werden. Damit kann u. a. dem großen Interesse ausländischer Kollegen an einer Fachkonferenz in Deutschland (Bibliothekartag u. a.) wirksam Rechnung getragen werden. Im Arbeitsbereich „Internationale Kooperation" unterstützt das knb im dbv Innovations- und Entwicklungsbestrebungen für deutsche Bibliotheken durch Information und Wissenstransfer sowie Vernetzung und Kooperationen

70 deutsche bibliothekarische Einrichtungen und Personen sind neben den fünf Fachverbänden Mitglieder in der *Internationalen Vereinigung der bibliothekarischen Verbände und Einrichtungen (International Federation of Library Associations and Institutions*, IFLA), dem 1927 in Glasgow gegründeten internationalen bibliothekarischen Dachverband. Fast alle 47 Fachgruppen der IFLA, die Sektionen und Kernaktivitäten haben gewählte deutsche Vertreter. Auch auf Vorstandsebene, dem Governing Board, sind regelmäßig deutsche Bibliotheksvertreter aktiv. Die Zentrale („Headquarters") der IFLA ist in Den Haag; der jährliche IFLA-Weltkongress findet an jeweils wechselnden Orten der Welt statt, 2017 in Wroclaw (Breslau) / Polen, 2018 in Kuala Lumpur, 2019 in Athen. Nach *Gustav Hoffmann* (1958–1963) und *Hans-Peter Geh* (1985–1991) war

Claudia Lux von 2007–2009 die dritte Präsidentin der IFLA aus Deutschland, von 2021–2023 wird *Barbara Lison* die vierte deutsche IFLA-Präsidentin sein. Mit *Freedom of Access to Information and Freedom of Expression* (FAIFE), dem Ausschuss für den freien Zugang zur Information und Meinungsfreiheit, setzt sich eine von vier wichtigen Arbeitsgruppen der IFLA mit der Rolle und Verantwortung von Bibliotheken im Spannungsfeld von freiem Informationszugang, Zensur, Korruption, ethischen Fragen und Meinungsfreiheit auseinander.

Zur Koordinierung der deutschen Mitarbeit in der IFLA wurde 1974 das *IFLA-Nationalkomitee* gegründet, sein Sekretariat ist seit 2004 dem Arbeitsbereich Internationale Kooperation des knb im dbv in Berlin zugeordnet. Dem Nationalkomitee gehören neben den Mitgliedsverbänden der BID und der *AG der Spezialbibliotheken* (ASpB) auch die *Deutsche Nationalbibliothek*, die Staatsbibliotheken zu Berlin und München, die *Sächsische Landesbibliothek – Staats- und Universitätsbibliothek Dresden* sowie das *Goethe-Institut* an. Die *Deutsche Forschungsgemeinschaft* (DFG) unterstützt die IFLA-Mitgliedschaft der Verbände finanziell und *BI-International* fördert regelmäßig aktive IFLA-Kongressteilnahmen deutscher Bibliotheksmitarbeiter. Das IFLA-Nationalkomitee informiert die IFLA-Aktiven und Mitglieder in Deutschland über Website und Listen, koordiniert die Nominierungsphasen für die Besetzung der IFLA-Gremien, sorgt für Übersetzungen grundlegender IFLA-Dokumente und organisiert Webinare und Veranstaltungen zu internationalen IFLA-Themen auf den Bibliothekartagen.

Auf europäischer Ebene sind die deutschen Verbände durch die Mitgliedschaft von BID im *European Bureau of Library, Information, and Documentation Associations* (EBLIDA) vertreten, das 1992 – gleichfalls in Den Haag – als Interessenvertretung des Bibliotheks- und Informationswesens beim *Europäischen Parlament*, bei der *Europäischen Kommission* und beim *Europarat* gegründet wurde. Zentrales Anliegen des europäischen Dachverbandes ist es, im digitalen Zeitalter den ungehinderten Zugang zu Informationen zu gewährleisten und die Rolle der Bibliotheken als wichtige Dienstleister und Lotsen in der Informationsflut hervorzuheben. In den Expertengruppen werden zu den Themenfeldern Urheber- und andere Rechtsfragen (EGIL) sowie digitale Kompetenzen Stellungnahmen und Positionspapiere erarbeitet und bibliothekspolitische Lobbyarbeit betrieben. EBLIDA unterhält ein „Knowledge und Information Center" (KIC) und arbeitet aus europäischer Perspektive eng mit den Lobbyaktivitäten der IFLA auf politischer Ebene zusammen. Insbesondere bei Gesetzesnovellierungen der EU, die später in allen EU-Mitgliedsländern geltendes Recht werden, ist die Kontaktarbeit des Büros von Bedeutung. Der Verband repräsentiert heute ein Netz von rund 90.000 Öffentlichen und Wissenschaftlichen Bibliotheken sowie Spezialbibliotheken und Archiven in Europa.

Die Nationalbibliotheken arbeiten in der *Conference of European National Libraries* (CENL) zusammen, einer unabhängigen Vereinigung der jeweiligen Direktoren. In ihr sind derzeit 48 Bibliotheken aus 46 Mitgliedsländern des Europarates vertreten. Ihr Anliegen ist die Stärkung der Sichtbarkeit des Kulturerbes der jeweiligen Nationalbibliotheken und die Vermittlung des Verständnisses für ein gemeinsames europäisches Erbe durch entsprechende Medien- und Service-Angebote. Die jährlichen Tagungen behandeln Fragen der politischen Entwicklungen, Programme, Projekte und Kooperationsmöglichkeiten. Mit der „Europäischen Digitalen Bibliothek" hat CENL den Grundstein für die *Europeana* gelegt, die als großes Projekt 2008 mit dem Ziel online ging, Europas kulturelles und wissenschaftliches Erbe der Öffentlichkeit zugänglich zu machen; in Deutschland ist das nationale Portal der *Deutschen Digitalen Bibliothek* ein wichtiger Bestandteil. Die virtuelle Bibliothek will Dokumente und Kulturgegenstände von der Vor- und Frühgeschichte bis in die Gegenwart in Form von Bild-, Text-, Ton- und Video-Dateien zugänglich machen. Bis Anfang 2019 sind bereits mehr als 58 Mio. Kunstwerke, Artefakte, Bücher und andere

Medien digitalisiert worden. Das Projekt wird von der *Europäischen Kommission* teilfinanziert. Es ist als Stiftung an der Nationalbibliothek der Niederlande angesiedelt.

Mit der *Ligue des Bibliothèques Européennes de Recherche* (*Liga Europäischer Wissenschaftlicher Bibliotheken* – LIBER) ist 1971 eine internationale Vereinigung Wissenschaftlicher Bibliotheken unter der Schirmherrschaft des Europarates gegründet worden, in der 400 wissenschaftliche, nationale und Universitätsbibliotheken in 45 Ländern vertreten sind; in Deutschland sind knapp 50 Staats-, Landes- und Hochschulbibliotheken Mitglied. LIBER besitzt zugleich Beraterstatus beim Europarat und soll den Wissenschaftlichen Bibliotheken in Europa helfen, ein über nationale Grenzen hinweg funktionierendes Netz zu bilden, um die Erhaltung des europäischen Kulturerbes zu sichern, Open Science und innovative Forschungsumgebungen zu befördern sowie den Zugang zu den Beständen in europäischen Bibliotheken zu verbessern und effizientere Informationsdienste in Europa einzurichten. Zugleich unterstützt LIBER Maßnahmen und Projekte zur Verbesserung der beruflichen Qualifikation des Bibliothekspersonals durch Konferenzen, Seminare, Arbeitsgruppen und Publikationen. Die Organe von LIBER sind die Mitgliederversammlung, der Vorstand und die vier Fachabteilungen Erschließung und Benutzung, Bestandsaufbau, Bestandserhaltung sowie Bibliotheksmanagement und -verwaltung.

Zur Förderung langfristiger strategischer Entwicklungen für Öffentliche Bibliotheken in Europa auf politischer und administrativer Ebene wurde im Jahr 2002 von den nationalen Bibliotheksverwaltungseinrichtungen die Organisation NAPLE (*National Authorities on Public Libraries in Europe* mit Sitz in Kopenhagen, Dänemark) gegründet. Seit 2009 führen NAPLE und EBLIDA im Rahmen ihrer Mitgliederversammlungen gemeinsame internationale Bibliothekskonferenzen durch; auch EBLIDA und LIBER organisieren gemeinsame Konferenzen oder Arbeitsgruppen.

Die Bund-Länder-Arbeitsgruppe des *Portals zu Europäischen Angelegenheiten für Bibliotheken, Archive, Museen und Denkmalpflege* (EUBAM, gegründet 2004), in der die KMK, die Bundes- und Länderministerien und die DFG vertreten sind, der außerdem Experten aus den genannten Bereichen angehören, verfolgt das Ziel, durch Digitalisierung ihrer Bestands- und Sammelobjekte den Zugang zu kulturellen und wissenschaftlichen Inhalten zu befördern. EUBAM trägt damit zur spartenübergreifenden Bündelung von Digitalisierungsprojekten (z. B. MINERVA) zum Kulturerbe und zu Fragen der Standardisierung bei. Als Geschäftsstelle von EUBAM fungieren vier Sekretariate: Für die Bibliotheken übernimmt die *Staatsbibliothek zu Berlin – Preußischer Kulturbesitz* diese Aufgabe, für die Archive das Bundesarchiv, für die Museen das *Institut für Museumsforschung der Staatlichen Museen zu Berlin – Preußischer Kulturbesitz* und für die Denkmalpflege die Senatsverwaltung für Stadtentwicklung Berlin.

6.5 Vernetzung und kooperative Dienste

Von Albert Bilo

Allen zentralen und dezentralen Kooperationsaktivitäten ist das Ziel gemeinsam, den Bibliotheken und ihren Nutzerinnen und Nutzern auch die Dienstleistungen anzubieten, die eine Bibliothek isoliert in der Qualität und Quantität nicht anbieten könnte. Darüber hinaus können mithilfe kooperativen Handelns Rationalisierungseffekte erzielt, Arbeitsvorgänge erleichtert und beschleunigt sowie Sach- und Personalressourcen eingespart werden. Im Mittelpunkt solcher Absichten der regionalen und überregionalen Zusammenarbeit von Bibliothek steht aber das Ziel, ein umfassendes Angebot und sehr gute Serviceleistungen für Wissenschaft und Bildung bieten zu können.

Wurden über viele Jahrzehnte vor allem Kooperationen auf dem Gebiet der Erwerbung, der Erschließung und der Benutzung von gedruckten Zeitschriften und Büchern angestrebt, so haben sich mit dem Zeitalter der Digitalisierung weitere umfassende Aufgaben ergeben, die eine gut organisierte Zusammenarbeit der Bibliotheken voraussetzen. Mit den Möglichkeiten im Zugang zur Literatur und zu Information über das WWW sind die Komplexitäten gestiegen. Der private oder der berufliche Arbeitsplatz ist in der Regel ein Computerarbeitsplatz, von dem aus die Verfügbarkeit der gewünschten Materialien recherchiert wird in der Erwartung, dass die Ergebnisse idealerweise auch unmittelbar im Volltext am Bildschirm verfügbar sind.

Unter den Möglichkeiten des Internets ist die Aufgabe an Bibliotheken neu gestellt. Ihnen obliegt es, die Zugänglichkeit, den Nachweis und die Langzeitsicherung von Beständen in elektronischer oder gedruckter Form herzustellen. Dazu zählen elektronische Zeitschriften, Fachdatenbanken ebenso wie gedruckte oder digitalisierte Bücher. Die Bedeutung gedruckter Bücher ist dabei nicht aufgehoben, aber ihre Rolle wandelt sich. Die wissenschaftlichen Erkenntnisse früherer Jahrzehnte bilden die Ausgangslage für neue Erkenntnisse. Als kulturelles Erbe auf der einen Seite ebenso wie als Lernmaterial auf der anderen Seite kommt dem Buch weiter eine wichtige Funktion zu. Es sind Anstrengungen erforderlich, durch Digitalisierung die Zugänglichkeit und die archivische Sicherung von Printmedien zu verbessern. Diese Absprachen sind ebenso erforderlich wie solche, die sich auf die Lizensierung von digitalen Zeitschriften beziehen. Suchmaschinen, Indizes und Rechercheportale werden von Bibliotheken entwickelt und angeboten, um die verstreuten Inhalte auffindbar und damit benutzbar, bestellbar zu machen, Anforderungen, die über die Möglichkeiten einer Bibliothek hinausgehen. Diese Entwicklung bedeutet, dass die Aufgaben und die Schwerpunkte der Bibliotheken sich enorm ausgefächert haben. Das erfordert Arbeitsteilung, spezialisierte Expertise und Koordination unter den Dienstleistungseinrichtungen.

6.5.1 Erwerbungskooperationen

Das Ziel, die Literatur dieser Welt weitgehend vollständig oder zu Themenschwerpunkten für eine Bibliothek zu erwerben, zu sammeln und als Bibliotheksbestand nachzuweisen bzw. die Inhalte zu erschließen, ist nur begrenzt einzulösen. War dies bei einem ausschließlichen Printangebot für Medien schon ein sehr hochgestecktes Ziel, so ist dies im digitalen Kontext unmöglich, weil dieser Markt nahezu ungebremst wächst. Zu betonen ist, dass auch in der Vergangenheit das Ideal bibliothekarischer Tätigkeiten nicht im bloßen „Sammeln" hätte liegen sollen, also dem Aufbau eines umfassenden Reservoirs aller Medien. Das Ideal sollte sein, dass die Bibliotheken Wissenschaftlern aller Wissensbereiche – besonders den Studierenden – ebenso wie Bürgerinnen und Bürgern die Möglichkeiten bieten, Informationsquellen und Literatur nutzen zu können. Gedanklich ist damit der Zugang zu Medien und nicht das Sammeln der Maßstab.

Sammelschwerpunktprogramme

Die Erwerbung von Büchern und anderen Medien in enger Abstimmung und mit wechselseitigen Absprachen hat über Jahrzehnte die Bemühungen der Bibliotheken bestimmt, um in Deutschland arbeitsteilig ein möglichst vollständiges Angebot an nationaler und internationaler Literatur anbieten zu können. Das Sammelschwerpunktprogramm der DFG (SSG) wurde von 1949 an mit dem Ziel aufgebaut, diese Herausforderung systematisch auf der Basis eines Sondersammelgebietsplans zu bewältigen. Auf Grundlage einer definierten Arbeitsteilung haben 36 Universal-, Spezial- und die 3 zentralen nationalen Fachbibliotheken (Medizin, Köln, Technik und Grundlagenwissenschaften, Hannover, sowie Wirtschaftswissenschaften, Kiel) 110 fachliche oder regionale Sammelschwerpunkte gebildet. Aufgabe dieser Sondersammelgebiete war es, fachliche Spezialsammlungen aufzubauen, zu erschließen und die erworbenen Medien für die überregionale Nutzung zur Verfügung zu stellen. Die erworbenen Bestände werden in den lokalen Bibliothekskatalogen sowie den regionalen und überregionalen Verbunddatenbanken nachgewiesen. Es entstand eine nationale Forschungsbibliothek, die auf wichtige Bibliotheken in Deutschland verteilt war. Die Richtlinien zur überregionalen Literaturversorgung der Sondersammelgebiete und *Virtuellen Fachbibliotheken* der DFG (2013, letztmalig 2015 aktualisiert) legten pragmatisch die Arbeitsteilung und Zweckbestimmung der hierfür jährlich bereitgestellten Mittel in der Größenordnung von 15 Millionen Euro fest. Nachweis, Erschließung und Zugang zur Literatur insbesondere für die Spitzenforschung wurde als gemeinsame Aufgabe beschrieben, weil die Spezialsammlungen gedruckter Literatur einen zuverlässigen „Rückhalt" für die überregionale Literaturversorgung darstellten.

Von vornehmlich regionaler Bedeutung war das aus Landesmitteln geförderte kommunale *Sondersammelgebietsprogramm der Großstadtbibliotheken* in Nordrhein-Westfalen. Es zielte ab auf die arbeitsteilige Beschaffung von deutschsprachiger Fachliteratur in vereinbarten Schwerpunktbibliotheken. Es wurde 2009 nach 50 Jahren eingestellt. Neben finanziellen Erwägungen, die in der Bereitstellung von Fördermitteln sicher eine Rolle spielten, war es aber auch ein Argument, dass die so beschaffte Literatur überregional kaum nachgefragt wurde. Immerhin konnten über die Jahrzehnte wertvolle Bestände als besondere Sammlungen erworben werden.

Auch die *Deutsche Forschungsgemeinschaft* stellte nach der Evaluierung des DFG-geförderten Systems der Sondersammelgebiete 2011 bis zum Jahr 2015 ihr Förderprogramm der Sammelgebiete um. Die neuen *Fachinformationsdienste* (FID) folgten damit der zentralen Entwicklung, dass Literatur elektronisch am Arbeitsplatz recherchierbar und verfügbar sein sollte. Zugänglichkeit zu relevanten Informationen und Literatur lassen sich nicht mehr durch eine gedruckte Sammlung alleine gewährleisten. Aus dem Netzwerk der Sondersammelgebiete und Virtuellen Fachbibliotheken entwickelte die Förderpolitik der DFG ein neues System der Fachinformationsdienste, um in besonderer Weise auch den Anforderungen an die Erwerbung digitaler Produkte und Lizenzen Rechnung zu tragen. Zum leitenden Gesichtspunkt wurde die Forderung nach einer Ausrichtung auf den Bedarf der Fachcommunities und Verzicht auf eine Reservoirfunktion sowie nach dem aktiven Dialog mit der Forschung. Darüber hinaus wurde für die FIDs ein neues Förderprinzip durch öffentliche Ausschreibung, Antrag und kritische Bewertung für eine zeitlich befristete Unterstützung eingeführt, das den raschen und direkten Zugriff, den Nachweis und die Recherchierbarkeit der digital in den Netzen verfügbaren Informationen für die Forschung sicherstellen soll.

Zu ergänzen ist, dass in der Entwicklung bis zu den FIDs bereits 1998 der DFG-Sondersammelgebietsplan um das System „Virtueller Fachbibliotheken" ergänzt wurde. Es war eine Reaktion auf die zunehmend netzbasierten Publikationen, die für Forschung verfügbar gemacht werden sollten. Die Trägerbibliotheken des SSG-Programms entwickelten daher Portale, um den Zugang zu Printmedien, digitalen Produkten und Lieferdiensten für Literatur fachspezifisch anzubieten, unabhängig von der medialen Form. Bald nach Gründung der ersten Virtuellen Fachbibliotheken wurden Schritte eingeleitet, diese unter einer Oberfläche zusammenzuführen und für interdisziplinäre Recherchen parallel durchsuchbar zu machen. Im Projekt VASCODA wurde zunächst die Funktion einer Meta-Suchmaschine angestrebt. Die Ziele waren aber wesentlich breiter gesteckt, denn es sollten nicht nur die Virtuellen Fachbibliotheken, die *Zeitschriftendatenbank* (ZDB) und die *Elektronische Zeitschriftenbibliothek* (EZB), sondern auch die drei Verbünde (GBV, HBZ, BVB) integriert werden, um ein umfassendes Dienstangebot für die Vernetzung und den Wissensaustausch anzubieten, anspruchsvolle – und abstrakt gesehen – sehr sinnvolle Ziele in einer Vielfalt beteiligter Dienste und Akteure. VASCODA wurde am 14. Januar 2011 eingestellt, der Verein löste sich im gleichen Jahr auf. Auch die Förderung der Virtuellen Fachbibliotheken fand durch Beschluss der DFG 2014 ein Ende und ging in das neue Programm der Fachinformationsdienste über.

Das webbasierte Informationssystem WEBIS gibt die Möglichkeit, sich einen Überblick über die früheren Sondersammelgebiete nach Fächern und verantwortlichen Bibliotheken zu verschaffen. WEBIS bietet zudem einen Überblick über die inzwischen aufgebauten Fachinformationsdienste. Es wird von der Staats- und Universitätsbibliothek Hamburg als Angebot technisch und redaktionell betreut. Die Mitarbeiterinnen und Mitarbeiter der Fachinformationsdienste liefern die erforderlichen Aktualisierungen.

Konsortiale Erwerbung

Die Beschaffung und Nutzung elektronischer Produkte ist mit einer Vielzahl von rechtlichen und finanziellen Fragen verbunden. Dazu zählen beispielsweise Aspekte wie der, wer die im Netz verfügbaren Inhalte wo und zu welchen Konditionen nutzen darf. Im Rahmen der DFG-Förderlinie „Fachinformationsdienste" werden seit 2014 über das *Kompetenzzentrum für Lizenzierung* (KfL) Nutzungslizenzen für elektronische Ressourcen abgeschlossen. Damit kann erreicht werden, dass nicht jeder FID gesondert mit den Verlagen und Lizenzinhabern verhandeln muss. Lizensiert werden E-Books, E-Journals oder Datenbanken. Das KfL wird in Partnerschaft der *Niedersächsischen Staats- und Universitätsbibliothek* in Göttingen, der *Staatsbibliothek zu Berlin* und der *Verbundzentrale des Gemeinsamen Bibliotheksverbundes* in Göttingen betrieben. Konkreter Vertragspartner der Verlage und Anbieter ist der einzelne FID, der die Produkte auswählt, den fachlich definierten Nutzerkreis festlegt und die Lizenzkosten trägt. Über die koordinierte Verhandlungsführung durch das KfL ist aber gesichert, dass die jeweils ausgehandelten Konditionen einem einheitlichen Maßstab unterliegen. Eine Übersicht aller FID-Lizenzen wird über eine Webseite angeboten. Die Besonderheit eines forschungsnahen Lizenzmodells liegt darin, dass Lizenzen für fachliche Einzelnutzer einer Fachcommunity abgeschlossen werden, die in ganz Deutschland verteilt tätig sind.

Zweifellos erhält damit das Konzept eines abgestimmten Bestandsaufbaus eine grundsätzlich neue Dimension. Im Zuge von nicht mehr durch den Einzelkauf von Büchern und Zeitschriften geprägter Beschaffung, sondern durch Lizenz- oder Rahmenverträge mit Verlagen (und in der Regel nicht mit den Buchhändlern) entstehen Beschaffungsvorgänge auf virtuelle Inhalte zunächst durch Vertragsschluss und im Weiteren durch digitale Zugriffsrechte. Der Zusammenschluss zu „Einkaufsgemeinschaften" der Bibliotheken, zu Konsortien, die solche Produktpakete verhandeln, kann die Kosten und Risiken reduzieren.

So werden konsortiale Erwerbungen, die gegebenenfalls durch Fördermittel der DFG oder der Bundesländer subventioniert werden, in der Regel zentral verhandelt und dezentral durch die Konsortialteilnehmer finanziert. Für das Zeitschriftenpaket eines Verlages, für Datenbanken oder E-Books werden auf dieser Basis die Zugriffsrechte für die berechtigten Benutzerinnen und Benutzer einer Einrichtung freigeschaltet. Vertragsmodelle haben sich gerade in der Preisbildung über lange Zeit am konventionellen Abonnementpreis für das gedruckte Produkt orientiert. Übliches Modell ist dann, einen Cross Access zu vereinbaren, d. h., die Teilnehmerbibliotheken haben elektronischen Zugriff auf die Zeitschrift, für die im Konsortium mindestens ein Printexemplar existiert. Das andere Modell bestand im Additional Access, um in Ergänzung zu den abonnierten gedruckten Zeitschriften den vollständigen Zugriff auf das gesamte elektronische Spektrum eines Verlages zu erhalten. Mit dem Umstieg von Print-Abonnements auf den E-only-Zugang, da zunehmend Produkte nur elektronisch verfügbar sind, wird über die Lizenzierung des kompletten elektronischen Angebotes eines Anbieters für ein Konsortium von Bibliotheken und Einrichtungen verhandelt. Der Anteil der Erwerbungsausgaben für elektronische Produkte wächst und umfasst in großen Universitätsbibliotheken häufig mehr als 80 Prozent der Gesamtausgaben. Mit anderen Worten bedeutet dies, dass die Geschäftsgänge in den Erwerbungsabteilungen der Bibliotheken sich grundsätzlich ändern. Aus einer Vielzahl von einzelnen Erwerbungsvorgängen in früheren Jahren wird ein vernetztes Vertragsmanagement.

Neben den mit einem vergleichsweise großen Nachweis- und Verhandlungsaufwand versehenen Lizenzen für den speziellen Kreis der Einzelnutzer in Fachkontexten (FIDs) sind in der Literaturversorgung die sogenannten National- und Allianzlizenzen sowie die unter Bibliotheken geschlossenen weiteren Konsortien bedeutsam. Zur Verbesserung der Zugänglichkeit zu digitalen Inhalten hat die *Deutsche Forschungsgemeinschaft* von 2004–2010 den Erwerb von Nationallizenzen mit 100 Mio. Euro unterstützt. Bei den Nationallizenzen und den Allianzlizenzen handelt es sich um nach einem DFG-Kriterienkatalog geschlossene Vereinbarungen, die entweder zu 100 Prozent oder nur anteilig von der DFG finanziert werden. Die großen Zentralbibliotheken sowie die Staatsbibliotheken in München, Berlin und Göttingen sowie die *UB Frankfurt* sind jeweils für einen Teil der Verhandlungen und der Organisation dieser Allianzlizenzen zuständig. Die Bezeichnung Allianzlizenzen leitet sich von einem wichtigen Träger dieser Initiative ab: Die großen Wissenschaftsorganisationen haben sich zur *Allianz der deutschen Wissenschaftsorganisationen* zusammengeschlossen.

Für die lizenzrechtliche Verwaltung, aber auch, um die erwünschten Rabatte im Einkauf digitaler Inhalte zu erzielen, wurden Konsortialstellen gebildet, die Verhandlungen führen, Verträge gestalten, die Kostenaufteilung und Rechnungsstellung organisieren. Von besonderem Interesse ist die statistische Untersuchung, wie stark welches Produkt genutzt wird, um das Preis-Leistungs-Verhältnis besser beobachten zu können. Wenn eine Konsortialstelle mehrere hundert Lizenzen für eine dreistellige Zahl von Konsortialbibliotheken verwaltet, zugleich die unterschiedlichsten Vertragslaufzeiten und Konditionen zu beachten hat, dann wird deutlich, dass das Aufgabenspektrum einer Konsortialstelle anspruchsvoll ist. Idealerweise findet zudem ein Abgleich zur zentralen „Zeitschriftendatenbank" (ZDB) bzw. „Elektronischen Zeitschriftendatenbank" (EZB) statt, damit die verfügbaren konsortialen Lizenzen und damit verbunden Zugriffsrechte auf elektronische Zeitschriften auch entsprechend nachgewiesen sind. Dieses Geschäftsfeld in Bibliotheken und die dafür eigens entwickelten Verwaltungsdatenbanken werden mit der Bezeichnung *Electronic Resource Management Systems* (ERMS) zusammenfassend umschrieben. Mit Unterstützung der DFG wurde Las:eR („Lizenz Administrationssystem für e-Ressourcen") entwickelt. Projektpartner sind das HBZ, die UB Freiburg und die UB Frankfurt und die Verbundzentrale des GBV (VZG).

Es gibt inzwischen eine arbeitsteilige Struktur von Konsortialstellen in Deutschland und es ist die Dachorganisation GASCO (*German, Austrian and Swiss Consortia Organisation*) entstanden. GASCO ist eine Arbeitsgemeinschaft, in der die nationalen und die nach Bundesländern organisierten Konsortialstellen zusammenwirken. Auf internationaler Ebene haben sich die Konsortialstellen zur *Internationalen Koalition der Bibliothekskonsortien* ICOLC zusammengeschlossen, um von bibliothekarischer Seite aus Erfahrungen auszutauschen.

Ein weiterer Querschnittsbereich wird durch das DFG-Projekt NatHosting („Nationales Hosting Elektronischer Ressourcen") repräsentiert, ein deutschlandweites Konsortium für die Teilnahme an Archivdiensten. Damit soll, unabhängig von der Bereitstellung der wissenschaftlichen Beiträge auf den Servern von Verlagen, bei Verlagswechseln und Stornierung von Lizenzen gewährleistet werden, dass die einmal erworbenen Inhalte auch langfristig und ohne Störungen zur

Verfügung stehen. Die Non-Profit-Organisation *Portico* und die *LOCKSS-Allianz* bieten entsprechende Dienste an.

Da Preisgestaltung und Konditionen der angesprochenen Verhandlungen eine enorme Belastung für die beteiligten Einrichtungen darstellen, verhandelt die Hochschulrektorenkonferenz im Auftrag der Allianz der deutschen Wissenschaftsorganisationen unter dem Projektnamen *DEAL* mit den großen Wissenschaftsverlagen bundesweite Lizenzverträge für das gesamte E-Portfolio der Verlage. Die bibliothekarische Fachcommunity ist in den Verhandlungen repräsentiert. Die Verhandlungsergebnisse können von allen Bibliotheken, die entsprechenden Vereinbarungen beitreten, genutzt werden. Solche Verhandlungen sind schwierig, weil große Verlagsgruppen massives Interesse daran haben, ihre wirtschaftlichen Ergebnisse zu optimieren. Dem steht die Auffassung gegenüber, dass im öffentlichen Kontext und mit öffentlichen Mitteln erzielte Forschungsergebnisse der Gesellschaft wiederum zu angemessenen Konditionen zur Verfügung stehen sollten. Um hier Verhandlungsdruck aufzubauen, hat man mit Unterstützung der Forschergruppen nicht nur in Deutschland Verlagsprogramme wie das von der Fa. *Elsevier* durch Stornierungen vorübergehend boykottiert. Aber es geht nicht nur um die verlangten Lizenzpreise. Weitergehendes Ziel ist die Förderung der Open-Access-Politik. Alle Veröffentlichungen in diesen Verlagen, die von Autorinnen und Autoren der beteiligten Hochschulen und Einrichtungen stammen, sollen automatisch als Open-Access-Publikationen im Netz frei zugänglich sein. Zur vertraglichen Abwicklung dieser Vorhaben hat die Max-Planck-Gesellschaft für das Projekt DEAL die *Max Planck Digital Library Services GmbH* (MPDL) gegründet.

Die Arbeitsgemeinschaft Sammlung Deutscher Drucke

Die *Arbeitsgemeinschaft Sammlung Deutscher Drucke* (AG SDD) und mit ihr der Aufbau einer um Vollständigkeit bemühten „Virtuellen Nationalbibliothek" leistet für die Forschung einen enorm wichtigen Beitrag, auch wenn der Ansatz zunächst ausschließlich dem „Sammeln" verschrieben zu sein scheint. 1989 schlossen sich auf Vorschlag von *Bernhard Fabian* (Fabian 1983) Bibliotheken zu einer Arbeitsgemeinschaft zusammen, um gemeinsam einen Ausgleich für das Fehlen einer historisch gewachsenen Nationalbibliothek zu schaffen. Eine auf Vollständigkeit angelegte Sammlung der erschienenen deutschen Drucke setzt erst mit Gründung der Deutschen Bücherei im Oktober 1912 ein. Ziel des Vorhabens der AG SDD ist die Lückenergänzung durch abgestimmte antiquarische Ankäufe und die Digitalisierung aller im deutschsprachigen Raum erschienenen Drucke und aller Drucke in deutscher Sprache unabhängig von ihrem Erscheinungsort. Im Rahmen einer arbeitsteiligen Kooperation soll eine vollständige Archivierung aller Drucke seit Beginn des Buchdruckes erreicht werden. Schätzungen gehen davon aus, dass circa ein Drittel der im deutschen Sprachraum erschienenen Drucke in deutschen Bibliotheken fehlt.

Der Arbeitsteilung in der AG SDD liegt eine chronologische Einteilung nach Zeitsegmenten zugrunde:

1450–1600	*Bayerische Staatsbibliothek* München (BSB) und *Herzog August Bibliothek* Wolfenbüttel (HAB)
1601–1700	*HAB Wolfenbüttel*
1801–1870	*Universitätsbibliothek Johann Christian Senckenberg* Frankfurt/Main
1871–1912	*Staatsbibliothek zu Berlin – Preußischer Kulturbesitz*
1913 ff.	*Deutsche Nationalbibliothek* Leipzig und Frankfurt/Main

Jede Bibliothek vervollständigt ihre bereits vorhandenen Bestände für den ihr zugewiesenen
Zeitabschnitt durch Ankäufe. Die Titel werden in überregionalen Katalogdatenbanken verzeichnet und sind über das Internet weltweit recherchierbar. In nicht wenigen Fällen bedürfen die
historischen Werke einer konservatorischen Behandlung, sodass parallel dazu ihre Sicherheitsverfilmung und – verstärkt aus Gründen der Sicherung des Kulturgutes für die Forschung und besseren Zugänglichkeit – ihre Digitalisierung vorgenommen wird. „Das Alte ist nicht per se das
Wichtige und Würdige, nur weil es alt ist", aber historische Bibliotheksbestände sind Kerne eines
institutionellen Gedächtnisses (Bürger 2019). Sie sind Grundlagen für die Forschung und Voraussetzung für die Überprüfbarkeit neuer wissenschaftlicher Ergebnisse. Erwerben und sammeln
(Verfügbarkeit), digitalisieren und elektronisch nachweisen (Zugänglichkeit) auch historischer Bibliotheksbestände gehören zusammen.

Die Lektoratskooperation (LK) für Öffentliche Bibliotheken

Als besondere und sehr effektive Form der Kooperation von Bibliotheken im Bestandsaufbau ist
die seit mehr als 40 Jahren existierende *Lektoratskooperation* (LK) zu erwähnen, die zudem eine bemerkenswerte Partnerschaft zwischen Bibliotheken, Lektorinnen und Lektoren und einem Wirtschaftsbetrieb darstellt. Im Jahre 1976 wurde auf der Grundlage einer Vereinbarung zwischen dem
dbv (▶ 6.2.2), dem damaligen *Verein der Bibliothekare an Öffentlichen Bibliotheken* – heute aufgegangen im *Berufsverband Information Bibliothek e. V.* (BIB, ▶ 6.2.3) – und der *ekz.bibliotheksservice GmbH* (▶ 6.3.1) die „Lektoratskooperation" als neues Instrument für den Bestandsaufbau
in Öffentlichen Bibliotheken ins Leben gerufen. Die LK verbindet die Vorteile einer dezentralen,
praxisnahen Marktsichtung mit der Effizienz eines zentral organisierten Besprechungssystems. Ihr
Hauptziel ist es, Mehrfacharbeit zu vermeiden und den Öffentlichen Bibliotheken die kritische
Begutachtung der jährlich über 80.000 in Deutschland neu erscheinenden Bücher und Nicht-Buchmedien zu erleichtern; zugleich wird ihnen eine Grundlage für die Bestellung und Fremddatenübernahme der Titelaufnahmen geboten.

An der LK sind im Einzelnen der dbv mit rund 80 Lektorinnen und Lektoren aus 56 Bibliotheken, der BIB mit rund 320 Rezensenten und die *ekz.bibliotheksservice GmbH* als Schaltstelle
und Vertrieb mit einem mehrköpfigen Lektorat beteiligt. Die Lektoratskooperation im „engeren" Sinne bezieht sich ausschließlich auf die Sachliteratur; für die Aufarbeitung der Belletristik,
der Kinder- und Jugendliteratur sowie der digitalen Medien (Hörbücher) sind das ekz-Lektorat
(Marksichtung) und der BIB (Begutachtung) mit seinen Rezensenten zuständig. Aufgabe des ekz-Lektorates ist es, aus den deutschsprachigen Neuerscheinungen jene Titel herauszufiltern, die für
Öffentliche Bibliotheken interessant sind und diese zur Annotation bzw. Begutachtung an die
jeweiligen LK-Lektoren in den Bibliotheken bzw. die freischaffenden Rezensenten weitzuleiten.
Alle schriftlich festgehaltenen Meldungen bilden die Grundlage für eine Reihe unterschiedlicher
Besprechungsdienste, die von der ekz als „Informationsdienst" (ID) vertrieben werden und von
den Bibliotheken im Abonnement erworben werden können (▶ 6.3.1).

In wöchentlichem, zweimonatlichem bzw. halbjährlichem Rhythmus erscheinen Komplett-,
Teil- oder Auswahlausgaben, die sich durch die Anzahl der angezeigten Titel und das Trägermedium (Zettel, Heft, Online) voneinander unterscheiden. Darüber hinaus bietet die ekz mit „Standing-Order"-Angeboten den laufenden Bezug einer nach Themen und Zielgruppen profilierten und
im Finanzvolumen unterschiedlich gestaffelten Auswahl von Medien ohne Einzelbestellung an.

Die ekz-Informationsdienste sind für die Öffentlichen Bibliotheken von mehrfachem Nutzen:
Die Bibliotheken erhalten Empfehlungen und Hinweise für den eigenen Bestandsaufbau und
können zugleich die von der ekz erbrachten Fremdleistungen (ekz-Daten) nutzen; dazu gehören

vor allem die maschinenlesbaren oder konventionellen Titelaufnahmen, seit Januar 2016 nach RDA und mit Schlagworten der *Deutschen Nationalbibliothek* als Update-Dienst sowie den Notationen der vier in den Öffentlichen Bibliotheken am meisten verbreiteten Aufstellungssystematiken (ASB, SSD, KAB, SfB ▶ 7.3.6). Das zweifellos arbeitsintensive und logistisch aufwendige System erfüllt über die Lektoratsarbeit einen Qualitätsanspruch, der sich durch eine intellektuelle Bewertung und Auswahl hervorhebt – zugleich eine anspruchsvolle Absicht zwischen Selektion und Meinungsfreiheit, wenn man an Beschaffungsempfehlungen gesellschaftlich und politisch umstrittener Literatur denkt (▶ 4.1.4).

6.5.2 Bibliotheksverbünde und ihre Dienste

Die für Forschung und Bildung erforderliche Literatur wird im Verbund der Bibliotheken, besonders bei seltenen Titeln, bereitgestellt. Historisch gesehen waren daher zentrale Kataloge, die nach einheitlichen, nationalen Regeln geführt wurden, eine wichtige Voraussetzung, um die in der Region verfügbare Literatur nachweisen und die Literatur vor Ort durch Fernleihe ergänzen zu können. Mit den Neugründungen von Hochschulen (beispielsweise Regensburg und Bochum 1964, Augsburg, Bayreuth und Bamberg in Bayern 1970–1974 sowie den Gesamthochschulen in NRW 1971) entstand unter dem Begriff der Bibliotheksverbünde ein Modell der Kooperation der Hochschulbibliotheken in einer Region oder einem Bundesland.

Unterstützt wurde diese Entwicklung durch den Einzug der Datenverarbeitung in die Bibliotheksarbeit seit den 1970er-Jahren (▶ 3.2.1). Neben den klassischen Zettelkatalogen als zentralen regionalen Katalogen entwickelten sich Datenbanken, die im Verbund der beteiligten Bibliotheken aufgebaut wurden; zunächst als Listenausdruck verfügbar, später als Mikroficheausgaben und schließlich auch als Online-Datenbanken in den lokalen Netzwerken (Online Public Access Catalogue, OPAC) und seit Mitte der 1990er-Jahre über das World Wide Web. Nicht nur der zentrale Nachweis aller regionalen Bibliotheken sowie die Möglichkeit der Vervielfältigung dieser Kataloge waren ein enormer Fortschritt. Mit der weiteren technischen Entwicklung war im Online-Verfahren über die Netze auch die Nachnutzung von Titelaufnahmen vor Ort ein Vorteil (Fremddatenübernahme). Zusätzlich wurde so bewirkt, dass jeder Titel nur einmal zentral ausgewiesen ist und mit den jeweiligen lokalen Informationen versehen ist. Diese Arbeitsabläufe, die in den Anfangsjahren der Bibliotheksverbünde im Wesentlichen noch durch den Austausch von Magnetbändern und Datenkassetten zwischen den beteiligten Bibliotheken, der Deutschen Bibliothek (seit 2006 *Deutsche Nationalbibliothek*) und weiteren internationalen Datenlieferanten und den Verbundzentralen geprägt war, hat sich bis heute im Prinzip gehalten, wenngleich ganz neue Dimensionen hinzugetreten sind. Zugleich ist diese Entwicklung die Vorgeschichte zur Entstehung von Bibliotheksverbünden, um Katalogisierung und Erschließung erworbener Medien zu unterstützen.

Regeln und Konventionen

Ein wichtiges Element für die erfolgreiche Etablierung von Bibliotheksverbünden in Deutschland waren die übergreifend verbindlichen Regelwerke zur Erstellung, Pflege und wechselseitige Nutzung der Titelaufnahmen in den Verbunddatenbanken. Waren es seit 1975 die „Regeln für die Alphabetische Katalogisierung" (RAK) und für die inhaltliche Erschließung die „Regeln für den Schlagwortkatalog" (RSWK), die in der ersten Auflage als Regelwerk 1981 erschienen, so wurde ab 2010 die Öffnung in einen internationalen Austausch forciert. Seit 2015 kommt auch in Deutschland die internationale Regelkonvention RDA („Research Description und Access") zur Anwendung. Sie lösten im internationalen Kontext die „Anglo-American Cataloguing Rules" AACR und im deutschsprachigen Raum die RAK ab. Unterstützt wird die Anwendung der Regelwerke durch die „Gemeinsame Normdatei" (GND), in die seit 2012 die normierten Personen- und Körperschaftsansetzungen und Schlagwortansetzungen aufgegangen sind. Für Datenaustausch und Nachnutzung der Daten in jedweder Form sind einheitliche Erfassungsregeln und technische Konventionen die zentrale Voraussetzung, um qualitativ hochwertige und zuverlässige Ergebnisse aus Datenbanken zu gewinnen (vgl. insgesamt ▶ 7.3). Das „Maschinelle Austauschformat für Bibliotheken" (MAB), ebenfalls 1973 entwickelt, bildete hierzu über viele Jahrzehnte die technische Grundlage und die entsprechende Konvention für die wechselseitige Belieferung der Katalogdatenbanken. Im Zuge der Internationalisierung hat das in den USA entwickelte bibliografische Format MARC („Machine Readable Cataloging") MAB abgelöst und wird für die Datenlieferung der *Deutschen Nationalbibliothek* seit 2013 eingesetzt.

Fremddaten
Für die Übernahme von Daten in den lokalen Katalog/Besitznachweis stellt die Einspielung ergänzender Titeldaten, beispielsweise der *Library of Congress*, Washington, oder von Großbuchhändlern in den zentralen Datenpool eine zusätzliche Bereicherung dar, um lokal die manuelle Erfassung von Titeldatensätzen zu vereinfachen. Beispielsweise hat die *Verbundzentrale Göttingen* zwischen 2015 und 2017 1,5 Mio. „fremde" Titeldaten angeboten, die mit einer Quote von 50 Prozent von den angeschlossenen Bibliotheken übernommen wurden.

Für das kooperative System des Austausches von Titelsätzen ist die *Deutsche Nationalbibliothek* (▶ 5.3.1) ein wichtiger Lieferant. Sie liefert mehr als 80 Mio. Datensätze inkl. Titel- oder Normdaten und stellt damit ein wesentliches Reservoir für die Nutzung der zentralen Datenpools der Verbunddatenbanken dar. Dabei sind insbesondere die Erschließungsdaten zu den Inhalten der nachgewiesenen Medien hilfreich und führen im zunehmenden Einsatz von Suchmaschinentechnologien zu Treffern bei der Literaturrecherche, die alleine aus Titeldaten nicht gewonnen werden könnten. Seit 2019 setzt die DNB dabei zunehmend maschinelle Verfahren der Inhaltserschließung ein und löst damit die intellektuelle (verbale) Sacherschließung schrittweise ab, um Bearbeitungszeiten zu verkürzen und den Umfang der bereitgestellten Inhaltsbeschreibung deutlich zu steigern.

Auch wenn Rückfragen entstanden sind, ob die mit maschinellen Indexierungstechniken gewonnenen Beschreibungen von Medien auch die gleiche Qualität haben können wie eine durch intellektuelle und sachliche Prüfung vergebene Schlagwortkette, ist zunächst festzustellen, dass sich aus dem ursprünglichen Arbeitsmittel Verbunddatenbank zur Katalogisierung und zur Steuerung der Fernleihen mächtige Nachweisdatenbanken entwickelt haben.

Die Aufgaben und Zuständigkeiten der Verbünde haben sich im Laufe der Jahre umfassend erweitert. Maßgeblich sind es sechs Bibliotheksverbünde, die sich herauskristallisiert haben und teilweise die Zuständigkeit für mehrere Bundesländer durch staatsvertragliche Regelungen abdecken:

GBV/VZG	Norddeutsche Bundesländer und Staatsbibliothek zu Berlin
HBZ	Nordrhein-Westfalen und Bibliotheken in Rheinland-Pfalz
HeBIS	Hessen und Bibliotheken in Rheinland-Pfalz
BVB	Bayern
KOBV	Berlin und Brandenburg
BSZ	Baden-Württemberg und Bibliotheken im Saarland und in Sachsen

Tabelle 20: Die regionalen Verbundsysteme in Deutschland (Stand: 9/2019)

Verbund mit Zentrale	Eingesetzte Bibliothekssoftware	Regionen	Bibliotheken
Gemeinsamer Bibliotheksverbund, Göttingen (GBV)	OCLC PICA (CBS)	Bremen, Hamburg, Mecklenburg-Vorpommern, Niedersachsen, Sachsen-Anhalt, Schleswig-Holstein, Thüringen; SBB-PK Berlin	550 Teilnehmer – Bibliotheken
Kooperativer Bibliotheksverbund Berlin-Brandenburg, Berlin (KOBV)	Exlibris (ALEPH / ALMA)	Berlin und Brandenburg	310 Teilnehmer – Bibliotheken aller Sparten
HBZ-Verbund beim Hochschulbibliothekszentrum des Landes Nordrhein-Westfalen, Köln	Exlibris (ALEPH / ALMA)	Nordrhein-Westfalen, Rheinland-Pfalz (Ausnahme: Region Rheinhessen mit Mainz und Worms)	57 Teilnehmer – Bibliotheken
Hessisches Bibliotheks-Informationssystem, Frankfurt/M. (HEBIS)	OCLC PICA (CBS)	Hessen, Kooperationspartner: Rheinhessen (in Rheinland-Pfalz)	27 Teilnehmer – Bibliotheken
Südwestdeutscher Bibliotheksverbund (SWB) Bibliotheksservice-Zentrum Baden-Württemberg (BSZ), Konstanz	OCLC PICA (CBS)	Baden-Württemberg, Saarland, Sachsen (Sächsischer Bibliotheksverbund)	800 Teilnehmer – Bibliotheken
Bibliotheksverbund Bayern (BVB), BSB München	Exlibris (ALEPH)	Bayern	150 Teilnehmer – Bibliotheken

Leihverkehr und Dokumentenlieferung

Die in Analogie zu den Bundesländern in Deutschland festgelegten Leihverkehrszentralen und Leihverkehrsregionen sind über die heute praktizierte Automatisierung der Fernleihe mit den Bibliotheksverbünden und Verbundzentralen verknüpft. Historisch geht dies auf die Bildung von Leihverkehrsregionen zurück, bei der jeder Bibliothek durch die Sigelstelle an der *Staatsbibliothek zu Berlin* (▸ 5.3.1) eine Kennzeichnung und Leihverkehrsregion zugeordnet wird, um eine geordnete Fernleihe unter den Bibliotheken zu gewährleisten. Nach dem Zweiten Weltkrieg wurden hierzu in den meisten Bundesländern als Nachweismittel der Bibliotheksbestände regionale Zentralkataloge erstellt. Auch in der DDR gab es vergleichbare Kataloge. Die Bibliotheken schickten an den Zentralkatalog Kopien ihrer Katalogkarten, die dort in ein Alphabet geordnet wurden, sodass die Titel mit ihren jeweiligen Standorten in der Region nachgewiesen wurden. Der Versand von Katalogkarten ist obsolet geworden. Die Zettelkataloge wurden retrodigitalisiert und als regionaler Literaturnachweis in die Verbunddatenbanken eingespielt. Für die Literaturrecherche sind sie seit vielen Jahrzehnten eine zentrale Quelle und die grundlegende Voraussetzung, um die Bereitstellung nachgefragter Titel im Rahmen des Deutschen Leihverkehrs organisieren zu können (▸ 8.4.3).

Auf dem Sektor der Benutzung bzw. Vermittlung gilt der Leihverkehr als herausragendes Beispiel funktionierender Kooperation zwischen den deutschen Bibliotheken aller Sparten und Typen. Er gliedert sich in den regionalen, nationalen (synonym: deutschen oder überregionalen) und internationalen Leihverkehr, für den jeweils eigene Bestimmungen gelten. Leihverkehr zwischen Bibliotheken ist eine elementare bibliothekarische Dienstleistung, die für alle beteiligten gebenden und nehmenden Bibliotheken allerdings auch eine große personelle und finanzielle Belastung darstellt. Grundlage der bundesweiten Zusammenarbeit bildet die „Deutsche Leihverkehrsordnung" (LVO) (▶ 8.4.3). Der klassische Leihverkehr ist durch die Online-Fernleihe erheblich beschleunigt worden. Bibliothekare können Titel, die in einem Verbundkatalog ermittelt wurden, über eine webbasierte Oberfläche bestellen und nicht erledigte Bestellungen online in die anderen Verbünde überleiten. Zunehmend ersetzt wird dieses Verfahren durch die Direktbestellung aus der Literaturrecherche durch die registrierten Bibliotheksbenutzer, die ihre Fernleihbestellungen über das Portal ihrer Bibliothek direkt aufgeben, idealerweise als Download aus einer elektronischen Zeitschrift erhalten, die andernorts hierfür lizensiert ist. Zusätzlich zum Leihverkehr hat sich daher zwischen den Bibliotheken und den Bestellerinnen und Bestellern seit einigen Jahren die Form der Dokumentdirektlieferung entwickelt.

Die technischen Möglichkeiten der Direktbelieferung sind allerdings durch die Bestimmungen des Urheberrechts und durch die Verträge mit den Verwertungsgesellschaften (z. B. *VG Wort*) eingeschränkt. Zum Schutz der Verwertungsrechte von Verlagen und Autoren wird in der Regel die technisch mögliche unmittelbare Zulieferung in elektronischer Form im Rahmen einer Online-Fernleihe durch eine Zwischenkopie in Papierform ersetzt. Die Möglichkeit, direkt aus der Recherche über ein Portal die Fernleihbestellung über eine Verbundzentrale auszulösen, ist dennoch zu einer Selbstverständlichkeit geworden. Die Zahl der jährlichen Fernleihen lag 2018 bei ca. 1,5 Millionen. In der Tendenz ist die Zahl der durch die Bibliotheken per Fernleihe ausgetauschten Bücher und gelieferten Zeitschriftenaufsätze aber rückläufig, auch weil zunehmend Volltexte über Netze unmittelbar genutzt werden.

Dokumentlieferdienste haben – wie *subito* als gemeinnütziger Verein – eigene Lieferkonditionen und Urheberrechtsabgaben außerhalb des Leihverkehrs abgeschlossen und können die Vorzüge der Dokumentenlieferung, wenngleich gegen Kostenerstattung, für den Auftraggeber nutzen. Hier wird man die weitere Entwicklung beobachten müssen, da die Beispiele von ungewöhnlich hohen Lizenzgebührforderungen durch einzelne Verleger zunehmen.

Der *Bibliotheksverbund Bayern* (BVB) hat seit 2015 eine E-Book-Fernleihe technisch realisiert, die in einzelnen Bundesländern ebenfalls eingeführt werden soll. Auf der Basis eines Lizenzrahmenvertrages für E-Books mit Verlegern stellt die „gebende" Bibliothek für eine beschränkte Zeit dem Kunden der „nehmenden" Bibliothek eine digitale Monographie zur Verfügung. Damit soll die Lücke geschlossen werden, dass auch E-Books lokal gegebenenfalls nicht verfügbar sind, aber benötigt werden.

Erhalten haben sich mit dem „Regionalprinzip", wie es durch die Bildung von Leihverkehrsregionen und den entsprechenden Zentralkatalogen im Literaturnachweis geprägt war, auch die sechs genannten Bibliotheksverbünde.

Systemarchitektur Verbünde
Für die Bibliothekslandschaft in Deutschland ist charakteristisch, dass die sechs Verbünde jeweils mit einer eigenen zentralen Datenbanksoftware und technischen Systemarchitektur arbeiten. Die angeschlossen Verbundbibliotheken wiederum verwenden unterschiedlichste lokale Systeme in Abhängigkeit von den unterstützenden Dienstleistungen der Verbundzentralen. Häufig sind

es auch landespolitische Entscheidung und Beschaffungen, die teils eine homogene, oft auch inhomogene Ausstattung mit Lokalsystemen in einem Verbund erzeugen. Über die sechs Verbünde in Deutschland gesehen ergibt dies verschiedene Systemcluster, die aber wie ein Flickenteppich wirken und von firmenbezogenen Produktfamilien geprägt sind.

Die wichtigsten zu nennenden lokalen Systeme sind:
– aDIS/BMS der Firma aStec
– Aleph der Firma Ex Libris
– LBS3/4 der Firma OCLC
– SISIS-Sunrise der Firma OCLC

Das *Online Computer Library Center* (OCLC) hat durch den Zukauf von PICA (2002), eine ursprünglich niederländische Entwicklung, bei den lokalen Anwendungen einen hohen Marktanteil gewonnen. Im *Gemeinsamen Bibliotheksverbund* (GBV), beim *Hessischen Bibliotheksverbund* (HeBis), aber auch in der *Staatsbibliothek zu Berlin*, in der *Deutschen Nationalbibliothek* oder bei der „Zeitschriftendatenbank" kommt diese Applikation zur Anwendung und firmiert als Lokalsystem auch unter den Versionsbezeichnungen LBS3 und LBS4. Die aus der *Siemens*-Tochter SISIS hervorgegangene Produktlinie „SISIS-SunRise" gehört seit 2005 ebenfalls zur OCLC-Gruppe und wird neben den Mitgliedsbibliotheken des *Bibliotheksverbundes Bayern* (BVB) in verschiedenen nordrhein-westfälischen Hochschulbibliotheken eingesetzt. 2011 hat OCLC sein Portfolio durch den Zukauf des Bibliotheksmanagementsystems „Bibliotheca" der Fa. BOND ergänzt und damit durch eine vornehmlich in Öffentlichen Bibliotheken häufig eingesetzte Software viele Marktanteile hinzugewonnen.

Für die Verbundlandschaft in Deutschland ist eine zweite Produktlinie von besonderer Bedeutung. Ausgehend von 1999/2000 kommt das Softwaresystem „Aleph" in Hochschulbibliotheken des nordrhein-westfälischen Verbundes, im *Österreichischen Bibliotheksverbund* und in Bibliotheken des *Kooperativen Bibliotheksverbundes Berlin-Brandenburg* (KOBV) als Lokalsystem zum Einsatz. Im *Südwestdeutschen Bibliotheksverbund* (SWB) wird sukzessive aDIS als Lokalsystem eingeführt. Neben den dominierenden Bibliothekssystemen der Firmen *ExLibris* oder OCLC ist eine Vielzahl von lokalen Bibliothekssystemen im Einsatz, die für den regionalen Nachweis im Verbund technisch zusammengeführt werden müssen.

Die Lokalsysteme korrespondieren integriert oder über Schnittstellen mit den Zentralsystemen der Verbünde. Hier begegnet man den genannten Produktfamilien erneut. Die zentralen Verbunddatenbanken bauen auf einer entsprechend leistungsfähigen Datenbankarchitektur auf, die herstellerabhängig in den einzelnen Verbünden sehr unterschiedlich ist. *HeBis*, VZG, die Verbundzentrale des *Gemeinsamen Bibliotheksverbund*es und das *Bibliotheksservice-Zentrum* für Baden Württemberg, Saarland und Sachsen setzen das Pica-Verbundsystem „Central Bibliographic System" (CBS) von OCLC ein. Die Bayerische Verbundzentrale, das *Hochschulbibliothekszentrum Köln*, der *Österreichische Bibliotheksverbund* und der *Kooperative Bibliotheksverbund Berlin-Brandenburg* hatten sich mit dem Jahrtausendwechsel für das System „Aleph" als zentrale Katalogisierungs- und Nachweisdatenbank entschieden.

Im Kontext der internationalen Präsenz der Hersteller ist es eine dominierende Tendenz, die zentralen Verbunddatensysteme und die angeschlossenen Lokalsysteme in zentralisierte Cloud-Lösungen zu transferieren. Diese Systemarchitektur löst die individuellen lokalen Verwaltungssysteme ab und führt zu einem umfassenden Migrationskonzept in Richtung eines zentralen Gesamtsystems. Die Lösungen der Firma OCLC unter der Bezeichnung „WMS" (seit 2012 „World Shared Management System") mit dem weltweiten Katalogisierungsverbund „WorldCat" und das

Produkt „Alma" der Firma *ExLibris* werden in einzelnen Verbünden getestet und führen unter erheblichem technischem Aufwand zur Migration in die Cloud. So haben sich die Bibliotheken des *Kooperativen Bibliotheksverbunds Berlin-Brandenburg* (KOBV) und der *Österreichische Bibliotheksverbund* (OBVSG) für Alma entschieden; weitere werden folgen oder sich für die OCLC-Linie entscheiden. Der grundsätzlich neue Ansatz dieser Gesamtlösungen beruht auf dem Prinzip, ein homogenes IT-System zentral (in der „Cloud") zu administrieren und die lokalen Anwendungen dort abzubilden. Es sind dann zwar Anpassungen für die Partnerbibliotheken möglich, aber eine lokale Installation entfällt. Die Interoperabilität der Systempartner in einem Verbund wird dadurch wesentlich effizienter. Insbesondere die zunehmend komplexer werdende Verwaltung von elektronischen Produkten und entsprechenden Lizenzen und Nutzungsrechten steht im Fokus dieser neuen Generation von Bibliothekssoftware zum Nachweis und zur Erschließung von Medien. So kann in einer Verbundregion eine verstärkte Homogenität der Systeme hergestellt werden, wenngleich jeder Verbund in Deutschland nach wie vor seinen eigenen Lösungsweg anstrebt.

Die schwierigen Entscheidungen für eine neue Generation der Bibliotheksmanagementsysteme schließt auch die Option für „Open Source"-Produkte ein, die sich parallel in der Entwicklung befinden. Eine Reihe von Bibliotheken und Bibliothekszentralen haben sich unter Beteiligung der Firmen EBSCO *Informationsservice* und *IndexData* zum *Open Library Environment* (OLE) zusammengeschlossen, um eine offene Bibliotheksmanagementsoftware „FOLIO" (Future Of Libraries Is Open) zu entwickeln. VZG Göttingen und HBZ Köln haben entsprechende Projektgruppen eingerichtet. Zu diesen alternativen Lösungsansätzen zählt auch das zunächst in Neuseeland entwickelte Produkt „Koha", zu dem seitens des *Bibliotheksservicezentrums Baden-Württemberg* BSZ/SWB ein Entwicklungsangebot für die Bibliotheken vorliegt. Die Vielfalt der in Deutschland eingesetzten oder in Entwicklung befindlichen lokalen Systeme und die Heterogenität in den zentralen Verbundsystemen stellen aber auch erhebliche Barrieren in der Zusammenarbeit dar, verhindern Synergie und machen erhebliche Aufwendungen erforderlich, um dennoch für die Nutzerin und den Nutzer ein einheitliches Bild im Angebot und im Nachweis von Literatur zu erzeugen.

Evaluation der Verbünde
Die genannte Vielfalt legt die Frage nahe, inwieweit diese organisatorisch optimiert und die Erwartung aus Kundensicht erfüllt werden könnte, einheitliche Angebote präsentiert zu bekommen. Die *Kultusministerkonferenz* der Länder hatte 2006 den *Wissenschaftsrat* gebeten, die Organisation und die Angebote der Verbünde zu evaluieren. Nahezu zeitgleich mit einem Positionspapier des Unterausschusses Informationsmanagement der DFG wurden Empfehlungen zur Zukunft der bibliothekarischen Verbundsysteme durch den Wissenschaftsrat der Öffentlichkeit 2011 vorgestellt.

Gefordert wurde eine Aufhebung der Angebotsvielfalt funktional identischer Basisdienste in den Regionen. Empfohlen wurden verbundübergreifende Strukturen, also die Ablösung eines Regionalprinzips durch fachliche oder funktionale Arbeitsteilungen. Als tragender Teil einer überregionalen Informationsinfrastruktur sollten die Verbünde sich einheitlicher und abgestimmter einbringen. Die Entwicklung einer neuen, übergreifend durchdachten Gesamtstruktur sollte mit einheitlichen Dienstleistungsangeboten die Bibliotheken dichter an die Arbeitswelt von Forschung und Bildung mit vernetzten digitalen Arbeitsplätzen heranführen. Die Relativierung der ausschließlichen Bedeutung von Printmedien, die Veränderung im Publikationsprozess und die neuen Anforderungen, die sich aus der Nutzung von Netzpublikationen nicht mehr in der Bibliothek, sondern am vernetzten Arbeitsplatz ergeben, fordern nutzungsorientierte Angebote und eine Abkehr von ausschließlich wechselseitigen Dienstleistungen von Verbünden und Bibliotheken für Bibliotheken. Vor allem die Zusammenführung der regionalen Datenbanken mit ihren Erschließungsdaten zu einem nationalen Katalog aller Bibliotheken war eine wesentliche Empfehlung der Evaluation. Für die Verbünde wurde eine effektive Arbeitsteilung vorgeschlagen, die durch ein neu zu schaffendes Gremium koordiniert werden sollte, um die *AG der Verbundsysteme* abzulösen und die Abstimmungsaufwendungen zu reduzieren. Die *Arbeitsgemeinschaft der Verbundsysteme* befasst sich seit 1983 mit Standards in der Datenkommunikation, mit Fragen einheitlicher Anwendungen bibliotheksfachlicher Regeln und stellt die Abstimmungen unter den ansonsten autonomen Partnern her. Die Verbundsysteme in Deutschland, Österreich und der deutschsprachigen Schweiz sowie die *Deutsche Nationalbibliothek* (DNB) und die „Zeitschriftendatenbank" (ZDB) sind Mitglieder der AG, deren Sekretariat in der DNB angesiedelt ist.

Eine grundlegende Neustrukturierung der deutschen Verbundlandschaft hat nach der Wissenschaftsratsevaluation nicht stattgefunden. Auch der Ansatz, den Wandel des Verbundsystems mit einem Förderprogramm der DFG zu forcieren, hat keine nachhaltige Wirkung erzeugt. Das Projekt *Cloudbasierte Infrastruktur für Bibliotheksdaten* (CIB) verfolgte die Vereinheitlichung der Nachweissituation durch die Zusammenführung der Metadaten der deutschen Bibliotheken auf cloudbasierten internationalen Plattformen, wie sie von OCLC im WorldCat oder von der Firma *Ex Libris* in speziellen „Network-Zonen" zur Verfügung gestellt werden. Das Projekt konnte auch auf Grund der Komplexität der unterschiedlichen Systeme, Firmen und Lizenzfragen nicht erfolgreich abgeschlossen werden.

Neue Dienstleistungen der Verbünde

Das Aufgabenspektrum der Verbünde ist umfangreich und hat sich in den vergangenen Jahrzehnten spürbar verbreitet: Neben den Basisdiensten sind es die Planung und Steuerung der IT-Entwicklung einer Verbundregion, die Unterstützung beim Betrieb lokaler Bibliothekssysteme und die Einrichtung von Dokumentlieferdiensten, die enorme Anstrengungen erfordern. Zusätzlich sind der Aufbau digitaler Bibliotheken, die Kataloganreicherung, Zeitschrifteninhaltsdienste, Hostingservices für lokale Bibliotheks-, Publikations-, Speicher- und Archivierungssysteme, Open-Access-Repositorien oder die konsortiale Lizenzierung kommerziell vertriebener Datenbanken, Volltexte oder E-Books zu nennen.

Es gibt gute Ansätze, den Evaluationsempfehlungen nachzukommen, indem parallele Entwicklungen stärker synchronisiert werden. In einem organisatorischen Schritt zur strukturellen Konsolidierung der deutschen Verbundlandschaft sind das BSZ und die Verbundzentrale des GBV 2014 eine strategische Partnerschaft eingegangen. Sie führen ihre Datenbestände zusammen und sprechen eine funktionale Arbeitsteilung für ihre Dienstleistungen ab. So ist unter der Bezeichnung „K10plus" ein gemeinsamer Verbundkatalog aus zehn Bundesländern mit 200 Mio. Besitznachweisen einschließlich eines umfassenden Angebotes nachgewiesener Zeitschriftenaufsätze entstanden. Die Bibliotheksverbünde BVB und KOBV haben eine gemeinsame Katalogisierungsplattform „B3Kat" ins Leben gerufen, die aus einer strategischen Allianz der genannten Verbünde entstand.

Zu den wegweisenden Kooperationsabsichten zählt auch das projektierte Ziel einer „Common Bibliographic Data Zone" der drei Verbünde Südwestverbund, Gemeinsamer Bibliotheksverbund und Verbund Nordrhein-Westfalen. Die Katalogisierungsdatenbanken der Verbünde werden mit Hilfe des Softwareproduktes „Alma" synchronisiert und stellen für die beteiligten Verbundbibliotheken damit eine gut nachnutzbare Datengrundlage auch für das Management elektronischer Ressourcen dar (▸ 9.8.4).

Mit neuen technischen Ansätzen und Dienstleistungsangeboten, die die Anforderungen der Bibliotheken ebenso wie die von Bürgern und Wissenschaftlern als Kundengruppen der Bibliotheken fokussieren, dokumentieren die Verbundzentralen, dass sie auf dem richtigen Weg zu Entwicklungszentren für ihre Verbundbibliotheken als digitale Bibliotheken sind. Noch sind zusätzliche Strategien gefragt, um eine unbestrittene Position in der Informationsinfrastruktur der Wissenschafts- und Bildungslandschaft Deutschlands einzunehmen.

Discovery-Systeme

Im Nachweis und in der Erschließung der Bibliotheksbestände und der von Bibliotheken lizensierten elektronischen Medien zeichnet sich die Tendenz ab, dass der Online-Katalog (OPAC) als primäres Auskunftsmittel durch Portallösungen und Discovery-Systeme abgelöst wird. Zunächst waren es Link-Sammlungen auf fachlichen Webseiten, die für parallele Abfragen in unterschiedlich strukturierten Nachweisdatenbanken, Fachdatenbanken oder Volltextservern genutzt wurden und den Begriff der Portallösung prägten. Mit der Erweiterung der Funktionalität auf Volltextzugriff, Bestelloptionen oder Auskunftsmittel entstanden Benutzeroberflächen, die vom eigenen Arbeitsplatz einen integrierten Zugriff auf alle Angebote einer Bibliothek zulassen. Die erforderlichen technischen Routinen spielen sich im Hintergrund ab. Die *Digitale Bibliothek NRW* (DigiBib) ist als ein solches Internetportal zu verstehen.

Weitere Entwicklungen hin zu einem verstärkten Einsatz von Suchmaschinentechnologien und aufbereiteten Indexen sind erkennbar. Einfache, intuitive Abfragemöglichkeiten, wie sie Google bietet, werden im Bibliothekskontext adaptiert. Filteroptionen, Umfeldsuchen oder auch die automatisierte Gewichtung von Treffern einer Suchanfrage werden dazu genutzt, dem Recherchierenden ein breites Literaturangebot zu präsentieren, das weit über die wörtlich formulierte Suchanfrage hinausgeht. Die hierfür eingekauften kommerziellen Indexe und die Eigenentwicklungen lassen sich unter der Bezeichnung „Discovery-Systeme" zusammenfassen und dem Handlungsfeld Inhaltserschließung zuordnen. Der bisherige OPAC, der neben einer Freitextsuche vor allem exakte Autoren- oder Titelangaben erforderlich machte, rückt zunehmend in den Hintergrund. Inzwischen hat sich ein kommerzielles Geschäftsfeld entwickelt, indem Indexe durch Verlagsgruppen erstellt und lizenziert werden.

Portale bieten in einer Oberfläche verschiedene bibliothekarische, regionale oder überregionale Internetquellen, Kataloge, Fachdatenbanken oder weitere Informationsquellen an und lassen durch Auswahloptionen zu, dass die Anfrage durch den Benutzer strukturiert und spezifisch erfolgt. Neben Open-Source-Entwicklungen (Lukida, VuFind), die von Bibliotheken und Verbundzentralen eingesetzt werden, dominieren kommerzielle Angebote, die kostenpflichtig lizensiert werden („Primo-Central" von Exlibris, „Summon" von Serials Solutions oder „EBSCO Discovery Service".

6.5.3 Übergreifende Erschließungsprojekte

Der sich abzeichnende Trend im Bereich Portale und Discovery-Systeme relativiert die Bedeutung lokaler Kataloge bzw. OPACs. Übergreifende Erschließungsprojekte liefern wichtige Nachweise, denn für den Literatursuchenden ist es maßgeblich, sich über die lokalen Bestände hinaus einen vollständigen Überblick zu verschaffen.

Der Karlsruher Virtuelle Katalog als Meta-Katalog

Der „Karlsruher Virtuelle Katalog" (KVK) bietet in übersichtlicher Form die übergreifende Zusammenführung der Verbundkataloge, des Katalogs der *Deutschen Nationalbibliothek* (Bestände ab 1913) und der Verzeichnisse deutscher Drucke. Betrieben von der Bibliothek des *Karlsruher Instituts für Technologie* (KIT; früher Universität Karlsruhe), verbindet er seit 1996 als Meta-Suchmaschine die Verbunddatenbanken zu einem virtuellen Gesamtkatalog. Über das Suchformular des KVK können neben den deutschen Verbundkatalogen weltweit 75 weitere Bibliotheks- und Buchhandelskataloge parallel durchsucht werden. Auf diese Weise integriert er nicht nur die im Netz verfügbaren Bibliothekskataloge Deutschlands, der Schweiz und Österreichs, sondern auch weltweit die verfügbaren nationalen Datenbanken mit bibliografischen Informationen einschließlich der Buchhandelsverzeichnisse oder Google Books. Die Ausdehnung der Metasuche auf beispielsweise das „Zentrale Verzeichnis digitalisierter Drucke" (ZVDD), die über Nationallizenzen beschafften E-Books oder auf die Objekte der *Europeana* macht den KVK zu einem mächtigen Arbeitsinstrument, das nach eigenen Angaben Zugriff auf mehrere hundert Millionen Titel bietet.

Die Zeitschriftendatenbank als überregionales Verbundsystem
Anders als für Monografien ist mit der „Zeitschriftendatenbank" (ZDB) schon sehr früh für Zeitschriftenliteratur und andere Periodika ein zentrales, bundesweites System installiert worden. Seit 1973 konnte mit finanzieller Unterstützung der DFG ein kooperatives Verbundsystem aufgebaut werden, in das die teilnehmenden Bibliotheken Zeitschriftentitel und Standortangaben einbringen. Dank ihrer bibliografischen Qualität erreicht die ZDB den Charakter einer Normdatei für die Ansetzung von Zeitschriftentiteln. Das Konzept der Aufgabenverteilung zwischen redaktioneller und technischer Betreuung auf zwei verschiedene Institutionen blieb bis heute erhalten. Alleiniger Träger der ZDB ist die *Staatsbibliothek zu Berlin – Preußischer Kulturbesitz*. Die Verantwortung für die Systembetreuung hat die *Deutsche Nationalbibliothek* übernommen; die ZDB nutzt das System PICA.

In der ZDB sind heute die Bestände von rund 3.700 Institutionen aus Deutschland und Österreich erschlossen, darunter 150 größere Bibliotheken, die ihre Zeitschriften, Schriftenreihen und Zeitungen direkt in der ZDB katalogisieren; die übrigen Bibliotheken melden ihre Titel über eine der größeren Bibliotheken oder nehmen die Hilfe der Zentralredaktion in Anspruch. In der ZDB wird alles verzeichnet, was in gedruckter oder elektronischer Form erscheint, periodisch ist und sich im Bestand von Bibliotheken in Deutschland und Österreich befindet. Eine jedem Titel zugewiesene Kennung, die ZDB-Nummer, hat sich dabei zu einem einheitlichen Standarisierungselement entwickelt, das in manchem der ISSN überlegen und für Dokumentenlieferdienste oder die verbundübergreifende Fernleihe unentbehrlich geworden ist. Die in der ZDB erfassten Daten sind auf der Grundlage der „Creative-Commons-Lizenzen" (CC0 1.0) frei verfügbar und nachnutzbar. Das Gesamtkonzept baut auf dezentral katalogisierten Nachweisen auf, die zentral redaktionell begleitet werden. Die erfassten Titel- und Bestandsdaten fließen an die Bibliotheksverbünde zurück, damit sie nicht nur zentral in der ZDB, sondern auch in den regionalen Verbunddatenbanken und den lokalen Onlinekatalogen nachgewiesen sind. Darüber hinaus dient die ZDB als wichtiges Instrument für Dokumentenlieferdienste und den Leihverkehr. Nachgewiesen sind darin auch die Bestands- und Lizenzinformationen aus der „Elektronischen Zeitschriftenbibliothek" und den Nationallizenzen.

Die ZDB enthält mehr als 1,9 Mio. Periodikatitel, von denen sich circa 400.000 auf laufende Periodika beziehen, und 16 Mio. Besitznachweise. Da der überwiegende Teil der Instituts- und Spezialbibliotheken seine in der ZDB nachgewiesenen Periodika nicht im Leihverkehr zur Verfügung stellt, sind diese Bestände besonders gekennzeichnet. Die etwa 400 am Leihverkehr teilnehmenden Bibliotheken verfügen über rund 95% der insgesamt in der ZDB nachgewiesenen Titel. Die Suche im ZDB-Katalog bietet die Möglichkeit, nach elektronischen Zeitschriften und Zeitungen zu recherchieren bzw. Sucheinstiege über die durch die National- und Allianzlizenzen verfügbaren Titel zu wählen.

2019 hat die ZDB das Projekt „DDB-Zeitungsportal" gestartet, um über die *Deutsche Digitale Bibliothek* (DDB) den Zugang zu digitalisierten historischen Zeitungen aus Deutschland zu ermöglichen. Damit vollzieht sich ähnlich wie bei den Verbünden eine Erweiterung der ursprünglichen Funktionalität reiner Titel- und Besitznachweise. Im Projekt „DDB-Zeitungsportal" soll der direkte Zugang zu historischen Zeitungen aus Deutschland hergestellt werden, was bedeutet, dass die Zeitungsbestände digitalisiert und erschlossen werden. Hierzu wurde ein Masterplan zur Digitalisierungsstrategie im Bereich historischer Zeitschriften erarbeitet.

In Kooperation mit GBV und HBZ baut die ZDB eine zentrale Wissensbasis auf, um die relevanten Zusatzinformationen in der Verwaltung elektronischer Ressourcen verfügbar zu haben (Anbieter, Produkt- und Lizenzinformationen: GOKb *Global Open Knowledgebase*).

Die Elektronische Zeitschriftenbibliothek

Die „Elektronische Zeitschriftenbibliothek" (EZB) ist an der UB Regensburg in Kooperation mit der TU München ab 1997 aufgebaut worden. Es handelt sich um eine kooperative Datenbank zum Nachweis und zur Nutzung wissenschaftlicher E-Journals. Die EZB bietet den Teilnehmerbibliotheken die gemeinsame Sammlung und Pflege der Titel in der Datenbank mit einer einheitlichen Oberfläche für lizenzierte und im Web frei zugängliche E-Journals. Jede beteiligte Institution kann ihre lizenzierten Zeitschriften eigenständig verwalten, eigene Benutzerhinweise integrieren und erhält für ihr eigenes Netz eine spezifische Sicht, die erkennbar macht, welche Titel für die jeweilige Bibliothek verfügbar sind. Diesem Zweck dient das „Ampelsystem", bei dem jeder Titel mit einem grünen, gelben oder roten Punkt markiert ist. Grün signalisiert, dass das Periodikum kostenlos im Internet nutzbar ist; Gelb bedeutet, dass diese Zeitschrift an der Bibliothek, von der aus die Recherche erfolgt, lizenziert und im Volltext nutzbar ist; Rot gekennzeichnete E-Journals sind nicht lizenziert und nicht im Volltext nutzbar. In letzteren Fall sind allerdings oft Inhaltsverzeichnisse und Abstracts verfügbar. Ausgewiesen werden in diesem Kennzeichnungssystem zusätzlich die Zeitschriften, die nur teilweise verfügbar sind oder wozu kostenpflichtige Einzelartikel im „Pay-per-View"-Verfahren beim Verlag eingesehen und bezogen werden können.

Die EZB verzeichnet 100.000 Titel, davon 64.000 frei zugängliche Fachzeitschriften. 21.500 Zeitschriften sind reine Online-Zeitschriften. Beteiligt sind an der EZB mittlerweile über 640 Einrichtungen, häufig auch aus dem Ausland. Als Beleg für den Trend zur Globalisierung auch im Bibliothekswesen, aber natürlich auch als besonderer Erfolg der Entwickler und Betreiber der EZB kann die Tatsache angesehen werden, dass sich mit der *Library of Congress* (Washington, DC) im Frühjahr 2003 die bedeutendste Bibliothek der Welt der EZB angeschlossen hat. Der gemeinsame Dienst von ZDB und EZB „Journal online & Print" erlaubt der Nutzerin, dem Nutzer, eine von seinem Standort abhängige einheitliche Verfügbarkeitsrecherche über wissenschaftliche Zeitschriften in gedruckter und digitaler Form durchzuführen. In der EZB wird parallel angezeigt, ob und wo ein Artikel gedruckt vorliegt und wo er aktuell verfügbar ist. Damit werden EZB und ZDB funktional integriert.

Der signifikante Unterschied zwischen ZDB und EZB liegt konzeptionell darin, dass die ZDB eine auf möglichst vollständigen Nachweis aller Periodika angelegte Datenbank ist, während die EZB den Leitgedanken verfolgt, Zugänglichkeiten, möglichst zum Volltext einer wissenschaftlichen Zeitschrift herzustellen. Indem die für die Teilnehmereinrichtungen jeweils geltenden Lizenzarten für ihre elektronischen Zeitschriften hinterlegt werden, kann der Endnutzer unmittelbar auf die für seinen Standort freigeschalteten Inhalte durchgreifen (EZB-Linkingdienst). So hat die EZB für National- und Allianzlizenzen die Informationen um Parallel- und Zweitveröffentlichungsrechte ergänzt und liefert damit den Autoren Zusatzinformationen für Open-Access-Veröffentlichungen. Für die Portalangebote und Discovery-Systeme kann die EZB die Informationen über frei verfügbare Inhalte (grüne Ampel) nachnutzbar machen. Die Dienstleistungen der EZB sind in der Benutzeroberfläche als Suchoption integrierbar und ermöglichen die unmittelbare Nutzung elektronischer Zeitschrifteninhalte. Die Diskussion, warum überhaupt zwei Datenbanken für Zeitschriften (ZDB und EZB) entstanden sind, hat sich infolge der positiven Entwicklung beider Datenbank-Profile inzwischen als obsolet erwiesen.

Das Datenbank-Infosystem
Ebenfalls an der UB Regensburg wurde mit finanzieller Unterstützung der Bayerischen Landesregierung und der DFG das „Datenbank-Infosystem" (DBIS) entwickelt. Es handelt sich um einen kooperativen Service zur Nutzung der rasant angestiegenen Zahl wissenschaftlicher Datenbanken. Verzeichnet sind solche Datenbanken, deren Inhalte über eine eigene Suchfunktionalität gezielte Recherchen zulassen. Nicht aufgenommen werden in DBIS Bibliothekskataloge, E-Journals, E-Books oder Linklisten. DBIS verzeichnet mehr als 13.000 Datenbanken, davon sind über 5.500 über das Internet frei zugänglich. Insgesamt über 330 Bibliotheken beteiligen sich an DBIS, indem sie ihre verfügbaren Datenbanken vermerken. Im Gegenzug steht der teilnehmenden Bibliothek eine Liste aller in DBIS verzeichneten Datenbanken zur Verfügung, die ausweist, wo lokale Nutzungsrechte vorliegen oder welche frei im Netz zugänglich sind. Diese Liste, nach Fächern oder alphabetisch sortiert, kann die teilnehmende Bibliothek in ihr eigenes Webportal integrieren und damit einen fundierten Überblick über das ganze Datenbankspektrum präsentieren. Die gezielte Suche erfolgt nach Titelstichwort, Fachbezug, Datenbanktyp, geografischem Bezug und Nutzungsmöglichkeiten. Die Zahl der Datenbankaufrufe umfasste 2019 ca. 6,9 Mio. Aufrufe, allerdings mit rückläufiger Tendenz, was auf einen Wandel in der Suchstrategie der Nutzer zurückzuführen sein dürfte: Mit der wachsenden Qualität von fachunspezifischen Suchmaschinen und leistungsstarken Discovery-Systemen kann die intuitive Freitextsuche eine eingegrenzte und gezielte Fachrecherche häufig ersetzen.

Inkunabelkatalog, retrospektive Nationalbibliografie
Bis ins 20. Jahrhundert hinein gab es in Deutschland weder eine Nationalbibliothek noch eine Nationalbibliografie zum Nachweis aller in Deutschland seit Erfindung des Buchdrucks erschienenen Schriften. An die Stelle der fehlenden, lange nicht für realisierbar gehaltenen retrospektiven Nationalbibliografie sind in den vergangenen Jahrzehnten umfangreiche Projekte getreten, die auf der Grundlage ausgewählter Bibliotheksbestände und sonstiger Quellen die Literaturproduktion einzelner Jahrhunderte seit der Erfindung des Buchdrucks verzeichnen.

Zu nennen ist in diesem Zusammenhang zunächst der von der damaligen *Königlichen Bibliothek zu Berlin* 1904 begründete, dann von der *Staatsbibliothek zu Berlin* fortgeführte „Gesamtkatalog der Wiegendrucke" (GW), der zum Ziel hat, die gedruckte Literatur des 15. Jahrhunderts vollständig zu erfassen und die Standorte der weltweit überlieferten Exemplare anzugeben. Damit beansprucht dieser Gesamtkatalog, ein internationaler Katalog zu sein. Ein großer Teil der Titel ist allerdings in deutschsprachigen Territorien erschienen. Zudem befindet sich der größte Teil der nachgewiesenen Bestände in deutschen Bibliotheken. Von der gedruckten Ausgabe des GW sind von 1925 bis 2010 elf Bände erschienen, die das Alphabetsegment A–H umfassen. Das gesamte bislang erarbeitete Titelmaterial inklusive der zugehörigen Bestandsnachweise ist mittlerweile als Datenbank frei im Internet zugänglich und schließt auch die im ungedruckten Manuskript nachgewiesenen Ausgaben des Alphabetsegmentes I–Z ein. Die Gesamtzahl der nachweisbaren Inkunabeln wird auf knapp 30.000 Titel geschätzt. Allein in deutschen Bibliotheken haben sich ca.

125.000 Exemplare erhalten. Von ähnlicher Bedeutung wie der „Gesamtkatalog der Wiegendrukke" ist der „Incunabula Short Title Catalogue" (ISTC), eine internationale Inkunabeldatenbank, die unter Federführung der *British Library* in London aufgebaut wird. Kooperationspartner ist die *Bayerische Staatsbibliothek*, die diesem Projekt aufgrund ihres einzigartigen Bestandes an Wiegendrucken seit 1988 mit einer eigenen Arbeitsstelle zuarbeitet.

Die bibliografische Erfassung der Schriften der auf die Inkunabelzeit folgenden Jahrhunderte wurde jeweils von mehreren Bibliotheken mit Unterstützung der DFG vorgenommen. Inzwischen abgeschlossen sind die auf das 16. und 17. Jahrhundert bezogenen Projekte. Das Verzeichnis der im deutschen Sprachbereich erschienenen Drucke des 16. Jahrhunderts (VD 16) war ursprünglich ein von der *Bayerischen Staatsbibliothek* zusammen mit der *Herzog August Bibliothek* publizierter Katalog, der die Bestände aus rund 30 Bibliotheken verzeichnete. Das VD 16, 1969 begonnen, erschien zunächst noch in 25 Bänden als gedruckte Ausgabe (1983–2000). Da auch Angaben aus zeitgenössischen Bibliografien und Quellen aufgenommen wurden, für die kein Bestandsnachweis ermittelt werden konnte, handelt es sich sowohl um einen Katalog als auch um eine Bibliografie. Aufgenommen wurden deutschsprachige Druckwerke unabhängig vom Erscheinungsort und fremdsprachige Werke, die im deutschen Sprachraum im Zeitraum 1501–1600 erschienen sind. Die VD-16-Datenbank umfasst ca. 106.000 Titel mit 380.000 Bestandsnachweisen aus 330 Bibliotheken. Die Zahl der für diesen Zeitraum relevanten Titel wird auf 120.000 bis 130.000 geschätzt. Neue Titel kommen hinzu u. a. durch Neuerwerbungen, welche die BSB im Rahmen ihrer Zuständigkeit in der *AG Sammlung Deutscher Drucke* erwirbt. Der im VD 16 enthaltene Bestand der BSB ist mit Unterstützung der DFG retrospektiv digitalisiert worden. Diese Volltexte wie auch die entsprechenden Digitalisate anderer Bibliotheken sind über das VD 16 direkt abrufbar.

Das VD 17 als Anschlussprojekt folgt konzeptionell dem Vorbild des VD 16. Das VD 17 wurde allerdings von vornherein als Datenbank angelegt. Neben Titelaufnahmen und Bestandsnachweisen wurden ausgabenspezifische „Fingerprints" erzeugt, die speziell zur Identifizierung alter Drucke entwickelt wurden. Beim Fingerprint handelt es sich um eine Folge von Zeichen, die definierten Seiten und Zeilen eines Werkes entnommen sind und mit dem Erscheinungsdatum verbunden werden. Ziel ist es, auf diese Weise Drucke unterschiedlicher Ausgaben zu unterscheiden, die nur geringfügig im Zeilenumbruch differieren. Das VD 17 verzeichnet über 290.000 Titel und mehr als 610.000 Exemplarnachweise. Der Gesamtbestand der zwischen 1601 und 1700 erschienenen Werke wird auf etwa 300.000 Titel veranschlagt. Auch die im VD 17 verzeichneten Werke werden seit einigen Jahren sukzessive digitalisiert und sind dann im Volltext über die Datenbank zugänglich. Inzwischen sind 147.000 Titel mit einem Link zum vollständigen Digitalisat, mehr als 230.000 Titel sind mit digitalen Images von Titelblättern verknüpft.

Als bislang letztes Projekt im Rahmen der retrospektiven nationalbibliografischen Verzeichnung laufen seit 2009 die Arbeiten am „Verzeichnis der im deutschen Sprachraum erschienenen Drucke des 18. Jahrhunderts" (VD 18). Die Arbeit am VD 18 wird vorwiegend von der SUB Göttingen, ULB Halle, SLUB Dresden, SB Berlin und der BSB München getragen. Die Gruppe der aktiv teilnehmenden Bibliotheken vergrößerte sich im Lauf der verschiedenen Projektphasen auf 21. Bis 2018 waren rund 178.000 Monographien, 8.500 mehrbändige Werke und ca. 3.300 Zeitschriften für diesen Berichtszeitraum nachgewiesen. Besonderheiten des VD 18 sind die komplette Digitalisierung der verzeichneten Werke und der unmittelbare Nachweis in der Verbunddatenbank der bearbeitenden Bibliothek. Nachdem die Arbeiten am VD 16 im Jahre 1969 aufgenommen worden waren, werden die Arbeiten an der retrospektiven Nationalbibliografie für den Erscheinungszeitraum 1501–1800 nach mehr als 50 Jahren abgeschlossen werden können. Die dann verbleibende Lücke nationalbibliografischer Verzeichnung erstreckt sich auf die Erscheinungsjahre 1801–1912. VD 16, VD 17 und VD 18 stehen durch die Kombination von Metadaten und Volltexten prototypisch für die Weiterentwicklung von Bibliothekskatalogen: Aus Nachweissystemen werden zusätzlich Zugriffssysteme für digitale Volltexte; damit wird dem übergreifenden Trend Rechnung getragen, der auch als „D2D" (Discovery to Delivery) bezeichnet wird. Die Inhalte aller drei Verzeichnisse VD 16, VD 17 und VD 18 sind auch über den „Karlsruher Virtuellen Katalog" (KVK) recherchierbar.

Projekt „Handbuch der historischen Buchbestände"
Die retrospektive Nationalbibliografie wird ergänzt durch das „Handbuch der historischen Buchbestände" in Deutschland, das als Gemeinschaftsunternehmen der deutschen Bibliotheken von *Bernhard Fabian* herausgegeben und von der Volkswagenstiftung gefördert wurde. Zunächst erschien das Werk in 27 Bänden von 1992 bis 2000. Inzwischen ist das Werk als Volltext digitalisiert und indexiert und kann online genutzt werden. Betrieben wird es von der SUB Göttingen, nachdem die Bereitstellung über das Wissenschaftsportal „b2i" nicht mehr möglich war. b2i wurde 2015 wegen fehlender Fördermittel eingestellt. Das nach Bundesländern gegliederte Handbuch versteht sich als Inventar zu dem vom Beginn des Buchdrucks bis zum Ausgang des 19. Jahrhunderts erschienenen Schrifttum, berücksichtigt alle Literaturgattungen und schließt deutsche und fremdsprachige Werke ein. Es richtet sein Augenmerk im Unterschied zu Katalogen und Bibliografien nicht auf das einzelne Buch, sondern auf Sonderbestände und geschlossene Sammlungen der Bibliotheken. In chronologischen und systematischen Übersichten beschreibt es die historischen Sammlungen von rund 1.500 deutschen Bibliotheken.

Das Handbuch verzeichnet Sammlungen mit historischen Druckwerken, die vor 1900 erschienen sind, und liefert in der elektronischen Version über die Volltextsuche Zugriff auf strukturierte Bestandsbeschreibungen. Es wendet sich besonders an alle historisch arbeitenden Disziplinen der Forschung. Es wurde mittlerweile auf die Nachbarländer Deutschlands ausgedehnt. Neben dem „Handbuch der historischen Buchbestände in Österreich", das in vier Bänden die Sammlungen von mehr als 250 Bibliotheken beschreibt, entstand das „Handbuch deutscher historischer Buchbestände in Europa", eine Übersicht über Sammlungen in ausgewählten Bibliotheken mit besonders großen Beständen. Gemeinsam dokumentieren die drei Abteilungen des Handbuchs die ältere mitteleuropäische Kulturgeschichte.

6.5.4 Digitalisierungsvorhaben

Die retrospektive Digitalisierung von Druckwerken und anderen analogen Medien durch Bibliotheken erfolgt schon seit Mitte der 1990er-Jahre. Besondere Aufmerksamkeit aber haben entsprechende Aktivitäten gewonnen, seit der Suchmaschinenbetreiber Google Ende 2004 mit der Meldung an die Öffentlichkeit trat, dass er mit einschlägigen Bibliotheken vereinbart habe, deren Buchbestände zu digitalisieren. Partner sind vorwiegend US-amerikanische Bibliotheken, aber auch einige namhafte europäische wie die *British Library* und die *Österreichische Nationalbibliothek*. Aus Deutschland hat beispielsweise die *Bayerische Staatsbibliothek* in Kooperation mit *Google* eine Million Bücher digitalisiert und sich dabei auf die Zeitspanne der Erscheinungsjahre bis 1875 beschränkt. Inzwischen wurden weltweit gesehen mehrere Millionen Bücher erfasst, die im Rahmen des Angebots Google-Books im Volltext kostenfrei zugänglich sind, sofern dies aus Urheberrechtsgründen statthaft ist. Im Rechtsstreit vor amerikanischen Gerichten wurde Google 2015 das Recht eingeräumt, Werke zu digitalisieren. Auf dem deutschen Markt nutzt Google bei Werken, die noch urheberrechtlich geschützt sind, die Option, Digitalisate nur in Auszügen nutzbar zu machen. Über diese Praxis und über Googles Umgang mit „Orphan Works", Werken also, die zwar noch unter rechtlichem Schutz stehen, deren Urheber aber nicht zu ermitteln sind („verwaiste Werke"), ist eine anhaltende Diskussion entstanden (▶ 4.2.4). Die *Deutsche Nationalbibliothek* bietet einen Lizenzierungsservice für vergriffene Bücher an, die vor 1966 in Deutschland erschienen sind, um urheberrechtlich unkritisch die Digitalisierung solcher Werke zu unterstützen.

Auch einzelne Bibliotheken haben, freilich in erheblich geringerem Umfang, begonnen, Buchbestände zu digitalisieren. Eine wichtige Rolle spielen in diesem Zusammenhang die Digitalisierungszentren an der SUB Göttingen (GDZ) und an der BSB München (MDZ). Über das GDZ wird seit 2001 das Projekt *DigiZeitschriften* realisiert, das sich am Vorbild des amerikanischen Projektes JSTOR (*Journal Storage*) orientiert. Sondersammelgebietsbibliotheken haben sich zum *Verein DigiZeitschriften* zusammengeschlossen und gemeinsam mehr als 700 renommierte deutsche wissenschaftliche Zeitschriften über deren gesamten Erscheinungsverlauf digitalisiert. Die Inhaltsverzeichnisse sind frei recherchierbar. Der Zugriff auf die Volltexte (im PDF-Format) ist nur Nutzern der über 300 Bibliotheken möglich, die das Angebot abonniert haben. Nach dem Prinzip der „Moving Wall" sind die jeweils aktuellen Jahrgänge noch laufender Titel nicht über DigiZeitschriften zugänglich.

Das MDZ konzentriert sich auf die Digitalisierung und Langzeitarchivierung der umfangreichen Bestände der *Bayerischen Staatsbibliothek*. Die *Deutsche Forschungsgemeinschaft* hat 2016 Praxisregeln zur Digitalisierung als Handreichung veröffentlicht, um Abläufe, einzuhaltende Standards und leitende Gesichtspunkte in Digitalisierungsprojekten aufeinander abzustimmen. Die *Deutsche Nationalbibliothek* hat 2017 ihre Digitalisierungsstrategie vorgelegt und darauf verwiesen, dass es sich hier um eine nur kooperativ zu bewältigende Aufgabe handeln kann, um Schutz, Verfügbarkeit und Sichtbarkeit von originalen Texten herzustellen.

Während den von Google erzeugten Digitalisaten vielfach Qualitätsmängel bescheinigt werden, zielen die bibliothekarischen Digitalisierungsprojekte auf hochwertige, wissenschaftlichen Ansprüchen genügende Ergebnisse. Die DFG hat die Bibliotheken im Rahmen ihres Förderprogramms „Erschließung und Digitalisierung" dabei unterstützt, die Digitalisierung der in VD 16, VD 17 und VD 18 verzeichneten Drucke zu realisieren. Darüber hinaus stellt sie z. B. Mittel bereit für die Digitalisierung archivalischer Quellen, mittelalterlicher Handschriften und historischer Zeitungen, gemeinfreier Monographien und Zeitschriften, die nach 1800 erschienen sind.

Seit den Anfängen der Digitalisierungsbemühungen in den 1990er-Jahren haben sich Standards und Verfahrenswege etabliert, um das gewaltige Vorhaben zu unterstützen, die gedruckte Welt auch digital verfügbar zu haben. Trotz des stetig wachsenden Umfangs genuin digitaler Veröffentlichungen bleibt die retrospektive Digitalisierung im Sinne von Sicherung und Zugänglichkeit des kulturellen Erbes eine bedeutende nationale Aufgabe, die zugleich mit Fragen der Langzeitarchivierung einhergeht. Doppelarbeiten, Bearbeitungsfehler, Datenverluste oder schwarze Löcher nicht zu identifizierender bzw. nicht reproduzierbarer Objekte sind auszuschließen. Digitalisierung und Langzeitarchivieren sind unmittelbar miteinander verbunden. Technische, organisatorische, konzeptionelle und Finanzierungsfragen sind zu klären, um diesen Prozess effizient zu gestalten. Die großen Digitalisierungszentren haben hierzu bereits die erforderlichen Schritte eingeleitet. *Nestor* ist das Kompetenznetzwerk zum Thema digitale Langzeitarchivierung (www.langzeitarchivierung.de, ▶ 9.8.5).

Das Zentrale Verzeichnis digitalisierter Drucke

Da Bibliotheken in Deutschland seit den 1990er-Jahren Digitalisierungsprojekte betreiben, ist ein zentraler Nachweis auch deshalb bald als Desiderat empfunden worden, weil ansonsten Doppeldigitalisierungen kaum zu vermeiden sind. Aus diesem Grund hat die DFG ab 2005 bis 2008 den

Aufbau des „Zentralen Verzeichnisses Digitalisierter Drucke" (ZVDD) gefördert. Projektpartner waren neben der DFG der GBV, das HBZ und die AG SDD. Ziel des Angebots war zunächst, die Ergebnisse DFG-geförderter Digitalisierungsprojekte im Detail zu erfassen. Dabei handelt es sich um geschlossene Sammlungen (z. B. „Preußische Rechtsquellen" der SBB). Als Definition für „Sammlung" wird ein sachlicher, organisatorischer oder technischer Zusammenhang gefordert. 2012–2014 wurde, nochmals durch finanzielle Mittel der DFG gefördert, die technische Grundlage überarbeitet und das Vorhaben von der SUB Göttingen fortgesetzt, um – über geeignete Schnittstellen und Standards entsprechend den DFG-Richtlinien – die verzeichneten Drucke in die Deutsche Digitale Bibliothek einspeisen zu können. Unter http://digitalisiertedrucke.de/ sind zusätzliche Titel, die digitalisiert wurden, nachgewiesen und jene, die aus den Anfängen des Projektes stammen. Es handelt sich um Titel, die wegen der anfänglich angewendeten Standards bei den Metadaten nicht in das ZVDD (htttps://zvdd.de) übernommen wurden.

Weitere Voraussetzungen für die Aufnahme in das ZVDD bestehen darin, dass die Titel vollständig digitalisiert, bibliografisch erschlossen und frei über das Internet zugänglich sind. Es besteht das Angebot für Bibliotheken, ihre digitalisierten Sammlungen über eine oai2-Schnittstelle einzubringen und damit über das Portal recherchierbar zu machen. Das ZVDD ermöglicht den Zugriff auf vier Informationsschichten: die Beschreibung der übergeordneten Sammlung, die zugehörigen Katalogisate und die Strukturdaten wie z. B. Inhaltsverzeichnisse sowie schließlich die Volltexte. Als Filter wird eine Eingrenzung nach den Jahrhunderten der Erscheinungsdaten angeboten sowie der Einstieg über eine Schnellsuche mit Schlüsselbegriffen, die an den Metadatensätzen und den Volltexten geprüft werden. 2019 weist der Index des ZVDD 1,7 Mio. Titel aus.

Das ZVDD stellt zweifelsohne ein hilfreiches Angebot dar. Ein vollständiges, flächendeckendes Nachweisinstrument aller verfügbaren Digitalisate von Drucken aus deutschen Bibliotheken ist es allerdings nicht.

Deutsche Digitale Bibliothek
Seit Ende 2009 fördern Bund und Länder den Aufbau der *Deutschen Digitalen Bibliothek* (DDB). Für die Realisierung einer nationalen Digitalisierungsstrategie, wie sie in der DDB entwickelt wird, hat ferner die interministerielle Bund-Länder-Arbeitsgruppe EUBAM (▶ 6.4) eine nennenswerte Rolle gespielt. Die DDB soll die digitalisierten Bestände und die entsprechenden Erschließungsinformationen der Kultur- und Wissenschaftseinrichtungen (Bibliotheken, Archive, Museen usw.) durch Verlinkung in ganz Deutschland zusammenführen und multimedial vernetzen. Die DDB umfasst alle möglichen Formate an digitalen Objekten und Medien. Die beteiligten Einrichtungen laden zu ihren digitalen Beständen die Metadaten in die DDB hoch oder nutzen die Option, über eine OAI-PMH Harvesting-Schnittstelle („Open Archives Initiative Protocol for Metadata Harvesting") jeweils aktualisiert die neuen Daten der DDB zuzuspielen. Über 360 Einrichtungen liefern Daten an die DDB und mit Stand Ende 2018 sind mehr als 25 Mio. Objekte nachgewiesen. Damit sind Kulturgut und wissenschaftliche Informationen für alle Interessenten aus Wissenschaft und Gesellschaft über das Internet frei zugänglich, wobei die jeweiligen Nutzungsbedingungen für die Digitalisate durch die beteiligten Einrichtungen festgelegt sind. Getragen wird das Projekt vom *Kompetenznetzwerk DDB* aus 14 Kultur- und Wissenseinrichtungen und einer Geschäftsstelle bei der *Stiftung Preußischer Kulturbesitz* in Berlin. Die technische Koordination liegt bei der *Deutschen Nationalbibliothek* in Frankfurt/Main. Ein europäischer Verbund der jeweils nationalen digitalen Bibliotheken ist mit der „Europeana" begründet worden, deren Zugangsportal bereits 2008 freigeschaltet werden konnte. Der deutsche Beitrag zur Europeana wird über die DDB als Datenaggregator eingesammelt.

6.5.5 Open-Access-Bewegung

Nach dem Verständnis *Peter Subers*, einer Schlüsselfigur der Bewegung, erfüllt eine Publikation die Kriterien des Open-Access dann, wenn sie „digital, online, free of charge, and free of most copyright and licensing restrictions" ist (Suber 2004/2015). Dieses Ideal besteht weiter; hingegen sind die finanziellen und administrativen Nebenbedingungen für das Publizieren unter der Maßgabe eines Open Access eine besondere Herausforderung. Die Open-Access-Bewegung hat sich erstmals 2001 formiert als Reaktion auf die anhaltend exorbitanten Preissteigerungen der Wissenschaftsverlage und ist mittlerweile zu einer ernst zu nehmenden, weltweit verbreiteten Alternative herangewachsen. In Deutschland wird Open Access u. a. von der DFG, dem Wissenschaftsrat und dem dbv vorbehaltlos unterstützt. In der „Berliner Erklärung" von 2003 fordern zahlreiche Hochschulen und Wissenschaftseinrichtungen den offenen Zugang zu Publikationen. Für die Schwerpunktinitiative „Digitale Information", 2008 von der *Allianz der deutschen Wissenschaftsorganisationen* gegründet, ist die weitere Entwicklung des wissenschaftlichen Publikationssystems unter dem Vorzeichen von Open Access ein wichtiges Handlungsfeld.

Die Beschränkung der Nutzung von Zeitschriften, Aufsätzen und Monographien auf die Materialien, die durch Hochschulen und ihre Bibliotheken gekauft oder abonniert werden, steht im Gegensatz zu den Möglichkeiten des World Wide Web und der gewünschten Zugänglichkeit zu Inhalten vom Arbeitsplatz aus. Dieser Impuls zur Neugestaltung des Publizierens wissenschaftlicher Inhalte bedeutet eine vollständige Neugestaltung der Geschäftsbeziehungen zwischen Bibliotheken und Einrichtungen auf der einen Seite und den Anbietern von E-Journals auf der anderen Seite.

Im Einzelnen zielt die Open-Access-Bewegung darauf, wissenschaftliche Literatur und andere relevante Materialien weltweit in digitaler Form frei zugänglich zu machen. Ein wichtiger und freilich heftig umstrittener Aspekt ist dabei die von Verlagen hierfür erhobene Publikationsgebühr. Die „Article Processing Charges" werden vom Autor erhoben, um den verfassten Beitrag in einem E-Journal für Open Access bereitzustellen. Der Bezug des Aufsatzes ist dann unentgeltlich möglich. Die DFG unterstützt auf der Basis verbindlicher Standards die Veröffentlichung von wissenschaftlichen Fachaufsätzen im Open-Access-Modell und stellt hierfür zunächst bis 2020 Mittel bereit. Hochschulen haben die Möglichkeit, sich um die DFG-Mittel zu bewerben und zusätzliche Mittel einzubringen, um Publikationsfonds anzubieten und einen Anreiz zu schaffen, damit Wissenschaftlerinnen und Wissenschaftler ihre Beiträge in renommierten, aber kostenfreien Publikationsorganen zur Verfügung stellen. Die strategische Absicht ist dabei, die Transformation des Zeitschriftenmarktes von der Praxis der Bezahlabonnements für Zeitschriften auf eine Open-Access-Linie zu erreichen. Dem liegt der Gedanke zugrunde, dass die Ergebnisse der im öffentlichen Raum entstandenen Forschung dem Wissenschaftsprozess weitgehend frei wieder verfügbar sein sollten. Alternativ zu den kommerziellen Angeboten werden auch auf Hochschulrechnern oder Servern von öffentlichen Einrichtungen, sogenannten „Repositorien", Publikationsmöglichkeiten angeboten.

Grundsätzlich sind drei Varianten des Open-Access zu unterscheiden: Mit dem „Goldenen Weg", der Erstveröffentlichung eines Beitrags, werden Publikationen bezeichnet, die ursprünglich und ausschließlich als Open-Access-Veröffentlichung erscheinen und der für wissenschaftliche Zeitschriften üblichen Qualitätskontrolle via „Peer Review" unterliegen. Inzwischen erscheinen bereits über 12.000 E-Journale, die dem goldenen Weg zuzurechnen sind. Erschlossen werden sie im „Directory of Open Access Journals" (DOAJ). Mittels der Creative-Commons-Lizenzen können die Autoren die Nutzungsoptionen festlegen. Mit dem „Grünen Weg" wird die Zweitveröffentlichung beschrieben, die neben einer Verlagsveröffentlichung zeitgleich oder nachträglich auf einem Open-Access-Server eingestellt wird und vertraglich vereinbart sein muss. Dies betrifft Postprints, aber auch Monografien, Forschungsberichte oder Konferenzbeiträge. Als dritte

Variante des Open Access ist schließlich der „Graue Weg" zu erwähnen. Bei den in diesem Fall gespeicherten Dokumenten handelt es sich um klassische „Graue Literatur" wie akademische Abschlussarbeiten, Tagungsberichte, Preprints, Lehr- und Lernmaterialien usw. Einem kritischen Peer Review sind diese Dokumente in der Regel nicht unterzogen worden.

Open-Access-Regelungen finden in wachsendem Umfang Eingang in Lizenzverhandlungen mit Verlagen. Sie sind Bestandteil der National- und Allianzlizenzen sowie der Verhandlungen mit Verlagsgruppen im Projekt DEAL.

Open-Access-Publikationen werden insbesondere in der Nutzung der Zweitveröffentlichungsrechte in institutionellen oder fachlichen Repositorien gespeichert und bereitgestellt. Viele Hochschulen und wissenschaftliche Einrichtungen unterhalten entsprechende Dokumentenserver, um den freien Zugang und die Langzeitarchivierung zu sichern. Open-Access-Repositorien werden z. T. auch als Dokumenten-, Publikations-, Hochschulschriften- oder E-Doc-Server bezeichnet. Meist sind es Bibliotheken, seltener auch Forschungsinstitutionen, die für Betrieb, Pflege und professionelle Erschließung der Repositorien Sorge tragen. So wird das Konstanzer „Online-Publikations-System" (KOPS) als zertifiziertes institutionelles Repositorium von der UB Konstanz betreut. Als Beispiel für ein fachliches Repositorium sei das „Social Science Open Access Repository" (SSOAR) genannt, das ebenfalls zertifiziert ist und von *GESIS – Leibniz Institut Sozialwissenschaften* betrieben wird. Institutionelle Repositorien bieten den Angehörigen der Trägerinstitutionen Gelegenheit, ihre Arbeitsergebnisse elektronisch zu publizieren und dauerhaft zu archivieren. Bibliotheken machen damit im Idealfall die wissenschaftlichen Publikationen ihrer Hochschule oder Institution in großer Vollständigkeit weltweit zugänglich. Auf diese Weise übernehmen sie die Funktion eines Verlages und verbreiten Arbeitsergebnisse der wissenschaftlichen Mitarbeiter des Trägers weltweit.

Institutionelle Repositorien haben das Potenzial, einen wichtigen Beitrag zu Werbung und Imagebildung zu leisten. Voraussetzung dafür ist allerdings, dass die Hochschulangehörigen ihre Publikationen tatsächlich einstellen und das Repositorium mehr bietet als bloß Archivierung, Bereitstellung und Erschließung der Materialien. Hinzutreten müssen weitere Dienstleistungen, die etwa Zugangs- und Zugriffsstatistiken erlauben oder die Forschungstätigkeit und deren direkte Rezeption messen.

Kooperationen und Abstimmungen in diesem Bereich sind erforderlich, damit gemeinsame Standards angewendet werden und auf dieser Grundlage ein System vernetzter Repositorien aufgebaut werden kann, das über nationale und europäische Grenzen hinaus internationale Verbreitung findet. Als grundlegender Standard wurde von der Open Archives Initiative bereits das „Protocol of Metadata Harvesting" (OAI-PMH) zum Einsammeln und Weiterverarbeiten der Metadaten entwickelt. Damit die Binnenstruktur der Dokumente und ihre Verknüpfungen untereinander abgebildet werden können, wird mit OAI-ORE (Object Reuse and Exchange) ein weiterer OAI-Standard eingesetzt.

Um die Qualitätskontrolle institutioneller und fachlicher Repositorien zumindest in Deutschland zu optimieren, hat die *Deutsche Initiative für Netzwerkinformation* (DINI), die u. a. vom Deutschen Bibliotheksverband und der *Arbeitsgemeinschaft der Medienzentren* sowie den *Zentren für Kommunikations- und Informationsverarbeitung* gegründet wurde, das DINI-Zertifikat 2016 „Open-Access-Repositorien und -Publikationsdienste" entwickelt. Die der Zertifizierung zugrunde liegenden Kriterien umfassen unter anderem die Sichtbarkeit des Gesamtangebotes, die Betreuung der Autoren, die Sicherheit, Authentizität und Integrität des technischen Systems, die Zugriffsstatistik sowie die Langzeitverfügbarkeit und Auffindbarkeit der dort archivierten Dokumente. DINI verzeichnete 2019 knapp 250 Repositorien in Deutschland, davon verfügen etwa

70 über das DINI-Zertifikat. Diese Zahlen belegen, dass der Weg zu einem leistungsfähigen und national homogenen Netz von Repositorien noch weit ist.

Für die parallele Suche nach Dokumenten in Repositorien, die den OAI-PMH-Standard anwenden, stehen mit „BASE" oder „OAIster" verschiedene Einstiege zur Verfügung. BASE (Bielefeld Academic Search Engine), eine Entwicklung der UB Bielefeld, indexiert die Metadaten der in OAI-PMH-Repositorien enthaltenen Dokumente. Für 60% der Materialien erstreckt sich die BASE-Recherche nicht nur auf die Metadaten, sondern auch auf die Volltexte. BASE versteht sich als wissenschaftliche Suchmaschine, die als Teil der Open-Access-Bewegung das „Deep Web" für Wissenschaftler erschließt. 2019 wurden über BASE mehr als 140 Mio. Dokumente aus über 6.000 Quellen erschlossen. Ähnlich funktioniert das von OCLC angebotene Produkt OAIster, das ca. 50 Mio. Dokumente aus 2.000 Repositorien erschließt. Die OAIster Datenbank ist in WorldCat enthalten.

Eine weitere hilfreiche Plattform ist „Open-access.net", um Zugang zu allen Informationen und Initiativen im Bereich des Open Access zu haben. Der nationale Open-Access-Kontaktpunkt OA2020-DE hat sich das Ziel gesetzt, durch Publikations- und Kostendatenanalysen geeignete Open-Access-Finanz- und -Geschäftsmodelle zu entwickeln.

Von der *Europäischen Kommission* wurde 2006–2009 das Projekt *DRIVER* (Digital Repository Infrastructure Vision for European Research) ins Leben gerufen. DRIVER hatte zum Ziel, eine stabile und leistungsfähige Infrastruktur zur Vernetzung verteilter Repositorien in Europa aufzubauen und auch als Teil des bibliotheksfachlichen Bestrebens zu sehen, diese Entwicklungen aktiv mitzugestalten. DRIVER ist inzwischen in das übergeordnete Projekt der Europäischen Kommission *OpenAire* aufgegangen, ein Vorhaben, das weit über den Publikationsprozess hinausgeht, da es die öffentliche Teilhabe und die Zugänglichkeit am Forschungsprozess unter der Bezeichnung „Open Science" anstrebt. Methoden, Daten und Veröffentlichungen sollen dabei transparent sein, um Reproduzierbarkeit und Qualität von Forschungsergebnissen zu unterstützen. In den Segmenten Forschungsdatenmanagement, Open-Access-Publikation, aber auch in der Bereitstellung von Lehr- und Lernmaterialien als „Open Educational Resources" (OER) ist das übergreifende Engagement als Beitrag von Bibliotheken und Informationseinrichtungen in ihrer Funktion als Dienstleister zur Förderung von Open Science gefragt.

6.6 Digitale Informationsinfrastruktur – Perspektiven der Vernetzung

Von Albert Bilo

Die übergreifenden Entwicklungen im deutschen Bibliotheks- und Informationswesen werden sehr stark von den Konzepten zum Ausbau einer digitalen Informationsinfrastruktur geprägt. Die künftige Arbeitsumgebung wird in beruflichen und privaten Lernkontexten für Schüler, Studierende und Forscher vor allem eine digitale sein.

In der Bewertung der Rolle von Bibliotheken, die auf den Themenfeldern Nachweis, Verfügbarkeit und Sicherung von gedruckten Medien, Digitalisierung und Langzeitarchivierung (▶ 9.8.5) weiterhin gefordert sind, hat sich die Gewichtung in Richtung des Managements von elektronischen Ressourcen verschoben. Hier präsentieren die Bibliotheken im nationalen Verbund neue Angebote, um die Breite und Tiefe der verfügbaren Informationen und Literatur den Nutzerinnen und Nutzer der Systeme präsentieren und ihnen Techniken, Selektion und Bewertung anbieten zu können. Nationale Gremien und Institutionen fordern dies wissenschaftspolitisch nachdrücklich. Es ist erkennbar, dass Bibliotheken hier eine wichtige Aufgabe zu erfüllen haben, die sie jedoch nur durch kooperative Lösungen auf nationaler, teils auch nur auf internationaler Ebene erfüllen können.

Es bleibt festzuhalten, dass sich das gesamte Feld des wissenschaftlichen Publizierens ökonomisch und strukturell im Umbruch befindet. So steht beispielsweise den lizenzrechtlichen Beschränkungen der Nutzung von Aufsätzen und Monografien im Zeitalter der Netze und freien Zugänglichkeit der Open-Access-Gedanke gegenüber. Wissenschaftliche Literatur soll im Netz kostenfrei und unbeschränkt zugreifbar sein. Dies bedeutet eine vollständige Neugestaltung der Geschäftsbeziehungen. Im großen Umfang werden Kostenerstattungen an die Verlage auf den Beginn des Publikationsprozesses durch Publikationsgebühren verlagert. Die Zahl der Open-Access-Zeitschriften wächst pro Jahr vergleichsweise langsam. Beide Geschäftsmodelle, Subskription und Open Access, werden voraussichtlich noch eine geraume Zeit nebeneinander existieren. Ein aufmerksames Beobachten und Einbringen in fachliche Debatten werden erforderlich sein, bevor die genaue Richtung der weiteren Entwicklung erkennbar wird.

Die große Zahl an Empfehlungen und Positionspapieren, die von den Wissenschaftsorganisationen zu Bedarf und Anforderungen einer Neuaufstellung der Organisation wissenschaftsnaher Dienstleistungen und einer Neustrukturierung der Informationsinfrastruktur erstellt wurden, dokumentieren auf allen Seiten die Bereitschaft, in neuen Dimensionen zu denken. Die Papiere sind als wichtige Aufforderungen zu verstehen, bisherige Lösungsansätze allein auf der Ebene einzelner Bibliotheken und Informationseinrichtungen zu verlassen und künftig Lösungen übergreifend und überregional anzugehen.

In den Empfehlungen des *Rates für Informationsinfrastrukturen* (RfII) „Leistung aus Vielfalt" (2016) wird herausgestellt, dass der digitale Wandel auch die Methoden und die Grundlagen wissenschaftlicher Forschung maßgeblich verändert hat. Das Management von Forschungsdaten ist zu einem zentralen Thema geworden, um die Auffindbarkeit und Identifizierung von Daten sicherzustellen und damit die Reproduzierbarkeit bzw. Überprüfbarkeit von Ergebnissen im Sinne der „Sicherung guter wissenschaftlicher Praxis" herzustellen (▶ 8.4.7). Hier ist der Auftrag entstanden, die Forschung im Umgang mit den zunehmend digitalen Datensammlungen und Quellen ihrer wissenschaftlichen Arbeit zu entlasten. Die aktive Etablierung einer Nationalen Forschungsdateninfrastruktur (NFDI) soll den bisherigen Strukturen eines Inseldenkens entgegenwirken und die Aufgabe erfüllen, in fachlichen Kompetenzzentren auch den Fragen der Qualitätssicherung der Forschungsdaten und ihrer Langzeitarchivierung sowie Langzeitverfügbarkeit nachzugehen. Die Vorbereitungen zum Aufbau einer nationalen Forschungsdateninfrastruktur haben, auch durch entsprechende Anschubfinanzierungen abgesichert, 2018 begonnen. Das Ziel ist ein Netzwerk, das alle Forschungsgruppen und Informationseinrichtungen zusammenbringt. Damit knüpft man an die Positionspapiere der Kommission *Zukunft der Informationsinfrastruktur* (KII) und die des *Wissenschaftsrates* zur Strukturierung der Informationsinfrastruktur (2011 und 2012) an.

Aus bibliotheksfachlicher Sicht ist in diesem Kontext besonders relevant, dass die Forschungsdaten digital publiziert werden sollten und aus den Forschungsdaten digitale Publikationen erwachsen. Die Sammlung, Präsentation, Sicherung und Erschließung solcher Daten entspricht der klassischen bibliothekarischen Profession. Dies trifft vor allem dann zu, wenn man den Begriff „Forschungsdaten" nicht nur als technisch-digitale Größe betrachtet, sondern in seiner gesamten Bandbreite: Sie reicht von der Bereitstellung des kulturellen Erbes in Form digitalisierter historischer Büchersammlungen über technische Rohdaten, die Grundlage für wissenschaftliche Veröffentlichungen sind, bis hin zu den über Repositorien verfügbaren Fachbeiträgen.

Die Dienstleistung, den Zugang und die Erhaltung von Daten- und Informationsbeständen herzustellen, wird als Informationsinfrastruktur verstanden, die als vernetzte Dienste durch Bibliotheken und Informationseinrichtungen zu organisieren ist.

Einen guten Überblick über die relevanten zukünftigen bibliotheksfachlichen Handlungsfelder gibt das Positionspapier „Wissenschaftliche Bibliotheken 2025", das von der Sektion 4 des dbv (Wissenschaftliche Universalbibliotheken) 2018 veröffentlicht wurde. Es setzt acht thematische Schwerpunkte mit praxisnahen Lösungsansätzen, die über den engeren Kreis von Hochschulbibliotheken bedeutsam sein könnten. Zu hinterfragen bleibt allerdings, ob die Ziele hinreichend zügig in den bestehenden und gewachsenen Strukturen der Bibliothekslandschaft erreicht werden können. Womöglich sollte eine andere Arbeitsteilung und Organisation unter den Bibliotheken, Einrichtungen und Verbünden geschaffen werden, die eine höhere Effizienz bewirken kann.

Die DFG prägt stark die Entwicklung der Literaturversorgung, der wissenschaftlichen Bibliothekslandschaft und Informationsumgebung durch ihre Förderpolitik, deren strategische Grundlinien regelmäßig durch Positionspapiere beschrieben werden. Dabei ist in den letzten Jahren eine neue Ausrichtung sichtbar geworden. Die kontinuierliche Förderpolitik, die etwa das frühere Sondersammelgebietskonzept für Literatur geprägt hat, wurde durch einen stärker wissenschaftspolitisch geprägten Steuerungsgedanken ersetzt. Dadurch soll nach Einschätzung der DFG der digitale Wandel intensiver als bisher begleitet und gestaltet werden. Als Schwerpunkte werden „Erschließung und Digitalisierung, Open-Access-Transformation und Forschungsdaten" identifiziert (Förderung von Informationsinfrastrukturen 2018), Themen also, die verstärkt auch auf der bibliothekarischen Agenda stehen sollten.

Ein kritischer Blick auf das bestehende Bibliothekssystem im föderativen Deutschland macht ihre Stärken und Schwächen erkennbar. Die föderale Struktur, die Bibliotheksverbünde und zahlreichen Bibliothekstypen mit ihren unterschiedlichsten Schwerpunkten werden als ein „System" gesehen, das starke und schwacher Partner, Innovationstreiber und Anwender kennt (vgl. Stärkung des Systems wissenschaftlicher Bibliotheken 2018). Gefordert wird eine neue Qualität in der institutionellen Zusammenarbeit und eine Vereinheitlichung in den Strukturen. Projekte wie die Retrodigitalisierung, die Entwicklung von Discovery-Systemen, Repositorien oder die Open-Access-Initiativen werden ebenso wie die Themen Langzeitarchivierung oder Forschungsdatenmanagement nach Meinung der DFG noch zu sehr als individuelle Eigenprojekte in nur partikularen Vernetzungen entwickelt. Auf der Suche nach den jeweils richtigen Wegen befürchtet die DFG einen vergleichsweise großen Ressourcenverbrauch durch Parallelentwicklungen. Empfohlen wird eine „strikte Ausrichtung des Bibliothekssystems am Wissenschaftssystem" oder, anders ausgedrückt, die strikte Ausrichtung des Systems wissenschaftlicher Bibliotheken am Bedarf der Benutzer. Nicht nur das bibliothekarische Umfeld befindet sich in einem „radikalen Transformationsprozess". Es sind auch Initiativen erforderlich, um bestehende organisatorische und institutionelle Grenzen von Bibliotheksverbünden und Einzelbibliotheken durch die Gestaltung effektiver Kooperationen zu überwinden.

6.7 Ausblick

Da in Deutschland arbeitsteilige Formen im Bibliothekswesen durch den Kulturföderalismus schon früh hervorgerufen worden sind, haben Kooperation und Vernetzung hier eine lange Tradition. Fortschreitende funktionale Differenzierung erfordert mittlerweile einen erheblich gesteigerten und weiter zu steigernden Grad der Vernetzung und Kooperation. Organisierte Arbeitsteilung und Zusammenarbeit im Bibliothekswesen findet im Kontext der Personen- und Institutionenverbände statt.

Diese Verbände sowie andere bibliotheksexterne Partner und Förderer, vor allem aber Einrichtungen wie etwa die Deutsche Forschungsgemeinschaft und Infrastruktureinrichtungen wie die Verbundzentralen sind es, die bibliothekarische Kooperationsprojekte initiieren oder laufend unterhalten. Arbeitsteilige Kooperation führt dazu, dass das Leistungsniveau erheblich gesteigert und das Leistungsspektrum erheblich erweitert werden kann. Das System ist eben – im Idealfall – mehr als die Summe seiner Glieder. Als Beispiele lassen sich Projekte anführen wie etwa die ZDB, die EZB, die Verbunddatenbanken. Aber auch der Leihverkehr und Dokumentliefersysteme sind in diesem Zusammenhang zu nennen. Im Öffentlichen Bibliothekswesen ist Kooperation und Vernetzung deutlich geringer ausgeprägt als bei Wissenschaftlichen Bibliotheken.

Vernetzung und Kooperation werden in Zukunft ohne Zweifel eine größere Rolle spielen, als sie dies ohnehin schon tun. Die Gegenstände der Kooperation sind z. Z. noch sehr bestands- und dokumentbezogen.

Das System deutscher Bibliotheken und Informationseinrichtungen ist durch die genannte Zuständigkeit der verschiedenen Bundesländer, unterschiedliche Bibliothekstypen und parallel bestehende Bibliotheksverbünde und Bibliotheksverbände geprägt. Erforderlich ist hier eine neue Qualität in der institutionellen wie der strukturellen Zusammenarbeit. Dies wird auch in jüngeren Konzepten der DFG so konstatiert, in denen der Systemgedanke deutlich stärker aufgegriffen wird als zuvor (vgl. Stärkung des Systems wissenschaftlicher Bibliotheken 2018). Intensivere Vernetzung ist demnach zu fordern in Bereichen wie Retrodigitalisierung, Entwicklung von Discovery-Systemen und Repositorien, aber auch bei Themen wie Open-Access, Langzeitarchivierung oder Forschungsdatenmanagement.

Diese Entwicklungen, entscheidender noch die noch nicht absehbaren Entwicklungen in den Erfordernissen einer fortgeschrittenen Informationsversorgung, können nicht als Einzelprojekte in nur partikularen Initiativen begleitet werden. Auf der Suche nach den jeweils richtigen Wegen findet aktuell ein vergleichsweise großer Ressourcenverbrauch durch Parallelentwicklungen statt. Die Innovationsvorhaben sind zudem konsequent an dem Bedarf von Bildung und Wissenschaft auszurichten und sie sind an den Anforderungen aus der Sicht der Benutzer zu bewerten. Die Empfehlung lautet insgesamt, die nur projektartig angelegten Vorhaben zu überdenken. Die Finanzierung von einzelnen, zeitlich immer wieder begrenzten Projekten ist nicht ausreichend. Zum „radikalen Transformationsprozess" zählt für die Zukunft auch, dass die bestehenden organisatorischen und institutionellen Grenzen einzelner Einrichtungen durch neue Kooperationsmodelle überwunden werden; hier ist auch die Notwendigkeit anzuführen, durch eine staatliche, nationale Bibliothekspolitik Rahmenbedingungen zu schaffen, Rahmenbedingungen, die langfristig Kooperationen und inhaltliche Kontinuität unterstützen und so die Weiterentwicklung des Gesamtsystems Bibliotheken und Informationsgesellschaft für die Anforderungen der Zukunft zu ermöglichen.

7 Normen und Standards, Richtlinien und Empfehlungen

7.1 Eigenschaften und Zweck von Normen und Standards

Normen sind Ergebnis einer durch Fachleute vorgenommenen und allgemein anerkannten Festlegung von Merkmalen und Regeln (Normung). Am bekanntesten sind:
– die deutschen DIN-Normen
– die europäischen EN-Normen
– die internationalen ISO-Normen
– und die US-amerikanischen ANSI-Normen.

Der Code DIN EN bzw. DIN ISO für die Bezeichnung einer Norm besagt, dass es sich um eine europäische bzw. internationale Norm handelt, die unverändert in eine deutsche Norm übernommen wurde. Normen mit dem Code DIN IEC... bzw. ISO IEC... sind Normen, die auf die International Electrotechnical Commission (IEC) zurückgehen oder gemeinsam mit dieser entwickelt wurden; Normen mit dem Code DIN VDE gehen auf den Verband der Elektrotechnik, Elektronik und Informationstechnik (VDE) zurück. Die Übernahme europäischer Normen in nationale Normen ist verpflichtend für Mitglieder der europäischen Normungsorganisation *Comité Européen de Normalisation* (CEN) und *Comité Européen de Normalisation Electrotechnique* (CENELEC); Deutschland ist Mitglied.

Normen sind nicht rechtsverbindliche Empfehlungen. Etliche Normen haben aber rechtliche Verbindlichkeit erlangt, indem in Gesetzen und Verordnungen auf den „Stand der Technik", d.h. in der Gesetzesauslegung auf DIN- oder ISO-Normen Bezug genommen wird. In Bibliotheken und anderen Informationseinrichtungen sind jedoch praktisch wichtiger als DIN- oder ISO-Normen solche fachlichen Normen (Regelwerke), die im Informationssektor ohne Beteiligung des DIN entwickelt wurden; jedoch gewinnen auch hier DIN- und ISO-Normen eine immer größere Bedeutung. Die zahlreichen nicht fachspezifischen DIN-, ISO- und ANSI-Normen vom DIN-A4-Papier (DIN 476) bis zur Umschrift des Chinesischen (ISO 7038), die im Informationssektor ebenso wie in anderen Bereichen wichtig sind, werden hier nicht behandelt.

Der Begriff Standard umschließt einerseits den Bedeutungsaspekt der Norm (Festlegung von Merkmalen und Regeln, also eine SOLL-Aussage), andererseits den Aspekt des Normalen, Üblichen, Verbreiteten (also eine IST-Aussage). Standards bzw. Normen werden mitunter vermittels Dienstanweisung durchgesetzt, beispielsweise wies das Land Bayern die staatlichen bayerischen Bibliotheken in den 1970er-Jahren an, nach RAK zu katalogisieren, dem Regelwerk für die alphabetische Katalogisierung, das damals neu war. In anderen Fällen werden Standards oder Normen in die Realität umgesetzt, indem die Zuweisung von Fördermitteln an ihre Einhaltung gebunden wird. Zum Beispiel knüpft die DFG die Förderung der Retrodigitalisierung von Beständen an die Bedingung, dass eine Fülle technischer Standards eingehalten wird, z.B. soll die Digitalisierung von Mikroformen mit einer Auflösung bis 3.000 dpi erfolgen.

Normen und Standards bestehen meistens aus Definitionen und Benennungen sowie hauptsächlich aus Regeln, wie mit den definierten Entitäten zu verfahren ist, oder aus SOLL-Eigenschaften bzw. SOLL-Größen.

Tabelle 21 nennt die Zwecke, die mit Normen und Standards angestrebt werden, und erläutert sie anhand von Beispielen.

Tabelle 21: Zwecke von Normen und Standards

Zweck	Beispiel
Rationalisierung	Mehrere Bibliotheken können im EDV-Verbund arbeitsteilig katalogisieren, wenn sie dasselbe Regelwerk und dasselbe Datenformat anwenden. Die einzelne Bibliothek kann bereits vorhandene Titelaufnahmen anderer Bibliotheken nutzen und muss nur noch den verbleibenden Rest selbst katalogisieren
Wirtschaftlichkeit	Durch Richtwerte für Personal- und Finanzbedarf soll einerseits mangelnde Effektivität infolge Unterausstattung, andererseits Ressourcenvergeudung infolge Überausstattung verhindert werden
Qualitätssicherung	Ein Regelwerk zur Beschlagwortung soll konsistente Qualität der Sacherschließung sicherstellen, indem derselbe Gegenstand stets gleich bezeichnet wird
Ordnung	Regelwerke zur Formal- und Sacherschließung schaffen Ordnung und erlauben ein Information Retrieval von hoher Präzision
Kundenorientierung durch Redundanzvermeidung	Konsistent strukturierte Daten garantieren Einheitlichkeit (Normdateien) und ermöglichen den Kunden, effektive Suchstrategien anzuwenden. Beispiel: Derselbe Autor soll stets unter derselben Schreibweise zu finden sein (z. B. Dostojewski, Dostojevski, Dostojewskij, Dostojevskij)

Die zunehmende Kooperation der Bibliotheken untereinander, aber auch zwischen Bibliotheken und anderen Einrichtungen, wie z. B. Verlagen oder Datenbank-Anbietern, erzwingt in wachsendem Maß die Anwendung gleicher Verfahren, Regeln und kompatibler Merkmale, also die Anwendung domänübergreifender Normen.

Verstärkt wird dieser Trend durch die wachsende internationale Kooperation. In Deutschland werden teilweise andere Normen bevorzugt als die international verbreiteten Normen (z. B. Regeln für die Schlagwortkatalogisierung, ▶ 7.3.6). Darüber hinaus gibt es z. T. schon Normen für Regelungsgegenstände, die in Deutschland noch nicht normiert sind (z. B. digitalen Auskunftsdienst). Drei Lösungsmöglichkeiten bieten sich an:

– Neue, den aktuellen technischen und methodischen Verfahren angepasste Standards (z. B. Katalogisierungsregelwerke, Datenformate usw.) werden von international zusammengesetzten Gremien erarbeitet mit dem Ziel, übernationale, möglichst weltweite Verbreitung zu finden (z. B. RDA).
– Normen, die international bereits einige Verbreitung gefunden haben, werden, auch wenn sie aktuellen Erfordernissen nur begrenzt gerecht werden, dort zur Übernahme empfohlen, wo sie noch nicht gelten (z. B. DDC).
– Es werden Konkordanzen oder Algorithmen geschaffen, um Sachverhalte, Daten usw., die nach verschiedenen Normen gefasst sind, kompatibel, insbesondere austauschbar zu machen (vgl. VIAF).

Eine Kosten-Nutzen-Untersuchung könnte fallweise feststellen, welcher Weg im Verhältnis zu Vor- und Nachteilen kostengünstiger ist (einmalige Umstellung in Deutschland oder laufende

Pflege von Konkordanzen). Nicht selten treten jedoch an die Stelle einer wissenschaftlich begründeten Abwägung pragmatische oder politische Entscheidungen.

Eine weitere Tendenz betrifft die verstärkte Anwendung von Normen und Standards aus anderen Bereichen, z. B. für das Qualitätsmanagement (ISO 9000) oder für die Datenstrukturierung (z. B. Document Structure Description, DSD), eine deklarative Sprache, mit der die Struktur von XML-Dokumenten beschrieben wird). Soweit vorhandene Normen und Standards anwendbar oder anpassbar sind, ist dies sowohl unter wirtschaftlichen Gesichtspunkten vorteilhafter als eine branchenspezifische Entwicklung als auch unter dem Gesichtspunkt der Kundenorientierung, weil damit die Hürde zur Benutzung von Bibliotheken und Informationseinrichtungen gesenkt wird.

Auch rechtliche Vorschriften legen Merkmale und Regeln fest. Sie stellen in diesem Sinne Normen dar, insbesondere im Verwaltungsrecht. Beispielhaft sollen erwähnt werden:

- die Pflichtexemplargesetze und die darauf beruhenden Verordnungen
- die Vergabe- und Vertragsordnung für Leistungen (VOL), die die Auftragsvergabe der öffentlichen Hand detailliert regelt
- die Inventarordnungen der Bundesländer und Kommunen, die festlegen, ab welcher Preisgrenze erworbene bewegliche Sachen, d. h. in Bibliotheken vor allem Medien, inventarisiert werden müssen.

7.2 Standards als Planziele

Wenn im Informationssektor von Standards die Rede ist, dann sind oft SOLL-Aussagen im Sinn fachlich empfohlener Planziele gemeint, die bibliothekspolitische Argumentationen fundieren sollen. Klassische Beispiele bilden etwa der „Bibliotheksplan '73" und „Bibliotheken '93" (▶ 6.1). Nur vereinzelt haben derartige fachliche Standards im Informationssektor Verbindlichkeit erlangt, indem z. B. einige Standards Eingang in Förderrichtlinien gefunden haben. So förderte die *Landesfachstelle für das öffentliche Bibliothekswesen* in München im Jahre 2018 Projektmaßnahmen nur dann, wenn der Erwerbungsetat über 1,00 € pro Einwohner, mindestens jedoch 1.500 € betrug.

7.2.1 Allgemeine Standard

Nach „Bibliotheken '93" soll jede Bibliothek die folgenden Standards erfüllen:

1. fachliche Leitung
2. aufgabengerechte Personalausstattung
3. aufgabengerechte Sachausstattung
4. EDV-Einsatz und Internet-Anschluss
5. Gesicherte laufende Finanzierung
6. Gebühren nur, soweit diese nicht prohibitiv wirken
7. funktionsgerechte Bauten und Räume
8. Kooperation, besonders Teilnahme an Katalogisierungsverbünden, Leihverkehr,
9. arbeitsteiligen Dienstleistungen
10. Einsatz von Management-Methoden, z. B. Marketing, Controlling, Leistungsmessung
11. fachliche Unabhängigkeit bei der Medienauswahl
12. Öffentlichkeitsarbeit.

7.2.2 Bestandsgrößen und Erwerbungsmittel

„Bibliotheken '93" empfiehlt für Bibliotheken der Funktionsstufen 1 und 2 einen SOLL-Medienbestand, dessen Umfang nach der Formel errechnet werden soll:

$B' = 2E + (2E \cdot ((A:B):10))$
mit B': SOLL-Medienbestand,
E: Einwohnerzahl,
A: Zahl der Ausleihen pro Jahr,
B: IST-Medienbestand;
- damit richtet sich der SOLL-Medienbestand primär nach der Einwohnerzahl. Darüber hinaus soll der Medienbestand umso größer sein, je stärker er benutzt wird;
- einen Erwerbungsetat, um jährlich einen Teil des vorhandenen Bestandes durch Neuzugänge zu ersetzen.

Die Anzahl der erforderlichen Neuzugänge wird anhand folgender Formel ermittelt:

$N = (B:100) \cdot (5 + (A:B))$
mit N: Zahl der Neuzugänge pro Jahr,
B: IST-Medienbestand,
A: Zahl der Ausleihen pro Jahr;
Falls der IST-Medienbestand geringer ist als der SOLL-Medienbestand, muss der Erwerbungsetat ausreichen, um darüber hinaus weitere Neuzugänge für ein Bestandswachstum zu erwerben.

Für Universitätsbibliotheken (Funktionsstufe 3) empfiehlt das bayerische Etatmodell (Moravetz-Kuhlmann 2015), das bundesweit als Vorbild gilt, SOLL-Erwerbungsetats für Universitätsbibliotheken von Volluniversitäten. Sie beruhen auf bibliografischen Auszählungen der wissenschaftlich relevanten Publikationen einschließlich Datenbanken. Tabelle 22 gibt Beispiele für SOLL-Zugangszahlen für das Jahr 2010:

Tabelle 22: SOLL-Zugangszahlen für Universitätsbibliotheken 2010

Fach	Monografien	Zeitschriftentitel
Philosophie	700	90
Philologien	8.000	950
Musik/Theater/Film	850	140
Biologie	800	360
Informatik	700	170
Medizin/Zahnmedizin	1.142	428
Technik/Ingenieurwissenschaften	2.550	1.280
Weitere Fächer	...	...
Summe	**39.192**	**9.188**

Gegenüber den SOLL-Zugangszahlen, die in „Bibliotheken '93" für das Jahr 1990 genannt wurden, sind diese Zahlen um 27% reduziert, obwohl das wissenschaftliche Publikationsaufkommen gestiegen ist. Der Grund ist, dass die neuen Zahlen konsequent ein funktional differenziertes Bibliothekssystem voraussetzen: Danach soll selten nachgefragte Literatur, insbesondere Zeitschriften, nur noch in wenigen Bibliotheken oder nur noch in einer Bibliothek pro Verbund erworben werden. Der Zugang zur Literatur seitens der Nutzer erfolgt bei diesen Segmenten durch automatisierte Fernleihe und Dokumentlieferdienste. Dazu sollen:

- die Kooperation unter den Bibliotheken aufgrund der neuen Kommunikationsmöglichkeiten verbessert werden (Ressourcensharing, d.h. die Anzahl der insgesamt in bayerischen Universitätsbibliotheken erworbenen Titel soll nicht sinken)
- intra- und interuniversitäre Mehrfachexemplare vor allem im Bereich der hochpreisigen STM-Zeitschriften konsequent abgebaut werden
- die Funktion der Bayerischen Staatsbibliothek München als last resort durch die subsidiäre Bereitstellung von Dokumenten zur Kompensation von Defiziten im universitären Bereich konsequent ausgebaut werden.

Will man zu einem konkreten Etatbedarf kommen, müssen die genannten SOLL-Zugangszahlen

- mit Durchschnittspreisen multipliziert werden
- ergänzt werden um
  - den Bedarf für Datenbanken
  - den Mehrbedarf für elektronische Zeitschriften, bei denen die elektronische Fassung nicht im Preis für das Printabonnement enthalten ist bzw. einen Aufschlag erfordert
  - den Bedarf für elektronische Bücher
  - Mittel für die Lehrbuchsammlung
  - Mittel für Einband.

Es ergibt sich für 2010 ein Etatbedarf von 10,3 Mio. € für die Universitätsbibliothek einer Volluniversität mit durchschnittlichem Ausbaugrad aller Fächer – mehr als das Dreifache der im Bundesdurchschnitt tatsächlich verfügbaren Mittel. In 2016 standen den Universitätsbibliotheken durchschnittlich 3,043 Millionen Euro für Erwerbung zur Verfügung, davon 65,4% für digitale Medien. Einzelheiten zeigt Tabelle 23. Schon bald nach der Publikation des bayerischen Etatmodells 2010 wurde deutlich, dass der Anteil, den es zur Lizenzierung von Netzpublikationen vorsieht, zu gering ist.

Tabelle 23: Etatbedarf einer Volluniversität bei durchschnittlichem Ausbaugrad der Fächer

Bestandsgruppe	Etatbedarf in €	Anteil	Anteil
Monografien	2.061.000	20%	70%
Zeitschriften	5.149.000	50%	
Datenbanken	1.718.000	17%	24%
Elektronische Zeitschriften	552.000	5%	
Elektronische Bücher	206.000	2%	
Lehrbuchsammlung	348.000	3%	3%
Einband	288.000	3%	3%
Summe	10.322.000	100%	100%

Die SOLL-Zugangszahlen für Fachhochschulbibliotheken liegen bei 10% der Zahlen für Universitätsbibliotheken.

7.2.3 Räume und Flächen

Der Flächenbedarf einer Bibliothek ergibt sich als Produkt:

– der Flächenfaktoren (das ist der Flächenbedarf in Quadratmetern differenziert nach Funktionsbereichen) und
– der Anzahl der Einheiten.

Maßgebliche Quelle ist die *DIN-Norm 67700: Bau von Bibliotheken und Archiven – Anforderungen und Empfehlungen für die Planung.* Sie gibt:

– eine Liste der erforderlichen Funktionsbereiche, z. B. Garderobe, Ausleihverbuchung, Zeitschriften, Bücher in Freihand, Bücher im Freihandmagazin, Benutzerarbeitsplätze
– die Flächenfaktoren
– die empfohlene Anzahl Funktionseinheiten pro Nutzer
– qualitative Anforderungen an die Räume und Flächen, z. B. Steckdosen und Beleuchtung an Benutzerarbeitsplätzen.

7.2.4 Personalbedarf

Der Personalbedarf ist eine der zwischen Bibliothekaren und Unterhaltsträgern umstrittensten Größen. „Bibliotheken '93" verweist für Wissenschaftliche Bibliotheken auf ältere Untersuchungen (vor allem Mallmann-Biehler 1982), ohne selbst konkrete Zahlen zu nennen, geht jedoch trotz der Rationalisierungseffekte infolge EDV-Einsatzes von einem steigenden Personalbedarf aus, weil die Benutzung quantitativ zunimmt und qualitativ höhere Leistungen erfordert. Für Öffentliche Bibliotheken zitiert „Bibliotheken '93" ebenfalls aus älteren Richtwerten der KGSt (KGSt-Gutachten 1973), wonach je 2.000 Einwohner eine Personalstelle in der Öffentlichen Bibliothek vorhanden sein soll, fügt jedoch hinzu: 70% dieses Ansatzes gilt als Mindestanforderung. Für Gemeinden in der Größenordnung 25.000–50.000 Einwohner hat die KGSt 1994 ihre Empfehlung von 1973 relativiert und nur noch etwa 50% der damals empfohlenen Personalausstattung vorgesehen (Organisationsmodell für Gemeinden der Größenklasse 5 1994). Aktuelle empirische Werte für Personalbedarf führen *Naumann* und *Umlauf* (Naumann/Umlauf 2002) auf; diese Werte wurden 2005 von der *Hochschul-Informations-System-GmbH* (HIS) leicht reduziert als Empfehlung aufgegriffen (Vogel 2005). Ein gravierendes Problem für Hochschulbibliotheken ist die gravierende Diskrepanz zwischen der Drittmittel finanzierten, mithin befristeten Personalausstattung von Projekten und dem anschließend fehlenden Personal, um Projektergebnisse zu verstetigen.

7.2.5 Öffnungszeiten

Das BID-Positionspapier „21 gute Gründe für gute Bibliotheken" enthält die Forderung, dass die Öffnungsstunden einer kommunalen Bibliothek mindestens 75% der durchschnittlichen Öffnungsstunden des örtlichen Einzelhandels umfassen sollen; das wären in den meisten Kommunen rund 30–50 Öffnungsstunden der Bibliothek. Hochschulbibliotheken sollen danach mindestens 80 Stunden pro Woche einschließlich Wochenenden geöffnet sein. Während viele Hochschulbibliotheken ihre Öffnungszeiten in den vergangenen Jahren deutlich erweitern konnten, haben die kommunalen Bibliotheken bisher kaum Wege gefunden (z. B. Öffnung mit Ehrenamtlichen oder mit Selbstbedienung unter Aufsicht von Wachpersonal), diese Forderungen zu verwirklichen. Seit 2007 fordert der dbv, das Arbeitszeitgesetz auf Bundesebene insoweit zu ändern, dass die Ausnahme vom Sonntagsarbeitsverbot nicht nur u. a. für wissenschaftliche Präsenzbibliotheken, sondern auch für Öffentliche Bibliotheken gelten solle. Vereinzelt und vorübergehend öffneten Öffentliche Bibliotheken sonntags mit freiwilligen Kräften - diese sind nicht dem Arbeitszeitgesetz unterworfen –, so die Stadtbibliothek Bremen oder die *Zentral- und Landesbibliothek* Berlin. In Nordrhein-Westfalen ermöglicht das im Oktober 2019 vom Landtag einstimmig verabschiedete „Gesetz zur Stärkung der kulturellen Funktion der Öffentlichen Bibliotheken und ihrer Öffnung am Sonntag" („Bibliotheksstärkungsgesetz") zumindest in diesem Bundesland die Sonntagsöffnung der Öffentlichen Bibliotheken.

7.3 Ausgewählte Normen und Standards

An dieser Stelle können nur ausgewählte Normen und Standards für den Informationssektor beispielhaft behandelt werden. Allein die Normen zum Thema Bestandserhaltung füllen ein über 500-seitiges Werk (Hofmann/Roschkowski 2018). Auf vier Standards, die nicht speziell für den Informationssektor entwickelt wurden, aber hier von herausragender Bedeutung sind, soll hingewiesen werden:

- ISBN, ISSN (ISMN, ISWC, ISRC, ISAN, ISRN): Die International Standard Book Number (DIN ISO 2108:2005) soll jeden Buchtitel mittels einer dreizehnstelligen Identifikationsnummer kennzeichnen. Die ISBN besteht aus fünf Zifferngruppen, getrennt durch Bindestrich: 1. dem Präfix 978 oder 979, das die Buchbranche bezeichnet und die Kompatibilität mit der GTIN (Global Trade Item Number) herstellt, 2. der Gruppennummer für nationale, geographische, Sprach- oder ähnliche Gruppen, 3. der Verlagsnummer, 4. der Titelnummer, 5. einer Prüfziffer. Die ISBN rationalisiert im Buchhandel und im Informationssektor Bestellungen und Daten-Transfers, besonders die Fremddatenübernahme bei der Katalogisierung. (Teilweise wird noch die frühere 10-stellige ISBN ohne Präfix angegeben.) Die ISSN (International Standard Serial Number, DIN ISO 3297) identifiziert Periodika (Zeitschriften-, Zeitungen- und Reihentitel). Sie ist achtstellig und enthält keinen Bestandteil für Herkunftsland oder Verlag. Auch für Musikalien, audiovisuelle Aufnahmen und Forschungsberichte existieren entsprechende Nummerungssysteme:
- ISMN: International Standard Music Number (DIN ISO 10957); bezeichnet gedruckte oder digitale Notensätze
- ISWC: International Standard Musical Work Code (DIN ISO 15707); bezeichnet das einzelne Musikwerk als geistige Schöpfung
- ISRC: International Standard Recording Code (DIN ISO 3901); bezeichnet die einzelne digitale Aufnahme eines Werks
- ISAN: International Standard Audiovisual Number (ISO 15706); bezeichnet audiovisuelle Werke unabhängig vom Veröffentlichungsformat
- ISRN: International Standard Technical Report Number (DIN ISO 10444); bezeichnet Forschungsberichte in gedruckter oder digitaler Form.

Zahlreiche Normen geben Empfehlungen für Eigenschaften und Anwendung von CDs, CD-ROMs, DVDs und BDs (Blu-ray Discs).

Qualitätsmanagement: Im Rahmen der Hinwendung zu Dienstleistungs- und Kundenorientierung begannen Bibliotheken, Methoden des Qualitätsmanagements nach ISO 9000ff. anzuwenden. Hier geht es um systematisch eingesetzte Maßnahmen zur Planung, Steuerung und Kontrolle der Leistungserbringung, damit die erbrachten Dienstleistungen dem festgelegten Qualitätsstandard entsprechen.

7.3.1 Papier, Bucheinband, Magazinierung

Einige Normen geben Empfehlungen für die Eigenschaften von lang haltbarem Papier, Bucheinbänden, die Bibliotheken z. B. für Printzeitschriften anfertigen lassen, und für die Magazinierung:

Tabelle 24: Normen für Papier, Bucheinband und Magazinierung

Norm	Beispiel aus dem Inhalt
DIN EN ISO 9706 Information und Dokumentation – Papier für Schriftgut und Druckerzeugnisse – Voraussetzungen für die Alterungsbeständigkeit ISO 11798 Information und Dokumentation – Alterungsbeständigkeit von Schriften, Drucken und Kopien auf Papier – Anforderungen und Prüfmethoden	Das Papier muss eine chemisch definierte Alkalireserve aufweisen. Der pH-Wert des Kaltwasserextrakts muss zwischen 7,5 und 10 liegen.
DIN ISO 11800 Information und Dokumentation – Anforderungen an Bindematerialien und -methoden zur Herstellung von Büchern	Es soll Papier nach DIN ISO 9706 verwendet werden. Der Buchblock darf maximal 64 mm dick sein.
DIN 33902 (2004–11) Information und Dokumentation – Anforderungen an das Binden von Bibliotheks-, Archiv- und anderem Schriftgut bzw. anderen Druckerzeugnissen aus Papier zum Gebrauch in Archiven und Bibliotheken – Verfahren und Materialien	Der Klebstoff darf kein PVC enthalten. Er besteht aus einem Polymer mit einem möglichst inneren Weichmacher. Er hat einen pH-Wert von etwa 4 bei Klebebindungen, sonst von 7.
DIN ISO 11799 Information und Dokumentation – Anforderungen an die Aufbewahrung von Archiv- und Bibliotheksgut	Für die Langzeitarchivierung von Papier soll die Raumtemperatur 2–18° C betragen, die relative Luftfeuchtigkeit 30–45%.

7.3.2 Codierungs- und Nummerungssysteme, Transliteration

Einige Normen geben an, wie Ländernamen abgekürzt und wie Datum sowie Uhrzeit dargestellt werden sollen, diese Normen gewinnen bei der Beschreibung elektronischer Dokumente eine große Bedeutung:

- DIN EN ISO 3166-1 und DIN EN ISO 3166-3: Information und Dokumentation – Codes für die Namen von Ländern und deren Untereinheiten
- ISO 639-1 bis ISO 639-3: Codes für Sprachennamen
- ISO 8601: Datenelemente und Austauschformate – Informationsaustausch – Darstellung von Datum und Uhrzeit.

7.3.3 Bibliotheksstatistik

Damit statistische Daten überörtlich aussagefähig werden, muss auf Vergleichbarkeit geachtet werden. Diesem Zweck dient ISO 2789: Internationale Bibliotheksstatistik. Beispiele gibt Tabelle 25.

Tabelle 25: Beispiele aus ISO 2789

Fragestellung	Angaben nach ISO 2789
Zählt eine Leihfrist-Verlängerung als Ausleihe?	Ja. Jede Fristverlängerung auf Benutzerantrag zählt als neue Entleihung.
Wie viel Medieneinheiten umfasst eine Note, die aus sechs einzelnen Notenblättern (den Stimmen) in einer Mappe besteht?	Eine. Noten, die aus lose zusammengefügten Einzelblättern oder Stimmen bestehen, zählen jeweils als eine physische Einheit = eine Medieneinheit.
Zählt ein gebundener Zeitschriftenjahrgang als eine Medieneinheit oder gemäß der Zahl der Buchbinder-Bände?	Gemäß der Zahl der Buchbindereinheiten. Gebundene Zeitschriftenjahrgänge werden nach der Anzahl der physischen Einheiten gezählt.
Die Mikrofiche-Edition Italienisches Biografisches Archiv enthält die 321 wichtigsten italienischen biografischen Nachschlagewerke auf 1.046 Mikrofiches. Wie viel Medieneinheiten?	1.046 Medieneinheiten. Mikroformen werden nach der Anzahl der physischen Einheiten gezählt.

7.3.4 Leistungsmessung

Die Größen in ISO 2789 Internationale Bibliotheksstatistik haben sich als nicht ausreichend erwiesen, um die Leistungen von Bibliotheken angemessen zu erfassen. Für die differenzierte Messung der Dienstleistungen sind Indikatoren in der ISO-Norm 11620 (2014, Leistungsindikatoren für Bibliotheken) und in der IFLA-Publikation „Measuring quality" von Roswitha Poll und Peter te Boekhorst, erschienen in 2. Aufl. 2007 (Poll 2007), normiert worden.

Tabelle 26 nennt ausgewählte Fragestellungen und in diesen Normen kodifizierte Antworten.

Tabelle 26: Beispiele für Leistungsindikatoren

Fragestellung, Ziel	ISO 11620 (hiernach die Gliederungsziffern)	IFLA (hiernach die Gliederungsziffern)
Wie zufrieden sind unsere Benutzer?	1.1.1 Benutzerzufriedenheit nach einzelnen Diensten, Stichprobe, Benutzerbefragung, Skala 1–5	B.2 Benutzerzufriedenheit gleiche Definition
Wie erfolgreich sind wir in der Erreichung einer Zielpopulation?	2.1.1 Prozentsatz der erreichten Zielpopulation Stichprobe aus der Zielpopulation. Anteil der Befragten, die im letzten Jahr die Bibliothek benutzt haben. Oder Anteil der Entleiher an der Bevölkerung	B.1 Marktdurchdringung gleiche Definition
Stellen wir unseren Nutzern ausreichende Flächen zur Verfügung?	Nicht enthalten	A.1 Publikumsfläche pro 1.000 Mitgliedern der Zielpopulation
Wie viel kostet die Bibliothek pro Benutzer?	2.1.2 Kosten pro Benutzer Laufende Ausgaben pro Jahr geteilt durch Anzahl Benutzer	C.1 Kosten pro Benutzer gleiche Definition

Fragestellung, Ziel	ISO 11620 (hiernach die Gliederungsziffern)	IFLA (hiernach die Gliederungsziffern)
Wieweit ist die Entwicklung zur digitalen Bibliothek fortgeschritten?	Nicht enthalten	D.1 Anteil der Ausgaben für elektronische Dokumente (Kauf oder Lizenz) an den Erwerbungsausgaben
Wieweit stehen unsere Bestände tatsächlich zur Verfügung, wenn sie verlangt werden?	2.2.1 Verfügbarkeit von Titeln Prozentsatz der Titel im Bestand, die durchschnittlich weder ausgeliehen noch in Bearbeitung sind, an allen Titeln im Bestand	Nicht enthalten
Wieweit stehen Titel des Bestandes, die nachgefragt werden, tatsächlich und sofort zur Verfügung?	2.2.2 Verfügbarkeit von nachgefragten Titeln Prozentsatz der nachgefragten Titel im Bestand, die durchschnittlich weder ausgeliehen noch in Bearbeitung sind, an allen Titeln im Bestand Benutzerbefragung, Stichprobe	A.5 Verfügbarkeit von nachgefragten Titeln Etwa gleiche Definition
Wieweit können Titel des Bestandes ohne Wartezeit ausgeliehen werden?	Nicht enthalten	A.8 Sofortige Verfügbarkeit Prozentsatz der Ausleihen, die ohne Vormerkung und ohne Fernleihe getätigt wurden, an allen Ausleihen
Wieweit stimmt unser Bestand mit dem Bedarf überein?	2.2.3 Anteil an nachgefragten Titeln im Bestand Prozentsatz der nachgefragten Titel, die im Bestand sind Benutzerbefragung, Stichprobe	Nicht enthalten
Wie stark werden unsere Bestände genutzt? Wie gut sind sie auf den Bedarf ausgerichtet?	2.2.6 Dokumentnutzungsrate Prozentsatz an Titeln im Bestand, die durchschnittlich ausgeliehen sind oder in der Bibliothek benutzt werden	Nicht enthalten
Wieweit haben wir am Bedarf vorbei erworben? Welche Bestandteile können ausgelagert oder ausgeschieden werden?	Nicht enthalten	B.7 Prozentsatz des ungenutzten Bestands Anteil des binnen eines Jahres nicht entliehenen Ausleihbestands am Ausleihbestand
Wie gut finden unsere Nutzer häufig gesuchte Inhalte auf unserer Website?	Nicht enthalten	A.10 Direkter Zugang von der Homepage Anzahl der Klicks von der Homepage zum gesuchten Inhalt

7.3.5 Formalerschließung

Formalerschließung (Synonyme: Objektdokumentation, Titelaufnahme, bibliografische Beschreibung) ist bibliothekarische Informationsaufbereitung, die sich vor allem auf formale Merkmale des Dokuments, z. B. Verfasser, Titel, Ausgabe oder Dokumenttyp richtet. Sie soll dazu führen, dass dem Benutzer anhand des Katalogs der Bibliothek folgende Fragen beantwortet werden:

- Besitzt die Bibliothek eine bestimmte Publikation?
- Welche Werke eines bestimmten Urhebers sind im Bestand dieser Bibliothek bzw. weiterer Bibliotheken vorhanden?
- Welche Ausgaben eines bestimmten Werks sind im Bestand dieser Bibliothek bzw. weiterer Bibliotheken vorhanden?
- Wie bzw. wo findet der Benutzer Zugang zu der betreffenden Einheit?

Erforderlich ist ein Beschreibungsschema oder Datenformat (Synonyme: Datenerfassungsschema, Datenbasisschema, Datenkatalog, Kategorienschema), das die zu erfassenden Merkmale enthält, definiert und für das Information Retrieval zur Verfügung stellt. Es muss folgende Fragen beantworten:

- Welche Arten von Dokumenten sollen mit diesem Regelwerk erfasst werden (z. B. gedruckte Bücher, CD-ROMs/DVDs, Notendrucke, Karten, Zeitschriftenaufsätze, Patente ...)? Noch immer werden in Bibliotheken – anders als in bibliografischen Datenbanken und in Bibliografien – zumeist nur selbstständige Publikationen erfasst.
- Wie sollen die Relationen zwischen zusammenhängenden Publikationen abgebildet werden, z. B. bei mehrbändigen Werken, Stücken einer Schriftenreihe, Aktualisierungen einer Loseblatt-Ausgabe oder dynamischen Dateien?
- Wie soll der Zusammenhang zwischen Inhalt einer Publikation, Ausgabe, Auflage, Erscheinungsform und -weise abgebildet werden, z. B. Neuausgabe eines älteren Werks unter einem anderen Titel, dasselbe Werk als gedrucktes Buch und als elektronische Publikation?
- Welche Beschreibungsmerkmale sollen erfasst werden (z. B. Verfasser, Titel, Seitenzahl, Format, Laufzeit bei audio-visuellen Dokumenten, Gewicht, Zusammenhang mit anderen Dokumenten ...)?
- Wie bzw. woher (Quellen) sollen diese Beschreibungsmerkmale ermittelt werden (z. B. bei DVDs vom Aufdruck auf dem Jewel Case, vom Vorspann des Films ...)?
- In welcher Form sollen die Merkmalsausprägungen (Attribute) für das Information Retrieval zur Verfügung gestellt werden? Z. B. werden nach RDA die zahlreichen Namen und Namensformen Friedrichs des Großen unter dem Sucheinstieg „Friedrich II., Preußen, König" zusammengeführt.
- Sofern Listenausdrucke oder Zettel hergestellt werden sollen, muss das Regelwerk Anzahl und Art der Eintragungen (Haupt- und Nebeneintragungen) sowie die Ordnung der Eintragungen regeln.

Verbreitet sind folgende Regelwerke, die z. T. Angaben zur Formal- und Inhaltserschließung umfassen:

- IAEA-INIS-1 INIS: Guide to Bibliographic Description (International Nuclear Information System) im Bereich der naturwissenschaftlich-technischen Dokumentation.
- DIN-ISO 690: Information und Dokumentation - Richtlinien für Titelangaben und Zitierung von Informationsressourcen. Die Norm wird in Bibliotheken nicht angewendet. Dort richtet sich die Katalogisierung nach RDA.

- DIN 31631–1 bis DIN 31631–7: Kategorienkatalog für Dokumente: Zusammenstellung von Datenelementen für die formale und inhaltliche Beschreibung von Dokumenten, Institutionen und Projekten, aus denen die Anwender eine Auswahl für ihren Bedarf treffen können.
- Regelwerk Mediendokumentation, das von den öffentlich-rechtlichen Rundfunkanstalten entwickelt wurde, mit einer Vielzahl von Erschließungskategorien z. B. für Fernsehbearbeiter, Choreografen, Übersetzer, Showmaster, Ausstattung u. a. m.

Als grundlegender Standard ist die International Standard Bibliographic Description (ISBD) anerkannt. Geregelt ist darin, welche Elemente zu erfassen sind, in welcher Reihenfolge sie angeordnet werden und welche Deskriptionszeichen sie voneinander trennen. Die ISBD(G) – das G steht für general = allgemein – sieht folgendes Schema vor:

- Sachtitel- und Verfasserangabe. – Ausgabebezeichnung. – Erscheinungsvermerk. – Kollationsvermerk. – (Gesamttitelangabe)
Erste Fußnote. – Zweite Fußnote. – [usw.]
Nummern [z. B. ISBN]
Bandaufführung des ersten Bandes
Bandaufführung des zweiten Bandes [usw.].

Für spezielle Ressourcenarten gelten Varianten, z. B. ISBD(A) für ältere Monografien oder ISBD (ER) für Elektronische Ressourcen.

Die Form, in der die Merkmale als Sucheinstiege erfasst werden, ist in der ISBD nicht geregelt, auch nicht der Zusammenhang zwischen mehreren Katalogdatensätzen (z. B. mehrere Werke eines Verfassers, mehrere Ausgaben desselben Werks, mehrbändige Werke und Schriftenreihen). Nach dem ISBD-Schema werden auch die Katalogdatensätze ausgegeben, die nach dem seit 2015 auch im deutschsprachigen Raum angewendeten Regelwerk Resource Descripion and Access (RDA) erstellt wurden. Dieses Regelwerk löste die beiden älteren Katalogisierungsregelwerke ab:

- AACR2: Anglo-American Cataloguing Rules, zuvor verbreitet in Bibliotheken im englischsprachigen Raum und international.
- RAK: Regeln für die alphabetische Katalogisierung mit Sonderregeln für Nichtbuchmaterialien, Musikalien, Karten u. a. m.

Vor allem folgende Bibliotheken und Organisationen stehen hinter dem RDA-Standard, zuerst veröffentlicht 2010: American Library Association, Canadian Library Association, CILIP (Chartered Institute of Library and Information Professionals), Library of Congress, Library and Archives Canada, British Library und National Library of Australia. Der RDA-Standard weist folgende Merkmale auf:

- Er beruht auf von der IFLA entwickelten Modellen (Funktionale Anforderungen an bibliografische Datensätze, zuerst engl. 1998 als Functional Requirements for Bibliographic Records, FRBR; Functional Requirements for Authority Data, FRAD; Functional Requirements for Subject Authority Records FRSAR).
- Er erfüllt die Anforderungen des Statement of International Cataloguing Principles der IFLA (2009).
- Er bezieht nicht nur textbasierte, sondern alle Medientypen konsistent ein.
- Er ist offen für den Datenaustausch mit Gedächtnisinstitutionen wie Archiven und Museen.

– Er schreibt die Erfassung einer Reihe von bibliografischen Kernelementen einer jeweiligen Ressource vor, sofern sie auf diese Ressource zutreffen, z. B. Haupttitel, Ausgabebezeichnung, Erscheinungsort, Verlagsname, Erscheinungsdatum, Datenträgertyp, Inhaltstyp, in der Manifestation verkörpertes Werk, geistiger Schöpfer. Darüber hinaus können weitere Elemente erfasst werden. Im Interesse einer einheitlichen Katalogisierungspraxis und eines besseren Datenaustauschs wurde für den deutschsprachigen Raum ein Standardelemente-Set für bibliografische und für Normdaten erarbeitet, das mehr Elemente als die Kernelemente umfasst, beispielsweise auch die Zusatzelemente Titelzusatz, Erscheinungsweise, Medientyp, URL, Hochschulschriftenvermerk, in Beziehung stehende Manifestation.

Die funktionalen Anforderungen an bibliografische Datensätze (FRBR) unterscheiden folgende vier grundlegende Entitäten (Einheiten):

Tabelle 27: Funktionale Anforderungen an bibliografische Datensätze

Entität	Beispiel 1	Beispiel 2
Werk: eine einheitliche intellektuelle bzw. künstlerische Schöpfung	Beethovens Sinfonie Nr. 1 in C-Dur op. 21	
Expression: die intellektuelle bzw. künstlerische Realisierung eines Werks in Form von Buchstaben, Zahlen, Noten, Choreografien, Tönen, Bildern, Gegenständen, Bewegungen usw. oder einer Kombination dieser Formen	Eine Partitur dieser Sinfonie	Der Mitschnitt der Aufführung dieser Sinfonie, gespielt von den London Classical Players mit Norrington, Roger (Dir.), London 1987
Manifestation: die physische Verkörperung einer Expression eines Werks	Die Ausgabe dieser Partitur Leipzig: Breitkopf-und-Härtel-Musikverlag 1986	Dieser Mitschnitt auf CD von EMI-Electrola 1992
Exemplar: ein einzelnes Stück einer Manifestation	Das Exemplar dieser Partitur mit der Zugangsnummer 86/54321 in der Bibliothek der UDK Berlin	Das Exemplar dieser CD mit der Zugangsnummer 92/12345 im Deutschen Musikarchiv Berlin

Eine zweite Gruppe von Entitäten des FRBR-Modells soll den Inhalt bzw. die für die physische Produktion und Verbreitung oder für den Schutz der grundlegenden vier Entitäten verantwortlichen Instanzen bezeichnen (Person, Familie, Körperschaft), eine dritte Gruppe von Entitäten weitere Aspekte des Inhalts (Begriff, Gegenstand, Ereignis, Ort).

Insbesondere die Unterscheidungen, die mit der Ebene der Expression eingeführt werden, schaffen mehr Klarheit als heutige Bibliothekskataloge bieten können. Der Informationsgehalt der Bibliothekskataloge nimmt zu, weil der Nutzer differenzierter und genauer als heute über die in Bibliotheken vorhandenen Werke einerseits und ihre verschiedenen Ausgaben, Auflagen, Bearbeitungen, Verfilmungen usw. sowie deren Beziehungen untereinander und zum Werk informiert werden.

Die „Functional Requirements for Authority Data" (FRAD) und die „Functional Requirements for Subject Authority Records" (FRSAR) stellen Modelle für Normdaten und ihre Verknüpfung mit Katalogisaten bzw. für die weiteren inhaltsbeschreibenden Entitäten dar. Das im Rahmen einer mehrjährigen IFLA-Konferenzfolge erarbeitete „Statement of International Cataloguing Principles" (2009) stellt eine Leitlinie für künftige Katalogisierungsregelwerke und -praxis dar. Dazu gehören u. a. folgende Aussagen:

- Das Vokabular in bibliografischen Beschreibungen und für Sucheinstiege soll dem Vokabular entsprechen, das die Mehrheit der Benutzer verwendet.
- Nur solche Datenelemente sollen aufgeführt werden, die für eine eindeutige Identifizierung der Entität erforderlich sind.
- Bibliografische Beschreibungen und Sucheinstiege sollen soweit wie möglich standardisiert sein.
- Der Katalog soll die relevanten Beziehungen abbilden, die zwischen den Entitäten einer Einheit bestehen. Beispielsweise soll der Benutzer im Katalog bei einer Recherche nach einem bestimmten Werk dessen verschiedene Expressionen und Manifestationen finden, auch wenn für jede Manifestation eine eigene bibliografische Beschreibung erstellt wird.
- Normierte Sucheinstiege in Verknüpfung mit abweichenden Namensformen sollen für alle Entitäten angeboten werden.

Mit RDA wird der Aufwand bei der Katalogisierung bedeutend größer als zuvor – es müssen mehr Daten erfasst werden –, aber der Erfolg beim Information Retrieval und der Nutzen, den Kataloge stiften, wachsen auch enorm. Mit RDA verfeinert sich die Granularität der bibliografischen Information innerhalb eines Datensatzes beträchtlich. Der RDA-Standard entfaltet deshalb eine Dynamik, die einerseits eine hervorragend durchdachte internationale Arbeitsteilung und andererseits einen konsequenten Datenaustausch und eine Fremddatenübernahme in großem Stil fordert. RDA steht nicht nur als textliches Regelwerk zur Verfügung, sondern als web-basiertes Tool (RDA Toolkit), das die Nachnutzung von Metadaten aus externen Quellen unterstützt. Auf Basis von RDA erstellte Bibliothekskataloge werden einen maßgeblichen Beitrag zur Entwicklung des Semantic Web leisten, indem sie Begriffe, Benennungen und Bezeichnungen zusammenführen und Suchmaschinen erlauben, mehr zu leisten als Zeichenfolgen abzugleichen. Nach RDA erzeugte Katalogisate sollen abwärtskompatibel gegenüber den älteren Katalogisaten sein, um einen Katalogabbruch zu vermeiden.

7.3.6 Inhaltserschließung

Bei der Inhaltserschließung (Inhaltsdokumentation, Sacherschließung) bezieht sich die Informationsaufbereitung insbesondere auf inhaltliche Merkmale der Ressource, vor allem auf behandelte Personen, Körperschaften und Gegenstände, auf den zeitlichen und geografischen Bezug des Themas, die eingesetzte Methode oder den weltanschaulichen Blickwinkel und Kontext der Behandlung, die Darstellungsform sowie materialbezogene Aspekte. Auch hier sind Regelwerke, darüber hinaus ggf. Normdateien bzw. die wie Normdateien anzuwendenden Klassifikationen erforderlich. Ein Regelwerk zur Sacherschließung muss folgende Fragen beantworten:

- Welche Medientypen sollen erschlossen werden (z. B. gedruckte Bücher allgemein, Schulbücher, elektronische Bücher, CD-ROMs/DVDs, Notendrucke, Zeitschriftenaufsätze, Patente)?
- Welche Arten von inhaltlichen Merkmalen werden dem Dokument zugeordnet (z. B. Notationen, Deskriptoren, Metatexte)?
- Welche Aspekte des Dokuments und seines Inhalts werden berücksichtigt, z. B.
  - Gegenstände: Allgemeinbegriffe, Individualbegriffe, beides nebeneinander; Oberbegriffe zu den behandelten Allgemein-/Individualbegriffen;
  - Methoden, mit denen der Gegenstand behandelt wird;
  - Form des Dokuments, z. B. Lehrbuch, Aufsatz, Film, DVD?

– Wie bzw. woher (Quellen) sollen diese Beschreibungsmerkmale ermittelt werden (z. B. aus dem Dokument, aus einem Thesaurus, aus einer Klassifikation)?
– In welcher Form sollen die Merkmalsausprägungen (Attribute) erfasst werden?
– Umfang und Tiefe der Erschließung?
– Sofern Listenausdrucke oder Zettel hergestellt werden: Anzahl und Art der Eintragungen, Ordnung der Eintragungen?

Man unterscheidet folgende Arten von Inhaltserschließung:

– Erschließung durch Inhaltskondensate, vor allem Kurzreferate des Inhalts (Abstracts); Regeln hierfür: ISO 214 und DIN 1426
– Erschließung durch Klassifikation (Systematik)
– Erschließung durch Schlagwörter (bzw. Deskriptoren): verbale Sacherschließung, Beschlagwortung, Verschlagwortung, Indexieren im engeren Sinn.

Wichtige Universalklassifikationen sind die folgenden:

– *Dewey* Dezimalklassifikation (Dewey Decimal Classification, DDC): die international am weitesten verbreitete Klassifikation für Öffentliche und Wissenschaftliche Bibliotheken (Schwerpunkt angloamerikanische Welt. Seit 2005 werden die in der Deutschen Nationalbibliografie verzeichneten Titel zu einem nennenswerten Teil mit vollständigen DDC-Notationen erschlossen; dazu wurde eine übersetzte und angepasste Fassung der DDC erarbeitet.)
– Internationale Universale Dezimalklassifikation (UDK): ursprünglich mit der DDC eng verwandt, ihr heute kaum noch ähnlich, wird besonders in Kontinentaleuropa, wenig jedoch in Deutschland angewendet
– Regensburger Verbundklassifikation (RVK): Aufstellungssystematik für Hochschulbibliotheken mit zunehmender Verbreitung im gesamten deutschsprachigen Raum mit Schwerpunkt in Bayern, Berlin, Brandenburg und Sachsen
– Basisklassifikation: entwickelt im Rahmen des PICA-EDV-Systems für die Recherche in Katalogen Wissenschaftlicher Bibliotheken in Kombination mit Schlagwörtern, angewendet vor allem im Gemeinsamen Bibliotheksverbund (GBV);
– Systematik für Bibliotheken SfB: Aufstellungssystematik für Öffentliche und Wissenschaftliche Bibliotheken mit Verbreitung in Norddeutschland
– Klassifikation der Sachliteratur und der Schönen Literatur der Stadtbibliothek Duisburg (SSD): Aufstellungssystematik für Öffentliche Bibliotheken, verbreitet in Nordrhein-Westfalen
– Klassifikation für Allgemeinbibliotheken (KAB): üblich als Aufstellungssystematik in den Öffentlichen Bibliotheken der östlichen Bundesländer
– Allgemeine Systematik für Öffentliche Bibliotheken (ASB): verbreitet in den Öffentlichen Bibliotheken der westlichen Bundesländer.

In den 1970er-Jahren in der Bundesrepublik Deutschland unternommene Versuche, zu einer in allen Typen von Bibliotheken einheitlich verwendeten Klassifikation zu kommen, sind gescheitert.
DIN 32705 enthält Regeln für die Erstellung und Weiterentwicklung von Klassifikationssystemen nicht nur im Informationssektor, sondern z. B. auch für die Klassifikation von Waren und Dienstleistungen. Allerdings beschränkt sich diese Norm auf wenige grundlegende Aussagen und reicht bei der Überarbeitung von Klassifikationen nicht aus, um bessere Lösungen als vorhanden zu finden.

Wichtige Regelwerke für die verbale Sacherschließung sind:

- *Regeln für die Schlagwortkatalogisierung* RSWK (4. Ausgabe 2017): das maßgebliche Regelwerk für Bibliotheken im deutschsprachigen Bereich. Es enthält sowohl Regeln für die Generierung der Schlagwörter wie auch für die Zuordnung der Schlagwörter zu Dokumenten. Gegenüber früheren Ausgaben des Regelwerks ist die vierte Ausgabe kompatibel mit dem RDA-Standard. Unterschiedliche Ansetzungen ein und desselben Sachverhalts einerseits für die Formalerschließung (z. B. ein Verfassername) und andererseits für die Sacherschließung (dieselbe Person nicht als Verfasser, sondern als Gegenstand einer Veröffentlichung) bestehen nicht mehr. Die auf Basis der RSWK generierten Schlagwörter werden in der *Gemeinsamen Normdatei* (GND) geführt.
- DIN 31623–1: Indexierung zur inhaltlichen Erschließung von Dokumenten; Begriffe, Grundlagen. DIN 31623–2: Indexierung zur inhaltlichen Erschließung von Dokumenten; Gleichordnende Indexierung mit Deskriptoren. DIN 31623–3: Indexierung zur inhaltlichen Erschließung von Dokumenten; Syntaktische Indexierung mit Deskriptoren. Werden nicht in Bibliotheken, sondern in Informationsstellen angewendet.
- LCSH – Library of Congress <Washington>/Subject Cataloging Division: Subject Headings Manual: Regelwerk zur Beschlagwortung durch die LC. Die auf dieser Basis generierten Schlagwörter stellen die Library of Congress Subject Headings dar.

Die RSWK scheinen umfangreicher und komplizierter zu sein als andere Regelwerke, insbesondere Regelwerke für die naturwissenschaftlich-technische Informationspraxis, die sich oft auf wenige grundlegende Aussagen beschränken und vor allem Wert auf einen Thesaurus legen. Der Grund ist die außerordentliche Inhomogenität des mit Hilfe der RSWK zu erschließenden Materials (z. B. Publikationen aus allen Fachgebieten, Publikationen über Personen aus allen Zeiten und Völkern, wissenschaftliche und populäre Publikationen einschließlich Belletristik sowie Kinder- und Jugendliteratur).

Die in der Informationspraxis verbreitete Anfertigung von Inhaltskondensaten als Instrument der Inhaltserschließung, insbesondere die Anfertigung von Abstracts (grundlegend hierfür ist DIN 1426: Inhaltsangaben von Dokumenten; Kurzreferate, Literaturberichte) ist in deutschen Bibliotheken (wie auch in Bibliotheken anderer Länder) höchst selten. Seit den 1990er-Jahren reichern mehr und mehr Bibliotheken (früh die *Niedersächsische Staats- und Universitätsbibliothek Göttingen* und die *Vorarlberger Landesbibliothek* in Bregenz) ihre Katalogisate mit Inhaltskondensaten, z. B. Inhaltsverzeichnissen oder Auszügen (besonders Vorwort, Einleitung) an und machen diese für das Information Retrieval nutzbar (z. B. Stichwortsuche in den Inhaltsverzeichnissen, z. T. auf der Basis automatischer Indexierung mit Zusammenführung von Synonymen).

7.3.7 Normdateien

In 7.3.5 und 7.3.6 wurde deutlich, dass mindestens:

- Personennamen
- Körperschaftsnamen
- Schlagwörter

normiert werden müssen, um durch die Verwendung kontrollierten Vokabulars (Normdaten) eine effektive Recherche zu ermöglichen. Auch der RDA-Standard sieht eine sinnvolle Normierung weiterer Elemente der Katalogisate (z. B. Erscheinungsorte und Verlage) nicht vor. Die Normierung erfolgt in Normdatensätzen bzw. Normdatenbanken.

Ein Normdatensatz, hier als Beispiel ein Schlagwortnormdatensatz, besteht hauptsächlich aus den in Tabelle 28 wiedergegebenen Elementen (Positionen 1 und 2 sind obligatorisch). Weitere Felder enthalten u. a. Angaben zu Länder-, Sprachen- und Zeitcodes nach internationalen Normen, Angaben zu CrissCross (Verknüpfung der SWD-Sachschlagwörter mit Notationen der *Dewey-Dezimalklassifikation* sowie ihren Äquivalenten in der englischen Indexierungssprache Library of Congress Subject Headings LCSH und der französischen Standardschlagwortliste RAMEAU), ferner bei Musikalien Abkürzungen für Bezeichnungen der Instrumente der E- und U-Musik und bei Personen und Körperschaften einen geografischen Bezug, z. B. Geburts- bzw. Sitzort, schließlich frühere Ansetzungsformen

Tabelle 28: Wichtigste Elemente des Normdatensatzes

Element	Beispiel, Erläuterungen
1. Datensatznummer, Datensatzkategorie	s 407600 1–7 s
2. normierte Form des betreffenden Terminus (Normierter Sucheinstieg)	Personenkraftwagen
3. Quellenangabe für diese Form	[Die Regelwerke schreiben z. T. vor, dass der normierte Sucheinstieg sich auf Nachschlagewerke u. ä. stützt]
4. Definition, sofern erforderlich	[Bei Personennamen i. d. R. die Lebensdaten, ggf. noch eine Funktionsbezeichnung]
5. Verwendungshinweise	[Erforderlich, wenn der normierte Terminus nur unter bestimmten Voraussetzungen verwendet werden darf]
6. äquivalente Bezeichnungen (Verweisungsform)	Auto Automobil Personenwagen PKW
7. Termini, die in Beziehung stehen	[z. B. Ober- und Unterbegriffe, verwandte Begriffe, frühere oder spätere Namensformen]

Im Idealfall verknüpfen Online-Kataloge die normierten Formen (Vorzugsbezeichnungen) mit den äquivalenten Bezeichnungen (Synonyme, Quasisynonyme), weisen die hierarchischen Relationen aus (Ober- bzw. Unterbegriffe) und verweisen bei Eingabe einer nicht normierten, sondern äquivalenten Bezeichnung auf in Frage kommende Vorzugsbezeichnungen, aus denen der Nutzer seine Wahl für die weitere Recherche treffen kann.

In der Katalogisierungspraxis können die Normdatensätze entweder mit den Titeldaten verknüpft werden, oder der jeweils zutreffende normierte Sucheinstieg wird aus der Normdatei in das entsprechende Feld der Titelaufnahme kopiert. Die Verknüpfung ist die bessere Praxis; so verfahren die deutschen Verbünde und die *Deutsche Nationalbibliothek*.

Die nach RDA und RSWK formulierten Normdaten für Personen, Körperschaften, Konferenzen, Geografika, Sachschlagwörter und Werktitel werden in der Gemeinsamen Normdatei (GND) geführt. Die GND wird von der *Deutschen Nationalbibliothek*, den Verbünden und weiteren Partnern redaktionell betreut. Sie ist online im Internet (u. a. auf dem Server des HBZ und im Rahmen des Katalogs der DNB) zugänglich und in den Formaten MARC21 Authority, MARC21-xml und RDFxml erhältlich.

Seit 2010 stellt die *Deutsche Nationalbibliothek* die Normdaten (ca. 14 Mio. Datensätze) eines Linked-Data-Service als Semantic-Web-konforme Repräsentation unter einer Creative-Commons-Lizenz zur Verfügung (Dokumentation des Linked Data Services der DNB). Suchmaschinen sollen damit langfristig in der Lage sein, zumindest bei einem Teil der indexierten Dokumente Synonyme zu erkennen oder Zeichenfolgen als Personennamen, Ortsnamen usw. zu identifizieren. Auch die Normdaten der Library of Congress in den USA sind als Linked-Data-Service verfügbar.

Neben Universalthesauri gibt es eine Reihe von Fachthesauri für ein jeweiliges Fachgebiet. Naturgemäß sind Fachthesauri weniger umfangreich als Universalthesauri, enthalten aber meistens auch sehr viel speziellere Termini. Der bekannteste ist der Fachthesaurus „Medical Subject Headings" (MeSH) der US-amerikanischen *National Library of Medicine* (über 28.000 Deskriptoren und über 90.000 Verweisungen in Jahre 2015).

Auch die „Zeitschriftendatenbank" (ZDB) hat den Charakter einer Normdatei. Sie liefert nicht nur Bestandsnachweise, sondern ist zugleich eine Normdatei der Periodikatitel (▸ 7.3.7).

Zukünftig sollen die nationalen Normdateien mittels Konkordanzen zu virtuellen internationalen Normdateien (Virtual International Authority File, VIAF) verknüpft werden. Hierfür wurden Anforderungen formuliert (Functional Requirements and Numbering of Authority Records FRANAR, Functional Requirements for Authority Data, FRAD). Führend beteiligt sind die *Deutsche Nationalbibliothek*, die *Library of Congress* und OCLC. Eine internationale Vereinheitlichung der normierten Sucheinstiege scheint aussichtslos, weil die Nutzer in verschiedenen Sprachräumen Namensformen gemäß ihrer Sprache erwarten.

7.3.8 Übergreifende Standards für die Informationsaufbereitung

Metadaten, also Daten, die Objekte strukturiert beschreiben, haben eine Tradition, die bis in die Antike zurückreicht. *Kallimachos von Kyrene* (305–240 v. Chr.) verzeichnete in der Bibliothek von Alexandria in den „Pinakes" Werke der damals bekannten Autoren auf 120 Buchrollen mit Kurzbiografie des Autors und Liste seiner Werke mit Titeln, Anfangsworten sowie der Gesamtzeilenzahl, geordnet nach wissenschaftlichen und literarischen Kategorien. Bis in die 1990er-Jahre führten verschiedene Branchen des Informationssektors (Bibliotheken, Archive, Rundfunkarchive, Filmarchive, Fotosammlungen, Informationsstellen, Museen usw.) je eigene Instrumente zur Erschließung ihrer Bestände und Sammlungen – entweder mehr oder minder einheitlich in der betreffenden Branche (z. B. Bibliotheken) oder gar individuell (z. B. in den meisten Museen).

Erst das Internet legte eine verstärkte Vernetzung nahe (▸ 2.2.4). Was im Bibliotheksbereich seit etwa 1900 entstanden war (▸ 3.1.3), nämlich institutionsübergreifende Standards der Informationsaufbereitung mit dem Ziel eines institutionsübergreifenden Information Retrieval, wird in scharfem Tempo seit den 1990er-Jahren auch in anderen Informationsbranchen entwickelt. Darüber hinaus werden Standards für branchenübergreifend recherchierbare Metadaten erarbeitet. Üblicherweise handelt es sich um Datenmodelle, die in XML abgebildet werden. Eine Zusammenstellung Jenn Rileys (Indiana University Libraries, USA) präsentiert 105 international verbreitete Metadaten-Standards. Beispielhaft sollen hier einige Standards genannt werden, z. T. übergreifende Standards, z. T. solche Standards, die zwar branchenspezifisch sind, aber doch in der jeweiligen Branche erstmals ein institutionsübergreifendes Information Retrieval erlauben.

Für die Beschreibung von Informationsobjekten im Internet wurde das Dublin Core Metadata Set (DC, nach dem Tagungsort, an dem das Regelwerk 1995 entstanden ist, Dublin/Ohio, USA) entwickelt; es ging 2003 in die ISO-Norm ISO 15836-1 Information und Dokumentation – Das Dublin Core Metadaten Elemente Set – Teil 1: Core Elemente ein.

Tabelle 29: Dublin Core Metadata Element Set in der dt. Übersetzung des Kompetenzzentrums Interoperable Metadaten (www.kim-forum.org)

Name des Elements	Dt. Bezeichnung	Erläuterung
contributor	Mitwirkender	Eine Entität, die sich an der Erstellung der Ressource beteiligt hat
coverage	Geltungsbereich	Das räumliche oder zeitliche Thema der Ressource, die räumliche Anwendbarkeit der Ressource oder der Rechtsraum, für den die Ressource gilt
creator	Urheber	Eine Entität, die wesentlich für die Erstellung der Ressource verantwortlich ist
date	Zeitangabe	Ein Zeitpunkt oder eine Zeitspanne im Zusammenhang mit einem Ereignis im Entwicklungsprozess der Ressource
description	Beschreibung	Eine Beschreibung der Ressource (Zusammenfassung, Inhaltsverzeichnis...)
format	Format	Das Dateiformat, der Datenträger oder der Umfang der Ressource
identifier	Identifikator	Eine eindeutige Referenz auf die Ressource innerhalb eines gegebenen Kontexts
language	Sprache	Sprache der Ressource
publisher	Verleger	Eine Entität, die für die Verfügbarkeit der Ressource verantwortlich ist
relation	Beziehung	Eine verwandte Ressource
rights	Rechte	Informationen über Rechte an der Ressource
source	Quelle	Eine verwandte Ressource, von der die beschriebene Ressource abgeleitet ist
subject	Thema	Das Thema der Ressource (Stichwörter, Schlagwörter oder Notationen)
title	Titel	Name der Ressource
type	Typ	Art oder Gattung der Ressource, z. B. Bild, Text, Dataset

Dieses Set kann ohne weiteres mit Werten (z. B. Autorennamen, Stichwörtern) gefüllt werden („Simple Dublin Core"). Bei „Qualified Dublin Core" werden die Standards, nach denen die Metadaten formuliert sind, mit angegeben, z. B. die Benennung des Formats bei Datumsangaben oder die Bezeichnung des Thesaurus, dem inhaltsbeschreibende Terme entnommen sind. Das Set ist heute Teil von Kategorienkatalogen, Indexierungssprachen und technischen Spezifikationen, die von der Dublin Core Metadata Initiative (DCMI) formuliert werden. Dabei handelt es sich um eine internationale Organisation, die interoperable Standards für Online-Metadaten entwickelt.

DC soll eine gegenüber der Volltextindexierung qualitätvollere automatische Indexierung durch Suchmaschinen erlauben, indem der Autor eines HTML- bzw. XML-Dokuments im Header Metadaten in diesem Format angibt. Das verbreitete Protokoll zum Einsammeln von Metadaten der Open Archives Initiative (OAI-PMH) unterstützt die Indexierung des Sets. DC kann auch zur intellektuellen Indexierung von Netzpublikationen verwendet werden. Die *Deutsche Initiative für Netzwerkinformation* (DINI), eine Arbeitsgemeinschaft von Bibliotheken, Rechenzentren und wissenschaftlichen Fachgesellschaften, die die Verbesserung der Informations- und Kommunikationsdienstleistungen an Hochschulen und bei Fachgesellschaften fördert, empfiehlt die Anwendung von DC. Die Anwender kommen hauptsächlich aus dem akademischen Umfeld und aus Gedächtnisinstitutionen; ihre Zahl ist noch überschaubar. Außer der in Bielefeld entwickelten akademischen Suchmaschine BASE wird Dublin Core gegenwärtig nur von wenigen unbedeutenden Suchmaschinen bei der Indexierung berücksichtigt.

Außer Dublin Core gibt es eine beträchtliche Anzahl weiterer Metadaten-Schemata. Das DC-Set will sie nicht ersetzen sondern kann parallel zu anderen Meta-Daten-Schemata angewendet werden. Oft wird in einem jeweiligen Zusammenhang eine spezifische Ausprägung festgelegt (Application Profile). Beispielsweise wurde für das LinkShare System (Verbunddatenbank Internetquellen) im Rahmen des Academic-LinkShare-Verbundes festgelegt, welche der Elemente des DC Metadata Sets obligatorisch sind oder dass im Feld Creator ein Körperschaftsname laut GND (▸ 7.3.7) eingetragen wird.

Schließlich soll beispielhaft auf weitere Standards hingewiesen werden, die in bisher isoliert arbeitenden Institutionen oder allenfalls segmentär differenzierten Systemen einen Durchbruch auf dem Weg zur funktionalen Arbeitsteilung darstellen können:

– Das Dublin Core Collection Description Application Profile stellt einen stark normierten Kategorienkatalog für die Informationsaufbereitung nicht von einzelnen Informationsobjekten wie Dokumenten, sondern von Sammlungen dar.
– Mit den Standards Encoded Archival Description (EAD) und Encoded Archival Context (EAC) wurden erstmals Formate festgelegt, die archivische Findmittel einheitlich in Web-Datenbanken abbilden können.
– Die Norm DIN EN 15744 „Identifikation von Filmen – Mindestsatz von Metadaten für kinematographische Werke" mit 15 Datenelementen, die sich am Dublin Core Metadata Set DC orientiert, definiert erstmals einen institutionsübergreifenden Metadaten-Satz für Filme.
– Der Standard Cataloguing Cultural Objects (CCO), entwickelt von der Visual Resources Association und der Getty Foundation, soll die Beschreibung von Objekten der Kunst, Architektur und der materiellen Kultur vereinheitlichen. Bisher lag eine Reihe unterschiedlicher Metadaten-Standards für Kunstwerke vor. CCO hat das Potenzial, als alleiniger Standard für den Inhalt von Beschreibungen in Kombination mit einem Standard für die Datenstruktur verwendet zu werden.
– Das in ISO 21127 kodifizierte Conceptual Reference Model (CIDOC CRM) stellt eine Ontologie für die Dokumentation des kulturellen Erbes und die Museumsdokumentation dar.
– MIX (NISO Metadata for Images in XML Schema) wird von der Library of Congress gepflegt und bildet den Kategorienkatalog zur Beschreibung von Bildmedien in XML ab, der in der Norm ANSI / NISO Z39.87-2006 Data Dictionary – Technical Metadata for Digital Still Images kodifiziert ist.

7.3.9 Datenformate, Austauschformate, Linked Open Data

Die Elemente der bibliografischen Beschreibung, die ein Regelwerk zur Formal- oder Inhaltserschließung zur Verfügung stellt, müssen in einer Datenbankstruktur abgebildet werden (Datenformat), d.h. es werden unterschiedliche Kategorien definiert, in die jeweils typologisch gleiche Elemente eingetragen werden. Ein Datenformat legt beispielsweise fest, dass eine Kategorie 100 zur Verfügung steht, in die der persönliche Name des Verfassers eingetragen wird (Verfasserfeld).

Der Datenaustausch zwischen Bibliotheken oder Informationseinrichtungen, eines der wichtigsten Ziele im Interesse besserer Dienstleistungen und wirtschaftlicher Arbeitsweisen, erfordert die Verwendung gleicher Datenformate bzw. ein Austauschformat, in das die verwendeten Datenformate automatisch in beide Richtungen umgesetzt werden können.

Im deutschsprachigen Raum wird das Datenformat MARC 21 (Machine-Readable Cataloging, eine übernationale Weiterentwicklung des älteren US-amerikanischen Datenformats US-MARC) verwendet. Es wird seit 2015 an die Anforderungen durch RDA angepasst.

Viele kommerzielle Datenbanksysteme, die in Bibliotheken und anderen Informationseinrichtungen zum Einsatz kommen, verwenden eigene interne Datenformate mit mehr Feldern als die normierten Austauschformate und setzen beim Datenimport bzw. -export die Daten automatisch in das Austauschformat um. Das hat den Vorteil, dass das Datenbanksystem mit verschiedenen Austauschformaten kompatibel gemacht werden kann.

Als Protokoll für den Datenaustausch hat sich der ANSI-Standard (US-amerikanische Norm) Z39.50 etabliert, der von der *Library of Congress* weiterentwickelt wird. Z39.50 ist ein standardisiertes Kommunikationsprotokoll zwischen Datenbanksystemen und den Zugriffsprogrammen. Es erlaubt die Suche in heterogenen Datenbanken (z. B. hierarchischen, relationalen, objektorientierten Datenbanksystemen) aus jeder Programmumgebung heraus, wenn sie nur das Protokoll unterstützt. Z39.50 fungiert als universeller Übersetzer zwischen dem Zugriffsprogramm und dem Datenbanksystem. Mit dem ebenfalls von der Library of Congress entwickelten Protokoll SRU (Search/Retrieval via URL) liegt als standardisiertes Webservice-Protokoll ein Nachfolger für den Datenaustausch auf Basis des WWW vor. In SRU sind folgende Kataloge der *Deutschen Nationalbibliothek* verfügbar: Katalog der *Deutschen Nationalbibliothek* (DNB) ohne Gemeinsame Normdatei (GND), Katalog des *Deutschen Musikarchivs* (DMA), Authorities: Katalog der Gemeinsamen Normdatei (GND). Auch der Gemeinsame Verbundkatalog (GVK) sowie weitere Verbundkataloge lassen sich über SRU abfragen.

Datenstrukturen im Internet werden mehr und mehr auf der Basis der künstlichen Beschreibungssprache XML (Extensible Markup Language) abgebildet, was den Vorteil einer medien- und plattformneutralen Datenhaltung hat.

„Linked Open Data" sind Daten, die im WWW so zur Verfügung gestellt werden, dass sie öffentlich ohne rechtliche Schranken verfügbar sind (open) und mittels geeigneter Beschreibungssprachen automatisch mit anderen Daten verknüpft werden können (linked). Wenn eine ausreichende Anzahl geeigneter Linked-Open-Data-Sammlungen zur Verfügung steht, kann aus dem WWW ein Semantic Web werden, in dem z. B. Suchmaschinen nicht syntaktisch nach Zeichenfolgen und formalen Eigenschaften auf Websites suchen, sondern nach Bedeutungen. Mit Eingabe von Inkunabel würde man auch Seiten finden, auf denen das Wort Inkunabel nicht vorkommt, sondern Wiegendruck, oder man könnte gezielt nach Platon als Autor philosophischer Werke recherchieren. Die Daten in den Datenbanken der Bibliotheken – Metadaten, Normdaten – sind hervorragend geeignet, hierzu einen qualitätvollen Beitrag zu leisten, weil diese Daten außerordentlich vielfältig und umfangreich und dabei hochgradig vertrauenswürdig sind. Umgekehrt lassen sich Katalogisate mit Daten aus Linked-Open-Data-Sammlungen verknüpfen, z. B. mit biografischen Daten der Autoren oder Definitionen von Schlagwörtern. Die Erschließungsdaten der Bibliotheken wären besser sichtbar und würden einen größeren universellen Nutzen stiften. Ihre bisherige Funktion, die darin bestand, zu den Informationsobjekten in den Bibliotheken hinzuführen, würde dadurch erheblich erweitert werden.

Folgende Standards spielen bei Linked-Open-Data-Sammlungen eine Rolle:
- Der Standard RDF (Resource Description Framework) ist eine künstliche Beschreibungssprache auf einer Meta-Ebene, die erlaubt, die Beziehungen in Metadaten so abzubilden, dass Verknüpfungen und Austausch über verschiedene Standards hinweg möglich werden. Da nicht zu erwarten ist, dass Standards zur Beschreibung von Informationsobjekten vereinheitlicht werden, wird RDF an Bedeutung gewinnen. RDF verknüpft Daten nach dem Subjekt-Prädikat-Objekt-Schema, dem RDF-Tripel, z. B. wird ein Lexikonartikel im WWW über Platon mit einem Titel seiner Werke in Form eines Normdatensatzes einer Bibliothek über den Beziehungstyp Urheber (creator) verknüpft.
- Mit SKOS (Simple Knowledge Organization System) werden Indexierungssprachen (vor allem Thesauri und Klassifikationen) so kodiert, dass sie als Linked Open Data angeboten werden können. Bausteine von SKOS sind Konzepte (Terme), denen Notationen und Bezeichnungen zugeordnet werden. Konzepte können mit den hierarchischen Relationen narrower und broader verknüpft werden. Jeder Term wird mit einer URI eindeutig adressierbar gemacht, und die Beziehungstypen zwischen Termen ebenfalls. SKOS kann darüber hinaus Beziehungen zwischen mehr oder minder äquivalenten Termen (closeMatch) verschiedener Indexierungssprachen abbilden, z. B. die Äquivalenzrelation zwischen der DDC-Klasse 100 (Philosophie) und dem Schlagwort Philosophie der Library of Congress Subject Headings.
- SPARQL (SPARQL Protocol And RDF Query Language) ist eine Abfragesprache für RDF-kodierte Daten. Sie dient Entwicklern zum Aufbau von Anwendungen, nicht Laien zur Durchführung von Information Retrieval. SPARQL setzt die eingegebenen Suchterme so um, dass in den durchsuchten Ressourcen (soweit sie als Linked Open Data zur Verfügung stehen) alle Elemente gefunden werden, auf die die gewünschten Merkmale zutreffen.

Führende Bibliotheken – zuerst der schwedische Verbundkatalog Libris – haben begonnen, ihre Katalogisate oder ihre Normdaten in diese Standards zu konvertieren und als Linked Open Data zur Verfügung zu stellen. Sie spielen damit eine Rolle bei der Entwicklung des Semantic Web, so die *Library of Congress* mit den „Library of Congress Subject Headings" und seit 2010 die *Deutsche Nationalbibliothek* mit ihren Normdaten. Seit 2014 enthalten deren geografische Normdaten teilweise Koordinaten aus der Datenbank GeoNames, so dass gleiche geografische Objekte unabhängig von ihrer Benennung identifiziert werden können. Einige Titeldaten enthalten seit 2015 Klassenangaben der thema-Klassifikation, die im Buchhandel zur klassifikatorischen Erschließung lieferbarer Bücher verwendet wird

7.3.10 Informationskompetenz

Die US-amerikanischen Verbände *Association of College and Research Libraries* (*ACRL*) ("Information Literacy Competency Standards for Higher Education") und *American Association of School Librarians* ("Information Literacy Standards for Student Learning", 1998) haben Standards für Informationskompetenz formuliert (Homann 2002) (▸ 8.4.2). Sie definieren Verhaltensweisen, die ein Student bzw. Schüler an den Tag legen muss, damit er als informationskompetent (information literate) gelten kann. Diese Standards kann man als Lernziele auffassen:

Der informationskompetente Student:
1. erkennt und bestimmt Art und Umfang der benötigten Informationen
2. verschafft sich effizienten und effektiven Zugang zu den benötigten Informationen
3. evaluiert Informationen und deren Quellen kritisch

4. integriert die ausgewählten Informationen in sein Wissen
5. nützt Informationen effektiv sowohl als Individuum als auch als Gruppenmitglied, um das vorgegebene Ziel zu erreichen
6. ersteht die ökonomischen, rechtlichen und sozialen Kontexte, die mit der Nutzung von Informationen zusammenhängen; er verschafft sich Zugang zu und nutzt Informationen in einer ethisch vertretbaren und legalen Weise.

Die Standards für Schulen heben stärker auf unabhängiges Lernen ab. So gehört für die Schüler auch die Wertschätzung von Literatur zur Informationskompetenz.

Für jeden Standard werden zahlreiche konkretisierende Indikatoren genannt, die auch dazu dienen, Elemente des Curriculums darzustellen. Die folgende beispielhafte Aufzählung bezieht sich auf den Aspekt „Zugang zu den benötigten Informationen":

Der informationskompetente Student
- identifiziert Schlagwörter, Stichwörter, Synonyme und verwandte Begriffe zu der benötigten Information
- entwickelt eine Suchstrategie unter Verwendung von Booleschen Operatoren, Trunkierung u. ä. m.
- identifiziert und nutzt geeignete Informationsmittel, um Informationen in unterschiedlichen Formaten zu finden
- beurteilt die Qualität, Quantität und Relevanz der Suchergebnisse
- wählt geeignete Techniken aus, um die gefundenen Informationen zu speichern
- exzerpiert, speichert und verwaltet die Informationen und ihre Quellen.

Diese Ansätze wurden auch in Deutschland aufgegriffen und in Standards bzw. Referenzrahmen umgesetzt. Die Dienstleistungskommission des dbv hat 2009 fünf Standards festgelegt.

Tabelle 30: Standards der dbv-Dienstleistungskommission

Standard 1	eigenen Informationsbedarf erkennen, definieren und artikulieren können Informationsarten und -formate mit Vor- und Nachteilen kennen Kosten und Nutzen der Beschaffung einschätzen können Art und Umfang der benötigten Informationen bestimmen können
Standard 2	geeignete Recherchesysteme und -strategien auswählen effektive Suchstrategien entwickeln unterschiedliche Recherchesysteme nutzen und geeignete Suchstrategien anwenden
Standard 3	Kriterien zur Bewertung von Informationen kennen Menge und Relevanz der gefundenen Informationen beurteilen können eigenen Informationsstand als Ergebnis des Informationsprozesses reflektieren können
Standard 4	gewonnene Informationen exzerpieren, speichern und verwalten können geeignete technische Mittel zur Präsentation der Ergebnisse nutzen können Ergebnisse zielgruppenorientiert vermitteln können
Standard 5	Gesetze, Regeln und Konventionen zu Informationszugang und -nutzung einhalten ethische, rechtliche und sozioökonomische Aspekte der Nutzung von Informationen und Informationstechnologie reflektieren

2016 hat der *dbv* mit Unterstützung des *vdb* einen „Referenzrahmen Informationskompetenz" entwickelt. Dieser richtet sich sowohl an die Lernenden als auch an Bibliotheken und andere Bildungseinrichtungen. Mit den darin definierten Teilkompetenzen formuliert der Referenzrahmen ein umfassendes Verständnis von Informationskompetenz, erlaubt es, die Angebote zur Förderung von Informationskompetenz untereinander zu vergleichen und das Kompetenzniveau der Lernenden zu messen (Klingenberg 2016).

Tabelle 31: Referenzrahmen Informationskompetenz für die Anbieter

Suchen	Prüfen	Wissen	Darstellen	Weitergeben
Wissensbedarf formulieren	Thematische Relevanz	Formulieren	Einfachheit	Nutzungsbedingungen klären
Quelle finden	Sachliche Richtigkeit	Vergleichen	Semantische Redundanz	Zitate kennzeichnen
Quelle auswählen	Formale Richtigkeit	Einordnen	Kognitive Strukturierung	Quellen nennen
Informationen isolieren	Vollständigkeit	Strukturieren	Kognitiver Konflikt	Netzwerke nutzen
Arbeitsschritte	Kriterien	Arbeitsschritte	Kriterien	Arbeitsschritte

Tabelle 32: Referenzrahmen Informationskompetenz zur Messung des Kompetenzniveaus der Lernenden

Suchen	Prüfen	Wissen	Darstellen	Weitergeben
Was will ich wissen?	Passt das zum Thema?	In eigenen Worten ausdrücken	Einfach	Wie darf ich es nutzen?
Wo könnte ich es finden?	Ist das wahr?	Mit anderen Infos vergleichen	Variiert	Wer hat es geschrieben?
Wo steht es?	Ist das richtig geschrieben?	In einen Zusammenhang einordnen	Geordnet	Woher stammt es?
Was steht da?	Ist das alles?	Mehrere Infos sinnvoll verknüpfen	Überraschend	Wen könnte es interessieren?
Arbeitsschritte	Kriterien	Arbeitsschritte	Kriterien	Arbeitsschritte

7.3.11 Standards für Dienstleistungen

Für die Qualität von Dienstleistungen in Bibliotheken und Informationseinrichtungen gibt es überraschenderweise kaum Normen und Standards. Selbst innerbetrieblich sind wenige Ansätze zu erkennen, bibliotheksindividuelle Qualitätsstandards im Rahmen eines Qualitätsmanagements festzulegen, auch wenn dafür ein umfangreiches Instrumentarium zur Verfügung steht (Wehr 2002; Inden 2008); Ausnahmen bilden etwa die Zusage des Dokumentlieferdienstes *subito*, elektronische Dokumente binnen 72 Stunden zu liefern (bei Eilt-Bestellungen mit Preisaufschlag ist die Lieferzeit 24 Stunden) sowie lokale Standards für den Auskunftsdienst, wie sie die

Münchner Stadtbibliothek am Gasteig entwickelt hat (Becker 2009). Zu diesem Standard gehören z. B. die Verhaltensrichtlinien: „Ich suche während des Auskunftsgesprächs immer wieder Blickkontakt zum Kunden und klebe nicht am Bildschirm... Der Kunde vor mir hat Vorrang vor dem klingelnden Telefon...". Weitere lokale Standards werden vereinzelt von Bibliotheken im Rahmen ihrer je eigenen „Policy" festgelegt und mitgeteilt.

Zu den wenigen Standards für Dienstleistungen gehören die folgenden der US-amerikanischen *Reference and User Services Assocation* (RUSA), einer Sektion der *American Library Association* (ALA):

- „Professional Competencies for Reference and User Services Librarians" (2017): Beispielsweise soll das Personal den situativen Kontext des Informationsbedarfs beachten und erfolgreich mit den Kunden ohne Ansehen von Geschlecht, Alter, sexueller Orientierung, Ethnie, Behinderung oder Sprachvermögen kommunizieren können. Das Personal soll vielfältige Informationsressourcen verwenden.
- „Guidelines for Behavioral Performance of Reference and Information Services Providers" (2013): Das Auskunftspersonal soll nicht nur jederzeit ansprechbar sein, sondern auf die Benutzer in seinem Verhalten und Auftreten auch so wirken; es soll durch geeignete Fragen den Informationsbedarf genau eruieren und bei der Recherche dem Kunden den Rechercheweg verständlich erklären, ihn einbeziehen und sich vergewissern, ob das Resultat den Informationsbedarf gedeckt hat.

Digitale Auskunftsdienste stellen eine Erweiterung des traditionellen Auskunftsdienstes in Bibliotheken und Informationseinrichtungen dar, gleich ob sie synchron als Auskunfts-Chat oder asynchron durch E-Mail oder Webformular ablaufen. Besonders ergiebig ist die Beteiligung eines Netzwerks von Bibliotheken und Informationseinrichtungen an einem gemeinsamen Auskunftsdienst, wie er auch in Deutschland im Rahmen der *DigiAuskunft* besteht. Die US-amerikanische *National Information Standards Organization* (NISO) legte 2004 einen Standard für den kollaborativen Auskunftsdienst vor („NISO Standard Serving Digital Reference Services").

Bemerkenswert sind die Qualitätsstandards, welche die *Arbeitsgemeinschaft der Kunst- und Museumsbibliotheken* (AKMB) 2007 formuliert hat (Version 6 2018). Qualitätsmanagement nach ISO 9000ff. oder dem „Common Assessment Framework" berührt nur Verfahrensfragen (z. B. Gibt es eine Zuständigkeit für das Qualitätsmanagement? Werden die Geschäftsprozesse umfassend dokumentiert? Sind für die Kernprozesse Ziele festgelegt?). In der Folge werden mangelhafte Leistungen bei „schlechten" Zielen als „gute" Qualität eingestuft. Dies gilt auch für umfassend dokumentierte, aber in der Sache unzulängliche Geschäftsprozesse. Demgegenüber setzen die Qualitätsstandards der AKMB auf fachlich-inhaltlich begründete Anforderungen (z. B. „Leitende Funktionen werden von hauptamtlich beschäftigten Kräften besetzt... Für die Bestandserhaltung liegt ein schriftliches Konzept vor... Für Spezialbestände stehen spezielle Schränke und Regale zur Verfügung..."). Bibliotheken, die sich einem freiwilligen Audit unterziehen, können ein Qualitätszertifikat erlangen.

7.4 Ausblick

Über Regelwerke wie RDA oder RSWK hinaus spielen Normen, die Teil der nationalen und internationalen Normensysteme sind, im Informationssektor eine wachsende Rolle, so etwa für Bibliotheksstatistik, Leistungsmessung oder für Metadaten digitaler Dokumente. Ihre Bedeutung wird parallel zur zunehmenden inländischen und globalen Verflechtung und Arbeitsteilung im Informationssektor weiter steigen.

Standards im Sinn von Planzielen (Etat-, Flächen-, Personalbedarf u. a. m.) haben die bibliothekarischen Verbände wiederholt als bibliothekspolitische Argumente vorgetragen, ohne dass sie jedoch durchschlagenden Erfolg gehabt hätten. Wirksamer waren vergleichbare Standards, wenn sie von externer Seite, z. B. der *Deutschen Forschungsgemeinschaft* oder dem *Wissenschaftsrat*, vorgetragen worden sind. Dennoch ergeben derartige fachliche Standards weiterhin einen Sinn, wenn sie überzeugend begründet und bibliothekspolitisch wirksam platziert werden.

In Fluss ist die Fortentwicklung von Normen zur bibliothekarischen Informationsaufbereitung, jedoch greifen alle bisherigen Ansätze kürzer als die Möglichkeiten der Webtechnologie erlauben: Es fehlen Normierungen für die Aufnahme von bisher in Katalogisaten nicht enthaltenen Elementen wie Inhaltsverzeichnissen, Textauszügen (z. B. Einleitungen), Abstracts, Nutzerkommentaren, Coverabbildungen u. a. m. (Kataloganreicherung). In kommerziellen Datenbanken und einer wachsenden Zahl von Bibliothekskatalogen ist dies in mehr oder minder starkem Umfang realisiert. Der Schwerpunkt muss künftig noch stärker auf der Beteiligung der Bibliotheken an branchenübergreifenden Standards der Informationsaufbereitung in web-basierten Umgebungen liegen. Hier können gerade die Bibliotheken mit ihren außerordentlich umfangreichen und ergiebigen Normdatensammlungen herausragende Leistungen einbringen; indem die *Deutsche Nationalbibliothek* und etliche Verbünde ihre Normdaten als Linked-Data-Service in einer Semantic-Web-konformen Repräsentation zur Verfügung stellt, ist ein Fenster in die Zukunft weit geöffnet. Lohnend erscheinen empirische Untersuchungen über die Frage, welche Erwartungen Nutzer an Katalogisate haben, sowohl hinsichtlich des Informationsgehalts wie hinsichtlich der Gestaltung. Für die Erschließung im *Deutschen Exilarchiv 1933–1945* der *Deutschen Nationalbibliothek* wurde dies erhoben – mit dem Ergebnis, dass die bisherigen Standards in Teilen am Bedarf vorbeigehen (Asmus 2010).

Bisher wurden für einige Bereiche keine Normen oder Standards entwickelt. In diesen Fällen gibt es allerdings meist Fachliteratur mit unverbindlichen Empfehlungen. Womöglich entwickeln sich daraus eines Tages Normen; beispielsweise entstand ISO 11620 zur Leistungsmessung als Ergebnis einer über 30-jährigen Fachdiskussion zum Thema. Aktuell fehlen Normen und Standards insbesondere für die Gestaltung von bibliothekarischen Webauftritten, Online-Katalogen und anderen Retrievalinstrumenten. Die „IFLA Guidelines for Online Public Access Catalogue" (OPAC) Displays (2005, deutsch 2010) blieben bisher im deutschsprachigen Raum ohne Resonanz.

In diesem Zusammenhang wichtige Fragen sind z. B.:
- Welche Recherchekategorien (Autor, Titel ...) sollen in welcher Reihenfolge mit welchen Benennungen in der Standardmaske angeboten werden? Viele Online-Kataloge bilden eher die Tradition der Zettelkataloge ab als dass sie den Möglichkeiten moderner Datenbanken gerecht werden.
- Welche Zeichen sollen für welche Arten von Verknüpfungen verwendet werden (und, +, oder ...)? Realisiert ist meistens eine implizite Verknüpfung mit dem Operator „und".
- Welche Zeichen sollen für die Trunkierung verwendet werden? Verbreitet sind die Zeichen *, ?, $.

- Auf welche Weise sollen Hilfefunktionen abrufbar sein?
- Aufbau und Modellierung von und Suchen in Katalogdatenbanken. Fragen richten sich beispielsweise darauf, welche Felder suchbar sind, ob die Suche ganze Wörter zum Kriterium nimmt oder Zeichenfolgen aus Wörtern (string search).

Weitere wichtige Bereiche, zu denen Standards fehlen sind u. a.:
- Qualitätskriterien für Internet-Ressourcen (Bargheer 2002). Hier geht es u. a. um Usability (Navigation, Übersichtlichkeit), um Hilfsmittel wie Cascading Style Sheets, damit ein einheitliches Erscheinungsbild auf derselben Site entsteht, um eine netzadäquate Sprache, um Auffindbarkeit, um Kenntlichmachung der Aktualität
- Produktdefinitionen und Kostenrechnung. Zwar wird allmählich in Bibliotheken zusätzlich zu, seltener anstelle der öffentlichen Haushaltswirtschaft eine Kostenrechnung eingeführt. Fragestellungen sind z. B.: Was kostet eine Ausleihe, was kostet die Bearbeitung eines Neuzugangs? Die entsprechenden Ergebnisse zwischen Bibliotheken sind allerdings selten vergleichbar, weil Normen fehlen für die Zuordnung von Kosten zu Kostenstellen und Kostenträgern sowie zur Abgrenzung verschiedener Kostenträger voneinander, also der verschiedenen Dienstleistungen oder Produkte.

DIN- und ISO-Normen beziehen sich meistens auf technische Eigenschaften oder organisatorische Anforderungen, während die Standards für Dienstleistungen vor allem Verhaltensgrundsätze, auch organisatorische Merkmale formulieren würden. Gleichwohl zeigen die wenigen vorhandenen Beispiele inner- oder überbetrieblicher Standards für den Auskunftsdienst, dass Standards auch für Dienstleistungen – sei es als Norm, sei es als Grundsätze guter Praxis, formuliert von einem Fachverband – aufgestellt werden können.

8 Dienstleistungen

Dienstleistungen gewinnen in den ökonomisch hoch entwickelten Gesellschaften seit Jahrzehnten immer weiter an Bedeutung. Auch in Deutschland werden mittlerweile (mit steigender Tendenz) etwa 70% der Bruttowertschöpfung im Dienstleistungssektor erwirtschaftet (Bruhn 2008). Manche Wirtschaftswissenschaftler und Soziologen beschreiben diese Entwicklung als Übergang von der Industrie- zur Dienstleistungsgesellschaft. Verkannt wird dabei allerdings, dass dieser Wandel durch digitale Techniken und Medien, insbesondere die weltweite Vernetzung durch das Internet, erheblich beschleunigt worden ist. Aus diesem Grunde, aber auch weil der Stellenwert des Produktionsfaktors Information prinzipiell überproportional angestiegen ist, wird die auf die Industriegesellschaft folgende Entwicklungsstufe heute häufiger als Informationsgesellschaft beschrieben (▶ 2.2.4). Wenn der Typus der Informationsgesellschaft begriffen wird als auf digitalen Techniken und der Aufwertung des Faktors Information basierende Spezialform (oder besser Weiterentwicklung) der Dienstleistungsgesellschaft, so liegen beiden Auffassungen ähnliche Einschätzungen zugrunde – abgesehen von der Gewichtung und der Begrifflichkeit.

Um die in der Informationsgesellschaft sich allmählich abzeichnenden Spezifika besser erkennen und beschreiben zu können, soll das in der Betriebswirtschaft verbreitete Verständnis von Dienstleistung kurz skizziert und anschließend daraufhin überprüft werden, ob demgegenüber Abweichungen und Besonderheiten zu berücksichtigen sind, die für Dienstleistungen im Informationssektor bzw. in bibliothekarischen Kontexten gelten.

8.1 Allgemeines Verständnis und Besonderheiten im Informationssektor

Allgemein wird zwischen Sachgütern und Dienstleistungen unterschieden, die Abgrenzung ist allerdings bisweilen problematisch, da Sachleistungen kaum ohne Dienstleistungsanteil erbracht werden können (Bruhn 2008). Dienstleistungen, deren Zweck darin besteht, den Absatz von Sachleistungen zu fördern, werden als funktionelle Dienstleistungen bezeichnet. Reine Dienstleistungen hingegen, die völlig unabhängig von Sachgütern erbracht werden (z. B. Finanzberatung, Versicherung), gelten als institutionelle Dienstleistungen.

Dienstleistungen werden in der Literatur meist mit sieben spezifischen Charakteristika in Verbindung gebracht (Bruhn 2008):

Tabelle 33: Allgemeine Charakteristika von Dienstleistungen aus betriebswirtschaftlicher Sicht

Immaterialität	Die eigentliche Dienstleistung ist nicht greifbar.
Intangibilität	Die Qualität von Dienstleistungen kann vor ihrer der Inanspruchnahme nur begrenzt sinnlich wahrgenommen werden.
Unteilbarkeit	Produktion und Konsumtion der Dienstleistung erfolgen simultan; eine Weitergabe der Dienstleistung an Dritte ist daher unmöglich.

Vergänglichkeit/ Lagerfähigkeit	Die Gleichzeitigkeit von Herstellung und Gebrauch haben zur Folge, dass Dienstleistungen nicht lagerfähig sind.
Standort- gebundenheit	Eine Dienstleistung kann nicht transportiert werden, sondern muss am Ort des Dienstleistungsanbieters oder des Kunden erstellt werden.
Individualität	Dienstleistungen werden für den Kunden jeweils neu erstellt, so dass Leistungsumfang und Qualität unterschiedlich sein können.
Integration des externen Faktors	Damit eine Dienstleistung erbracht werden kann, muss ein direkter Kontakt zwischen Anbieter und Nachfrager hergestellt werden; die Leistungserstellung bedarf der Beteiligung des Kunden.

Einzuwenden ist allerdings, dass zahlreiche Dienstleistungen manche dieser Kriterien nur zum Teil oder gar nicht erfüllen. Insbesondere auf Informationsdienstleistungen ist dieser Kriterienkatalog nur begrenzt anzuwenden und bedarf der Modifizierung. Darauf wird zurückzukommen sein.

Eine weitere brauchbare Definition von Dienstleistung besteht in der Unterscheidung von Potenzial, Prozess und Ergebnis auf drei Ebenen. Demnach beruhen Dienstleistungen auf einer bestimmten Leistungsfähigkeit (Potenzial), die im Bedarfsfall eingesetzt wird (Prozess), um an Menschen oder deren Objekten nutzenstiftende Wirkung zu erzielen (Ergebnis) (Meffert/Bruhn 2009).

Zur typologischen Abgrenzung verschiedener Dienstleistungen sind diverse Kriterien herangezogen worden. So wird etwa unterschieden, ob Dienstleistungen eher prozess- oder eher ergebnisorientiert sind, ob es sich um persönliche oder automatisierte Dienstleistungen handelt und ob die Empfänger der Dienstleistungen Menschen oder aber Gegenstände sind. Auch nach der Art der Nutzung kann zwischen konsumtiven und investiven Dienstleistungen unterschieden werden. Erstere dienen dem unmittelbaren Verbrauch und Genuss des Adressaten. Letztere (z. B. Fortbildungsveranstaltungen) zielen auf langfristige Wirkung.

Auf weitere Details kann an dieser Stelle nicht eingegangen werden. Stattdessen sollen nun die Spezifika von Informationsdienstleistungen beschrieben werden. Hinzuweisen ist an dieser Stelle auf die Unterscheidung zwischen Wissen und Information (▶ 2.1.1). Da Wissen grundsätzlich subjektgebunden ist, kann also keine Rede von „Wissenstransfer" oder „Wissensdienstleistungen" sein. Wenn Wissen durch Kommunikation prinzipiell in Information verwandelt wird und in diesem labilen Aggregatzustand auf eine vom Rezipienten zu bestimmende Weise aufgegriffen, interpretiert oder umgedeutet werden kann, beziehen sich Dienstleistungen in diesem Zusammenhang immer auf Information und nicht auf Wissen.

Allgemein können Informationsdienstleistungen definiert werden als Potenziale, Prozesse und Produkte, die eingesetzt werden mit dem Ziel, den Informationsbedarf Dritter zu decken. Die Besonderheiten, durch die sich Informationsdienstleistungen von sonstigen Dienstleistungen unterscheiden, gehen aus dieser Formulierung freilich nur indirekt hervor. Der Vergleich mit den für Dienstleistungen in der betriebswirtschaftlichen Literatur benannten Merkmalen hingegen macht die Unterschiede deutlicher. Informationsdienstleistungen wie z. B. eine Literaturrecherche, eine Expertise oder das von einer Unternehmensberatung erarbeitete Veränderungskonzept sind grundsätzlich immateriell und intangibel.

Die weiteren fünf der sieben oben aufgezählten Charakteristika aber gelten nicht zwangsläufig für alle Arten von Informationsdienstleistungen. Diese nämlich können durchaus standardisiert erzeugt werden, wie z. B. eine Bibliografie oder eine Handlungsempfehlung für bestimmte Problemlagen. Die Simultaneität von Produktion und Konsumtion ist für Informationsdienstleistungen also nicht zwingend, sie sind daher durchaus unter bestimmten Umständen teilbar und für die Weitergabe an Dritte geeignet. Informationsdienstleistungen können aus diesem Grunde in bestimmten Fällen auch gelagert und transportiert werden. Individueller Zuschnitt und Beteiligung des Kunden können, müssen aber nicht zu den Eigenschaften von Informationsdienstleistungen gehören.

Tabelle 34: Vergleich der Merkmale allgemeiner Dienstleistungen aus Sicht der Betriebswirtschaft und der Charakteristika von Informationsdienstleistungen aus bibliotheks- und informationswissenschaftlicher Sicht

Merkmale	Erläuterungen	Beispiele
Immaterialität	Die eigentliche Informationsdienstleistung ist nicht greifbar.	Auskunfts- und Informationsdienst
Intangibilität	Die Qualität von Informationsdienstleistungen kann vor ihrer Inanspruchnahme nur begrenzt sinnlich wahrgenommen werden.	Aktualität eines Web-Kataloges
Vergänglichkeit/ Lagerfähigkeit	Informationsdienstleistungen sind in nennenswertem Umfang lagerfähig und transportierbar.	Medienbestände, Sammlungen
Standortgebundenheit/ Standortungebundenheit	Informationsdienstleistungen können transportiert werden oder dezentral abgerufen werden.	Dokumentlieferdienste, netzbasierte Informationsdienstleistungen
Individualität/ Standardisierung	Dienstleistungen können für den Kunden im Auftrag (reaktiv) jeweils neu erstellt, aber auch proaktiv (ohne konkreten Auftrag) und standardisiert erzeugt werden.	Auftragsrecherchen, Referateorgane, Profildienste, personalisierte Pushdienste
Integration des externen Faktors/proaktive, standardisierte Informationsprodukte	Damit eine Informationsdienstleistung erbracht werden kann, muss nicht zwingend ein synchroner, direkter Kontakt zwischen Anbieter und Nachfrager hergestellt werden.	Bibliothekskataloge

Neben den aus diesem Vergleich erkennbaren Besonderheiten sollen einige weitere Spezifika von Informationsdienstleistungen beschrieben werden. Da Informationstransfer nach dem hier zugrunde liegenden Verständnis prinzipiell an soziale Prozesse gebunden ist, können Adressaten von Informationsdienstleistungen nie Objekte (etwa Computer), sondern ausschließlich Menschen sein. Viel spricht dafür, dass es sich bei Informationsdienstleistungen zumeist um investive Dienstleistungen handelt; eindeutig bestimmbar ist dies jedoch nicht: Dieselbe Informationsdienstleistung (z. B. eine Bildungsveranstaltung) kann je nach Abnehmer oder Verwendungssituation mal dem konsumtiven, mal dem investiven Bereich zugeordnet werden.

Ferner gehört zu den Besonderheiten von Informationsdienstleistungen, dass Potenzial, Prozess und Ergebnis auf Informationen basiert. Diese wiederum unterscheiden sich von anderen Waren durch eine Vielzahl von Eigenarten:

- Information verbleibt nach Weitergabe beim Hersteller bzw. Dienstleister.
- Information kann in identischer Weise vielfach verkauft werden.
- Information ist in vielen Fällen kein verderbliches Gut: Es schadet der Information nicht, wenn sie nicht konsumiert wird.
- Der Wert von Information kann ganz verschieden sein: Er kann abhängen z. B. vom Zeitpunkt, zu dem sie erstellt, geliefert oder konsumiert wird.

– Die Qualität von Informationen ist kaum objektivierbar; Qualität ist oft gleichzusetzen mit der subjektiven Qualitätswahrnehmung durch die Kunden.

Das Informationsprodukt als Ergebnis einer Informationsdienstleistung weist ebenfalls Besonderheiten auf. Marktfähige Güter werden unterschieden in Suchgüter, Erfahrungsgüter und Vertrauensgüter. Suchgüter, wie z. B. Obst in der Auslage, lassen sich vor dem Kauf qualitativ beurteilen. Erfahrungsgüter erlauben die Qualitätseinschätzung erst nach vollzogenem Konsum, die Kauf- oder Nachfrageentscheidung wird gefällt aufgrund vorheriger Erfahrungen mit einem Produkt oder einer Dienstleistung; Vertrauensgüter schließlich können weder vor noch nach dem Kauf bzw. Konsum erschöpfend bewertet werden; dies gilt z. B. für Beratungsdienstleistungen von Ärzten oder Rechtsanwälten. Die Folgen schlechter oder gar falscher Information treten oft spät und manchmal erst dann zutage, nachdem irreversible Prozesse abgelaufen sind.

Kennzeichnend ist ferner, dass der Anbieter dank seiner Erfahrung mehr über seine Ware weiß als der Käufer. Informationsprodukte sind für Käufer oder Nachfrager i. d. R. keine Suchgüter, sondern zumeist Vertrauensgüter. Informationsspezialisten und versierte Kunden hingegen haben in bestimmten Fällen genug Vorkenntnisse erworben, um Informationsprodukte als Erfahrungsgüter wahrnehmen zu können. Meistens ist aber davon auszugehen, dass zwischen Anbietern von Informationsdienstleistungen und Abnehmern eine Informationsasymmetrie herrscht.

Die Besonderheiten von Informationsdienstleistungen lassen sich folgendermaßen zusammenfassen:

Tabelle 35: Informationsdienstleistungen und ihre Spezifika

Allgemeine Definition	Informationsdienstleistungen umfassen Potenziale, Prozesse und Produkte, die eingesetzt werden mit dem Ziel, den Informationsbedarf Dritter zu decken
Gemeinsamkeiten mit Dienstleistungen aller Art	Immaterialität
	Intangibilität
Unterschiede zu sonstigen Dienstleistungen	Weitergabemöglichkeit
	Lagerfähigkeit
	Transportfähigkeit
	Individualisierbarkeit und Standardisierbarkeit
	Reaktivität und Proaktivität
Grundsätzliche Besonderheit	Potenzial, Prozess und Ergebnis von Informationsdienstleistungen beruhen auf Information.
Besonderheiten von Information als Bestandteil oder Ergebnis einer Informationsdienstleistung	Information verbleibt nach Weitergabe beim Hersteller bzw. Dienstleister. Information kann in identischer Weise vielfach verkauft/vertrieben werden. Information ist in vielen Fällen kein verderbliches Gut: Es schadet der Information nicht, wenn sie nicht konsumiert wird. Der (Handels-)Wert von Information kann ganz verschieden sein: Er kann abhängen z. B. vom Zeitpunkt, zu dem die Information erstellt, geliefert oder konsumiert wird. Qualität von Informationen ist kaum objektivierbar: Qualität ist oft gleichzusetzen mit der subjektiven Qualitätswahrnehmung durch die Kunden.

Besonderheiten von Informationsprodukten	Informationsprodukte sind: – für Käufer oder Nachfrager in der Regel keine Suchgüter, sondern zumeist Vertrauensgüter – für Informationsspezialisten und versierte Kunden aufgrund ihrer Vorkenntnisse eher Erfahrungsgüter Zwischen den Anbietern von Informationsdienstleistungen und den Abnehmern herrscht meist eine Informationsasymmetrie.
Nutzungsart von Informationsdienstleistungen	Informationsdienstleistungen sind meist investiver, seltener konsumtiver Art; die Zuordnung kann je nach Abnehmer und Verwendungsart variieren.

8.2 Informationsdienstleistungen in Bibliotheken

Bibliothekarische Aktivitäten lassen sich grundsätzlich und durchgängig als Informationsdienstleistungen beschreiben. Insofern gelten die oben aufgezählten Spezifika auch für Informationsdienstleistungen in Bibliotheken. Dort kann jedoch nicht das gesamte Spektrum an unterschiedlichen Informationsdienstleistungen angeboten werden. Als eindeutig nicht-bibliothekarische Informationsdienstleistungen seien etwa Gutachten oder Expertisen genannt. Es zeichnet sich allerdings ab, dass über die traditionell typisch bibliothekarischen Dienstleistungen hinaus eine Reihe weiterer innovativer Informationsdienstleistungen zukünftig von Bibliotheken angeboten werden kann und muss. Als Beispiel sei etwa projektbegleitendes Information Consulting im Kontext forschungsnaher Dienstleistungen erwähnt. In den USA wird dies mit dem Begriff des „Embedded Librarian" oder wie an der *Welch Medical Library* der *Johns Hopkins University* des „Informationist" bezeichnet.

Zu Beginn des 21. Jahrhunderts herrscht in bibliothekarischen Kreisen weitgehende Einmütigkeit darüber, dass Bibliotheken sich um Kundenorientierung zu bemühen haben, dass sie sich grundsätzlich als Dienstleistungseinrichtungen zu verstehen haben. In früheren Jahrhunderten war dieses Selbstverständnis keineswegs verbreitet und auch in der Gegenwart mögen zwischen Anspruch und Wirklichkeit – wie in anderen Branchen auch – Lücken klaffen. In der bereits zitierten Definition der *UNESCO* aus dem Jahr 1970 (▶ 2.1.2) war allerdings bereits die Rede davon, dass in Bibliotheken Dienstleistungen erbracht werden. Jedoch wurden darunter ausschließlich Maßnahmen verstanden, die der „bequeme(n) Nutzung der Materialien" dienten, nicht hingegen Aufbau, Ordnung und Pflege des Bestandes.

Diese fragwürdige Trennung in bestandsorientierte Tätigkeiten und benutzungsbezogene Dienstleistungen ist auch heute noch weit verbreitet. Die Vorliebe zur Bestandsorientierung mag auf eine Jahrtausende alte Tradition zurückzuführen sein, die Tradition, die den Bibliothekar in der Palast- oder Tempelbibliothek zum Hüter herrschafts- oder identitätsstiftender Geheimnisse machte. Der Kloster- und der Hofbibliothekar des Mittelalters und der frühen Neuzeit könnte sich in einer ähnlichen Rolle gesehen haben, eine Rolle, die *Umberto Eco* in seinem Roman „Der Name der Rose" in eine fesselnde Kriminalgeschichte eingebettet hat. Diese Rolle wurde noch im 19. und 20. Jahrhundert von manchen Bibliothekaren an Wissenschaftlichen Bibliotheken insofern übernommen, als im Vordergrund die Pflege des Bestandes und die Sorge darum stand, dass nur die laut Benutzungsordnung berechtigten Leser Zugang zu den vor breiter Inanspruchnahme zu schützenden Werken erhielten.

Diese oft und nicht immer zu Unrecht karikierte Benutzerfeindlichkeit gehört in den meisten Fällen allerdings längst der Vergangenheit an. Dennoch gibt es hinsichtlich des Dienstleistungsbewusstseins noch immer Nachholbedarf.

Wenn Bibliotheken konsequent als Dienstleistungseinrichtungen verstanden werden, lassen sich idealtypisch alle bibliothekarischen Tätigkeiten als Dienstleistungen bzw. Informationsdienstleistungen auffassen. Zu unterscheiden sind dann nach den Basisfunktionen die in Tabelle 36 genannten Dienstleistungsbereiche (▶ 2.1.2).

Tabelle 36: Dienstleistungsbereiche nach Basisfunktionen

Sammeln	Geplanter Bestandsaufbau bzw. Erwerbung durch Auswahl; im Falle externer netzbasierter Quellen: Zugang/Lizenzierung durch Auswahl
Bewahren	(Langzeit-)Archivierung und Tradierung; entfällt für externe netzbasierte Quellen
Ordnen oder Erschließen	Formale und inhaltliche Erschließung durch Aufstellung und Verzeichnung
Bereitstellen oder Benutzen	Literaturversorgung, Ortsleihe, Lesesaal, Leihverkehr, Dokumentlieferung, Informationsangebote zur Nutzung über das Internet
Vermitteln und weitere Dienstleistungen	Aktive Vermittlung von Informationen: Auskunft, Informationsdienst... Weitere Dienstleistungen wie Vermittlung von Informationskompetenz, Publikationsberatung, Verlagsfunktion

Zu einigen dieser Tätigkeitsfelder ist in den anderen Kapiteln bereits ausführlicher Stellung bezogen worden. Bekräftigt sei hier, dass es sich bei allen fünf Funktionen um Informationsdienstleistungen handelt, die Bibliothek also die Intermediation zwischen Autoren bzw. Informationen auf der einen und Rezipienten bzw. Kunden auf der anderen Seite übernimmt. Die beiden letzten Felder „Benutzen" und „Vermitteln" allerdings sollen anschließend ausführlicher dargestellt werden. Dennoch seien zuvor die drei übrigen Felder zur Verdeutlichung kurz genannt.

Eine besondere bibliothekarische Informationsdienstleistung wird bereits durch das Sammeln erfüllt. Bestandsaufbau bzw. Auswahl von Webquellen/Netzpublikationen erfolgen geplant und nach definierten Kriterien. Durch die Auswahl übernimmt die Bibliothek eine Filterfunktion und garantiert ein im Idealfall in Leitlinien („Policy") festgelegtes und transparentes Qualitätsniveau. Darin liegt für die Benutzer ein wichtiger Beitrag zur Reduktion von Komplexität, die angesichts der weiterhin enorm wachsenden Informationsmenge immer größere Bedeutung erlangt.

In der Aufbewahrungs- und Archivierungsfunktion liegt ein höchst diffiziler Auftrag, der im Hinblick auf publizierte Materialien von keiner anderen Institution zuverlässig übernommen werden kann. Die Dienstleistung besteht darin, publizierte Informationen auf welchen Trägern auch immer so zu speichern, dass auch nach Jahrzehnten und Jahrhunderten von Interessenten darauf zugegriffen werden kann. Und genau darin liegt ein Dilemma, das diese bibliothekarische Dienstleistung fundamental unterscheidet von Angeboten z. B. kommerzieller Informationsdienstleister. Vor allem Wissenschaftliche Bibliotheken können sich in ihren Informationsdienstleistungen eben nicht nur am aktuellen Bedarf ihrer Nutzer orientieren, sondern müssen z. B. bei der Auswahl der zu archivierenden Quellen sich bemühen, die möglichen Interessen und Bedürfnisse zukünftiger Nutzer zu antizipieren und vorausschauenden Bestandsaufbau zu betreiben.

Dies kann natürlich nur annäherungsweise gelingen. Auch in der Vergangenheit hat es Materialien gegeben (z. B. Graue Literatur, Zeitungen), deren spätere Aufwertung zu wissenschaftlichen

Quellen für die zeitgenössischen Bibliothekare unvorstellbar war. Heute werden entsprechende Überlieferungslücken von Historikern, Soziologen, Publizisten usw. beklagt. Solche Lücken werden natürlich auch in Zukunft nicht zu vermeiden sein, denn Bibliotheken werden auch weiterhin auswählen müssen und Bibliothekare können zukünftige Trends nur bedingt vorhersehen. Auch deshalb übrigens ist es wichtig, dass die Überlieferungsfunktion in funktional differenzierten Systemstrukturen von vielen Bibliotheken geleistet wird, in denen variierende Leitideen und Bewertungskriterien eine größere und pluralistische Überlieferung garantieren als die eine zentralistische Megabibliothek oder das eine Megaportal, denen zwar eine einheitliche, aber damit zugleich einseitigere Perspektive zugrunde liegt.

Auch mit der Ordnung bzw. der Erschließung von Literatur und Informationen erbringt die Bibliothek eine Informationsdienstleistung. Erst durch die Aufstellung und Präsentation von Medien, erst durch die Verzeichnung von Literatur und Informationen in Katalogen und Bibliografien wird aus einem diffusen Informationskonglomerat, einem „Bücherhaufen" eine Bibliothek, die dem Kunden den gezielten Zugriff auf benötigte Publikationen oder diskrete Informationen erlaubt. Diese bibliothekarische Informationsdienstleistung kann ebenfalls als gewichtiger Beitrag zur Komplexitätsreduktion betrachtet werden. Auch die Entscheidung darüber, welche Literatur, welche Informationen in welcher Tiefe und mit welchen Instrumenten erschlossen werden, muss sowohl im Blick auf die aktuelle Nachfrage als auch unter möglichst vorausschauender Berücksichtigung der möglichen Erwartungen zukünftiger Nutzer getroffen werden. Im Folgenden sollen zunächst beispielhaft Dienstleistungskataloge von Bibliotheken vorgestellt werden, dann sollen ausgewählte Dienstleistungen genauer betrachtet werden. Der Schwerpunkt liegt auf den gemäß Tabelle 36 ausgewiesenen Basisfunktionen *Bereitstellen* oder *Benutzen* sowie *Vermitteln*.

8.3 Beispiele für Dienstleistungskataloge

Bibliothekarische Dienstleistungen sind notorisch vielfältig und differenziert. Kaum ein Nutzer nimmt das ganze Spektrum der Dienstleistungen seiner Bibliothek in Anspruch, mitunter mehr aus Unkenntnis als aus mangelndem Bedarf. Wenige Bibliotheken haben ihre Dienstleistungen in einem Dienstleistungskatalog zusammengestellt und beschrieben. Als Beispiel für ein solches Verzeichnis, das vor allem den Nutzern als übersichtliche Darstellung Transparenz vermittelt, soll der Dienstleistungskatalog der *Universitätsbibliothek Bielefeld* zitiert werden (Information. plus! 2017). Darin zeigt sich ein konzeptioneller Wechsel von der klassischen Objektorientierung zur Subjektorientierung. Ausgangspunkt sind nicht konkrete Angebote wie der Bibliothekskatalog oder Vermittlung von Informationskompetenz, sondern Bedarfe der Benutzer. Ihnen sind einzelne Dienstleistungen zugeordnet und hinsichtlich ihres Nutzens und ihrer Nutzungsmöglichkeiten beschrieben. Deshalb werden etliche Dienstleistungen mehrfach aufgeführt, wenn sie multifunktional sind. Bemerkenswert ist, dass die systematische Freihandaufstellung als eigene Dienstleistung behandelt wird.

Tabelle 37: *Dienstleistungskatalog der Universitätsbibliothek Bielefeld*

Fragestellung der Nutzer	Dienstleistungsbereich	Beispiele für einzelne Dienstleistungen
Sie suchen umfassende Literaturnachweise zu einem fachspezifischen Thema.	Fachspezifische Literatur	Datenbankinformationssystem DBIS Zahlreiche Fachdatenbanken OPAC Metasuche
Sie suchen aktuelle Informationen oder prägnante Darstellungen von Sachverhalten.	Zeitungen, Nachschlagewerke, Statistisches Datenmaterial	Tages- und Wochenzeitungen Online-Redaktionsarchive Online- und gedruckte Nachschlagewerke Statistische Quellen Suchmaschinen-Tutorial
Sie suchen Veröffentlichungen mit Hilfe von Fachbegriffen oder systematischen Zusammenhängen.	Komfortable Suchmöglichkeiten	Katalog.plus! Fachdatenbanken
Sie suchen Literatur und möchten dabei auf einfachem Wege möglichst viele Bibliothekskataloge und Fachdatenbanken gleichzeitig durchsuchen.	Simultane Metasuche	Gleichzeitige Suche in fachspezifischen und / oder (über-)regionalen Zusammenstellungen von Datenbanken und Bibliothekskatalogen Verfügbarkeitsnachweis
Sie suchen Nachweise über die Zugriffsmöglichkeiten für einzelne Titel.	Verfügbarkeitsnachweise	Katalog.plus! Fachdatenbanken mit Verfügbarkeitsrecherche
Sie suchen gezielt Veröffentlichungen mit wissenschaftlichem Inhalt im Internet.	Suchmaschine BASE	Suchmaschine BASE
Sie möchten elektronische Texte aus Zeitschriften oder anderen Quellen lesen.	Elektronische Texte auf einen Klick	Kataloge und Datenbanken mit Links zum Volltext
Sie wollen unmittelbar in den Beständen der Fachbibliotheken prüfen, welche Literatur zu Ihrem Thema besonders geeignet ist.	Freier Zugang zu unseren gedruckten Beständen	Systematische Freihandaufstellung
Sie möchten Literatur zu Hause nutzen.	Ausleihe aus dem Bestand	Ausleihe Leihfristen Rückgabe
Sie wünschen weitergehenden Service rund um die Ausleihe.	Service rund um die Ausleihe	Vormerkung Verlängerung der Leihfrist
Sie möchten spezielle Medien wie z. B. ältere oder besonders wertvolle Literaturausgaben, CD-ROMs, DVDs oder Mikroformen nutzen.	Nutzung von Sonderbeständen	Schützenswerte Bestände Aktuelle Zeitschriftenhefte Gesonderte Bestände Handapparate Medienkombinationen Mikroformen

Fragestellung der Nutzer	Dienstleistungsbereich	Beispiele für einzelne Dienstleistungen
Sie benötigen Literatur, die in der Universitätsbibliothek nicht vorhanden ist.	Lieferdienste	Fernleihe Dokumentlieferdienst
Sie haben Fragen zur Bibliothek und ihrer Nutzung.	Auskunft und Beratung	Mitarbeiter Ansprechpartner Auskunfts- und Beratungszeiten
Sie benötigen Unterstützung bei der selbstständigen Nutzung.	Vielfältige Hilfesysteme	Online-Hilfen Videos und Tutorials Orientierungshinweise vor Ort
Sie interessieren sich für eine Einführung in die Bibliotheksbenutzung.	Fachunabhängige Schulungen und Führungen	Schulungsprogramme
Sie suchen nach Strategien der fachlichen Literaturrecherche.	Fachspezifische Schulungen und Führungen	zielgruppenorientierte Einführungen fachliche Schulungsangebote individuelle Beratung und Schulung Webinare
Sie benötigen spezielle Hilfestellung.	Dienste für Menschen mit Behinderung	Webseite für Menschen mit Behinderung Behindertengerechte Zugänge Erleichterung der Bibliotheksbenutzung
Sie suchen einen aktuellen, sachgerechten und möglichst vollständigen Medienbestand für Ihre Fachgebiete.	Bereitstellung eines aktuellen Medienangebots	Fachreferenten
Sie möchten für eine Lehrveranstaltung Studienliteratur zusammenstellen.	Semesterapparate für Lehrveranstaltungen	Semesterapparate Exemplaranzeige im Katalog.plus!
Sie benötigen Literatur zur Vorbereitung Ihrer Bachelor-, Master- oder Doktorarbeit.	Tischapparate für Examenskandidaten	Tischapparat Exemplaranzeige im Katalog.plus! Reservierter Arbeitsplatz verschließbarer Rollcontainer
Sie sind Mitarbeiter der Universität und möchten Literatur aus der Bibliothek an Ihrem Arbeitsplatz nutzen.	Ausleihe für Mitarbeiterinnen und Mitarbeiter der Universität	Ausleihe Sonderausleihe Längerfristige Ausleihe
Sie möchten sich online über Ihre ausgeliehenen, vorgemerkten oder per Fernleihe bestellten Titel informieren.	Ausleihkonto	Ausleihkonto Bestellung / Vormerkung Gebühren
Sie möchten in der Universität mit Laptop oder einem Mobilen Endgerät arbeiten.	Mobiles Arbeiten	WLAN Steckdosen Optimierung für Smartphones etc.

Fragestellung der Nutzer	Dienstleistungsbereich	Beispiele für einzelne Dienstleistungen
Sie möchten Suchanfragen dauerhaft speichern, Suchergebnisse in Ihr Literaturverwaltungsprogramm exportieren und über Neuerscheinungen regelmäßig informiert werden.	Speichern, Exportieren, Abonnieren	RSS-Feeds und persönliche Favoritenverzeichnisse in Katalog.plus!, Base usw. Exportmöglichkeiten Download von Dateien an den PCs in der Bibliothek auf mitgebrachte USB-Sticks, Versand per E-Mail
Sie möchten wissenschaftlich publizieren.	Digitales Publizieren	Wir unterstützen Ihre Publikationsaktivität durch unseren Publikationsfonds, beraten bei der Erstellung von Data-Management-Plänen, stellen Software und Speicherplatz für elektronische Zeitschriften, Volltexte von Konferenzbänden und Prüfungsschriften bereit und vergeben DOIs, URNs, ISBNs und ISSNs
Sie möchten Ihre persönliche Publikationsliste erstellen.	Persönliche Publikationsliste erstellen und pflegen	Sie können Ihre Publikationsdaten und Volltexte mit PUB – Publikationen an der Universität Bielefeld – an einer zentralen Stelle eintragen, hochladen und administrieren
Sie möchten in der Bibliothek lesen und arbeiten.	Fachbibliotheken	Arbeitsmöglichkeiten während außergewöhnlich langer Öffnungszeiten
Sie möchten in einer Gruppe arbeiten.	Gruppenarbeitsplätze	in allen Fachbibliotheken Diskussionsräume, z. T. mit SMART Boards, und offene Gruppenarbeitsbereiche (Lernorte)
Sie möchten im Katalog.plus! recherchieren, das Internet nutzen oder Dateien erstellen und bearbeiten.	PC-Arbeitsplätze für alle Bibliotheksdienste	Die Bibliothek stellt dafür in allen Fachbibliotheken PCs bereit
Sie möchten Artikel aus Zeitschriften kopieren, Webseiten ausdrucken oder Scans erstellen und bearbeiten.	Drucken, Scannen, Kopieren	In den Fachbibliotheken stehen Geräte bereit Bargeldlose Bezahlung über Uni-Card, Service- oder Gastkarte

Im Unterschied zu diesem Beispiel hat es bisher kaum eine Öffentliche Bibliothek in Deutschland vermocht, ihre Dienstleistungen zusammenhängend darzustellen. Das selbst in Mittelstädten vielfältige und differenzierte Dienstleistungsspektrum der Öffentlichen Bibliotheken, das von Ausleihe bis zu Makerspaces, von der Beratung von Schülern beim Abfassen von Referaten bis zur Medienkoffern reicht, die thematische Zusammenstellungen von pädagogisch verwendbaren Medien enthalten und an Schulen und Kitas verliehen werden – dieses Dienstleistungsspektrum erschließt sich den Benutzern meistens selbst bei intensiver Recherche auf der Website der betreffenden Bibliothek selten umfassend. Ausgesprochen grobschlächtig erscheint der Dienstleistungskatalog Öffentlicher Bibliotheken, den das *Innenministerium Baden-Württemberg* im Rahmen des „Kommunalen Produktplans Baden-Württemberg" (Kommunaler Produktplan Baden-Württemberg 2017) formuliert hat.

Er nennt folgende Dienstleistungen:
- Medien und Informationen für Sachbereiche (gemeint sind Medien mit Sachthemen im Unterschied zur Belletristik)
- Medien und Informationen für Schöne Literatur (Belletristik)
- Medien und Informationen im Kinder- und Jugendbereich
- Medien und Informationen im Bereich Zeitungen und Zeitschriften
- Informationsdienste einschließlich Internetnutzung
- Programmarbeit einschließlich Leseförderung
- Bibliotheksführungen.

Dieser Dienstleistungskatalog dient allerdings nicht dem Zweck, potenziellen Benutzern die Dienstleistungen der Öffentlichen Bibliotheken vor Augen zu stellen, sondern soll eine Hilfe für die Kommunen zur Gliederung der kommunalen Haushaltspläne bieten, die aufgrund des seit 2009 reformierten Gemeindehaushaltsrechts nach Produkten, also Dienstleistungen gegliedert sein müssen.

Die „Deutsche Bibliotheksstatistik" erhebt – neben Daten zum Medienbestand, zur Ausleihe oder zur Publikumsfläche und den Öffnungsstunden – Daten über folgende Dienstleistungen Öffentlicher Bibliotheken, meistens nur hinsichtlich des Vorhandenseins ohne Zahlen (in Klammern der Anteil aller Öffentlichen Bibliotheken einschließlich der nebenamtlichen, die die betreffende Dienstleistung in 2018 anbieten):

- Recherchen (Auskunftsanfragen) (77%)
- Benutzerarbeitsplätze insgesamt (75%), darunter: Computerarbeitsplätze (45%) einschließlich OPACs und Internetterminals (34%)
- Bibliothekshomepage (53%)
- Internet-Angebot: WEB-OPAC/Internet-Katalog (39%), interaktive Funktionen (31%), Socialweb/Web-2.0-Angebote (13%), Auskunftsdienst per E-Mail (33%), Virtuelle Bestände (23%), Aktive Informationsdienste (19%), WLAN-Angebot (21%),
- Soziale Bibliotheksarbeit (26%)
- Veranstaltungen, Führungen, Ausstellungen insgesamt (89%) und differenziert nach Einführungen in die Bibliotheksnutzung (69%), davon: für Kinder und Jugendliche (75%), davon: für Erwachsene (56%), Ausstellungen (43%)
- Schulbibliothekarische Dienstleistungen (10%)
- Betreuung von Verwaltungsbibliotheken (2%)
- Sonstige vertraglich geregelte Dienstleistungen (10%)
- RFID-Verbuchung (5%)
- Mobile Endgeräte für Benutzer (30%).

8.4 Ausgewählte Dienstleistungen

8.4.1 Öffnungszeiten

Die Öffnungszeiten sind ein Qualitätsmerkmal, das den Grad der Bibliotheksnutzung und die Zufriedenheit der Nutzer entscheidend beeinflusst. Lange Öffnungszeiten bis in die Abendstunden und am Wochenende kommen den Benutzerwünschen und -erwartungen entgegen, wie Umfragen immer wieder ergeben. Erfahrungsgemäß wachsen die Nutzungszahlen, wenn bedarfsgerechte Öffnungszeiten den Zugang zur Bibliothek an sechs oder gar sieben Tagen in der Woche und über den Nachmittag hinaus ermöglichen (Verch 2006).

Viele Universitätsbibliotheken haben ihre Öffnungszeiten in den vergangenen Jahren deutlich erweitert, an Werktagen etwa von 8.00 bis 24.00 Uhr. Den Anfang machten 2001 die *Hochschulbibliothek Landshut* und das *Kommunikations-, Informations-, Medienzentrum* (KIM) Konstanz. Einige wie das *KIM Konstanz* oder die *UB Marburg* sind gar rund um die Uhr geöffnet und schließen an den Wochenenden nur für wenige Stunden. Spätschichten oder erweiterte Wochenendöffnungen werden meist von studentischen Hilfskräften ermöglicht.

Die meisten Öffentlichen Bibliotheken sind von benutzergerechten Öffnungszeiten hingegen noch weit entfernt. Einerseits sind es die erhöhten Personalkosten, anderseits die starren Bestimmungen des Tarif- und Arbeitsrechts, die derzeit noch einer Erweiterung der Öffnungszeiten entgegenstehen. Das zweite Argument ist nur begrenzt stichhaltig, wie am Beispiel der Wissenschaftlichen Bibliotheken zu sehen ist. Eigentlich sollte es selbstverständlich sein, Bibliotheken insbesondere dann zu öffnen, wenn ihre Kunden Zeit für einen Besuch haben, d. h. außerhalb der normalen Arbeitszeit. Die Flexibilisierung der Geschäftszeiten in den Innenstädten bis täglich 19.00 bzw. 20.00 Uhr müsste dort konsequenterweise auch zu einer Anpassung und Erweiterung der Öffnungszeiten der Öffentlichen Bibliotheken führen. Bedauerlicherweise ist dies bisher kaum geschehen. Die hauptamtlichen Öffentlichen Bibliotheken in Deutschland haben durchschnittlich 18 Wochenstunden geöffnet, die nebenamtlich geführten Öffentlichen Bibliotheken sind zwei bis 15 Stunden in der Woche geöffnet.

Unter dem Schlagwort „Open Library" entwickeln Öffentliche Bibliotheken Konzepte zur Verlängerung der Öffnungszeiten ohne eigenes Personal, meistens am Wochenende oder in den Abendstunden, mitunter saisonal. Der Zugang zu den Bibliotheksräumen erfolgt, indem der Benutzer seinen Bibliotheksausweis an die Lesestation neben dem Eingang hält, worauf die Tür freigegeben wird. Eine Videoüberwachung soll schlimmstenfalls Verursacher von Vandalismus identifizieren. Teilweise ist ein Mitarbeiter eines Wachschutzes anwesend. Das Konzept der „Open Library" folgt dem Gedanken, dass ein Bibliotheksbesuch mit Beratung besser ist als Selbstbedienung, dass aber Selbstbedienung in der Bibliothek immer noch besser als eine verschlossene Tür ist. Besonders in Dänemark ist diese Praxis weit verbreitet. In deutschen Öffentlichen Bibliotheken wurde das Konzept der Öffnung ohne eigenes Personal zuerst in einigen Filialen der *Bücherhallen Hamburg* praktiziert, bald auch in Filialen der Öffentlichen Bibliotheken Norderstedt, Bielefeld und Hannover. Bibliotheksdienstleister bieten die erforderliche technische Ausstattung von den Lesestationen über die Videoüberwachung bis zum Energiemanagement der Räume als Komplettlösung an.

Die Selbstbedienungskonzepte unterscheiden sich im Einzelnen deutlich. Hochschulbibliotheken gestatten den Zugang zur Bibliothek ohne Personal meistens nur Hochschulangehörigen, selten allen Bürgern, Öffentliche Bibliotheken ihren eingeschriebenen Nutzern. Teilweise wird Wachpersonal eingesetzt, teilweise nicht. Dasselbe gilt für die Videoüberwachung. Überall ist Ausleihe mit Selbstverbuchung möglich. Mitunter steht in Hochschulbibliotheken ein Fernleihautomat zur Ausgabe und Rücknahme von Fernleihbestellungen zur Verfügung. Öffnung ohne

Personal wird von Ausnahmen abgesehen gut angenommen. Vandalismus, Missbrauch, Diebstahl oder Verschmutzung und Lärm sind selten. Vereinzelt haben Hochschulbibliotheken jedoch den 24/7-Betrieb zurückgenommen oder auf die Prüfungszeiten beschränkt.

8.4.2 Informationsdienst/Auskunftsdienst

Die Begriffe Informationsdienst und Auskunftsdienst werden meist synonym gebraucht. Informationsdienst in diesem Zusammenhang ist nicht gleichzusetzen mit Informationsdienstleistung, sondern stellt neben anderen eine spezifische Form im bibliothekarischen Informationsdienstleistungssegment „Vermitteln" dar.

Bibliothekarischer Informationsdienst kann aus Sicht des Benutzers wahrgenommen werden als:
- Hilfestellung bei der akuten Benutzung der konkreten Bibliothek (Orientierungsauskunft, Benutzerschulung „at the point of use")
- Hilfestellung bei der konkreten Suche nach Literatur und Informationen (Rechercheberatung, bibliografische Auskunft, Bestandsvermittlung, Sachauskunft). Diese in mehr oder minder jeder Bibliothek angebotene Dienstleistung darf nicht darüber hinwegtäuschen, dass die Benutzer für die weit überwiegende Zahl der Ausleihen keinerlei Auskunft und Beratung in Anspruch nehmen, was auch guten Leit- und Orientierungssystemen in der Bibliothek geschuldet ist.
- proaktive Bereitstellung spezifischer Informationsdienstleistungen (selbst erstellte Informationsmittel, Profildienste usw.)
- Übernahme des kompletten Auftrags inkl. der Suche selbst (Informationsvermittlung).

Ein leistungsstarker Informationsdienst oder Auskunftsdienst setzt voraus, dass
- das Angebot mittels gründlicher Planung konzeptionell abgesichert und mit den internen Dienstleistungen wie beispielsweise dem Bestandsaufbau vernetzt ist
- das bibliothekarische Personal über die spezifischen Qualifikationen verfügt
- ausreichende Erwerbungsmittel für Aufbau bzw. Lizenzierung und Pflege eines angemessenen Bestandes an Informationsmitteln zur Verfügung steht
- Webkataloge eingesetzt werden, die den Kunden den Zugang zu externen Informationsmitteln (und Primärquellen) unter Nutzung des Internets erleichtern
- am Kundenbedarf orientierte Informationsdienstleistungen entwickelt und angeboten werden
- für die einzelnen Angebote des Informationsdienstes in ausreichendem Maße geworben wird
- die Angebote regelmäßig evaluiert und an möglicherweise veränderten Bedarf angepasst werden
- externe Kooperationen mit anderen Einrichtungen angestrebt werden, auf die erforderlichenfalls verwiesen werden kann
- die Tätigkeiten im Rahmen des Informationsdienstes statistisch erfasst und ausgewertet werden.

Unterschieden werden ferner synchron und asynchron erbrachte Informationsdienste. Zu den synchronen Formen gehört die klassische Auskunft in der Bibliothek („Face-to-Face"), die Auskunft per Telefon und digitale Varianten (Auskunft per Chat, Voice-over-Internet-Protocol, Videoconferencing). Zu den asynchronen Formen gehören Auskunft per Brief, per E-Mail, Web-Formular oder Chatbot.

Freilich besteht im Informationsdienst die grundlegende Problematik, dass Informationssuchende ihren Informationsbedarf oft nicht exakt benennen können. Das Paradox lässt sich folgendermaßen beschreiben: Je genauer der Informationssuchende weiß, was er sucht, desto größer ist auch die Wahrscheinlichkeit, dass er es findet. In der Praxis angloamerikanischer Bibliothekare, interessanterweise aber auch bei kommerziellen Anbietern von Informationsdienstleistungen in

Deutschland (Schmidt 2004) gilt daher dem Auskunfts- oder Informationsberatungsinterview (Reference Interview) größte Aufmerksamkeit. Nach einer Klärungsphase hat die Umsetzung in Suchstrategien und die Auswahl erfolgversprechender Ressourcen Aussicht auf Erfolg, so dass die eigentliche Suche möglichst zeitsparend und zufriedenstellend durchgeführt werden kann und exakt die Zielinformationen hervorbringt, die den Informationsbedarf des Kunden decken. Daraus geht hervor, wie wichtig kommunikative Kompetenzen für Auskunftsbibliothekare sind.

Aber selbst durch ein ausgefeiltes Auskunftsinterview ist nicht immer zu verhindern, dass es zu Missverständnissen kommt und die ermittelten Zielinformationen den Kunden nicht oder nur begrenzt zufrieden stellen. Der Informationsprozess wird meist in vier Phasen eingeteilt:

1. Genese des Informationsdefizits
2. Klärungsprozess (mit Auskunftsinterview)
3. Suchphase und
4. Antwortphase bzw. Übergabe der Suchergebnisse.

Als unerlässlicher Bestandteil der letzten Phase gilt in der amerikanischen Literatur die Qualitätskontrolle in Form des „Follow-Up", die explizite Nachfrage, ob die Zielinformationen den Informationsbedarf des Kunden tatsächlich befriedigen. Gegebenenfalls muss der Informationsprozess durch ein erneutes Auskunftsinterview und anschließende modifizierte Suche fortgesetzt werden.

Das Kompetenzprofil für Tätigkeiten im Auskunfts- und Informationsdienst lässt sich in sieben Bereiche untergliedern:

1. Ressourcenkompetenz
2. Methodenkompetenz
3. Kommunikationskompetenz/Soziale Kompetenz
4. Sprachenkompetenz
5. anwendungsorientierte EDV-Kompetenz
6. betriebswirtschaftliche Kompetenz
7. breite Allgemeinbildung.

1. Zur Ressourcenkompetenz gehört die Vertrautheit mit der Informationslandschaft und den einschlägigen Informationsmitteln. Darüber hinaus müssen erfolgversprechende Entscheidungen über den Aufbau eigener, selbst erstellter Informationsmittel (Datenbanken, Webkataloge usw.) getroffen werden können.
2. Methodenkompetenz umfasst nicht nur die Fähigkeit, effiziente Recherchestrategien in gedruckten Informationsmitteln, in Datenbank oder mittels der gängigen Navigationsinstrumente im Internet entwickeln und durchführen zu können; hinzutritt auch die Kompetenz, problemspezifische Informationen identifizieren und als Zielinformationen aufbereiten, d. h. bewerten und verdichten zu können.
3. Mit sozialen und darunter insbesondere kommunikativen Kompetenzen sind die Aspekte gemeint, die es ermöglichen durch die Anwendung der entsprechenden Dialogtechniken Auskunftsinterviews erfolgreich zu führen. Ferner gehört dazu z. B. die Fähigkeit, Vermittlung von Informationskompetenz zielgruppengerecht planen und durchführen, aber auch Konfliktsituationen beherrschen zu können. Idealtypische Persönlichkeitsmerkmale sind vor allem Offenheit, Flexibilität, Kommunikationsfähigkeit, Kooperationsfähigkeit, Kontaktfreudigkeit, Geduld, Hilfsbereitschaft, Einfühlungsvermögen, Wissbegier, …

4. Fremdsprachenkompetenz befähigt dazu, fremdsprachige Informationsmittel mit fremdsprachigen Arbeitshilfen nutzen können (mindestens: Englisch) und eigene Informations- und Schulungsdienste auch in fremden Sprachen erstellen und anbieten zu können.
5. Unter anwendungsorientierter EDV-Kompetenz wird hier vor allem technisches Hintergrundwissen verstanden, das die Beurteilung und Auswahl von Hard- und Software für den eigenen Arbeitsbereich erlaubt. Natürlich ist in diesem Zusammenhang auch auf die Vertrautheit mit Programmen zur Durchführung von Recherchen sowie für die Nachbearbeitung von Rechercheergebnissen zu verweisen.
6. Betriebswirtschaftliche Kompetenz umfasst kunden- und bedarfsorientierte Planung des Auskunfts- und Informationsdienstes als zentraler bibliothekarischer Dienstleistung; in diesem Zusammenhang müssen Informationsmittel unter wirtschaftlichen Gesichtspunkten bewertet und ausgewählt oder selbst erstellt, Recherchen bedarfs- sowie kostenorientiert angeboten und durchgeführt werden. Schließlich müssen Marketingstrategien für die eigenen Auskunfts- und Informationsdienstleistungen entwickelt werden (Öffentlichkeitsarbeit und Werbung).
7. Zu den erforderlichen Kompetenzen ist nicht zuletzt auch eine möglichst breite Allgemeinbildung zu zählen. Auskunftsbibliothekare sollten mit den aktuellen politischen und gesellschaftlichen Diskursen vertraut sein und bei der Einordnung entsprechender Anfragen ihren breiten Fundus an allgemeiner (und gegebenenfalls fachlicher) Bildung heranziehen können.

Damit der Informationsdienst nutzerorientiert und von allen beteiligten Mitarbeitern auf demselben Niveau geleistet wird, wurden Qualitätsstandards entwickelt. Die für die *Münchner Stadtbibliothek* entwickelten Qualitätsstandards umfassen unter anderem folgende Anforderungen (Barz/Becker 2008):

– Ich registriere, wenn sich ein Kunde nähert, blicke kurz in seine Richtung und lege meine Nebentätigkeit sofort weg.
– Ich frage nach, ob ich das Anliegen des Kunden richtig verstanden habe, indem ich seine Frage in eigenen Worten zusammenfasse.
– Ich berate sachlich. Ich unterlasse Kommentierungen.
– Ich esse nicht an der Theke, trinke diskret und verberge Flasche und Tasse unter der Theke.
– Wenn ich momentan keine Zeit habe, biete ich dem Kunden eine Recherche an, deren Ergebnisse er später abholen kann.

Diese Standards decken den Informationsdienst allerdings nicht so umfassend und detailliert ab wie die „Guidelines for Behavioral Performance of Reference and Information Service Providers" der *American Library Association* (Guidelines for Behavioral Performance of Reference and Information Service Providers 2008).

Das Spektrum des Informationsdienstes reicht von einfachen Orientierungsauskünften, z. B. Hinweisen darauf, wo man die Scanner findet, über Neuerwerbungslisten bis zu individuell erstellten Literaturberichten, die nicht nur die Literatur zum gesuchten Thema bibliografisch zusammenstellt, sondern inhaltlich-vergleichend auswertet und offene Forschungsfragen benennt. Entsprechend reicht das erforderliche Qualifikationsniveau von angelernten Hilfskräften bis zu spezialisierten Wissenschaftlern. Tabelle 38 gibt einen Überblick über Typen der Informationsdienste.

Tabelle 38: Typologie der Informationsdienste im Bereich Auskunft, Informationsvermittlung, Informationsberatung

Passive Informationsdienstleistungen (Pull-Dienste)	
Orientierungsauskünfte	Fragen nach Räumlichkeiten Fragen nach Einrichtungen Fragen nach Dienstleistungen Titelermittlungen
Bibliografische Auskünfte	Standortnachweise Literaturzusammenstellungen
Sachauskünfte	Faktenfragen
	Sachverhaltsfragen
Aktive Informationsdienstleistungen (Push-Dienste)	
Hervorgehobene Präsentation von Medien	Auslage ausgewählter Neuerwerbungen Thematische Medienzusammenstellung aus aktuellem Anlass usw.
Zusammenstellung und Verbreitung von Literaturlisten	Neuerwerbungslisten Themenbezogene Bibliografien Auswahlverzeichnisse Faktendokumentationen
Informationszusammenstellungen	Synopsen Chroniken
Current-Contents-Dienste	Regelmäßige Information über den Inhalt aktuell erschienener Zeitschriften (Current-Alerting-Dienste)
Personalisierte Informationsdienste	Gezielte Versendung von Informationsmaterialien an bestimmte Benutzer aufgrund eines auf sie zugeschnittenen Interessenprofils in definierten Rhythmen (Personalisierte Push-Dienste, Personalisierte Alerting-Dienste) Sonderform: Selective Dissemination of Information (SDI): präsentieren neben publizierten auch informelle, neben aktuell generierten unter Umständen auch ältere, dem Kunden bis dahin nicht bekannte Informationen
Funktionale Informationsdienstleistungen	
Ermittlung und anwendungsorientierte Systematisierung der Zielinformationen	Fachjournalistisch aufbereitete Kurzinformationen aus Datenbanken Literaturberichte Fortschrittsberichte Stand-der-Technik-Übersichten Thematische Sachstandsvergleiche
Anwendungsorientierte Bewertung der Zielinformationen	Expertisen Thematische Studien Wissenschaftliche Analysen
Hilfestellung bei der Umsetzung	Begleitung bei der Realisierung der Problemlösungsszenarien

Im Vergleich zur Praxis in USA, Großbritannien, Skandinavien und den Niederlanden ist der Informationsdienst in deutschen Bibliotheken trotz wiederholter Tagungen und Vorträge zum Thema insgesamt unterentwickelt und beschränkt sich – außer in Spezialbibliotheken wie beispielsweise der *Bibliothek des Deutschen Bundestages* – weitgehend auf passiven Informationsdienst und einen Teil der Dienstleistungen des aktiven Informationsdienstes. Allerdings lehnen manche Bibliotheken es grundsätzlich ab, Sachfragen zu beantworten. Dagegen gehören personalisierte Informationsdienste bei Hosts und Spezialbibliotheken, immer häufiger auch bei Hochschulbibliotheken zum Standard. Der *Wissenschaftsrat* forderte in seinen „Empfehlungen zur digitalen Informationsversorgung" (2001): „Bibliotheken müssen dabei auch Profildienste anbieten können, die eine jeweils fach- oder nutzerbezogene Informationsversorgung ermöglichen." Sehr selten in Deutschland ist die Praxis, die in der englischsprachenden Welt als *Roving Librarians* bezeichnet wird: Bibliothekare warten nicht am Auskunftspult darauf angesprochen zu werden, sondern laufen mit einem Netbook ausgerüstet durch den Benutzungsbereich der Bibliothek, um Fragen der Nutzer dort aufzufangen, wo sie entstehen und um Nutzer anzusprechen, die den Eindruck erzeugen, sie bräuchten Unterstützung. Eine weiter gehende Variante lässt die Bibliothekare auf dem ganzen Hochschulcampus auftreten. Ein dreisemestriges, 2012 begonnenes Experiment in der *Zentralbibliothek der Hochschule Hannover* kam freilich zu dem Ergebnis, dass Nutzen und Aufwand in keinem vertretbaren Verhältnis stehen (Hofmann/Hauschke 2016). Was die Bibliothekare während dieses Experiments mit Abstand am häufigsten taten: Benutzer zur Ruhe mahnen.

Auskunftsverbünde, die auf digitalen Kommunikationswegen aufbauen, haben sich in Ländern wie den USA oder Dänemark erfolgreich etabliert. In Deutschland bestand ab 2002 mit der *Deutschen Internetbibliothek* ein Auskunftsverbund, der über 50 teilnehmende Bibliotheken umfasste. Das von der *Bertelsmann-Stiftung* initiierte Projekt musste 2013 wegen mangelnder Finanzierung eingestellt werden. Noch bestehende Auskunftsverbünde wie etwa *DigiAuskunft* mit über 500 beteiligten Bibliotheken (Stand 2019) oder *InfoPoint* mit vier Teilnehmern in Frankfurt a. M. zeichnen sich eher durch gemeinsame Nutzung und Entwicklung von Auskunftssoftware aus als durch kollaborative Auskunft und Informationsvermittlung. Einige deutsche Bibliotheken (z. B. BSB München, SUB Göttingen, DNB) beteiligen sich an dem von OCLC getragenen, potenziell weltweit agierenden Auskunftsverbund *QuestionPoint*. Unter *QuestionPoint* ist nicht nur der organisierte Auskunftsverbund zu verstehen, sondern auch das dafür zum Einsatz kommende Softwarepaket, das aufgrund des Funktionsumfangs durchaus als Web Contact Center Software bezeichnet werden kann.

Eigentlich ist jede Bibliothek, die über E-Mail erreichbar ist, auch in der Lage, digitalen Informationsdienst anzubieten. Aber zu einem Informationsdienst, der den Namen verdient, gehört nicht nur der Link zur E-Mail auf der Website der Bibliothek, sondern die ausdrückliche Bewerbung dieser Dienstleistung. Tabelle 39 zeigt die Varianten digitaler Auskunfts- und Informationsdienste.

Tabelle 39: Varianten digitaler Informationsdienste

Variante	Synchronizität	Medialität	Interaktivität
E-Mail-Auskunft (auch: SMS)	asynchron/ unstrukturiert	textbasiert	kaum interaktiv
Auskunft mit Web-Formular	asynchron/ stärker strukturiert	textbasiert	kaum interaktiv
Chatbot/Chatterbot (FAQs)	asynchron	textbasiert	begrenzt interaktiv
Einfache Chat-Auskunft (auch: Instant Messaging)	synchron	textbasiert	begrenzt interaktiv
Erweiterte Chat-Auskunft (auch: Web Contact Center)	optional synchron oder asynchron	multimedial	umfassend interaktiv
VoIP Videoconferencing	synchron synchron	sprachbasiert multimedial	interaktiv interaktiv

Am stärksten verbreitet ist gegenwärtig Auskunft per E-Mail und Web-Formular. Auch Chat wird vor allem in angloamerikanischen Ländern stark genutzt. Der Einsatz von Voice over IP (VoIP) zeichnet sich ab, während Videoconferencing bislang kaum Verwendung findet. In den USA bieten vor allem Wissenschaftliche Bibliotheken und Auskunftsverbünde erweiterte Chatauskunft an, um auch kollaborative und interaktive Funktionalitäten bereitstellen zu können.

Welche Konsequenzen Sprachassistenten für den Auskunftsdienst haben, ist bisher kaum untersucht worden: Wird der bibliothekarische Auskunftsdienst noch stärker auf das reduziert, was er jedenfalls in Bibliotheken in Deutschland ohnehin weit gehend war, nämlich Unterstützung bei der Orientierung im Raum, im Katalog und auf der Website (beispielsweise: Wo steht das gesuchte Buch im Regal? Wie finde ich im Katalog Werke von X aus dem Jahr Y? Wie gibt man online eine Fernleihbestellung auf? Wie installiert man den VPN-Zugang zur Universitätsbibliothek?) und Hinweise auf Benutzungsmodalitäten (z. B. Wie viel Schüler können gleichzeitig an einer Klassenführung teilnehmen?), weil die Fragen, für die sich der bibliothekarische Auskunftsdienst bisher bereithielt, von Sprachassistenten beantwortet werden? Oder wird er eine neue Attraktivität erlangen, weil er Auskünfte ohne kommerzielle Verwertung der Fragen gibt und die Fragenden nicht aushorcht? Oder wird er unter Einsatz von Sprachassistenten fortgeführt und verbessert?

Die entscheidende Frage aber besteht darin, ob Bibliotheken dazu bereit und in der Lage sind, ihre bislang reichlich konventionellen Auskunftsangebote zu Information Consulting Services auszubauen und auch in Öffentlichen Bibliotheken über den Bestand weit hinausgehende Beratungs- und Unterstützungsdienste anzubieten. In diese Richtung wiesen auch Konzepte des „Embedded Librarian" und Überlegungen zu neuen bibliothekarischen Dienstleistungsformaten im Kontext nutzerspezifischer Informationsberatung. In diesem Sinne forderte Tochtermann bereits 2013:

> „Das klassische Bibliotheksparadigma des information pull, das heißt, Forschende müssen aktiv nach Literatur suchen, wird durch das Paradigma des information push ergänzt, das heißt, Literatur wird proaktiv in die Umgebungen geliefert, in denen sich die Forschenden gerade aufhalten." (Tochtermann 2013).

In ähnlichem Sinne hatten sich auch Ball und Lübbers geäußert:

> „Wir werden Consultingunternehmen werden müssen. (...) Diese echte Beratungskompetenz, die fehlt noch. Die muss aber über alle Ebenen der Bibliothek verstärkt werden." (Ball/Lübbers 2012).

In die genannte Richtung gehen Angebote z. B. in den USA oder in Dänemark. Die *Yale University Library* weist jedem Studierenden einen „Personal Librarian" zu, der zu einem Gesprächstermin einlädt und sich als Berater bei Informationsproblemen aller Art anbietet. Es handelt sich dabei um eine besondere Form des „Liaison Librarian". Die *University of Southern Denmark Library* bietet individuelle Informationsberatung über ihren Service „Book a librarian" an. Konzeptionell vergleichbar ist das an der *SLUB Dresden* entwickelte Projekt „WissensBar – Service mit Gesicht" (Vgl. Guercke/Mittelbach 2015). Nutzer können sich mit ihren Informationsproblemen an die zuständigen Fachreferenten wenden und per Webformular ein 30-minütiges Beratungsgespräch buchen. Erfreulicherweise ist diesem Beispiel eine nennenswerte Zahl deutscher Hochschulbibliotheken mit vergleichbaren Angeboten gefolgt.

8.4.3 Ausleihe und Fernnutzung

Benutzerfreundlicher Service beginnt bereits beim Betreten der Bibliothek: Dort, wo der Kunde sich in den Räumen der Bibliothek leicht orientieren („Leit- und Orientierungssystem") und binnen kurzer Zeit selbstständig das gesuchte Material auffinden kann, ist der erste Schritt zur Kundenzufriedenheit getan. Die meisten Öffentlichen und Wissenschaftlichen Bibliotheken stellen die Medienbestände in Freihand auf, d. h. die Medien werden in der Regel gemäß einer Klassifikation für die Nutzer unmittelbar zugänglich dargeboten. Aber es kommt auch auf eine Raumordnung an, die sich den Nutzern einsichtig erschließt. Präsentationsmöbel sollen Teile des Bestands hervorgehoben und verlockend in Szene setzen. Die Öffentlichen Bibliotheken haben erfolgreiche Anstrengungen unternommen, ihren Bestand attraktiv und verlockend zu präsentieren. Teilweise werden ausgewählte Medien mit Dekorationselementen regelrecht in Szene gesetzt. Als wichtige Grundsätze für Planung und Gestaltung des Benutzungsbereiches einer modernen Bibliothek gelten:

1. kürzeste Wege von den Arbeitsbereichen zu den Buch- und Medienbereichen
2. zentrale Lage im Schnittpunkt der Hauptverkehrswege
3. müheloser Zugang zu den Beständen und technischen Arbeitsmitteln der Bibliothek
4. ungehinderter und barrierefreier Zugang zu den Buch- und Medienbereichen
5. Flexibilität in der Raumnutzung.

In älteren Wissenschaftlichen Bibliotheken wird häufig noch Theken- oder Magazinausleihe praktiziert; die gewünschten Medien werden nach Bestellung im Online-Katalog bereitgestellt. Meist sind es räumliche oder organisatorische Gründe, die eine Freihandnutzung nicht erlauben. So darf ein Magazin nicht für Nutzer geöffnet werden, wenn die baurechtlichen Anforderungen an Publikumsräume nicht erfüllt werden (Beleuchtung, Fluchtwege, Aufzüge, Geländer u. a. m.). Verfügen Bibliotheken über Freihand- und Magazinaufstellung, so sind es häufig die wertvollen und schützenswerten Bestände, die magaziniert aufbewahrt werden.

Viele Bibliotheken haben in der Vergangenheit ihre Bestände nach Numerus Currens aufgestellt, d. h. in der Reihenfolge des Zugangs. Die Vorteile dieser Methode wurden oft gesteigert durch die Verwendung besonders raumsparender und auf Schienen fahrbarer Kompaktregalanlagen. Dadurch konnte der Platzbedarf gegenüber der systematischen Aufstellung um mehr als die Hälfte reduziert werden. Dem Benutzer war der Zugang zu den Magazinen verwehrt, die Ausgabe der Bücher erfolgte an der Ausleihtheke. Allerdings band dieses System zusätzliches Magazin- und Ausleihpersonal. Die Benutzer konnten die Auswahl der gewünschten Materialien nur auf der Grundlage der Kataloginformationen vornehmen. Möglichkeiten zum Browsing, zur stichprobenartigen Überprüfung vor der Ausleihe, bestanden also nicht. Wo dieses Verfahren noch anzutreffen ist, muss der Benutzer jedoch Wartezeiten in Kauf nehmen, die Stunden, bei Beschaffung aus Außenmagazinen sogar Tage dauern können. In vielen Bibliotheken hilft moderne Transporttechnik, die herausgesuchten Medien über Förderbänder oder Aufzüge zur Leihstelle zu bringen.

Viele Universitäts- und Landesbibliotheken haben ihre Magazine inzwischen für die Selbstausleihe durch die Benutzer geöffnet, obwohl die Bestände nach Numerus Currens aufgestellt sind. Voraussetzung dafür aber ist, dass die Regale nicht mobil, sondern aus Sicherheitsgründen standortfest montiert sind. Nachdem sie die Standortsignaturen der gewünschten Werke im Katalog ermittelt haben, holen die Benutzer die Bände selbst aus dem Magazin, um sie für die Ausleihe oder die Nutzung im Lesesaal verbuchen zu lassen. Je nach räumlicher Situation entfällt eine Verbuchung für die kurzfristige Nutzung im Lesesaal.

Die Verbuchung im Bibliotheksinformationssystem erfolgt mittels Barcodescanner, der z. B. im Arbeitspult oder in einer Lesepistole installiert sein kann. Die codierten Benutzerdaten auf dem Bibliotheksausweis werden dabei mit den strichcodierten Mediennummern in den Bibliotheksmaterialien verknüpft. Umgekehrtes geschieht bei der Rückgabe.

Seit Beginn der 2000er-Jahre kommen in Bibliotheken auch Selbstverbuchungssysteme zum Einsatz. Es handelt sich dabei um Erfassungsgeräte mit optischen oder elektromagnetischen Scannern, die es den Benutzern ermöglichen, die Ausleihe und Rückgabe der Bibliotheksmedien eigenhändig vorzunehmen. Der Arbeitsaufwand für die personalintensiven Verbuchungs- und Rückgabevorgänge wird dadurch um die Hälfte reduziert und der Ablauf beschleunigt.

Selbstverbuchung erfolgt in der Regel unter Nutzung von RFID-Transpondertechnik (Radio Frequency Identification). Diese ermöglicht eine berührungslose, schnelle und sichere Identifikation und Lokalisierung von Daten und Objekten aller Art, die z. B. in Warenlagern oder Supermärkten eingesetzt wird. Die elektromagnetische Identifikation mittels Transponder-Lesegerät und RFID-Etiketten (RFID-Tags) dient dabei nicht allein der Rationalisierung und Optimierung der Logistik, sondern auch der Diebstahlsicherung und der Lokalisierung eines Objekts, das sich in Bearbeitung befindet.

Das Transponder-Etikett erlaubt neben der Speicherung der Mediennummer die Angabe von Systematik, Regalnummer und Position des Mediums. Zusätzlich zu den Medien lässt sich aber auch jedes Regal mit einer Funkantenne zum Lesen von Informationen ausstatten. Ist etwa ein Medium nicht mehr auffindbar, kann der betreffende Titel mittels Transpondertechnik sekundenschnell geortet werden. Das Verstellen in falsche Regaleinheiten ließe sich durch einen warnenden Signalton verhindern.

Konventionell war es seit jeher möglich, gewünschte Materialien in der Bibliothek vorzubestellen bzw. zu reservieren oder die Leihfrist entliehener Medien bei Bedarf verlängern zu lassen. Die modernen Bibliotheksinformationssysteme erleichtern diese Arbeitsvorgänge spürbar und erlauben es, über das Internet ins eigene Benutzerkonto Einsicht zu nehmen und Verlängerungen selbst vorzunehmen, sofern keine Vormerkung durch einen anderen Benutzer vorliegt. Sind vorgemerkte Medien zurückgebracht und wieder verfügbar, informiert die Bibliothek den Kunden anhand einer automatisiert erzeugten E-Mail oder SMS.

Bei Wissenschaftlichen Bibliotheken ist die Nutzung der Grunddienste (Lesesäle, Medienausleihe) in aller Regel unentgeltlich. Ein Teil der kommunalen Öffentlichen Bibliotheken erhebt zur Erhöhung der Einnahmen jährliche Benutzungsgebühren; im Jahr 2018 war dies bei 66% der hauptamtlich geleiteten Einrichtungen der Fall (2011: bei 77%), während die Öffentlichen Bibliotheken ohne hauptamtliches Personal, also weit gehend die von Ehrenamtlichen betriebenen kirchlichen Bibliotheken, zu 23% Nutzungsgebühren erheben.

Darüber hinaus werden für spezielle Dienstleistungen fast überall Verwaltungsgebühren bzw. -entgelte fällig, wie etwa für Dokumentlieferdienste, Vormerkungen, Kopienerstellung, Fernleihaufträge, Mahngebühren bei Leihfristüberschreitung u. a. m.

„Onleihe" (Kunstwort aus Online-Ausleihe) ist der Markenname der digitalen Bibliothek, die die ekz-Tochter *divibib GmbH* Bibliotheken zur Lizenzierung anbietet. Insgesamt waren in 2018 rund 3.200 Bibliotheken Lizenznehmer, darunter auch Bibliotheken in Österreich und anderen Ländern. In der Regel schließen sich mehrere Bibliotheken zu einem Onleihe-Verbund zusammen und finanzieren einen gemeinsamen Pool von Online-Medien; in Niedersachsen agiert der Verbund *NBib24* unter Koordination der *Büchereizentrale Niedersachsen* landesweit. Kunden vorwiegend Öffentlicher Bibliotheken können unter Angabe ihrer Bibliotheksausweisnummer über die Homepage ihrer Bibliothek digitale Medien wie E-Books, E-Journals, Hörbücher, Musikstücke oder Filme auf ein digitales Gerät herunterladen und für einen festgelegten Zeitraum nutzen. Ein „Digital Rights Management System" (DRM) sorgt dafür, dass die entsprechenden Dateien nach Ablauf des Nutzungszeitraums nicht mehr genutzt werden können. Die Rückgabe entfällt, Überschreitungen von Leihfristen können nicht entstehen. Über die Onleihe hinaus lizenzieren etliche Öffentliche Bibliotheken weitere digitale Medien, vor allem Datenbanken wie z. B. das Munzinger-Archiv (▶ 6.3.2). Auf diese Weise erzielten in 2018 62% der Öffentlichen Bibliotheken mit hauptamtlichem Personal virtuelle Ausleihen – in 2011 waren es 12%. Der durchschnittliche Bestand an Online-Medien je Bibliothek mit Online-Beständen lag in 2018 bei beachtlichen 35.000 Medieneinheiten. Unter den Öffentlichen Bibliotheken ohne hauptamtliches Personal sind es acht Prozent. Nach der *Stiftung Warentest* hat die Onleihe der Öffentlichen Bibliotheken im Vergleich zu kommerziellen E-Book-Flatrates das beste Preis-Leistungsverhältnis (www.lesen.net/ebook-news/ebooks-laden-stiftung-warentest-lobt-onleihe-und-aldi-life-59968), auch wenn die Anzahl der Titel in der Onleihe mit den kommerziellen Anbietern bei Weitem nicht mithalten kann.

Bereits zu Beginn des 20. Jahrhunderts entwickelte sich in Deutschland ein auf dem Prinzip der Gegenseitigkeit beruhender Leihverkehr zwischen etlichen Bibliotheken, vor allem Universitäts- und Staatsbibliotheken, da erkannt worden war, dass keine Bibliothek alle von ihren Benutzern benötigten Materialien besitzen konnte. Heute nehmen am Überregionalen Leihverkehr (Deutscher Leihverkehr) nahezu alle Wissenschaftlichen Bibliotheken und zahlreiche Öffentlichen Bibliotheken teil. Er dient zunächst ausdrücklich der Förderung von Forschung und Lehre, zugleich vermittelt er Sach- und Fachliteratur für Ausbildung, Fort- und Weiterbildung sowie zur Berufsarbeit an jedermann.

Die im Jahre 2004 in allen Bundesländern in Kraft getretene neue „Deutsche Leihverkehrsordnung" (LVO) regelt Ablauf und Organisation des Überregionalen Leihverkehrs zwischen den Bibliotheken, sie beschreibt außerdem die Voraussetzungen zu deren Zulassung und legt erstmals auch Gebühren für die bestellenden Bibliotheken fest. Infolge von Dokumentlieferdiensten und freier Information im Internet geht die Zahl der Leihverkehrsbestellungen seit vielen Jahren zurück. Die Zahl der am Leihverkehr teilnehmenden Bibliotheken nimmt allmählich zu, 2019 sind ca. 1.600 Bibliotheken zum Deutschen Leihverkehr zugelassen. Ihre Namen und Sigel (Kennungen) werden in einem Sigel-Verzeichnis aufgeführt, das die *Staatsbibliothek zu Berlin* als zentrale Sigelstelle herausgibt. Voraussetzung zur Zulassung zum Leihverkehr sind Standards wie z. B. das Vorhandensein der notwendigen elektronischen Kommunikations- und Recherchemöglichkeiten oder die Bereitschaft zur gebenden Fernleihe (Prinzip der Gegenseitigkeit). Vom Leihverkehr ausgenommen sind Medien, die bei der bestellenden Bibliothek bzw. ihrem Bibliothekssystem oder bei einer anderen örtlich zugänglichen Bibliothek verfügbar sind, auch wenn diese Bibliothek nicht zum LV zugelassen ist, oder solche, die im Handel zu einem Preis von unter 15 € erhältlich sind. Darüber hinaus sind Loseblatt-Sammlungen, wertvolle Titel, großformatige Werke und solche, die vor Ort unentbehrlich sind sowie ganze Zeitschriftenjahrgänge in der Regel von der Fernleihe ausgeschlossen. Zeitschriftenaufsätze, Zeitungsartikel und Werke geringen Umfangs werden nicht im Original, sondern als Kopie geliefert.

Die Nutzer nehmen den Leihverkehr in Anspruch, indem sie in der Trefferliste eines Verbundkatalogs o. ä. auf den Button *Fernleihbestellung* klicken. Die Titeldaten werden dann in das Fernleihbestellformular übertragen; der Benutzer muss noch seine Benutzerdaten eintragen. Sobald die Bestellung zur Abholung bereit liegt, erhält der Benutzer eine Benachrichtigung über den gewünschten Kommunikationsweg.

Leihverkehrswünsche, die aus keiner deutschen Bibliothek befriedigt werden können, werden in den Internationalen Leihverkehr übergeleitet; dieser muss dank der in Deutschland aufgebauten Sammlungen nur selten in Anspruch genommen werden. Für den Leihverkehr zwischen Bibliotheken verschiedener Staaten hat die *IFLA* Grundsätze und Richtlinien zusammengestellt. Clearingstelle ist die *Staatsbibliothek zu Berlin*.

Dokumentlieferdienste liefern das bestellte Dokument direkt an den Benutzer. Auf diese Weise werden vorwiegend Aufsätze aus wissenschaftlichen Zeitschriften in Kopie, aber auch Bücher, Sammelwerke, Dissertationen und andere rückgabepflichtige Literatur bestellt und geliefert. Recherche und Bestellung erfolgen elektronisch.

Typologisch lassen sich lokale, regionale, überregionale und internationale Dokumentlieferdienste unterscheiden sowie allgemeine und fachbezogene. Letztere werden z. B. von Zentralen Fachbibliotheken und Fachinformationszentren angeboten. Der bedeutendste allgemeine, überregionale Dokument(direkt)lieferdienst in Deutschland ist *subito*. Der Dokumentlieferdienst, organisiert als Verein, liefert Dokumente aus 35 leistungsfähigen Universal- und Spezialbibliotheken aus Deutschland, Österreich und der Schweiz sowohl an kommerzielle und nicht-kommerzielle Endnutzer wie auch an Bibliotheken. Sitz und hauptamtlich geführte Geschäftsstelle befinden sich in Berlin.

Die Urheberrechtsreform 2018 erlaubt einerseits Dokumentlieferungen an nicht-kommerzielle Nutzer auf allen Lieferwegen einschließlich digitaler Kopien, schränkt sie andererseits auf Kopien aus Fachzeitschriften und wissenschaftlichen Zeitschriften ein; Kopien aus Zeitungen und Publikumszeitschriften dürfen nicht mehr ohne Weiteres geliefert werden. Für die urheberrechtlich zulässigen Kopien muss eine Tantieme an die *VG Wort* gezahlt werden. In Rahmenverträgen mit den Verlagen regelt *subito*, dass Kopien gegen angemessene Vergütung an die Verlage auch über die urheberrechtlich zulässigen Fälle hinaus geliefert werden dürfen, also an kommerzielle Nutzer und an nicht-kommerzielle Nutzer in Europa außerhalb Deutschlands.

Die Lieferzeit liegt bei *subito* zwischen zwei und sechs Tagen und wenigen Stunden bei Eilbestellungen. Die Gebühren richten sich u. a. nach der Lieferart, der Dringlichkeit und der Gruppe, der ein Nutzer angehört. Unterschieden wird zwischen nicht-kommerziellen Nutzern, kommerziellen Nutzern und Privatpersonen. Auch die Ländergruppe, in die geliefert wird, spielt eine Rolle.

Das Liefervolumen von *subito* nimmt allmählich ab, weil immer mehr Inhalte frei im Internet zur Verfügung stehen, teils dank der Open-Access-Publikation, teils aber auch, weil illegale Plattformen nicht-lizenziertes Material widerrechtlich verbreiten. Wie sich unter veränderten technischen und rechtlichen Bedingungen die Dokumentlieferdienste künftig deutschland- und europaweit entwickeln werden, lässt sich nur schwer vorhersagen. International haben sich mehrere kommerzielle Anbieter in diesem Sektor etabliert, Marktführer ist das britische Unternehmen *IngentaConnect*.

8.4.4 Präsenznutzung, Lernräume, Bibliothek als Dritter Ort

Während in Öffentlichen Bibliotheken fast der gesamte Buch- und Medienbestand ausleihbar ist, gibt es in Wissenschaftlichen Bibliotheken Bestände in nennenswertem Umfang, die nur für die Präsenznutzung in den Bibliotheksräumen vorgesehen sind – ihre Aufbewahrung und Präsentation erfolgt üblicherweise im Lesesaal. In wissenschaftlichen Freihandbibliotheken sind Arbeitsplätze für die Benutzer so im Freihandbereich platziert, dass dieser Bereich zugleich die Funktion des Lesesaals hat. Darüber hinaus existiert eine große Zahl wissenschaftlich ausgerichteter Spezialbibliotheken sowie historischer Bibliotheken, in denen der Gesamtbestand der Präsenznutzung unterliegt.

Im klassischen Lesesaal werden vor allem allgemeine und spezielle Nachschlagewerke, Bibliografien, grundlegende Darstellungen wie Handbücher, Quellensammlungen, Werkausgaben, biografische Sammelwerke und ggf. gebundene Zeitschriftenbände zur Präsenznutzung bereitgestellt. Sonderregelungen erlauben allenfalls eine kurzzeitige Ausleihe außer Haus. Meist werden auch Materialien präsent vorgehalten, die älter als hundert Jahre sind bzw. deren Wert und Ausstattung einer besonderen Schonung und Sicherung bedarf. Das gleiche gilt für Non-Book-Medien, wie etwa Mikrofiches oder Mikrofilme, für deren Nutzung Lesegeräte erforderlich sind. Für besondere Materialien wie Karten, Musikalien, Zeitungen, Handschriften und alte Drucke hat man in Bibliotheken mit umfangreicheren Spezialbeständen Sonderlesesäle mit eigenen Nutzungsbedingungen eingerichtet.

Nutzung der Medien an den Benutzerarbeitsplätzen und netzbasierte Dienste sind nach wie vor für eingetragene Benutzer Wissenschaftlicher Bibliotheken kostenfrei. Im Zuge der Virtualisierung vieler bibliothekarischer Dienstleistungen und der zunehmenden Bereitstellung von Medien über das Internet war nicht selten prognostiziert worden, Benutzungsbereiche könnten nach retrospektiver Digitalisierung der wichtigsten Altbestände auf ein Minimum reduziert werden, neben den Magazinen für die wenigen musealen, nicht makulierten Printbestände seien nur noch die Arbeitsräume des bibliothekarischen Personals von Bedeutung. Aber auch dieser Bedarf werde erheblich geringer sein, da sich die meisten bibliothekarischen Dienstleistungen zentralisieren ließen. Gelegentlich wurde von Szenarien berichtet, in denen Neubauplanungen für Hochschulen in den USA oder Japan auf Bibliotheksgebäude verzichteten.

Diese Prognosen sind durch die inzwischen eingetretene Entwicklung widerlegt. Die Benutzerarbeitsplätze der Bibliotheken sind stärker belegt als je zuvor. Manche Bibliotheken sind sogar dazu übergegangen, die Nutzung der Arbeitsplätze zu kontrollieren und Tische, deren Nutzer länger als 30 Minuten abwesend waren, zu räumen und wartenden Nutzern bereitzustellen. Einige Bibliotheken erheben durch manuelle Zählung und Auswertung der Auslastung der WLAN-Access-Points die Belegung der Räume und Benutzerarbeitsplätze und geben auf einer App bekannt, wo Nutzer freie Plätze finden können. Zu erkennen ist daran u. a., dass in der hektischen, dynamischen und lauten Informationsgesellschaft die Bibliothek und ihre Nutzerarbeitsplätze insbesondere als Orte angesehen werden, an denen nicht nur Medienzugang, Auskunft und Beratung möglich sind, sondern auch die für konzentrierte wissenschaftliche Arbeit notwendige Ruhe herrscht.

So hat sich die Funktion der Nutzerarbeitsplätze in Bibliotheken stark gewandelt. Man bezeichnete mit Büchern gefüllte Regale sogar als „Lerntapete" und zielte damit auf die Beobachtung, dass die Nutzung der gedruckten Bücher zugunsten der Nutzung von Online-Medien über das WLAN der Bibliothek stark zurückgegangen ist, dass die Bücherregale aber eine wunderbare

Arbeitsatmosphäre erzeugen und mithin einen wichtigen Stimulator für Lernverhalten und Motivation der Nutzer darstellen. Nicht nur die Funktion der Nutzerarbeitsplätze hat sich gewandelt, sondern auch die Funktion der Publikumsräume insgesamt. Man erwartet heute von der Gestaltung der physischen Bibliothek – Design der Räume, der Möbel, der Oberflächen und der Raumanordnungen – motivierende, inspirierende und stimulierende Wirkungen, und zwar in unterschiedlichen Weisen je nach Lernanlass, Lernstoff, Lerntyp und Einzelperson bzw. Lerngruppe. Entsprechend bieten Hochschulbibliotheken zunehmend Gruppenarbeitsräume an. Nach dem „Vier-Räume-Modell" (Jochumsen et. al. 2014) sollen Bibliotheksräume vier Potenziale entfalten: Sie sollen:

- als Inspirationsräume begeistern und Erfahrungen anregen.
- zum Lernen geeignet sein, indem sie Entdeckungen ermöglichen und helfen, Kompetenzen zu entwickeln.
- Begegnungen zwischen Menschen fördern und Kommunikation erleichtern, also als Treffpunkt dienen.
- als performative Räume kreative und künstlerische Aktivitäten ermöglichen und anregen.

Entsprechend vielfältig und variantenreich müssen Bibliotheksräume gestaltet sein. Neben ruhigen Zonen für konzentriertes Arbeiten muss es Bereiche geben, in denen es lebhaft zugeht und ein Geräuschpegel wie im Café eher zur Kommunikation anregt als stört. Raumgestaltung und Möblierung müssen sich über die Einrichtung von Gruppenarbeitsräumen und variablen Einzelarbeitsplätzen mit und ohne Tisch hinaus dem lebenslangen Lernen öffnen: Die Benutzer können Tische zu Tischgruppen zusammenstellen; runde Tische laden Arbeitsgruppen ein. Transluzente Vorhänge an Deckenschienen bilden veränderbare Raumzellen; Schall dämmende, leicht transportable Stellwände erzeugen wandelbare Nutzungszonen. Extravagante Sitzmöbel mit technischem Equipment, Lümmelsofas und Beistelltische, Polstersessel und Bistrotische geben unterschiedlichsten Bedürfnissen je nach Lerntyp oder Lernsituation den angemessenen Platz. LED-Tischlampen werden durch Akkus gespeist, so dass die flexible Platzierung der Tische nicht durch Zwänge infolge von Kabelanschlüssen behindert wird. Touchscreens in Tischen und Situationen für bewegungsgesteuerte Computeranwendungen, 3D-Drucker und hochauflösende Videoschnitttechnik, Hard- und Software für die Digitalisierung von analogen Medien stehen bereit. In Öffentlichen Bibliotheken erzeugen verschiebbare, frei stehende Säulen, in die Mikrofone, Lautsprecher und elektronische Steuerung integriert sind, durch Gegenschall Ruhezonen.

Inspiriert durch solche Visionen haben seit etwa 2010 etliche Bibliotheken ihren räumlichen Auftritt und ihr Angebot an Nutzerarbeitsplätzen neu erfunden. In der Bibliothek der *Hochschule der Medien* Stuttgart wurde der Freihandbereich unter Beibehaltung der Buchregale in eine Lernlandschaft umgewandelt. Das *Kommunikations-, Informations-, Medienzentrum* (KIM) der *Universität Konstanz* reduzierte 2015 den Freihandbestand zugunsten der Benutzerarbeitsplätze und folgte damit einem Trend, der auch an anderen Hochschulbibliotheken praktiziert wird. Damit auch die Online-Medien in der physischen Bibliothek sichtbar werden, wurde ein „Hybrid Bookshelf" als Möbel-Objekt entwickelt. Auf seinem Touchscreen kann man in einer virtuellen klassischen Regalansicht im digitalen wie auch im körperlichen Bestand recherchieren. Die Benutzerarbeitsplätze – Einzelplätze, Gruppenbereiche, spezielle Medienplätze, unkonventionelle Möbel – sind mit hochwertiger technischer Infrastruktur ausgestattet. Die Gruppenarbeitsräume verfügen über große Displays mit Touch-Funktion zum Anschluss mitgebrachter Geräte, aber auch über Basis-Arbeitshilfen wie mobile Whiteboards. Da die Universität auch medienwissenschaftliche Studiengänge anbietet, stehen seit Längerem in der Bibliothek zwei Filmräume für das

Betrachten und Analysieren von Filmen bereit. 2015 kamen zwei Labs dazu, in denen innovative Angebote für digitalunterstützte Lehre experimentell erprobt und produziert und in denen spielerische Anwendungen wie Gaming getestet und untersucht werden können.

Ähnliche Schritte unternahm die *Universitätsbibliothek Mannheim*. An der *Universität Göttingen* ging 2013 ein Lern- und Studiengebäude in Betrieb, das von der *Niedersächsischen Staats- und Universitätsbibliothek* Göttingen gemanagt wird und 245 Gruppenarbeitsräume mit 650 Arbeitsplätzen anbietet. Die Räume sind zum Teil mit Whiteboards und PCs ausgestattet. Ähnlich ist in Karlsruhe die *KIT-Bibliothek*, die gemeinsame Bibliothek des *Karlsruher Instituts für Technologie* (KIT), der *Hochschule Karlsruhe – Technik und Wirtschaft* (HsKA) und der *Dualen Hochschule Baden-Württemberg Karlsruhe* (DHBW-KA), für das *Lernzentrum am Fasanenschlösschen* mit zwei Labor- und drei Seminarräumen sowie 94 hochwertigen Nutzerarbeitsplätzen zuständig. Diesen Bibliotheken ist es gelungen, sich im Gefüge ihrer Hochschulen als die maßgebende Instanz für die Entwicklung von Lernumgebungen zu profilieren. Die *Universitätsbibliothek Rostock* erforschte im Projekt *Lernraum Bibliothek 2015*, wie man Benutzer in die Entwicklung künftiger Lernräume einbeziehen kann (Ilg 2016).

Die Fortentwicklung traditioneller Freihandbereiche mit Nutzerarbeitsplätzen zu Lernräumen geht an Hochschulbibliotheken wesentlich schneller voran als in Öffentlichen Bibliotheken. Als Gründe kann man angeben: An Hochschulen ist die Aufgabe, Lernräume zur Verfügung zu stellen, anders als bei kommunalen Entscheidungsträgern eine politisch anerkannte Aufgabe. Für Universitätsbibliotheken ist die Beantragung von Fördermitteln eine Routineaufgabe, die dann auch für die Umgestaltung geleistet wird, während sich Öffentliche Bibliotheken schwertun, Fördermittel zu beantragen.

Öffentliche Bibliotheken profilieren sich aber zunehmend als „Dritter Ort". Nach dem ursprünglich 1989 von *Ray Oldenburg* (Oldenburg 1999) entwickelten Konzept sind Dritte Orte soziologisch zwischen den Ersten Orten, der Wohnung als Privatsphäre, und Zweiten Orten, dem Arbeitsplatz mit seinen mehr oder minder formalisierten Regelungen, insbesondere der Anwesenheitspflicht angesiedelt. Dritte Orte sind öffentlich und leicht zugänglich, aber man verhält sich hier eher wie in einer privaten Umgebung. Der soziale Status der Personen, die sich hier begegnen, spielt eine geringe Rolle. Die Hauptbeschäftigung der Personen ist miteinander Kommunizieren. Die Regeln, die hier gelten, sind informell. Nach Vorbildern in Skandinavien, den Niederlanden, Großbritannien oder den USA haben einige Großstadtbibliotheken mit spektakulären Neubauten (Stuttgart, Dortmund, Dresden) auffällige architektonische Akzente von hoher Aufenthaltsqualität gesetzt und sich als Kommunikationsort, Begegnungsstätte und zivilgesellschaftlichen Raum neu erfunden. Sie fördern den Aufenthalt im Stadtraum jenseits der kommerziellen Kontexte von Shopping-Mall und Fußgängerzone. Die Bibliothek soll im Sinne des Dritten Ortes ein Raum des freien Diskurses, der kollektiven Inspiration, zugleich ein Ort mit Ambiente und Stil sein, wo man sich gerne aufhält und zwanglos der Welt der analogen und digitalen Medien begegnet und sein Grundrecht auf Meinungs- und Informationsfreiheit wahrnehmen kann. Unter Rückgriff auf Hannah Arendt fordern Rickum und Weis darüber hinaus, die Öffentliche Bibliothek dürfe nicht nur im Sinn des Dritten Orts Diskursen Raum geben, sondern in diese als „emanzipatorisch handelnde Kultureinrichtung" eingreifen. (Rickum/Weis 2019, S. 5).

Für Öffentliche Bibliotheken liegt es nahe, sich mit Bildungseinrichtungen wie Schulen oder Volkshochschulen raumorganisatorisch enger zu vernetzen. Die nicht zufällige, sondern konzeptionell begründete Unterbringung von Öffentlicher Bibliothek und Volkshochschule im selben Gebäude hat eine lange Tradition. Prominente Beispiele sind das *Kulturzentrum* in Ludwigsburg, eröffnet 1969, und der *Münchner Gasteig*. Im Gebäude von 1984 sind neben Stadtbibliothek und

Volkshochschule die *Hochschule für Musik und Theater* sowie die *Münchner Philharmoniker* untergebracht. Ein neueres Beispiel ist *DAStietz* in Chemnitz. In diesem Kulturzentrum sind zwar die Volkshochschule, die Stadtbibliothek, das *Museum für Naturkunde* und die *Neue Sächsische Galerie* angesiedelt, aber weder räumlich noch organisatorisch oder im Organisationsdesign integriert. Dagegen kooperieren im *Zentrum für Information und Bildung Unna* (ZIB) Volkshochschule und Stadtbibliothek und betreiben ein Selbstlernzentrum (Lernsoftware zur selbstständigen Benutzung mit Beratung). Im Gebäude des *süd-punkt Nürnberg* sind eine Filiale der Stadtbibliothek, ein Lernzentrum mit PC-Arbeitsplätzen für die Benutzung von Lernsoftware individuell oder in Gruppen sowie Kursräume des Bildungszentrums, also der Volkshochschule, organisatorisch zusammengeführt. In etlichen Kommunen werden seit einigen Jahren Lernzentren konzipiert. Meist werden vorhandene Einrichtungen in einem Neubau zusammengefasst, organisatorisch enger aufeinander bezogen und um neue Dienstleistungen wie zum Beispiel ein Selbstlernzentrum mit entsprechender Software und Beratung erweitert (Stang 2010).

8.4.5 Teaching Library – Bildungsdienstleistungen, bestandsunabhängige Dienstleistungen

Die Programmatik einer „Teaching Library" entwickelte Margaret Monroe (Monroe 1978) bereits 1978. Sie dachte dabei an Öffentliche Bibliotheken. Es reiche nicht, für das lebenslange Lernen geeignete Ressourcen in den Bestand aufzunehmen. Vielmehr müsse das Dienstleistungsspektrum erweitert werden um:

- Lernberatung mindestens in der Form der Beratung bei der Auswahl individuell geeigneter Lernressourcen oder gesteigert in der Form einer Beratung bei der Entwicklung individueller Lernprogramme,
- Kooperation mit Bildungseinrichtungen, damit einerseits der Bestandsaufbau stärker auf den Lernbedarf ausgerichtet würde, damit andererseits potenzielle Lernende auf dieses Angebot aufmerksam würden, damit schließlich Interessentinnen und Interessenten über die Bibliothek einen Weg zu geeigneten Bildungsinstitutionen fänden,
- Koordination der lokalen Akteurinnen und Akteure, die sich auf dem Feld des lebenslangen Lernens engagierten,
- Angebote, die den verschiedenen Lernsituationen und Lernstilen der Benutzer entsprächen: individuelle Nutzung der Lernressourcen, autonome Lerngruppen oder Workshops, informelles Lernen, formales Lernen in Kursen, in denen Bibliothekare als Lehrer bzw. Dozenten auftreten u.a.m.

Die einzelne Öffentliche Bibliothek müsse ein individuelles Profil anhand von Dimensionen wie Kompetenzprofil des Personals, priorisierte Zielgruppen, Kooperationen mit Bildungseinrichtungen usw. entwickeln.

Es dauerte Jahrzehnte, bis Bibliotheken in Deutschland vergleichbare Ideen aufgriffen. Die Hochschulbibliotheken waren es zuerst, die Kurse zur Vermittlung von Informationskompetenz anboten und damit weit über traditionelle Einführungen in die Bibliotheksbenutzung hinausgingen, die seit den 1970er Jahren durchgeführt werden und in die konkreten Benutzungsmodalitäten und das Dienstleistungsangebot einführten, Hilfen für die Katalogbenutzung oder schlichte räumliche Orientierungen gaben.

2001 forderte der *Wissenschaftsrat* in seinen Empfehlungen: „Der Verbesserung der Nutzerkompetenz (information literacy) muss die Bibliothek in Kooperation mit anderen Einrichtungen der Hochschule Rechnung tragen. Navigations- und Recherchestrategien, Hilfen zum digitalen Publizieren und Vor- und Nachteile der einzelnen Informationsquellen müssen dargestellt sowie die Grundlagen ihrer Nutzung vermittelt werden." (Empfehlungen zur digitalen Informationsversorgung 2001, S. 36). Die Öffentlichen Bibliotheken begannen Bildungsdienstleistungen zu entwickeln, die den Befunden über sinkende Bildungsstandards an Schulen (PISA-Studie) und offenkundig mangelhafte Fähigkeiten bei der Nutzung digitaler Medien selbst bei Studierenden (SteFi-Studie) entgegenwirken sollen.

In den USA wurde bereits 1989 unter Mitwirkung der *American Library Association* das *National Forum on Information Literacy* (NFIL) gegründet, das Standards und didaktisch-methodische Konzepte zur Vermittlung von Informationskompetenz entwickelte. Dafür legte das NFIL folgende Definition zugrunde: „Information Literacy is defined as an individual's ability to know when there is a need for information, to be able to identify, locate, synthesize, evaluate, and effectively use that information for the issue or problem at hand." (Information Literacy. National Forum on Information Literacy).

Informationskompetenz bedeutet demnach, den Informationsbedarf erkennen und unabhängig von der konkreten Bibliothek durch Auswahl der geeigneten Informationsressourcen, Anwendung der geeigneten Retrievalmethoden und kritische Bewertung der ermittelten Zielinformationen befriedigen zu können. In den berühmten „Big Six Skills" sind diese Elemente mit Task Definition, Information Seeking Strategies, Location and Access, Information Use, Synthesis und Evaluation fast deckungsgleich formuliert (Eisenberg/Berkowitz 1990).

Unterrepräsentiert ist in den genannten amerikanischen Definitionen aktive Informationskompetenz. Darunter ist die Fähigkeit zu verstehen, gewonnene Erkenntnisse auch im digitalen Umfeld angemessen publizieren zu können (Tappenbeck 2005). Wissenschaftliche Bibliotheken bieten in diesem Zusammenhang Informationen über die Vor- und Nachteile verschiedener Dateiformate, sie stellen Formatvorlagen und Style Sheets zur Verfügung und entwickeln Anleitungen zur Generierung von Metadaten (z. B. Dublin Core) durch die Autoren. Mit der steigenden Bedeutung von Open Access für die wissenschaftliche Kommunikation gewinnt auch aktive Informationskompetenz an Gewicht. Wenn sich derartige Dienstleistungen zu individuellen Beratungsleistungen weiterentwickeln, spricht man von „Liaision Librarians". Organisatorisch sind sie meistens den Filialbibliotheken in den Fakultäten zugeordnet. Dienstleistungen in diesem Bereich erstrecken sich an vielen Hochschulbibliotheken auf die Beratung beim elektronischen Publizieren (Wahl geeigneter langzeitstabiler Dateiformate, Integration standardisierter, hochwertiger Metadaten, Formatierungsfragen u. a. m.); vereinzelt reichen sie bis zum Betrieb zertifizierter institutioneller Repositorien für die Open-Access-Publikation oder zur Gründung eines Hochschulverlags. In diesem Zusammenhang soll auch die Erstellung einer Hochschulbibliografie als Aufgabe der Hochschulbibliothek erwähnt werden, beispielsweise an der *Technischen Universität Dortmund*, an der *Carl-von-Ossietzky-Universität* Oldenburg oder an der *Technischen Universität Ilmenau*.

Die Website http://www.informationskompetenz.de ist die Plattform, auf der einschlägige Projekte vorgestellt werden.

Gemeinsam ist den verschiedenen Konzepten zur Vermittlung von Informationskompetenz die Abkehr von der Bestands- und Objektorientierung früherer Benutzerschulung. Stattdessen stützen sich die neuen Ansätze auf moderne Curriculumtheorien, auf aktivierende und lernzielorientierte Methoden. Die Lehrinhalte werden auf besondere Zielgruppen und den Bedarf einzelner Teilnehmer zugeschnitten. Neben dieser Subjektorientierung sind die Konzepte von der Überzeugung geprägt, dass die beschleunigten Innovationsrhythmen der Informationsgesellschaft die Notwendigkeit „lebenslangen Lernens" nahelegen. Wenn Informationskompetenz als Schlüsselkompetenz anzusehen ist, die ständiger Aktualisierung bedarf, bietet sich für Bibliotheken eine herausragende Chance, entsprechende Dienstleistungsangebote zu entwickeln und damit als „Teaching Libraries" ihre Rolle in der zukünftigen Bildungs- und Informationslandschaft aufzuwerten.

Für die Vermittlung von Informationskompetenz stehen verschiedene Formen zur Verfügung:
- (Zielgruppenspezifische) Bibliotheksführungen; Virtuelle Rundgänge
- Schriftliche Handreichungen (Selbstlernmaterial in gedruckter Form)
- Auditive oder audiovisuelle Hilfsmittel (z. B. Filme)
- Online-Tutorials (digitale Selbstlernkurse, zunehmend in Form von Open Educational Resources – OER – und Massive Open Online Course – MOOCs)
- Kombination von Präsenzveranstaltungen und Online-Tutorials (Blended Learning)
- Veranstaltungen zur Einführung in die Nutzung von Bibliothekskatalogen
- Veranstaltungen zur Einführung in die Nutzung allgemeiner und fachlicher Informationsmittel in gedruckter und digitaler Form
- Individuelle Betreuung bei der Lösung eines konkreten Informationsproblems („Instruction at the point of use")
- Unterstützung einzelner Lehrveranstaltungen der Hochschule (integrativ)
- Einbindung eigenständiger Lehrveranstaltungen zur Vermittlung von Informationskompetenz in die Studiengänge (additiv).

Es wird deutlich, dass ein Teil der Formen Schulungsräume braucht. Insgesamt umfasst das Konzept einer „Teaching Library" daher nicht nur ein entsprechendes Veranstaltungs- und Online-Angebot, sondern auch Lernräume (▶ 8.4.4). Mit Bibliotheksführungen oder schriftlichen Handreichungen gehören auch solche Varianten zu den Formen der Vermittlung von Informationskompetenz, die im Rahmen von Benutzerschulung praktiziert worden sind. Entscheidend aber sollte sein, dass diese Angebote nunmehr zielgruppenspezifisch ausgerichtet werden (z. B. für Seniorinnen oder Erstsemester eines bestimmten Faches) und dass gewünschte Inhalte in kleine Einheiten zerlegt und modular aufbereitet werden (z. B. Patentdatenbanken und fachbibliografische Datenbanken für Chemiker in eigenen, konsekutiven Modulen). Als Alternative oder Ergänzung zu realen Bibliotheksführungen bieten viele Bibliotheken „Virtuelle Rundgänge" an.

Zur Vermittlung von Informationskompetenz eignen sich auch auditive und audiovisuelle Medien. Schon in der Vergangenheit hatten einige Bibliotheken dafür z. B. Bibliotheksfilme gedreht (u. a. *UB Bielefeld*, *BIS Oldenburg*, *Stadtbibliothek Göttingen*). Viele Bibliotheken bieten auf ihrer Website Online-Tutorials an, die als digitale Selbstlernkurse idealerweise einem eng begrenzten Thema gewidmet sind, keinesfalls länger als 30 Minuten zur Bearbeitung erfordern und zur Erfolgskontrolle abschließend Übungsaufgaben bereitstellen.

Weitere und häufig anzutreffende Formen sind z. B. Veranstaltungen zur Einführung in die Nutzung von Bibliothekskatalogen, die Nutzung allgemeiner und fachlicher Informationsmittel in gedruckter und digitaler Form, die Anwendung von Literaturverwaltungsprogrammen und richtiges Zitieren, Schreibwerkstätten zur Vorbereitung auf Seminar- und Abschlussarbeiten, Setzen technischer/wissenschaftlicher Texte mit LaTeX, ferner die ganz individuelle Variante, die Betreuung bei der Lösung eines konkreten Informationsproblems („Instruction-at-the-point-of-use").

Die Einführung von Bachelor- und Master-Studiengängen bietet günstige Voraussetzungen für die verpflichtende Einbindung bibliothekarischer Vermittlung von Informationskompetenz in die Curricula. In diesen Studiengängen sind praxisorientierende Komponenten vorgesehen, in denen berufsbefähigende Schlüsselqualifikationen oder „berufsfeldorientierende Kompetenzen" erworben werden sollen. Vermittlung von Informationskompetenz bietet sich dafür geradezu an. Nicht geklärt ist bislang allerdings, wie die Bibliotheken und Bibliothekare das Mengenproblem lösen können, wenn viele Studiengänge den Besuch einer von der Hochschulbibliothek durchgeführten Lehrveranstaltung zur Vermittlung von Informationskompetenz zur Pflichtveranstaltung machen. Die im Rahmen von Distance Learning gewonnenen Techniken und Erfahrungen, aber auch die Möglichkeiten, die sich im Zusammenhang erweiterter digitaler Auskunft ergeben haben, können hier Abhilfe schaffen. Dabei wird es auf eine intelligente, problem- und zielgruppenadäquate Kombination von Präsenz- und Distanzelementen ankommen (Blended Learning).

Besonderes Engagement bei der Vermittlung von Informationskompetenz zeigen u. a. die *Hochschulbibliothek Ansbach*, die *UB Braunschweig*, die *SLUB Dresden*, die *Hochschulbibliothek der Hochschule Düsseldorf*, die *UB Heidelberg*, die *UB Kaiserslautern*, das *KIT Karlsruhe*, das *KIM Konstanz*, die *ULB Münster*, die das Tutorial „Lotse" entwickelt hat, oder Thüringer Bibliotheken, die das Curriculum „Kulturelle Bildungsarbeit" entwickelt haben.

Auch für Öffentliche Bibliotheken ist Vermittlung von Informationskompetenz an Schüler zu einem aktuellen Thema geworden. Dabei haben sich Ansätze des erlebenden Lernens als besonders erfolgreich erwiesen (Umlauf 2004). Auf spielerische Weise lassen sich ganzheitliche und tätigkeitsorientierte Lernprozesse so inszenieren, dass die Erlebnisse den Erfahrungen des Alltags nahe kommen. Zu diesen Spielhandlungen (Bibliotheksrallyes) gehört es z. B. Rätsel zu entschlüsseln oder Unbekanntes zu entdecken. Dabei ist der Lösungsweg mit Aktion, körperlicher Bewegung und praktischem Tun verbunden. Belohnt wird der erfolgreiche Einsatz mit einem Zertifikat (Internet- oder Bibliotheksführerschein usw.).

Weit verbreitet in Öffentlichen Bibliotheken ist das Engagement für die Leseförderung mit Maßnahmen wie den folgenden:

- Schüler werden durch Klassenführungen mit der Bibliothek und ihren Angeboten bekannt gemacht. Mit zunehmenden Klassenstufen werden immer differenzierte Kenntnisse vermittelt. Jedoch werden nicht überall Spiralcurricula konsequent angewendet.
- Sprachspiele als Veranstaltung in der Bibliothek erweitern den Wortschatz und lassen Freude an Umgang mit Wörtern und Texten gewinnen.
- Vorlesestunden verschaffen Gruppen kleiner Kinder Zugang zu altersgerechten Geschichten. Besonders diese Maßnahmen werden in beträchtlichem Umfang von Freiwilligen getragen („Vorlesepaten"). Im besten Fall veranstaltet die Bibliothek Fortbildungen für die Freiwilligen, um ihren Umgang mit den Kleinen, Stimmführung und Lesetempo, Einbeziehung interaktiver Elemente wie Fragen-Antwortspiele souveräner zu machen.
- Bilderbuchkino: Die ausführende Person projiziert die Bilder des Lesebuchs auf eine Leinwand, während sie die Geschichte vorliest, und verwickelt die Kinder in ein Gespräch über die Geschichte. Eine Variante verwendet „Kniebücher": Die ausführende Person hält das großformatige, oben gebundene Bilderbuch sitzend auf den Knien. Die Vorderseiten zeigen den Kindern nur die Bilder, die Rückseiten enthalten den Text.
- Lesenächte: Die Kinder oder Jugendlichen verbringen den Abend und die Nacht in der Bibliothek und schlafen, nachdem sie mit Taschenlampen so lange lasen, wie sie wollten, im Schlafsack. Am nächsten Morgen gibt es ein gemeinsames Frühstück, bei dem Kenntnisse richtiger Ernährung vermittelt werden.
- Schreibwerkstätten: Kinder und Jugendliche verfassen eigene Geschichten oder setzen vorgelesene Geschichten fort und lesen sie sich gegenseitig vor.
- In Leseclubs treffen sich Kinder und Jugendliche regelmäßig und tauschen sich über ihre Lektüren aus.
- In Medienboxen stellt die Bibliothek Medien thematisch zusammen und verleiht sie an Schulen zum Einsatz im Unterricht.

– Lesepässe und -tagebücher dokumentieren Lektüren der Kinder und Jugendlichen. Die Bibliothek gibt Formulare aus und belohnt gute Leistungen mit einem Präsent.

Die Landesverbände des *Deutschen Bibliotheksverbands* schlossen mit den Kultusministerien ihrer Bundesländer Kooperationsvereinbarungen zur Kooperation zwischen Öffentlichen Bibliotheken und Schulen ab, die es jeweils vor Ort mit Leben zu füllen gilt. Das *Bundesministerium für Bildung und Forschung* fördert im Rahmen des Förderprogramms „Kultur macht stark. Bündnisse für Bildung" auch Maßnahmen der Leseförderung in Bibliotheken, ebenso die *Stiftung Lesen* im Rahmen ihres Projekts „Lesestart". Darüber hinaus fördern etliche Bundesländer Maßnahmen der Leseförderung.

Ausgezeichnet ist die Praxis der Leseförderung der Öffentlichen Bibliotheken u. a. in Brilon, Delmenhorst, Potsdam, Wedel sowie einiger Berliner Öffentlicher Bibliotheken mit dem geförderten Projekt „WortStark".

Von den Öffentlichen Bibliotheken mit hauptamtlichen Personal führten in 2018 86% Benutzerschulungen durch. Insgesamt handelt es sich um über 100.000 Veranstaltungen. Selbst so kleine Bibliotheken wie die Stadtbibliotheken Usingen (Hessen), Pleidelsheim (Baden-Württemberg), Beelitz (Brandenburg), Mayen (Rheinland-Pfalz) oder Sittensen (Niedersachsen), die jede über eine Personalkapazität von nur einem Vollzeitäquivalent verfügen, führten je 20 bis 30 Benutzerschulungen durch. Für die Wissenschaftlichen Bibliotheken erhebt die Deutsche Bibliotheksstatistik nicht die Anzahl der Benutzerschulungen, sondern die Anzahl der Teilnehmer. In 2018 führten 88% der Wissenschaftlichen Universal- und Hochschulbibliotheken Benutzerschulungen durch und erreichten 550.000 Teilnehmer.

8.4.6 Makerspace, Kreativräume

Makerspaces sind mehr oder minder medienbezogene Kreativwerkstätten in Bibliotheken. Seit etwa 2013 wurden sie zu einer Folie räumlicher Veränderungen und innovativer Dienstleistungen. Angebote in Makerspaces können sein:

– Hard- und Software zur Digitalisierung analoger Medien zur privaten oder wissenschaftlichen Nutzung
– Hard- und Software für professionelle Bearbeitung von Videos und Audios
– Virtual-Reality-Brillen
– 3D-Drucker zur Erzeugung dreidimensionaler Modelle oder Ersatzteile nach Fotos oder anderen Vorgaben
– humanoide Roboter
– elektronische Prototypenbausätze
– Dunkelkammer
– Aufnahmestudio
– CNC-Werkzeugmaschine
– hochwertige Farbdrucker
– Modellbaufräse
– Tablets
– Wissenstransfer durch Austausch zwischen Nutzergruppen
– Laser-Cutter, Vinylschneider
– Nähmaschinen
– Backformen.

Es wird deutlich, dass das Schlagwort für vielfältige, konzeptionell keineswegs zu vereinheitlichende Ansätze steht, in Bibliotheken attraktive Dienstleistungen zu etablieren, die das bisherige Spektrum um den Aspekt der Produktivität und Kreativität jenseits der Textproduktion zu erweitern. Letztere war jedenfalls in Wissenschaftlichen Bibliotheken schon immer eine Beschäftigung der Nutzer. Eine wichtige Rolle spielt der Gedanke des Teilens der Hardware, der Software, des Wissens, auch des Mitteilens und Weitergebens von Kenntnissen und Fertigkeiten. In Makerspaces finden aber auch Kurse zur Vermittlung von Wissen und Fertigkeiten statt. Im Vordergrund steht jedoch das Do-it-yourself in informellen Lernkontexten, oft in Form von Workshops.

Die US-amerikanische Association of Research Libraries ermittelte 2015, dass in 27% ihrer Bibliotheken Makerspaces oder vergleichbare Dienstleistungen angeboten werden, weitere 37% prüften oder planten ihre Einführung. Das beliebteste und die meisten Nutzer am meisten faszinierende Inventarteil ist ein 3D-Drucker. Im November 2016 verfügten in USA und Kanada mehr als 150 Wissenschaftliche und mehr als 400 Öffentliche Bibliotheken über 3D-Drucker. (Wust/Di Monte/Rogers 2017).

In USA startete das *Institute of Museums and Library Services* (ILMS) ein Förderprogramm mit einem Volumen von vier Millionen Dollar („Learning Labs Initiative"), das sich auf die Einrichtung von Learning Labs in Bibliotheken und Museen richtete. Im Vordergrund standen Computer, die zum Lernen und Experimentieren dienten. Vereinzelt bieten Öffentliche Bibliotheken in USA nicht nur Gartenbücher, sondern einen Garten an, der von Benutzern gestaltet wird – ein Makerspace, der mit der Urban-Gardening-Bewegung assoziiert ist (Meinhardt 2014)

Führend unter den Öffentlichen Bibliotheken ist bei den Makerspaces die *Stadtbibliothek Köln*. Ihr Makerspace bietet eine Vinylbar, in der Privatpersonen Vinylschallplatten und VHS-Kassetten zur privaten eigenen Nutzung digitalisieren können, 3D-Drucker, eine Baby-Overlock-Nähmaschine für kreative Handarbeitsprojekte, VR-Brillen und ein HTC Vive, ein Virtual-Reality-Headset. Um bestimmte Geräte selbst nutzen zu können, muss man an einem kleinen Kurs teilnehmen und ein Zertifikat erlangen. Um den Makerspace hat sich eine junge, technikbegeisterte Klientel gruppiert, die in Kooperation mit den Verantwortlichen der Stadtbibliothek ein Workshop-Programm entwickelt hat. Themen sind Selbstmarketing im Internet, 3D-Modellieren, eine Cryptoparty, Komponieren mit dem iPad oder Filmschnitt. Die *Stadt- und Landesbibliothek Potsdam* erweiterte ihre Dienstleistungen um ein Repair-Café, ein monatliches Veranstaltungsangebot in Kooperation mit dem Verein *Wissenschaftsladen Potsdam*. Freiwillige Experten stellen sich zur Verfügung, um bei der Reparatur von Haushalts- oder Phonogeräten usw. anzuleiten und zu unterstützen.

An der *SLUB Dresden* rief eine Gruppe von Wissenschaftlern einen Makerspace ins Leben, in dem interessierte Hochschulangehörige Equipment wie einen 3D-Gips-Drucker, einen 3D-Kunststoff-Drucker, eine Laser-Schneid- und Gravieranlage, einen Styroporschneider, eine Tiefziehanlage oder andere Geräte nutzen können. Das erforderliche Knowhow lernen die Nutzer in Einführungskursen, in denen sie einen Führerschein erwerben können, der zur selbstständigen Nutzung der Geräte berechtigt. Der Makerspace umfasst einen 300 Quadratmeter großen Arbeitsraum mit Gerätepark, einen Gruppenarbeitsraum mit Präsentationstechnik für die Konzeptionsphase von Vorträgen, für Gruppenarbeit oder zum Selbststudium und einen Ausstellungsbereich für Projektpräsentationen. Das „FabLab" (Fabrication Laboratory), eine Gemeinschaftsaktion der *SLUB Dresden* mit Lehrstühlen der TU und der Kreativwerkstatt, stellt eine wandernde Hightech-Werkstatt mit 3-D-Drucker und Laser-Cutter dar.

Die medizinische Bibliothek der *Universität Göttingen* richtete 2016 einen Makerspace mit 3D-Druckern ein.

Dagegen haben die Makerspaces der *Hochschule Niederrhein* oder der *TU Clausthal* keine Verbindung mit den Hochschulbibliotheken. In diesen Makerspaces können Studierende, vor allem der Fachbereiche Elektrotechnik und Informatik sowie Maschinenbau und Verfahrenstechnik ihre Kenntnisse in Konstruktion, Elektronik, Fertigungstechnik, Messtechnik, Programmierung, IT & Webdesign usw. bei Hilfestellung durch Dozenten an entsprechenden Geräten und Maschinen ausprobieren. Das Beispiel zeigt, dass Makerspaces zwar eine Affinität zu Bibliotheken haben, aber auch ohne Bibliotheken eingerichtet werden können.

Sehr viel bescheidener ist der Ansatz der *Zentral- und Landesbibliothek* Berlin. Sie verleiht seit 2016 Gegenstände wie Actionkameras, Akkuschrauber, Bluetooth-Lautsprecher, eine Discokugel, ein Heimplanetarium, eine Lötstation, Nähmaschine oder Tischtennisschläger und greift damit eine vergessene Praxis der Ausleihe von Kasperlepuppen oder Musikinstrumenten auf, nun als Bibliothek der Dinge in den Kontext der Shareconomy gestellt.

8.4.7 Forschungsdatenmanagement, Sammlungsmanagement

Forschungsdaten (Primärdaten, Rohdaten; teilweise wird aber auch zwischen diesen Begriffen differenziert) sind digitale Daten, die im Rahmen empirischer Forschungen erhoben werden, meistens durch Messgeräte aufgezeichnet oder durch Befragungen oder Beobachtung gewonnen werden. Aufgrund ihrer Bedeutung in der Wissenschaft und der Verschiebung wissenschaftlicher Arbeitsweisen in Richtung datenbasierter Forschung gibt es zunehmende Bemühungen, Forschungsdaten allgemein zugänglich zu archivieren, zu erschließen und mit den auf ihnen beruhenden Publikationen zu verlinken. Dies soll im Interesse guter wissenschaftlicher Praxis und zur Wiederverwendung oder erneuten Auswertung unter anderen Fragestellungen geschehen. Hierbei stellt sich eine Reihe von Problemen:

- Die Datenvolumina sind oft außerordentlich groß.
- Die Dateiformate decken ein extrem breites Spektrum ab. Mitunter handelt es sich um ein Dateiformat oder die Variante eines Dateiformats, das im Rahmen des Forschungsprojekts neu entwickelt und nur dort verwendet wurde.
- Metadatenstandards sind noch in der Entwicklung.

Forschungsdatenmanagement umfasst alle Maßnahmen, die letztlich darauf zielen, Forschungsdaten (nach-)nutzbar zu machen. Dazu gehören insbesondere Maßnahmen wie die Selektion für die Archivierung, die Übernahme in ein Datenarchiv, die Erschließung durch Metadaten, die Speicherung und Erhaltung, die Wahrung der Datenintegrität, die Schaffung von Nutzungsmöglichkeiten und die Sicherung des Zugangs. Teilweise sind rechtliche Vorschriften zu beachten, beispielsweise der Schutz personenbezogener Daten aus der sozialwissenschaftlichen oder medizinischen Forschung.

Institutionen, die Forschungsdatenarchive betreiben und Forschungsdatenmanagement leisten, sind in Deutschland u. a. die *Max Planck Digital Library* (MPDL) oder das *Leibniz-Zentrum für psychologische Information und Dokumentation* (ZPID) mit dem Primärdatenarchiv „PsychData". „DataCite", 2009 gegründet, ist ein internationales Konsortium mit dem Ziel, Wissenschaftlern den Zugang zu Forschungsdaten zu erleichtern und im Interesse guter wissenschaftlicher Praxis die Akzeptanz von Forschungsdaten als zitierfähigen Informationsobjekten unter Einsatz von Digital Object Identifiers (DOI) zu steigern. „DataCite" arbeitet dazu als DOI-Registrierungsagentur. Träger von „DataCite" sind Bibliotheken wie die *British Library* und wissenschaftliche Institutionen wie das *Institut de l'Information Scientifique et Technique* (INIST); in Deutschland gehören dem Konsortium an: *GESIS*, die *TIB Hannover*, wo die Geschäftsstelle angesiedelt ist, die *ZB Med* und die *SUB Göttingen*.

Das Spektrum dieser Institutionen führt vor Augen, dass Forschungsdatenmanagement eine komplexe Aufgabe ist, an der eine Vielfalt von Institutionen beteiligt ist. In Deutschland widmen sich Wissenschaftliche Bibliotheken dieser Thematik häufig in Form von Projekten (▶ 6.6). Beispielhaft sollen einige Aktivitäten und Projekte erwähnt werden:

- Die *TIB Hannover* ist seit 2005 die weltweit erste DOI-Registrierungsagentur für Forschungsdaten.
- Die Registrierungsagentur für Forschungsdaten der Sozial- und Wirtschaftswissenschaften (www.da-ra.de) wird von der *GESIS* und dem *ZBW – Leibniz Informationszentrum Wirtschaft* gemeinsam betreiben. Seit 2014 baut da|ra einen Suchdienst für Sozial- und Wirtschaftsdaten auf, der die komfortable Suche in einem internationalen, breiten und stets aktuellen Bestand von Datennachweisen erlaubt.
- Das Netzwerk *nestor*, getragen von Bibliotheken, Archiven, Universitäten und anderen wissenschaftlichen Einrichtungen, beschäftigt sich mit digitaler Langzeitarchivierung und in diesem Rahmen auch mit Fragen der Langzeitarchivierung von Forschungsdaten.
- Das Forschungsdatenrepositorium *Radar - Research Data Repositorium* bietet seit 2017 ein Dienstleistungsmodell für das Forschungsdatenmanagement wissenschaftlicher Spezialgebiete an. Das Angebot umfasst ein Einstiegsangebot, bei dem die Datenarchivierung mit minimalem Metadatensatz formatunabhängig erfolgt, und ein erweitertes Angebot, bei dem Datenpublikation, DOI-Vergabe, integrierte Archivierung und Datenauffindbarkeit über nationale und internationale Fachportale geleistet wird. Als Anbieter und Vertragspartner agiert das *FIZ Karlsruhe*; die *TIB Hannover* fungiert als DOI-Registrierungsstelle:
- In 2017 waren 25 Universitätsbibliotheken mit dem Aufbau von Services für Forschungsdatenmanagement befasst (Venzke 2017).
- Die Dienstleistungen der *ZB Med* im Bereich Forschungsdatenmanagement umfassen:
  - Vernetzung mit Gremien und Institutionen, die sich mit Forschungsdatenmanagement befassen,
  - Unterstützung der Forscher durch Beratung, Zusammenstellung von Listen einschlägiger Forschungsdatenrepositorien, aktive Beratung telefonisch, persönlich oder per E-Mail. Hier geht es um Fragen im Zusammenhang mit Datenmanagementplänen, rechtlichen Aspekten u. a.m. Weitere Beratungsformate sind Workshops oder Webinare.
  - Vergabe von Persistenten Identifikatoren (PID), vor allem Digital Object Identifiers (DOI),
  - Publikation von Forschungsdaten im Rahmen von PUBLISSO, dem Open-Access-Publikationsportal der *ZB Med*,
  - Nachweis von Forschungsdaten im von der *ZB Med* betriebenen Suchportal für Lebenswissenschaften LIVIVO,
  - Anpassung des DFG-geförderte Tools „Research Data Management Organizer" (RDMO) an die Bedingungen der Agrarwissenschaften,
  - Begleitung von Forschungsprojekten durch systematisches Forschungsdatenmanagement.
- Mit Blick auf eine „Nationale Forschungsdateninfrastruktur" – das Förderprogramm zu ihrem Aufbau läuft seit 2019 – verstehen sich die Fachinformationsdienste für die Wissenschaft zunehmend als aktive Kooperationspartner an der Schnittstelle zwischen Fachcommunities und

Infrastrukturen für das Forschungsdatenmanagement. Beispielhaft sollen einige Aktivitäten erwähnt werden:
- Sensibilisierung der Forscher für das Thema. Während auf Gebieten wie der Meteorologie die Archivierung, Erschließung und Nachnutzung von Forschungsdaten seit Jahrzehnten üblich ist, sind viele Geisteswissenschaftler noch zurückhaltend bei dem Thema.
- Vernetzung zwischen Wissenschaft und Informationsinfrastruktur und Vermittlung von Best Practices.
- Entwicklung technischer Lösungsansätze (Metadaten, Repositorien, Langzeitarchivierung, Nachweissysteme), die die Spezifika der Disziplinen berücksichtigen. So bietet der *Fachinformationsdienst Asien* an der *UB Heidelberg* die Speicherung und das Management von Forschungsdaten auf Open-Access-Publikationsplattformen an. Die *Staatsbibliothek zu Berlin* bietet die Speicherinfrastruktur *ITR – Integriertes Textrepositorium* an, in der Millionen lizenzierter Objekte so verwaltet werden, dass Forschungsdaten in Text- und Bildformaten mit den inhaltlich verbundenen Medien verlinkt werden.
- Der *Fachinformationsdienst Pharmazie* an der *UB Braunschweig* kooperiert für den Aufbau eines elektronischen Laborjournals mit dem *KIT Karlsruhe* und der *UB Greifswald*.
- Die *Bayerische Staatsbibliothek* baut ab 2019 einen Dienst für Forschungsdaten der Ost-, Ostmittel- und Südosteuropaforschung auf.

Für Aktivitäten im Bereich Forschungsdatenmanagement bildet sich ein neues Qualifikationsprofil heraus (Data Librarian). Dieses Profil umfasst vor allem Kompetenzen wie:

- Normdatenauszeichnung
- Formatvalidierung
- Urheberrecht
- Datenbankrecht
- Datenschutzrecht.

An vielen Hochschulen bestehen neben der Bibliothek Sammlungen von Artefakten, die aus dem Lehr- und Forschungsbetrieb hervorgegangen sind. Es kann sich unter anderem um folgende Kategorien handeln:

- botanische Sammlungen, Herbarien
- Filme, vielleicht aus der ethnologischen oder medienwissenschaftlichen Forschung
- Fotos und analoge Dias, beispielsweise im Zusammenhang mit der Kunstwissenschaft
- Gelehrten-, Schriftstellernachlässe
- geometrische Modelle
- geowissenschaftliche Sammlungen
- klassisch-archäologische Sammlungen mit Originalen, vor allem Abgüssen
- Münzen
- paläontologische Sammlungen
- Skulpturen
- technische Artefakte wie beispielsweise Getriebe oder Motoren im Zusammenhang mit ingenieurwissenschaftlichen Studiengängen oder Computer im Zusammenhang mit IT-Studiengängen
- Tonaufnahmen aus der Dialektforschung oder im Zusammenhang mit linguistischer Forschung.

Soweit es sich um Artefakte mit medialen Eigenschaften handelt, sind die Formate außerordentlich verschieden und reichen von Tonwalzen über 16-mm-Filme bis zu digitalen Formaten.

Die Zuständigkeiten liegen in der Regel bei den Fakultäten, oft einzelnen Professoren. Fragen nach Erschließung, Präsentation, Zugang, Nachhaltigkeit sind in vielen Fällen ungeklärt. Nicht selten fehlt eine zentrale Bestandsaufnahme, die einen Überblick über alle Sammlungen der Hochschule geben könnte. Hier kann der Hochschulbibliothek eine neue Aufgabe erwachsen. Sie besteht in manchen Fällen vielleicht in der Übernahme der Sammlung, um sie einer professionellen Kuratierung zuzuführen. Sie besteht zusätzlich auch darin, Impulse für eine nachhaltige Archivierung und für die Anwendung von Metadatenstandards bei der Erschließung zu geben. Die *Universitätsbibliothek Mainz* gehört zu den wenigen Universitätsbibliotheken, die die Koordination der wissenschaftlichen Sammlungen der Universität zu ihren Aufgaben zählt.

8.4.8 Virtuelle Forschungs- und Arbeitsumgebungen

Oft wird das Forschungsdatenmanagement als Teil einer umfassenderen Aufgabe gesehen, dem Aufbau virtueller Forschungs- und Arbeitsumgebungen (e-Science). Der *Deutsche Bibliotheksverband* formulierte 2018:

> „Perspektivisch entwickeln sich Bibliotheken zu virtuellen Arbeitsumgebungen, die wissenschaftliches Arbeiten in Forschung, Lehre und Studium fachspezifisch mit attraktiven Infrastrukturdienstleistungen und Werkzeugen unterstützen und für Fachcommunities die Voraussetzungen für Interaktion und Kollaboration schaffen." (Wissenschaftliche Bibliotheken 2025 2018)

Diese Formulierung schwankt zwischen einem analytischen Blick auf einen Trend und einer normativen Profilierung der Wissenschaftlichen Bibliotheken.

Virtuelle Forschungs- und Arbeitsumgebungen können Dienstleistungen wie die folgenden umfassen. Derartige Dienstleistungen werden in einigen Hochschulbibliotheken jedoch auch unabhängig von dem weiter gehenden Konzept einer virtuellen Forschungs- und Arbeitsumgebung angeboten.

- die etablierten Informationsressourcen der Bibliothek von E-Books über elektronische Zeitschriften bis zu bibliografischen und Faktendatenbanken, aber auch Preprints, Konferenzbeiträge und Reports. Der Anteil nicht-textueller Information (Tabellen, Bilder, Videos, Audios, Games u. a.m.) wird stark zunehmen.
- E-Learning-Systeme und Lernplattformen, die sich vor allem an Studierende richten und mittels Learning Analytics individuelle Angebote der Lernressourcen optimieren,
- elektronische Semesterapparate. Sie können Skripte der Dozenten enthalten, aber auch lizenzpflichtige Publikationen. Seit 2018 gestatten §§ 60a, 60b und 60c UrhG Bildungseinrichtungen, wozu frühkindliche Bildungseinrichtungen, Schulen, Hochschulen sowie Einrichtungen der Berufsbildung oder der sonstigen Aus- und Weiterbildung gehören, zur Veranschaulichung des Unterrichts und der Lehre mit bestimmten Einschränkungen die Vervielfältigung von bis 15% eines veröffentlichten Werks, sofern eine Vergütung an die *VG Wort* gezahlt wird (Vergütungsvereinbarung zwischen KMK und *VG Wort*).
- Lernplattformen wie Moodle oder ILIAS,
- Forschungsdaten oder Zugangssysteme zu Forschungsdaten,
- Forschungsmonitoring mit Hilfe bibliometrischer bzw. scientometrischer Verfahren,

– Projektmonitoring in wissenschaftlichen Projekten, damit die Forscher sich stärker auf die Inhalte ihrer Forschung konzentrieren können,
– Content-Management-Systeme,
– Spezialsoftware, die über die üblichen Office-Anwendungen hinaus Tools zur Verfügung stellt, die wissenschaftlich-methodische Verfahren der einzelnen Disziplinen widerspiegeln,
– Software-Werkzeuge mit offenen Programmierschnittstellen,
– Literaturverwaltungsprogramme,
– Kommunikations- und Publikationsplattformen wie Blogs, Wikis, E-Mail-basierte Diskussionslisten, Chatforen oder Verfahren der verteilten Versionskontrolle, wenn mehrere Wissenschaftler gemeinsam an einer Publikation arbeiten, ferner Soziale Netzwerke, die ausschließlich wissenschaftliche Fachcommunities adressieren wie z. B. ResearchGate oder Academia.edu,
– Open-Access-Publikationsserver,
– Schulungsangebote, die über die übliche Vermittlung von Informationskompetenz auch die hier genannten Dienste und Tools einbeziehen. Deshalb wurde die Weiterentwicklung der Schulungen in Informationskompetenz zu „Schulungen zur wissenschaftlichen Informationspraxis" gefordert (Schmidt/Horstmann/Jahn 2015).

Entscheidend ist die Integration derartiger Dienstleistungen zu einer für die jeweilige Disziplin oder Forschungsrichtung attraktiven Plattform. Virtuelle Forschungsumgebungen entstehen typischerweise als Drittmittel gefördertes Projekt.

Als prototypisch kann die *Max Planck Digital Library* (MPDL) gelten, die 2007 als zentrale Serviceeinheit gegründet worden ist. Ihre Aufgabe ist es, virtuelle Forschungsumgebungen aufzubauen, d. h. netzbasierte Quellen so umfassend wie möglich zugänglich zu machen, den Zugang zu den eigenen Repositorien zu verbessern, und durch innovative Dienstleistungen die Verbreitung der Forschungsergebnisse zu optimieren sowie effiziente wissenschaftliche Kommunikation und Kollaboration zu unterstützen. Die MPDL versteht sich ausdrücklich als Kompetenzzentrum und Ratgeber im Bereich wissenschaftlichen Informationsmanagements. Zwar fällt der Begriff nicht, doch ließe sich das Konzept des „Embedded Librarian" elegant in diese Funktionsbeschreibung integrieren. Grundsätzlich ist festzuhalten, dass Planung, Aufbau und Betreuung virtueller Forschungsumgebungen über reines Informationsmanagement hinausragt und bereits bibliothekarischem Wissensmanagement angehört. Dies kann nur in enger Kooperation mit den Fachwissenschaftlern und den wissenschaftlichen Gesellschaften erfolgen.

Der Aufbau virtueller Forschungs- und Arbeitsumgebungen geschieht typischerweise in Kooperation zwischen Bibliotheken und Rechenzentren und in engem Kontakt zu den Fachwissenschaften.

Als Leuchtturm einer Virtuellen Forschungsumgebung für die Geisteswissenschaften soll die Infrastruktur „Digitale Editionen" der *HAB Wolfenbüttel* erwähnt werden. Sie dient der Betreuung und Publikation digitaler Editionen, die auf dem neuesten Stand der Forschung entstehen und deren Ergebnisse frei im Internet publizieren werden. Hierbei werden die editorischen Standards der *Text Encoding Initiative* (TEI) eingesetzt, eines internationalen Konsortiums, das ein Dokumentenformat zur Codierung und zum Austausch von Texten auf XML-Basis entwickelt hat. Neben den Werkzeugen dieses Standards enthält „Digitale Editionen" die Werkzeuge „Alkaios" zur Eingabe und Verarbeitung griechischer Zeichen und „Menota" zur Codierung altnordischer Texte, Good-practice-Richtlinien des Arbeitskreises *Editionsprobleme der Frühen Neuzeit* u. a. m.

Schließlich sollen drei weitere Beispiele mit bibliothekarischer Beteiligung erwähnt werden. An der Universität Tübingen bauen das *eSience-Center* und das *Informations-, Kommunikations-*

und Medienzentrum das „Forschungsdatenportal FDAT" auf. Im Zentrum stehen Langzeitarchivierung und Nachnutzung von Forschungsdaten. An der Universität Kiel beteiligen sich die Universitätsbibliothek und die ZBW an der *Plattform Data Management*, die institutionsübergreifend bereits existierende Datenmanagement-Initiativen in Kiel ansässiger Forschungsschwerpunkte bündelt und integriert. Besonders interessant erscheint das prototypische Projekt *DARIAH-DE*, an dem neben 14 Wissenschaftlichen Fachgesellschaften, Akademien und Instituten auch die *Herzog August Bibliothek* in Wolfenbüttel und die *SUB Göttingen* beteiligt sind. Dieser Verbund baut eine mächtige und attraktive digitale Forschungsinfrastruktur für Geistes- und Kulturwissenschaftler auf, die mit digitalen Ressourcen und Methoden arbeiten. Darüber hinaus werden Materialien entwickelt für Lehre und Weiterbildung im Bereich der Digital Humanities.

An den meisten Projekten zum Aufbau virtueller Forschungsumgebungen sind indessen Bibliotheken nicht beteiligt.

8.5 Ausblick

Bibliotheken können den gewandelten Anforderungen nur dann gerecht werden, wenn sie sich prinzipiell als Dienstleistungseinrichtungen verstehen. Wenn alle bibliothekarischen Tätigkeitsfelder unter diesem Aspekt betrachtet und den aktuellen und künftigen Anforderungen angepasst werden, wird es auch gelingen, Unterstützung für bewährte Aktivitäten zu gewinnen, die keinen unmittelbaren ökonomischen Vorteil, dafür aber umso mehr Nutzen auf lange Sicht versprechen. Ziel sollte es daher sein, den früher dominierenden Bestands- bzw. Objektbezug zu ergänzen um Benutzer- bzw. Subjektorientierung. Dafür aber müssen eben auch neue Dienstleistungen entwickelt und erprobt werden, die auf dem traditionellen Spektrum Sammeln, Aufbewahren, Ordnen und Erschließen, Bereitstellen und Vermitteln basieren.

Zwar noch nicht in der Mehrheit der Bibliotheken, aber doch in wachsendem Maße wird die Methode des Service Designs angewendet, um innovative Dienstleistungen zu entwickeln oder vorhandene Dienstleistungen noch besser auf den Benutzerbedarf abzustimmen. Die besondere Stärke des Service Designs liegt in der Unterstützung des Perspektivenwechsels, also der Übernahme der Benutzersicht. Interdisziplinarität und Beteiligung aller Stakeholder spielen eine Schlüsselrolle.

- Interdisziplinarität wird im Service Design erzeugt, indem an der Planung und Entwicklung neuer Dienstleistungen oder der Optimierung vorhandener Dienstleistungen möglichst alle Stakeholder beteiligt werden, also Beteiligte aus den Bereichen Marketing, Markenmanagement, Produktentwicklung, Service, vor allem auch Benutzer.
- Unter Beteiligung aller Stakeholder kann ein Service-Blueprint der künftigen Dienstleistung erstellt werden, ein Ablaufdiagramm, das die Inanspruchnahme der Dienstleistung aus Nutzersicht darstellt. Dabei müssen unterschiedliche Erwartungen verschiedener Nutzergruppen berücksichtigt werden.

Die *Deutsche Zentralbibliothek für Wirtschaftswissenschaften – Leibniz-Informationszentrum Wirtschaft* gehörte 2011 zu den ersten bibliothekarischen Anwendern dieser Methode in Deutschland.

Als Beispiele für die Weiterentwicklung bzw. weitere Verbreitung bewährter Dienstleistungen meistens auf der Grundlage digitaler Technologien und unter Berücksichtigung veränderter Informationskulturen lassen sich anführen:

– Beratung beim wissenschaftlichen Publizieren
– Bereitstellung interaktiver Kataloge mit erweitertem Informationsumfang im Internet („Katalog 2.0", Kataloganreicherung)
– Bereitstellung und Pflege virtueller Forschungsumgebungen
– beschleunigter Leihverkehr und Dokumentlieferdienste
– Betrieb und Betreuung institutioneller und fachlicher Repositorien (Übernahme der Distributions- bzw. Verlagsfunktion für Open-Access-Publikationen)
– digitale Auskunft und Auskunftsverbund
– Erschließung wissenschaftlicher Netzquellen durch fachliche Web-Kataloge
– Etablierung von Makerspaces
– Forschungsdatenmanagement
– Individuelle Informationsberatung (Information Consulting)
– Maßnahmen der Leseförderung auf der Basis von Spiralcurricula
– personalisierte Pushdienste, proaktive Informationsdienste
– Unterstützung der Forschung durch „Embedded Librarians" und „Liaison Librarians"
– Verlängerung der Öffnungszeiten der Öffentlichen Bibliotheken unter Nutzung innovativer Selbstbedienungskonzepte
– Vermittlung von Informationskompetenz und Schulungen zur wissenschaftlichen Informationspraxis
– Weiterentwicklung der Benutzerarbeitsplätze zu Lernräumen
– Zugang zu Katalogen, Datenbanken und Dienstleistungen über mobile Endgeräte.

Bringt man für Öffentliche Bibliotheken Raumkonzepte und Partnerschaften mit Bildungseinrichtungen zusammen, liegen Raumgestaltungen wie die folgende nahe. Volkshochschule und Bibliothek sind im selben Gebäude untergebracht und organisatorisch wie räumlich integriert. Das gemeinsame Gebäude entfaltet sich als mehrflügelige Anlage um einen überdachten, natürlich belichteten Innenhof, zu dem sich breite Galeriegeschosse öffnen. Auf ihnen sind die verbliebenen physischen Medien sowie Benutzerarbeitsplätze in Gestalt wandelbarer Lernlandschaften untergebracht. Die Galerien führen zu Räumen, die sich entlang der Außenhaut des Gebäudes entwickeln. Sie dienen als Kursräume der Volkshochschule, als Arbeitsräume für Kleingruppen informellen Lernens und auch individuellen Lernern. Das Beratungspersonal gibt Auskünfte über individuell geeignete Medien wie über empfehlenswerte Lernsettings und Kurse und nimmt Kursbelegungen entgegen.

Die zukünftige Relevanz und Wertschätzung bibliothekarischer Einrichtungen wird sich daran entscheiden, in welchem Umfang sie den Wert ihrer Dienstleistungen der Öffentlichkeit als unaufgebbar zu vermitteln verstehen. Wenn die Bibliotheken ihren Dienstleistungscharakter in den Vordergrund stellen, die Sinnhaftigkeit ihres Tuns plausibel zu erläutern vermögen und ihre vielfältigen Angebote an den aktuellen Bedarf anpassen, haben sie beste Chancen, zum integralen Bestandteil der gewandelten Informationskultur in der Informationsgesellschaft zu werden.

9 Bibliotheksmanagement

Zur Optimierung des Dienstleistungsangebotes werden in deutschen Bibliotheks- und Informationseinrichtungen seit den 1970er-Jahren betriebswirtschaftliche Sichtweisen aufgegriffen und Management-Methoden angewandt. Bis dahin wurden diese Einrichtungen, soweit sie in öffentlicher Trägerschaft standen, ausschließlich nach den Grundsätzen des Verwaltungshandelns (Haushaltsrecht, öffentliches Dienstrecht, Verwaltungsvorschriften) geführt. Moderne Ansätze der Betriebsführung fanden jedoch hier früher Eingang als in den meisten anderen Bereichen des öffentlichen Dienstes.

In der Rezeption des Marketing-Ansatzes seit den späten 1980er-Jahren verschmolz die Idee der benutzerorientierten Bibliothek aus den 1970er-Jahren mit betriebswirtschaftlicher Sichtweise und Terminologie. In den 1990er-Jahren standen Ansätze des Qualitätsmanagements im Mittelpunkt, darunter besonders Kundenbindung und Beschwerdemanagement. Aufgegriffen wurden ferner Methoden einer bibliotheksgerechten Kosten- und Leistungsrechnung, des Controllings und der Leistungsmessung, der Leitbild-Entwicklung und der lernenden Organisation. Wertanalyse, Business Reengineering, Branding (Markenpolitik), Information Technology Infrastructure Library (ITIL), systematisch betriebene Personalentwicklung, Entscheidungsunterstützungssysteme oder die Einbeziehung von Benutzern in die Entwicklung und Gestaltung von Produkten und Dienstleistungen sind weitere betriebswirtschaftliche Ansätze, die für Bibliotheks- und Informationseinrichtungen von großer Bedeutung sind, bis jetzt allerdings nur vereinzelt adaptiert werden, ITIL beispielsweise an der Universitätsbibliothek der *TU München* und der Bibliothek der *ETH Zürich* (Wonke-Stehle 2012).

Ein einheitliches Konzept für Management und Marketing in Bibliotheks- und Informationseinrichtungen gibt es nicht. Vielmehr mischen sich in der bibliotheks- und informationswissenschaftlichen Fachliteratur ebenso wie in der Praxis unterschiedliche Ansätze aus der Managementlehre mit traditionell bibliothekarischen Betrachtungsweisen und Termini (z. B. wird der betriebswirtschaftliche Ausdruck Geschäftsprozess synonym neben dem traditionellen Ausdruck Geschäftsgang verwendet).

9.1 Lobbyismus und Branchenmarketing

Die wichtigste Aufgabe des Managements besteht darin, dem Betrieb eine gute Entwicklungsperspektive zu geben. Insbesondere bei Einrichtungen der öffentlichen Hand hängt diese Perspektive nicht allein ab von den Entscheidungen der Kunden als Reaktion auf bedarfsgerechte Angebote. Größten Einfluss haben politisch motivierte Entscheidungen der Unterhaltsträger und übergeordnete Entscheidungen, die jedoch die Rahmenbedingungen der Bibliothekspraxis maßgeblich tangieren wie z. B. das Urheberrecht. Es geht also darum, Entscheidungskriterien der Unterhaltsträger und der Gesetzgeber zu erkennen und deren Entscheidungen im Interesse der Bibliothek und ihrer Nutzer mit legalen und legitimen Mitteln zu beeinflussen (Lobbyismus).

Die Hierarchie der hier relevanten Handlungsebenen beginnt mit den lokalen Gremien, die über Rahmenbedingungen sowie über Haushalt, Zuschuss und Fördermittel der einzelnen Bibliothek entscheiden. Bei kommunalen Bibliotheken sind dies zunächst die Verwaltungsspitze und die Gemeindevertretung, bei Hochschulbibliotheken der Kanzler oder Verwaltungschef der Hochschule und die Bibliothekskommission. Auf regionaler und nationaler Handlungsebene sind die Kultusministerien, die Landtage und der Bundestag zu nennen, auf übernationaler Ebene etwa Vorgaben der EU für die nationale Gesetzgebung. Hinsichtlich der Rahmenbedingungen stehen Fragen des Urheberrechts, des Informations- und Kommunikationsdienste-Gesetzes, der Bibliotheksgesetze und der Hochschulgesetze im Vordergrund (▶ 4.2.2). Je weiter die Handlungsebene von der einzelnen Bibliothek entfernt ist, desto wichtiger werden für Interessenvertretung und Lobbying die Branchenverbände (*Deutscher Bibliotheksverband e. V., Bibliothek & Information Deutschland e. V., Bibliothek & Information International*, ▶ 6.2)

Als wichtigste Bedingungen erfolgreicher Lobbyarbeit für Bibliotheken gelten:
– klare Ziele, die an das Leitbild des Unterhaltsträgers anknüpfen und in einem eigenen, internen Leitbild formuliert sind
– eine positive nach außen gerichtete Selbstdarstellung, die Leistungen für Benutzer und Nutzen für den Unterhaltsträger herausstellt (Bibliotheks-Policy)
– enge Kontakte der Bibliotheksleitung, aber auch der Fördervereine und Bibliotheksgesellschaften zu politischen Entscheidungsträgern, u. a. in Form von Gremienarbeit, und detaillierte Kenntnisse von Zuständigkeiten, verantwortlichen Personen, Entscheidungsstrukturen und Entscheidungsprozessen
– klare, knappe und informative Botschaften (mündliche Aussagen, Berichte, Pressespiegel usw.), die an die Adressaten der Lobbyarbeit gerichtet sind, deren Argumentationsfiguren aufgreifen und sich in deren Agenda einfügen
– eine kontinuierliche und von den Adressaten wahrgenommene Präsenz
– schließlich ein souveräner persönlicher Auftritt der Beteiligten.

Der üblicherweise nicht eingedeutschte Ausdruck Advocacy wird vor allem dann verwendet, wenn der Lobbyismus breiter angelegt ist und nicht nur Unterhaltsträger und Entscheider adressiert, sondern darüber hinaus alle potenziellen Zielgruppen einschließlich der Kunden anspricht, um sie zu einem Engagement für die Bibliothek zu motivieren.

Im Sinn eines Branchenmarketings führen die bibliothekarischen Verbände Kampagnen wie *Netzwerk Bibliothek* (2014-2019) durch, gefördert vom *Bundesministerium für Bildung und Forschung* (BMBF). Eine Kampagnenwebsite, Werbematerialien und Pressemitteilungen sollen das Image der Bibliotheken modernisieren und besonders digitale Angebote und Bildungsprojekte von Bibliotheken besser sichtbar machen. Als Beispiel für erfolgreichen Lobbyismus kann die überzeugende Darstellung der Bibliotheken im Schlussbericht der *Enquête-Kommission des Deutschen Bundestages* „Kultur in Deutschland" aus dem Jahre 2007 erwähnt werden – hier heißt es ausdrücklich über finanzielle Notlagen der Kommunen: „In dieser Notsituation ist eine Kommune gezwungen, eine Gemeindestraße weiter zu teeren, aber die Gemeindebibliothek zu schließen. Das ist die falsche Priorität." Die *Enquête-Kommission* empfiehlt den Bundesländern, Aufgaben und Finanzierung der öffentlich finanzierten Bibliotheken in Bibliotheksgesetzen zu regeln. „Öffentliche Bibliotheken sollen keine freiwillige Aufgabe sein, sondern Pflichtaufgabe werden." Weiter empfiehlt die Kommission, einen länderübergreifenden Bibliotheksentwicklungsplan zu erstellen. Der Impuls zu Bibliotheksgesetzen (▶ 4.2.2) bewirkte in etlichen Bundesländern, dass das Thema mindestens in den Landtagen behandelt wird oder dass gar ein Bibliotheksgesetz in Kraft gesetzt wurde.

Eine in der Öffentlichkeit bekannte und in den Bibliotheken praktizierte Berufs- oder Institutionenethik (▶ 4.1.6, ▶ 4.1.7) könnte ein wirksames Instrument im Branchenmarketing sein: Die deutschen Museen berufen sich auf den *Code of Ethics* des *Internationalen Museumsbundes* ICOM (International Council of Museums) und haben immerhin erreicht, dass dieser als Grundlage ihrer Arbeit im Schlussbericht der Enquête-Kommission „Kultur in Deutschland" angeführt wird. Ein Bewusstsein für diese Bedeutungsdimension einer kodierten und gelebten Bibliotheksethik fehlt in Deutschland gegenwärtig noch. Mit dem IFLA-Ethikkodex und den Ethischen Grundsätzen der BID existieren zwar Berufs- bzw. Individualethiken, eine bibliothekarische Institutionenethik wie sie in den USA mit der *Library Bill of Rights* besteht, gibt es hingegen nicht.

9.2 Marketing, strategische Planung

In Bibliotheks- und Informationseinrichtungen wird Marketing als ein Ansatz der Organisationsführung gesehen, bei der die Organisation ihre sämtlichen Aktivitäten ausschließlich auf die Interessen der Stakeholder (Anspruchsberechtigten) ausrichtet. Heute ist unbestritten, dass Marketing-Methoden und Management-Ansätze nicht nur in Unternehmen, sondern auch in Nonprofit-Organisationen den Erfolg steigern können. Die wichtigsten Anspruchsberechtigten sind:

- der Unterhaltsträger, verkörpert z. B. in einer Öffentlichen Bibliothek im Kulturausschuss der Gemeindevertretung, bei einer Universitätsbibliothek in der Bibliothekskommission des Akademischen Senats
- ggf. weitere Geldgeber, beispielsweise die Leibniz-Gemeinschaft
- die potenziellen und vorhandenen Nutzer, in einigen Bibliotheken verkörpert in einem Nutzerbeirat. (Die Anforderungen der Nutzer sollen regelmäßig durch Befragungen, durch Auswertung von Nutzungsstatistiken u. a. m. erkundet werden.)
- die Mitarbeiter
- die Gesellschaft allgemein in Gegenwart und Zukunft. Die Ansprüche zukünftiger Generationen, soweit sie nicht in Form von Gesetzen und ähnlichen Vorgaben beschreibbar sind, sollen im Dialog zwischen Bibliothekspersonal und Vertretern des Unterhaltsträgers ausgelotet werden.

Es ist offenkundig, dass die verschiedenen Stakeholder-Gruppen erstens in sich durchaus unterschiedliche, auch widersprüchliche Anforderungen stellen und zweitens immer auch konkurrierende, in Teilen ebenfalls gegensätzliche Erwartungen hegen. All diese Interessen stets erneut auszutarieren, ist eine herausragende Management-Aufgabe. Man bedient sich dabei der Arbeitsweise des Marketing-Zyklus, der in idealtypischer Form folgende Schritte umfasst:

Tabelle 40: Typische Schritte des Marketing-Zyklus

Schritte im Marketing-Zyklus	Beispiel
1. Aufgaben- und Funktionsbestimmung der Bibliothek in Abstimmung mit dem Träger und den Mitarbeitern	Zu den Aufgaben der Stadtbibliothek gehört u. a. die Leseförderung.
2. SWOT-Analyse (Strengths, Weaknesses, Opportunities, Threats: Ermittlung der internen Stärken und Schwächen sowie der externen Chancen und Risiken)	Leseförderung wird politisch gewünscht, zugleich werden keine zusätzlichen Ressourcen zur Verfügung gestellt. Die Stadtbibliothek hat kaum Kapazitäten für eigene Maßnahmen der Leseförderung.
3. Identifikation von Zielgruppen und Konkurrenzen (Marktanalyse, Marktsegmentation)	In der Stadt finden viele, aber wenig koordinierte Maßnahmen zur Leseförderung statt.

Schritte im Marketing-Zyklus	Beispiel
4. Festlegung der Marketing-Ziele in Abstimmung mit dem Träger und den Mitarbeitern	Die Bibliothek entwickelt in Kooperation mit Schulen, Buchhandlungen u. a. Partnern einen Lesepass für Schüler. Mindestens 1.000 Teilnehmer/innen sollen gewonnen werden.
5. Durchführung der Maßnahmen	Die in der nächsten Saison von den Partnern geplanten Maßnahmen werden im Lesepass aufgelistet und mit Punkten bewertet. Schüler, die durch Teilnahme an Maßnahmen eine Mindestpunktzahl nachweisen, erhalten eine kostenlose Jahreskarte für die Bibliotheksbenutzung und das Computerspiel „Shock your parents: Read!"
6. Erfolgskontrolle	Wurden die Ziele erreicht? Sind die Partner zufrieden?
7. Beginn des neuen Zyklus	Soll die Aktion wiederholt oder soll ein anderes Feld bearbeitet werden?

Eine besondere Herausforderung im Marketing-Zyklus ist die Koordination von vier Handlungsfeldern:

Tabelle 41: Handlungsfelder im Marketing-Mix

Marketing-Mix			
Produktpolitik	Distributionspolitik	Preispolitik	Kommunikationspolitik
z. B. – Bestandsaufbau – Informationsdienst – Benutzerarbeitsplätze – Kulturveranstaltungen	z. B. – Zweigbibliotheken – Öffnungszeiten – Leihverkehr – Bibliotheks–Website	z. B. – Gebühren – Entgelte – Preise – Zahlungsmodalitäten	z. B. – Bestandserschließung – Raumgestaltung – Vermittlung von Informationskompetenz – Werbung und Öffentlichkeitsarbeit

In der Fachliteratur werden z. T. bis zu sieben Handlungsfelder im Marketing-Mix angeführt, indem Teilbereiche als eigenes Handlungsfeld herausgestellt werden: Produkte, Preise, Prozesse (Funktionieren und Usability der Dienstleistungen), Räume und Zugänglichkeit, physisches Erscheinungsbild, Werbung und Öffentlichkeitsarbeit, Personal (womit vor allem Personalentwicklung hervorgehoben wird). Die konkreten Inhalte der Handlungsfelder sind in jedem Fall vorhanden, auch ohne dass man einem Marketing-Ansatz folgt. Beim Marketing werden diese Inhalte mit Blick auf die Erwartungen der Nutzer koordiniert. Dazu legt man für jede Dienstleistung geeignete Gestaltungsmöglichkeiten in jedem der vier Handlungsfelder fest. Dies soll am Beispiel eines Dokumentlieferdienstes (▶ 8.4.3) gezeigt werden.

Tabelle 42: Dokumentlieferdienst im Marketing

Produktpolitik	Distributionspolitik	Preispolitik	Kommunikations-politik
– Lieferung digitaler Kopien von Zeitschriftenaufsätzen aus dem eigenen Bestand über Datennetz	– Recherche und Bestellung rund um die Uhr möglich – Bearbeitung binnen 72 Stunden	– Festlegung eines Preises	– Bewerbung an prominenter Stelle der Homepage – Bewerbung in Sozialen Netzwerken

Die Aufgaben- und Funktionsbestimmung der Bibliotheks- oder Informationseinrichtung wird in Form eines Leitbilds festgehalten. Dort werden außerdem folgende Aussagen formuliert:

- Beweggründe, z. B. Dienstleistungen zur Unterstützung der Forschung
- Angebote und Dienstleistungen
- Organisationsziele und -grundsätze
- Prinzipien, Werte, Haltungen, z. B. Benutzerorientierung
- Zielgruppen.

Für die organisationsinterne Selbstverständigung sind Leitbildgenese, -pflege und -weiterentwicklung von großer Bedeutung. Sodann kommt es maßgeblich darauf an, die Umsetzung des Leitbilds kontinuierlich zu überprüfen und alle Mitarbeiter z. B. durch Schulungen dazu anzuhalten, ihr Handeln am Leitbild auszurichten.

Das Leitbild richtet sich gleichermaßen an alle Stakeholder und muss entsprechend zielgruppenspezifisch vermittelt werden. In den USA werden Leitbilder in Sprache und Form auf Kunden zugeschnitten und werbewirksam auf der Website als Library Policy eingesetzt. Die Policy geht über das interne Leitbild insofern hinaus, als sie gegenüber den Kunden zur Erwartungssteuerung eingesetzt wird und Qualität und Standards der Dienstleistungen festschreibt. Damit verknüpft die Policy – in der Schweiz: die Charta – Leitbild und Qualitätsmanagement. Im Unterschied zu US-amerikanischen Bibliotheken haben deutsche Bibliotheken bisher selten Policies formuliert. Als Beispiel für eine Policy soll *subito* erwähnt werden, der Dokumentlieferdienst Wissenschaftlicher Bibliotheken aus Deutschland, Österreich und der Schweiz. *Subito* verspricht die Lieferung von Aufsatzkopien binnen maximal 72 Stunden (Normaldienst) ausgenommen Samstag, Sonn- und Feiertage plus Versandwege, im Eildienst binnen 24 Stunden.

Ansätze zu einer an strategischen Planungen ausgerichteten Betriebsführung sind vielerorts erkennbar; als Beispiel sei erwähnt, dass die *TIB Hannover* ihre Managementstrategie an der Vision ausrichtet: Die TIB ist die national und international erfolgreichste Spezialbibliothek für technisch-naturwissenschaftliche Literatur- und Informationsversorgung.

Die Öffentlichen Bibliotheken formulieren zunehmend Marketingkonzepte, die unter der Überschrift Bibliothekskonzept firmieren. Gegenüber traditionellen Bibliotheksentwicklungsplänen, die als weitgehend quantitative Ausbaupläne formuliert wurden, trifft ein Bibliothekskonzept Aussagen über folgende Aspekte (Motzko 2011, eigene Ergänzungen):

- Leitbild
- Ziele, Auftrag, informationslogistische Rolle
- Umfeld (sozio-ökonomische Struktur und Problemlagen, Schwerpunkte der Stadtentwicklung) und seine absehbaren Veränderungen
- Partner, Zielgruppen und ihre Bedarfe, ggf. eine Priorisierung ihrer Bedarfe auf Basis des Leitbilds oder Auftrags
- Produktpolitik, insbesondere Bestandskonzept und Produktkatalog
- Distributionspolitik, insbesondere Aussagen über Zweigbibliotheken und Fernnutzung digitaler Medien
- Preispolitik, insbesondere Aussagen zur Einnahmebewirtschaftung
- Kommunikationspolitik
- Grundsätze des Managements, des Controllings und der Personalführung.

Ein Bibliothekskonzept soll die Dienstleistungen der Bibliothek als Antwort auf kommunale Bedarfe und Problemlagen begründen. Im Idealfall – und in etlichen Kommunen wird dieser Idealfall realisiert – legt die Bibliothek das Bibliothekskonzept der Gemeindevertretung vor und diese verabschiedet es als Auftrag an die Bibliothek, so bei den Stadtbibliotheken in der Aumühle, Fürstenfeldbruck und Lörrach sowie der Stadtbücherei Traunstein.

Während sehr viele Bibliotheken in den USA ein Leitbild (mission statement) entwickelt und auf ihrer Website veröffentlicht haben (policy), sind Leitbild und Marketing in deutschen Bibliotheks- und Informationseinrichtungen noch nicht allgemeiner Standard, wenn auch viele deutsche Bibliotheken seit den 1990er-Jahren Leitbilder entwickelt und mehr oder minder konsequent umgesetzt haben. 1995 präsentierte eine Arbeitsgruppe der nordrhein-westfälischen Universitätsbibliotheken ein umfassendes Leitbild für Universitätsbibliotheken. Die Öffentlichen Bibliotheken in Baden-Württemberg und in Brandenburg gaben sich 2003 bzw. 2004 Leitbilder. Es fehlt diesen Entwürfen allerdings an individueller Prägung und konkreter Anschlussfähigkeit an die im Idealfall vorhandenen Leitbilder der Trägerorganisation oder wenigstens an deren Ziele.

Im Zusammenhang mit Marketing-Ansätzen werden zunehmend Methoden der Marktforschung eingesetzt (Benutzerforschung). Sozialwissenschaftliche Methoden und Techniken des Qualitätsmanagements wie etwa Stichprobenbefragung, Fokusgruppeninterviews, Critical-Incident-Technique oder experimentelle Anordnungen erlauben es z. B., Fragen nach der demografischen Struktur der realen und potenziellen Nutzerschaft und ihrer Erwartungen zu beantworten. So kann auch der Grad der Zufriedenheit mit einzelnen Dienstleistungen festgestellt werden. Benutzerforschung richtet sich auch auf Nicht-Nutzer und erforscht die Hinderungsgründe der Benutzung. Obwohl viele dieser oft mit begrenzten Mitteln durchgeführten Marktstudien methodisch schlicht sind, verfügen die deutschen Bibliotheken insgesamt heute doch über substanziell bessere Kenntnisse ihrer realen und potenziellen Kunden als vor einer Generation.

Zunehmend wird jedoch deutlich, dass Marketing-Ansätze in Bibliotheken Grenzen finden:
- Mitunter stehen gesetzliche Regelungen oder Verwaltungsvorschriften, denen auch Bibliotheken in Trägerschaft der öffentlichen Hand unterliegen, Anforderungen aus Kundensicht entgegen. Beispielsweise dürfen Öffentliche Bibliotheken für die Sonntagsöffnung kein bezahltes Personal einsetzen, weil die Öffentlichen Bibliotheken anders als wissenschaftliche Präsenzbibliotheken im Arbeitszeitgesetz nicht unter den Ausnahmen vom Sonntagsarbeitsverbot aufgeführt sind. Allein in Nordrhein-Westfalen besteht mit dem Ende 2019 verabschiedeten „Bibliotheksstärkungsgesetz" seither die Möglichkeit der Öffnung von ÖBs auch an Sonntagen.

- Ethische Grundsätze – die Selbstverpflichtung zur Meinungs- und Informationsfreiheit und zur Demokratieförderung – erlauben nicht, Bestände weltanschaulich oder religiös einseitig auszurichten, auch wenn die Zielgruppen der Bibliothek dies explizit fordern würden oder es ihren Optionen entspräche.
- Bibliotheken als Gedächtnisinstitutionen haben den Auftrag, Materialien, die zum Kulturellen Erbe zählen, auch dann zu bewahren, wenn aktuell und auf absehbare Zeit keine Nachfrage besteht. Die Abgrenzung, was im Einzelnen in welcher Bibliothek von der Deakquisition ausgenommen werden soll, wirft jedoch in der Praxis immer wieder Fragen auf.

9.3 Aufbauorganisation

Bibliotheken und andere Informationseinrichtungen, soweit sie Teil des öffentlichen Dienstes sind, unterliegen den für die gesamte öffentliche Verwaltung geltenden organisatorischen Vorgaben. Dazu gehört vor allem das Muster einer Ein-Linien-Organisation, d. h. dass Mitarbeiter und Abteilungen zu Weisungshierarchien geordnet sind, bei denen jede Einheit im Organisationsgefüge (z. B. eine Personalstelle oder eine Abteilung) genau eine übergeordnete Instanz hat. Häufig sind den oberen Instanzen einer Ein-Linien-Organisation Stäbe zugeordnet (Stab-Linien-Organisation); das sind beratende und assistierende Stellen, die ihrerseits keine Weisungsbefugnis haben, beispielsweise eine Direktionsassistenz oder ein Beirat.

Vorteile der Ein-Linien-Organisation sind klare Weisungs- und Zuständigkeitsstrukturen. Nachteile stellen freilich die langen Instanzenwege der offiziellen Kommunikation dar. Sie können Informationsverluste zur Folge haben und wegen der vielfältig gestuften Zwischeninstanzen zu hierarchischer Erstarrung führen.

Modelle der Mehr-Linien-Organisation (den Stellen können mehrere weisungsbefugte Instanzen übergeordnet sein) und der Matrix-Organisation (jede Stelle hat zwei übergeordnete Instanzen, die sich gut mit einander koordinieren müssen) sind im öffentlichen Dienst insgesamt und auch in Bibliotheken wenig verbreitet. Als Vorteil werden flachere Hierarchien und mithin ein geringerer Personalbedarf, kürzere Instanzenwege, raschere Entscheidungen und höheres Motivationspotenzial angeführt. Nachteilig sind vor allem das erhöhte Koordinationserfordernis und die damit größeren Anforderungen an die Kommunikations- und Konfliktfähigkeit der Mitarbeiter.

Die Kriterien, anhand derer der Bibliotheksbetrieb organisatorisch strukturiert werden kann – von Hauptabteilungen bis zu einzelnen Arbeitsplätzen – sind die folgenden:

- Verrichtungen, d. h. konkrete Arbeitsinhalte, z. B. Katalogisieren, Informationsdienst, Erwerbung
- Nutzergruppen, z. B. Kinder (Kinderbibliotheken), Firmen (Ansprechpartner für externe Unternehmenskunden in großen Spezialbibliotheken), Fachbereiche bei Hochschulbibliotheken
- Objekte, z. B. digitale Medien, Handschriften, Karten (Digitale Bibliothek, Handschriften-, Kartenabteilung)
- Standorte, also Zweigbibliotheken.

In der Praxis ist die Aufbauorganisation meistens als historisch gewachsene Mischung dieser Kriterien entstanden.

In Universitätsbibliotheken überwiegt die konventionelle Abteilungsbildung nach folgendem Muster:
– Erwerbung, Katalogisierung
– Benutzungsdienste (Magazin, Lesesäle, Ortsleihe, Leihverkehr, Dokumentlieferdienste, Informationsdienst/Auskunftsdienst, Bestands- und Informationsvermittlung, Benutzerschulung/Vermittlung von Informationskompetenz)
– IT
– Verwaltung
– ggf. Abteilungen für spezielle Medienarten, z. B. Musikalien, Periodika, für Bestandserhaltung oder digitale Medien.

Durch neue Aufgaben (z. B. Betreuung von institutionellen Repositorien) und veränderte Geschäftsgänge (z. B. Bestellkatalogisierung, Electronic Resource Management) verändert sich diese Aufbauorganisation (▸ 8.4).

Fachreferenten, die für Aufgaben mit wissenschaftlicher Qualifikation zuständig sind, wie vor allem Bestandsaufbau, fungieren häufig zugleich als Abteilungsleiter oder Leiter größerer Zweigbibliotheken – unabhängig von ihrer Eignung für Führungsaufgaben. Dies geht vor allem auf das öffentliche Dienst- und Arbeitsrecht zurück, nach dem fachlich hoch qualifizierte Mitarbeiter auch mit höher bezahlten Führungsaufgaben betraut werden, obwohl beide Bereiche (wissenschaftliche Fachqualifikation und Führungskompetenz) nicht natürlicherweise eine Einheit bilden.

In Öffentlichen Bibliotheken bilden die verschiedenen Standorte (Zweigbibliotheken) gemeinsam mit der Zentral- oder Hauptbibliothek ein einheitliches Bibliothekssystem, d. h. die Zweigbibliotheken sind in allen Fragen der Gesamtleitung unterstellt, bei großen Bibliothekssystemen mit einer dazwischengeschobenen Hierarchiestufe (Leitung der dezentralen Dienste). Die FH-Bibliotheken und die seit den späteren 1960er-Jahren gegründeten Universitätsbibliotheken sowie die Universitätsbibliotheken der neuen Bundesländer weisen dieselbe Struktur auf (einschichtiges Bibliothekssystem). Dagegen haben sich an den älteren Universitäten der früheren Bundesrepublik teilweise von der Universitätsbibliothek organisatorisch unabhängige Fachbereichs- oder Institutsbibliotheken erhalten, u. a. sehr ausgeprägt an der *Freien Universität Berlin*. Auch dort hat allerdings ein allmählicher Wandel in Richtung eines einschichtigen Bibliothekssystems begonnen.

Der Begriff funktionale Einschichtigkeit zielt auf vielfältige Zwischenformen zwischen einschichtigen und zweischichtigen Bibliothekssystemen, sie reichen von einer durch Beteiligungsrechte der Fakultäten modifizierten Einschichtigkeit bis zu weiter bestehender, aber durch Koordination und Verwendung gemeinsamer Katalog- und Verwaltungssoftware (Bibliotheksinformationssystem) modifizierter Zweischichtigkeit.

In den Bibliotheken der Groß- und teilweise auch der Mittelstädte sind die Hierarchien oft flacher; die meisten Stellenbeschreibungen sind durch große Vielfalt gekennzeichnet. Typischerweise sind die Aufgaben Bestandsaufbau und Informationsdienst, oft auch Öffentlichkeitsarbeit auf der Ebene der Bibliothekare am selben Arbeitsplatz kombiniert; dasselbe gilt auf der Ebene der Fachangestellten (FAMI) für die Aufgaben Medienbeschaffung, -erschließung, -bearbeitung, Einstelldienst, Ausleihverbuchung.

Aber die Mehrheit der Öffentlichen Bibliotheken und der Spezialbibliotheken sind sehr kleine Einrichtungen bis hin zu One-Person-Libraries. Hier stehen nicht Fragen nach der Aufbauorganisation im Vordergrund, sondern nach Selbst- und Zeitmanagement.

Einige Bibliotheken haben sich von der klassischen Abteilungsgliederung, insbesondere der Verteilung von Erwerbung und Titelaufnahme auf zwei Abteilungen, gelöst und arbeiten

- in je nach Arbeitsschwerpunkten der Bibliothek wechselnden Organisationsstrukturen nach dem Vorbild der Projektorganisation (z. B. *FH-Bibliothek Münster*) oder
- in überschaubaren Teams, die für ein bestimmtes Fachgebiet alle Aufgaben von der Medienauswahl über die Beschaffung und Katalogisierung bis zum Anbringen des Signaturschilds selbstständig erledigen (integrierter Geschäftsgang, prominente Beispiele: *KIM Konstanz, Staats- und Universitätsbibliothek Göttingen*).

Die laufend erforderliche Anpassung der Bibliotheks- oder Informationseinrichtung hat in einigen Fällen dazu geführt, dass die Organisationsstrukturen sich dem Modell einer lernenden Organisation angenähert haben: Eine ausgeprägte Organisationskultur, zu der die Bejahung eines ständigen Wandels und die Bereitschaft zu permanentem Lernen gehören (Arbeitssituation als Lernsituation, agile Organisation), soll Stabilität bei andauernder Veränderung schaffen. Die Stab-Linien-Organisation wird durch die Bildung von Teams, besonders Projekt- und Arbeitsgruppen, und durch Elemente der Matrix-Organisation abgelöst. Eine Heterarchie tritt an die Stelle der ehemaligen streng hierarchischen Gliederung. Das erfolgreiche Arbeiten in einer lernenden Organisation indessen erfordert eine hohe soziale und emotionale Intelligenz.

Der Funktionsbereich Benutzung, besonders aber jener der Vermittlung, gewinnen durch die wachsende Kundenorientierung enorm an Gewicht. Organisatorisch sollten Bibliotheken dem Rechnung tragen, indem sie nicht nur eigenständige Benutzungsabteilungen, sondern darüber hinaus eigene Abteilungen für Informationsvermittlung einrichten, die organisierten Informations- und Auskunftsdienst und professionelle Vermittlung von Informationskompetenz anbieten.

9.4 Personalführung, innerbetriebliche Kommunikation, Wissensmanagement

Die Begriffe Personal-, Menschen- und Mitarbeiterführung sind synonym. Der Gegenstand der Personalführung ist die unmittelbare Gestaltung der Interaktion zwischen Vorgesetzten und Mitarbeitern. Vorausgesetzt wird also eine Weisungsbefugnis des Vorgesetzten einerseits und seitens der Mitarbeiter andererseits die arbeitsrechtliche Verpflichtung, diesen Weisungen zu folgen. Obwohl Personalführung in allen Bibliotheks- und Informationseinrichtungen mit mehr als einem Mitarbeiter Alltagspraxis ist, gibt es kaum Untersuchungen zur Praxis der Personalführung und generell wenig Fachliteratur, die sich mit Personalführung in diesen Einrichtungen befasst.

Praktisch kommt es vor allem darauf an (Nagelsmeier-Linke 2004), dass die Führungskraft:
- Visionen und Strategien entwickelt
- den innerbetrieblichen Wandel aktiv gestaltet
- den Mitarbeitern selbstverantwortliches Handeln ermöglicht
- Leistung fordert, anerkennt und Mitarbeiter persönlich fördert
- betriebsinternes Wissensmanagement mit dem Ziel initiiert, die individuellen Fähigkeiten, Erfahrungen und Kenntnisse der Mitarbeiter auszutauschen und, so weit möglich, zu dokumentieren, damit andere Mitarbeiter auf diese Informationen bei der Entwicklung eigenen Fachwissens zurückgreifen können
- Mitarbeiter als Partner anerkennt und Führung im Dialog praktiziert
- laufbahn- und abteilungsübergreifende Teamarbeit anregt und steuert
- authentisch, integer und glaubwürdig handelt, unmittelbares Feedback gibt und Zivilcourage zeigt.

Im Idealfall gewinnt die Führungskraft persönliche und fachliche Autorität – auch durch Anerkennung der Fachkompetenzen von Mitarbeitern –, die unabhängig von Weisungsbefugnissen akzeptiert wird.

Freilich können moderne Führungsstile nur gelingen, wenn die Mitarbeiter ihrerseits:
- selbstverantwortlich und gegenüber der Bibliothek loyal handeln
- Selbstverantwortung für Leistung und Arbeitszeit übernehmen
- ihre Arbeit auf der Basis von Zielvereinbarungen selbstständig organisieren
- team- und lernfähig sind
- ihr Wissen zu teilen bereit sind.

Bei weitem nicht überall hat die schriftliche Dokumentation von Arbeitsabläufen, Arbeitsanweisungen, Arbeitsplänen, Ausführungsregeln, Ausnahmeregelungen, Berichten und Statistiken, Besprechungsprotokollen, individuellen Erfahrungen, Prozess-Strukturen, Workflows usw. das heute mögliche und zur Effizienzsteigerung wünschenswerte datenbankgestützte Niveau erreicht. Arbeitsplätze mit vernetzten PCs sind jedoch üblich, und so werden E-Mail und Intranet, inzwischen auch Wikis und Blogs zur innerbetrieblichen Kommunikation genutzt. Einige Bibliotheken begannen, ein systematisches Wissensmanagement zu etablieren, früh die *Stadtbibliothek Wolfsburg* und die *Münchner Stadtbibliothek Am Gasteig*.

9.5 Controlling, Kosten- und Leistungsrechnung

In den 1990er-Jahren hat sich ein ausgeprägtes Bewusstsein dafür entwickelt, dass das umfangreiche Datenmaterial zu Input und Output auch zur laufenden Planung, Kontrolle und Koordination genutzt werden kann und soll (Controlling). Ein Teil der etablierten statistischen Daten hat sich dafür als nicht aussagefähig erwiesen, während andere Daten neu – teilweise mittels Benutzerbefragungen – zu erheben waren. Es geht darum, die Planung der Bibliotheks- oder Informationseinrichtung in Bezug auf Aufgabendefinition, strategische Ziele, Nahziele, erbrachte Dienstleistungen, erreichte Nutzer usw. in einem System von Leistungsindikatoren so abzubilden, dass die Leitung zielorientiert bei schonendem Ressourceneinsatz steuern kann.

Hierzu wurde das Instrument einer Balanced Scorecard (wörtlich: ausgewogene Anzeigetafel) entwickelt; es enthält folgende Leistungsindikatoren in vier Gruppen:

- Perspektive der Nutzer: Entspricht die Leistung den Nutzererwartungen? Leistungsindikatoren sind z. B.:
    - Marktdurchdringung (erreichter Anteil der Zielgruppe)
    - Nutzerzufriedenheit
    - Verfügbarkeitsrate gewünschter Medien
- Finanzperspektive: Werden die Ressourcen effizient eingesetzt? Beispielhafte Indikatoren:
    - Kosten pro aktivem Nutzer
    - Kosten pro Bibliotheksbesuch
    - Anteil Personalkosten für Benutzungsdienste an Personalkosten insgesamt
- Prozesse/Prozessoptimierung: Sind die Arbeitsabläufe optimal gestaltet? Beispiele für Leistungsindikatoren sind:
    - Durchschnittliche Dauer der Dokumentbearbeitung

- Anzahl Arbeitsstationen im Geschäftsgang
- Neuzugänge pro Personalstelle (Vollzeitäquivalent) in der Buchbearbeitung
– Potenziale: Welche Leistungspotenziale für die Zukunft entwickelt die Bibliothek? Indikatoren sind u. a.:
  - Anteil der Erwerbungsmittel für elektronische Ressourcen an Erwerbungsmitteln insgesamt
  - Teilnahme an Fortbildungen pro Mitarbeiter
  - Anteil Bibliotheksausgaben insgesamt an Universitätsausgaben insgesamt.

Die Balanced Scorecard hat sich allerdings noch nicht allgemein durchgesetzt.

Verbreiteter sind Betriebsvergleiche auf Basis ähnlicher Leistungskennziffern. Dafür werden u. a. differenzierte Daten zu Beständen und Nutzung, aber auch zum Arbeitszeitbedarf einbezogen (z. B.: Warum benötigt die eine Bibliothek zur Bewältigung von 100.000 Ausleihen mehr Arbeitsstunden als eine andere Bibliothek?). Vor allem viele Öffentliche Bibliotheken, auch Hochschulbibliotheken, nehmen seit den 1990er-Jahren auf regionaler Ebene an Arbeitsgemeinschaften mit dem Zweck des Betriebsvergleichs teil, um Erkenntnisse für die Optimierung der eigenen Arbeitsabläufe und Dienstleistungen zu gewinnen.

Die Kosten- und Leistungsrechnung soll den monetären Ressourcenverbrauch nach Kostenarten (Personalkosten, Raumkosten, IT-Kosten usw.) und Kostenstellen (Abteilungen) ermitteln und den Kostenträgern (Produkten, Dienstleistungen) zuordnen, also den Leistungen gegenüberstellen. Es wurde zwar ein auf die Besonderheiten von Bibliotheken abgestimmtes, leistungsfähiges Modell der Prozesskostenrechnung entwickelt (Ceynowa 1999), allerdings kaum eingesetzt, weil seit den 1990er-Jahren einzelne Unterhaltsträger selbst Kosten- und Leistungsrechnungssysteme entwickeln, die einheitlich in ihrem gesamten Zuständigkeitsbereich zu verwenden sind. Insgesamt spielt Kosten- und Leistungsrechnung in deutschen Bibliotheken eine marginale Rolle; die behördliche Verfasstheit wirkt stärker als betriebswirtschaftliche Ansätze.

Weiter verbreitet als eine auf die spezifischen Bedürfnisse von Bibliotheken abgestimmte Kostenrechnung sind Produktkataloge, besonders bei kommunalen Bibliotheken. Produktkataloge gruppieren und definieren die Dienstleistungspalette, z. B. Produkt Medien und Information, Produkt Veranstaltungen, Produkt Besondere Dienstleistungen (z. B. Ausleihstellen in Krankenhäusern), allerdings hat sich kein einheitlicher Produktkatalog herausgebildet, so dass eine Vielzahl lokaler Varianten verwendet wird. Die Produkte werden als Kostenträger verstanden und müssen anhand folgender Kriterien definiert sein:

– Produkte müssen quantifizierbar sein.
– Produkte müssen eindeutig abgrenzbar sein.
– Jeweilige Kosten und Erlöse müssen einem jeweiligen Produkt zuzuordnen sein.
– Produkte müssen Leistungen für Endverbraucher darstellen.
– Alle Produkte einer Einrichtung müssen gemeinsam die Leistungen dieser Einrichtung vollständig abbilden.

In den kommunalen Haushaltsplänen ist oft die Bibliothek insgesamt als ein Produkt ausgewiesen oder es werden recht grob nur wenige Produkte unterschieden, beispielsweise *Ausleihe und Nutzung* – auf dieses Produkt entfallen nicht selten 80 % oder mehr des gesamten Zuschussbedarfs – sowie Öffentlichkeitsarbeit und Leseförderung. Bei einer derartigen Darstellung wird nicht wirklich mehr Transparenz gegenüber herkömmlichen Haushaltsplänen erreicht und die Kostenträgerrechnung kann keine Steuerungsfunktion entfalten.

9.6 Qualitätsmanagement

Seit den späten 1990er-Jahren werden Ansätze des Qualitätsmanagements in Bibliotheken angewendet. Qualitätsmanagement umfasst nach anerkannten Regeln betriebene Maßnahmen zur Verbesserung von Produkten, Prozessen und Dienstleistungen und orientiert sich dabei an der Kundenzufriedenheit. Ein Problem der Anwendung von Qualitätsmanagement in Bibliotheken und Informationseinrichtungen besteht darin, dass Medien und Informationsgüter weitgehend Vertrauensgüter sind, die Kunden also ihre Qualität weder vor noch nach der Nutzung einschätzen können. Um die Qualität beispielsweise eines Fachbuches umfassend beurteilen zu können, müsste der Nutzer mindestens das fachliche Niveau des Autors haben – dann bräuchte er das Fachbuch aber nicht mehr.

Der in DIN EN ISO 9000ff. als Normenreihe kodifizierte Ansatz kommt selten zur Anwendung; über ein Qualitätszertifikat nach diesen Normen verfügen unter anderem die *Stadtbibliothek Freiberg am Neckar* und die *Universitätsbibliothek der TU München*. Die Normenreihe definiert Qualität radikal aus Kundensicht als Eignung für den Zweck des Kunden. Zentrales Instrument ist das für die je einzelne Bibliothek zu erstellende Qualitätshandbuch. Es dokumentiert lückenlos alle Zuständigkeiten, Prozesse und Eigenschaften der Produkte und Dienstleistungen, wie sie sein sollen. Wenn die Bibliothek Strukturen schafft, die die Einhaltung jener Soll-Werte sicherstellen sollen, dann betreibt sie zertifizierungsfähiges Qualitätsmanagement nach dieser Normenreihe.

Eine stärkere Verbreitung findet das „Common Assessment Framework" (CAF). Es beruht auf dem Excellence Model der *Europäischen Stiftung für Qualitätsmanagement* (*European Foundation for Quality Management*; EFQM), berücksichtigt jedoch den besonderen Auftrag und das Umfeld des öffentlichen Sektors. CAF sieht eine Selbstbewertung der Bibliothek durch die Mitarbeiter anhand ausgefeilter Fragebögen und Bewertungsverfahren vor. Die Fragestellungen sind umfassend und richten sich auf Führung, Personalmanagement, Strategie und Planung, Partnerschaften und Ressourcen, Prozess- und Veränderungsmanagement, mitarbeiterbezogene Ergebnisse, kundenbezogene Ergebnisse, gesellschaftsbezogene Ergebnisse und leitungsbezogene Ergebnisse der Organisation. Beispielsweise wird gefragt, ob ein Zielerreichungscontrolling eingerichtet ist, ob Kundenbefragungen durchgeführt werden, ob ein Beschwerdemanagement etabliert ist. Die Hochschule der Medien in Stuttgart berät und begleitet Bibliotheken auf dem Weg zu einem Zertifikat nach diesem Ansatz. Zertifiziert sind unter anderem die *Mediathek Neckarsulm*, die *Mediathek Möckmühl*, die *Stadtbücherei Nürtingen* und die *Stadtbücherei in der MAG Geislingen*. Nach diesem Modell verknüpft die SBB seit 2011 Qualitätsmanagement und Strategieentwicklung.

Eine Reihe von Initiativen verfolgt andere Ansätze des Qualitätsmanagements. Hierbei werden mit bibliothekarischem Fachverstand Anforderungen an eine „gute" Bibliothek formuliert und Experten prüfen, ob die betreffende Bibliothek diese Anforderungen erfüllt. Der *Arbeitskreis der Kunst- und Museumsbibliotheken* (AKMB) hat 2007 rund 90 Qualitätsstandards formuliert, die 2018 in sechster Version aktualisiert worden sind (https://www.arthistoricum.net/fileadmin/groups/arthistoricum/Netzwerke/AKMB/2018/Standards_6.pdf) z. B. „Leitende Funktionen werden von hauptamtlich beschäftigten Kräften besetzt… Für die Bestandserhaltung liegt ein schriftliches Konzept vor… Für Spezialbestände stehen spezielle Schränke und Regale zur Verfügung …"). Bibliotheken, die sich einem freiwilligen Audit unterziehen, können ein Qualitätszertifikat erlangen. Zertifizierende Instanz ist das *Institut für Bibliotheks- und Informationswissenschaft der Humboldt-Universität Berlin*.

Diesem Ansatz folgt das Qualitätszertifikat „Bibliothek mit Qualität und Siegel", das die kommunale *Büchereizentrale Niedersachsen* (Lüneburg) im Auftrag des Niedersächsischen Ministeriums für Wissenschaft und Kultur seit 2009 vergibt. Zu den Anforderungen gehören beispielsweise, dass

- die Bibliothek jährlich im Voraus messbare Ziele definiert und deren Erreichung nach Ablauf des Planungszeitraumes überprüft
- die Erneuerungsquote jährlich bei durchschnittlich 10% des Medienangebotes liegt
- jeder Mitarbeiter mindestens einmal jährlich eine Fortbildungsveranstaltung besucht.

9.7 Werbung, Öffentlichkeitsarbeit, Kulturarbeit

Das Handlungsfeld Öffentlichkeitsarbeit umfasst im Verständnis der Praktiker vor allem:
- Kulturmanagement (Programmarbeit, Veranstaltungen und Ausstellungen)
- Kontaktarbeit (persönlicher Kontakt zu institutionellen Nutzern, z. B. zu den Professoren des Fachbereichs, zu den Kindergärten des Ortsteils, zur Volkshochschule des Landkreises, um einerseits über Dienstleistungen der Bibliothek zu informieren, um andererseits Erwartungen zu erfragen)
- Pressearbeit
- Einführungen in die Benutzung der Bibliothek im Rahmen der Vermittlung von Informationskompetenz (z. B. durch Bibliotheksführungen, virtuelle Rundgänge oder Online-Tutorials, ▶ 8.4.5)
- Publikationen über die eigene Bibliothek
- Fundraising, Einwerben von Sponsorengeldern
- innerbetriebliche Kommunikation
- Promotion-Maßnahmen, z. B.
    - Die Stadtbibliothek nimmt am Marktplatzfest mit eigenem Stand teil.
    - Die Kinderbibliothek verschenkt Bücherwürmer aus Plüsch.
    - Die Landesbibliothek veranstaltet ein literarisches Preisausschreiben.
    - Roadshows (Präsentation der Bibliotheks-Website mit Zugriff auf Datenbanken usw. im Foyer vor Hörsälen und an anderen Orten, wo die Zielgruppe im Vorübergehen erreicht wird), wie sie heute an vielen Hochschulbibliotheken üblich sind.
    - Benutzerbeiräte, Freundes- und Förderkreise.

Demgegenüber grenzt die kommunikationswissenschaftlich begründete PR-Lehre Öffentlichkeitsarbeit gegen Werbung und Kulturmanagement ab. Während Öffentlichkeitsarbeit die Gestaltung der Kommunikation und Interaktion zwischen Bibliothek und ihrer Umwelt mit der Funktion der wechselseitigen Information, Überzeugung, Motivation und der Förderung eines dauerhaften Konsenses zwischen Bibliothek, Unterhaltsträger, Kunden und Bezugsgruppen der Öffentlichkeit darstellt, umfasst Werbung Maßnahmen zur Beeinflussung der marktrelevanten Einstellungen und Verhaltensweisen unter Einsatz von Werbemitteln und Medien. Mit anderen Worten: Werbung zielt vor allem auf die Erhöhung der Bekanntheit und der Inanspruchnahme angeboter Dienstleistungen.

Unter Kulturmanagement versteht man deskriptiv die Planung und Durchführung von Kulturveranstaltungen; in normativer Perspektive gehört dazu auch, ein kulturpolitisches Konzept zugrunde zu legen. Kulturpolitische Konzepte lassen sich mit Schlagwörtern wie Kultur für alle, Hochkultur, Soziokultur, Literaturförderung u. a. m. umreißen. In dieser Perspektive wird Kultur also nicht zweckentfremdet und als bloßes Instrument der Werbung und Öffentlichkeitsarbeit eingesetzt, sondern sie behält ihren Eigenwert.

Im Folgenden soll die Praxis beleuchtet werden:
Die Handlungsfelder sind außerordentlich vielfältig, die Maßnahmen bilden vom farbigen Flyer über Aktivitäten in sozialen Netzwerken bis zu aufwändigen Ausstellungen eine bemerkenswert abwechslungsreiche und fantasievolle Palette, wenn sie auch durch einen engen finanziellen Rahmen begrenzt werden. Bibliotheken stehen mit ihrer Öffentlichkeitsarbeit in einem umfassenden Interaktionsnetz, in dem immer neue Kooperationspartner gefunden werden können.

Maßnahmen, die sich z. T. nur für einzelne Bibliothekstypen eignen, sind:
- affiliate Marketing (Austauschwerbung mit einem Partner auf den jeweiligen Websites)
- anregende Bestandspräsentation, Seminar-, Semesterapparate
- Ausstellungen von Zimelien aus dem Bestand
- digitale Auswahlverzeichnisse, die z. B. als SMS versendet werden können,
- digitale Newsletter
- Erarbeitung und Präsentation von Ausstellungen gemeinsam mit Partnern, z. B. einem historischen Verein, Wissenschaftlern, Künstlern usw.
- gedruckte Auswahlverzeichnisse aus dem Bestand
- Give-aways, z. B. Bücherwürmer aus Plüsch, Kugelschreiber mit Aufdruck
- Gremienarbeit
- Jahresberichte, Statistiken
- Nutzerseminare zur Schulung in der Nutzung komplexer Dienstleistungen, z. B. Patentdatenbanken
- Online-Marketing beginnend mit einer prägnanten URL und Maßnahmen zum besseren Ranking der Website in den Trefferlisten der Suchmaschinen; ferner gehören dazu Newsletter, RSS-Feeds oder weitere Aktivitäten in sozialen Netzwerken wie z. B. die Präsentation der Bibliothek auf YouTube, auf Facebook, Instagramm oder die Nutzung von Microblogs wie Twitter
- Präsentationen interessanter Dienstleistungen wie Online-Auskunft, Vermittlung von Informationskompetenz oder spezifischer Datenbanken im Foyer vor Hörsälen oder der Mensa für Vorübergehende (Roadshows)
- Pressemitteilungen
- Schaufenster-, Vitrinengestaltung
- Tag der offenen Tür, Beteiligung an Festen, Messen, Märkten, Umzügen
- Veranstaltungen für Erwachsene, z. B. Autorenlesungen oder Vorträge, Kleinkunst, oft in Kooperation mit Partnern wie der Volkshochschule, dem örtlichen Buchhandel, einer wissenschaftlichen Gesellschaft oder sonstigen Experten
- Veranstaltungen für Kinder, z. B. Bilderbuchkino (Vorlesen von Bilderbüchern mit Projektion der Bilder), Lesungen mit Kinderbuchautoren, Spielaktionen, die zur Bestandsnutzung hinführen. In vielen Städten und Gemeinden gehören die Öffentlichen Bibliotheken zu den wichtigsten Orten der Kinderkultur, nicht selten gibt es keinen anderen Ort dieser Art.
- Website mit Bibliothekskatalog, virtuellem Rundgang und prägnanter Selbstdarstellung mit interaktiven Angeboten (z. B. Bewertungs- und Kommentierungsangebote), Policy und ethischen Grundlagen
- werbende und informierende Flyer, Handzettel, Infoblätter usw.

In fast allen Öffentlichen Bibliotheken kümmern sich einzelne Mitarbeiter oder Teams auch um Öffentlichkeitsarbeit. Meistens sind die Aktivitäten auf mehrere Personen verteilt, was für die Mitarbeiter-Motivation sinnvoll ist, zumal da Öffentlichkeitsarbeit bzw. Kulturmanagement eine höchst beliebte Aufgabe ist: Die Mitarbeiterinnen und Mitarbeiter aus dem Kinder- und Jugendbereich planen und organisieren auch die Veranstaltungen für diese Altersgruppe, die Lektorin oder der Lektor für Recht, Wirtschaft, Steuern fertigt regelmäßig ein Auswahlverzeichnis aus diesem Bereich usw. Problematisch ist indessen oft die mangelnde Koordination der Einzelaktivitäten und das Fehlen eines Zielkonzepts, aus dem heraus diese Aktionen erst ihre volle Wirkung entfalten können. Nur eine Minderheit der Öffentlichen Bibliotheken hat ein strategisch begründetes Konzept für Werbung, Öffentlichkeits- und Kulturarbeit.

Etwa ein Drittel der National-, Hochschul- und Regionalbibliotheken leistet Öffentlichkeitsarbeit, die über Info-Blätter, Vermittlung von Informationskompetenz oder Website hinausgeht. Einzelne Wissenschaftliche Bibliotheken verfügen über eine hauptamtliche Stelle für Öffentlichkeitsarbeit; in der Regel kümmert sich die Bibliotheksleitung oder ein Fachreferent mit einem Teil seiner Arbeitskraft um diese Aufgabe. Eine positive Ausnahme stellt die *Fakultätsbibliothek Wirtschaft & Management* der *Technischen Universität Berlin* dar, die eine hauptamtlich beschäftigte Marketing-Expertin für Öffentlichkeitsarbeit und Teaching Library einsetzt. Ausstellungen mit Zimelien aus dem Bestand erfreuen sich als Veranstaltungsform großer Beliebtheit; sie dienen auch dazu, Aufmerksamkeit im politischen Raum hervorzurufen. Eine regelmäßige Pressearbeit ist weniger verbreitet als in Öffentlichen Bibliotheken, informiert aber anteilmäßig häufiger über Dienstleistungen, insbesondere digitale Dienstleistungen. Gremienarbeit hat bei Hochschulbibliotheken einen größeren Stellenwert als bei Öffentlichen Bibliotheken, schon weil die Hochschulgesetze der meisten Bundesländer dem Bibliotheksdirektor kraft Amtes einen Platz in der Bibliothekskommission der Hochschule geben.

9.8 Bestandsmanagement

Bestandsmanagement umfasst die Formulierung und Fortschreibung eines Bestandskonzepts (▶ 9.8.2), Bestandsaufbau, Erwerbung, Lizenzierung von Netzpublikationen und die Deakquisition (▶ 9.8.3), das Management des Geschäftsgangs und das Electronic Resource Management (▶ 9.8.4), schließlich die Bestandserhaltung und die digitale Langzeitarchivierung (▶ 9.8.5).

9.8.1 Medien und Ressourcen

Die Bestände der meisten Bibliotheken bestehen auch heute noch ganz überwiegend aus gedruckten Büchern (vom Kochbuch bis zur wissenschaftlichen Monografie, von der wissenschaftlichen Loseblatt-Ausgabe bis zum Kinderbuch) sowie gedruckten Zeitschriften und Zeitungen. Vor allem in Bibliotheken mit langer ununterbrochener Tradition (z. B. Staats- und Landesbibliotheken, die aus Hofbibliotheken hervorgegangen sind) und in den Bibliotheken, welche die Bestände der hauptsächlich im Zuge der Säkularisation Anfang des 19. Jahrhunderts aufgelösten Klosterbibliotheken aufgenommen haben, finden sich neben klassischen Printmedien auch Handschriften, Inkunabeln, Münzen, Globen, historische Karten usw. Dieses historisch gewachsene Profil entspricht bei den Wissenschaftlichen Bibliotheken nicht der aktuellen Erwerbungspraxis, so dass das Profil der Bestände mehr und mehr in Richtung digitaler Medien verschoben wird. In den Universitätsbibliotheken standen 2015 kumuliert ca. 180.000 Abonnements gedruckter Zeitschriften fast 2,8 Millionen Abonnements digitaler Zeitschriften gegenüber. Der Anteil der Erwerbungsausgaben für digitale Medien an den Erwerbungsausgaben insgesamt betrug durchschnittlich in Universitätsbibliotheken 62%, in Fachhochschul- und Hochschulbibliotheken 44%, National- und Zentralen Fachbibliotheken 22%, in Regionalbibliotheken 12%. Die unterschiedlichen Anteile spiegeln die Profile der jeweiligen Bibliothekstypen wieder. Die Öffentlichen Bibliotheken verwendeten in 2016 durchschnittlich 11% ihrer Erwerbungsmittel für digitale Medien, ein Anteil, der ungefähr doppelt so hoch liegt wie der Umsatzanteil, den E-Books am Publikumsmarkt der Bücher haben.

Während die bibliothekarische Praxis in Deutschland eng der Idee verhaftet blieb, dass Bibliotheken vor allem für die Sammlung von Schriftträgern zuständig seien und deshalb Medien wie Fotografien und Filme weitgehend anderen Einrichtungen, z. B. Archiven oder Museen überlassen sollten, folgten die Bibliotheken in der angloamerikanischen Welt eher einem weiten Medienbegriff und begannen früh medial weit gefasste Sammlungen anzulegen. Aber auch in Deutschland haben einige Bibliotheken bedeutende Sammlungen von nichttextuellen Medien aufgebaut. Über größere Tonträgersammlungen für Forschung und Lehre, meistens in Verbindung mit Noten- und musikwissenschaftlichen Sammlungen, verfügen:

– einige Landes- und Regionalbibliotheken
– die Bibliotheken der Musikhochschulen
– etwa die Hälfte der Universitätsbibliotheken.

Für den Fachinformationsdienst Musikwissenschaft ist die *Bayerische Staatsbibliothek* verantwortlich; diese besitzt wie die *Sächsische Landesbibliothek – Staats- und Universitätsbibliothek Dresden* eine der bedeutendsten Tonträgersammlungen in Deutschland. Die Sammlung des *Deutschen Musikarchivs*, das organisatorisch eine Abteilung der *Deutschen Nationalbibliothek* (heute in Leipzig) ist und die Tätigkeit der *Deutschen Musik-Phonothek* (1961–1969) fortsetzt, umfasst lückenlos in Deutschland hergestellte Tonträger ab Erscheinungsjahr 1970 und eine umfangreiche Sammlung älterer Tonträger (u. a. 125.000 Schellackplatten), die bis in die Anfänge der Tonträgerproduktion 1877 zurückreicht.

In Öffentlichen Bibliotheken ist neben Bildung und Information die Unterhaltung ein wichtiger Aspekt der Musiksammlungen, die überwiegend auf Jugendliche zugeschnitten sind. In vielen Großstadt- und einigen Mittelstadtbibliotheken wird eine Musikbibliothek meistens als von der Hauptbibliothek getrennte Abteilung geführt, wie es auch bei den Kinder- und Jugendbibliotheken oft anzutreffen ist. Diese 51 Öffentlichen Musikbibliotheken verleihen außer Tonträgern vor allem Notendrucke und Musikbücher. Unabhängig davon bieten rund 90% der Öffentlichen Bibliotheken körperliche oder digitale Musikmedien an.

Zum Tonträger-Markt gehören auch die Hörbücher; sie sind in Öffentlichen Bibliotheken weit verbreitet, in Wissenschaftlichen Bibliotheken praktisch nur in den Pflichtexemplarbibliotheken anzutreffen.

Ein deutlich größeres Segment sind Medien, die – meist in Kombination mit Lehrbüchern – dem Fremdsprachenerwerb und -training dienen. Sie gehören zum Standard-Angebot der Öffentlichen Bibliotheken und stehen auch in den Mediotheken der Hochschulen mit philologischen Studiengängen.

Ein umsatzstarkes Marktsegment bilden Kindertonträger. Diese sind in praktisch allen Öffentlichen Bibliotheken im Angebot, während sie in Hochschulen auch dort, wo pädagogische Studiengänge vorhanden sind, kaum eine Rolle spielen.

Trotz des Fehlens eines Pflichtexemplarrechts für Filmproduktionen auf Bundesebene liefern Verlage und verlagsnahe Hersteller freiwillig Videoneuerscheinungen (seit etwa 2000 praktisch nur noch auf DVD und seit 2005 auch auf Blu-ray Disc) bei der *Deutschen Nationalbibliothek* ab; auf diese Weise werden dort schätzungsweise 15% der Videoproduktion archiviert. Von den Öffentlichen Bibliotheken bietet etwa ein Drittel Filme an. Dort ist das Profil auf qualitativ hochwertige Kinder- und Spielfilme sowie bildungsbezogene Inhalte ausgerichtet. Der Arbeitskreis Filmbibliotheken fordert eine Pflichtexemplarabgabe auch für Videos im Interesse einer zuverlässigen

Sammlung des Kulturguts Film, wie sie etwa in Frankreich seit Mitte der 1970er-Jahre realisiert ist, bislang jedoch ohne Erfolg.

Das Pflichtexemplarrecht für Fotos und Dia-Sammlungen ist uneinheitlich geregelt. Für die Sammlung der *Deutschen Nationalbibliothek* sind Tonbildschauen und Einzellichtbilder ausdrücklich von der Pflichtexemplarsammlung ausgenommen, während die einschlägigen Gesetze der meisten Bundesländer Bildträger bzw. bildliche Darstellungen in die Pflichtablieferung einbeziehen. Teilweise sind nur solche bildliche Darstellungen gemeint, die auch Text enthalten. In Öffentlichen Bibliotheken spielen Foto- oder Diabestände im Allgemeinen keine Rolle; eine Ausnahme bilden Diaserien nach Bilderbüchern für das Bilderbuchkino (Projektion der Bilder vor Kindern, während der Text verlesen wird), die mancherorts noch im Bestand sind.

Mikroformen sind in den Beständen aller Universitätsbibliotheken, vieler weiterer Hochschulbibliotheken und der meisten Regionalbibliotheken enthalten. Mikroform-Publikationen unterliegen dem Pflichtexemplarrecht wie gedruckte Publikationen. Das *Mikrofilm-Archiv der deutschsprachigen Presse* in Dortmund hat die Aufgabe, Verfilmungen von Zeitungs- und Zeitschriftenbeständen zu veranlassen, zu koordinieren bzw. dabei zu beraten und Mikroform-Ausgaben der deutschsprachigen Presse zu sammeln. Ihr Bestandsverzeichnis ist über ihre Website recherchierbar. Die Datenbanken EROMM Classic und EROMM Search („European Register of Microform and digital Masters") weist Mikroformen-Master und Digitalisate von Büchern, Zeitungen und Zeitschriften, Handschriften, Karten und Musiknoten nach, die in Bibliotheken und ähnlichen Einrichtungen international vorhanden sind.

Digitale Bücher und Zeitschriften auf körperlichen Datenträgern werden in deutschen Bibliotheken seit ihrem Aufkommen gesammelt; körperliche Datenträger fallen, wenn sie nicht ausschließlich Filme oder Spiele enthalten, unter die Pflichtexemplarregelungen. Freilich haben die Öffentlichen Bibliotheken, von Ausnahmen abgesehen, den Verleih von CD-ROMs erst in den frühen 1990er-Jahren begonnen.

Die Vielfalt der Medientypen in unterschiedlichsten körperlichen Formen und Behältnissen reicht von Pappschachteln, die eine Broschur und mehrere MCs enthalten, über DVDs, Blu-rays und CDs in unterschiedlich konfektionierten Jewel Cases bis zu Safer-Systemen für Nonprint-Medien, das sind Kunststoffrahmen oder -behältnisse, die an der Verbuchungstheke mit einem Spezialgerät entfernt werden. Dadurch entsteht in den Bibliotheken zusätzlicher Aufwand bei Einarbeitung, Etikettierung, Lagerung und Präsentation, insbesondere dann, wenn unterschiedliche Medientypen nach inhaltlichen Gesichtspunkten gemeinsam im Freihandbereich präsentiert werden sollen. Viel technisches Detail-Knowhow ist für die Bearbeitung (z. B. Anbringen der Sicherungs- und Signaturetiketten) erforderlich; Lagerung und Präsentation erfordern spezielle Schrank- und Regalsysteme.

Vor allem Hochschulbibliotheken haben begonnen, digitale Bibliotheken aufzubauen; hierfür haben die Empfehlungen des Wissenschaftsrats zur digitalen Informationsversorgung durch Hochschulbibliotheken aus dem Jahre 2001 kräftige Impulse gegeben. Mit dem nicht immer einheitlich verwendeten Begriff „digitale Bibliothek" sind in der Praxis oft Zusammenstellungen verschiedener digitaler Medientypen gemeint. Es handelt sich dabei wie bei traditionellen Bibliotheken vor allem um Volltexte. Dazu kommen multimediale Objekte, bibliografische und numerische Datenbanken, Bild- und Faktendatenbanken, Patent- oder Produktdatenbanken u. ä. Datenbanktypen. Die verschiedenen Ressourcen einer digitalen Bibliothek können durch ein mehr oder minder ausgefeiltes Informationsmanagement einzeln, meist aber auch parallel durchsucht werden. Die Inhalte digitaler Bibliotheken speisen sich vor allem aus drei Quellen:

– (Retro-)Digitalisaten aus dem eigenen Bestand analoger Medien. Zahlreiche, mitunter schlecht vernetzte Digitalisierungsprojekte haben seit den 1990er-Jahren beträchtliche Massen urheberrechtlich freier oder entsprechend lizenzierter Werke auf diese Weise zugänglich gemacht, von mittelalterlichen Handschriften über alte Drucke bis zu den Zeitschriften des deutschen Exils während der NS-Zeit;
– lizenzpflichtigen Verlags- oder Institutsveröffentlichungen in Form von Netzpublikationen, die überwiegend physikalisch auf dem Server des Anbieters verbleiben. Die digitale Bibliothek gewinnt dann zugleich den Charakter einer virtuellen Bibliothek. Bei derart lizenzierten Publikationen, die nicht in die Kontrolle der Bibliothek übergehen, sondern nur für den Zugriff freigeschaltet werden, handelt es sich oft um E-Journals, E-Books oder Datenbanken verschiedenen Typs;
– digitalen Publikationen der Angehörigen der eigenen Institution. Die Hochschulbibliothek baut also – ggf. gemeinsam mit dem Rechenzentrum – ein institutionelles Repositorium auf (▶ 6.5.5). Diese Publikationen sind praktisch immer als Open-Access-Publikationen frei zugänglich.

Bei den Wissenschaftlichen Bibliotheken hat die Nutzung digitaler Medien einen erheblichen, teilweise dominanten Anteil. In den Universitätsbibliotheken kamen in 2016 auf eine körperliche Ausleihe rund sieben Vollanzeigen von elektronischen Zeitschriftenaufsätzen und Einzeldokumenten. Dagegen haben bei den Öffentlichen Bibliotheken die virtuellen Ausleihen (Downloads von elektronischen Büchern, Zeitschriftenheften und Musikdateien, vereinzelt auch Filmen auf Datenträger der Benutzer mit auf die Leihfrist begrenztem Nutzungsrecht) in 2016 noch einen marginalen Anteil von ca. 6% an den Ausleihen insgesamt. Das liegt auch daran, dass in 2016 nur wenig mehr als 40% der Öffentlichen Bibliotheken in Trägerschaft der Öffentlichen Hand virtuelle Ausleihen anbieten – hauptsächlich die kleinen und kleinsten Öffentlichen Bibliotheken sind abstinent. Lizenzgeber ist überwiegend die ekz-Tochter *DiViBib*, die Lizenzen der Publikums- und teilweise der Schulbuchverlage bündelt. Sie bietet einen Komplettservice einschließlich eines Recherchetools und einer Frontpage zum Download für die Benutzer; ihr Modell wird als „Onleihe" (aus online und Ausleihe) beworben und ist markenrechtlich geschützt. Onleihe-Verbünde, mehrere Dutzend Öffentliche Bibliotheken bis zu über 100 Bibliotheken umfassend, betreiben einen gemeinsam finanzierten und gepflegten Medienpool, der den Benutzern aller teilnehmenden Bibliotheken offen steht und in dem naturgemäß die stärker gefragten elektronischen Ausgaben in Mehrfachlizenzen zur Verfügung stehen. Außer bei den großen Bibliotheken (über 100.000 ME Bestand) ist das typische Geschäftsmodell für virtuelle Bestände die Teilnahme an einem Onleihe-Verbund ohne weitere Lizenzen.

9.8.2 Bestandskonzepte

Ein Bestandskonzept (Synonyme: Acquisition Policies, Bestandskonzeption, Erwerbungspolitik, Erwerbungsprofil, Bestandsrichtlinie, Erwerbungsrichtlinie, erwerbungspolitisches Konzept) gibt an, nach welchen Kriterien die Bibliothek:

– aus dem aktuellen und historischen Publikationsaufkommen auswählt
– in ihren Bestand aufnimmt oder lizenziert
– ihren Bestand gestaltet; hierzu gehören Kriterien für die Deakquisition, also die Aussonderung, und für Maßnahmen der Bestandserhaltung sowie der digitalen Langzeitarchivierung.

In Wissenschaftlichen Bibliotheken stehen Aussagen über Auswahlkriterien im Vordergrund (Archivfunktion); man spricht deshalb eher von Erwerbungsprofil oder Erwerbungsrichtlinie.

Ein grober Rahmen für das Bestandskonzept ergibt sich aus den Funktionen, die der Träger der Bibliothek zuweist. Als Ziel der Literatur- und Informationsversorgung der Hochschulbibliotheken wird häufig (so in den Hochschulgesetzen der meisten Bundesländer) die Trias Forschung, Lehre und Studium, darüber hinaus auch der wissenschaftliche Bedarf der Region genannt. Auf Letzteres richtet sich das Bestandskonzept auch der Landesbibliotheken, das in erster Linie aber der Sammlung der im betreffenden Bundesland und der über das betreffende Land erscheinenden Literatur gilt. Der Akzent liegt dabei auf geistes- und sozialwissenschaftlicher Literatur. Die Öffentlichen Bibliotheken haben den Rahmen ihres Bestandsprofils prototypisch wie folgt formuliert:

Tabelle 43: Bestandsprofile Öffentlicher Bibliotheken

Auftrag und Aufgaben der Bibliothek	Beispiele für relevante Medienangebote
Befriedigung allgemeiner Informationsbedürfnisse	Sachbücher, Fachbücher, Nachschlagewerke, CD-ROM, Internet
Teilnahme am öffentlichen Leben	Tages- und Wochenzeitungen, politische Magazine, Stadtzeitungen
Schulische und berufliche Ausbildung	Lehrbücher, Berufswahl-Ratgeber, Interpretationshilfen, Lernprogramme
Allgemeine Weiterbildung	Populäre Sachbücher und Zeitschriften
Berufsausübung	Berufliche Fachliteratur, Fachzeitschriften, Wirtschaftsinformation
Alltagsmanagement	Ratgeber, Verbraucherinformation und -zeitschriften, Erziehungshilfen, Broschüren
Hobby und Freizeit	Reiseführer, Hobbyanleitungen, Unterhaltungsromane, Musiktonträger, DVD, Konsolen- und Computerspiele
Leseförderung	Kinder- und Jugendbücher
Orientierung in der Medienvielfalt	Bibliografien; Verzeichnisse lieferbarer Bücher und Medien, Fachzeitschriften, Tonträger, DVDs, Software

Je knapper die Erwerbungsmittel, desto klarer muss innerhalb des jeweiligen Rahmens ein noch konkreteres Profil formuliert werden. Hierzu wurde die „Conspectus"-Methodik entwickelt. Sie ist heute in der angloamerikanischen Welt in zwei Varianten verbreitet, dem „RLG Conspectus" (1992) und dem „WLN Conspectus" (Western Library Network 1999). Beide Urheber, die *Research Libraries Group* (RLG) wie auch das *Western Library Network* (WLN) sind inzwischen mit OCLC verschmolzen.

Die folgenden Ziele werden mit dem Conspectus-Verfahren verfolgt:
– Erwerbungsabsprachen mit anderen Bibliotheken, um trotz wachsenden Publikationsvolumens und steigender Nutzererwartungen durch Kooperation eine bessere Literaturversorgung leisten zu können. Dies ist das ursprüngliche Ziel; Spezialbibliotheken hatten hingegen primär die Absicht, ihre Bestandsprofile vergleichen zu können.
– Abstimmung der Ziele der Bibliothek mit den Zielen des Trägers
– Umsetzung der Ziele der Bibliothek in Bestands- und Erwerbungsprofile
– Vergleich der bestandspolitischen Ziele mit dem, was real erreicht wurde.

Ausgangspunkt ist eine Bestandsgliederung nach der *Dewey* Decimal Classification und der Library of Congress Classification im Umfang von ca. 4.000 Klassen. Für jede Klasse werden vier Aussagen (collection depth indicators) getroffen:

Tabelle 44: Collection Depth Indicators

Bezeichnung im WLN Conspectus	Bezeichnung im RLG Conspectus	Übersetzung
CCL: Current Collection Level	ECS: Existing Collection Strength	Niveau und Vollständigkeitsgrad der betr. Klasse im vorhandenen Bestand
AC: Acquisition Commitment	CCI: Current Collecting Intensity	Niveau und Vollständigkeitsgrad der betr. Klasse im aktuellen Bestandsaufbau
CG: Collection Goal	DCI: Desired Collecting Intensity	Niveau und Vollständigkeitsgrad der betr. Klasse im angestrebten Bestand (Bestandsziel)
PC: Preservation Commitment		Umfang und Formen der langfristigen Archivierung

Für jeden Indikator wird die Ausprägung in Form eines Zahlenwerts (Levels) angegeben:

NA = Not Assessed = nicht ermittelt
0 = Out of Scope
1a = Minimal Level, Uneven Coverage
1b = Minimal Level, Even Coverage
2a = Basic Information Level, Introductory
2b = Basic Information Level, Advanced
3a = Study/Instruction Support Level, Basic
3b = Study/Instruction Support Level, Intermediate
3c = Study/Instruction Support Level, Advanced
4 = Research Level
5 = Comprehensive Level

Seit den 1990er-Jahren wird die Conspectus-Methode nur zögernd in Deutschland rezipiert.

Bestandteile eines Erwerbungskonzepts für Hochschulbibliotheken

Nach *Griebel (1994)* soll ein Erwerbungsprofil an Hochschulbibliotheken Aussagen treffen über:
– Universitäres Anforderungsprofil
    • Lehrstühle
    • in Lehre und Forschung vertretene Fachgebiete und Teildisziplinen
    • Forschungsschwerpunkte
    • Studentenzahlen in Haupt- und Nebenfach
    • mögliche Studienabschlüsse
    • interdisziplinäre Aspekte
    • Anforderungen aus den Nachbarfächern

- Außeruniversitäre Aufgaben
- Finanzielle Rahmenbedingungen
    - Kontingent für Monografien und Fortsetzungen
    - Kontingent für Zeitschriften
    - erwerbungsstatistische Daten
    - elektronische Publikationen
- Bestellunterlagen für die Titelauswahl
- Fachsystematische Gliederung. Die Erwerbungsstufen (= Sammelintensitäten) werden auf einzelne Untergruppen bezogen
- Erwerbungsstufen:
    - Stufe 1 (Randbereich): Nachschlagewerke, Datenbanknachweise, Bibliografien, Deutsch, ausnahmsweise Englisch (außer in den Kulturwissenschaften)
    - Stufe 2 (Enge Auswahl): Aktuelle einführende und allgemeine Literatur zu Fächern und Teildisziplinen, Handbücher, historische Überblicke, ausgewählte Ausgaben wichtiger Werke, Enzyklopädien, Lexika, Wörterbücher, Bibliografien, Adressbücher, die wichtigsten Zeitschriften, Vermittlung des Zugangs zu externen Datenbankrecherchen (UB hat keine Lizenzen), Deutsch, ausnahmsweise Englisch (außer in den Kulturwissenschaften)
    - Stufe 3 (Studienstufe): ausreichend für Ausbildung und Studium. Grundlegende aktuelle Lehrbücher, Monografien und Handbücher in breiter Auswahl, vollständige Sammlung der wichtigen Quellen, Enzyklopädien, Lexika, Wörterbücher, Bibliografien, Referateorgane, Adressbücher, die wichtigen Zeitschriften in Auswahl, Vermittlung des Zugangs zu externen Datenbanken (UB hat Lizenzen), Deutsch, ausnahmsweise Englisch (außer in den Kulturwissenschaften)
    - Stufe 4 (Forschungsstufe): umfangreiche Sammlung von spezialisierten Monografien, Forschungsberichten, Konferenzberichten, Dissertationen, Vermittlung des Zugangs zu externen Datenbanken, eigene Datenbanken, lokale Online-Ressourcen, alle Sprachen
    - Stufe 5 (Umfassende Sammlung): Sondersammelgebiete der DFG, regionale Pflichtaufgaben, lokale Schwerpunkte mit Anspruch der Vollständigkeit, alle Literaturarten, alle Sprachen
- Erwerbungsabstimmung innerhalb der Hochschule (Zentralbibliothek mit Zweig- oder Institutsbibliotheken) und auf regionaler Ebene
- Deakquisition (Aussonderung).

Anders als bei der Conspectus-Methode werden die Sammelintensitäten hier nicht unterschieden in die Indikatoren nach Tabelle 44, so dass ein mit dieser deutschen Variante formuliertes Erwerbungsprofil unklar bleibt. Wenige deutsche Hochschulbibliotheken haben bisher Erwerbungsprofile mit dieser oder einer anderen Methode formuliert.

Die Conspectus-Methode kann auch für Öffentliche Bibliotheken verwendet werden. Hier können detailliertere Aussagen über Ziele und Maßnahmen getroffen werden, die Leistungskennziffern wie Umsatz oder Aktivierungsgrad (Anteil mindestens einmal pro Jahr entliehener Einheiten an einer Bestandsgruppe) einbeziehen („Arbeitsbogen für Lektoren" nach Umlauf 1997). Seit den 1990er-Jahren versuchen mehr und mehr Öffentliche Bibliotheken, ihr Bestandsmanagement auf eine methodische Grundlage zu stellen. Weit verbreitet ist der Einsatz von Instrumenten wie Auswertung der Ausleihstatistiken oder von der EDV erstellter Null-Listen, anhand derer seit längerer Zeit nicht ausgeliehene Exemplare aufgespürt werden.

Zur internen Verteilung des Erwerbungsetats auf Sachgruppen, Institutsbibliotheken usw. wenden viele Bibliotheken Etatverteilungsmodelle an.

An Hochschulbibliotheken gehen in die Verteilungsmodelle meistens folgende Parameter (jeweils nach Fächern) ein:

- Zahl der Professuren oder Wissenschaftler insgesamt
- Zahl der Studierenden
- Publikationsaufkommen
- Preise.

Selten verwendet werden als Parameter:
- Ausleihen
- Drittmittel
- Abschlüsse. Hinter diesem Parameter steht die Idee, dass für die Erlangung höherer Abschlüsse (z. B. Promotion und Master im Verhältnis zum Bachelor) mehr Literatur benötigt wird.

Insbesondere in zweischichtigen Bibliothekssystemen werden stringente und nachvollziehbare Etatverteilungsmodelle selten praktiziert. Drei Viertel der Universitätsbibliotheken wenden überhaupt Etatverteilungsmodelle an. Meistens folgt man tradierten Verteilungsusancen auf Basis von Erwerbungszahlen vergleichbarer Bibliotheken. Mehr oder minder jede Universitätsbibliothek hat ihr eigenes Modell, in das vor allem lokale Besonderheiten einfließen (z. B. besondere Sammlungen, die fortgeführt werden sollen; ein bewährter Verteilungsschlüssel; Verhältnis von Universitätsbibliothek zu Zweig-/Institutsbibliotheken).

In Öffentlichen Bibliotheken werden die Erwerbungsetats vorab mehr oder minder stringent aufgeteilt. Meistens liegen Ausleihzahlen und Preise nach Bestandssegmenten zugrunde.

9.8.3 Bestandsaufbau, Erwerbung, Lizenzierung, Deakquisition

Der Bestandsaufbau ist der Vollzug des Erwerbungskonzepts, das heißt nach den Kriterien des Bestandskonzepts werden Medien und Ressourcen ausgewählt und erworben oder lizenziert. In den meisten Fällen kommen die körperlichen Medien durch Kauf in die Bibliothek. Bezugsquelle ist in der Regel der örtliche Sortimentsbuchhandel, je nach Profil auch spezialisierte Versandbuchhandlungen, besonders für den Bezug ausländischer Publikationen. Nach dem Preisbindungsgesetz sind deutschsprachige gedruckte Bücher preisgebunden, d. h. der Verlag setzt den Endverkaufspreis bindend fest. Für Öffentliche Bibliotheken darf ein Preisnachlass von 10%, für allgemein zugängliche Wissenschaftliche Bibliotheken ein Preisnachlass von 5% gewährt werden.

Öffentliche Bibliotheken beschaffen im bundesweiten Durchschnitt knapp drei Viertel ihrer Medien beim örtlichen Buchhändler, rund ein Viertel (außer Zeitschriften) in unterschiedlich bearbeiteter Form (Schutzfolie, Signaturschild usw.) bei der *ekz.bibliotheksservice GmbH* (▶ 6.3.2). Für Bibliotheken, die „Graue Literatur" oder Publikationen aus Ländern mit unterentwickelten oder unsicheren Exportbeziehungen beschaffen, bleibt die Beschaffungsreise mitunter die letzte Möglichkeit, dem Sammelauftrag gerecht zu werden (z. B. Südostasien: *Staatsbibliothek zu Berlin*).

Sowohl bei Netzpublikationen wie auch (allerdings seltener) bei digitalen Offline-Medien bieten die Verlage bzw. Hersteller meistens nicht die Möglichkeit des Kaufs an, stattdessen schließen die Bibliotheken Lizenzverträge ab. Diese gestatten die Nutzung der Daten für die Dauer des Vertrags im vertraglich vereinbarten Umfang, d. h. praktisch meistens im Hochschulnetz. Die Lizenzierung macht die traditionelle Aufgabe der Archivierung unmöglich; deshalb halten viele

Bibliotheken so weit wie möglich weiterhin die Abonnements der Druckausgaben und schaffen zusätzlich den Zugang zu den digitalen Fassungen.

Bei digitalen Medien sind bereits bei der Auswahlentscheidung Fragen nach Zugriffsrechten und Lizenzierung, Archivierung und Verfügbarkeitsdauer sowie nach Geräteausstattung zu beachten. Während analoge Medien meistens Titel für Titel ausgewählt werden, stehen bei der Lizenzierung von den Verlagen oder von Aggregatoren angebotene, mehr oder minder umfangreiche Pakete im Vordergrund, insbesondere bei der Erwerbung im Rahmen eines Konsortiums (▶ 6.5.1). Einerseits sind die Preise pro Titel oft verführerisch gering, andererseits erwerben die Bibliotheken auf diese Weise in nennenswertem Umfang Titel, die sie einzeln nicht erworben hätten oder deren Printausgabe sie seit Jahren im Bestand haben.

Mit den gesetzlich vorgeschriebenen Pflichtablieferungen an die *Deutsche Nationalbibliothek* und an Landesbibliotheken wird sichergestellt, dass jedes in Deutschland erschienene Medienwerk in Schrift, Bild und Ton mindestens in der DNB und ergänzend in einer Landesbibliothek vorhanden ist und der Nachwelt erhalten bleibt. Die Abgabe durch die Verlage erfolgt meistens unentgeltlich, in einigen Fällen gegen Kostenbeteiligung. Im „Gesetz über die Deutsche Nationalbibliothek" von 2006 wurden entsprechende Regelungen ausdrücklich auch für digitale Offline-Publikationen und für Netzpublikationen getroffen. In den rechtlichen Regelungen der Bundesländer wird der Begriff Druckwerk – von Land zu Land etwas verschieden – meistens extensiv gefasst, so dass außer gedruckten Büchern, Broschüren und Zeitschriften auch Tonträger, Mikroformen, Diaserien mit Text und CD-ROMs (außer Computer- und Konsolenspielen), vereinzelt auch Filme auf Videoband und DVD bzw. Blu-ray, vor allem auch Netzpublikationen an die Landesbibliotheken abgeliefert werden.

Beim Schriftentausch zwischen Bibliotheken geht es hauptsächlich um Veröffentlichungen der Trägerinstitutionen. Dies sind in erster Linie Hochschulschriften oder Ausstellungskataloge. Der früher umfangreiche Dissertationentausch ist in den letzten Jahren allerdings deutlich zurückgegangen, da mehr und mehr Hochschulschriften online auf Hochschulservern erscheinen. Schenkungen und Nachlässe von Personen, Firmen und Institutionen, die eine weitere Form unentgeltlicher Eigentumsübertragung darstellen, sind für Bibliotheken nicht immer unproblematisch. Häufig vom Schenkenden als Wohltat verstanden, sind sie nicht selten mit Auflagen zur Präsentation und Bereitstellung verbunden; die Bibliothek sollte vor Annahme einer solchen Schenkung die Auflagen genauestens prüfen.

Die Erwerbungsetats haben sich seit den 1980er-Jahren so unerfreulich entwickelt, d. h. sind häufig gesunken oder bei schwindender Kaufkraft nahezu unverändert geblieben, dass kaum noch eine Bibliothek den Erwartungen ihrer Nutzer voll gerecht werden kann. Verschärfend kommt die außerordentliche Steigerung der Preise für wissenschaftliche Zeitschriften mit einer Verdoppelung der Preise alle sechs Jahre, bes. im Bereich Naturwissenschaft, Technik, Medizin, hinzu, so dass seit langer Zeit Jahr für Jahr Abbestellungen getätigt werden müssen (Zeitschriftenkrise). Neben dem als zu groß empfundenen zeitlichen Abstand zwischen Einreichung und Publikation eines Zeitschriftenaufsatzes war diese Teuerung 2001 eines der Motive der *Budapest Open Access Initiative* (BOAI, nach dem Konferenzort), den Gratis-Zugang zu digitaler wissenschaftlicher Information zu fordern. Wissenschaftler sollen danach statt in kommerziellen Verlagen in Publikationsorganen veröffentlichen, die von wissenschaftlichen Fachgesellschaften, Hochschulen, auch Bibliotheken usw. herausgegeben und kostenlos als Netzpublikation zur Verfügung gestellt werden.

Bereits im „KGSt-Gutachten" und im „Bibliotheksplan '73" (▶ 6.1) werden für Bibliotheken der 1. und der 2. Stufe zwei Medieneinheiten je Einwohner des zu versorgenden Gebietes als Zielbestand genannt. Als Erneuerungsquote aufgrund von Verschleiß und inhaltlichen Veraltens werden jährlich 8–12% des Ist-Bestandes empfohlen. Bei einem Durchschnittspreis von 16,60 € je Medieneinheit (der tatsächliche Wert für 2017) ist ein Erwerbungsetat von 3,32 € je Einwohner erforderlich. In 2016 standen den Öffentlichen Bibliotheken in Trägerschaft der öffentlichen Hand durchschnittlich 1,38 Euro für Kauf und Lizenzierung von Medien zur Verfügung.

Universitätsbibliotheken an Volluniversitäten sollen nach dem Bayerischen Etatmodell (▶ 7.2.2) für Kauf und Lizenzierung von Medien und Datenbanken 10,3 Mio. € verwenden können, tatsächlich konnten sie nur 29,5% davon ausgeben.

Deakquisition (Aussonderung) ist die geplante Herausnahme von Medien aus dem Bestand. Kriterien, anhand derer für Deakquisition entschieden wird, können sein: Alterung der Medien und Wegfall des Informationsbedarfs, Verschleiß, Verzicht auf Dubletten, bes. wenn der Inhalt sowohl als Printmedium als auch als Netzpublikation vorhanden ist, auch Raumgewinn. Ausgenommen von der Deakquisition sind Medien, die in zuständigen Bibliotheken als Kulturelles Erbe unbefristet aufbewahrt werden sollen, besonders Pflichtexemplare. Während in Öffentlichen Bibliotheken Deakquisition zum Alltag gehört und ebenso regelmäßig wie Neuerwerbungen vorgenommen wird und auch Fachhochschulbibliotheken mehr oder minder regelmäßig nicht mehr benötigte, meistens veraltete Medien deakquirieren, ist Deakquisition in Universitäts-, Staats- und Landesbibliotheken die Ausnahme und nur bei Lehrbuchsammlungen und Dubletten üblich, auch deshalb, weil bei diesen Bibliotheken die Sammlung des Kulturellen Erbes eine bedeutende Rolle spielt. Aber auch diese Bibliotheken deakquirieren zunehmend, wenn auch insgesamt in geringem Umfang, meistens nach Prüfung, ob in einer Bibliothek mit einschlägigem Sammelauftrag noch ein Exemplar des betreffenden Titels vorhanden ist. In etlichen Bundesländern, u. a. in Bayern und Sachsen, bestehen landesweite Aussonderungs-Richtlinien für die Bibliotheken in Trägerschaft des Landes; darüber hinaus gelten in einigen Bibliotheken spezifische Aussonderungs-Richtlinien, so für die *ULB Bonn*, die *ULB Halle* oder die *Hochschulbibliothek der FH Emden/Leer*.

9.8.4 Geschäftsgang, Electronic Ressource Management

In Bibliotheken versteht man unter Geschäftsgang eine Prozesskette, die folgende Schritte umfasst:

1. Marktsichtung und Auswahlentscheidung
2. Vorakzession, d. h. Prüfung, ob die ausgewählten Titel ggf. bereits bestellt oder geliefert sind, bei digitalen Publikationen ggf.
   - Vergleich verschiedener Angebotsformen unter technischen und unter Kosten-Nutzen-Gesichtspunkten, z. B. digitale bzw. Printvariante eines E-Journals
   - Produkttest
   - Klärung der Preis- und Lizenzbedingungen
   - Klärung der technischen Voraussetzungen
3. Bestellung beim Lieferanten, Integration eines Bestellkatalogisats in den Katalog
4. Zugangsbearbeitung (Rechnungskontrolle, Inventarisierung), bei lizenzpflichtigen Netzpublikationen Vertragsunterzeichnung
5. Inhaltserschließung, eigenständig oder per Fremddatenübernahme (▶ 7.3.6)
6. Formalerschließung, eigenständig oder per Fremddatenübernahme (▶ 7.3.5)
7. technische Medienbearbeitung (Signaturschild, Verbuchungsträger und Buchsicherungsetikett anbringen, ggf. buchbinderische Bearbeitung), bei digitalen Publikationen ggf. Installation und Freischaltung im Netz
8. Schlusskontrolle, bei digitalen Publikationen ggf. Mitarbeiterschulung und Bereitstellung einer Helpdesk-Funktion bzw. von FAQs

9. bei körperlichen Medien Bereitstellen zur Benutzung, meistens also Einstellen ins Regal, ggf. Bereitlegen für den Besteller und Benachrichtigung des Bestellers, bei digitalen Publikationen ggf. Werbung und Nutzerschulung, weil erfahrungsgemäß digitale Publikationen (noch) nicht in befriedigendem Maße genutzt werden.

Innerhalb gewisser Grenzen kann die Reihenfolge in dieser Prozesskette verändert werden; beim integrierten Geschäftsgang werden viele Schritte jeweils an einem Arbeitsplatz oder in einem kleinen Team zusammengefasst. Ziel bleibt immer: Die Nutzer sollen die Neuerwerbungen möglichst rasch zur Verfügung gestellt bekommen. Es geht also um die Verkürzung der Prozesskette.

In den meisten Bibliotheken – abgesehen von einigen Spezialbibliotheken und von sehr kleinen Öffentlichen Bibliotheken – wird heute integrierte Bibliothekssoftware (Bibliotheksinformationssysteme) eingesetzt. Diese verknüpft folgende Funktionen miteinander, so dass im Prinzip Daten jeweils nur einmal erfasst werden:

– Bestellung, Vorakzession, Lieferungskontrolle, Inventarisierung
– Katalogisierung, Normdatenverwaltung
– Katalog mit Retrievalfunktion
– bei Netzpublikationen:
  • Lizenz- und Rechteverwaltung
  • Linkchecking der Links zum Volltext
  • Authentifizierung der Nutzer
– für körperliche Medien: Ausleihverbuchung mit Mahnkontrolle, Kontoübersicht, Verfügbarkeitsanzeige, Vormerkfunktion usw.
– Statistik.

Der Nutzen eines Bibliotheksinformationssystems wird nachhaltig gesteigert, wenn

– es nicht nur lokal, sondern im Verbund mehrerer Bibliothekssysteme (▶ 6.5.2) angewendet wird, was bei fast allen Staats-, Landes- und Hochschulbibliotheken sowie bei großen Spezialbibliotheken die Regel, bei Öffentlichen Bibliotheken die Ausnahme ist;
– für die Sach- und Formalerschließung Fremddaten anstelle eigener Katalogisierung verwendet werden. Im Idealfall sind diese bereits bei der Vorakzession verfügbar, so dass die Bestellung praktisch darin besteht, dass der Fremddatensatz aufgerufen, in den eigenen Katalog integriert, um die lokalen Bestelldaten (Exemplarzahl, bestellende Abteilung u. ä.m.) ergänzt und in Kopie an den Lieferanten gesendet wird. Ein Großteil der Öffentlichen Bibliotheken bezieht Katalogisate von der *ekz.bibliotheksservice GmbH;* Wissenschaftliche Bibliotheken verwenden die Katalogisate der Nationalbibliotheken oder im Verbund bereits vorhandene Katalogisate.

Die herkömmlichen Bibliotheksinformationssysteme (z. B. Bibdia, Bibliotheca2000) sind nicht in der Lage, die Anforderungen digitaler Bibliotheken, also das Electronic Resource Management (die wörtliche deutsche Übersetzung: Management elektronischer Ressourcen ist auch in der deutschsprachigen Fachliteratur nicht üblich) befriedigend abzubilden, während fortgeschrittene Bibliotheksinformationssysteme wie Alma entsprechende Module integriert haben (▶ 6.5.2). Insbesondere fehlen vielen noch eingesetzten Bibliotheksinformationssystemen Module für eine komfortable Lizenz- und Rechteverwaltung, für Linkchecking der Links zum Volltext, für eine Ressourcen übergreifende Recherche in digitalen Volltexten, für die Einbindung von Datenbanken unter komfortablen Rechercheoberflächen sowie für Authentifizierung der Nutzer, schließlich auch für ein intelligentes Retrieval unter Einsatz von Suchmaschinentechnologie mit unscharfer Suche, Einbeziehung externer Datenbanken und einem bibliotheksseitig, geschweige denn nutzerseitig steuerbaren Ranking der Treffer (Discovery Systeme). Im Ergebnis verschwindet die früher scharfe Unterscheidung zwischen Bibliothekskatalog (Recherche im Bestand einer Bibliothek) und Bibliografie (Recherche unabhängig von einem Bibliotheksbestand, besonders in Datenbanken, die Zeitschriftenaufsätze nachweisen). In der Trefferliste muss dann die lokale Verfügbarkeit angezeigt werden.

Deshalb setzen vor allem Hochschul-, Staats- und Landesbibliotheken zusätzlich zum Bibliotheksinformationssystem konfektionierte Software ein, die diese Funktionen leisten (beispielsweise den Linkresolver SFX, die Authentifizierungssoftware Shibboleth, die die Authentifizierung der Benutzer auf dem Hochschulserver, nicht beim Verlag, vornimmt, oder die Portalsoftware MetaLib mit paralleler Recherche nach und in allen oder ausgewählten Datenbanken, elektronischen Zeitschriften und Büchern). Um das Nebeneinander verschiedener Systeme zu überwinden und die Anforderungen des Electronic Resource Management zu erfüllen, vor allem um bibliothekarische Workflows und Dienste in cloudbasierte Arbeitsumgebungen zu überführen und die bunte Landschaft traditioneller, teilweise nur aufwändig zu koordinierender Verbund und Lokalsysteme durch internationale Systemplattformen abzulösen, setzen seit 2017 mehr und mehr Wissenschaftliche Bibliotheken in den Jahren seit 2012 entwickelte Software-Lösungen ein.

Das Projekt *Cloudbasierte Infrastruktur für Bibliotheksdaten* (CIB) ging davon aus, dass die Katalogisierung nicht mehr in regionalen Verbunddatenbanken stattfindet, sondern in einer international ausgerichteten Umgebung mit internationalem Regelwerk durchgeführt wird. Allerdings dürfen personenbezogene Daten nur dann in cloudbasierten Systemen gehalten werden, wenn diese Systeme europäische Datenschutzbestimmungen einhalten. Führend sind zwei Systeme: Alma der Firma *Ex Libris* und WMS (*OCLC WorldShare Management Services*). Die international eingesetzten Systeme mussten hierzu an deutsche Erfordernisse angepasst werden, denn komfortablerweise ist es in deutschen, nicht internationalen Systemen üblich, Verknüpfungen vorzunehmen zwischen verwandten Titeln (z. B. zwischen einer Zeitschrift und ihrem Vorgänger oder Nachfolger), zwischen den Hierarchieebenen mehrteiliger Werke (z. B. bei einer Reihe oder einer mehrbändigen Ausgabe), schließlich zwischen bibliografischen Datensätzen und Normdaten. Für Alma-Anwender bauen seit 2016 BSZ, VZG (GBV) und hbz ein Konsortium zum Management einer Common Bibliographic Data Zone (CBDZ) aus allen Daten der drei Verbundregionen auf. Die teilnehmenden Bibliotheken importieren ihre frei verfügbaren Daten in die CBDZ, wo sie allen Teilnehmern zur Verfügung stehen. Als DFG-Projekt wurde für Electronic Resource Management die Software LAS:eR (Lizenz-Administrationssystem für E-Ressourcen) entwickelt. Die Daten können über offene Schnittstellen in die kommerziellen Systeme eingespielt werden.

In jedem Fall erfordert das Management digitaler, hybrider und virtueller Bibliotheken neue, netzartige Organisationsstrukturen anstelle starrer Hierarchien und linearer Workflows. Dafür ist eine forcierte Personalentwicklung erforderlich und die grundsätzliche Bereitschaft, die Bibliothek als lernende Organisation zu begreifen.

Einige Schritte des Geschäftsgangs sollen näher erläutert werden.

Marktsichtung und Auswahlentscheidung

Die Marktsichtung stützt sich vor allem auf:

- laufende Nationalbibliografien
- Titeldienste von Versandbuchhandlungen, die sich auf Bibliotheken spezialisiert haben, z. B. *Blackwell*, *Erasmus* oder *Casalini libri*, für die Öffentlichen Bibliotheken z. B. *Hambückers*
- Verlagsprospekte und Buchhandelswerbung

- ferner auch Zeitschriften, Rezensions- und Referateorgane, Antiquariats- und Auktionskataloge
- punktuell geäußerte Benutzerwünsche, Auswertung von Nutzer- und Nicht-Nutzer-Befragungen sowie der Bestellungen im Leihverkehr
- die Informationsdienste der *ekz.bibliotheksdienst GmbH* (▶ 6.3.1) bei den Öffentlichen Bibliotheken.

In Universitätsbibliotheken sind die Professoren mehr oder minder stark an der Auswahl beteiligt; beispielsweise werden an der *UB Duisburg-Essen*, Campus Essen, Neuerscheinungen zu Kunst und Design zunächst zur Ansicht bestellt, die Prüfung und Kaufentscheidung erfolgt durch die Hochschullehrer. Die Hauptmasse der Neuerwerbungen wird an den meisten Universitätsbibliotheken jedoch durch die Fachreferenten der Bibliothek ausgewählt. Typisch für kleinere Spezialbibliotheken und für FH-Bibliotheken ist, dass die Auswahl zu einem großen Teil von den Wissenschaftlern des Trägerinstituts bzw. den Professoren vorgenommen wird. An Öffentlichen Bibliotheken liegt die Auswahl in der Hand des bibliothekarischen Fachpersonals.

In deutschen Bibliotheken selten angewendete Instrumente sind:

- Approval Plan: Die Bibliothek formuliert ein Erwerbungsprofil und beauftragt einen Lieferanten, entsprechende Titel auszuwählen und zur Ansicht zu liefern. Regionale bzw. fachliche Approval Plans setzt beispielsweise die *Bayerische Staatsbibliothek* für den Bucherwerb aus Italien, Frankreich, Belgien, Griechenland und für den Fachinformationsdienst Geschichtswissenschaften (mit Iberoamericana) aus Spanien ein, ferner für das Fachgebiet Deutsches Recht. Die *ULB Halle* mit dem Fachinformationsdienst Nahost-, Nordafrika- und Islamstudien etwa hat Lieferanten der MENA-Region (Middle East and North Africa) beauftragt, einschlägige Literatur zusammenzustellen und zur Ansicht zu liefern;
- Standing Order (als Variante der Approval Plans für Öffentliche Bibliotheken): Die Auswahl orientiert sich an typischen Erwerbungsprofilen Öffentlicher Bibliotheken, ist aber aufgrund einer Modul-Struktur weitgehend individualisierbar und wird nicht zur Ansicht, aber mit einem gewissen mengenmäßig begrenzten Rückgaberecht geliefert. Führender Anbieter ist die *ekz.bibliotheksservice GmbH*. Bevorzugt beziehen die Bibliotheken die Auswahl in mehr oder minder ausleihfertig bearbeiteter Form. Die Nutzung von „Standing-Order-Bestellungen" steigt seit 2005 in breiter Front;
- Blanket Order: Die Bibliothek bezieht die gesamte Produktion solcher Verlage, deren Publikationen dem Sammelprofil der Bibliothek entsprechen. Diese Praxis ist als Lizenzierung von E-Book-Paketen nicht unüblich. Allerdings müssen die Angebote genau geprüft werden um zu vermeiden, dass die Bibliothek elektronische Bücher, deren Print-Ausgaben seit Jahren unbenutzt im Regal stehen, unnötigerweise lizenzieren.

Perspektivisch ist vorstellbar, wenn auch teilweise kritisch bewertet, dass sich das Bestandsmanagement mehr und mehr auf die schriftliche Formulierung von Erwerbungsprofilen verlagert, anhand derer die Lieferanten die Titelauswahl vornehmen. Befürworter verweisen auf die Gewinnung von Arbeitskapazität für den Aufbau digitaler Bibliotheken und auf bessere Dienstleistungen für die Nutzer. Die *Zentral- und Landesbibliothek* Berlin sowie die *Bücherhallen* Hamburg praktizieren entsprechende Erwerbungsmodelle in größerem Umfang. Gegner der Idee sehen die Qualität der intellektuellen Begutachtung des Medienangebots und die nutzer- und bedarfsorientierte Auswahl durch das Fachpersonal bedroht. Neben der Deprofessionalisierung des Bestandsaufbaus sehen sie ferner die Gefahr, dass kommerzielle Lieferanten mit ihren ökonomischen Interessen Einfluss auf das Bestandsprofil der Bibliotheken nehmen.

Seit 1998 in USA, in Deutschland seit 2010 (zuerst an der *UB Mannheim*, bald auch an der Bibliothek des *Forschungszentrums Jülich*, an der *SLUB Dresden*, der *UB Wuppertal* sowie der *UB Bielefeld*, dann an vielen Hochschulbibliotheken) setzen Bibliotheken das Erwerbungsmodell Patron driven Acquisition ein (PDA, User driven Acquisition, ein deutschsprachiger Begriff hat sich noch nicht durchgesetzt). Ein E-Book-Anbieter, beispielsweise ein Verlag oder Aggregator, stellt der Bibliothek eine größere Anzahl elektronischer Bücher zur Verfügung; diese werden im OPAC nachgewiesen, aber noch nicht lizenziert. Definierte Aktionen der Benutzer lösen die Lizenzierung aus, z.B. die Öffnung der Datei für einen Zeitraum länger als fünf Minuten oder die Öffnung der Datei durch einen zweiten Benutzer. Mitunter haben die Benutzer (nur) die Möglichkeit, die Erwerbung vorzuschlagen; die Entscheidung bleibt beim Personal der Bibliothek. Allerdings sind für die einzelne Bibliothek detaillierte Untersuchungen und ausgefeilte Entscheidungsprozesse erforderlich, um aus der Vielzahl der Anbieter und Modelle das je passende herauszufinden. Einige Staats- und Hochschulbibliotheken haben ein vergleichbares Erwerbungsmodell auch für gedruckte Bücher eingeführt. Die seit über 100 Jahren übliche Praxis der Erwerbungsvorschläge seitens der Benutzer wurde damit in ein zeitgemäßes Verfahren übersetzt. Die Metadaten lieferbarer Bücher werden in den Bibliothekskatalog integriert und entsprechend gekennzeichnet. Benutzer können gewünschte Titel im Katalog markieren, die anschließend bestellt werden.

Eine gesteigerte Form der Erwerbung digitaler Ressourcen ist das Modell „Evidence Based Selection" (EBS). Bei diesem Modell zahlt die Bibliothek dem Verlag ein Deposit und erhält als Gegenleistung die Freischaltung des gesamten Verlagsprogramms oder vereinbarter Segmente daraus. Nach einem Jahr erhält die Bibliothek eine Nutzungsstatistik und kann entscheiden, welche Titel sie aus dem Deposit dauerhaft lizenzieren möchte. Im OPAC sollte der Hinweis erscheinen, dass der betreffende Titel, wenn der Zugriff im Rahmen des EBS-Modells erfolgt, möglicherweise nicht dauerhaft zur Verfügung steht.

Zugangsbearbeitung (Rechnungskontrolle, Inventarisierung)
Bei der Inventarisierung wird jeder erworbenen Bestandseinheit eine Identifikationsnummer zugewiesen sowie normalerweise auch an der Medieneinheit und auf dem Rechnungsformular ausgewiesen. Zusätzlich wird eine weitere Identifikationsnummer jedem neu erworbenen Stück zugeordnet; sie verknüpft (z.B. verschlüsselt im aufgeklebten RFID-Etikett (▶ 8.4.3) für die Ausleihverbuchung) die körperliche Bestandseinheit mit dem Datensatz.

Technische Medienbearbeitung, Schlusskontrolle
In Öffentlichen Bibliotheken ist es üblich, gedruckte Bücher mit einer Schutzfolie aus transparentem Kunststoff zu versehen; in Wissenschaftlichen Bibliotheken werden die Neuzugänge aus Kostengründen nicht mehr in jedem Fall mit einem stabilen Bibliothekseinband versehen. Die technische Medienbearbeitung findet überwiegend noch durch Mitarbeiter der Bibliotheken statt; manche Bibliotheken (z.B. Stadtbibliotheken Düsseldorf und Verl sowie die *SLUB Dresden*) lassen die Bearbeitung ganz oder teilweise bereits vom Lieferanten vornehmen oder haben den Dienst auf andere Weise ausgelagert (Outsourcing).

9.8.5 Bestandserhaltung und digitale Langzeitarchivierung

Von wachsender Bedeutung für Informationseinrichtungen mit Archivfunktionen ist die dauerhafte Erhaltung der vorhandenen Bestände. Körperliche Medien altern bis hin zum physischen Zerfall; bei digitalen Medien stellt sich außer dem Problem der Alterung der Trägermaterialien die Frage, ob die Dateien mit zukünftiger Software und zukünftiger Hardware noch gelesen werden können. Betroffen sind insbesondere Staats-, National- und Universitätsbibliotheken sowie Rundfunk- und Medienarchive.

Maßnahmen zur Bestandserhaltung umfassen:
- Bestandssicherung zur Verhinderung von Diebstahl u. a. Verlusten (Garderobenfächer, Aufsicht, Taschenkontrollen, die um so strenger sein sollen, je schützenswerter die Bestände sind)
- Maßnahmen zur Verringerung von Verschleiß (Ausleihbeschränkungen, oft pauschal nach Erscheinungsjahr oder nach Materialart, vor allem für Handschriften, Inkunabeln und alte Drucke; Schulung des Personals u. a. beim Ausheben; Verwendung von Ersatzmedien in der Benutzung – Mikroformen, zunehmend Digitalisate; nicht zu dichte Aufstellung im Freihandregal; Foliierung besonders stark benutzter Bestände in der Lehrbuchsammlung; Aufsichtscanner statt Fotokopierer; Keilkissen, Verfilmung und Digitalisierung zum Schutz des Originals vor Gebrauchsschäden)
- Konservierung
- Entsäuerung
- Restaurierung und Maßnahmen gegen Schimmel und Buchschädlinge
- Notfallvorsorge, Katastrophenplanung. Die verheerenden Schäden in sächsischen Bibliotheken infolge des Hochwassers in 2002 und der Brand der *Herzogin Anna Amalia Bibliothek* Weimar 2004 haben den deutschen Bibliothekaren nachdrücklich den Stellenwert von Notfallvorsorge und Katastrophenplanung ins Bewusstsein gehoben. Gleichwohl sind entsprechende Maßnahmen nicht flächendeckend ergriffen worden.

Konservierung, also die Minimierung von Schäden, die infolge der Lagerung auftreten, ist die wirtschaftlichste und wirksamste Maßnahme. Im Interesse einer möglichst langfristigen Archivierung müssen zunächst geeignete Lagerbedingungen geschaffen werden; sie sind in ISO 11799 (Anforderungen an die Aufbewahrung von Archiv- und Bibliotheksgut) niedergelegt. Wichtige Aspekte vorteilhafter Lagerungsbedingungen für Printbestände sind:

- eine konstante Temperatur zwischen 2° und 18° C für die Langzeitarchivierung, zwischen 14° und 18° C im laufend benutzten Magazinbereich
- eine konstante relative Luftfeuchtigkeit zwischen 30% und 45% für die Langzeitarchivierung, zwischen 35% und 50% im laufend benutzten Magazinbereich
- kein direktes Tageslicht, Beleuchtung nur soweit unbedingt nötig zum Heraussuchen und Zurückstellen der Dokumente sowie zur Reinigung und Raumkontrolle
- relativ staub- und schadstoffarme Luft mit ständiger geringer Zirkulation
- ein ausreichender Abstand zwischen den Regalfachböden, damit die Luft zirkulieren kann
- möglichst geringe Schwankungen in Temperatur und Luftfeuchte.

Für Trägermedien wie Schellack- und Vinylplatten, Film- und Magnetbänder sowie optische Speicherplatten gelten noch strengere Grundsätze. Filmmaterial wird teilweise bei Temperaturen von wenig mehr als 0° C gelagert; bei Kaltlagerung muss die Temperatur einzelner Medien für die Benutzung extrem langsam angehoben werden, weil andernfalls Schäden durch Kondenswasser oder beschleunigte Alterung eintreten.

Die physische Alterung, die auch bei richtiger Lagerung eintritt, umfasst u. a. folgende Sachverhalte:
- Papierzerfall: Davon betroffen sind Papiere aus den Jahren etwa 1840 bis 1990. Der im 19. Jahrhundert rasch wachsende Papierbedarf führte zum Einsatz damals neuer Herstellungsverfahren und zuvor nicht für die Papierherstellung verwendeter Rohstoffe (Holz). Im Ergebnis enthalten die Papiere u. a. einen Säurerest, der zur Vergilbung und später zum Zerbröseln führt. Rund 75% der Bücher aus den Jahren 1850 bis 1950 in deutschen Hochschulbibliotheken sind mittelschwer bis schwer geschädigt. Heute werden für Bücher und Zeitschriften (nicht für Zeitungen) oft länger haltbare oder sogar alterungsbeständige Papiere verwendet; letzteres wird durch einen entsprechenden Eintrag oder durch das Unendlichkeitszeichen (∞) auf der Rückseite des Titelblatts gekennzeichnet.
- Tinten- und Farbenfraß: hauptsächlich bei Handschriften. Bestimmte Tinten und Farben zerstören infolge ihrer chemischen Eigenschaften allmählich das Papier.
- bei Magnetbändern, CDs, CD-ROMs und DVDs bzw. Blu-rays ist das Trägermaterial begrenzt haltbar (Magnetbänder: kaum über zehn Jahre; optische Speicherplatten: einige Jahrzehnte). Bei Magnetbändern kommt hinzu, dass die Lagen des Bandwickels sich gegenseitig magnetisieren, was als Echoeffekt hörbar wird. Zudem können die Lagen verkleben.

Weitere Schäden können infolge falscher Lagerung hinzukommen, zu nennen sind insbesondere Schädlingsbefall (Insekten, Nagetiere) und Schimmelpilze, auch Bakterien infolge von Feuchtigkeit und zu hoher Temperatur.

Die in der Praxis am häufigsten erforderlichen Verfahren der Erhaltung körperlicher Bestände sind:
- Beseitigung von Schimmelpilz: durch Abbürsten, in schweren Fällen durch Begasung (tötet den Schimmelpilz ab, ist aber gesundheitsschädlich für spätere Benutzer und das Personal) oder durch Bestrahlung mit Gammastrahlen (führt aber zu erhöhter Anfälligkeit des Papiers gegen erneuten Schimmelbefall). Die Behandlung mit Sauerstoffplasmen (durch elektrische Felder ionisierter Sauerstoff) könnte eine Perspektive darstellen.
- Massenentsäuerung: Es handelt sich um eine Reihe unterschiedlicher Verfahren, die alle prophylaktisch eingesetzt werden, für die Behandlung großer Büchermengen geeignet sind und jeweils ihre Vor- und Nachteile haben. Auf chemischem Weg (Behandlung mit Gas oder Flüssigkeit) wird der Säuregehalt im Papier neutralisiert, das Papier alkalisch gepuffert und oxidationshemmend behandelt.
- Restaurierung: Wiederherstellung der ursprünglichen Festigkeit bei Erhaltung der originalen Substanz, Renovierung (Wiederherstellung des ursprünglichen Zustands), Rekonstruktion (Ersatz durch Neuschöpfung, z. B. des Einbands). Hierbei werden die Bücher zerlegt (Lösen der Heftung usw.) und gemäß ihren individuellen Schäden behandelt (Entsäuerung, Papieranfaserung, Papierfestigung u. a. m.). Diese teuren Verfahren werden naturgemäß nur bei besonders wertvollen Stücken angewendet.

Bestandserhaltungsprogramme in einigen Bundesländern auf Basis von Empfehlungen der KMK, eine allerdings sehr zögerlich begonnene überregionale Koordinierung von Bestandserhaltungsmaßnahmen sowie Förderprogramme der DFG sollen zur besseren Bestandserhaltung hauptsächlich durch Digitalisierung und Massenentsäuerung führen.

Für die Langzeitarchivierung digitaler Medien ist die Schwierigkeit, dass Datenträger nur von bestimmten Geräten gelesen und dass Daten nur von bestimmten Software-Programmen verarbeitet werden können. Folgende Erhaltungsstrategien sind wichtig:

- Migration: Digitale Ressourcen werden so modifiziert, dass sie unter den veränderten aktuellen Hardware- und Betriebssystemumgebungen verwendet werden können. Bei der Konvertierung in diese Umgebungen soll kein Informationsverlust auftreten. Eine laufende Konvertierung in neue Systemumgebungen ist mit jedem technologischen Innovationszyklus erforderlich. Dabei kann es zu Verfälschungen des Originals kommen, indem z. B. das Layout einer Tabelle verändert wird. Migration ist umso aufwändiger und problematischer, je heterogener die Datenformate sind.
- Emulation: Im emulierten System werden die technischen Rahmenbedingungen der Originalressource so nachgebildet, dass kein Unterschied zum Originalsystem festgestellt werden kann. Die Hürde für ausgedehnte Anwendungen ist der Programmieraufwand. Erforderlich ist in jedem Fall, dass zusammen mit den digitalen Ressourcen Aussagen über die erforderlichen Systemumgebungen gespeichert werden.
- Technikmuseum: Zusätzlich zu den digitalen Ressourcen werden die erforderlichen Hard- und Softwarekomponenten archiviert. Der Ansatz findet Grenzen u. a. im wachsenden Aufwand für den Erhalt des Technikmuseums und der schwindenden Chance, Ersatzteile wie z. B. geeignete Mikrochips zu beschaffen.
- Konvertierung in ein universelles, nicht-proprietäres Dateiformat: Diese findet Grenzen darin, dass sich damit nicht alle Eigenschaften proprietärer Dateiformate abbilden lassen. Eine weiter reichende Strategie setzt darauf, die Produzenten dahin zu bringen, ausschließlich für die digitale Langzeitarchivierung geeignete Dateiformate zu verwenden, bevorzugt XML.

Eine Reihe von Initiativen und Projekten sollen Standards, Abläufe und DV-technische Instrumente für die digitale Langzeitarchivierung entwickeln. Einige sollen stellvertretend kurz genannt werden:

- *Kompetenznetzwerk Langzeitarchivierung und Langzeitverfügbarkeit digitaler Quellen für Deutschland – Nestor* (Kooperationsverbund unter Beteiligung der DNB, der BSB sowie weiterer Bibliotheken, Archive, Forschungseinrichtungen und Hochschulen)
- *Kooperativer Aufbau eines Langzeitarchivs digitaler Informationen – kopal* (Deutschland, unter Beteiligung der *Deutschen Nationalbibliothek*)
- *Baden-Württembergisches Online-Archiv – BOA* (Unter Beteiligung der *Badischen Landesbibliothek*, der *Württembergischen Landesbibliothek*, des *Baden-Württembergischen Landesarchivs* und des *Bibliotheksservice Zentrums*)
- *Digital Preservation Coalition* – dpc (Großbritannien, unter Beteiligung der *British Library*).

Bibliothekarische Fragen der Bestandserhaltung werden im *Forum Bestandserhaltung* erörtert.

9.9 Ausblick

Die Rahmenbedingungen für das Bibliotheksmanagement werden davon geprägt, dass Bibliotheks- und Informationseinrichtungen weitgehend Teil der öffentlichen Verwaltung sind. Gleichwohl haben hier betriebswirtschaftliche Sichtweisen und Methoden früher als bei den meisten anderen Verwaltungszweigen Einzug gehalten. Sie mussten teilweise spezifisch angepasst werden (Marketing, Controlling, Kosten- und Leistungsrechnung, Betriebsvergleiche). Wie freilich im öffentlichen Dienst insgesamt muss zukünftig eine strategische Planung entwickelt und herausgestellt werden. In diesem Zusammenhang müssen Werbung und Öffentlichkeitsarbeit einen viel größeren Stellenwert erhalten als bislang.

Die bisher noch nicht so häufig wie wünschenswert oder noch gar nicht in Bibliotheks- und Informationseinrichtungen erfolgte Anwendung einer Reihe von Management-Instrumenten (z. B. Qualitätsmanagement, Wertanalyse, Markenpolitik, Entscheidungsunterstützungssysteme auf Basis Künstlicher Intelligenz, Diversitätsmanagement, Innovationsmanagement, Service Blueprint, Adaptive Case Management, Agiles Prozessmanagement, ITIL-Service-Value-System) könnte neue Potenziale zur Kostensenkung und Verbesserung der Dienstleistungen zur Entfaltung bringen.

Von wachsender Bedeutung ist der Ansatz der „Green Library" (The Green Library 2013). Ziel ist, den ökologischen Fußabdruck im Alltag der Bibliothek zu verringern und Nachhaltigkeit im Sinn der sozialen Verantwortung der Bibliothek auch in ihrer Rolle als eines gesellschaftlichen Multiplikators wirksam werden zu lassen. Die Maßnahmen erstrecken sich gegenwärtig noch hauptsächlich auf bautechnische Aspekte wie Gebäudedämmung, Senkung des Energiebedarfs, Auffangen und Nutzen des Regenwassers auf dem Dach der Bibliothek usw. und stellen insoweit nichts Besonderes dar, denn dieselben Maßnahmen werden für Wohn-, Büro- oder Krankenhausgebäude angewendet. Doch gehört zum Konzept der Green Library auch die einschlägige Profilierung des Bestands und ein Angebot von Bildungsdienstleistungen, die die ökologische Einsicht der Bevölkerung vertiefen sollen. Die Bibliotheken sollen „die Führungsrolle bei der Vermittlung von Nachhaltigkeitskompetenz übernehmen" (IFLA 2019, S. 360, in Übernahme einer von Petra Hauke geprägten Formulierung). Nach dieser Forderung müssen Bibliotheken ihre Neutralität (▸ 4.1.6 und ▸ 4.1.7) aufgeben und zu einer politisch-programmatischen Erziehungsanstalt werden. Diese Implikationen des Konzepts der Grünen Bibliothek sind bisher kaum durchdacht.

Der Bereich, in dem ganz eigene Methoden des Managements entwickelt werden mussten und entwickelt wurden, ist das Bestandsmanagement. Freilich müssen hier international empfohlene Konzepte noch viel breiter rezipiert und umgesetzt werden. Die Formulierung von Bestandskonzepten wird als Kommunikation der eigenen Ziele und ihrer Abstimmung mit den Stakeholdern immer wichtiger werden; gegenüber der arbeitsaufwändigen Fülle von Einzelfallentscheidungen für die Medienauswahl wird die Arbeit an Erwerbungsprofilen, die Kommunikation mit Lieferanten und der Einsatz von Controlling-Instrumenten im Bestandsmanagement an Bedeutung gewinnen.

Die wachsende Bedeutung digitaler Bibliotheken erfordert neue Strategien der Verankerung der Bibliothek im Organisationsgefüge des Trägers (wie etwa die engere Verbindung mit einem Rechenzentrum) und den Einsatz neuer, sehr komplexer Software. Einst lineare Geschäftsgänge müssen zu netzartigen Organisationsstrukturen entwickelt werden. Erforderlich sind tiefgreifende Personalentwicklungsmaßnahmen und ein beschleunigter Wandel zur lernenden Organisation.

Informationseinrichtungen mit Archivfunktion stehen vor dem zunehmenden Problem der physischen Alterung ihrer Bestände bis hin zum Papierzerfall. Abhilfe kann geschaffen werden durch Lagerung unter günstigen Bedingungen (Temperatur, Luftfeuchtigkeit u. a. m.), durch Verwendung von Ersatzmedien für die Benutzung (Mikroformen, Digitalisate) und durch Herstellung von Ersatzmedien für die Archivierung, wenn die Originale nicht langfristig gesichert werden können oder (beispielsweise aus Kostengründen) nicht länger aufbewahrt werden sollen. Die digitale Langzeitarchivierung ist nicht nur technisch aufwändig, sondern erfordert neue, umfassende und internationale Kooperationen, in die Bibliotheken ebenso wie Archive, Medienarchive und Museen einbezogen werden müssen.

10 Beruf, Ausbildung und Studium

10.1 Anfänge der Professionalisierung

Die Professionalisierung des Bibliothekarberufs setzte in Deutschland 1893 ein. Das Bibliothekssystem hatte nach segmentären inzwischen stratifikatorische Differenzierungsformen ausgeprägt. Zudem hatte der Übergang zu einem funktional differenzierten Bibliothekssystem bereits eingesetzt (▶ 3.1). Die fortschreitende Arbeitsteilung führte zu einem entsprechenden Bedarf an bibliotheksfachlich qualifizierten Arbeitskräften. Unter den Bedingungen des segmentär bzw. des stratifikatorisch differenzierten Bibliothekssystems – die einzelnen Universitäts- und Hofbibliotheken arbeiteten weitgehend isoliert – konnte das Bibliothekspersonal, ausgestattet mit einem wachen Verstand und humanistischer Bildung, also geschult in systematischem und zweckrationalem Denken, Insellösungen für Buchbeschaffung, -erschließung und -aufstellung entwickeln. So wirkten als Bibliothekare ohne bibliothekarische Ausbildung Gelehrte und Dichter wie *Leibniz* und *Lessing*, *Goethe* und *Casanova*, *Achille Ratti* (*Pius XI.*) vor seiner Wahl zum Papst, *Anatole France* und *Hoffmann von Fallersleben*, *Jacob Grimm* und *Jorge Luis Borges*, um nur einige Beispiele zu nennen. Die entstehende, arbeitsteilige Zusammenarbeit der Wissenschaftlichen Bibliotheken zunächst in Preußen, dann in ganz Deutschland lag im Interesse einer Leistungssteigerung und einer Begrenzung des Kostenanstiegs (*Althoff*sche Reformen ab 1884); sie erforderte spezialisierte Arbeitskräfte, die bibliotheksübergreifend und nach einheitlichen Regeln und Standards arbeiten sollten.

Durch den preußischen „Erlass betreffend die Befähigung zum wissenschaftlichen Bibliotheksdienst bei der Kgl. Bibliothek zu Berlin und den Kgl. Universitätsbibliotheken" vom 15. Dezember 1893 wurden erstmals in Deutschland Standards für eine spezifische Vorbildung und Ausbildung des wissenschaftlichen Bibliothekars verbindlich festgelegt, nachdem zuerst 1864 fachunspezifische Bildungsvoraussetzungen für den Dienst an der *Hof- und Staatsbibliothek* München, der heutigen *Bayerischen Staatsbibliothek*, formuliert worden waren. Ein dem preußischen entsprechender bayerischer Erlass folgte 1905, diesem wiederum eine Novellierung des preußischen. Die NS-Regierung schließlich regelte 1938 die Ausbildung zum wissenschaftlichen Bibliothekar reichseinheitlich. Es handelte sich von Anfang an um eine postgraduale (bis in die 1970er-Jahre auch postdoktorale) praxisnahe Ausbildung für die Beamtenlaufbahn des höheren Bibliotheksdienstes mit hochqualifizierten Aufgaben. Interessanterweise begann die Professionalisierung des Bibliothekarberufs in den USA etwa zur selben Zeit (1887 Gründung der *School of Library Economy* an der *Columbia University*, New York, durch *Melvil Dewey*).

Breiten Raum in dieser postgradualen Ausbildung nahmen Titelaufnahme, Bibliografie und Bibliotheksgeschichte ein. Kenntnisse in Titelaufnahme und Bibliografie sollten auf die Tagesarbeit in der Bibliothek vorbereiten, aber auch dem Zweck dienen, die damals begonnenen großen Gemeinschaftsprojekte eines virtuellen preußischen, später deutschen Gesamtkatalogs zu realisieren; die Beschäftigung mit der Bibliotheksgeschichte diente dazu, fundierte Kenntnisse der Bibliotheksbestände zu vermitteln.

Die lange bestehende segmentäre Differenzierung des Bibliothekssystems hatte nämlich eine Fülle von Beständen und Sammlungen mit individuellen Erschließungssystemen und nur Insidern bekannten Profilen entstehen lassen, die kennen musste, wer erfolgreich Zugang zur Information erlangen bzw. anderen verschaffen wollte. Die starke Akzentuierung der Bibliotheksgeschichte war auch der heute noch geltenden Einsicht verpflichtet, dass die Kenntnis der Vorgeschichte (solange sie nicht zum Selbstzweck wird) sowohl den aktuellen Entwicklungsstand zu erläutern vermag als auch Vorstellungen über wahrscheinliche oder anzustrebende zukünftige Entwicklungen vermitteln kann. Darüber hinaus sollten besonders die historischen Fächer ein gemeinsames Selbstverständnis im Berufsstand erzeugen.

Die lange Zeit im kollektiven Berufsbild tradierten, auch in der Ausbildung vermittelten Einstellungen aus der Zeit eines segmentär differenzierten Bibliothekssystems, oft als Hang des Bibliothekspersonals zur Eigenbrötelei erlebt, führten in Bibliotheken zu einer sehr schwachen Vernetzung mit anderen Informationseinrichtungen, wiederholt sogar zum Scheitern von Gemeinschaftsprojekten, etwa der Einheitsklassifikation Mitte der 1970er-Jahre. In Ausbildung und Studium schlugen sich diese Einstellungen nieder als geringe Neigung zur Vernetzung bibliotheksbezogener mit anderen Ausbildungs- und Studiengängen. Noch in den 1980er-Jahren war es ganz selbstverständlich, dass in bibliothekarischen Studiengängen an den Fachhochschulen beispielsweise eine Professur für Bibliotheks-Management eingerichtet werden sollte, statt dass man die Kooperation mit einer an derselben Fachhochschule vorhandenen Professur für Management von Nonprofit-Organisationen gesucht hätte.

Ein weiterer entscheidender Schritt zur Professionalisierung des Bibliothekarberufs war 1909 der „Erlass betreffend die Einführung einer Diplomprüfung für den mittleren Bibliotheksdienst an wissenschaftlichen Bibliotheken sowie für den Dienst an Volksbibliotheken und verwandten Instituten". Dieser Erlass wie schon der von 1893 für den wissenschaftlichen Bibliotheksdienst fügte die bibliothekarischen Ausbildungsgänge in das Gefüge der Beamtenlaufbahnen ein. Damals entsprach die mittlere Beamtenlaufbahn der heutigen gehobenen Beamtenlaufbahn.

Freilich spielte die Ausbildung von Beamtenanwärtern für den Dienst an Volksbüchereien, den späteren Öffentlichen Bibliotheken, in der Praxis kaum eine Rolle. Die Ausbildung für diesen Bibliothekstyp erfolgte zunächst an privaten, erst später in staatliche Regie übernommenen Fachschulen. Am Anfang steht die 1914 in Leipzig gegründete *Fachschule für Bibliothektechnik und -verwaltung*, Anfang der 1920er-Jahre umbenannt in *Deutsche Volksbüchereischule*. Es folgten 1915 die Gründung einer bibliothekarischen Ausbildungseinrichtung im Rahmen der *Zentrale für Volksbüchereien* in Berlin, 1921 die Bibliotheksschule des *Borromäusvereins*, 1928 die Gründung der *Westdeutschen Büchereischule* in Köln und 1942 die Gründung der Büchereifachschule in Stuttgart. Nach dem Zweiten Weltkrieg wurden entsprechende Fachschulen bzw. Ausbildungsgänge, teils für Öffentliche, teils für Wissenschaftliche Bibliotheken auch in Berlin, Frankfurt a. M., Hamburg, Hannover und München ins Leben gerufen bzw. an bestehenden Fachschulen eingerichtet.

10.2 Spartentrennung

Die mittlere, nach einer Änderung des Dienstrechts als „gehobene" bezeichnete Qualifikationsebene wurde seit 1969 einem neu geschaffenen Hochschultyp, den Fachhochschulen, zugeordnet; international wurde freilich eher der Weg einer internen Differenzierung der Universitäten (kürzere, anwendungsorientierte Studiengänge zusätzlich zu den akademischen Studiengängen) beschritten. Im Zuge dieser Hochschulreformen wurden die bestehenden Fachschul-Ausbildungsgänge in Fachhochschulen integriert, oder es wurden bestehende Fachschulen für bibliotheksbezogene Ausbildungen zu Fachhochschulen erhoben. Trotzdem begriffen und bezeichneten die Bibliothekare ihr Studium weiterhin als Ausbildung, standen einer Akademisierung ihres Berufes ablehnend gegenüber und vergaben somit sowohl Chancen zu einer Verbesserung der Ausbildung durch theoretische Absicherung als auch Chancen für höhere Einstufungen im Einkommensgefüge des öffentlichen Dienstes.

Doch knüpften fachinterne Berufsbild-Debatten wie auch staatliche Prüfungsordnungen weiterhin an den beiden als einheitlich angesehenen Typen der Öffentlichen Bibliothek oder der Wissenschaftlichen Bibliothek an. Dabei wurde letztere auf Universitäts- bzw. Staats- und Landesbibliotheken verengt. Differenzierungen innerhalb dieses oder jenes Typs wurden kaum wahrgenommen – man hätte an die Fülle der Spezialbibliotheken denken können, ferner an die nach dem Zweiten Weltkrieg einsetzende Professionalisierung in den vielen kleinen Instituts- und Fachbibliotheken, von außeruniversitären Forschungseinrichtungen bis zu Anwaltskanzleien und Kammern und an jene Spezialbibliotheken, die heute oft „One-Person-Libraries" genannt werden. Dieser spezifische Bedarf blieb in den Inhalten von Ausbildungs- und Studiengängen unberücksichtigt – nicht zuletzt weil es sich zu einem nennenswerten Teil um sehr heterogene Inhalte und Kompetenzen handelt. Dies hatte – und hat zum Teil bis heute – zur Folge, dass die Informationsarbeit in Spezialbibliotheken zu einem nennenswerten Teil durch Paraprofessionalisierung gekennzeichnet ist.

Der Dualismus der bibliothekarischen Ausbildungs- bzw. Studiengänge, dem die Vorstellung der beiden verschiedenen, als segmentär differenziert einzustufenden Bibliothekssysteme ÖB und WB zu Grunde lag, bestimmte, ganz anders als im angloamerikanischen Raum, Professionalisierung und Bildung der bibliotheksbezogenen Berufe bis in die 1990er-Jahre. Ebenfalls bis in diese Zeit gab es kaum Verbindung mit den dokumentarischen Ausbildungs- und Studiengängen, obwohl diese schon seit den 1950er-Jahren entstanden waren und mitunter an derselben Fachhochschule gelehrt wurden wie die bibliothekarischen Studiengänge. Zu den misslichen Folgen einer solchen Trennung gehört u. a. die differente Entwicklung der Terminologien; für gleiche Sachverhalte werden bis heute häufig unterschiedliche Begriffe verwendet, z. B. Informationsaufbereitung (dokumentarisch) und Erschließung (bibliothekarisch).

Überlagert wurde dieser ÖB-WB-Dualismus bis in die 1990er-Jahre durch einen zweiten Dualismus, der den arbeits- bzw. beamtenrechtlichen Status des bibliothekarischen Personals betraf; beide Dualismen entsprachen sich jedoch nicht eins zu eins. Diese Überlagerung führte zu schwer zu überblickenden, auch landesrechtlich differenten Konstellationen, die sich sachgerecht nicht mehr begründen ließen.

Die Ausbildung für die Fachrichtung Öffentliche Bibliotheken fand in Form eines Studiums statt; die Absolventen traten nach der Diplom-Prüfung auf den Arbeitsmarkt. Dagegen fand die Ausbildung für den gehobenen Dienst an Wissenschaftlichen Bibliotheken teilweise, die für den höheren Bibliotheksdienst (Referendarausbildung) generell in einem Beamtenanwärterverhältnis statt. Die Beamtenanwärter erhielten ihre theoretische Ausbildung mit Ausnahme Bayerns gleichwohl an Fachhochschulen, und zwar in Frankfurt a. M. und Köln sowie (nur gehobener Dienst) in Stuttgart und Hannover, ferner in einem einschlägigen FH-Studiengang an der *Freien Universität Berlin* bzw. für den höheren Bibliotheksdienst in Bayern an der *Bayerischen Bibliotheksschule*.

Daneben bestanden aber an den Fachhochschulen in Hannover und Hamburg Studiengänge, die auf den gehobenen Dienst an Wissenschaftlichen Bibliotheken vorbereiteten, jedoch nicht im Beamtenanwärterverhältnis; die Absolventen dieser Studiengänge wurden erst bei Eintritt in den Dienst einer Universitäts-, Landes- oder Staatsbibliothek, nicht bereits bei Eintritt in die Ausbildung verbeamtet, was im Gefüge der gehobenen Beamtenlaufbahnen ungewöhnlich ist. Die Fixierung der Ausbildung für Tätigkeiten in Wissenschaftlichen Bibliotheken auf die gehobenen und höheren Beamtenlaufbahnen an Universitäts-, Landes- oder Staatsbibliotheken führte zu einer zusätzlichen Vernachlässigung der Qualifikationsanforderungen aus den meist kleinen Spezialbibliotheken, an denen das Fachpersonal überwiegend im Angestelltenverhältnis, nicht im Beamtenverhältnis beschäftigt ist. Einzig an der *Fachhochschule Hamburg* waren seit 1973 die beiden Studiengänge Öffentliches Bibliothekswesen und Wissenschaftliches Bibliothekswesen im Grundstudium miteinander vernetzt.

Lediglich in Berlin, wo das bibliothekarische Personal auch in den Öffentlichen Bibliotheken generell verbeamtet ist bzw. war, wurden bis in die 1980er-Jahre auch Beamtenanwärter zur Ausbildung für den gehobenen Dienst an Öffentlichen Bibliotheken eingestellt; daneben nahm der entsprechende FH-Studiengang an der *FU Berlin* (die außer den bibliothekarischen Studiengängen anders als die Gesamthochschulen nie FH-Studiengänge anbot) auch freie Studenten auf, die ebenfalls eine Laufbahnprüfung ablegten, aber in Konkurrenz zu den Beamtenanwärtern praktisch keine Chance auf eine verbeamtete Position in einer Öffentlichen Bibliothek in (West-)Berlin hatten.

Insgesamt gingen die Versuche der beteiligten Bildungseinrichtungen, mit ihren einschlägigen Studien- bzw. Ausbildungsgängen ein individuelles Profil zu gewinnen, schon deshalb nicht sehr weit, weil sie hinsichtlich des gehobenen bzw. höheren Dienstes an Wissenschaftlichen Bibliotheken den staatlichen Studien-, Ausbildungs- und Prüfungsordnungen unterlagen, die sich noch am segmentär bzw. stratifikatorisch differenzierten Bibliothekssystem orientierten, als die Evolution eines funktional differenzierten Systems längst im Gange war. Studienreformen in den meisten Fachhochschul-Studiengängen für den Dienst an Öffentlichen Bibliotheken führten jedoch in den 1980er-Jahren wählbare Schwerpunkte ein wie z. B. Kinder- und Jugendbibliotheken oder Management-Aspekte.

Freilich führten diese noch engen Ansätze, zu einem funktional differenzierten Bibliotheksverständnis zu kommen, nur in bescheidenem Umfang zu einer von entsprechenden Erwartungen motivierten Wahl des Studienorts. Die Fachhochschulen mit bibliotheksbezogenen Studiengängen hatten und haben – wie Fachhochschulen generell – vor allem ein regionales Einzugsgebiet. Auch nach ihrem Studium blieben und bleiben die Absolventen zunächst ganz überwiegend in der entsprechenden Region, ein Mobilitätsverhalten, das lediglich durch die Arbeitsmarktlage modifiziert wird.

Indessen stellten die einschlägigen Studiengänge die Ansätze zur Profilbildung auch nie im Sinn eines Wettbewerbs heraus, sondern betonten allesamt gleichermaßen ihre unmittelbare Praxisbezogenheit – dabei eine Einheitlichkeit von Praxis unterstellend, die mehr segmentär gedacht als real funktionierend anzutreffen war. In den 1980er-Jahren scheiterte allerdings ein Versuch der damaligen *Konferenz der bibliothekarischen Ausbildungsstätten* (KBA, heute: *Konferenz der informations- und bibliothekswissenschaftlichen Ausbildungs- und Studiengänge KIBA*), zu einem vergleichenden Überblick über Studieninhalte und ihre Umfänge zu kommen und erforderlichenfalls eine Vereinheitlichung herbeizuführen, weil die Angaben in den Studienordnungen und Vorlesungsverzeichnissen zu wenig über die tatsächlich behandelten Inhalte aussagten; man hätte den Vergleich auf der Ebene von Vorlesungs- und Seminarskripten durchführen müssen.

Erst in den 1960er- und 1970er-Jahren trat zu den bisher behandelten beiden Qualifikationsebenen eine weitere, niedrigere Qualifikationsebene hinzu: Mehrere Bundesländer führten für ihre Wissenschaftlichen Bibliotheken eine Laufbahn des mittleren Bibliotheksdienstes mit Vorbereitungsdienst im Beamtenanwärterverhältnis ein. Als Bezeichnung wurde der Begriff „Bibliotheksassistent" gewählt. In den 1970er-Jahren schuf man auf Basis des Berufsbildungsgesetzes die zweijährige Berufsausbildung zum „Assistenten an Bibliotheken". Eingesetzt wurden die Absolventen dieser Ausbildung vor allem in Öffentlichen Bibliotheken. Mitarbeiter auf dieser Qualifikationsebene hatte es natürlich schon vor Einführung dieser Ausbildungen – auch hier spartengetrennt – gegeben, nur waren sie mehr oder minder gründlich innerbetrieblich angelernt worden.

Die Spartentrennung war in der deutschen Tradition so tief verankert, dass sie auch in der DDR auf Ebene der Fachschul-Ausbildung beibehalten wurde. Im Rahmen der Anerkennung von Abschlüssen aus der DDR wurden diese Fachschul-Ausbildungen in Verbindung mit einer mindestens dreijährigen Berufspraxis als Fachhochschul-Abschluss in der Bundesrepublik anerkannt; entsprechende Regelungen hatte es in der Bundesrepublik schon für Absolventen der Fachschul-Ausbildungen nach der Einführung der Fachhochschulen gegeben. An der *Humboldt-Universität zu Berlin* bestanden zu DDR-Zeiten Studiengänge (z. T. als Fernstudium organisiert), in denen die Kenntnisse für hochqualifizierte Funktionen und Leitungsaufgaben in Bibliotheken sowie Dokumentationseinrichtungen vermittelt wurden.

10.3 Studien- und Ausbildungsreformen seit 1990

Bald nach 1990 änderten sich Ausbildungs- und Studiengänge weitgehend; folgende Impulse trafen hierbei zusammen:

- Die neuen Bundesländer lehnten es (mit Ausnahme Sachsen-Anhalts) ab, die Verbeamtung im Bibliotheksdienst einzuführen.
- Die fortschreitende Integration innerhalb der EU und die stärkere internationale Ausrichtung der Studiengänge in Deutschland brachten im Zuge der Bologna-Reform den Ersatz von Diplom- und Magister-Studiengängen durch Bachelor- und Master-Studiengänge. Während international Bachelor-Studiengänge sechs bis acht Semester dauern, waren die deutschen bibliotheksbezogenen Bachelor-Studiengänge (wie generell die deutschen Bachelor-Studiengänge) zunächst auf sechs Semester angelegt, wurden z. T. jedoch bald wieder auf längere Regelstudienzeiten ausgedehnt. Die Master-Studiengänge umfassen zwei bis vier Semester.
- International studiert man das Fach Bibliotheks- und Informationswissenschaft überwiegend als nicht-konsekutiven Master-Studiengang, d.h. ein Bachelor-Abschluss in einem anderen Fach wird vorausgesetzt. So liegt der Anteil der Studiengänge mit Master-Abschluss an allen bibliotheksbezogenen Studiengängen in den USA und in Großbritannien bei 70%. In Deutschland ist es gerade umgekehrt: In der Tradition der FH-Studiengänge dominieren Bachelor-Studiengänge. Die deutschen Master-Studiengänge mit Bibliotheksbezug sind überwiegend konsekutiv, d.h. ein Bachelor (oder früherer Diplom-Abschluss) in einem vergleichbaren Fach ist Voraussetzung zur Zulassung.
- Die Tendenz zur Konvergenz bisher getrennter Einrichtungen wie Bibliothek, Rechenzentrum, Medienzentrum und die zunehmende Verflechtung von Bibliotheken und anderen Informationseinrichtungen legte entsprechende Studienreformen nahe; sie führten teilweise zum Verzicht auf tradierte Bezeichnungen wie Bibliothekar für den Abschluss oder Bibliothekswesen für das Fach. Die Spartentrennung (Öffentliche/Wissenschaftliche Bibliotheken) wurde überall aufgegeben; teilweise wurden gemeinsame Lehrveranstaltungen für die Fachrichtungen Bibliothek, Dokumentation, Archiv konzipiert, teilweise wurden bibliotheksbezogene Studiengänge, besonders verwaltungsinterne Studiengänge für Beamtenanwärter, geschlossen und Studiengänge, die allgemein auf Informationsmanagement ausgerichtet sind, neu geschaffen oder um einige bibliotheksbezogene Inhalte ergänzt.
- Die lange als inhaltlich veraltet kritisierte Referendarausbildung wurde an den Fachhochschulen in Köln und Frankfurt a. M. aufgegeben, an der *Bayerischen Bibliotheksschule* München modernisiert sowie an der *Humboldt-Universität zu Berlin* mit aktuellen Inhalten und didak-

tisch zukunftsweisend (internetgestützte Distance- und Blended-Learning-Formen) neu eingerichtet. Offen ist freilich, ob das Referendariat als Voraussetzung der Beamtenlaufbahn für den höheren Bibliotheksdienst eine langfristige Perspektive hat:
- Einige Bundesländer haben auf die Verbeamtung in Bibliotheken generell verzichtet bzw. die neuen Bundesländer haben sie überwiegend gar nicht eingeführt, so dass die spezielle Ausbildung dafür obsolet wird.
- Für den Bundesdienst wird die höhere Beamtenlaufbahn seit 2008 geöffnet, d.h. an die Stelle der Kombination von Master oder Äquivalent mit Staatsexamen kann auch die Kombination von Master oder Äquivalent mit geeigneter hauptberuflicher Tätigkeit treten.
– In einigen Bundesländern wurde eine dem Bibliotheksreferendariat in Inhalt und Organisation entsprechende postgraduale Ausbildung eingerichtet, aber nicht im Beamtenanwärter-, sondern im Angestelltenverhältnis.
– An der *Technischen Hochschule Köln* sowie an der *Humboldt-Universität zu Berlin* wurden postgraduale berufsbegleitende Fernstudiengänge eingerichtet, mit deren Abschluss der Grad eines Master of Library and Information Science erworben wird. Neben Absolventen eines beliebigen Universitäts- oder Fachhochschulstudiums sowie Diplom- und Bachelor-Bibliothekaren nehmen in Berlin Bibliotheksreferendare, in Nordrhein-Westfalen, das die Referendarausbildung abgeschafft hat, von den Universitätsbibliotheken ausgewählte und entsandte Absolventen an diesen Fernstudiengängen teil. In einer Kombination aus Präsenzlehre und E-Learning lernen die Teilnehmer die modernen Inhalte der Bibliotheks- und Informationswissenschaft und -praxis kennen. Gerade diese berufsbegleitenden Studiengänge tragen nicht nur den Erfordernissen eines funktional differenzierten Bibliothekssystems Rechnung, sondern darüber hinaus jenen des funktional differenzierten Informationssektors, in dem Bibliotheken die institutionell hervorstechendsten Erscheinungen sind. Die bibliothekarischen Berufsverbände traten im Jahr 2000 mit einem ersten sparten- und laufbahnübergreifenden Berufsbild hervor. In dessen Mittelpunkt steht weiterhin die Institution Bibliothek, nicht aber ein Muster spezialisierter Tätigkeiten, die in verschiedenen Institutionen im Zusammenhang mit Informationssammlung, -archivierung, -aufbereitung und -vermittlung erforderlich sind (Berufsbild 2000, 2000). Während dieses Berufsbild primär Züge einer Selbstverständigung innerhalb der bibliotheksbezogenen Berufe trägt, dienen spätere Äußerungen der bibliothekarischen Verbände zu den einschlägigen Berufen der Öffentlichkeitsarbeit und adressieren vor allem Berufs- und Studieninteressenten und die allgemeine Öffentlichkeit, der ein modernes Bild der bibliotheksbezogenen Berufe und damit der Institution Bibliothek vermittelt werden soll (Wir bringen Wissen in Bewegung 2011).
– Wo Fachhochschulen bestanden, die nur Studiengänge für Informationsberufe anboten, wurden diese in größere multidisziplinäre Fachhochschulen integriert. Die sich daraus ergebenden synergetischen Chancen einer fachbereichsübergreifenden Vernetzung sind bei weitem noch nicht ausgeschöpft.

Die inhaltliche Aus- und Umgestaltung bibliotheksbezogener Ausbildungs- und Studiengänge verlief sehr unterschiedlich und bietet heute ein ausgesprochen buntes Bild. Was die Inhalte der Studiengänge angeht, ist heute überall Standard:

– ein hoher Anteil des Trainings an Datenbankensystemen, Internetanwendungen und allgemeinen Informations- und Kommunikationstechnologien
– Vermittlung von Recherchestrategien in allgemeinen und fachlichen Datenbanken
– gründliche Auseinandersetzung mit digitalen Informationsdienstleistungen

- ausführliche Behandlung betriebswirtschaftlicher Inhalte wie Marketing und Management
- Vermittlung und Training von Soft Skills wie Teamfähigkeit, selbstständiges Arbeiten und Selbstorganisationsfähigkeit, Service- und Kundenorientierung
- Praktika, die bei den Bachelor-Studiengängen der FHs oft ein halbes Jahr umfassen. Die Fernstudiengänge an der Humboldt-Universität und der Technischen Hochschule Köln können, die Studiengänge für Beamtenanwärter bzw. entsandte Teilnehmer müssen begleitend zu bzw. im Wechsel mit der Berufsarbeit absolviert werden.

Verschieden von Studiengang zu Studiengang ist der Anteil der traditionellen bibliothekarischen Themen Bestandsaufbau, -erschließung und -vermittlung, sehr unterschiedlich auch die Einbeziehung von Gebieten wie Forschungsdatenmanagement, Data Mining, Suchmaschinentechnologie, Vermittlung von Informationskompetenz oder Training für netzwerkbezogene Arbeitsumgebungen. Bedenklich ist, dass in den 2010er-Jahren Inhalte, die für Öffentliche Bibliotheken essenziell sind wie Kulturmanagement, Literatur, populäre Medieninhalte, Leseförderung, Kinder- und Jugendbibliotheksarbeit in einigen bibliotheksbezogenen Studiengängen marginalisiert oder gestrichen wurden. Generell wird dem Erwerb didaktischer Fähigkeiten zur Vermittlung von Informationskompetenz und dem Thema Teaching Library, gemessen an der zukünftigen Bedeutung dieser Aufgaben, (noch) zu wenig Raum gegeben.

Ein konsistenter Zusammenhang zwischen der Bezeichnung des Faches bzw. des Abschlusses und dem Profil ist kaum erkennbar, aber dasselbe gilt für manche andere Studienfächer auch, z. B. Kommunikationswissenschaft oder Medienwissenschaft. Nach wie vor werden für gleiche Inhalte in verschiedenen Studiengängen unterschiedliche Termini oder umgekehrt gleiche Termini für unterschiedliche Inhalte verwendet. Dies trifft z. B. auf den Begriff Informationsmanagement zu, der als übergreifender Begriff für das Fach insgesamt verwendet wird, daneben aber auch als Synonym für Erschließung. Als Bezeichnungen bibliotheksbezogener Studienfächer scheinen sich nach einer Phase rasch aufeinander folgender Studienreformen mit einem bunten Strauß an Benennungen der Studienfächer wie Informations- und Wissensmanagement, Bibliotheks- und Informationsmanagement, Informationsmanagement, Bibliotheks- und Medienmanagement die folgenden stabilisiert zu haben:

- Bibliothekswissenschaft
- Bibliotheksmanagement
- Bibliotheks- und Informationswissenschaft
- Bibliotheks- und Informationsmanagement
- Information, Medien, Bibliothek.

Den wachsenden Bedarf nach IT-Kompetenz in Bibliotheken spiegeln Studiengänge in Bibliotheksinformatik (*Technische Hochschule Wildau*) oder Medieninformatik – Bibliotheksinformatik (*Hochschule für Technik, Wirtschaft und Kultur Leipzig*).

Unterhalb der Hochschulebene bestehen heute dreijährige Berufs- bzw. Fachschul-Ausbildungen:
- Fachangestellte/r für Medien und Informationsdienste (FAMI): Ausbildung im Dualen System (Betrieb und Berufsschule). Fünf Fachrichtungen sind zu unterscheiden: Archiv, Bibliothek, Bildagentur, Information und Dokumentation, Medizinische Dokumentation. Frühere, vergleichbare Berufe waren: Bibliotheksassistent, Assistent an Bibliotheken, Dokumentationsassistent; in der DDR: Bibliotheksfacharbeiter.
- Medizinische/r Dokumentar/in: Fachschulausbildung.

Die *Technische Hochschule Köln* und die *Fachhochschule Potsdam* bieten Fernweiterbildungen an, die FAMIs berufsbegleitend zum Bachelor- bzw. Fachwirt-Abschluss führen. Die Hochschule Hannover organisiert den einschlägigen Bachelor-Studiengang so, dass er auch für FAMIs berufsbegleitend studierbar ist. Für die Angehörigen der FAMI-Ausbildung eröffnen sich also Aufstiegsmöglichkeiten. Einige Bibliotheken bieten ihren FAMIs in diesem Rahmen systematisch Chancen der Personalentwicklung, allen voran die Stadtbibliothek Hannover.

Einen anderen Weg zum beruflichen Aufstieg eröffnet auf der Grundlage des Berufsbildungsgesetzes (BBIG § 54) die berufsbegleitende Fortbildung zum „Fachwirt für Informationsdienste" (in Nordrhein-Westfalen: „Fachwirt für Medien- und Informationsdienste"), die den Abschluss als Fachangestellter für Medien und Informationsdienste voraussetzt und dem Bachelor entspricht. Träger dieser Fortbildung sind der *Hessische Verwaltungsschulverband* Frankfurt am Main und das *Zentrum für Bibliotheks- und Informationswissenschaftliche Weiterbildung* (ZBIW) der *Technischen Hochschule Köln* in Kooperation mit der *Bezirksregierung Köln*. Die Initiative für die Einrichtung eines Abschlusses als Fachwirt für Informationsdienste ging vom *Deutschen Industrie- und Handelskammertag* (DIHK) und der *Vereinigten Dienstleistungsgewerkschaft* (ver.di) aus. Die bibliothekarischen Berufsverbände verhielten sich zunächst ablehnend, da sie die den Fachwirten vermittelten Inhalte für ungenügend hielten, unterstützen seit 2013 jedoch diese Fortbildung, nachdem der *Berufsverband Information Bibliothek* in ihre Weiterentwicklung eingebunden wurde.

10.4 Qualifikationsebenen, Aufgabenprofile, Arbeitsmarkt

Schematisch und vereinfacht lassen sich heute Qualifikationsebenen und Aufgabenprofile wie in Tabelle 45 gezeigt zuordnen.

Tabelle 45: Qualifikationsebenen und Aufgabenprofile

Qualifikationsebene	Typische Aufgaben in Universitäts-, Landes- und Staatsbibliotheken	Typische Aufgaben in Öffentlichen Bibliotheken	Typische Aufgaben in Spezialbibliotheken
Master oder Äquivalent in einem Fach ohne Bibliotheksbezug (traditionell als universitäres Fach) und zusätzliche bibliotheksbezogene Qualifikation als Master oder Staatsexamen	Oberes Management Bestandsmanagement Aufbau und Pflege digitaler und virtueller Bibliotheken Sacherschließung, Thesaurus-Arbeit Konzeption wissenschaftlicher Portale Vermittlung von Informationskompetenz Öffentlichkeits- und Kulturarbeit Auftragsrecherchen	Die wenigen Stellen dieser Qualifikationsebene sind im oberen Management von Großstadtbibliotheken anzutreffen.	In großen Spezialbibliotheken ähnelt die Aufgabenverteilung jener der Universitätsbibliotheken. In kleinen und mittleren Spezialbibliotheken wird die Aufgabenverteilung pragmatisch nach Gesichtspunkten wie Aufgabenumfang oder individuellen Erfahrungen vorgenommen. Bestandsmanagement und Sacherschließung sind teilweise Aufgaben der internen Nutzer.

Qualifikationsebene	Typische Aufgaben in Universitäts-, Landes- und Staatsbibliotheken	Typische Aufgaben in Öffentlichen Bibliotheken	Typische Aufgaben in Spezialbibliotheken
Bachelor in einem bibliotheksbezogenen Fach oder Äquivalent, traditionell Diplom-Bibliothekar	Mittleres Management Beteiligung an Aufbau und Pflege digitaler und virtueller Bibliotheken Formalerschließung Vermittlung von Informationskompetenz Öffentlichkeits- und Kulturarbeit Auftragsrecherchen Beschaffung und Akzession, Alert-Dienste Bestandsvermittlung Leihverkehr Systemadministration	Oberes Management Bestandsmanagement Aufbau und Pflege digitaler und virtueller Bibliotheken Sacherschließung Digitale Informationsdienste Vermittlung von Informationskompetenz Öffentlichkeits- und Kulturarbeit Leseförderung Bestandsvermittlung Systemadministration	s. o.
Berufsausbildung zum Fachangestellten für Medien- und Informationsdienste oder Äquivalent	Mitarbeit bei Formalerschließung, Beschaffung und Akzession, Leihverkehr, Beratung an Medienbeständen Datensicherung, Updates	Mittleres Management Formalerschließung Beschaffung und Akzession, Medien ordnen, einstellen, ausheben Ausleihverbuchung	
Anlerntätigkeit	Medien ordnen, einstellen, ausheben Ausleihverbuchung technische Medienbearbeitung Anfertigen und Versand von analogen und digitalen Kopien	Medien ordnen, einstellen, ausheben Ausleihverbuchung technische Medienbearbeitung Bilderbuchkino Vervielfältigung und Versand von Werbematerial	

Bestandsmanagement, Konzeption und Entwicklung von forschungsnahen Dienstleistungen sowie Sacherschließung erfordern für Tätigkeiten in Universitäts-, Landes- und Staatsbibliotheken in der Regel ein Studium mit Master-Abschluss mit fachlicher Nähe zu den Inhalten der Bestände, des Portals usw., weil die Informationsressourcen unter wissenschaftlichen Fragestellungen zu werten und aufzubereiten sind.

Insgesamt werden die Potenziale jeder Qualifikationsebene in der Praxis häufig nicht ausgeschöpft, weil die Stellenpläne gemessen am Aufgabenvolumen nach Qualifikationsebenen zu viele Stellen für jeweils höhere und zu wenige Stellen für jeweils niedrigere Qualifikationsebenen vorsehen. Freilich muss man anerkennen, dass die höhere Qualifikation die niedrigere ersetzen kann, nicht umgekehrt, was insbesondere bei kleinen Einrichtungen (am auffallendsten in One-Person-Libraries) unvermeidlich dazu führt, dass das Personal unter dem Gesichtspunkt der höchsten erforderlichen Qualifikation innerhalb gewisser Grenzen unabhängig vom erforderlichen Arbeitsumfang je Qualifikationsebene ausgewählt wird.

Die Entwicklung und Ergiebigkeit des Arbeitsmarktes ist nicht eindeutig prognostizierbar. Nachdem der Bedarf an spezialisierten Arbeitskräften in Bibliotheken jahrzehntelang gering war und nur ganz allmählich anstieg, brachte das „goldene Jahrzehnt" des Ausbaus im öffentlich finanzierten Bibliothekssystem 1965 bis 1975 eine kräftige Vermehrung der Stellen, wenn sie auch weit zurückblieb hinter den Anfang der 1970er-Jahre prognostizierten Steigerungen von mehreren Hundert Prozent.

Der massive Ausbau der Hochschulen mit zahlreichen neu gegründeten Hochschulbibliotheken und der Kultureinrichtungen der Städte mit vielen neu ins Leben gerufenen oder erstmals hauptamtlich besetzten und allgemein wachsenden Öffentlichen Bibliotheken führten zu einem rapide steigenden Bedarf an qualifiziertem Bibliothekspersonal. Anfang der 1980er-Jahre trat auf dem Hintergrund der steigenden öffentlichen Verschuldung und schließlich sinkender Steuereinnahmen eine anhaltende Stagnation und in den 1990er-Jahren ein Rückgang der Stellen im öffentlichen Dienst ein, wovon auch die öffentlich finanzierten Bibliotheken betroffen waren. Aber seit den 2010er-Jahren führt die Verrentung des in den 1970er-Jahren eingestellten Bibliothekspersonals zu einem Fachkräftemangel, obwohl die Zahl der Stellen tendenziell rückläufig ist, so dass die einschlägigen Studien- und Ausbildungsgänge sehr hohe Berufseinstiegsquoten binnen kurzer Zeit nach den Abschlussprüfungen erreichen. BID reagierte auf diese Entwicklung 2017 mit der Schaffung einer Arbeitsgemeinschaft Personalgewinnung.

Gleichzeitig stieg und steigt der Bedarf an Informationsfachleuten in expandierenden Bereichen der Privatwirtschaft, allen voran der Medien- und Informationswirtschaft, des E-Commerce und des unternehmensinternen Informations- und Wissensmanagements. Die Studienreformen der 1990er-Jahre reflektieren neben der digitalen Konvergenz und der zunehmenden Verflechtung von Bibliotheken mit anderen Informationseinrichtungen auch diese Verlagerung des Bedarfs. So sind z. B. in Behörden, Instituten und Unternehmen Informationsabteilungen entstanden, die mit Informationsmanagement oder mit Wissensmanagement betraut sind und teilweise gleichzeitig klassisch bibliothekarische oder archivarische Funktionen erfüllen. Auch diese Abteilungen wurden und werden zunehmend professionalisiert, also mit Personal besetzt, das eine einschlägige Fachausbildung mitbringt. Diese Tendenz führt ebenfalls zu einem wachsenden Bedarf an Informationsfachleuten.

Insgesamt bietet der Arbeitsmarkt Bibliothekaren und anderen Informationsfachleuten gute und wachsende Chancen, wenn die Bewerber räumlich mobil, flexibel einsetzbar und leistungsorientiert sind, möglichst Erfahrungen aus Praktika, eigenen Projekten und Hilfsjobs während des Studiums mitbringen, mit modernen Arbeits- und Werkvertragsformen, wie z. B. befristeter Mitarbeit in Projekten, intelligent umgehen und vor allem exzellente Kenntnisse im Einsatz von Datenbanken, Internettechnologien und im Informationsmanagement haben.

Genaue quantitative Prognosen für den Arbeitsmarkt der Informationsfachleute haben sich allerdings ebenso wie Arbeitsmarktprognosen generell als höchst unzuverlässig erwiesen. Nicht einzuschätzen sind gegenwärtig etwa die mittel- und langfristigen Auswirkungen der Überschuldung von Bund, Ländern und Gemeinden auf den Arbeitsmarkt für Bibliothekare. Darüber hinaus hängt der Bedarf an Arbeitskräften außer vom Beschäftigungsvolumen (das noch ungefähr abschätzbar sein mag) auch von den kaum berechenbaren Faktoren ab wie Umfang der Teilzeitbeschäftigung und Verweildauer im Beruf z. B. Ausscheiden wegen Wechsels in die Nicht-Berufstätigkeit. Die Bedeutung dieses Faktors nimmt allerdings in einem Sektor ab, der überwiegend Frauen beschäftigt, weil deren Affinität zu lebenslanger Berufstätigkeit zunimmt.

10.5 Bibliotheks- und Informationswissenschaft und verwandte Fächer

Schwierig verliefen mehrere Anläufe, Bibliothekswissenschaft in Deutschland als universitäres Fach einzurichten. Einerseits haben die Bibliothekspraktiker nicht erkannt, welche Bedeutung die akademische Verankerung ihres Fachs für die theoretische Absicherung ihrer Arbeit und die gesellschaftliche Positionierung ihres Berufs hat, andererseits vermochten die wenigen akademischen Vertreter des Fachs kaum, dem Fach ein Profil zu geben, das über die Vorbereitung auf einen hochqualifizierten Beruf hinausgeht.

Am Anfang steht die 1886 geschaffene Professur *Karl Dziatzkos* für „Bibliothekshülfswissenschaften" an der *Universität Göttingen*, wo von 1893 an für einige Jahre die ersten Anwärter für den wissenschaftlichen Bibliotheksdienst in Preußen ihr postgraduales Studium absolvierten. Dann folgte die Berliner Universität, an der Bibliothekswissenschaft seit 1925 in Lehre und Forschung betrieben wurde. Ihr Vertreter war *Fritz Milkau*, der – zuvor Generaldirektor der *Berliner Staatsbibliothek* – zum Honorarprofessor berufen wurde. Sein *Institut für Bibliothekswissenschaft* konstituierte sich 1928; es überdauerte seinen 1934 verstorbenen Direktor um ein Semester.

Auch die Einrichtung eines Lehrstuhls für Bibliothekswissenschaft an der *Universität zu Köln* (*Paul Kaegbein*) blieb temporär (1974–1990), wenn auch nicht die von ihm ins Leben gerufene Zeitschrift „Bibliothek: Forschung und Praxis". An der *Freien Universität Berlin* wurde 1982 das zunächst am Fachbereich Geschichtswissenschaft eingerichtete *Seminar für Bibliothekswissenschaft* mit dem *Institut für Bibliothekswissenschaft und Bibliothekarausbildung* verbunden, an dem man Bibliothekswissenschaft nun auch als Magister-Nebenfach studieren konnte. Eine Verbindung mit dem Fach Informationswissenschaft *(Gernot Wersig)* an der *Freien Universität Berlin* bestand nicht.

In der DDR wurde 1955 ein *Institut für Bibliothekswissenschaft* an der *Humboldt-Universität* neu gegründet. *Horst Kunze*, wie *Milkau* Direktor der Staatsbibliothek in Berlin, war bis 1968 sein Leiter. Nur hier, teilweise in Fernstudiengängen, konnten Generationen von Bibliothekaren und Dokumentaren in der DDR ihre Kenntnisse für hochqualifizierte Aufgaben und Leitungsfunktionen erwerben.

Aus diesem Institut ging nach der Wende das heutige *Institut für Bibliotheks- und Informationswissenschaft* der *Humboldt-Universität* hervor. Im Rahmen der Neuordnung der Berliner Hochschullandschaft wurde das *Institut für Bibliothekswissenschaft und Bibliothekarausbildung* der *Freien Universität Berlin* 1994 mit dem damaligen *Institut für Bibliothekswissenschaft* der *Humboldt-Universität* zusammengeführt. Die Fachhochschulstudiengänge wurden aufgegeben. 1997/98 und wieder 2003/04 war das Institut vor dem Hintergrund einschneidender Kürzungen an den Berliner Hochschulen von Schließung bedroht.

Informationswissenschaftliche Studiengänge wurden seit den 1990er-Jahren an mehreren Universitäten im Rahmen genereller Kürzungen, die meist ungleichmäßig auf die Fächer verteilt wurden, eingestellt bzw. die entsprechenden Professuren nicht mehr zur Neubesetzung vorgesehen, so an der *Freien Universität Berlin*, der *Universität Konstanz* und der *Universität Düsseldorf*.

Vor dem Hintergrund dieser Erfahrungen muss festgestellt werden, dass der deutsche Sonderweg einer Informationswissenschaft ohne Bezug zu Bibliotheken und einer von der Informationswissenschaft isolierten Bibliothekswissenschaft – international ist das Fach als Library and Information Science profiliert – als gescheitert anzusehen ist.

Dagegen wird an der *Humboldt-Universität* zu Berlin das Fach als Bibliotheks- und Informationswissenschaft, also internationalen Standards entsprechend, fortgeführt. Damit wurde nun die international nicht übliche, vorwiegend im deutschsprachigen Raum tradierte Trennung von

Bibliothekswissenschaft (fokussiert auf das Management publizierter Information in Bibliotheken als Informationseinrichtungen, Nähe zur historisch ausgerichteten Buchwissenschaft) und Informationswissenschaft (ausgerichtet auf computergestützte Verfahren der Informationsnutzung in überwiegend wissenschaftlich-technischen und kommerziellen Kontexten) überwunden.

Das Forschungsfeld umfasst Entstehung, Produktion, Distribution, Erschließung, Nutzung und Archivierung analoger und digitaler Ressourcen. Trotz anhaltenden Bedeutungszuwachses digitaler Medien dürfen die Printmedien nicht ausgeblendet werden; sie bleiben wichtige aktuelle und historische Informationsträger und gerade dieser Dualismus (hybride Bibliothek) erzeugt ergiebige Fragestellungen für die Forschung.

Neben den traditionellen Fragen sind neue forschungswürdige Aspekte vor allem:

– die Entwicklung der Wissenschaftskommunikation im Kontext digitaler Medien und des Internets (Neue Kommunikationskanäle, Aufwertung von Primärdaten usw.)
– die Modellierung der Glieder der Publikationskette, ihre Beziehungen zueinander und die Rückwirkung aufeinander, besonders die Anforderungen, die sich aus Archivierungsgesichtspunkten für die Standards der Produktion ergeben
– die Auswirkungen der öffentlichen digitalen Vernetzung auf den Publikationsbegriff und die Rolle der Bibliotheken für die Qualitätssicherung
– die zukünftige Rolle von Bibliotheken, wissenschaftlichen Gesellschaften und Hochschulen als Publikations- und Distributionsinstanz wissenschaftlicher Information (Open Access, institutionelle und fachliche Repositorien, Forschungsdatenmanagement)
– Organisations- und Geschäftsmodelle der Informationssammlung, -aufbereitung, -archivierung und -verbreitung (politische und rechtliche Rahmenbedingungen)
– der auf lange Zeit hin unvermeidliche Medienbruch und der kulturelle und wirtschaftliche Umgang damit (Verantwortung gegenüber dem Historischen)
– Fragen der Langzeitarchivierung digitaler Information
– mehrfunktionale und interdisziplinäre Multimediasammlungen, spartenübergreifende Entwicklungen von digitalen Bibliotheks-, Museums- und Archivsammlungen
– Standards und Methoden automatischer Indexierung und Klassifikation, Metadata-Standards, Metadata-Harvesting, semantische Netze und Ontologien, Entwicklung von Mustern von Dokumenttypdefinitionen (DTD) für Textsorten und Publikationstypen als Grundlage einer intelligenteren Digitalisierung
– der Zusammenhang von digitaler Bibliothek und Wissensmanagement
– die Optimierung von Retrieval-Systemen insbesondere bei heterogenen Datenstrukturen
– die Optimierung der Mensch-Maschine-Schnittstelle und die Gestaltung hybrider Arbeitsplätze, Usability-Studies
– Vermittlung von Informationskompetenz
– informetrisch basierte Wissenschaftsforschung
– die mit Internet und digitalen Medien verbundenen ethischen Herausforderungen (Informationsasymmetrien, Datenschutz, Zensur …).

Außer den bibliotheksspezifischen gibt es eine Reihe weiterer Studiengänge, die sich auf den Informations- und Mediensektor beziehen, Bibliotheken jedoch lediglich als potenzielles Berufsfeld ihrer Absolventen sehen, die sich freilich im Studium nie oder nur marginal mit Bibliotheken befasst haben. Tabelle 46 zählt beispielhaft solche Studiengänge auf, die generell auf den Informations- oder Mediensektor, teilweise auch speziell auf einzelne Praxisfelder oder Anwendungsbereiche wie Verlage, Internetwirtschaft oder betriebliche Informationswirtschaft orientiert sind. Auffallend ist – abgesehen von den Studiengängen des klassischen Archivbereichs – die Inkonsistenz der Bezeichnungen der Studiengänge und Abschlüsse: teilweise unterschiedliche Profile bei gleichen Bezeichnungen, teilweise gleiche Profile bei unterschiedlichen Bezeichnungen. So verstehen sich Studiengänge, die sich Medienwissenschaft nennen, teils mehr als philosophisch inspirierte Kommentarwissenschaften, teils mehr als Training in digitaler Medienproduktion. Zu beobachten ist ferner, dass sich Benennungen und Inhalte der Studienfächer rasch wandeln. Nicht aufgenommen in diese Tabelle sind Studiengänge, die von Tätigkeiten in Bibliotheken noch weiter entfernt sind wie z. B. Computerlinguistik, Journalistik, Linguistische Datenverarbeitung, Medizinische Informatik, Online-Redakteur, Publizistik oder Wirtschaftsinformatik.

Tabelle 46: Weitere Studiengänge im Informationssektor

Angewandte Medien- und Kulturwissenschaft
Angewandte Medienwissenschaft
Betriebliches Informationsmanagement
Betriebswirtschaftslehre mit Branchenfokus Medienmanagement
Bildungs- und Wissensmanagement
Buch- und Medienproduktion
Buchhandel/Verlagswirtschaft
Buchwissenschaft
Communication & Media Management
Content-Management
Controlling, Management and Information
Data and Knowledge Engineering (Daten- und Wissensverwaltung)
Datenanalyse und Datenmanagement
Dokumentation und Kommunikation
eBusiness
Finanz- & Informationsmanagement
Gehobener Archivdienst
Geoinformation
Gesellschafts- und Wirtschaftskommunikation
Informatik und Informationswirtschaft
Information Engineering
Information Management & Consulting
Information Science & Engineering / Informationswissenschaft
Information Science for Business
Information und Dokumentation
Information und Multimedia
Informations- und Kommunikationsdesign
Informationsdesign

Informationsmanagement
Informationsmanagement und Informationstechnologie
Informationsmanagement und Unternehmenskommunikation
Informationsorientierte Betriebswirtschaftslehre
Informationsorientierte Volkswirtschaftslehre
Informationswirtschaft
Internationale Medieninformatik
Internationales Informationsmanagement
Kinder- und Jugendmedien
Konservierung und Restaurierung von Kunstwerken auf Papier, Archiv- und Bibliotheksgut
Kundenbeziehungsmanagement
Markt- und Medienforschung
Medien und Information
Medien und Kommunikation
Medieninformatik
Medienkultur und Medienwirtschaft
Medienmanagement
Medienpädagogik
Medienproduktion und Medientechnik
Medientechnik und Media Systems
Medienwirtschaft
Medienwirtschaft und Medienmanagement
Medienwissenschaft
Medizinische Dokumentation
Medizinische Dokumentation und Informatik
Technische Redaktion und Multimediale Dokumentation
Vorbereitungsdienst für den höheren Archivdienst
Wirtschafts- und Fachinformation
Wissenschaftliche/r Dokumentar/in / Information Specialist

10.6 Ausblick

Die Professionalisierung des Bibliothekarberufs begann in Deutschland mit dem Übergang vom stratifikatorisch zum funktional differenzierten Bibliothekssystem an der Wende vom 19. zum 20. Jahrhundert. Zunächst wurden zwei Qualifikationsebenen geschaffen:

- die Qualifikationsebene des wissenschaftlichen Bibliothekars, der nach abgeschlossenem Universitätsstudium eine postgraduale, praxisnahe Ausbildung für hochqualifizierte und Leitungsaufgaben in Bibliotheken erhielt (höherer Bibliotheksdienst mit Referendarausbildung)
- die Qualifikationsebene des gehobenen Dienstes überwiegend für Routineaufgaben (Diplom-Bibliothekar), dessen Ausbildung bis in die 1970er-Jahre an Fachschulen, dann als Studium an Fachhochschulen erfolgte.

Erst in den 1960er- und 1970er-Jahren wurde eine dritte, in der Hierarchie der Bildungsabschlüsse untere Berufsebene eingerichtet, und zwar die einer mittleren Beamtenlaufbahn (Bibliotheksassistent) mit zweijähriger Berufsausbildung (an Öffentlichen Bibliotheken überwiegend: Assistent an Bibliotheken im Angestelltenverhältnis).

Bis in die 1990er-Jahre standen diese Ausbildungen bzw. Studiengänge unter folgenden Auspizien:
- Obwohl beim Übergang zum funktional differenzierten Bibliothekssystem entstanden, lag diesen Ausbildungsgängen die Vorstellung eines segmentär bzw. stratifikatorisch differenzierten Bibliothekssystems zugrunde. Folge war die äußerst geringe Vernetzung mit verwandten Ausbildungen und Studiengängen im Informationssektor und die starke Fokussierung auf die Institution Bibliothek.
- Das Personal an Universitäts-, Landes- und Staatsbibliotheken ist weitgehend verbeamtet, entsprechend fanden hier die Ausbildungen für die höhere und die mittlere Qualifikationsebene durchgehend im Beamtenanwärterverhältnis statt, während die Ausbildung für die Ebene des gehobenen Dienstes in manchen Bundesländern ebenfalls im Beamtenanwärterverhältnis, in anderen Bundesländern aus nicht plausiblen Gründen als freies Studium stattfand. Die Diplom-Bibliothekare an Öffentlichen Bibliotheken waren (außer in den Bundesländern Berlin und Bremen) fast nirgendwo verbeamtet und absolvierten ihr Studium als Studenten.
- Ausbildungs- und Studiengänge für Öffentliche Bibliotheken und für Wissenschaftliche Bibliotheken blieben getrennt; die Ausbildung bzw. das Studium in der Fachrichtung Wissenschaftliche Bibliotheken orientierte sich einseitig an Universitäts- und Staatsbibliotheken und vernachlässigte die Anforderungen aus dem breiten Spektrum der Spezialbibliotheken.

Die Studienreformen seit 1990 reflektieren folgende Tendenzen:
- Die östlichen Bundesländer führten (mit Ausnahme Sachsen-Anhalts) die Verbeamtung im Bibliotheksdienst nicht ein.
- Die fortschreitende Integration innerhalb der EU und die stärkere internationale Ausrichtung der Studiengänge in Deutschland brachte im Zuge der Bologna-Reform den Ersatz von Diplom- und Magister-Studiengängen durch Bachelor- und Master-Studiengänge.
- Die zunehmende Verflechtung von Bibliotheken und Informationseinrichtungen legte entsprechende Studienreformen nahe. Teilweise wurden gemeinsame Lehrveranstaltungen für die Fachrichtungen Bibliothek, Dokumentation, Archiv konzipiert; teilweise wurden bibliotheksbezogene Studiengänge geschlossen und Studiengänge, die allgemein auf Informationsmanagement ausgerichtet sind, neu geschaffen oder um bibliotheksbezogene Inhalte ergänzt. Statt spar-

tenspezifischer Studiengänge (Öffentliche/Wissenschaftliche Bibliotheken) wurden an allen Instituten spartenübergreifende Curricula eingeführt. Die bibliothekarischen Berufsverbände traten im Jahr 2000 mit einem ersten sparten- und laufbahnübergreifenden Berufsbild hervor (Berufsbild 2000, 2000).
- Wo Fachhochschulen bestanden, die nur Studiengänge für Informationsfachleute anboten, wurden diese in größere, multidisziplinäre Fachhochschulen integriert. Die synergetischen Chancen einer Vernetzung mit anderen Fachbereichen sind indessen bei weitem nicht ausgeschöpft.
- Die digitale Konvergenz erfordert eine stärkere Vernetzung der Ausbildungs- und Studiengänge mit verwandten Fächern als bisher. Zukünftige Ausbildungs- und Studiengänge dürfen den institutionellen Bezug nicht ausblenden und müssen Sammlung, Archivierung, Aufbereitung, Bereitstellung und Vermittlung digital wie analog gespeicherter Informationen mit diesem Kontextbezug in den Mittelpunkt stellen; sie müssen die Absolventen gleichzeitig befähigen, intelligente Lösungen in hybriden und heterogenen Informationsumgebungen auf institutionell vielfältiger und flexibler Basis zu finden. Hierbei werden Fernstudiengänge und Formen des Distance Learning eine wachsende Bedeutung haben. Jedoch gehen die Funktionen von Bibliotheken weit über Informationssammlung, -archivierung, -aufbereitung, -bereitstellung und -vermittlung hinaus; die Bibliothek als (Aufenthalts-)Ort, die Bibliothek als Zentrum der Zivilgesellschaft, neue Dienstleistungen wie Vermittlung von Informationskompetenz oder Informationsberatung gewinnen an Bedeutung. In diesem Sinn wird der Beruf des Bibliothekars wichtig bleiben, vielleicht sogar aufgewertet werden – unabhängig von künftigen Berufsbezeichnungen.
- Studiengänge in Bibliotheksinformatik antworten auf den wachsenden Bedarf nach IT-Spezialisten in Bibliotheken. Den Wandel zur Bibliothek als Lernort, zur Teaching Library oder Learning Library haben die Studieninhalte bisher wenig aufgegriffen. Ein Studiengang Bibliothekspädagogik könnte ihn befördern.

Ein grundsätzliches Problem bei der Gestaltung der Studiengänge besteht darin, dass Entwicklungen antizipiert werden müssen, die nicht exakt vorhergesagt werden können. Angesichts prinzipiellen und sich beschleunigenden Wandels dürfen sich Studienreformen aber nie allein am Status quo orientieren. Dies sorgt bei Praktikern nicht selten für Kritik, zumal die für die neuen Curricula vorgesehenen Modernisierungen eben auch zu kurz greifen, zu weit gehen oder gar ganz am zukünftigen Bedarf vorbei zielen können. Auch insofern bleibt abzuwarten, ob sich aktuell an der *TH Köln* eingeführte Studiengänge wie „Bibliothek und digitale Kommunikation" und „Data Librarian" längerfristig bewähren.

11 Ergebnisse und Perspektiven

Die Absicht der Autoren war es, die weitere Rolle der Bibliotheken in der Informationsgesellschaft zu beschreiben. Um nicht bei einer wenig aussagekräftigen, rein deskriptiven Bestandsaufnahme stehen zu bleiben und um bloßes Spekulieren über verschiedene Entwicklungsoptionen zu vermeiden, mussten die Autoren methodisch und argumentativ neue Wege eingeschlagen. Im Wesentlichen sind es die Kombination von diachroner und synchroner Betrachtung sowie das Erkenntnispotenzial der Systemtheorie, die einen ganzheitlichen Blick ermöglichen und neue Einsichten über Chancen und Gefahren möglicher zukünftiger Entwicklungen gewähren.

Unter neun Aspekten sind in den jeweiligen Kapiteln Entwicklung, Stand und Perspektiven des Bibliothekswesens beleuchtet worden. Dabei war zunächst deutlich geworden, dass die Informationsgesellschaft geprägt ist von explosionsartigem Wachstum der verfügbaren Informationen und von enormer Beschleunigung der Informationszirkulation. Diese Merkmale führen nur dann nicht zum Kollaps, wenn es ein Funktions- bzw. Subsystem gibt, das durch Informationsaufbereitung, -filterung, -verdichtung usw. Komplexität reduziert. Nur unter dieser Voraussetzung lässt sich das Leistungspotenzial, welches digitalen Medien und weltweiter Vernetzung innewohnt, ausschöpfen. Das Bibliothekssystem ist grundsätzlich in der Lage, die dringend erforderlichen Informationsdienstleistungen zu entwickeln und anzubieten. Es ist allerdings im Unterschied zu früheren Epochen mit konkurrierenden Anbietern konfrontiert, deren Leistungsniveau und Entwicklungspotenzial gegenwärtig nur vage einzuschätzen sind. Es liegt an den Bibliotheken, unter Beweis zu stellen, dass ihr Funktionsangebot das bessere ist.

Bislang jedenfalls hat noch kein anderes Segment des Informationswesens die auf der Stufe der funktionalen Differenzierung zwingend erforderliche Ausprägung von Systemstrukturen aufzuweisen. Dazu ist es im Bibliothekswesen gekommen, als das Konzept der Universalbibliothek abgelöst wurde. Mit der Herausbildung eines funktional differenzierten Bibliothekssystems seit Ende des 19. Jahrhunderts hat das Bibliothekswesen sich nicht nur moderne Strukturen gegeben, sondern gleichsam die Grundlage gelegt für zukünftige Modernisierungsprozesse, die zu dieser Zeit nicht absehbar sein konnten.

Diese Bereitschaft zur Modernisierung freilich muss aufrechterhalten und praktiziert werden. In der Vergangenheit ist das keineswegs in der notwendigen Art und Weise geschehen. So ist es etwa trotz planerischer Impulse („Bibliotheksplan '73") bis heute nicht gelungen, ein integrales Bibliothekssystem zu bilden, das Öffentliche und Wissenschaftliche Bibliotheken vereint und aufeinander bezieht. Dieses Versäumnis muss dringend nachgeholt werden. Darüber hinaus werden die (leider oft) starren Grenzen zwischen dem Bibliothekswesen und anderen Segmenten des Informationswesens (Archivwesen, Informationswesen/Dokumentation, Informationswirtschaft) durchlässiger werden und vielleicht in manchen Fällen gar ganz weichen müssen. Auch die Beschränkung auf nationalstaatliche Territorien dürfte im Zeitalter transnationaler Zusammenschlüsse auf politischer Ebene (Europäische Union) und globalisierter Aktionsräume auf ökonomischer Ebene mittelfristig anachronistisch werden. Es spricht alles dafür, dass sich der Leitgedanke der Vernetzung weiter verbreitet. Damit würde eine Entwicklung fortgesetzt, die tendenziell (nicht unbedingt linear) auf eine in sich differenzierte Weltgesellschaft zielt.

In der Binnenentwicklung des Bibliothekssystems hat der Wandel von der Industrie- zur Informationsgesellschaft in manchen Fällen bereits Veränderungen in Gang gesetzt, in anderen den Veränderungsbedarf aufgedeckt. Zu nennen sind in diesem Zusammenhang Konvergenzprozesse oder längerfristige Partnerschaften zwischen verwandten Einrichtungen wie Bibliothek, Rechenzentrum oder Medienzentrum und typologisch sowie strukturell neue Entwicklungen wie digitale und virtuelle Bibliotheken. Auch in der Suche nach neuen Betriebsformen ist sicher eine Reaktion auf veränderte Umweltbedingungen zu sehen. Insbesondere die Hinwendung zu stärkerer Output- und Kundenorientierung findet darin ihren Ausdruck. Der interne Wandel des Bibliothekssystems wird zudem forciert durch Novellierungen der rechtlichen Rahmenbedingungen insbesondere des Urheberrechts, des Haushaltsrechts sowie des Dienst- und Arbeitsrechts. Die Entwicklung berufs- und institutionenspezifischer ethischer Kodizes und die damit verbundene Stärkung ethischen Bewusstseins erlauben es, auf der Grundlage wertbezogener Reflexion zu ethisch abgesicherten Entscheidungen zu kommen und sich so auf einen belastbaren Orientierungsrahmen bei den z. T. intensiven Veränderungsprozessen zu stützen.

Ein weiterer Effekt des Wandels ist der Ausbau systeminterner Kooperation und Vernetzung. Initiator und Träger dieser gesteigerten Kooperation sind neben den Personen- und Institutionenverbänden bibliotheksexterne Partner, wie vor allem etwa die *Deutsche Forschungsgemeinschaft* und Infrastruktureinrichtungen wie die Verbundzentralen. In den aktuellen Kooperationsprojekten zeigt sich, dass vertraute Grenzen und Schranken immer häufiger überschritten werden: Durch Vernetzung werden immer häufiger Spezialbibliotheken, die vorher oft isoliert operiert haben, in das System eingebunden; das gilt auch von nicht-bibliothekarischen Einrichtungen, die bis dahin entweder in andere Systeme eingebunden waren oder auch unvernetzt gearbeitet haben und schließlich von kommerziellen Informationsanbietern, die bislang wenig Berührungspunkte mit der öffentlich geförderten Informationswelt hatten. Dringend überfällig ist die Begründung bzw. Ausweitung solcher Kooperationsprojekte, in denen weniger bestandsorientierte als vielmehr kundenorientierte Dienstleistungen im Vordergrund stehen. Als Beispiele seien neben Auskunftsverbünden etwa personalisierte Pushdienste, Plattformen zur Vermittlung von Informationskompetenz und Virtuelle Forschungs- und Arbeitsumgebungen mit Tools zu Kommunikation, Kollaboration und Validierung erwähnt.

Fortschreitende Differenzierung erzwingt Maßnahmen der Standardisierung. Andernfalls ist eben nicht Vernetzung, sondern Atomisierung und Isolation die Folge. Schnittstellen für Austausch und Übergabe der Teilergebnisse an das System sind unerlässlich und müssen festgelegt werden, damit entsprechende Vereinbarungen nicht immer aufs Neue getroffen werden müssen. Für eine Vielzahl bibliothekarischer Tätigkeiten sind inzwischen entsprechende Standards, Normen und Regelwerke entstanden. Unter den Bedingungen der Informationsgesellschaft müssen viele existierende Normen modifiziert werden, zum Teil aber müssen vorhandene Normen gänzlich verworfen und durch neue ersetzt werden. Für viele Bereiche, die bislang nicht normiert waren wie z. B. Metadaten zur Erschließung von Forschungsdaten, müssen eigene, neue Standards entwickelt werden.

Das Bibliothekssystem ist geprägt sowohl von Normen, die über die Systemgrenzen hinweg Gültigkeit und Bedeutung haben, als auch von solchen, die systemspezifisch sind. Als Trend lässt sich beobachten, dass die nationalen Normsysteme nach internationaler Anschlussfähigkeit streben. Als Beispiel sei auf die Entwicklung hinsichtlich der Regeln zur Formalkatalogisierung verwiesen. Internationalisierung kann erzielt werden auf zweierlei Art: entweder durch einen tendenziell universell gültigen Standard (DDC, RDA) oder eine Konkordanz (VIAF), durch die nationale oder regionale Regelwerke bzw. Normdatenbanken miteinander verknüpft werden. Strukturell steht die Konkordanzlösung der funktionalen Differenzierung näher als ubiquitäre Vereinheitlichung.

Da Informationsgesellschaft auch als hoch entwickelte Form der Dienstleistungsgesellschaft verstanden werden kann, wird Dienstleistungsorientierung in Zukunft noch stärker gewichtet werden, als schon jetzt erkennbar ist. Bibliotheken müssen daher alle ihre Aktivitäten als Dienstleistungen begreifen, auch solche, deren Nutzen erst von späteren Kundengenerationen in Anspruch genommen werden kann. Die in Deutschland noch immer dominierende Bestands- bzw. Objektorientierung muss dringend um Kunden- bzw. Subjektorientierung ergänzt werden. Dies würde es zum einen erlauben, das traditionelle Funktionsspektrum, das von Sammeln, Aufbewahren, Erschließen und Bereitstellen bis zu Vermitteln reicht, unter Dienstleistungsaspekten neu zu bestimmen; zum anderen können auf dieser Grundlage bewährte Dienstleistungen um solche ergänzt werden, die das Potenzial digitaler Techniken ausschöpfen und der im Wandel begriffenen Informationskultur Rechnung tragen. In dieser Hinsicht sind viele zukunftsträchtige Ansätze und Projekte zu beobachten, die sich bislang vorwiegend etwa auf Dokumentlieferung, personalisierte Pushdienste oder Vermittlung von Informationskompetenz beziehen.

Der Ruf nach stärkerer Dienstleistungsorientierung hat im Bibliotheksmanagement ein vergleichsweise starkes Echo gefunden, obwohl die meisten Bibliotheks- und Informationseinrichtungen Teil der öffentlichen Verwaltung sind. Betriebswirtschaftliche Sichtweisen haben in Bibliotheken früher Einzug gehalten als in den meisten anderen Verwaltungszweigen. Dies gilt etwa für Marketing, Controlling, Kosten- und Leistungsrechnung oder Betriebsvergleiche. Eine Reihe von Managementinstrumenten und -techniken aber wurde bislang noch nicht angemessen auf die spezifisch bibliothekarischen Belange angepasst bzw. noch nicht auf etwaige Tauglichkeit hin überprüft. Dazu gehören z. B. Qualitätsmanagement, Wertanalyse, Markenpolitik oder Entscheidungsunterstützungssysteme. Für originär bibliothekarische Bereiche müssen entsprechende Steuerungsinstrumente erst entwickelt werden. Dabei ist vor allem zu denken an das Bestandsmanagement. Als weitgehend ungelöstes Problem muss auch unter Managementgesichtspunkten das der Langzeitarchivierung und Medienkonservierung gelten. Digitale Medien bieten gegenüber analogen zwar in mancherlei Hinsicht Lösungen an, werfen jedoch gleichzeitig Probleme ganz neuer Natur auf.

Studium und Ausbildung sind die Felder, in denen sich Wandel und Änderungsbedarf am frühesten bemerkbar machen müssen. Für die Planung von Studienreformen besteht die nicht auflösbare Paradoxie, dass die Curricula sich an Berufsbildern orientieren müssen, die zu einem nicht geringen Umfang auf Prognosen beruhen. Ausnahmslos alle Einrichtungen, die in der Bundesrepublik ein Studium der Bibliothekswissenschaft anbieten oder in anderer Form an der Ausbildung bibliothekarischen Nachwuchses beteiligt sind, haben in den vergangenen Jahren umfassende Studienreformen vorgenommen. Ein Ende dieses Prozesses ist nicht in Sicht. Als wichtige Trends, die freilich nicht von allen Einrichtungen in gleicher Weise geteilt werden, lassen sich erkennen: die Aufhebung der Spartentrennung, die Öffnung gegenüber vermeintlich branchenfremden Inhalten, die Berücksichtigung archivarischer oder ehemals dokumentarischer Methoden und Leitideen sowie eine stärkere internationale Ausrichtung der Studiengänge.

Die Autopoiesis des Bibliothekssystems ist als selbstreferentieller Vorgang ein systeminternes Geschehen. Vielerlei Maßnahmen sind hier beschrieben und vorgeschlagen worden. Die Umwelt des Bibliothekssystems aber ist in Aufruhr. Digitale Medien und weltweite Vernetzung haben eine Entwicklung hervorgebracht, durch welche die gegenwärtige Phase durchaus als revolutionäre Epoche gekennzeichnet ist: Dafür sprechen sowohl die Geschwindigkeit als auch der Umfang der von diesem Umwälzungsprozess betroffenen Phänomene. Es gibt daher eine große Zahl von Phänomen, die einen fundamentalen Wandel durchlaufen, dessen Ergebnisse allenfalls vage und vorläufig beschreibbar sind. Ob die Anpassung des Bibliothekssystems und der Bibliotheken erfolgreich verläuft, hängt davon ab, wie dieser Wandel verläuft und ob es gelingt, zum richtigen Zeitpunkt die jeweils erforderlichen (Anpassungs-)Maßnahmen zu ergreifen.

Mittelfristig werden sicher zahlreiche Fragen offen bleiben; dies ermöglicht allenfalls kontingente Antworten. Dazu gehört auf jeden Fall die Frage, wie sich die Medienlandschaft weiter entwickeln wird. Niemand kann vorhersagen, welche medialen Formen sich auf der Grundlage der Breitbandtechnologie und der fortschreitenden Miniaturisierung digitaler Speicher in den nächsten zehn Jahren entwickeln werden. Auch das zukünftige Verhältnis digitaler zu analogen Medien steht keineswegs endgültig fest; offen ist zudem die weitere Entwicklung der Informationskultur. Niemand weiß, in welchem Umfang Animationen und multimediale Darstellungen zukünftig textbasierte Angebote ergänzen oder gar ersetzen werden.

Eine weitere Unbekannte ist in der Rolle des Staates zu sehen. Nicht erkennbar ist gegenwärtig, ob und in welchem Maße sich der Staat zukünftig im Informationssektor engagieren wird. Wird der Prozess der Entstaatlichung fortschreiten und auch im Informationswesen stärker Einzug halten oder setzt sich die unmittelbar nach der Finanzkrise 2008/09 beobachtbare Trendwende hin zu einer neuerlichen Aufwertung der Rolle des Staates fort? Damit verbunden ist die Frage, in welchem Maße die Kommerzialisierung des Informationssektors voranschreiten wird. Führt ein weiterer Rückzug des Staates dazu, dass Teile der Literatur- und Informationsversorgung, die bisher von Wissenschaftlichen und Öffentlichen Bibliotheken geleistet worden ist, von privaten Anbietern übernommen werden?

Gerade der letzte Aspekt gehört bereits zu jenen Fragen, deren Antwort auch von der Überzeugungskraft der Bibliothekare und der Leistungsfähigkeit der Bibliotheken abhängt. Ausschlaggebend könnte dafür nämlich sein, ob es gelingt, den Entscheidungsträgern deutlich zu machen, welche Alleinstellungsmerkmale Bibliotheken als Bildungs- und Kultureinrichtungen besitzen, die unabhängig sind von ökonomischen, weltanschaulichen oder religiösen Bindungen.

Herausgestellt werden muss ferner die wichtige Rolle der Öffentlichen Bibliotheken für die informationelle Grundversorgung und damit die demokratische Partizipation, ihr hohes Potenzial bei der Inklusion und Integration von Migranten sowie der Emanzipation benachteiligter sozialer Gruppen. Als leuchtendes Vorbild kann in diesem Fall etwa die unbestrittene öffentliche Anerkennung der Public Library in den USA angesehen werden. Auch jene berühmte Antwort von *Bill Gates* stellt dies unter Beweis. Gefragt nach den Gefahren, die mit der Marktmacht von Microsoft auch im Hinblick auf Rechte an Primärinformationen verbunden sind, soll dieser geantwortet haben: „Wo ist das Problem? Wozu gibt es Bibliotheken?" Mit der Berufung auf diese Anekdote sollen allerdings keineswegs die Gefahren schleichender Monopolisierung durch Giganten wie *Google*, *Amazon*, *Facebook* oder *Apple* verharmlost werden.

Zu den Kernfragen, die darüber entscheiden werden, ob das Bibliothekswesen prosperieren wird, gehört auch die nach der Durchsetzungsfähigkeit der Bibliothekare. Werden diese genügend Selbstbewusstsein besitzen, um Bibliotheken gegen Anfechtungen von außen zu verteidigen? Werden sie gleichzeitig flexibel genug sein, die notwendigen Veränderungen rechtzeitig einzuleiten, damit es nicht zur Verdrängung durch konkurrierende Anbieter kommt? Aber die innere Modernisierung und Flexibilisierung muss auch entsprechend publiziert werden. Wird es gelingen, die hoffnungslos veralteten Stereotype über Bibliotheken und ihr Personal in den Köpfen vieler Entscheidungsträger zu ersetzen durch das Bild einer modernen Bibliothek, die just jene Dienstleistungen zu den günstigsten Konditionen zu erbringen im Stande ist, die in der Informationsgesellschaft so dringend benötigt werden? Auch die Qualität der Selbstvermarktung wird über die Zukunft des Bibliothekswesens mit entscheiden.

Deutlich wurde unter allen Gesichtspunkten, dass Bibliotheken große Chancen besitzen, um in der Informationsgesellschaft eine Schlüsselfunktion einzunehmen. Dies wird jedoch nur dann eintreten können, wenn die Umwelt mit dem Leistungsangebot des Bibliothekssystems und der Bibliotheken zufrieden ist. Da sich die Anforderungen unentwegt (und beschleunigt) ändern, müssen Instrumentarien entwickelt werden, die es erlauben, den Umweltbedarf frühzeitig identifizieren oder möglichst präzise vorhersagen zu können, damit die bibliothekarischen Funktionsangebote rechtzeitig und in geeigneter Weise weiterentwickelt bzw. angepasst werden können.

Die Umwelt artikuliert lediglich ihren Bedarf und macht nur in Ausnahmefällen Vorschläge hinsichtlich der praktischen Umsetzung. Letzteres ist in der funktional differenzierten Gesellschaft natürlich Aufgabe der Spezialisten, d. h. in diesem Fall der Informationsspezialisten. Der Autopoiesis des Systems bleibt es vorbehalten, die Funktionsangebote des Systems immer wieder in ein symmetrisches Verhältnis zu den Umweltanforderungen zu bringen und diese permanente Anpassung als Innovationsmanagement zur Routine werden zu lassen; d. h. mit anderen Worten: Die notwendigen Veränderungen werden dem Bibliothekssystem nicht von außen oktroyiert oder vorgeschlagen, sie müssen „von innen" kommen.

Von der Professionalität, der Flexibilität und der Kreativität der Bibliothekare wird es abhängen, ob das Bibliothekssystem in der Informationsgesellschaft zur zentralen Infrastruktur wird oder ob es einen Marginalisierungsprozess durchläuft. Damit aber wird auch klar: Die gegenwärtig (mindestens in Deutschland) beobachtbare vorwiegend pragmatische Mentalität der Bibliothekare wird nicht genügen, um den anstehenden Herausforderungen angemessen begegnen zu können. Eine Modernisierung des Bibliothekswesens kann weder von gemächlichem „Learning by doing", noch von hektischem (nicht selten Über-)Reagieren auf „plötzlich" eintretende Veränderungen geprägt sein. Strikte, selbst intelligent begründete Verweigerung gegenüber dem Neuen (Jochum 2005) wird natürlich (eher früher als später) ebenso zur Marginalisierung führen.

Voraussetzung für erfolgreiche Autopoiesis ist die Bereitschaft zu vorbehaltloser Selbstreflexion: Gemeint ist damit auch die theoretische Fundierung und Absicherung der Praxis sowie der Einsatz theoretischer Instrumente, der es erlaubt, die in der Praxis notwendigen Entscheidungen auf der besten möglichen Grundlage zu treffen. Es geht keineswegs um einen Primat der Theorie, es geht vielmehr um eine enge Verzahnung von Theorie und Praxis. Dann könnte auch im deutschen Bibliothekswesen wieder Geltung erhalten, was unabhängig davon natürlich richtig bleibt: Es gibt nichts Praktischeres als eine gute Theorie. Einen Beitrag dazu möchte der vorliegende Band leisten.

Literaturhinweise

Verwendete Abkürzungen für häufig zitierte Fachzeitschriften:
BD = Bibliotheksdienst
BuB = BuB : Forum Bibliothek und Information bzw. Buch und Bibliothek
ZfB = Zentralblatt für Bibliothekswesen
ZfBB = Zeitschrift für Bibliothekswesen und Bibliographie.

Literatur zum deutschen Bibliothekswesen wird aktuell insbesondere erschlossen durch die bibliografische Datenbank:
DABI / Institut für Bibliotheks- und Informationswissenschaft. Berlin: Institut für Bibliotheks- und Informationswissenschaft 1999ff. = http://dabi.ib.hu-berlin.de/index.html.

Alle Online-Quellen wurden zuletzt am 29.7.2019 überprüft.

Kapitelübergreifende Literatur

Bericht zur Lage der Bibliotheken 2018/19 / Deutscher Bibliotheksverband. Barbara Lison. Berlin: dbv 2018 = https://www.bibliotheksverband.de/fileadmin/user_upload/DBV/publikationen/dbv_Jahresbericht2018_final.pdf
Bibliotheken '93. Strukturen, Aufgaben, Positionen / Hrsg.: Bundesvereinigung Deutscher Bibliotheksverbände. Berlin: DBI, Göttingen: Niedersächs. Staats- u. Univ.-Bibliothek 1994
Bibliotheken 2040. Die Zukunft neu entwerfen / Red. Rob Bruinzeels u. Nicole van Tiggelen. Übers. von Uta Klaassen. Bad Honnef: Bock + Herchen 2003
Bibliotheksplan '73. Entwurf e. umfassenden Bibliotheksnetzes für d. Bundesrepublik Deutschland / Deutsche Bibliothekskonferenz. Berlin: Dt. Büchereiverband, Arbeitsstelle für d. Buchereiwesen 1973
Encyclopedia of library and information science / ed. by Miriam A. Drake. 2. ed. New York, NY [u.a.]: Dekker 2003–2005. 4 Bde.+Suppl.
Gantert, Klaus: Bibliothekarisches Grundwissen. 9., vollst. neu bearb. u. erw. Auflage. Berlin, Boston: De Gruyter Saur 2016
Grundlagen der praktischen Information und Dokumentation. / hrsg. von Rainer Kuhlen u.a. Begr. von Klaus Laisiepen u.a. 6, völlig neu gefasste Aufl. München: Saur 2013
Grundwissen Medien, Information, Bibliothek / Umlauf, Konrad (Hrsg.). Stuttgart: Hiersemann 2016
Handbuch Bibliothek. Geschichte, Aufgaben, Perspektiven / hrsg. von Stephan Gradmann und Konrad Umlauf. Stuttgart: Metzler 2012
Handbuch Bibliothek 2.0 / Hrsg. Julia Bergmann, Patrick Danowski. Berlin, New York. De Gruyter Saur 2010
Handbuch Methoden der Bibliotheks- und Informationswissenschaft. Fühles-Ubach, Simone; Seadle, Michael; Umlauf, Konrad (Hrsg.) Berlin: De Gruyer 2013
Heber, Tanja: Die Bibliothek als Speichersystem des kulturellen Gedächtnisse. Marburg: Tectum-Verl. 2009
International Encyclopedia of Information and Library Science / ed. by John Feather and Paul Sturges. 2. ed. London [u.a.]: Routledge 2003
Jahrbuch der Deutschen Bibliotheken / hrsg. vom Verein Deutscher Bibliothekare. Wiesbaden: Harrassowitz. Bd. 67 (2017/2018). Erscheint alle zwei Jahre
Jahrbuch der Öffentlichen Bibliotheken. hauptamtl. geleitete Öffentliche Bibliotheken d. Bundesrepublik Deutschland, durchnumkeriert u. geordnet nach d. Alphabet … / hrsg. vom Berufsverband Information Bibliothek e.V. Bearb. von Petra Hauke. Bad Honnef: Bock + Herchen. 2012/2013, damit Erscheinen eingestellt.
Kunze, Horst: Grundzüge der Bibliothekslehre. 4., neu bearb. Aufl. Leipzig. Verl. für Buch- u. Bibliothekswesen 1977 (Lehrbücher für den bibliothekarischen Nachwuchs, 1)

Lexikon der Bibliotheks- und Informationswissenschaft / hrsg. von Konrad Umlauf und Stefan Gradmann. Red.: Peter Lohnert. Stuttgart: Hiersemann 2011–2014. 2 Bde.
Lexikon der Medien- und Buchwissenschaft. analog, digital / Thomas Keiderling (Hrsg.) 3 Bde. Stuttgart: Anton Hiersemann Verlag 2016–2018
Lexikon des Bibliothekswesens / hrsg. von Horst Kunze u. Gotthard Ruckl unter Mitarb. von Hans Riedel ... 2., neu bearb. Aufl. Leipzig. Bibliograph. Inst. 1974. 2 Bde
Lexikon des gesamten Buchwesens / hrsg. von Severin Corsten, Stephan Füssel u. Günther Pflug. Unter Mitwirkung von Claus W. Gerhard. 2., völl. neu bearb. Aufl. 8 Bde. Stuttgart: Hiersemann 1987–2014
Plassmann, Engelbert: Das Bibliothekswesen der Bundesrepublik Deutschland. Ein Handbuch / von Engelbert Plassmann und Jürgen Seefeldt. 3., völl. neu bearb. Aufl. d. durch Gisela von Busse u. Horst Ernestus begr. Werkes. Wiesbaden: Harrassowitz 1999
Praxishandbuch Bibliotheksmanagement / Hrsg. Rolf Giebel, Hildegard Schäffer und Konstanze Söllner. München: De Gruyter Saur 2015. Bd. 1–2
Reclams Sachlexikon des Buches / hrsg. von Ursula Rautenberg. 2., verb. Aufl. Stuttgart: Reclam 2003
Rehm, Margarete; Strauch, Dietmar: Lexikon Buch, Bibliothek, Neue Medien. 2., aktualis. u. erw. Ausg. München [u. a.]: Saur 2007
Seadle, Michael; Greifeneder, Elke: Defining a Digital Library. In: Library Hi Tech, 25 (2007) 2, S. 169–173 = https://www.emerald.com/insight/content/doi/10.1108/07378830710754938/full/html
Seefeldt, Jürgen: Die Zukunft der Bibliothek die Bibliothek der Zukunft. Visionen, Traumschlösser, Realitäten. In: Bibliothek leben. d. dt. Bibliothekswesen als Aufg. für Wissenschaft u. Politik, Festschrift für Engelbert Plassmann zum 70. Geb. / hrsg. von Gerhard Hacker u. Torsten Seela. Wiesbaden: Harrassowitz 2005, S. 296–312
Seefeldt, Jürgen: Portale zu Vergangenheit und Zukunft Bibliotheken in Deutschland / Jürgen Seefeldt u. Ludger Syré. Im Auftr. von Bibliothek & Information Deutschland e. V. hrsg. 5., überarb. u. erw. Aufl. Hildesheim [u. a.]: Olms 2017
Seefeldt, Jürgen: Portals to the Past and to the Future Libraries in Germany / Jürgen Seefeldt and Ludger Syré. 4th revised and extended edition. Hildesheim et al.. Olms 2017. Weitere Buchausgaben in arabischer, russischer, spanischer, italienischer und türkischer Sprache.
Walenski, Wolfgang: Wörterbuch Druck + Papier. Frankfurt a. M.: Klostermann 1994.

Kapitel 2: Bibliothek und Information

Assmann, Jan: Das kulturelle Gedächtnis. Schrift, Erinnerung u. polit. Identität in frühen Hochkulturen. 2., durchges. Aufl. München: Beck 1997
Assmann, Jan: Körper und Schrift als Gedächtnisspeicher. vom kommunikativen zum kulturellen Gedächtnis. In: Speicher des Gedächtnisses. Bibliotheken, Museen, Archive / Moritz Csaky ... (Hrsg.). Wien: Passagen-Verl. 2000–2001. Teil 1: Absage an und Wiederherstellung von Vergangenheit, Kompensation und Geschichtsverlust, S. 199–213
Bell, Daniel: Die nachindustrielle Gesellschaft / aus d. Amerikan. von Siglinde Summerer u. Gerda Kurz. Neuausg. Frankfurt a. M., New York. Campus Verl. 1996
Blanck, Horst: Das Buch in der Antike. München: Beck 1992 (Becks Archäologische Bibliothek)
Empfehlung zur internationalen Vereinheitlichung der Bibliotheksstatistik. In: ZfB. 85 (1971) S. 596
Ernst, Wolfgang: Im Namen des Speichers. Eine Kritik d. Begriffe „Erinnerung" u. „Kollektives Gedächtnis". In: Speicher des Gedächtnisses. Bibliotheken, Museen, Archive. Teil 1: Absage an und Wiederherstellung von Vergangenheit. Kompensation von Geschichtsverlust / Moritz Csaky ... (Hrsg.) Wien: Passagen-Verl. 2000, S. 99–127
Ernst, Wolfgang: Museum, Bibliothek, Archiv. Einheit, Trennung u. virtuelle Wiedervereinigung? In: Kooperation und Konkurrenz. Bibliotheken im Kontext von Kulturinstitutionen / hrsg. von Peter Vodosek. Wiesbaden: Harrassowitz 2003 (Wolfenbütteler Schriften zur Geschichte des Buchwesens, Bd. 36) S. 31–55
Földes-Papp, Károly: Vom Felsbild zum Alphabet. Die Geschichte d. Schrift von ihren frühesten Vorstufen bis zur modernen lat. Schreibschrift. Stuttgart: Belser 1984

Funke, Fritz: Buchkunde. Ein Überblick über d. Geschichte d. Buches. 6., überarb. u. erg. Aufl. München: Saur 1999

Füssel, Stephan: Gutenberg und seine Wirkung. 2. Aufl. Darmstadt: Wiss. Buchges. 2004

Gantert, Klaus: Bibliothekarisches Grundwissen / Klaus Gantert, Rupert Hacker. 8. vollst. neu bearb. u. erw. Aufl. München: Saur 2008

Giesecke, Michael: Der Buchdruck in der frühen Neuzeit. Eine histor. Fallstudie über d. Durchsetzung neuer Informations- u. Kommunikationstechnologien. Frankfurt a. M. Suhrkamp 1998 (Suhrkamp Taschenbuch Wissenschaft, 1357)

Gödert, Winfried: Der konstruktivistische Ansatz für Kommunikation und Informationsverarbeitung. In: Wolfenbütteler Notizen zur Buchgeschichte. 27 (2002) 2, S. 199–218

Gödert, Winfried: Externalisierung von Wissen. Eine informationstheoret. Betrachtung aus konstruktivist. Sicht. In: Konstruktion und Retrieval von Wissen. 3. Tagung der Deutschen ISKO-Sektion einschließl. d. Vortrage d. Workshops „Thesauri als terminologische Lexika" ... / hrsg. von Norbert Meder; Peter Jaenecke; Winfried Schmitz-Esser. Frankfurt a. M.: Indeks-Verl. 1995 (Fortschritte in der Wissensorganisation, 3), S. 1–13

Haarmann, Harald: Universalgeschichte der Schrift. 2., durchges. Aufl. Frankfurt a. M. [u. a.]: Campus-Verl. 1991

Heber, Tanja: Die Bibliothek als Speichersystem des kulturellen Gedächtnisses. Marburg: Tectum-Verl. 2009

Hiller, Helmut: Wörterbuch des Buches / Helmut Hiller; Stephan Füssel. 7., grundleg. überarb. Aufl. Frankfurt a. M.: Klostermann 2006

Kaegbein, Paul: Bibliotheken als spezielle Informationssysteme. In: ZfBB. 20 (1973) 6, S. 425–442

Leonhardt, Holm A.: Was ist Bibliotheks-, was Archiv- und Museumsgut?. Ein Beitr. zur Kategorisierung von Dokumentationsgut u. -institutionen. In: Der Archivar 42 (1989) 2, S. 214–224

Lohse, Gerhart: Bibliothek. In: Lexikon des gesamten Buchwesens. 2. Aufl., Bd. 1. Stuttgart: Hiersemann 1987, S. 379–380.

Manecke, Hans-Jürgen: Zur Entwicklung der Information und Dokumentation in Deutschland / Hans-Jürgen Manecke; Thomas Seeger. In: Grundlagen der praktischen Information und Dokumentation. Ein Handbuch zur Einf. in d. fachl. Informationsarbeit. 4., völl. neu gefasste Ausg. München [u. a.]: Saur 1997, S. 16–60

McLuhan, Marshall: Die Gutenberg-Galaxis. Das Ende d. Buchzeitalters / aus d. Amerikan. übers. von Max Nanny. Neuaufl. Bonn, Paris [u. a.]: Addison-Wesley 1995. Erste deutsche Ausgabe 1968

Mittelstrass, Jürgen: Information oder Wissen? In: Technische Rundschau 36 (1989) S. 8–13

Rogalla von Bieberstein, Johannes: Archiv, Bibliothek und Museum als Dokumentationsbereiche. Einheit u. gegenseit. Abgrenzung. Pullach: Verl. Dokumentation 1975 (Bibliothekspraxis, Bd. 16)

Schrettinger, Martin: Versuch eines vollständigen Lehrbuches der Bibliothek-Wissenschaft oder Anleitung zur vollkommenen Geschäftsführung eines Bibliothekars. In wiss. Form abgefasst. München: Lindauer. 4 Hefte 1808–1829

Wersig, Gernot: Information, Kommunikation, Dokumentation. Ein Beitr. zur Orientierung d. Informations- u. Dokumentationswissenschaft. 2. Aufl. Darmstadt: Wiss. Buchges. 1974

Wersig, Gernot: Informationssoziologie. Hinweise zu e. informationswiss. Teilbereich. Frankfurt a. M.: Athenäum-Fischer-Taschenbuch Verl. 1973 (Fischer-Athenäum-Taschenbücher, 4033. Sozialwiss.)

What Is a Digital Library Anyway? / Carl Lagoze, Dean B. Krafft, Sandy Payette, Susan Jesuroga. In: D-Lib Magazine, 11 (2005) = http://dlib.org/dlib/november05/lagoze/11lagoze.html

Wiesenmüller, Heidrun: Das Konzept der „virtuellen Bibliothek" im deutschen Bibliothekswesen der 1990er Jahre. Köln: Greven 2000 (Kölner Arbeiten zum Bibliotheks- und Dokumentationswesen, H. 26)

Willke, Helmut: Einführung in das systemische Wissensmanagement. 1. Aufl. Heidelberg. Auer 2004

Willke, Helmut: Systemisches Wissensmanagement. 2., neu bearb. Aufl. Stuttgart: Lucius & Lucius 2001

Kapitel 3: Strukturelle und technische Entwicklungslinien im Bibliothekswesen

Ackerknecht, Erwin: Deutsche Büchereihandschrift. Berlin: Weidmann 1919 (Schriften der Zentrale fur Volksbücherei, 2) Spätere Auflagen 1925 und 1948

Erlass betreffend die Befähigung zum wissenschaftlichen Bibliotheksdienst bei der Kgl. Bibliothek zu Berlin und den Kgl. Universitätsbibliotheken. In: ZfB 11 (1894) S. 77–79

Erlass betreffend die Einführung einer Diplomprüfung für den mittleren Bibliotheksdienst an wissenschaftlichen Bibliotheken sowie für den Dienst an Volksbibliotheken und verwandten Instituten. In: ZfB 26 (1909) S. 456–459

Erman, Wilhelm: Über die Verwendung von Schreibmaschinen für die bibliothekarischen Katalogisierungsarbeiten / W. Erman; H. Simon. In: ZfB 9 (1892) S. 180–185

Goethe, Johann Wolfgang: Werke (Weimarer Ausgabe). Bd. 12, Bd. 16. Weimar. Böhlau 1893–1894. Unveränderter Nachdruck: 1999

Information vernetzen - Wissen aktivieren. Strateg. Positionspapier / Hrsg. Bundesministerium für Bildung und Forschung (BMBF), Referat Öffentlichkeitsarbeit. Stand Sept. 2002. Bonn 2002 (BMBF publik) = www.bmbf.de/pub/information_vernetzenwissen_aktivieren.pdf

Jochum, Uwe: Die Idole der Bibliothekare. Würzburg. Königshausen & Neumann 1995

Jochum, Uwe: Elektronischer Selbstbetrug. In: Frankfurter Allgemeine Zeitung Nr. 62 (15.3.2005) S. 41

Jochum, Uwe: Geschichte der abendländischen Bibliotheken. Darmstadt: Primus 2009

Jochum, Uwe: Kleine Bibliotheksgeschichte. 3., verb. u. erw. Aufl. Stuttgart: Reclam 2007

Kaltwasser, Franz Georg: Die Bibliothek als Museum. Von d. Renaissance bis heute, dargest. am Beispiel d. Bayerischen Staatsbibliothek. Wiesbaden: Harrassowitz 1999

Knoche, Michael: Die Idee der Bibliothek und ihre Zukunft. Göttingen: Wallstein 2018

Krajewski, Markus: Zettelwirtschaft. Die Geburt der Kartei aus dem Geiste der Bibliothek. Berlin: Kadmos 2002

Leyh, Georg: Das Haus und seine Einrichtung. In: Handbuch der Bibliothekswissenschaft / begr. von Fritz Milkau. 2., verm. u. verb. Aufl. / hrsg. von Georg Leyh. Wiesbaden: Harrassowitz 1952–1965. Bd. 2 (1961

Luhmann, Niklas: Die Gesellschaft der Gesellschaft. 2 Bde. Frankfurt a. M.: Suhrkamp 1998 (Suhrkamp Taschenbuch Wissenschaft, 1360)

Luhmann, Niklas: Die Wissenschaft der Gesellschaft. Frankfurt a. M.: Suhrkamp 1992 (Suhrkamp Taschenbuch Wissenschaft, 1001)

Managing the Electronic Library. A practical Guide for Information Professionals / ed. by Terry Hanson and John Day. London [u. a.]: Bowker-Saur 1998

Neubauer, Karl-Wilhelm: Die automatisierte Bibliothek. Auswirkungen auf Arbeitsabläufe, auf Berufsbilder u. Tätigkeitsspektren. In: Bibliothek, Kultur, Information. Beitrage e. internationalen Kongresses anlässl. d. 50jähr. Bestehens d. Fachhochschule Stuttgart vom 20. bis 22. Okt. 1992 / hrsg. von Peter Vodosek. Munchen. Saur 1993, S. 164–173

Rösch, Hermann: Academic Libraries und Cyberinfrastucture. Das System wissenschaftlicher Kommunikation zu Beginn des 21. Jahrhunderts. Wiesbaden: Dinges & Frick 2008 (BIT online Innovativ, 21)

Rösch, Hermann: Vernetzung oder Zentralisierung? Strukturelle Alternativen e. nationalen Wissenschaftsportals. In: BuB. 57 (2005) 2, S. 112–116

Rösch, Hermann: Wissenschaftliche Kommunikation und Bibliotheken im Wandel. Entwicklungsstationen unter dem Einfluss wechselnder Leitmedien, von d. Privatbibliothek über d. Universalbibliothek zum funktional differenzierten System fachlicher u. interdisziplinärer Wissenschaftsportale. In: BIT-online 7 (2004) 2, S. 113–124

Schmitz, Wolfgang: Deutsche Bibliotheksgeschichte. Bern [u. a.]: Lang 1984 (Germanistische Lehrbuchsammlung, Bd. 52)

Seadle, Michael, Elke Greifeneder: Defining a digital library. In: Library Hi Tech. 25 (2007) 2, S. 169–173. = https://doi.org/10/1108/07378830710754938

Stärkung des Systems wissenschaftlicher Bibliotheken in Deutschland. Ein Impulspapier des Ausschusses für Wissenschaftliche Bibliotheken und Informationssysteme der Deutschen Forschungsgemeinschaft.

Bonn: Deutsche Forschungsgemeinschaft 2018 = https://www.dfg.de/download/pdf/foerderung/programme/lis/180522_awbi_impulspapier.pdf

Thauer, Wolfgang: Geschichte der Öffentlichen Bücherei in Deutschland / Wolfgang Thauer; Peter Vodosek. 2., erw. Aufl. Wiesbaden: Harrassowitz 1990

The whole digital library handbook. Kresh, Diane (Hrsg.). Chicago, Ill.: American Library Association, 2007

Umlauf, Konrad: Bibliotheksplan 1969 und Bibliotheksplan 1973. In: Auf dem Wege in die Informationsgesellschaft / Vodosek, Peter u. a. (Hrsg.). Wiesbaden: Harrassowitz 2008, S. 27–80

Wang, Weiguo: Bibliotheken als soziale Systeme in ihrer Umwelt. Köln: Greven 1989 (Kölner Arbeiten zum Bibliotheks- und Dokumentationswesen, H. 12)

Kapitel 4: Ethische und rechtliche Rahmenbedingungen

Bartlakowski, Katja: Urheberrecht für wissenschaftliche Bibliotheken. Kurzlehrbuch. Bad Honnef: Bock + Herchen 2018

Beger, Gabriele: Ethik in der Bibliotheksarbeit. In: Bibliothek. Forschung für die Praxis. Festschrift für Konrad Umlauf zum 65. Geburtstag / Hrsg. Petra Hauke… Berlin, Boston: De Gruyter 2017, S. 91–98

Beger, Gabriele: Ethik ist kein sexy Thema, mit dem man ganze Säle füllen kann. In: BuB 70 (2018) 4, S. 182–185, S. 182

Beger, Gabriele: Urheberrecht für Bibliothekare. eine Handreichung von A-Z. mit einer Einführung in das Urheberrechts-Wissensgesellschafts-Gesetz. 3. überarb. Aufl., Passau, Wien: MUR 2019 (Berliner Bibliothek zum Urheberrecht, 3)

Bibliotheksgesetzgebung. ein Handbuch für die Praxis, insbesondere im Land Baden-Württemberg / Steinhauer, Eric W.; Vonhof, Cornelia (Hrsg.). Bad Honnef: Bock und Herchen 2011

Bibliotheksrechtliche Vorschriften. mit Bibliographie zum Bibliotheksrecht / begr. im Auftr. des Vereins Deutscher Bibliothekare und des Vereins der Diplom-Bibliothekare an Wissenschaftlichen Bibliotheken von Ralph Lansky. Fortgef. von Carl Erich Kesper. Losebl.-Ausg. Frankfurt, M.: Klostermann 1980ff.

Brammer, Markus; Rosemann, Uwe; Sens, Irina: Neues Urheberrecht und seine Konsequenzen für die Dokumentlieferdienste der Technischen Informationsbibliothek [TIB]. In: ZfBB 55 (2008) S. 251–256

Branahl, Udo: Ethik und Recht. In: Handbuch Medienethik / Hrsg. Christian Schicha, Carsten Brosda. Wiesbaden 2010, S. 362-–370

Capurro, Rafael: Ethik im Netz. Stuttgart: Steiner 2003

Capurro, Rafael: Informationsethik. Eine Standortbestimmung. In: International Journal of Information Ethics (2004) 1, S. 1–7

Capurro, Rafael: Information ethics and Internet research ethics. An interview with Rafael Capurro. In: Webology 11 (2014) 2, S. 1–9 = http://www.webology.org/2014/v11n2/a128.pdf

Declaration of Principles. Building the Information Society: a global challenge in the new Millennium / World Summit on the Information Society. Geneva 2003 = http://www.itu.int/net/wsis/docs/geneva/official/dop.html

Die Digitale Bibliothek und ihr Recht - ein Stiefkind der Informationsgesellschaft?. Kulturwissenschaftliche Aspekte, technische Hintergründe und rechtliche Herausforderungen des digitalen kulturellen Speichergedächtnisses / Hinte, Oliver; Steinhauer, Eric W. (Hrsg.). Münster: Verl.-Haus Monsenstein und Vannerdat 2014

Entscheidungssammlung zum Bibliotheksrecht / [erarb. von einer Arbeitsgruppe der Rechtskommission des Ehemaligen Deutschen Bibliotheksinstituts (EDBI) und der Kommission für Rechtsfragen des Vereins Deutscher Bibliothekare (VDB) e. V. Jürgen Christoph Godan …]. 2., überarb. u. erw. Aufl., Stand: Juli 2002. Wiesbaden: Harrassowitz 2003 (Bibliotheksrecht, Bd. 2)

Ethical Dilemmas in the Information Society. Codes of Ethics for Librarians and Archivists / Ed. by Amélie Vallotton Preisig, Hermann Rösch, Christoph Stückelberger. Genf: Globethics.net 2014, S. 11–18 = https://www.globethics.net/documents/4289936/13403236/GE_Global_11_web_final.pdf/0b8e3552-62e4-4495-a576-2f341326891b

Ethik und Information. Ethische Grundsätze der Bibliotheks- und Informationsberufe (2007). In: Bibliotheksdienst 41 (2007) 7, S. 705–707

Ethische Grundsätze von Bibliothek & Information Deutschland (BID) (2017). In: BuB 69 (2017) 11, S. 581–583

Fenner, Dagmar: Ethik. Wie soll ich handeln? Tübingen, Basel: Francke 2008

Filipović, Alexander: Angewandte Ethik. In: Handbuch Medien- und Informationsethik / Hrsg. Jessica Heesen. Stuttgart: Metzler 2016, S. 41–49

Floridi, Luciano: The ethics of information. Oxford: Oxford University Press 2015

Froehlich, Thomas J.: Information Ethics. In: International Encyclopedia of Information and Library Science / Hrsg. von John Feather u. Paul Sturges. 2. Aufl. London: Routledge 2003, S. 256–258

Fuchs-Heinritz, Werner: Berufsethik. In: Lexikon zur Soziologie / Hrsg. Werner Fuchs-Heinritz u. a. 5. Aufl. Wiesbaden: VS Verlag 2011, S. 85

Gutachtensammlung zum Bibliotheksrecht. Gutachten, Stellungnahmen, Empfehlungen, Berichte d. Deutschen Bibliotheksinstituts u. d. Kommission für Rechtsfragen d. Vereins Deutscher Bibliothekare / Deutsches Bibliotheksinstitut Rechtskommission, erarb. von e. Arbeitsgruppe d. Rechtskommission d. Ehemal. Deutschen Bibliotheksinstituts (EDBI) u. d. Kommission fur Rechtsfragen d. Vereins Deutscher Bibliothekare (VDB) e. V.: Gabriele Beger ... Red.: Helmut Rosner. Stand: Okt. 2001. Wiesbaden: Harrassowitz 2002 (Bibliotheksrecht, 1)

IFLA-Ethikkodex für Bibliothekarinnen und andere im Informationssektor Beschäftigte (2012). International Federation of Library Associations and Institutions https://www.ifla.org/files/assets/faife/codesofethics/germancodeofethicsfull.pdf

Jandt, Silke: Informationelle Selbstbestimmung. In: Handbuch Medien- und Informationsethik / Hrsg. Jessica Heesen. Stuttgart: Metzler 2016, S. 195–202

Kirchner, Hildebert; Wendt, Rosa Maria: Bibliotheksbenutzungsordnungen. Regelungsgegenstände, Formulierungshilfen, Rechtsgutachten. Berlin: Dbi 1990 (Deutsches Bibliotheksinstitut: DBI-Materialien, 93)

Kirchner, Hildebert: Bibliotheks- und Dokumentationsrecht. Wiesbaden: Reichert 1981 (Elemente des Buch- und Bibliothekswesens, Bd. 8)

Knoche, Michael: Die Forschungsbibliothek. Umrisse eines in Deutschland neuen Bibliothekstyps. In: Bibliothek – Forschung und Praxis 17 (1993) S. 291–300

Kuhlen, Rainer: Informationsethik. In: Grundlagen der praktischen Information und Dokumentation / Hrsg. von Rainer Kuhlen, Thomas Seeger u. Dietmar Strauch. 5. Aufl. Bd. 1. München: Saur 2004, S. 61–71

Luhmann, Niklas (2008 a): Normen in soziologischer Perspektive. In: Ders.: Die Moral der Gesellschaft. Frankfurt a. M.: Suhrkamp 2008, S. 25–55

Luhmann, Niklas (2008 b): Paradigm lost. Über die ethische Reflexion der Moral. In: Ders.: Die Moral der Gesellschaft. Frankfurt a. M.: Suhrkamp 2008, S. 253–269

Maak, Thomas; Ulrich; Peter: Integre Unternehmensführung. Ethisches Orientierungswissen für die Wirtschaftspraxis. Stuttgart: Schäffer-Poeschel 2007

Mit gutem Recht erinnern. Gedanken zur Änderung der rechtlichen Rahmenbedingungen des kulturellen Erbes in der digitalen Welt / Klimpel, Paul (Hrsg.). Hamburg: Hamburg University Press 2018

Nida-Rümelin, Julian: Theoretische und angewandte Ethik. Paradigmen, Bedingungen, Bereiche. In: Angewandte Ethik. Ein Handbuch / Hrsg. Julian Nida-Rümelin. Stuttgart: Kröner 1996, S. 2–85

Pieper, Annemarie: Einführung in die Ethik. 6. Aufl. Tübingen, Basel: Francke 2007

Ranganathan, Shiyali Ramamrita: The Five Laws of Library Science. London: Golston 1931

Rechtsvorschriften für die Bibliotheksarbeit / Harald Müller (Hrsg.) 5., überarb. u. erw. Auflage, revidierte Ausgabe. Wiesbaden: Harrassowitz 2014

Rösch, Hermann: Ethische Konflikte und Dilemmata im bibliothekarischen Alltag. In: Mitteilungen der Vereinigung österreichischer Bibliothekarinnen und Bibliothekare. 67 (2014) 1, S. 15–32

Rösch, Hermann: Informationsethik Bibliotheksethik. Ethische Fragestellungen und ihr Stellenwert im Handlungsfeld Bibliothek. In: Praxishandbuch Bibliotheksmanagement / Hrsg. Rolf Griebel, Hildegard Schäffler, Konstanze Söllner. 2. Bd. Berlin: De Gruyter 2015, S. 975–996

Rösch, Hermann: Ethik und Bibliothek. Institutionenethik als Desiderat. In: Bibliothek. Forschung für die Praxis. Festschrift für Konrad Umlauf zum 65. Geburtstag / Hrsg. Petra Hauke... Berlin, Boston: De Gruyter 2017, S. 101–112

Rösch, Hermann: Ethische Grundsätze. Eine kritische Würdigung der Neufassung der bibliothekarischen Berufsethik der BID. In: BuB 70 (2018) 4, S. 174–179

Schliack, Manja: Das Konzept der Informationsethik nach Rafael Capurro. In: Unternehmensethik im digitalen Zeitalter / Hrsg. v. Albert Löhr. München: Hampp 2011, S. 87–96

Spinner, Helmut F.: Wissensordnung, Ethik, Wissensethik. In: Angewandte Ethik. Die Bereichsethiken und ihre theoretische Fundierung / Hrsg. v. Julian Nida-Rümelin. Stuttgart: Kröner 1996, S. 718–749

Steinhauer, Eric W.: Bibliotheken als Gegenstand eines Gesetzes zur Förderung der kulturellen Bildung? Überlegungen zu einer aktuellen nordrhein-westfälischen Debatte. In: BD 45 (2011) 1, S. 64–80

Steinhauer, Eric W.: Das Pflichtexemplarrecht, In: Praxishandbuch Bibliotheksmanagement / Hrsg. Rolf Giebel, Hildegard Schäffer und Konstanze Söllner. Berlin: De Gruyter 2014 (De Gruyter Reference), Bd. 2, S. 947–957

Steinhauer, Eric W.: Datenschutz in Kultureinrichtungen, Bibliotheken und Archiven. In: Handbuch europäisches und deutsches Datenschutzrecht. Bereichsspezifischer Datenschutz in Privatwirtschaft und öffentlichem Sektor / Louisa Specht, Reto Mantz (Hrsg.). München: Beck 2019, S. 699–717

Tokarski, Kim Oliver: Ethik und Entrepreneurship. Eine theoretische sowie empirische Analyse junger Unternehmen im Rahmen einer Unternehmensethikforschung. Wiesbaden: Gabler 2008

Verhaltenskodex des dbv zur Verwirklichung von Transparenz und zur Bekämpfung von Korruption. Deutscher Bibliotheksverband 2015 https://www.bibliotheksverband.de/fileadmin/user_upload/DBV/vereinbarungen/2015_05_Verhaltenskodex_dbv_endg.pdf

Waibl, Elmar: Angewandte Wirtschaftsethik. Wien: WUV-Univ.-Verl. 2005

Ziebertz, Hans-Georg: Ethisches Lernen. In: Religionsdidaktik. Ein Leitfaden für Studium, Ausbildung und Beruf / Hrsg. Georg Hilger, Stephan Leimgruber, Hans-Georg Ziebertz. 6. Aufl. München: Kösel 2010, S. 434–452

Kapitel 5: Bibliotheken in Deutschland

Benutzungsdienste in Bibliotheken: Bestands- und Informationsvermittlung / Wilhelm Hilpert, Bertold Gillitzer, Sven Kuttner, Stephan Schwarz. Berlin u. a.: De Gruyter Saur 2014

Bericht zur Lage der Bibliotheken 2018/19 / Deutscher Bibliotheksverband. Barbara Lison. Berlin: dbv 2018 = https://www.bibliotheksverband.de/fileadmin/user_upload/DBV/publikationen/dbv_Jahresbericht2018_final.pdf

Bibliothek der Zukunft. Zukunft der Bibliothek: Festschrift für Elmar Mittler anlässlich seines 75. Geburtstages / hrsg. Von Andreas Degkwitz. Berlin (u. a.): De Gruyter Saur 2016

Bibliothekswelten im Umbruch. Die Bibliothek im Internetzeitalter. Berlin: Büro für Zukunftsfragen 2016

Brücken für Babylon. Interkulturelle Bibliotheksarbeit, Grundlagen Konzepte Erfahrungen / hrsg. von Petra Hauke und Rolf Busch. Bad Honnef: Bock + Herchen 2008

Bücher öffnen Welten. Medienangebote für Menschen in Haft in Deutschland und international / Gerhard Peschers, Förderverein Gefangenenbüchereien e. V. (Hrsg.). Berlin u. a.: De Gruyter Saur 2013

Gantert, Klaus: Wandel, Vielfalt und Kooperation. Aufgaben, Typen und Träger von Bibliotheken. In: Praxishandbuch Bibliotheksmanagement / Hrsg. Rolf Giebel, Hildegard Schäffer und Konstanze Söllner. Berlin, München Boston: De Gruyter Saur 2015, S. 5–16

Giella, Wolfgang: Der „Dritte Ort" in einer wissenschaftlichen Bibliothek? In: Vernetztes Wissen. Online. Die Bibliothek als Managementaufgabe. Festschrift für Wolfram Neubauer zum 65. Geburtstag / Hrsg. Rafael Ball, Stefan Wiederkehr. Berlin: De Gruyter 2015, S. 45–59

Handbuch Hochschulbibliothekssysteme. Leistungsfähige Informationsstrukturen für Wissenschaft und Studium / Konstanze Söllner; Wilfried Sühl-Strohmenger (Hrsg.): Berlin (u. a.): De Gruyter Saur 2014

Hohoff, Ulrich: Strukturen und Entwicklungen des öffentlichen Bibliothekssektors in Deutschland. In:

Praxishandbuch Bibliotheksmanagement / Hrsg. Rolf Giebel, Hildegard Schäffer und Konstanze Söllner. Berlin, München Boston: De Gruyter Saur 2015, S. 37–76

Holste-Flinsbach, Karin: Der Fachangestelltenberuf im Bibliothekswesen und seine Vorläuferausbildungen. Ausbildungsformen für mittlere und praktische Berufe in deutschen Bibliotheken mit nicht-akademischer Ausbildung zur beruflichen Fachkraft. Wiesbaden: Dinges & Frick 2016 (B.I.T-Online; innovativ; 57)

Keller-Loibl, Kerstin; Brandt, Susanne: Leseförderung in Öffentlichen Bibliotheken. Berlin (u. a.): De Gruyter Saur 2014

Kirmse, Renate: Schulbibliothek. Berlin u. a.: De Gruyter Saur 2013

Lernwelt Öffentliche Bibliothek. Dimension der Verortung und Konzepte / Richard Stang, Konrad Umlauf (Hrsg.). Berlin (u. a.): De Gruyter Saur 2018

Öffentliche Bibliothek 2030. Herausforderungen, Konzepte, Visionen / Petra Hauke (Hrsg.). Bad Honnef: Bock & Herchen 2017

Rösch, Hermann: Öffentliche Bibliotheken und ihre Umwelt. Aktuelle gesellschaftliche Entwicklungen als Herausforderung bibliothekarischen Handelns. In: Handbuch Bestandsmanagement in Öffentlichen Bibliotheken / Hrsg. Frauke Schade und Konrad Umlauf. Berlin: Saur 2012, S. 7–25 (Bibliotheks- und Informationspraxis 46)

Rössler, Maria Theresia: Neue Lese-Rezepte. Kreative Methoden / Maria Theresia Rössler; Gudrun Sulzenbacher. Innsbruck, Wien: Tyrolia 2016

Schurig, Tina: Die Zukunftsfähigkeit öffentlicher Bibliotheken. Rollen, Chancen und Grenzen international und national. Wiesbaden: Dinges & Frick 2017 (BIT-Online innovativ; 66)

Seefeldt, Jürgen: Strukturen und Entwicklungen des öffentlichen Bibliothekssektors in Deutschland. In: Praxishandbuch Bibliotheksmanagement / Hrsg. Rolf Giebel, Hildegard Schäffer und Konstanze Söllner. Berlin, München Boston: De Gruyter Saur 2015, S. 17–66

Soziale Bibliotheksarbeit / Hrsg. Fred Karl. Kassel: Gesamthochschulbibliothek 1980

Soziale Bibliotheksarbeit. Theorie und Praxis / Hrsg. Hugo Ernst Käufer. Berlin: dbi 1982 (dbi-Materialien 18)

Wolf, Sabine: Praxisbuch Schulbibliotheken / Sabine Wolf; Karsten Schuldt. Schwalbach im Taunus: Debus Pädagogik Verlag 2013

Zugang für alle – soziale Bibliotheksarbeit in Deutschland / hrsg. von Ben Kaden und Maxi Kindling. Berlin: BibSpider, 2007

Die Zukunft der Bibliotheken in Deutschland. Eine Repräsentativbefragung der Bevölkerung ab 16 Jahre / Institut für Demoskopie Allensbach (Hrsg.). Allensbach 2016

Kapitel 6: Netze und Kooperationen, Innovationen und Projekte

100. Deutscher Bibliothekartag Berlin Festschrift / Im Auftr. des Vereins Deutscher Bibliothekare (VDB) u. des Berufsverbands Information Bibliothek (BIB) hrsg. von Felicitas Hundhausen, Daniela Lulfing u. Wilfried Suhl-Stromenger. Hildesheim: Olms 2011

21 gute Gründe für gute Bibliotheken / hrsg. von der BID Bibliothek & Information Deutschland. Konzept und Inhalt: Gabriele Beger u. a. Text: Anne Buhrfeind. Bad Honnef: Bock und Herchen 2009.

40 Jahre Lektoratskooperation. Geschichte, Facetten und Zukunft einer Idee / Haike Meinhardt, Andreas Mittrowann, Frank Seeger (Hrsg.). Reutlingen: ekz 2016

Altenhöner, Reinhard: Auf dem Weg zu einem nationalen Zeitungsportal. Eine materialspezifische Kooperation als Treiber eines neuen Dienstes für Wissenschaft und Forschung, In: Kooperative Informationsinfrastrukturen als Chance und Herausforderung. Festschrift für Thomas Bürger zum 65. Geburtstag / Juliane Rehnolt und Achim Bonte (Hrsg.). Berlin, Boston: De Gruyter Saur 2018, S. 144–160 = https://www.degruyter.com/downloadpdf/books/9783110587524/9783110587524-019/9783110587524-019.xml

Aufbruch als Ziel – BID und „Bibliothek 2007". Zum Abschluss der sechsjährigen Amtszeit Georg Ruppelts als Sprecher von Bibliothek & Information Deutschland / Hrsg.: Bibliothek & Information Deutschland e. V. Hildesheim u. a.: Olms 2006

Bericht zur Lage der Bibliotheken 2010 / Deutscher Bibliotheksverband. Berlin: dbv 2010

Bericht zur Lage der Bibliotheken 2018/19 / Deutscher Bibliotheksverband. Barbara Lison. Berlin: dbv 2018

= https://www.bibliotheksverband.de/fileadmin/user_upload/DBV/publikationen/dbv_Jahresbericht2018_final.pdf
Bibliothek 2007. Strategiekonzept / Bertelsmann Stiftung, Bundesvereinigung Deutscher Bibliotheksverbände (Hrsg.). Von Gabriele Beger ... 3. Aufl. Gütersloh. Verl. Bertelsmann Stiftung 2004
Bibliotheken '93: Strukturen, Aufgaben, Positionen / Bundesvereinigung Deutscher Bibliotheksverbände. Berlin: Deutsches Bibliotheksinstitut; Göttingen: Niedersächsische Staats- u. Univ.-Bibliothek 1994
Bibliotheken und Bürgerschaftliches Engagement. Eine Standortbestimmung / Deutscher Bibliotheksverband. Berlin: dbv 2011 = https://www.bibliotheksverband.de/fileadmin/user_upload/DBV/publikationen/B%C3%BCrgerschaftliches_Engagement_Standort_Umfrage.pdf
Bibliotheksplan '73. Entwurf e. umfassenden Bibliotheksnetzes für d. Bundesrepublik Deutschland / Deutsche Bibliothekskonferenz. Berlin: Dt. Büchereiverband, Arbeitsstelle für d. Büchereiwesen 1973
Bibliotheksverbund in Nordrhein-Westfalen. Planung und Aufbau der Gesamthochschulbibliotheken und des Hochschulbibliothekszentrums 1972 1975 / Barckow, Klaus (Hrsg.). München: Verl. Dokumentation 1976 (Bibliothekspraxis, 19)
Bürger, Thomas: Neue Labore der Erinnerungskultur. Zur Zukunft historischer Bibliothekssammlungen. In: ZfBB 66 (2019) 1, S. 19–26
Ceynowa, Klaus: Digitale Wissenswelten Herausforderungen für die Bibliothek der Zukunft. In: ZfBB 61 (2014) 4–5, S. 235–238
DFG-Praxisregeln „Digitalisierung". Deutsche Forschungsgemeinschaft 2016 = https://www.dfg.de/formulare/12_151/12_151_de.pdf
Digitalisierungsstrategie der Deutschen Nationalbibliothek 2017 bis 2020 / Deutsche Nationalbibliothek 2017 = https://www.dnb.de/digitalisierungsstrategie
Dugall, Berndt: Informationsinfrastrukturen gestern, heute, morgen. Anmerkungen zu Empfehlungen des Wissenschaftsrates. In: ABI Technik 31 (2011) 2, S. 92–107
Empfehlungen zur Weiterentwicklung der wissenschaftlichen Informationsinfrastruktur in Deutschland bis 2020 / Wissenschaftsrat 2012 (Drs., 2359–12) = https://www.wissenschaftsrat.de/download/archiv/2359-12.pdf?__blob=publicationFile&v=3
Empfehlungen zur Zukunft des bibliothekarischen Verbundsystems in Deutschland / Wissenschaftsrat 2011 (Drs., 10463–11) = https://www.wissenschaftsrat.de/download/archiv/10463-11.pdf;jsessionid= 5D1CA0557C4568F0170BAA641F135AAB.delivery2–master?__blob=publicationFile&v=3
Evaluierung des DFG-geförderten Systems der Sondersammelgebiete / Deutsche Forschungsgemeinschaft / Unter Mitarbeit von Michael Astor, Georg Klose, Susanne Heinzelmann und Daniel Riesenberg. 2011 = https://www.dfg.de/download/pdf/dfg_im_profil/geschaeftsstelle/publikationen/evaluierung_ssg.pdf
Fabian, Bernhard: Buch, Bibliothek und geisteswissenschaftliche Forschung. Zu Problemen der Literaturversorgung und der Literaturproduktion in der Bundesrepublik Deutschland. Göttingen: Vandenhoeck & Ruprecht 1983 (Schriftenreihe der Stiftung Volkswagenwerk, 24)
Fachinformationsdienste für die Wissenschaft. Von den Sondersammelgebieten zu den Fachinformationsdiensten: Zwischenbilanz der Umstrukturierung der Förderung / Deutsche Forschungsgemeinschaft; Ausschuss für Wissenschaftliche Bibliotheken und Informationssysteme / Deutsche Forschungsgemeinschaft 2016 = https://www.dfg.de/download/pdf/foerderung/programme/lis/fid_zwischenbilanz_umstrukturierung_foerderung_sondersammelgebiete.pdf
Förderung von Informationsinfrastrukturen für die Wissenschaft. Ein Positionspapier der Deutschen Forschungsgemeinschaft 2018 = https://www.dfg.de/download/pdf/foerderung/programme/lis/positionspapier_informationsinfrastrukturen.pdf
Gesamtkonzept für Informationsinfrastruktur in Deutschland verabschiedet. Pressemitteilung / Leibniz-Gemeinschaft 2011 = http://www.leibniz-gemeinschaft.de/ueber-uns/neues/forschungsnachrichten/forschungsnachrichten-single/newsdetails/gesamtkonzept-fuer-informationsinfrastruktur-in-deutschland-verabschiedet.html
Glaab-Kühn, Friederike; Kittelmann, Maike: FID-Lizenzen sichtbar und suchbar machen: Der Zentrale Nachweis für FID-Lizenzen Konzept, Umsetzung und Datenmanagement. In: ABI Technik 38 (2018) 3, S. 234–244

Greis, Friedhelm: Buchautoren erleiden „kolossale Niederlage" gegen Google. In: Zeit Online, 19.04.2016 = https://www.zeit.de/digital/internet/2016-04/urheberrecht-google-books-supreme-court-urteil

Griebel, Rolf: Die Förderung der wissenschaftlichen Informationsinfrastruktur durch die Deutsche Forschungsgemeinschaft. Zwischenbilanz zum DFG-Positionspapier „Wissenschaftliche Literaturversorgungs- und Informationssysteme. Schwerpunkte der Förderung bis 2015. In: ZfBB, 57 (2010) 2, S. 71–86

Handbuch der historischen Buchbestände in Deutschland / Fabian, Bernhard (Hrsg.) 2010 = http://fabian.sub.uni-goettingen.de/

Hillenkötter, Kristine; Huber, Maria; Stanek, Ursula; Steilen, Gerald: Das Kompetenzzentrum für die Lizenzierung elektronischer Ressourcen im DFG-geförderten System der „Fachinformationsdienste für die Wissenschaft" (FID): Betriebsorganisation, Verhandlung und Bereitstellung von FID-Lizenzen ein Statusbericht. In: Bibliothek Forschung und Praxis 40 (2016) 1, S. 33–49

Die Hochschulbibliotheken und die Entwicklung der Informationsinfrastruktur in Deutschland. Stellungnahme der Hochschulbibliotheken in der Sektion 4 des Deutschen Bibliotheksverbandes (dbv) zu den Empfehlungen der Kommission Zukunft der Informationsinfrastruktur (Gesamtkonzept der KII) = https://www.bibliotheksverband.de/fileadmin/user_upload/Sektionen/sektion4/Publikationen/2012_05_30_Stellungnahme_HSB_zuKII_finale_Version.pdf

Hupfer, Günter: Die „Common Bibliographic Data Zone" (CBDZ) = https://hbz.opus.hbz-nrw.de/files/401/PDFA_CBDZ_Lokalsystemworkshop_2016_9_20.pdf

Jahresbericht 2017 / Verbundzentrale des Gemeinsamen Bibliotheksverbundes (VZG). Unter Mitarbeit von Ute Sandholzer 2017 = https://www.gbv.de/Verbundzentrale/Publikationen/PDF/Jahresbericht_2017.pdf

Kemner-Heek, Kirstin: Konzeption und Angebot zukünftiger Bibliotheksmanagementsysteme. Bestandsaufnahme und Analyse. Köln: Fachhochschule Köln 2012 (Kölner Arbeitspapiere zur Bibliotheks- und Informationswissenschaft, 64) = https://publiscologne.th-koeln.de/frontdoor/index/index/docId/70,

Knoche, Michael: Die Idee der Bibliothek und ihre Zukunft. 2. Aufl. Göttingen: Wallstein Verlag 2018 = https://www.nomos-elibrary.de/10.5771/9783835342330.pdf

Kooperative Informationsinfrastrukturen als Chance und Herausforderung. Festschrift für Thomas Bürger zum 65. Geburtstag / Juliane Rehnolt und Achim Bonte (Hrsg.). Berlin, Boston: De Gruyter Saur 2018 = https://www.degruyter.com/downloadpdf/books/9783110587524/9783110587524-019/9783110587524-019.xml

Kratzer, Mathias; Stefan Lohrum; Uwe Ritsch. Peter Thiessen: Zum Stand des Projektes „Cloudbasierte Infrastruktur für Bibliotheksdaten" (CIB). In: ZfBB 63 (2016) 5–6, S. 250–257

Leistung aus Vielfalt. Empfehlungen zu Struktur, Prozessen und Finanzierung des Forschungsdatenmanagements in Deutschland / Rat für Informationsinfrastrukturen 2016 = http://www.rfii.de/?p=1998

Lipp, Anne: Zuerst Kooperation, dann Förderung. Kooperationslinien im Vorfeld der Förderung wissenschaftlicher Informationsinfrastrukturen durch die Deutsche Forschungsgemeinschaft. In: Kooperative Informationsinfrastrukturen als Chance und Herausforderung. Festschrift für Thomas Bürger zum 65. Geburtstag / Juliane Rehnolt und Achim Bonte (Hrsg.). Berlin, Boston: De Gruyter Saur 2018, S. 235–243 = https://www.degruyter.com/downloadpdf/books/9783110587524/9783110587524-019/9783110587524-019.xml

Meinhardt, Haike: Informationsinfrastrukturen im Wandel. Empfehlungen und Diskussion des Rates für Informationsinfrastrukturen zum Forschungsdatenmanagement in Deutschland. In: ZfBB 64 (2017) 5, S. 261–267

Die moderne Bibliothek. Ein Kompendium d. Bibliotheksverwaltung / hrsg. von Rudolf Frankenberger u. Klaus Haller. München: Saur 2004

Möllers, Beate: Zur Einstellung der Förderung des kommunalen Sondersammelgebietes. In: Pro Libris 15 (2010) 3, S. 118 = https://www.bibliotheken-nrw.de/fileadmin/Dateien/Daten/ProLibris/ProLibrisPDF/2010/2010-3.pdf

Nelle, Dietrich: Die Verantwortung wissenschaftlicher Bibliotheken im Zeitalter der Digitalisierung. In: Kooperative Informationsinfrastrukturen als Chance und Herausforderung. Festschrift für Thomas Bürger zum 65. Geburtstag / Juliane Rehnolt und Achim Bonte (Hrsg.). Berlin, Boston: De Gruyter Saur

2018, S. 70–92 = https://www.degruyter.com/downloadpdf/books/9783110587524/9783110587524-019/9783110587524-019.xml

Neue Verbundangebote für die Wissenschaft. Bericht der Arbeitsgemeinschaft der Verbundsysteme über ihre Planung. In: O-Bib. Das Offene Bibliotheksjournal 5 (2018) 2, S. 229–233 = https://www.o-bib.de/article/view/2018H2S229–233

Niesner, Stefan: Eine vergleichende Analyse von Enterprise-Suchmaschinen für die Indexierung von Katalogdaten. Masterarbeit. Köln: TH Köln, Fakultät für Informations- und Kommunikationswissenschaft 2017 = https://publiscologne.th-koeln.de/frontdoor/deliver/index/docId/969/file/MAT_Niesner_Stefan.pdf

Poley, Christoph: Das Suchportal LIVIO im Wandel der Zeit. In: ZfBB 66 (2019) 3, S. 110–119

Positionspapier zur Weiterentwicklung der Bibliotheksverbünde als Teil einer überregionalen Informationsinfrastruktur / Deutsche Forschungsgemeinschaft. Ausschuss für wissenschaftliche Bibliotheken und Informationssysteme 2011 = https://www.dfg.de/download/pdf/foerderung/programme/lis/positionspapier_bibliotheksverbuende.pdf

Richtlinien zur überregionalen Literaturversorgung der Sondersammelgebiete und Virtuellen Fachbibliotheken / Deutsche Forschungsgemeinschaft 2015 = https://www.dfg.de/formulare/12_109/index.jsp

Schleh, Bernd: Schwieriger Umgang mit Büchern aus rechten Verlagen. Lektoratskooperation greift beim Bibliothekartag aktuelles Thema auf und stößt auf großes Interesse. In: BuB 70 (2018) 7, S. 424–425

Stärkung des Systems wissenschaftlicher Bibliotheken in Deutschland. Förderung von Informationsinfrastrukturen für die Wissenschaft. Ein Impulspapier des Ausschusses für Wissenschaftlichen Bibliotheken und Informationssysteme der Deutschen Forschungsgemeinschaft / Deutsche Forschungsgemeinschaft 2018 = https://www.dfg.de/download/pdf/foerderung/programme/lis/positionspapier_informationsinfrastrukturen.pdf

Strategische Kooperation BSZ und VZG (GBV). 2019 / Bibliotheksservice-Zentrum Baden Württemberg (BSZ), Verbundzentrale des Gemeinsamen Bibliotheksverbundes GBV (VZG) 2019 = https://www.gbv.de/Verbundzentrale/Publikationen/broschueren/2019/Broschuere_BSZ-GBV_2019.pdf

Suber, Peter: Open Access Overview. Focusing on open access to peer-reviewed research articles and their preprints. 2004/2015 = http://bit.ly/oa-overview

Übergreifende Empfehlungen zu Informationsinfrastrukturen / Wissenschaftsrat 2011 (Drs., 10466) = https://www.wissenschaftsrat.de/download/archiv/10466-11.pdf?__blob=publicationFile&v=3

Umlauf, Konrad: Bibliotheksplan 1969 und Bibliotheksplan 1973. In: Auf dem Weg in die Informationsgesellschaft / Vodosek, Peter u. a. (Hrsg.). Wiesbaden: Harrassowitz 2008, S. 27–80

Wiesenmüller, Heidrun: DNB-Sacherschließung: Neues für die Reihen A und B. Der Blog rund um RDA und das Lehrbuch = https://www.basiswissen-rda.de/dnb-sacherschliessung-reihen-a-und-b/

Wissenschaftliche Bibliotheken 2025 / Deutscher Bibliotheksverband. Sektion 4. Wissenschaftliche Universalbibliotheken 2018 = https://www.bibliotheksverband.de/fileadmin/user_upload/Sektionen/sektion4/Publikationen/WB2025_Endfassung_endg.pdf

Kapitel 7: Normen und Standards, Richtlinien und Empfehlungen

21 gute Gründe für gute Bibliotheken / hrsg. von der BID - Bibliothek und Information Deutschland. Berlin: BID 2009 = https://www.bib-info.de/fileadmin/media/Dokumente/Positionen/bibliothek_2012-strategiepapier.pdf

Asmus, Sylvia: Nachlasserschließung im Deutschen Exilarchiv 1933 - 1945 unter besonderer Berücksichtigung der Benutzersicht. Berlin, Humboldt-Univ., Diss. 2010 = urn:nbn:de:kobv:11-100106156

Bargheer, Margo: Qualitätskriterien und Evaluierungswege für wissenschaftliche Internetressourcen. Ein Report für d. bibliothekar. u. dokumentar. Praxis, Report zum DFG-Projekt „Datenbankbasierte Clearinghouses im Kontext digitaler Bibliotheken". Göttingen. Niedersächs. Staats- u. Univ.-Bibliothek 2003 = http://webdoc.sub.gwdg.de/ebook/aw/2003/bargheer/v10.pdf

Barz, Carmen; Becker, Tom: Was für ein Service!: Der (lange) Weg zu Qualitätsstandards im Auskunftsdienst. In: Bibliotheksforum Bayern 2 (2008) 3, S. 174 177

Becker, Tom: Qualitätsstandards für den Auskunftsdienst. In: Erfolgreiches Management von Bibliotheken und Informationseinrichtungen. Fachratgeber für d. Bibliotheksleitung u. d. Bibliothekare / Hans-Christoph Hobohm; Konrad Umlauf (Hrsg.). Autoren: Gabriele Beger ... Loseblatt-Ausg. Hamburg: Dashofer 2002ff., Abschn. 3.5.11.3 (2009)

Bibliotheken '93. Strukturen, Aufgaben, Positionen / Hrsg.: Bundesvereinigung Deutscher Bibliotheksverbände. Berlin: DBI; Göttingen: Niedersächs. Staats- u. Univ.-Bibliothek 1994

Bibliotheksplan ‚73. Entwurf e. umfassenden Bibliotheksnetzes für d. Bundesrepublik Deutschland / Deutsche Bibliothekskonferenz. Berlin: Dt. Büchereiverband, Arbeitsstelle für d. Büchereiwesen 1973

DIN-Norm 67700: Bau von Bibliotheken und Archiven Anforderungen und Empfehlungen für die Planung. Berlin: Beuth 2017

Framework for Information Literacy for Higher Education / American Library Association, ACRL Board 2015 = http://www.ala.org/acrl/sites/ala.org.acrl/files/content/issues/infolit/Framework_ILHE.pdf

Functional Requirements for Authority Data. A Conceptual Model / Edited by Glenn E. Patton. Berlin, New York. Walter De Gruyter 2009 (IFLA Series on Bibliographic Control, 34) = www.reference-global.com/action/showBook?doi=10.1515/9783598440397

Functional Requirements for Subject Authority Data (FRSAD). Final Report / IFLA Working Group on the Functional Requirements for Subject Authority Records (FRSAR), editors: Marcia Lei Zeng u. a. The Hague: ILFA 2010 = http://www.ifla.org/files/classification-and-indexing/functional-requirements-for-subject-authority-data/frsad-final-report.pdf

Funktionale Anforderungen an bibliografische Datensätze [Elektronische Ressource]. Abschlussbericht der IFLA Study Group on the Functional Requirements for Bibliographic Records / Deutsche Nationalbibliothek. Übers. von Susanne Oehlschläger. Geänderte und korrigierte Fassung, Stand: Februar 2009. Leipzig, Frankfurt, M., Berlin: Dt. Nationalbibliothek 2009 = urn:nbn:de:101-2009022600

Guidelines for Behavioral Performance of Reference and Information Service Providers. American Library Association, Reference and User Services Association 2013 = http://www.ala.org/rusa/resources/guidelines/guidelinesbehavioral

Hofmann, Rainer; Roschkowski, Gregor: Bestandserhaltung in Archiven und Bibliotheken. 6. Aufl. Berlin: Beuth 2018

Homann, Benno: Standards der Informationskompetenz. Eine Übersetzung d. amerikan. Standards d. ACRL als argumentative Hilfe zur Realisierung d. „Teaching Library". In: BD 36 (2002) 5, S. 625–637

IFLA Guidelines for Online Public Access Catalogue (OPAC) Displays. Final Report May 2005. Munchen. Saur 2005 (IFLA Series on Bibliographic Control; vol. 27)

IFLA public library service guidelines / [International Federation of Library Associations and Institutions]. Ed. by Christie Koontz and Barbara Gubbin. 2nd, completely rev. ed. Berlin, New York, NY.: De Gruyter Saur 2010 (International Federation of Library Associations and Institutions: IFLA publications, 147)

Inden, Yvonne: Die Entwicklung von Qualitätsstandards in Bibliotheken und ihr Einsatz im Benchmarking. Berlin: Institut für Bibliotheks- und Informationswissenschaft der Humboldt-Universität zu Berlin 2008 (Berliner Handreichungen zur Bibliotheks- und Informationswissenschaft; 229)

Information Literacy Standards for Student Learning / American Association of School Librarians, Association for Educational Communications and Technology. Chicago [u. a.]: ALA 1998

Klingenberg, Andreas: Referenzrahmen Informationskompetenz für alle Bildungsebenen. In: Handbuch Informationskompetenz / Sühl-Strohmenger, Wilfried (Hrsg.): 2. Aufl. Berlin: De Gruyter 2016, S. 30–41 = DOI 10.1515/9783110403367-005

Mallmann-Biehler, Marion: Statistische Erhebungen zum Personaleinsatz in wissenschaftlichen Bibliotheken. Ergebnisse e. mit Unterstützung d. DFG durchgeführten Untersuchung / unter Mitarb. von Hans-Joachim Bergmann u. Claudia Haarbeck. Heidelberg. UB, 1982 (Heidelberger Bibliotheksschriften, 3)

Moravetz-Kuhlmann, Monika: Ewerbungspolitik, Etatplanung und Mittelallokation in wissenschaftlichen Bibliotheken. In: Praxishandbuch Bibliotheksmanagement / Hrsg. Rolf Giebel, Hildegard Schäffer und Konstanze Söllner. Berlin, München, Boston: De Gruyter Saur 2015, Bd. 1, S. 161–183

Öffentliche Bibliothek. Gutachten d. kommunalen Gemeinschaftsstelle für Verwaltungsvereinfachung (KGSt) / Deutscher Bibliotheksverband. Bibliotheks-Sonderaufl. Berlin: DBV, Arbeitsstelle für das Bibliothekswesen 1973 (Materialien der Arbeitsstelle für das Bibliothekswesen, 1)

Organisationsmodell für Gemeinden der Größenklasse 5. Organisation d. Schulverwaltungs-, Sport- und Kulturamtes. Köln: Kommunale Gemeinschaftsstelle für Verwaltungsvereinfachung 1994 (KGSt-Bericht 5/1994)

Poll, Roswitha: Measuring quality / Roswitha Poll; Peter te Boekhorst. 2. Aufl. München: Saur 2007 (IFLA Publications, 127)

Plädoyer für die Sonntagsöffnung. Gemeinsame Stellungnahme von BIB und vbnw zum geplanten Bibliotheksstärkungsgesetz in NRW, In: BuB – Forum Bibliothek und Information. 71 (2019) 08–09, S. 456–457

Referenzrahmen Informationskompetenz / Erarbeitet von Andreas Klingenberg im Auftrag der dbv-Kommission Bibliothek & Schule und der Gemeinsamen Kommission Informationskompetenz von VDB und dbv 2016 = https://www.bibliotheksverband.de/fileadmin/user_upload/Kommissionen/Kom_Infokompetenz/2016_11_neu_Referenzrahmen-Informationskompetenz_endg__2__Kbg.pdf

Regeln für die alphabetische Katalogisierung. RAK / [red. Bearb.: Irmgard Bouvier]. Autoris. Ausg., unveränd. Nachdr. Wiesbaden: Reichert 1980

Regeln für die Alphabetische Katalogisierung. Sonderregeln für kartograph. Materialien (RAK-Karten) / Deutsches Bibliotheksinstitut. Autoris. Ausg. Wiesbaden: Reichert 1987

Regeln für die alphabetische Katalogisierung in Parlaments- und Behördenbibliotheken RAK-PB. RAK-Anwendungsregeln unter Berücks. d. RSWK. 2. Ausg. Wiesbaden: AG d. Parlaments- u. Behördenbibl., 1989 (Arb.-Gemeinsch. d. Parl.- u. Behördenbibl.. Arbeitsh., 35)

Regeln für die alphabetische Katalogisierung von Ausgaben musikalischer Werke. RAK Musik, Sonderregeln zu d. RAK-WB u. RAK-ÖB / Die Deutsche Bibliothek / Red. Klaus Haller u. Elfried Witte. Rev. Ausg. 2003. Leipzig, Frankfurt a. M., Berlin: DDB 2004

Regeln für die alphabetische Katalogisierung von Nichtbuchmaterialien. RAK-NBM ; Sonderregeln zu d. RAK-WB u. d. RAK-ÖB / Deutsches Bibliotheksinstitut. Losebl.-Ausg. Berlin: DBI 1996

Regeln für die Schlagwortkatalogisierung. RSWK / Deutsche Nationalbibliothek. 4., vollständig überarbeitete Auflage. Frankfurt am Main: Deutsche Nationalbibliothek 2017 = http://d-nb.info/1126513032/34

Resource Description & Access. RDA Toolkit / American Library Association 2010 = www.rdatoolkit.org

Richtlinien für die OPAC-Anzeige / IFLA Division of Bibliographic Control, Task Force on Guidelines for OPAC Displays (Hrsg.). Berlin, New York, NY.: De Gruyter Saur 2010 (International Federation of Library Associations and Institutions: IFLA series on bibliographic control, Vol. 40)

Standards der Informationskompetenz für Studierende / Deutscher Bibliotheksverband 2009 = https://www.bibliotheksverband.de/fileadmin/user_upload/Kommissionen/Kom_Dienstleistung/Publikationen/Standards_Infokompetenz_03.07.2009_endg.pdf

Wehr, Andrea: Wir sind zertifiziert!: Schritt für Schritt zum ISO-Zertifikat. In: Bibliotheksforum Bayern 2 (2008) 1, S. 46–47

Kapitel 8: Dienstleistungen

Askey, Dale: „Fühle mich oft als Bittsteller...". Anmerkungen zur Dienstleistungsmentalität in dt. u. amerikan. Bibliotheken. In: BuB. 55 (2003) 9, S. 57 6–581

Ball, Rafael, Bernhard Lübbers: Das Informationsmonopol der Bibliotheken ist gekippt. In: BIT online. 15 (2012) 5, S. 490f

Becker, Tom; Riehm, Hanne: „Was für ein Service!". In: Was für ein Service!. Entwicklung und Sicherung der Auskunftsqualität von Bibliotheken / von Tom Becker unter Mitarb. von Carmen Barz. Wiesbaden: Dinges & Frick 2007, S. 154–194

Bruhn, Manfred: Qualitätsmanagement für Dienstleistungen. 10. Aufl. Berlin; Heidelberg: Springer Gabler 2016

Christensen, Anne: Virtuelle Auskunft mit Mehrwert. Chatbots in Bibliotheken. Berlin: Inst. für Bibliotheks- und Informationswiss. 2000. Berliner Handreichungen zur Bibliotheks- und Informationswissenschaft, 222) = www.ib.hu-berlin.de/~kumlau/handreichungen/h222/h222.pdf

Definitions of a Reference Transaction / Reference and User Services Association (RUSA). 2004 = http://www.ala.org/rusa/guidelines/definitionsreference

Draft Guidelines for Implementing and Maintaining Virtual Reference Services 5/2003 / American Library Association, Reference and User Services Association, Machine-Assisted Reference Section. 2003 = http://www.ala.org/rusa/sites/ala.org.rusa/files/content/GuidelinesVirtualReference_2017.pdf

E-Book laden – Test der „Onleihe" in „Test"-Heft 4/2017 = https://www.lesen.net/ebook-news/ebooks-laden-stiftung-warentest-lobt-onleihe-und-aldi-life-59968

Eisenberg Michael B.: Information Problem-Solving. the big six Skills Approach to Library and Information Skills Instruction / by Michael B. Eisenberg; Robert E. Berkowitz. Norwood, N.J.: Ablex 1990 (Information management, policy, and services)

Empfehlungen zur digitalen Informationsversorgung durch Hochschulbibliotheken / Wissenschaftsrat. Köln: Wissenschaftsrat 2001 = https://bibliotheksportal.de/content/uploads/2017/10/Wissenschaftsrat_Empfehlungen.pdf

Ernestus, Horst: Auf dem Wege zum Auskunftsdienst. In: Die Öffentliche Bibliothek. Auftr. u. Verwirklichung, Beitr. zu e. Diskussion, Wilhelm Schmitz-Veltin zum 60. Geb. / zsgest. von Franz Rakowski. Berlin: Dt. Büchereiverband 1968, S. 91–108

The Green Library = Die grüne Bibliothek / Hauke, Petra; Latimer, Karen; Werner, Klaus Ulrich (Hrsg.) Berlin: De Gruyter 2013 (IFLA Publications. 161)

Guercke, Olaf (Intervt.); Mittelbach, Jens (Intervt.): Bequem erreichbar und maßgeschneidert. Persönliche Beratungsangebote in der Digitalen Bibliothek: Olaf Guercke und Jens Mittelbach im Gespräch über die Wissensbar der der SLUB Dresden. In: BIT online 18 (2015) 3, S. 267 - 271

Guidelines for Behavioral Performance of Reference and Information Service Providers. Reference and User Services Association. Chicago, Il.: American Library Association 2008 = http://www.ala.org/rusa/resources/guidelines/guidelinesbehavioral

Gut ist uns nie gut genug!. Instrumente zur Qualitätsentwicklung und Qualitätssicherung für eine ausgezeichnete Bibliothek / hrsg. von Tom Becker .... Wiesbaden: Dinges & Frick 2010 (BIT online. Innovativ; 30)

Handbuch Informationskompetenz / Hrsg. Wilfried Sühl-Strohmenger. 2. Aufl. Berlin, Boston: De Gruyter 2016

Hofmann, Andrea; Hauschke, Christian: Roving Librarians in der Zentralbibliothek der Hochschule Hannover. In: Informationspraxis Bd. 2 (2016) 1= DOI: http://dx.doi.org/10.11588/ip.2016.1.28559

IFLA public library service guidelines / [International Federation of Library Associations and Institutions]. Ed. by Christie Koontz and Barbara Gubbin. 2., completely rev. ed. Berlin, New York, NY.: De Gruyter Saur 2010 (International Federation of Library Associations and Institutions: IFLA publications, 147)

IFLA: Vorbilder, Erzieher, Ermöglicher. Bibliotheken und Nachhaltigkeit. In: Öffentliche Bibliothek 2030 / Hauke, Petra (Hrsg.) Bad Honnef: Bock + Herchen 2019, S. 357–364 = DOI: 10.18452/19927

Ilg, Jens: Mehr Spielräume: Methoden der partizipativen Lernraumgestaltung. In: Bibliothek Forschung und Praxis 40 (2016) 3, S. 347–360

Information.plus! Dienstleistungskatalog der Universitätsbibliothek Bielefeld. Bielefeld: Universitätsbibliothek = https://www.ub.uni-bielefeld.de/div/pdf/Dienstleistungskatalog.pdf

Jochumsen, Henrik; Skot-Hansen, Dorte; Hvenegaard-Rasmussen, Casper: Erlebnis, Empowerment, Beteiligung und Innovation. In: Formierungen von Wissensräumen. Optionen des Zugangs zu Information und Bildung / hrsg. von Olaf Eigenbrodt und Richard Stang. Berlin, Boston, Mass.: De Gruyter Saur 2014, S. 67–80

Katz, William A.: Basic Information Services. 8. ed. Boston [u. a.]: McGraw-Hill 2002 (Introduction to Reference Work, 1)

Kommunaler Produktplan Baden-Württemberg. Stand 30.6.2017. Stuttgart: Ministerium für Inneres Digitalisierung und Migration 2017 = https://im.baden-wuerttemberg.de/fileadmin/redaktion/m-im/intern/dateien/pdf/20170803_20170630_Produktplan_Stand_30–06–20_WORD_mit_akzeptierten_%C3%84nderungen.docx

Meffert, Heribert: Dienstleistungsmarketing. Grundlagen, Konzepte, Methoden / Heribert Meffert; Manfred Bruhn. 9., überarb. Aufl. Wiesbaden: Gabler 2018

Meinhardt, Haike: Das Zeitalter des kreativen Endnutzers: Die LernLab-, Creatorspace- und Makerspace-Bewegung und die Bibliotheken. In: BuB 66 (2014) 6, S. 479–485

Monroe, Margaret E.: A Conceptual Framework for the Public Library as a Community Learning Center for Independent Study. In: Library Quarterly 46 (1976 (1), S. 54–61

Nutzung elektronischer wissenschaftlicher Informationen in der Hochschulausbildung. Barrieren u. Potenziale d. innovativen Mediennutzung im Lernalltag d. Hochschulen, Endbericht, e. Studie im Auftr. d. Bundesministeriums für Bildung und Forschung / Rüdiger Klatt ... Dortmund 2001 = http://www.stefi.de

Oldenburg, Ray: The Great Good Place. Cafés, coffee shops, bookstores, bars, hair salons, and other hangouts at the heart of a community. New York, NY.: Marlowe 1999

Ordnung des Leihverkehrs in der Bundesrepublik Deutschland. Leihverkehrsordnung (LVO) [vom 19.9.2003]. In: BD 37 (2003) 11, S. 1467–1485, online auch unter https://www.bibliotheksverband.de/fileadmin/user_upload/DBV/vereinbarungen/Leihverkehrsordnung.pdf

Rickum, Boryano; Weis, Julia: Über Bibliotheken als emanzipatorische Orte des freien Handelns. In: Öffentliche Bibliothek 2030 / Hauke, Petra (Hrsg.) Bad Honnef: Bock + Herchen 2019, S. 3–6 = DOI: 10.18452/19927

Rösch, Hermann: Die Bibliothek und ihre Dienstleistungen. In: Handbuch Bibliothek. Geschichte, Aufgaben, Perspektiven / Hrsg. Konrad Umlauf und Stefan Gradmann. Stuttgart, Weimar: Metzler 2012, S. 89–110

Rösch, Hermann: Digital Reference, bibliothekar. Auskunft u. Informationsvermittlung im Web. In: BIT-online 6 (2003) 2, S. 113–127

Schmidt, Birgit; Horstmann, Wolfram; Jahn, Najko: Der Wandel der Informationspraxis in Forschung und Bibliothek. In: Zeitschrift für Bibliothekswesen und Bibliographie 62 (2015) 2, S. 73–79

Stang, Richard: Lernzentren als Option für Bibliotheken. Bibliothek Forschung und Praxis 34 (2010) 2, 148–152 = doi:http://dx.doi.org/10.1515/bfup.2010.027

Tappenbeck, Inka: Vermittlung von Informationskompetenz: Perspektiven für die Praxis. In: Tradition und Zukunft - die Niedersächsische Staats- und Universitätsbibliothek Göttingen: eine Leistungsbilanz zum 65. Geburtstag von Elmar Mittler / Hrsg. von Margo Bargheer und Klaus Ceynowa. Göttingen 2005, S. 63–73 = http://webdoc.sub.gwdg.de/univerlag/2006/fsmittler.pdf

Tappenbeck, Inka: Welche Dienstleistungen braucht die „digitale Wissenschaft"? Vorüberlegungen zu einer Studie über die Dienstleistungsbedarfe im Kontext von Digital Scholarship. In: ZfBB 64, 2017, 5, 223–233

Tochtermann, Klaus: Der Inhalt muss zum Nutzer: Kennzeichen der zukünftigen wissenschaftlichen Bibliothek. In: BuB 65 (2013) 2, S. 115 - 117

Tochtermann, Klaus: Eine neue Sicht auf die Bibliothek der Zukunft. Zehn Thesen zum zukünftigen Profil von wissenschaftlichen Informationsstruktureinrichtungen mit überregionaler Bedeutung. In: BuB. 65, 2013, 11/12, S. 770–771

Umlauf, Konrad: Bibliotheken, Informationskompetenz, Lernförderung und Lernarragenments. Berlin: Inst. für Bibliothekswiss. der Humboldt-Univ. zu Berlin 2004 (Berliner Handreichungen zur Bibliothekswissenschaft, 117) = http://www.ib.hu-berlin.de/~kumlau/handreichungen/h117

Ventzke, Marius: Informationsangebote zum Thema Forschungsdatenmanagement auf Internetseiten deutscher Universitäten. Eine kurze Bestandsaufnahme. 2017 = https://www2.hu-berlin.de/edissplus/2017/04/06/informationsangebote/

Verch, Ulrike: Sonntags in die Bibliothek!. die Wiederbelebung des Bibliothekssonntags in Deutschland. Berlin: Logos 2006 = urn:nbn:de:kobv:11–10053417

Was für ein Service!. Entwicklung und Sicherung der Auskunftsqualität von Bibliotheken / hrsg. von Tom Becker unter Mitarb. von Carmen Barz. Wiesbaden: Dinges & Frick 2007

Wissenschaftliche Bibliotheken 2025 / Deutscher Bibliotheksverband. Sektion 4. Wissenschaftliche Universalbibliotheken 2018 = https://www.bibliotheksverband.de/fileadmin/user_upload/Sektionen/sektion4/Publikationen/WB2025_Endfassung_endg.pdf

Wust, Markus; Di Monte, Lauren; Rogers, Adam: „Think and Do": Initiativen zur Unterstützung von Makerspaces in den Bibliotheken der North Carolina State University / Kreativwerkstätten in Wissenschaftlichen Bibliotheken. In: BuB 69 (2017) 1, S. 28–31

Wust, Markus; Di Monte, Lauren; Rogers, Adam: „Think and Do": Initiativen zur Unterstützung von Makerspaces in den Bibliotheken der North Carolina State University / Kreativwerkstätten in Wissenschaftlichen Bibliotheken. In: BuB 69 (2017) 1, S. 28–31

Kapitel 9: Bibliotheksmanagement

Appel, Nikola: Standards für Kunst- und Museumsbibliotheken. Das Qualitätsmanagementverfahren der Arbeitsgemeinschaft der Kunst- und Museumsbibliotheken (AKMB). Heidelberg 2009

Arbeitsvorgänge in öffentlichen Bibliotheken (AVÖB). Beschreibung und Bewertung nach dem Bundes-Angestelltentarifvertrag (BAT) / Deutsches Bibliotheksinstitut. Berlin: Dt. Bibliotheksinst. 1999

Arbeitsvorgänge in wissenschaftlichen Bibliotheken (AVWB), Beschreibung und Bewertung nach dem Bundesangestelltentarifvertrag (BAT) / [erarb. von Barbara Jedwabski ...]. Unveränd. Nachdr. Bad Honnef: Bock und Herchen 2001

Bibliotheken bauen und ausstatten / Petra Hauke und Klaus Ulrich Werner (Hrsg.). Bad Honnef: Bock + Herchen 2009 = urn:nbn:de:kobv:11-100103210

Bibliotheken strategisch steuern / Hrsg. von Andreas Mittrowann, Meinhard Motzko und Petra Hauke. Bad Honnef: Bock+Herchen 2011

Ceynowa, Klaus: Balanced Scorecard für Wissenschaftliche Bibliotheken / Klaus Ceynowa; André Coners. Frankfurt a. M.: Klostermann 2002 (ZfBB. Sonderh., 82)

Ceynowa, Klaus: Kostenmanagement für Hochschulbibliotheken / Klaus Ceynowa; André Coners. Frankfurt a. M.: Klostermann 1999 (ZfBB. Sonderh., 76)

Erfolgreiches Management von Bibliotheken und Informationseinrichtungen / Konrad Umlauf; Cornelia Vonhof (Hrsg.). Loseblatt-Ausg. Hamburg: Dashöfer, 2002ff.

Griebel, Rolf: Bestandsaufbau und Erwerbungspolitik in universitären Bibliothekssystemen. Versuch e. Standortbestimmung / Rolf Griebel; Andreas Werner; Sigrid Hornei. Berlin: DBI 1994 (dbi-materialien, 134)

Herb, Silvia: Patron Driven Acquisition. In: Praxishandbuch Bibliotheksmanagement / Hrsg. Rolf Giebel, Hildegard Schäffer und Konstanze Söllner. Berlin, München Boston: De Gruyter Saur 2015, S. 227–240

Jaksch, Ursula: Auf dem Weg zur „Ausgezeichneten Bibliothek" – effizientes Qualitätsmanagement in Bibliotheken. Wiesbaden: Dinges & Frick 2014

Lobbyarbeit für Information Professionals. Grundlagen, Beispiele, Empfehlungen / Ratzek, Wolfgang (Hrsg.). Bad Honnef: Bock und Herchen 2009 (Bibliothek und Gesellschaft)

Lux, Claudia; Sühl-Strohmenger, Wilfried: Teaching Library in Deutschland. Vermittlung von Informations- und Medienkompetenz als Kernaufgabe öffentlicher und wissenschaftlicher Bibliotheken. Wiesbaden: Dinges & Frick 2004 (B.I.T.-online Innovativ, Bd. 9)

Mallmann-Biehler, Marion: Statistische Erhebungen zum Personaleinsatz in wissenschaftlichen Bibliotheken. Ergebnisse e. mit Unterstützung d. DFG durchgeführten Untersuchung / unter Mitarb. von Hans-Joachim Bergmann u. Claudia Haarbeck. Heidelberg. UB, 1982 (Heidelberger Bibliotheksschriften, 3)

Motzko, Meinhard: Inhalte einer Bibliothekskonzeption. In: Bibliotheken strategisch steuern / Hrsg. von Andreas Mittrowann, Meinhard Motzko und Petra Hauke. Bad Honnef: Bock + Herchen 2011, S. 37–50

Nagelsmeier-Linke, Marlene: Personalführung. In: Die moderne Bibliothek. Ein Kompendium d. Bibliotheksverwaltung / hrsg. von Rudolf Frankenberger u. Klaus Haller. München: Saur 2004, S. 134–146

Naumann, Ulrich: Personalbedarf / Ulrich Naumann; Konrad Umlauf. In: Erfolgreiches Management von Bibliotheken und Informationseinrichtungen / Konrad Umlauf; Cornelia Vonhof (Hrsg.). Loseblatt-Ausg. Hamburg: Dashöfer, 2002ff, Abschn. 4/3

Praxishandbuch Bibliotheksmanagement / Hrsg. Rolf Giebel, Hildegard Schäffer und Konstanze Söllner. Berlin, München, Boston: De Gruyter Saur 2015. Bd. 1–2

Qualitätsstandards der Arbeitsgemeinschaft der Kunst- und Museumsbibliotheken / Arbeitsgemeinschaft der Kunst- und Museumsbibliotheken 2018 = www.arthistoricum.net/fileadmin/groups/arthistoricum/Netzwerke/AKMB/2018/Standards_6.pdf

Röschlau, Edith: Bericht aus der 72. Sitzung der Arbeitsgemeinschaft der Verbundsysteme am 11. und 12. April 2017 in Frankfurt am Main. In: Bibliotheksdienst, 51 (2017) 9, S. 735–741

Standards für Kunst- und Museumsbibliotheken, Version 6, 2018 = https://www.arthistoricum.net/fileadmin/groups/arthistoricum/Netzwerke/AKMB/2018/Standards_6__Empfehlungen.pdf

Umlauf, Konrad: Bestandsaufbau an Öffentlichen Bibliotheken. Frankfurt a. M.: Klostermann 1997 (Das Bibliothekswesen in Einzeldarstellungen)

Umlauf, Konrad: Praxis des digitalen Bestandsmanagements in Öffentlichen Bibliotheken. In: Strategien für die Bibliothek als Ort. Festschrift für Petra Hauke zum 70. Geburtstag / Umlauf, Konrad; Werner, Klaus Ulrich, Kaufmann, Andrea (Hrsg.) Berlin: De Gruyter Saur 2016, S. 221–264

Vogel, Bernd; Cordes, Silke: Bibliotheken an Universitäten und Fachhochschulen. Organisation und Ressourcenplanung. Hannover. HIS, 2005 = http://www.his.de/pdf/pub_hp/hp179.pdf

Vonhof, Cornelia; Haas-Betzwieser, Eva: Praxishandbuch Prozessmanagement in Bibliotheken und Informationseinrichtungen. Berlin: De Gruyter Saur 2018

Wonke-Stehle , Jens: ITIL in Bibliotheken. Berlin: Humboldt-Univ. 2012 (Berliner Handreichungen zur Bibliotheks- und Informationswissenschaft, 331) = urn:nbn:de:kobv:11-100205164

Kapitel 10: Beruf, Ausbildung und Studium

Berufsbild 2000. Bibliotheken und Bibliothekare im Wandel / erarb. von d. Arbeitsgruppe „Gemeinsames Berufsbild" der BDB e. V. unter Leitung von Ute Krauß-Leichert. 2., unveränd. Nachdr. der dt. Fassung, erg. um d. engl. Version. Wiesbaden: Dinges & Frick 2000

Bibliothekarisches Studium in Vergangenheit und Gegenwart. Festschrift aus Anl. d. achtzigjähr. Bestehens d. bibliothekar. Ausbildung in Leipzig im Okt. 1994 / hrsg. von Engelbert Plassmann u. Dietmar Kummer. Frankfurt a. M.: Klostermann 1995 (Zeitschrift für Bibliothekswesen und Bibliographie. Sonderh., 62)

Bibliothekswissenschaft quo vadis?. Eine Disziplin zwischen Tradition u. Visionen, Programme, Modelle, Forschungsaufgaben = Library Science quo vadis?. A discipline between challenges and opportunities ; programs, models, research assignments / hrsg. von Petra Hauke. München: Saur 2005

Erlass betreffend die Befähigung zum wissenschaftlichen Bibliotheksdienst bei der Kgl. Bibliothek zu Berlin und den Kgl. Universitätsbibliotheken. In: Zentralblatt für Bibliothekswesen 11 (1894), S. 77–79

Erlass betreffend die Einführung einer Diplomprüfung für den mittleren Bibliotheksdienst an wissenschaftlichen Bibliotheken sowie für den Dienst an Volksbibliotheken und verwandten Instituten. In: Zentralblatt für Bibliothekswesen 26 (1909), S. 456–459

Fachbeirat der ekz: Positionspapier „Berufsbild und Entwicklung". In: Bibliotheksdienst 51 (2017) 10/11, S. 876–877

Frühwirt, Martin: Informationsberufe im Wandel der Zeit. Saarbrücken: VDM Müller 2009

Hensel, André; Holste-Flinspach, Karin: Ein zukunftsfähiger Beruf als Ziel. Ausbildung für Bibliotheken in Deutschland, Österreich und der Schweiz / Ein Vergleich. In: BuB 70 (2018) 4, S. 206 211

Kaiser, Wolfgang: Beruf(ung) Bibliothekar(in)? Arbeitsbedingungen und Entwicklungstendenzen im Berufsfeld Bibliothek. In: BuB 66 (2014) 6, S. 456–458

Plassmann, Engelbert: Entwicklungen in der bibliothekarischen Ausbildung. Gedanken in e. Zeit d. Wandels. In: Bibliothek als Lebenselixier. Festschrift für Gottfried Rost zum 65. Geb. / hrsg. von Johannes Jacobi ... Leipzig [u. a.]: Die Deutsche Bibliothek 1996, S. 155–166

Plassmann, Engelbert: Studium und Ausbildung des Bibliothekars. In: Die moderne Bibliothek. Ein Kompendium d. Bibliotheksverwaltung / hrsg. von Rudolf Frankenberger u. Klaus Haller. München: Saur 2004, S. 344–364

Positionen und Perspektiven der Ausbildung für den höheren Bibliotheksdienst (hD). Positionspapier der Arbeitsgruppe Bibliotheken der Kultusministerkonferenz. In: BD 38 (2004) 2, S. 182–220

Söllner, Konstanze: Management-Abschluss oder Fachlaufbahn - Wohin entwickeln sich Anforderungsprofile und Karrierewege im wissenschaftlichen Bibliothekswesen? In: OBIB – Das offene Bibliotheksjournal 3 (2016) 4, S. 257–270

Werner, Rosemarie: Studium und Ausbildung des Bibliothekars. Rückblick u. Aus¬blick / Rosemarie Werner u. Engelbert Plassmann. In: Geschichte, Gegenwart und Zu¬kunft der Bibliothek. Festschrift für Konrad Marwinski zum 65. Geb. / hrsg. von Dorothee Reißmann. München: Saur 2000, S. 65–81

Wir bringen Wissen in Bewegung. Berufsfeld Bibliothek und Information / Berufsverband Information Bibliothek (Hrsg.) 3. Aufl. Bad Honnef: Bock + Herchen 2011 = www.bib-info.de/fileadmin/media/Dokumente/Berufsfeld/Berufsbild-Flyer.pdf

Institutionelle Internet-Adressen

Alle Websites wurden zuletzt aufgesucht am **10.7.2019**

Academic Linkshare:
www.academic-linkshare.de

Allianz-Initiative Digitale Information
www.allianzinitiative.de

Allianz der Wissenschaftsorganisationen.
www.leibniz-gemeinschaft.de/en/about-us/allianz-der-wissenschaftsorganisationen/.

Angewandte Systemtechnik eG (aStec).
www.astec.de/.

American Library Association (ALA)
www.ala.org

Arbeitsgemeinschaft der Kunst- und Museumsbibliotheken (AKMB)

www.arthistoricum.net

Arbeitsgemeinschaft Katholisch-theologischer Bibliotheken (AKThB)
akthb.de

Arbeitsgemeinschaft der Medienzentren an Hochschulen (AMH)
amh-ev.de

Arbeitsgemeinschaft der Parlaments- und Behördenbibliotheken (APBB)
www.apbb.de/

Arbeitsgemeinschaft der Spezialbibliotheken (AspB)
www.aspb.de

Arbeitsgemeinschaft der Universitätsverlage
blog.bibliothek.kit.edu/ag_univerlage/

Arbeitsgemeinschaft der Verbundsysteme (AGV)
www.dnb.de/DE/Wir/Kooperation/AGVerbundsysteme/agverbund_node.html Arbeitsgemeinschaft Sammlung Deutscher Drucke (AG SDD)
www.ag-sdd.de

Association of College and Research Libraries (ACRL)
www.ala.org/acrl/

Ausschuss für Wissenschaftliche Bibliotheken und Informationssysteme der DFG (AWBI)
www.dfg.de/foerderung/programme/infrastruktur/lis/lis_awbi/index.html

Baden-Württembergisches Online-Archiv (BOA)
www.boa-bw.de

Bayerische Staatsbibliothek (BSB)
www.bsb-muenchen.de

Bertelsmann Stiftung
www.bertelsmann-stiftung.de/de/startseite/

Berufsverband Information Bibliothek (BIB)
www.bib-info.de

Bibliothek & Information International (BII)
www.bi-international.de

Bibliothek 2.0 Innovative Ideen für Bibliotheken, Freie Inhalte und Interessantes aus dem Web
www.bibliothek2null.de

bibliothekarisch.de – die berufliche Tätigkeit eines/er Bibliothekars/in betreffend
bibliothekarisch.de/blog

Bibliotheksportal
bibliotheksportal.de

Bibliotheksservice-Zentrum Baden-Württemberg (BSZ)
www.bsz-bw.de/index.html

Bibliotheksverbund Bayern (BVB)
www.bib-bvb.de

Bibliotheksverbund Bayern (BVB). E-Book-Fernleihe.
fl.bib-bvb.de/zfl/info/E-Book-Fernleihe.pdf.

Bielefeld Academic Search Engine (BASE)
www.base-search.net

Borromäusverein e. V. (BV)
www.borromaeusverein.de

Büro der Europäischen Bibliotheksverbände (EBLIDA)
www.eblida.org

Budapest Open Access Initiative (BOAI)
www.budapestopenaccessinitiative.org/

Bundesministerium für Bildung und Forschung (BMBF)
www.bmbf.de

Bundesprüfstelle für jugendgefährdende Medien (BPjM)
www.bundespruefstelle.de

Bundesvereinigung Deutscher Bibliotheks- und Informationsverbände (BID)
www.bideutschland.de

Comité Européen de Centralisation (CEN)
www.cen.eu/Pages/default.aspxComité Européen de Centralisation Electrotechnique
www.cenelec.eu

Confederation of Open Access Repositories (COAR)
www.coar-repositories.org

Conference of European National Librarians (CENL)
www.cenl.org

Creative Commons Deutschland
de.creativecommons.org

DataCite
www.datacite.org

Datenbank-Infosystem (DBIS)
Dbis.uni-regensburg.de

DEAL. Bundesweite Lizenzierung von Angeboten großer Wissenschaftsverlage.
www.projekt-deal.de/.

Deutsche Bibliotheksstatistik (DBS)
www.bibliotheksstatistik.de

Deutsche Digitale Bibliothek (DDB)
www.deutsche-digitale-bibliothek.de

Deutsche Forschungsgemeinschaft (DFG)
www.dfg.de

Deutsche Gesellschaft für Information und Wissen e. V. (DGI)
www.dgi-info.de

Deutsche Initiative für Netzwerkinformation e. V. (DINI)
www.dini.de

Deutsche Nationalbibliothek (DNB)
www.dnb.de

Deutsche Nationalbibliothek. Datendienste. Bibliografische Dienstleistungen.
www.dnb.de/DE/Service/DigitaleDienste/Datendienst/datendienst_node.html.

Deutsche Nationalbibliothek. Lizenzierungsservice Vergriffene Werke (VW-LIS).
www.dnb.de/DE/Ueber-uns/Presse/Archiv-PM2015/lizenzierungVergriffenerWerkeStart.html.

Deutsche Zentralbibliothek für Medizin – Informationszentrum Lebenswissenschaften (ZBMed, Köln und Bonn)
www.zbmed.de

Deutsche Zentralbibliothek für Wirtschaftswissenschaften – Leibniz-Informationszentrum Wirtschaft (ZBW, Kiel und Hamburg)
www.zbw.eu

Deutscher Bibliotheksverband (dbv)
www.bibliotheksverband.de

Deutscher Bildungsserver
www.bildungsserver.de

Deutsches Institut für Medizinische Dokumentation und Information (DIMDI)
www.dimdi.de

DigiBib
www.digibib.net

Digital Preservation Coalition (DPC)
www.dpconline.org

Digitalisierte Drucke.
www.digitalisiertedrucke.de/

DigiZeitschriften – Das Deutsche Digitale Zeitschriftenarchiv
www.digizeitschriften.de

DIN-Normenausschuss Information und Dokumentation (NID)
www.din.de

Directory of Open Access Journals (DOAJ)
www.doaj.org

Directory of Open Access Repositories (OpenDoar)
v2.sherpa.ac.uk/opendoar

Dissonline
www.dnb.de/DE/Professionall/Services/Dissonline/dissonline_node.html

DiViBib
www.onleihe.net

Digital Repository Infrastructure Vision for European Research (DRIVER).
www.sub.uni-goettingen.de/projekte-forschung/projektdetails/projekt/driver-ii/.

ekz.bibliotheksservice GmbH (ekz)
www.ekz.de

Elektronische Zeitschriftenbibliothek (EZB)
ezb.uni-regensburg.de/

eliport – Das evangelische Literaturportal
www.eliport.de

Europäische Angelegenheiten für Bibliotheken, Archive, Museen und Denkmalpflege (EUBAM)
www.preussischer-kulturbesitz.de/schwerpunkte/digitalisierung/netzwerke-und-portale/eubam.htmlEuropean Bureau of Library, Information and Documentation Associations (EBLIDA)
www.eblida.org

European Council of Information Associations (ECIA)
www.eia.org.uk

The European Library (TEL)
www.theeuropeanlibrary.org

European Register of Microform and Digital Masters (EROMM)
www.eromm.org

Europeana
www.europeana.eu/portal/de

ExLibris
www.exlibrisgroup.com/de.

Fachinformationssystem Bildung (FIS Bildung)
www.fachportal-paedagogik.de/literatur/produkte/fis_bildung.html

Fachkonferenz der Bibliotheksfachstellen in Deutschland
www.fachstellen.de

FIZ Chemie, Fachinformationszentrum Chemie GmbH, Berlin
www.fiz-chemie.de

FIZ Karlsruhe – Leibniz Institut für Informationsinfrastruktur
www.fiz-karlsruhe.de

FOLIO
openlibraryenvironment.org/folio

Franckesche Stiftungen zu Halle
www.francke-halle.de

Fraunhofer Institut für Intelligente Analyse- und Informationssysteme (Fraunhofer IAIS)
www.iais.fraunhofer.de/

Gemeinsame Wissenschaftskonferenz (GWK)
www.gwk-bonn.de

Gemeinsamer Bibliotheksverbund Göttingen (GBV)
www.gbv.de

GENIOS German Business Information
www.genios.de

German, Austrian an Swiss Consortia Organisation – Arbeitsgemeinschaft Deutscher, Österreichischer und Schweizer Konsortien (GASCO)
www.hbz-nrw.de/produkte/digitale-inhalte/gasco.

Gesamtkatalog der Wiegendrucke (GW)
www.gesamtkatalogderwiegendrucke.de

Gesellschaft für musikalische Aufführungs- und mechanische Vervielfältigungsrechte (GEMA)
www.gema.de

Gesellschaft Sozialwissenschaftlicher Infrastruktureinrichtungen – Leibniz-Institut für Sozialwissenschaften (GESIS)
www.gesis.org

Global Open Knowledgebase (GOKb).
gokb.org/.

Goethe-Institut (GI)
www.goethe.de

Göttinger Digitalisierungszentrum (GDZ)
gdz.sub.uni-goettingen.de

Herzog August Bibliothek Wolfenbüttel (HAB)
www.hab.de

Herzogin Anna Amalia Bibliothek Weimar (HAAB)
www.klassik-stiftung.de/index.php?id=37

Hessisches Bibliotheksinformationssystem Frankfurt/Main (HEBIS)
www.hebis.de

Hochschulbibliothekszentrum Nordrhein-Westfalen (HBZ)
www.hbz-nrw.de

Ibero-Amerikanisches Institut – Preußischer Kulturbesitz Berlin
www.iai.spk-berlin.de

IK. Vermittlungs- und Forschungsaktivitäten zur Informationskompetenz
www.informationskompetenz.de

Incunabula Short Title Catalogue, Bristish Library (ISTC)
www.bl.uk/catalogues/istc

InetBib – Internet in Bibliotheken
www.inetbib.de

Informationskompetenz – Mvermittlungs- und Forschungsaktivitäten zur Informationskompetenz
www.informationskompetenz.de

Informationspraxis. Bibliotheken – Archiv – Informationswesen
Informationspraxis.de

Informationsverbund Deutschschweiz (IDS)
www.informationsverbund.ch

IngentaConnect (Scholarly Publications)
www.ingentaconnect.com

Institut für Film und Bild in Wissenschaft und Unterricht gGmbH (FWU)
www.fwu.de

International Coalition of Library Consortia (ICOLC)
https://icolc.net/

International Council of Museums (ICOM)
icom.museum

International Federation of Library Associations and Institutions
www.ifla.org/DE

International Federation of Library Associations and Institutions – Nationalkomitee Deutschland (IFLA-Nationalkomitee)
www.ifla-deutschland.de

IuK-Initiative Wissenschaft
web.archive.org/web/20150611184800/http://www.iuk-initiative.org/

Journal Storage (JStor)
www.jstor.org

Juristisches Informationssystem (JURIS)
www.juris.de

Karlsruher Institut für Technologie (KIT)
www.kit.edu

Karlsruher Virtueller Katalog (KVK)
kvk.bibliothek.kit.edu/?digitalOnly=0&embedFulltitle=0&newTab=0

Koha Library Software
koha-community.org/.

Kommunale Gemeinschaftsstelle für Verwaltungsmanagement (KGSt)
www.kgst.de

Kompetenzzentrum Interoperable Metadaten (KIM)
www.kim-forum.org

Kompetenznetzwerk Knowledge Exchange
www.knowledge-exchange.info

Konstanzer Online-Publikations-System – Institutionelles Repositorium (KOPS)
kops.uni-konstanz.de

Kooperativer Bibliotheksverbund Berlin-Brandenburg (KOBV)
www.kobv.de

Kulturerbe digital
www.kulturerbe-digital.de

K10plus
www.bszgbv.de/services/k10plus

Leibniz-Institut für Bildungsforschung und Bildungsinformation (DIPF)
www.dipf.de

LIBREAS – Library Ideas
Libreas.eu

Ligue des Bibliothèques Européennes de Recherche (LIBER)
libereurope.eu

Lizenz-Administrationssystem für e-Ressoucen (LAS:eR)
www.hbz-nrw.de/projekte/LASeR.

Max Planck Digital Library
www.mpdl.mpg.de

Mikrofilmarchiv der deutschsprachigen Presse e. V. (MFA)
www.mfa-dortmund.de

Münchener Digitalisierungszentrum (MDZ)
www.digitale-sammlungen.de

National Authories on Public Librarites in Europe (NAPLE Blog)
napleblog.wordpress.com

National Forum on Information Literacy (NFIL)
digitalliteracy.gov/national-forum-information-literacy-nfilNational Information Standards Organisation (NISO)
www.niso.org

Nationale Forschungsdateninfrastruktur (NFDI).
www.forschungsdaten.org/index.php/Nationale_Forschungsdateninfrastruktur_-_NFDI

Nationaler Open-Access-Kontaktpunkt (oa2020-de)
oa2020-de.org/

Nationales Hosting elektronischer Ressourcen (NatHosting)
www.nathosting.de/display/ND/Home

Nationallizenzen
www.nationallizenzen.de

Network of Expertise in Longterm Storage in Germany – Kompetenzwerk Langzeitarchivierung

(Nestor)
nestor.sub.uni-goettingen.de

Netzwerk von Open Access Repositorien (OA-Netzwerk)
open-access.net

Niedersächsische Staats- und Universitätsbibliothek Göttingen (SUB)
www.sub.uni-goettingen.de

Normenausschuss für Bibliotheks- und Dokumentationswesen im Deutschen Institut für Normung (NID)
www.din.de

Open Archives Initiative (OAI)
www.openarchives.org

OAIster database
www.oclc.org/en/oaister.html

o-bib – Das offene Bibliotheksjournal (VDB)
www.o-bib.de

ÖBiB Öffentliche Bibliotheken in Bayern
www.oebib.de

oebib – Nachrichten der fachstelle Öffentliche Bibliotheken NRW
oebib.wordpress.com

Die Österreichische Bibliotheksverbund und Service GmbH (OBVSG).
https://www.obvsg.at/.

Onleihe
onleihe.net

Online Computer Library Center (OCLC)
www.oclc.org

Open Access Infrastructure for Research in Europe (OpenAire).
https://www.openaire.eu/.

Open-Access Net
open-access.net.de

Open Archives Initiative Object Reuse and Exchange (OAI-ORE)
www.openarchives.org/ore

Open Archives Initiative – Protocol for Metadata Harvesting (OAI-PMH)
www.openarchives.org/pmh

OpenBiblioJobs. Stellenangebote von Bibliotheken, Archiven und Informationseinrichtungen
Jobs.openbiblio.eu

Pla3t.info. Bibliothekarische Stimmen. Independent, täglich
Plan3t.info

Probado
www.probado.de

Reference and User Services Association (RUSA)
www.ala.org/rusa

Registrierungsagentur für Forschungsdaten der Sozial- und Wirtschaftsdaten
www.da-ra.de

Resource Description and Access (RDA)
www.rdatoolkit.org

Scholarly Publishing and Resources Coalition (SPARC)
sparcopen.orc

Schulmediothek – Das Fachportal für Schulbibliotheken
www.schulmediothek.de

Schweizer Fachportal für die Geschichtswissenschaften
www.infoclio.ch

Social Science Open Access Repository (SSOAR)
www.gesis.org/ssoar

Staatsbibliothek zu Berlin Preußischer Kulturbesitz (SBB – PK)
staatsbibliothek-berlin.de

Stadt- und Universitätsbibliothek und Senckenbergische Bibliothek Frankfurt/Main
www.ub.uni-frankfurt.de

Subito – Dokumente aus Bibliotheken e. V.
www.subito-doc.de

Südwestdeutscher Bibliotheksverbund Baden-Württemberg, Saarland, Sachsen (SWB).
www.bsz-bw.de/swbverbundsystem/index.html.

Technische Informationsbibliothek/Universitätsbibliothek Hannover – Leibniz Informationszentrum Tecchnik und Naturwissenschaften (TIB/UB)
www.tib.eu

Treffpunkt Bibliothek (2008–2013)
www.treffpunkt-bibliothek.de

Universitätsbibliothek Johann Christian Senckenberg
www.ub.uni-frankfurt.de

Vascoda-Blog. Geschäftsstelle vascoda e. V. c/o Technische Informationsbibliothek Hannover (TIB). https://vascoda.wordpress.com/about/

VD 16 (Verzeichnis der im deutschen Sprachraum erschienenen Drucke des 16.Jahrhunderts)
www.vd16.de und www.bsb-muenchen.de/sammlungen/historische-drucke/recherche/vd-16/

VD 17 (Verzeichnis der im deutschen Sprachraum erschienenen Drucke des 17. Jahrhunderts)
www.vd17.de

VD 18 (Verzeichnis der im deutschen Sprachraum erschienenen Drucke des 18. Jahrhunderts).
www.vd18.de.

Verband der Bibliotheken des Landes Nordrhein-Westfalen (VBNW)
www.vbnw.de

Verband kirchlich-wissenschaftlicher Bibliotheken (VkwB)
vkwb.info

Verein Deutscher Bibliothekare (VDB)
www.vdb-online.org

Verwertungsgesellschaft Bild-Kunst (VG Bild-Kunst)
www.bildkunst.de

Verwertungsgesellschaft Wort (VG Wort)
www.vgwort.de

Virtual International Authority File (VIAF)
www.oclc.org/research/activities/viaf.html

Virtuelle Deutsche Landesbibliographie
kvk.bibliothek.kit.edu

Virtueller Katalog Theologie und Kirche (VThK)
vthk.de

WEBIS – Sammelschwerpunkte an deutschen Bibliotheken
webis.sub.uni-hamburg.de/webis/index.php

Webology – International peer-reviewed journal
www.webology.org

Wissenschaftlich-technische Information (WTI-Frankfurt)
www.wti-frankfurt.de

Wissenschaftsgemeinschaft Gottfried Wilhelm Leibniz (WGL)
www.leibniz-gemeinschaft.de

Wissenschaftsrat (WR)
www.wissenschaftsrat.de

WorldCat
https://www.oclc.org/de/worldcat/inside-worldcat.html.

World Summit on the Information Society (WSIS)
www.itu.int/wsis

Zeitschriftendatenbank (ZDB)
www.zeitschriftendatenbank.de

Zentral- und Landesbibliothek Berlin (ZLB)
www.zlb.de

Zentrum für Psychologische Information und Dokumentation, Trier – Leibniz-Institut (ZPID)
www.zpid.de

Abkürzungen

AACR	Anglo American Cataloguing Rules
ACRL	Association of College and Research Libraries
AG	Aktiengesellschaft
AG SDD	Arbeitsgemeinschaft Sammlung Deutscher Drucke
AGV	Arbeitsgemeinschaft der Verbundsysteme
AKMB	Arbeitsgemeinschaft der Kunst- und Museumsbibliotheken
AKThB	Arbeitsgemeinschaft Katholisch-Theologischer Bibliotheken
ALA	American Library Association
ALS	Academic Linkshare
AMH	Arbeitsgemeinschaft der Medienzentren an Hochschulen
ANSI	American National Standards Institute
APBB	Arbeitsgemeinschaft der Parlaments- und Behördenbibliotheken
ASB	Allgemeine Systematik für Öffentliche Bibliotheken
aStec	Angewandte Systemtechnik
ASpB	Arbeitsgemeinschaft der Spezialbibliotheken e. V.
AWBI	Ausschuss für Wissenschaftliche Bibliotheken und Informationssysteme der DFG
BASE	Bielefeld Academic Search Engine
BAT	Bundes-Angestelltentarifvertrag
BBA	Bundesverein der Bibliotheksassistenten/innen und anderer Mitarbeiter/innen an Bibliotheken e. V.
BBIG	Berufsbildungsgesetz
BD	Blu-ray Disc
BD	Bibliotheksdienst
BDB	Bundesvereinigung Deutscher Bibliotheksverbände
BDB	Bundesverband der deutschen Bibliotheks-Förderkreise
BDSG	Bundesdatenschutzgesetz
BGB	Bürgerliches Gesetzbuch
BIB	Berufsverband Information Bibliothek e. V.
BID	Bibliothek & Information Deutschland e. V.
BI-International	Bibliothek & Information International
BIS	Bibliotheksinformationssystem
BMBF	Bundesministerium für Bildung und Forschung
BOA	Baden-Württembergisches Online-Archiv
BOAI	Budapest Open Access Initiative
BPersVG	Bundespersonalvertretungsgesetz
BPjM	Bundesprüfstelle für jugendgefährdende Medien
BSB	Bayerische Staatsbibliothek
BSZ	Bibliotheksservice-Zentrum Baden-Württemberg
BuB	BuB. Forum Bibliothek und Onformation bzw. Buch und Bibliothek
BV	Borromäusverein e. V.
BVB	Bibliotheksverbund Bayern
CC	Creative Commons
CCO	Cataloging Cultural Objects
CD-ROM	Compact Disc Read-Only Memory
CEN	Comité Européen de Normalisation / European Committee for Standardization

CENELEC	Comité Européen de Normalisation Electrotechnique / European Committee for Electronical Standardization
CENL	Conference of European National Librarians
CIDOC	Comité international pour la documentation
CIP ICT PSP	Competitiveness and Innovation Framework Programme Information and Communication Technologies Policies Support Programme
COAR	Confederation of Open Access Repositories
COM-Kataloge	Computeroutput on Microform Kataloge
CRM	Conceptual Reference Model
DBI	Deutsches Bibliotheksinstitut
DBIS	Datenbank-Infosystem
DBS	Deutsche Bibliotheksstatistik
dbv	Deutscher Bibliotheksverband e. V.
DCMI	Dublin Core Metadata Initiative
DDB	Deutsche Digitale Bibliothek
DDC	Dewey Decimal Classification
DDR	Deutsche Demokratische Repubik
DEAL	DEAL. Bundesweite Lizensierung von Angeboten großer Wissenschaftsverlage
DFG	Deutsche Forschungsgemeinschaft
DGI	Deutsche Gesellschaft für Information und Wissen e. V.
DGK	Deutscher Gesamtkatalog
DHBW-KA	Duale Hochschule Baden-Württemberg Karlsruhe
DigiBib	Die Digitale Bibliothek
DIHK	Deutscher Industrie- und Handelskammertag
DIMDI	Deutsches Institut für Medizinische Dokumentation und Information
DIN	Deutsches Institut für Normung
DINI	Deutsche Initiative für Netzwerkinformation e. V.
DIPF	Leibniz-Institut für Bildungsforschung und Bildungsinformation
DiViBib	Digitale Virtuelle Bibliothek
DMA	Deutsches Musikarchiv
DNB	Deutsche Nationalbibliothek; Deutsche Nationalbibliografie
DNBG	Gesetz über die Deutsche Nationalbibliothek
DOAJ	Directory of Open Access Journals
DOI	Digital Object Identifier
Doppik	Doppelte Buchführung in Konten
DPC	Digital Preservation Coalition
DPI	Dots per inch
DRM	Digital Rights Management
DSD	Document Structure Description
DTD	Document Type Definition
DVD	Digital Versatile Disc
EAC	Encoded Archival Context
EAD	Encoded Archival Description
EBLIDA	European Bureau of Library, Information and Documentation Associations
ECIA	European Council of Information Associations
EDBI	Ehemaliges Deutsches Bibliotheksinstitut
EDV	Elektronische Datenverarbeitung
EG	Entgeltgruppe
ekz	ekz-Bibliotheksservice GmbH
eliport	Evangelisches Literaturportal e. V. – Verband für Büchereiarbeit und Leseförderung
EN	Europäische Norm

EROMM	European Register of Microform and Digital Masters
E-Science	Enhanced Science
EU	Europäische Union
EUBAM	Europäische Angelegenheiten für Bibliotheken, Archive, Museen und Denkmalpflege
e. V.	eingetragener Verein
EZB	Elektronische Zeitschriftenbibliothek
FAMI	Fachangestellte(r) für Medien- und Informationsdienste
FAQ	Frequently Asked Questions
FESAD	Regelwerk Fernsehen, Richtlinien für die Formalbeschreibung, Inhaltserschließung und Feststellung der Archivwürdigkeit von Fernsehproduktionen
FH	Fachhochschule
FHB	Fachhochschulbibliothek
FIS	Fachinformationssystem
FIZ	Fachinformationszentrum
FRAD	Functional Requirements for Authority Data
FRANAR	Functional Requirements and Numbering of Authority Records
Fraunhofer IAIS	Fraunhofer Institut für intelligente Analyse- und Informationssysteme
FRBR	Functional Requirements for Bibliographic Records
FRSAR	Functional Requirements for Subject Authority Records
FWU	Institut für Film und Bild in Wissenschaft und Unterricht
GASCO	German, Austrian and Swiss Consortia Organisation
GBV	Gemeinsamer Bibliotheksverbund
GDZ	Göttinger Digitalisierungszentrum
GEMA	Gesellschaft für musikalische Aufführungs- und mechanische Vervielfältigungsrechte
GESIS	Gesellschaft Sozialwissenschaftlicher Infrastruktureinrichtungen – Leibniz-Institut für Sozialwissenschaften
GG	Grundgesetz für die Bundesrepublik Deutschland
GHBS NW	Systematik der Gesamthochschulbibliotheken in Nordrhein-Westfalen
GI	Goethe-Institut e. V.
GIN	German Information Network
GjS	Gesetz über die Verbreitung jugendgefährdender Schriften
GKD	Gemeinsame Körperschaftsdatei
GmbH	Gesellschaft mit beschränkter Haftung
GND	Gemeinsame Normdatei
GOKb	Global Open Knowledgebase
GW	Gesamtkatalog der Wiegendrucke
GWK	Gemeinsame Wissenschaftskonferenz
HAAB	Herzogin Anna Amalia Bibliothek Weimar
HAB	Herzog August Bibliothek Wolfenbüttel
HBZ	Hochschulbibliothekszentrum
HEBIS	Hessisches BibliotheksInformationsSystem
HGB	Handelsgesetzbuch
HsKA	Hochschule Karlsruhe – Technik und Wirtschaft
IAEA	International Atomic Energy Agency
IAI	Ibero-Amerikanisches Institut Berlin
IAIS	Intelligente Analyse- und Informationssysteme (Fraunhofer-Institut)
ICOLC	International Coalition of Library Consortia
ICOM	International Council of Museums; Internationaler Museumsbund
ID	Informationsdienst
IDS	Informationsverbund Deutschschweiz
IEC	International Electrotechnical Commission

IFLA	International Federation of Library Associations and Institutions
IK	Informationskompetenz
INIS	International Nuclear Information System
ISAN	International Standard Audiovisual Number
ISBD	International Standard Bibliographic Description
ISBN	International Standard Book Number
ISMN	International Standard Music Number
ISO	International Organization for Standardization
ISRC	International Standard Recording Code
ISRN	International Standard Technical Report Number
ISTC	Incunabula Short Title Catalogue
ISWC	International Standard Musical Work Code
IT	Informationstechnologie
IuK-Initiative	Gemeinsame Initiative der wissenschaftlichen Fachgesellschaften in Deutschland
IuKDG	Informations- und Kommunikationsdienste-Gesetz
IVS	Informationsvermittlungsstelle für länderkundliche Dokumente
IZBB	Investitionsprogramm „Zukunft Bildung und Betreuung" (2003-2009)
JMStV	Jugendmedienschutz-Staatsvertrag
JStor	Journal Storage
JURIS	Juristisches Informationssystem
JuSchG	Jugendschutzgesetz
KAB	Klassifikation für Allgemeinbibliotheken
KBA	Konferenz der bibliothekarischen Ausbildungsstätten
KGSt	Kommunale Gemeinschaftsstelle für Verwaltungsmanagement
KIBA	Konferenz der informations- und bibliothekswissenschaftlichen Ausbildungs- und Studiengänge
KIM	Kompetenzzentrum Interoperable Medadaten
KIT	Karlsruher Institut für Technologie
KMK	Kultusministerkonferenz
KNB	Kompetenznetzwerk für Bibliotheken
KOBV	Kooperativer Bibliotheksverbund Berlin-Brandenburg
KOPS	Konstanzer Online-Publikations-System – Institutionelles Repositorium
KVK	Karlsruher Virtueller Katalog
LBG	Landesbeamtengesetz
LCSH	Library of Congress Subject Headings
LIBER	Ligue des Bibliothèques Européennes de Recherche
LK	Lektoratskooperation
LV	Leihverkehr
LVO	(Deutsche) Leihverkehrsordnung
MAB	Maschinelles Austauschformat für Bibliotheken
MARC	Machine-Readable Cataloging
MDZ	Münchener Digitalisierungszentrum
MeSH	Medical Subject Headings
MFA	Mikrofilmarchiv der deutschsprachigen Presse e. V.
MIX	Metadata for Images in XML Schema
MLIS	Master of Library and Information Science
MPDL	Max Planck Digital Library
NAPLE	National Authorities on Public Libraries in Europe
nestor	Network of Expertise in Longterm Storage in Germany – Kompetenznetzwerk Langzeitarchivierung
NFIL	National Forum on Information Literacy

NID	DIN-Normenausschuss Information und Dokumentation
NISO	National Information Standards Organisation
OA	Open Access
OAI	Open Archives Initiative
OAI-ORE	Open Archives Initiative – Object Reuse and Exchange
OAI-PMH	Open Archives Initiative – Protocol for Metadata Harvesting
OA-Netzwerk	Netzwerk von Open-Access-Repositorien
OBVSG	Österreichische Bibliotheksverbund und Service GmbH
OCLC	Online Computer Library Center
OPAC	Online Public Access Catalog
OpenDoar	Directory of Open Access Repositories
OPL	One-Person-Library
PDF	Portable Document Format
PflAV	Verordnung über die Pflichtablieferung von Medienwerken an die Deutsche Nationalbibliothek
PI	Preußische Instruktionen
PISA	Program for International Student Assessment
PND	Personennamendatei
PROBADO	Innovative Bibliotheksdienste für multimediale Objekte
RAK	Regeln für die alphabetische Katalogisierung
RAK-NBM	Regeln für die alphabetische Katalogisierung von Nichtbuchmaterialien
RAK-PB	Regeln für die alphabetische Katalogisierung in Parlaments- und Behördenbibliotheken
RAK-WB	Regeln für die Alphabetische Katalogisierung in Wissenschaftlichen Bibliotheken
RAL	Deutsches Institut für Gütesicherung und Kennzeichnung (früher: Reichsausschuss für Lieferbedingungen)
RAMEAU	Répertoire dàutorité-matière encyclopédique et alphabétique unifié
RDA	Resource Description and Access
RDF	Resource Description Framework
RFID	Radio Frequency Identification; Radiofrequenzidentifikation
RLG	Research Libraries Group
ROAR	Registry of Open Access Repositories
RSS	Really Simple Syndication
RSWK	Regeln für den Schlagwortkatalog
RUSA	Reference and User Services Association
RVK	Regensburger Verbundklassifikation
SBB	Staatsbibliothek zu Berlin – Preußischer Kulturbesitz
SDI	Selective Dissemination of Information
SED	Sozialistische Einheitspartei Deutschlands
SfB	Systematik für Bibliotheken
SKOS	Simple Knowledge Organization System
SMS	Short Message Service
SOSIG	Social Science Information Gateway
SPARC	Scholarly Publishing and Resources Coalition
SRU	Search/Retrieval via URL
SSD	Klassifikation der Sachliteratur und der Schönen Literatur der Stadtbibliothek Duisburg
SSG	Sammelschwerpunktprogramm
SSOAR	Social Science Open Access Repository
StGB	Strafgesetzbuch
STM	Science, Technology, Medicine
SUB Göttingen	Niedersächsische Staats- und Universitätsbibliothek Göttingen
SWB	Südwestdeutscher Bibliotheksverbund
TEL	The European Library

TIB	Technische Informationsbibliothek/Universitätsbibliothek Hannover – Leibniz-Informationszentrum Technik und Naturwissenschaften
TV-L	Tarifvertrag für den öffentlichen Dienst der Länder
TVöD	Tarifvertrag für den öffentlichen Dienst
UB	Universitätsbibliothek
UDK	Internationale Universale Dezimalklassifikation
UNESCO	United Nations Educational, Scientific, and Cultural Organization
UNIMARC	Universal MARC Format
UrhG	Gesetz über Urheberrecht und verwandte Schutzrechte
URI	Uniform Resource Identifier
URL	Uniform Resource Locator
VBA	Verein der Bibliothekare und Assistenten e. V.
VBB	Verein der Bibliothekare an Öffentlichen Bibliotheken e. V.
VBNW	Verband der Bibliotheken des Landes Nordrhein-Westfalen e. V.
VD 16	Verzeichnis der im deutschen Sprachraum erschienenen Drucke des 16. Jahrhunderts
VD 17	Verzeichnis der im deutschen Sprachraum erschienenen Drucke des 17. Jahrhunderts
VD 18	Verzeichnis der im deutschen Sprachraum erschienenen Drucke des 18. Jahrhunderts
VDB	Verein Deutscher Bibliothekare e. V.
VdDB	Verein der Diplom-Bibliothekare an wissenschaftlichen Bibliotheken e. V.
VDE	Verband der Elektrotechnik, Elektronik und Informationstechnik
VDEh	Verein Deutscher Eisenhüttenleute
VDG	Verein Deutscher Gießereifachleute
ver.di	Vereinigte Dienstleistungsgewerkschaft
VG Wort	Verwertungsgesellschaft Wort
VG Bild-Kunst	Verwertungsgesellschaft Bild-Kunst
VIAF	Virtual International Authority Files
ViFa	Virtuelle Fachbibliothek
VK	Verbundkatalog Maschinenlesbarer Katalogdaten Deutscher Bibliotheken
VkwB	Verband kirchlich-wissenschaftlicher Bibliotheken
VoIP	Voice over Internet Protocol
VOL	Vergabe- und Vertragsordnung für Leistungen; bis 2009: Verdingungsordnung für Leistungen
VThK	Virtueller Katalog Theologie und Kirche
WEBIS	Webbasiertes Informationssystem – Sammelschwerpunkte an deutschen Bibliotheken
WGL	Wissenschaftsgemeinschaft Gottfried Wilhelm Leibniz
W-LAN	Wireless Local Area Network
WLN	Western Library Network
WR	Wissenschaftsrat
WSIS	World Summit on the Information Society
WTI-Frankfurt	Wissenschaftlich-technische Information Frankfurt
WWW	World Wide Web
XML	Extensible Markup Language
ZBMed	Deutsche Zentralbibliothek für Medizin – Informationszentrum Lebenswissenschaften
ZBW	Deutsche Zentralbibliothek der Wirtschaftswissenschaften – Leibniz Informationszentrum Wirtschaft
ZDB	Zeitschriftendatenbank
ZETA	Zeitschriften-Titelaufnahme
ZfB	Zentralblatt für Bibliothekswesen
ZfBB	Zeitschrift für Bibliothekswesen und Bibliographie
ZKI	Zentren für Kommunikation und Informationsverarbeitung
ZLB	Zentral- und Landesbibliothek Berlin
ZPID	Zentrum für Psychologische Information und Dokumentation – Leibniz-Institut

Register

21 gute Gründe für gute Bibliotheken 178
AACR2 184
ABDOS 107
ACRL 194
aDIS/BMS 156
AG BpH 107
AGMB 107
Agrargesellschaft 21
AIBM 111
Akademische Bibliothek 18
AKMB 107, 197, 249
AKThB 89, 107
ALA 55, 61, 138, 184, 197, 214, 226
Aleph 154, 156
Allgemeine Systematik für Öffentliche Bibliotheken 187
Allianz der deutschen Wissenschaftsorganisationen 149f., 167
Alma 154, 157f., 262f.
Althoff, Friedrich 34, 36f., 270
American Association of School Librarians 194
American Library Association 55, 61, 138, 184, 197, 214, 226
Analphabet 121
Anforderungen an die Aufbewahrung von Archiv- und Bibliotheksgut 266
Angewandte Ethik 54ff.
Anglo-American Cataloguing Rules 184
APBB 107, 110
Approval Plan 264
Arbeitsgemeinschaft Bibliotheken privater Hochschulen 107
Arbeitsgemeinschaft der Bibliotheken und Dokumentationsstellen der Ost-, Ostmittel- und Südeuropaforschung 107
Arbeitsgemeinschaft der kirchlichen Büchereiverbände Deutschlands 120
Arbeitsgemeinschaft der Kunst- und Museumsbibliotheken 107, 197
Arbeitsgemeinschaft der Parlaments- und Behördenbibliotheken 107, 110
Arbeitsgemeinschaft der Regionalbibliotheken 103
Arbeitsgemeinschaft der Spezialbibliotheken 34, 107, 130, 144

Arbeitsgemeinschaft für medizinisches Bibliothekswesen 107
Arbeitsgemeinschaft Katholisch-Theologischer Bibliotheken 89, 107
Arbeitsgemeinschaft Sammlung Deutscher Drucke 150f.
Arbeitsgruppe Regionalbibliografie 103
Arbeitskreis der Kunst- und Museumsbibliotheken 249
Arbeitsmarkt 277f.
Archiv – Definition 7ff.
Arendt, Hannah 224
Artothek 120
ASB 187
ASpB 34, 107, 130, 144
Association of College and Research Libraries 194
Assurbanipal 14
aStec 156
Aufbauorganisation 244
Ausbildung für Bibliotheken 270ff.
Auskunftsdienst 212ff
Auskunftsverbund 216
Ausleihe 218ff.
Austauschformat 192ff.
Auswahlentscheidung 263f.
Automatisierung 42f.
Bacon, Francis 14
Baden-Württembergisches Landesarchiv 268
Baden-Württembergisches Online-Archiv – BOA 268
Badische Landesbibliothek 268
Balanced Scorecard 247f.
BASE 169
Basisklassifikation 187
Bau von Bibliotheken und Archiven 178
Bayerische Bibliotheksschule 272, 274
Bayerische Staatsbibliothek 44, 95, 101, 111, 150, 154, 163f., 165, 177, 216, 233, 253, 264, 268, 270
Bayerisches Etatmodell 176, 261
BBA 136
BDB 125, 128
BEA 126f.
Beamtenlaufbahn 270
Beamter 80
Behördenbibliothek 18, 110

Benutzungsordnung 68, 70ff.
Benutzungsrecht 69ff.
Bertelsmann Stiftung 126, 142, 216
Berufsausbildung für Bibliotheken 270ff.
Berufsbild 55, 60, 129, 135f., 271f., 275, 285, 288
Berufsbildungsgesetz 273, 277
Berufsethik 60ff.
Berufsverband Information Bibliothek 61f., 128, 131, 135ff., 151, 277
Beschlagwortung 187
Bestand 176, 252ff.
Bestandsaufbau 264 f.
Bestandserhaltung 266f.
Bestandskonzept 255ff.
Bestandsmanagement 252ff.
Betriebsform 117
BIB 61f., 128, 131, 135ff., 151, 277
Bibliothek – Definition 7f.
Bibliothek – Geschichte 11ff., 30ff.
Bibliothek & Information Deutschland 61, 128f., 134, 137ff., 142ff., 178, 239f., 279
Bibliothek 2007 126
Bibliothek des Deutschen Bundestages 216
Bibliothek des Deutschen Jugendinstituts 90
Bibliothek des Forschungszentrums Jülich 265
Bibliothek des Jahres 134
Bibliothek für Bildungsgeschichtliche Forschung 110
Bibliothek mit Qualität und Siegel 249f.
Bibliothekarberuf 270ff.
Bibliothekarisches Berufsbild 55, 60, 129, 135f., 271f., 275, 285, 288
Bibliothekartag 137
Bibliotheken '93 38, 93f., 107, 125, 175f., 178
Bibliotheks- und Informationssystem der Universität Oldenburg 25, 226f.
Bibliotheksbau 178
Bibliotheksbezogene Studiengänge 274ff.
BibliotheksEntwicklungsAgentur 126f.
Bibliotheksentwicklungsplan 242
Bibliotheksethik 58ff., 61ff., 240
Bibliotheksfachstelle 117f.
Bibliotheksförderung 91ff.
Bibliotheksforschung 281
Bibliotheksgesetz 38, 64, 66f., 79, 82, 86f., 239
Bibliotheksindex 133
Bibliotheksinformatik 276
Bibliotheksinformationssystem 219, 245, 262f.
Bibliothekskongress 129, 136
Bibliothekskonzept 242f.
Bibliotheksmanagement 239ff.
Bibliotheksplan '73 93f., 107, 125, 260
Bibliothekspolitik 81f., 130, 138ff.

Bibliothekspolitischer Bundeskongress 132
Bibliotheksportal 132, 134
Bibliotheksrecht 64ff.
Bibliotheksschule des Borromäusvereins 271
Bibliotheksservice-Zentrum 153f., 156ff., 263, 268
Bibliotheksstatistik 180f.
Bibliothekssystem 30ff.
Bibliothekstantieme 91
Bibliotheksträger 85ff.
Bibliothekstypologie 92ff.
Bibliotheksverband Südtirol 136f.
Bibliotheksverbund 154
Bibliotheksverbund Bayern 147, 153, 155ff., 158
Bibliothekswissenschaft 276, 280ff.
BID 61, 128f., 134, 137ff., 142ff., 178, 239f., 279
Bielefeld Academic Search Engine 169
Big Six Skills 226
BII 143
BI-International 143
BIS Oldenburg 25, 226f.
BIX 133
Blanket Order 264
Blaue Liste 88
Blinden(hör)bibliothek 121
BOA 268
BOAI 260
Borromäusverein 89, 120, 271
Branchenmarketing 239ff.
British Library 96, 163, 184, 231, 268
BSB 44, 95, 101, 111, 150, 154, 163f., 165, 177, 216, 233, 253, 264, 268, 270
BSZ 153f., 156ff., 263, 268
Buchdruck 15f.
Bucheinband 180
Bücherei s. Öffentliche Bibliothek
Büchereifachschule Stuttgart 271
Büchereistelle 117f.
Büchereizentrale 117f.
Büchereizentrale Niedersachsen 220, 249f.
Bücherhallen Hamburg 90, 211, 264
Budapest Open Access Initiative 260
Bundesverein der Bibliotheksassistenten/innen und anderer Mitarbeiter/innen an Bibliotheken 136
Bundesvereinigung Deutscher Bibliotheksverbände 125, 128
Bund-Länder-Kommission für Bildungsplanung und Forschungsförderung 86
BV 89, 120, 271
BVB 147, 153, 155f., 158
BVS 136f.
CAF 249
Capurro, Rafael 57f., 61

CBDZ 263
CCO 192
CENL 96f., 144
CIB 263
CIDOC CRM 192
Cloudbasierte Infrastruktur für Bibliotheksdaten 263
Codierungs- und Nummerungssystem 180
Commerzbibliothek 88
Common Assessment Framework 249
Common Bibliographic Data Zone 263
Conceptual Reference Model 192
Conference of European National Librarians 96f., 144
Conspectus 256f.
Controlling 247ff.
Creative-Commons-Lizenz 167
DAStietz Chemnitz 225
Data Librarian 233
DataCite 27, 109, 231
Datenbank-Infosystem 162
Datenformat 192ff.
Datenschutz 55f., 60, 62, 64f., 67, 78f., 143, 233, 263
Datenschutz-Grundverordnung 79
DBI 86, 127
DBIS 162
DBK 128
DBS 133
dbv 60, 62f., 87, 103, 107, 116, 125, 127f., 129ff., 137f., 140, 143, 151, 167, 171, 178, 195f., 239
DDB 25, 96, 144, 161, 166
DDC 40, 98, 187
Deakquisition 259ff., 261
Deutsche Bibliothek Frankfurt a. M. 95
Deutsche Bibliothekskonferenz 124, 128
Deutsche Bibliotheksstatistik 133
Deutsche Bücherei 95f.
Deutsche Digitale Bibliothek 25, 96, 144, 161, 166
Deutsche Forschungsgemeinschaft 36, 39, 43, 45f., 48, 86, 95, 100f., 111, 131, 144f., 146ff., 149, 157f., 160, 162ff., 165f., 167, 171, 173, 232, 258, 263, 267, 287
Deutsche Gesellschaft für Information und Wissen 128, 143
Deutsche Initiative für Netzwerkinformation 131, 168, 192
Deutsche Internetbibliothek 39, 216
Deutsche Leihverkehrsordnung 220f.
Deutsche Nationalbibliografie 98ff.
Deutsche Nationalbibliothek 40, 68, 79, 85, 88, 94ff., 97, 99, 102, 108, 125, 132, 144, 150, 152f., 156, 158f., 160, 165f., 189f., 193f., 216, 253f., 260, 268
Deutsche Volksbüchereischule 271
Deutsche Zentralbibliothek für Medizin 88, 92, 107ff., 232
Deutsche Zentralbibliothek für Wirtschaftswissenschaften 107ff., 232, 236
Deutscher Bibliothekartag 137
Deutscher Bibliotheksverband 60, 62f., 87, 103, 107, 116, 125, 127f., 129ff., 137f., 140, 143, 151, 167, 171, 178, 195f., 239
Deutscher Verband Evangelischer Büchereien 89, 120
Deutsches Bibliotheksinstitut 86, 127
Deutsches Institut für Normung 133f.
Deutsches Musikarchiv 95, 97
Deutsches Patentamt 110
Dewey, Melvil 270
Dewey-Dezimalklassifikation 40, 98, 187
DFG 36, 39, 43, 45f., 48, 86, 95, 100f., 111, 131, 144f., 146ff., 149, 157f., 160, 162ff., 165f., 167, 171, 173, 232, 258, 263, 267, 287
DGI 128, 143
Die Deutsche Bibliothek 95
Dienstleistung 196f., 200ff.
Dienstleistungskatalog 206ff.
DigiAuskunft 216
Digital Preservation Coalition – dpc 268
Digital Repository Infrastructure Vision for European Research 169
Digital Rights Management System 220
Digitale Bibliothek 44, 47, 73ff., 78, 159, 244, 254f.
Digitale Informationsinfrastruktur 169ff.
Digitale Langzeitarchivierung 27, 38, 59, 80, 96, 102, 131, 134, 165, 169ff., 252, 267f.
Digitaler Informationsdienst 217
Digitales Speichermedium 19f.
Digitalisierung 42f.
DIN 133f.
DINI 131, 168, 192
DIN-Norm 173ff.
Diözesanbibliothek 89
Directory of Open Access Journals 167
DiViBib 140, 220, 255
DMA 95, 97
DNB 40, 68, 79, 85, 88, 94ff., 97, 99, 102, 108, 125, 132, 144, 150, 152f., 156, 158f., 160, 165f., 189f., 193f., 216, 253f., 260, 268
DNBG 96
DOAJ 167
Document Structure Description 175
Dombibliothek 18, 89
dpc 268

Dritter Ort 118f., 224
DRIVER 169
DRM 220
DSD 175
DSGVO (Datenschutz-Grundverordnung) 79
Duale Hochschule 103
Dublin Core Collection Description Application Profile 192
Dublin Core Metadata Element Set 191
DVEB 89, 120
Dziatzko, Karl 280
EAC 192
EAD 192
EasyCheck GmbH 140
EBLIDA 128, 137, 144
EBS 265
EDV – Entwicklung 46
Eigenbetrieb 86
Einschichtiges Bibliothekssystem 245
Einzelbibliothek 31
ekz.bibliotheksdienst 128, 139f, 151, 259, 262, 264
Electronic Ressource Management 261ff.
Elektronische Bibliothek 47
Elektronische Zeitschriftenbibliothek 147, 161f.
Eliport 89, 120
Empfehlungen zum Ausbau der wissenschaftlichen Bibliotheken 124
Empfehlungen zur digitalen Informationsversorgung 216, 225f.
Emulation 268
Encoded Archival Context 192
EN-Norm 173
Erlass betreffend die Befähigung zum wissenschaftlichen Bibliotheksdienst 270
Erwerbung 259ff.
Erwerbungsmittel 176
Erwerbungsprofil 257
Etatmodell 176, 261
Ethik 50ff.
Ethikkodex 52ff.
Ethikkommission 52ff., 61
European Bureau of Library, Information and Documentation Associations 128, 137, 144
Evangelisches Literaturportal 89, 120
Evidence Based Selection 265
Ex Libris 156, 263
EZB 147, 161f.
Fabian, Bernhard 109
Fachangestellte/r für Medien und Informationsdienste 276f.
Fachhochschulausbildung zum Bibliothekar 271f.
Fachhochschulbibliothek 18, 105ff.

Fachhochschule Potsdam 277
Fachinformationsdienst für die Wissenschaft 36, 85, 95, 100, 101, 111, 131, 147, 148, 232, 233, 253, 264
Fachinformationszentrum 24, 221
Fachreferent 208, 218, 245, 252, 264
Fachschule für Bibliothektechnik und -verwaltung 271
Fachwirt für Informationsdienste 277
Fahrbibliothek 115f.
FAIFE 144
FAMI 276f.
Fernleihe 220f.
Fernnutzung 218ff.
Fernstudiengang 275
Fernweiterbildung 277
FID 36, 85, 95, 100, 101, 111, 131, 147, 148, 232, 233, 253, 264
Flächen 178
Förderverein 91
Formalerschließung 183f.
Forschungsbibliothek 109ff.
Forschungsbibliothek Gotha 110
Forschungsdatenmanagement 169, 231ff., 276
Forschungsnahe Dienstleistungen 8, 137, 204, 278
Forschungszentrums Jülich 265
Forum Bestandserhaltung 268
FRAD 185, 190
FRANAR 190
Franckesche Stiftungen 88, 110
Freedom of Access to Information and Freedom of Expression 144
Fremddaten 153f.
FRSAR 185
Functional Requirements and Numbering of Authority Records 190
Functional Requirements for Authority Data 185, 190
Functional Requirements for Subject Authority Records 185
Funktional differenziertes Bibliothekssystem 33
Funktionale Anforderungen an bibliografische Datensätze 184f.
Funktionale Einschichtigkeit 245
Funktionale Informationsdienstleistung 215
Funktionaler Analphabet 121
Funktionsstufen 125
Fürstlich Hohenzollernsche Hofbibliothek 91
Fürstlich Leiningensche Bibliothek 91
GBV 147, 149, 153f., 156, 158, 161, 166, 187, 263
Gefangenenbibliothek (Bibliotheken in Justizvollzugsanstalten) 120f.

Geh, Hans-Peter 143
Gehobener Dienst 272
GEMA 91
Gemeinsame Normdatei 189
Gemeinsame Wissenschaftskonferenz von Bund und Ländern 86
Gemeinsamen Bibliotheksverbund 147, 149, 153f., 156, 158, 161, 166, 187, 263
Gerichtsbibliothek 110
Gesamtkatalog der Wiegendrucke 100, 162
Geschäftsgang 261ff.
Gesellschaft für musikalische Aufführungs- und mechanische Vervielfältigungsrechte 91
Gesetz über die Deutsche Nationalbibliothek 79, 96
GESIS 168, 232
GmbH 86
GND 189
Goethe-Institut 121, 140f.
Gräflich Solms-Laubach'sche Bibliothek 91
Green library 269
Grundrecht 68
Guidelines for Behavioral Performance of Reference and Information Services Providers 197
GW 162
GWK 86
HAAB 88, 110, 266
HAB 91, 110, 150, 163, 236
Hamburger Bücherhallen 90, 211, 264
Harvard University Press 25
Hauptbibliothek der Franckeschen Stiftungen 88, 110
HBZ 44, 111, 132f., 147, 149, 153f., 156f., 161, 166, 189, 263
HeBIS 153f., 156
Herzog August Bibliothek 91, 110, 150, 163, 236
Herzogin Anna Amalia Bibliothek 88, 110, 266
Hessisches Bibliotheks-Informationssystem 153f., 156
Hochschulbibliothek 65, 103ff.
Hochschulbibliothek Ansbach 228
Hochschulbibliothek der FH Emden/Leer 261
Hochschulbibliothek der Hochschule Düsseldorf 228
Hochschulbibliothek Landshut 211
Hochschulbibliothekszentrum Nordrhein-Westfalen 44, 111, 132f., 147, 149, 153f., 156f., 161, 166, 189, 263
Hochschule der Medien 223
Hochschule für Technik, Wirtschaft und Kultur Leipzig 276
Hochschulgesetz 65

Hoffmann, Gustav 143
Hofmann, Walter 38
Höherer Dienst 272f.
Hörbuch 253
Humboldt-Universität 274f., 280
Hybride Bibliothek 47
Identifikation von Filmen – Mindestsatz von Metadaten für kinematographische Werke 192
IFLA 62, 128, 137, 143f.
Indexieren 187
Industrie- und Handelskammer 88
Industriegesellschaft 21
InfoPoint 216
Information – Definition 5f.
Information Literacy Competency Standards for Higher Education 194
Informationsberatung 215
Informationsdienst 212ff.
Informationsdienstleistung 202ff.
Informationsethik 55ff.
Informationsgesellschaft 21ff.
Informationskompetenz 194ff.
Informationsmanagement 22f., 28
Informationsprozess 6
Informationsvermittlung 212
Informationswissenschaft 280f.
Informationszentrum Lebenswissenschaften – ZB Med 88, 92, 107ff., 232
Inhaltserschließung 186ff.
INIST 231
Inkunabelkatalog 162f.
Institut de l'Information Scientifique et Technique 231
Institut für Bibliotheks- und Informationswissenschaft 280
Institut für Bibliothekswissenschaft 280
Institut für Bibliothekswissenschaft und Bibliothekarausbildung 280
Institutsbibliothek 18
Interkulturelle Arbeit 114
International Federation of Library Associations and Institutions 62, 128, 137, 143f.
International Standard Audiovisual Number 179
International Standard Bibliographic Description 184
International Standard Book Number 179
International Standard Identifier for Libraries and Related Organizations 100
International Standard Music Number 179
International Standard Musical Work Code 179
International Standard Recording Code 179
International Standard Serial Number 179

International Standard Technical Report Number 179
Internationale Universale Dezimalklassifikation 187
Internationale Zusammenarbeit 143
Internationalisierung 40
Internet 19f.
Inventarisierung 265
ISAN 179
ISBD 184
ISBN 179
ISIL 100
ISMN 179
Isolierte Einzelbibliothek 31
ISO-Norm 173
ISRC 179
ISRN 179
ISSN 179
ISWC 179
IT-Entwicklung 46
ITIL 239
Johannes a Lasco Bibliothek Große Kirche Emden 90, 110
Jugendbibliothek 113
KAB 187
Kaegbein, Paul 280
Kalliope 100
Karl Preusker Medaille 129
Karlsruher Virtueller Katalog 36f., 45, 97, 102, 159f., 164
Kataloganreicherung 97
KGSt 86
KGSt-Gutachten Öffentliche Bibliothek 125, 178, 260
KIBA 273
KII 170
KIM Kostanz 168, 211, 223, 228, 246
Kinder- und Jugendbibliothek 113
Kindertonträger 253
Kirchliche Bibliothek 18, 88ff.
Kirchliche Fachstelle 119f.
Kirchliche Öffentliche Bibliothek 119f.
KIT-Bibliothek 159, 224, 228, 233
Klassifikation 187
Klassifikation der Sachliteratur und der Schönen Literatur der Stadtbibliothek Duisburg 187
Klassifikation für Allgemeinbibliotheken 187
Klosterbibliothek 18
KMK 86, 132
Knb 132f.
KOBV 152, 156ff.
Kommission Zukunft der Informationsinfrastruktur 170

Kommunale Gemeinschaftsstelle für Verwaltungsmanagement 86
Kommunale Gemeinschaftsstelle für Verwaltungsvereinfachung – KGSt-Gutachten 125, 178, 260
Kommunale Öffentliche Bibliothek 112ff.
Kommunaler Produktplan Baden-Württemberg 210
Kommunikations-, Informations-, Medienzentrum Konstanz 168, 211, 223, 228, 246
Kompetenznetzwerk für Bibliotheken 132f.
Kompetenznetzwerk Langzeitarchivierung und Langzeitverfügbarkeit digitaler Quellen für Deutschland – Nestor 232, 268
Konferenz der informations- und bibliothekswissenschaftlichen Ausbildungs- und Studiengänge 273
Konferenz der Kultusminister der Länder der Bundesrepublik Deutschland 86
Königliche Bibliothek zu Berlin 99
Konservierung 266
Konstanzer Online-Publikations-System 168
Konvertierung 268
Kooperation 123ff.
Kooperativer Aufbau eines Langzeitarchivs digitaler Informationen – kopal 268
Kooperativer Bibliotheksverbund 152, 156ff.
Kopal 268
KOPS 168
Kosten- und Leistungsrechnung 247ff.
Kreativraum 229ff.
Kulturarbeit 250
Kulturelles Gedächtnis 79ff.
Kulturmanagement 250
Kultusministerkonferenz der Länder 132
Kunst- und Musikhochschule 106
Kunze, Horst 280
KVK 36f., 45, 97, 102, 159f., 164
Landesbibliothek 101ff.
Landesbibliotheksgesetz s. Bibliotheksgesetz
Landesdatenschutzgesetz 78
Langzeitarchivierung 27, 38, 59, 80, 96, 102, 131, 134, 165, 169ff., 252, 267f.
LBS3/4 156
LC – Library of Congress 153, 161, 184, 188ff., 192ff., 257
Leibniz, Gottfried Wilhelm 16
Leibniz-Gemeinschaft 86, 88
Leibniz-Informationszentrum Technik und Naturwissenschaften – TIB Hannover 27, 44, 46, 68, 107ff., 136, 232, 242
Leibniz-Informationszentrum Wirtschaft – ZBW 107ff., 232, 236
Leistungsmessung 181f.
Leistungsrechnung 247ff.

Leistungsschutzrecht 75
Leitbild 242
Lektoratskooperation 38, 140, 151f.
Lernberatung 225
Lernraum 224f.
Leseförderung 228f.
Leyh, Georg 41f.
LIBER 137
Library of Congress 153, 161, 184, 188ff., 192ff., 257
Ligue des Bibliothèques Européennes de Recherche 137
Linked Open Data 192ff.
Linked-Data-Service 190
Linkresolver 263
Lison, Barbara 144
Lizenz- und Rechteverwaltung 262
Lizenzierung 259ff.
LK – Lektoratskooperation 38, 140, 151f.
LMSCloud GmbH 140
Lobbyismus 239ff.
Lotse 228
Luther, Martin 15
Lux, Claudia 144
LVO 220f.
Machine-Readable Cataloging MARC 40, 99, 189, 193
Magazinierung 180
Makerspace 229ff.
Management 239ff.
MARC21 40, 99, 189, 193
Marketing 240ff.
Marktsichtung 263f.
Martinus-Bibliothek 89
Massenentsäuerung 267
Matrix-Organisation 246
Max Planck Digital Library 231, 235
Max-Planck-Gesellschaft 107
McLuhan, Marshall 20
Mediathek Möckmühl 249
Mediathek Neckarsulm 249
Medieninformatik – Bibliotheksinformatik 276
Medizinische/r Dokumentar/in 276
Metadaten 192ff., 226, 231, 233f., 265, 287
Metasuche 97, 160, 207
Migrant 114f., 121
Migration 268
Mikroform 254
Milkau, Fritz 280
MIX 192
Mobiles Speichermedium 13f.
Moral 40ff.
MPDL 231, 235

MPG 107
Münchener Digitalisierungszentrum 101
Münchner Stadtbibliothek 214, 224, 247
Museum – Definition 7ff.
Musikbibliothek 110f.
Musikhochschule 106
NABD 133f.
National Forum on Information Literacy 226
Nationalbibliothek 95ff.
Nationale Forschungsdateninfrastruktur 170, 232
Nestor 232, 268
NFDI 170, 232
NFIL 226
Niedersächsische Staats- und Universitätsbibliothek Göttingen 148f., 163f., 165f., 188, 216, 224, 232, 236, 246
NISO Metadata for Images in XML Schema 192
Norm 173ff.
Normdatei 174
Normdatei 188ff.
Normenausschuss Bibliotheks- und Dokumentationswesen 133f.
NS-Raubgut 63
Nummerungssystem 180
OAI-ORE 168
OAI-PMH 168, 191
ÖB s. Öffentliche Bibliothek
Object Reuse and Exchange 168
OCLC 25, 40, 46, 154, 156ff., 169, 190, 216, 256, 263
OCLC WorldShare Management Services 263
OER 169
Öffentliche Bibliothek - KGSt-Gutachten 125, 178, 260
Öffentliche Bibliothek 18, 67f., 112ff., 272
Öffentliche Bibliothek Aumühle 243
Öffentliche Bibliothek Beelitz 229
Öffentliche Bibliothek Bremen 179
Öffentliche Bibliothek Chemnitz 225
Öffentliche Bibliothek Dortmund 224
Öffentliche Bibliothek Dresden 224
Öffentliche Bibliothek Duisburg 187
Öffentliche Bibliothek Düsseldorf 265
Öffentliche Bibliothek Frankfurt a.M. 117
Öffentliche Bibliothek Freiberg am Neckar 249
Öffentliche Bibliothek Fürstenfeldbruck 243
Öffentliche Bibliothek Göttingen 227
Öffentliche Bibliothek Hannover 277
Öffentliche Bibliothek Lörrach 243
Öffentliche Bibliothek Ludwigsburg 224
Öffentliche Bibliothek Mayen 229
Öffentliche Bibliothek Mediathek Möckmühl 249
Öffentliche Bibliothek Mediathek Neckarsulm 249

Öffentliche Bibliothek Münchner Stadtbibliothek 214, 224, 247
Öffentliche Bibliothek Nürnberg 225
Öffentliche Bibliothek Pleidelsheim 229
Öffentliche Bibliothek Sittensen 229
Öffentliche Bibliothek Stuttgart 224
Öffentliche Bibliothek Traunstein 243
Öffentliche Bibliothek Unna 225
Öffentliche Bibliothek Usingen 229
Öffentliche Bibliothek Verl 265
Öffentliche Bibliothek Wolfsburg 247
Öffentliche Bibliotheken Berlin 229
Öffentlichkeitsarbeit 250
Öffnungszeiten 178, 211f.
Oldenburg, Ray 224
One-Person-Library 107
Onleihe 140, 220, 255
Online Computer Library Center OCLC 25, 40, 46, 154, 156ff., 169, 190, 216, 256, 263
Open Access 26, 78f., 167ff., 260
Open Archives Initiative 168, 191
Open Educational Resources 169
Open Library 211
OpenAire 169
OpenBiblioJobs 136
OPL 107
Organisationsrecht 65ff.
Ortsbücherei s. Öffentliche Bibliothek
Outsourcing 265
Pädagogische Hochschule 103
Palastbibliothek 14, 18
Papier 180
Papierzerfall 267
Parlamentsbibliothek 18, 110, 120
PDA 265
Personalbedarf 178
Personalführung 246ff.
Personalrecht 80ff.
Pflichtexemplargesetz 79ff., 175, 254
PI 35
PISA 113, 226
Präsenznutzung 222ff.
Preusker, Karl Benjamin 129
Preußische Instruktionen 35
Preußische Staatsbibliothek 99
Produktkatalog 248
Professional Competencies for Reference and User Services Librarians 197
Protocol of Metadata Harvesting 168
Public Library 18
Pull-Dienste 215
Push-Dienste 215

Qualifikationsebenen 277f.
Qualitätsmanagement 97, 175, 179, 249ff.
Qualitätsstandard 197, 214, 249
QuestionPoint 216
RAK 36, 98, 184
Rat für Informationsinfrastrukturen 170
Räume 178
Raumordnung 94
RDA 36, 98, 184, 188
RDF 194
Rechnungskontrolle 265
Recht 50ff.
Rechtsform 86
Reference and User Services Assocation 197
Referenzrahmen Informationskompetenz 196
Regeln für die alphabetische Katalogisierung 36, 98, 184
Regeln für die Schlagwortkatalogisierung 98, 174, 188
Regensburger Verbundklassifikation 187
Regionalbibliotheken 101 ff.
Repositorium 168
Resource Description and Access 36, 98, 184, 188
Resource Description Framework 194
Restaurierung 267
Retrodigitalisierung 76f.
Retrospektive Nationalbibliografie 162f.
RFID 219
RfII 170
Roving Librarian 216
RSWK 98, 174, 188
RUSA 197
RVK 187
Sächsische Landesbibliothek – Staats- und Universitätsbibliothek Dresden 102, 163, 218, 228, 230, 265
Sammlung Deutscher Drucke 150f.
Sammlungsmanagement 233f.
SB s. Staatsbibliothek
SBA 116f.
SBB 88, 95, 99ff., 154, 166, 249
Schadensersatz 71
Schimmelpilz 267
Schlusskontrolle 265
School of Library Economy 270
Schrift – Geschichte 12ff.
Schriftentausch 260
Schulbibliothek 116f.
Schulbibliothekarische Arbeitsstelle 116f.
Segmentär differenziertes Bibliothekssystem 31, 271f.
Senatsbibliothek Berlin 110
SfB 187

SFX 263
Shibboleth 263
Simple Knowledge Organization System 194
SISIS-Sunrise 156
SKOS 194
SLUB Dresden 102, 163, 218, 228, 230, 265
Sondersammelgebietsprogramm 36ff., 48, 84, 95, 100f., 146ff., 165, 171, 258
Sontag, Helmut 135
Soziale Bibliotheksarbeit 121
SPARQL 194
Speichermedium 13f., 19f.
Spezialbibliothek 18, 106f.
Sprachassistent 217
SSD 187
St. Michaelsbund 89, 120
Staatliche Fachstelle 117f.
Staatsbibliothek 18
Staatsbibliothek SUB Göttingen 148f., 163f., 165f., 188, 216, 224, 232, 236, 246
Staatsbibliothek zu Berlin 88, 95, 99ff., 154, 166, 249
Stadt- und Landesbibliothek Potsdam 101, 230
Stadtbibliothek Frankfurt a. M. 117
Stadtbibliothek Freiberg am Neckar 249
Stadtbibliothek Göttingen 227
Stadtbibliothek Köln 230
Stadtbibliothek München 214, 224, 247
Stadtbibliothek s.a. Öffentliche Bibliothek
Stadtbibliothek Wolfsburg 247
Stadtbücherei Geislingen 249
Stadtbücherei Nürtingen 249
Stadtbücherei s. Öffentliche Bibliothek
Standard 173ff.
Standard Cataloguing Cultural Objects 192
Standards Encoded Archival Description 192
Standing Order 151, 264
Stanford University Press 25
Statement of International Cataloguing Principles 184
Stiftung Preußischer Kulturbesitz 88, 100
Stiftung Weimarer Klassik 88
Stratifikatorisch differenziertes Bibliothekssystem 32
Studium zum Bibliothekar 270ff.
StuLB Potsdam 101, 230
SUB Göttingen 148f., 163f., 165f., 188, 216, 224, 232, 236, 246
Subito 221
süd-punkt Nürnberg 225
Südwestdeutscher Bibliotheksverbund 154, 156f.
SWB 154, 156f.
SWD-Sachschlagwort 189
Systematik 187

Systematik für Bibliotheken 187
Tarifvertrag für den öffentlichen Dienst 81
Tarifvertrag für den öffentlichen Dienst der Länder 81
Teaching Library 225ff.
Technikmuseum 268
Technische Hochschule Köln 275, 277
Technische Hochschule Wildau 276
Technische Medienbearbeitung 265
Tempelbibliothek 14, 18
TIB Hannover 27, 44, 46, 68, 107ff., 136, 232, 242
Tonträger 253
Transliteration 180
Truppenbücherei 120
Turing, Alan 42
TV-L 81
TVöD 81
UB s. Universitätsbibliothek
UDK 187
ULB s. Universitäts- und Landesbibliothek
Universalbibliothek 18
Universitäts- und Landesbibliothek 101
Universitäts- und Landesbibliothek Bonn 261
Universitäts- und Landesbibliothek Halle 261, 264
Universitäts- und Landesbibliothek Münster 228
Universitätsbibliothek 18, 103ff.
Universitätsbibliothek Bielefeld 206ff., 227, 265
Universitätsbibliothek Braunschweig 228, 233
Universitätsbibliothek der ETH Zürich 239
Universitätsbibliothek der TU München 238, 249
Universitätsbibliothek Duisburg-Essen 264
Universitätsbibliothek Frankfurt/Main 150
Universitätsbibliothek Greifswald 233
Universitätsbibliothek Heidelberg 91, 228, 233
Universitätsbibliothek Johann Christian Senckenberg Frankfurt/Main 150
Universitätsbibliothek Kaiserslautern 228
Universitätsbibliothek Karlsruhe – KIT-Bibliothek 159, 224, 228, 233
Universitätsbibliothek Konstanz – Kommunikations-, Informations-, Medienzentrum 168, 211, 223, 228, 246
Universitätsbibliothek Mainz 234
Universitätsbibliothek Mannheim 224, 265
Universitätsbibliothek Marburg 211
Universitätsbibliothek Regensburg 162
Universitätsbibliothek Rostock 224
Universitätsbibliothek SUB Göttingen 148f., 163f., 165f., 188, 216, 224, 232, 236, 246
Universitätsbibliothek Wuppertal 265
University of Southern Denmark Library 218
Urheberrecht 73ff.

User driven Acquisition 265
VBA 136
VBB 136
VD 16, VD 17, VD 18 163f.
VDB 127, 135f., 137
VdDB 136
VDL 102
Verbale Sacherschließung 187
Verband kirchlich-wissenschaftlicher Bibliotheken 89
Verbundsystem 154
Verbundzentrale des Gemeinsamen Bibliotheksverbundes GBV 149, 153, 156f., 263
Verein der Bibliothekare an Öffentlichen Bibliotheken 136
Verein der Bibliothekare und Assistenten 136
Verein der Diplom-Bibliothekare an wissenschaftlichen Bibliotheken 136
Verein Deutscher Bibliothekare 127, 135f., 137
Vereinigung der Musikbibliotheken, Musikarchive und Musikdokumentationszentren 111
Vereinigung Österreichischer Bibliothekarinnen und Bibliothekare 136f.
Vergabe- und Vertragsordnung für Leistungen 175
Vernetzung 123ff.
Verschlagwortung 187
Verzeichnis der im deutschen Sprachbereich erschienenen Drucke 163f.
VIAF 190
Virtual International Authority File 190
Virtualisierung 44f.
Virtuelle Deutsche Landesbibliografie 102
Virtuelle Fachbibliothek 37, 46, 101, 107, 111, 147f.
Virtuelle Forschungsumgebung 234ff.
VkwB 89
VÖB 136f.
VOL 175
Volksbücherei 18
VZG 149, 153, 156f., 263
Werbung 250
Werkbibliothek 120
Westdeutsche Büchereischule Köln 271
WGL 86, 88
Wissen – Definition 5f.

Wissenschaftliche Bibliothek 15, 37, 41, 48, 59, 86, 137
Wissenschaftliche Bibliotheken 2025 171
Wissenschaftliche Stadtbibliothek 101, 113
Wissenschaftliche Stadtbibliothek Bautzen 113
Wissenschaftliche Stadtbibliothek Lübeck 113
Wissenschaftliche Stadtbibliothek Mainz 113
Wissenschaftliche Stadtbibliothek Worms 113
Wissenschaftliche Stadtbibliothek Zwickau 113
Wissenschaftlicher Bibliotheksdienst 270ff.
Wissenschaftsfreiheit 68
Wissenschaftsgemeinschaft Gottfried Wilhelm Leibniz 86, 88
Wissenschaftsrat 86, 105, 124, 127, 157f., 167, 170, 216, 225, 254
WMS 263
World Summit on the Information Society 55
WortStark 229
WR 86, 105, 124, 127, 157f., 167, 170, 216, 225, 254
WSIS 55
Württembergische Landesbibliothek 268
XML 175, 191, 193
Yale University Library 218
Z39.50 193
ZB Med 88, 92, 107ff., 232
ZBW 107ff., 232, 236
ZDB 37, 43, 100, 147, 149, 156, 158, 160, 190
Zeitschriftendatenbank 37, 43, 100, 147, 149, 156, 158, 160, 190
Zensur 62
Zentral- und Landesbibliothek Berlin 68, 88, 101, 110, 264
Zentralbibliothek der Hochschule Hannover 216
Zentrale Fachbibliotheken 88, 95, 107ff.
Zentrale für Volksbüchereien 271
Zentrum für Information und Bildung Unna 225
ZIB Unna 225
ZLB 68, 88, 101, 110, 264
Zugangsbearbeitung 265
Zukunft der Informationsinfrastruktur 170
Zuse, Konrad 42
Zweigbibliothek 245
Zweischichtiges Bibliothekssystem 245, 259